300 X

D1553153

GOETHES WERKE

HAMBURGER AUSGABE
IN 14 BÄNDEN

GOETHES WERKE

BAND V

CHRISTIAN WEGNER VERLAG

HAMBURG

Textkritisch durchgesehen und mit Anmerkungen versehen

von

Josef Kunz

ERSTE AUFLAGE: 1952

SECHSTE AUFLAGE: 1964

DRAMATISCHE DICHTUNGEN

DRITTER BAND

IPHIGENIE AUF TAURIS

EIN SCHAUSPIEL

PERSONEN

Iphigenie
Thoas, König der Taurier
Orest
Pylades
Arkas

Schauplatz: Hain vor Dianens Tempel.

ERSTER AUFZUG

ERSTER AUFTRITT

IPHIGENIE. Heraus in eure Schatten, rege Wipfel
Des alten, heil'gen, dichtbelaubten Haines,
Wie in der Göttin stilles Heiligtum,
Tret' ich noch jetzt mit schauderndem Gefühl,
Als wenn ich sie zum erstenmal beträte,   5
Und es gewöhnt sich nicht mein Geist hierher.
So manches Jahr bewahrt mich hier verborgen
Ein hoher Wille, dem ich mich ergebe;
Doch immer bin ich, wie im ersten, fremd.
Denn ach! mich trennt das Meer von den Geliebten,   10
Und an dem Ufer steh' ich lange Tage,
Das Land der Griechen mit der Seele suchend;
Und gegen meine Seufzer bringt die Welle
Nur dumpfe Töne brausend mir herüber.
Weh dem, der fern von Eltern und Geschwistern   1
Ein einsam Leben führt! Ihm zehrt der Gram
Das nächste Glück vor seinen Lippen weg,
Ihm schwärmen abwärts immer die Gedanken
Nach seines Vaters Hallen, wo die Sonne

Zuerst den Himmel vor ihm aufschloß, wo   20
Sich Mitgeborne spielend fest und fester
Mit sanften Banden an einander knüpften.
Ich rechte mit den Göttern nicht; allein
Der Frauen Zustand ist beklagenswert.
Zu Haus und in dem Kriege herrscht der Mann,   25
Und in der Fremde weiß er sich zu helfen.
Ihn freuet der Besitz; ihn krönt der Sieg!
Ein ehrenvoller Tod ist ihm bereitet.
Wie eng-gebunden ist des Weibes Glück!
Schon einem rauhen Gatten zu gehorchen,   30
Ist Pflicht und Trost; wie elend, wenn sie gar
Ein feindlich Schicksal in die Ferne treibt!
So hält mich Thoas hier, ein edler Mann,
In ernsten, heil'gen Sklavenbanden fest.
O wie beschämt gesteh' ich, daß ich dir   35
Mit stillem Widerwillen diene, Göttin,
Dir, meiner Retterin! Mein Leben sollte
Zu freiem Dienste dir gewidmet sein.
Auch hab' ich stets auf dich gehofft und hoffe
Noch jetzt auf dich, Diana, die du mich,   40
Des größten Königes verstoßne Tochter,
In deinen heil'gen, sanften Arm genommen.
Ja, Tochter Zeus', wenn du den hohen Mann,
Den du, die Tochter fordernd, ängstigtest,
Wenn du den göttergleichen Agamemnon,   45
Der dir sein Liebstes zum Altare brachte,
Von Trojas umgewandten Mauern rühmlich
Nach seinem Vaterland zurückbegleitet,
Die Gattin ihm, Elektren und den Sohn,
Die schönen Schätze, wohl erhalten hast: 50
So gib auch mich den Meinen endlich wieder
Und rette mich, die du vom Tod errettet,
Auch von dem Leben hier, dem zweiten Tode!

ZWEITER AUFTRITT

Iphigenie. Arkas.

ARKAS. Der König sendet mich hieher und beut
Der Priesterin Dianens Gruß und Heil.   55
Dies ist der Tag, da Tauris seiner Göttin
Für wunderbare neue Siege dankt.
Ich eile vor dem König und dem Heer,
Zu melden, daß er kommt und daß es naht.

IPHIGENIE. Wir sind bereit, sie würdig zu empfangen,   60
Und unsre Göttin sieht willkommnem Opfer
Von Thoas' Hand mit Gnadenblick entgegen.

ARKAS. O fänd' ich auch den Blick der Priesterin,
Der werten, vielgeehrten, deinen Blick,
O heil'ge Jungfrau, heller, leuchtender,   65
Uns allen gutes Zeichen! Noch bedeckt
Der Gram geheimnisvoll dein Innerstes;
Vergebens harren wir schon jahrelang
Auf ein vertraulich Wort aus deiner Brust.
Solang' ich dich an dieser Stätte kenne,   70
Ist dies der Blick, vor dem ich immer schaudre;
Und wie mit Eisenbanden bleibt die Seele
Ins Innerste des Busens dir geschmiedet.

IPHIGENIE. Wie's der Vertriebnen, der Verwaisten ziemt.
ARKAS. Scheinst du dir hier vertrieben und verwaist?   75
IPHIGENIE. Kann uns zum Vaterland die Fremde werden?
ARKAS. Und dir ist fremd das Vaterland geworden.
IPHIGENIE. Das ist's, warum mein blutend Herz nicht heilt.
In erster Jugend, da sich kaum die Seele
An Vater, Mutter und Geschwister band,   80
Die neuen Schößlinge, gesellt und lieblich,
Vom Fuß der alten Stämme himmelwärts
Zu dringen strebten, leider faßte da
Ein fremder Fluch mich an und trennte mich
Von den Geliebten, riß das schöne Band   85
Mit ehrner Faust entzwei. Sie war dahin,
Der Jugend beste Freude, das Gedeihn
Der ersten Jahre. Selbst gerettet, war

Ich nur ein Schatten mir, und frische Lust
Des Lebens blüht in mir nicht wieder auf.   90
ARKAS. Wenn du dich so unglücklich nennen willst,
  So darf ich dich auch wohl undankbar nennen.
IPHIGENIE. Dank habt ihr stets.
ARKAS.   Doch nicht den reinen Dank,
  Um dessentwillen man die Wohltat tut;
  Den frohen Blick, der ein zufriednes Leben   95
  Und ein geneigtes Herz dem Wirte zeigt.
  Als dich ein tief geheimnisvolles Schicksal
  Vor so viel Jahren diesem Tempel brachte,
  Kam Thoas, dir als einer Gottgegebnen
  Mit Ehrfurcht und mit Neigung zu begegnen,   100
  Und dieses Ufer ward dir hold und freundlich,
  Das jedem Fremden sonst voll Grausens war,
  Weil niemand unser Reich vor dir betrat,
  Der an Dianens heil'gen Stufen nicht
  Nach altem Brauch, ein blutig Opfer, fiel.   105
IPHIGENIE. Frei atmen macht das Leben nicht allein.
  Welch Leben ist's, das an der heil'gen Stätte,
  Gleich einem Schatten um sein eigen Grab,
  Ich nur vertrauern muß? Und nenn' ich das
  Ein fröhlich selbstbewußtes Leben, wenn   110
  Uns jeder Tag, vergebens hingeträumt,
  Zu jenen grauen Tagen vorbereitet,
  Die an dem Ufer Lethes, selbstvergessend,
  Die Trauerschar der Abgeschiednen feiert?
  Ein unnütz Leben ist ein früher Tod: 115
  Dies Frauenschicksal ist vor allen meins.
ARKAS. Den edlen Stolz, daß du dir selbst nicht gnügest,
  Verzeih' ich dir, so sehr ich dich bedaure:
  Er raubet den Genuß des Lebens dir.
  Du hast hier nichts getan seit deiner Ankunft?   120
  Wer hat des Königs trüben Sinn erheitert?
  Wer hat den alten grausamen Gebrauch,
  Daß am Altar Dianens jeder Fremde
  Sein Leben blutend läßt, von Jahr zu Jahr
  Mit sanfter Überredung aufgehalten   125
  Und die Gefangnen vom gewissen Tod

Ins Vaterland so oft zurückgeschickt?
Hat nicht Diane, statt erzürnt zu sein,
Daß sie der blut'gen alten Opfer mangelt,
Dein sanft Gebet in reichem Maß erhört?   130
Umschwebt mit frohem Fluge nicht der Sieg
Das Heer? und eilt er nicht sogar voraus?
Und fühlt nicht jeglicher ein besser Los,
Seitdem der König, der uns weis' und tapfer
So lang' geführet, nun sich auch der Milde   135
In deiner Gegenwart erfreut und uns
Des schweigenden Gehorsams Pflicht erleichtert?
Das nennst du unnütz, wenn von deinem Wesen
Auf Tausende herab ein Balsam träufelt?
Wenn du dem Volke, dem ein Gott dich brachte,   140
Des neuen Glückes ew'ge Quelle wirst
Und an dem unwirtbaren Todesufer
Dem Fremden Heil und Rückkehr zubereitest?
IPHIGENIE. Das wenige verschwindet leicht dem Blick,
Der vorwärts sieht, wie viel noch übrigbleibt.   145
ARKAS. Doch lobst du den, der, was er tut, nicht schätzt?
IPHIGENIE. Man tadelt den, der seine Taten wägt.
ARKAS. Auch den, der wahren Wert zu stolz nicht achtet,
Wie den, der falschen Wert zu eitel hebt.
Glaub' mir und hör' auf eines Mannes Wort,   150
Der treu und redlich dir ergeben ist:
Wenn heut' der König mit dir redet, so
Erleichtr' ihm, was er dir zu sagen denkt.
IPHIGENIE. Du ängstest mich mit jedem guten Worte:
Oft wich ich seinem Antrag mühsam aus.   155
ARKAS. Bedenke, was du tust und was dir nützt.
Seitdem der König seinen Sohn verloren,
Vertraut er wenigen der Seinen mehr,
Und diesen wenigen nicht mehr wie sonst.
Mißgünstig sieht er jedes Edlen Sohn   160
Als seines Reiches Folger an, er fürchtet
Ein einsam hülflos Alter, ja vielleicht
Verwegnen Aufstand und frühzeit'gen Tod.
Der Skythe setzt ins Reden keinen Vorzug,
Am wenigsten der König. Er, der nur   165

Gewohnt ist, zu befehlen und zu tun,
Kennt nicht die Kunst, von weitem ein Gespräch
Nach seiner Absicht langsam fein zu lenken.
Erschwer's ihm nicht durch ein rückhaltend Weigern,
Durch ein vorsätzlich Mißverstehen. Geh   170
Gefällig ihm den halben Weg entgegen.
IPHIGENIE. Soll ich beschleunigen, was mich bedroht?
ARKAS. Willst du sein Werben eine Drohung nennen?
IPHIGENIE. Es ist die schrecklichste von allen mir.
ARKAS. Gib ihm für seine Neigung nur Vertraun.   175
IPHIGENIE. Wenn er von Furcht erst meine Seele löst.
ARKAS. Warum verschweigst du deine Herkunft ihm?
IPHIGENIE. Weil einer Priesterin Geheimnis ziemt.
ARKAS. Dem König sollte nichts Geheimnis sein;
Und ob er's gleich nicht fordert, fühlt er's doch   180
Und fühlt es tief in seiner großen Seele,
Daß du sorgfältig dich vor ihm verwahrst.
IPHIGENIE. Nährt er Verdruß und Unmut gegen mich?
ARKAS. So scheint es fast. Zwar schweigt er auch von dir;
Doch haben hingeworfne Worte mich   185
Belehrt, daß seine Seele fest den Wunsch
Ergriffen hat, dich zu besitzen. Laß,
O überlaß ihn nicht sich selbst! damit
In seinem Busen nicht der Unmut reife
Und dir Entsetzen bringe, du zu spät   190
An meinen treuen Rat mit Reue denkest.
IPHIGENIE. Wie? Sinnt der König, was kein edler Mann,
Der seinen Namen liebt, und dem Verehrung
Der Himmlischen den Busen bändiget,
Je denken sollte? Sinnt er, vom Altar   195
Mich in sein Bette mit Gewalt zu ziehn?
So ruf' ich alle Götter und vor allen
Dianen, die entschloßne Göttin, an,
Die ihren Schutz der Priesterin gewiß
Und Jungfrau einer Jungfrau gern gewährt.   200
ARKAS. Sei ruhig! Ein gewaltsam neues Blut
Treibt nicht den König, solche Jünglingstat
Verwegen auszuüben. Wie er sinnt,
Befürcht' ich andern, harten Schluß von ihm,

Den unaufhaltbar er vollenden wird: 205
Denn seine Seel' ist fest und unbeweglich.
Drum bitt' ich dich, vertrau' ihm, sei ihm dankbar,
Wenn du ihm weiter nichts gewähren kannst.
IPHIGENIE. O sage, was dir weiter noch bekannt ist.
ARKAS. Erfahr's von ihm. Ich seh' den König kommen.   210
Du ehrst ihn, und dich heißt dein eigen Herz,
Ihm freundlich und vertraulich zu begegnen.
Ein edler Mann wird durch ein gutes Wort
Der Frauen weit geführt.
IPHIGENIE (allein).   Zwar seh' ich nicht,
Wie ich dem Rat des Treuen folgen soll;   215
Doch folg' ich gern der Pflicht, dem Könige
Für seine Wohltat gutes Wort zu geben,
Und wünsche mir, daß ich dem Mächtigen,
Was ihm gefällt. mit Wahrheit sagen möge.

DRITTER AUFTRITT

Iphigenie. Thoas.

IPHIGENIE. Mit königlichen Gütern segne dich   220
Die Göttin! Sie gewähre Sieg und Ruhm
Und Reichtum und das Wohl der Deinigen
Und jedes frommen Wunsches Fülle dir!
Daß, der du über viele sorgend herrschest,
Du auch vor vielen seltnes Glück genießest.   225
THOAS. Zufrieden wär' ich, wenn mein Volk mich rühmte:
Was ich erwarb, genießen andre mehr
Als ich. Der ist am glücklichsten, er sei
Ein König oder ein Geringer, dem
In seinem Hause Wohl bereitet ist.   230
Du nahmest teil an meinen tiefen Schmerzen,
Als mir das Schwert der Feinde meinen Sohn,
Den letzten, besten, von der Seite riß.
Solang' die Rache meinen Geist besaß,
Empfand ich nicht die Öde meiner Wohnung;   235
Doch jetzt, da ich befriedigt wiederkehre,
Ihr Reich zerstört, mein Sohn gerochen ist,

Bleibt mir zu Hause nichts, das mich ergetze.
Der fröhliche Gehorsam, den ich sonst
Aus einem jeden Auge blicken sah,   240
Ist nun von Sorg' und Unmut still gedämpft.
Ein jeder sinnt, was künftig werden wird,
Und folgt dem Kinderlosen, weil er muß.
Nun komm' ich heut' in diesen Tempel, den
Ich oft betrat, um Sieg zu bitten und   245
Für Sieg zu danken. Einen alten Wunsch
Trag' ich im Busen, der auch dir nicht fremd
Noch unerwartet ist: ich hoffe, dich,
Zum Segen meines Volks und mir zum Segen,
Als Braut in meine Wohnung einzuführen.   250
IPHIGENIE. Der Unbekannten bietest du zu viel,
O König, an. Es steht die Flüchtige
Beschämt vor dir, die nichts an diesem Ufer
Als Schutz und Ruhe sucht, die du ihr gabst.
THOAS. Daß du in das Geheimnis deiner Abkunft   255
Vor mir wie vor dem Letzten stets dich hüllest,
Wär' unter keinem Volke recht und gut.
Dies Ufer schreckt die Fremden: das Gesetz
Gebietet's und die Not. Allein von dir,
Die jedes frommen Rechts genießt, ein wohl   260
Von uns empfangner Gast, nach eignem Sinn
Und Willen ihres Tages sich erfreut,
Von dir hofft' ich Vertrauen, das der Wirt
Für seine Treue wohl erwarten darf.
IPHIGENIE. Verbarg ich meiner Eltern Namen und   265
Mein Haus, o König, war's Verlegenheit,
Nicht Mißtraun. Denn vielleicht, ach! wüßtest du,
Wer vor dir steht, und welch verwünschtes Haupt
Du nährst und schützest: ein Entsetzen faßte
Dein großes Herz mit seltnem Schauer an,   270
Und statt die Seite deines Thrones mir
Zu bieten, triebest du mich vor der Zeit
Aus deinem Reiche; stießest mich vielleicht,
Eh' zu den Meinen frohe Rückkehr mir
Und meiner Wandrung Ende zugedacht ist,   275
Dem Elend zu, das jeden Schweifenden,

Von seinem Haus Vertriebnen überall
Mit kalter, fremder Schreckenshand erwartet.

THOAS. Was auch der Rat der Götter mit dir sei,
Und was sie deinem Haus und dir gedenken,   280
So fehlt es doch, seitdem du bei uns wohnst
Und eines frommen Gastes Recht genießest,
An Segen nicht, der mir von oben kommt.
Ich möchte schwer zu überreden sein,
Daß ich an dir ein schuldvoll Haupt beschütze.   285

IPHIGENIE. Dir bringt die Wohltat Segen, nicht der Gast.

THOAS. Was man Verruchten tut, wird nicht gesegnet.
Drum endige dein Schweigen und dein Weigern!
Es fordert dies kein ungerechter Mann.
Die Göttin übergab dich meinen Händen;   290
Wie du ihr heilig warst, so warst du's mir.
Auch sei ihr Wink noch künftig mein Gesetz:
Wenn du nach Hause Rückkehr hoffen kannst,
So sprech' ich dich von aller Fordrung los.
Doch ist der Weg auf ewig dir versperrt,   295
Und ist dein Stamm vertrieben oder durch
Ein ungeheures Unheil ausgelöscht,
So bist du mein durch mehr als ein Gesetz.
Sprich offen! und du weißt, ich halte Wort.

IPHIGENIE. Vom alten Bande löset ungern sich   300
Die Zunge los, ein langverschwiegenes
Geheimnis endlich zu entdecken. Denn
Einmal vertraut, verläßt es ohne Rückkehr
Des tiefen Herzens sichre Wohnung, schadet,
Wie es die Götter wollen, oder nützt.   305
Vernimm! Ich bin aus Tantalus' Geschlecht.

THOAS. Du sprichst ein großes Wort gelassen aus.
Nennst du den deinen Ahnherrn, den die Welt
Als einen ehmals Hochbegnadigten
Der Götter kennt? Ist's jener Tantalus,   310
Den Jupiter zu Rat und Tafel zog,
An dessen alterfahrnen, vielen Sinn
Verknüpfenden Gesprächen Götter selbst,
Wie an Orakelsprüchen, sich ergetzten?

IPHIGENIE. Er ist es; aber Götter sollten nicht   315
  Mit Menschen wie mit ihresgleichen wandeln:
  Das sterbliche Geschlecht ist viel zu schwach,
  In ungewohnter Höhe nicht zu schwindeln.
  Unedel war er nicht und kein Verräter,
  Allein zum Knecht zu groß, und zum Gesellen   320
  Des großen Donnrers nur ein Mensch. So war
  Auch sein Vergehen menschlich; ihr Gericht
  War streng, und Dichter singen: Übermut
  Und Untreu stürzten ihn von Jovis Tisch
  Zur Schmach des alten Tartarus hinab.   325
  Ach, und sein ganz Geschlecht trug ihren Haß!
THOAS. Trug es die Schuld des Ahnherrn oder eigne?
IPHIGENIE. Zwar die gewalt'ge Brust und der Titanen
  Kraftvolles Mark war seiner Söhn' und Enkel
  Gewisses Erbteil; doch es schmiedete   320
  Der Gott um ihre Stirn ein ehern Band.
  Rat, Mäßigung und Weisheit und Geduld
  Verbarg er ihrem scheuen, düstern Blick:
  Zur Wut ward ihnen jegliche Begier,
  Und grenzenlos drang ihre Wut umher.   335
  Schon Pelops, der Gewaltig-Wollende,
  Des Tantalus geliebter Sohn, erwarb
  Sich durch Verrat und Mord das schönste Weib,
  Önomaus' Erzeugte, Hippodamien.
  Sie bringt den Wünschen des Gemahls zwei Söhne,   340
  Thyest und Atreus. Neidisch sehen sie
  Des Vaters Liebe zu dem ersten Sohn
  Aus einem andern Bette wachsend an.
  Der Haß verbindet sie, und heimlich wagt
  Das Paar im Brudermord die erste Tat.   345
  Der Vater wähnet Hippodamien
  Die Mörderin, und grimmig fordert er
  Von ihr den Sohn zurück, und sie entleibt
  Sich selbst –
THOAS.   Du schweigest? Fahre fort zu reden!
  Laß dein Vertraun dich nicht gereuen! Sprich!   350
IPHIGENIE. Wohl dem, der seiner Väter gern gedenkt,
  Der froh von ihren Taten, ihrer Größe

Den Hörer unterhält und, still sich freuend,
Ans Ende dieser schönen Reihe sich
Geschlossen sieht! Denn es erzeugt nicht gleich   355
Ein Haus den Halbgott, noch das Ungeheuer;
Erst eine Reihe Böser oder Guter
Bringt endlich das Entsetzen, bringt die Freude
Der Welt hervor. – Nach ihres Vaters Tode
Gebieten Atreus und Thyest der Stadt,   360
Gemeinsam-herrschend. Lange konnte nicht
Die Eintracht dauern. Bald entehrt Thyest
Des Bruders Bette. Rächend treibet Atreus
Ihn aus dem Reiche. Tückisch hatte schon
Thyest, auf schwere Taten sinnend, lange   365
Dem Bruder einen Sohn entwandt und heimlich
Ihn als den seinen schmeichelnd auferzogen.
Dem füllet er die Brust mit Wut und Rache
Und sendet ihn zur Königsstadt, daß er
Im Oheim seinen eignen Vater morde.   370
Des Jünglings Vorsatz wird entdeckt: der König
Straft grausam den gesandten Mörder, wähnend,
Er töte seines Bruders Sohn. Zu spät
Erfährt er, wer vor seinen trunknen Augen
Gemartert stirbt; und die Begier der Rache   375
Aus seiner Brust zu tilgen, sinnt er still
Auf unerhörte Tat. Er scheint gelassen,
Gleichgültig und versöhnt, und lockt den Bruder
Mit seinen beiden Söhnen in das Reich
Zurück, ergreift die Knaben, schlachtet sie   380
Und setzt die ekle, schaudervolle Speise
Dem Vater bei dem ersten Mahle vor.
Und da Thyest an seinem Fleische sich
Gesättigt, eine Wehmut ihn ergreift,
Er nach den Kindern fragt, den Tritt, die Stimme   385
Der Knaben an des Saales Türe schon
Zu hören glaubt, wirft Atreus grinsend
Ihm Haupt und Füße der Erschlagnen hin. –
Du wendest schaudernd dein Gesicht, o König:
So wendete die Sonn' ihr Antlitz weg   390
Und ihren Wagen aus dem ew'gen Gleise.

Dies sind die Ahnherrn deiner Priesterin;
Und viel unseliges Geschick der Männer,
Viel Taten des verworrnen Sinnes deckt
Die Nacht mit schweren Fittichen und läßt   395
Uns nur in grauenvolle Dämmrung sehn.
THOAS. Verbirg sie schweigend auch. Es sei genug
Der Greuel! Sage nun, durch welch ein Wunder
Von diesem wilden Stamme du entsprangst.
IPHIGENIE. Des Atreus ältster Sohn war Agamemnon: 400
Er ist mein Vater. Doch, ich darf es sagen,
In ihm hab' ich seit meiner ersten Zeit
Ein Muster des vollkommnen Manns gesehn.
Ihm brachte Klytämnestra mich, den Erstling
Der Liebe, dann Elektren. Ruhig herrschte   405
Der König, und es war dem Hause Tantals
Die lang' entbehrte Rast gewährt. Allein
Es mangelte dem Glück der Eltern noch
Ein Sohn, und kaum war dieser Wunsch erfüllt,
Daß zwischen beiden Schwestern nun Orest,   410
Der Liebling, wuchs, als neues Übel schon
Dem sichern Hause zubereitet war.
Der Ruf des Krieges ist zu euch gekommen,
Der, um den Raub der schönsten Frau zu rächen,
Die ganze Macht der Fürsten Griechenlands   415
Um Trojens Mauern lagerte. Ob sie
Die Stadt gewonnen, ihrer Rache Ziel
Erreicht, vernahm ich nicht. Mein Vater führte
Der Griechen Heer. In Aulis harrten sie
Auf günst'gen Wind vergebens: denn Diane,   420
Erzürnt auf ihren großen Führer, hielt
Die Eilenden zurück und forderte
Durch Kalchas' Mund des Königs ältste Tochter.
Sie lockten mit der Mutter mich ins Lager;
Sie rissen mich vor den Altar und weihten   425
Der Göttin dieses Haupt. – Sie war versöhnt:
Sie wollte nicht mein Blut und hüllte rettend
In eine Wolke mich; in diesem Tempel
Erkannt' ich mich zuerst vom Tode wieder.
Ich bin es selbst, bin Iphigenie,   430

Des Atreus Enkel, Agamemnons Tochter,
Der Göttin Eigentum, die mit dir spricht.
THOAS. Mehr Vorzug und Vertrauen geb' ich nicht
Der Königstochter als der Unbekannten.
Ich wiederhole meinen ersten Antrag: 435
Komm, folge mir und teile, was ich habe.
IPHIGENIE. Wie darf ich solchen Schritt, o König, wagen?
Hat nicht die Göttin, die mich rettete,
Allein das Recht auf mein geweihtes Leben?
Sie hat für mich den Schutzort ausgesucht,   440
Und sie bewahrt mich einem Vater, den
Sie durch den Schein genug gestraft, vielleicht
Zur schönsten Freude seines Alters hier.
Vielleicht ist mir die frohe Rückkehr nah;
Und ich, auf ihren Weg nicht achtend, hätte   445
Mich wider ihren Willen hier gefesselt?
Ein Zeichen bat ich, wenn ich bleiben sollte.
THOAS. Das Zeichen ist, daß du noch hier verweilst.
Such' Ausflucht solcher Art nicht ängstlich auf.
Man spricht vergebens viel, um zu versagen;   450
Der andre hört von allem nur das Nein.
IPHIGENIE. Nicht Worte sind es, die nur blenden sollen:
Ich habe dir mein tiefstes Herz entdeckt.
Und sagst du dir nicht selbst, wie ich dem Vater,
Der Mutter, den Geschwistern mich entgegen   455
Mit ängstlichen Gefühlen sehnen muß?
Daß in den alten Hallen, wo die Trauer
Noch manchmal stille meinen Namen lispelt,
Die Freude, wie um eine Neugeborne,
Den schönsten Kranz von Säul' an Säulen schlinge.   460
O sendetest du mich auf Schiffen hin!
Du gäbest mir und allen neues Leben.
THOAS. So kehr' zurück! Tu, was dein Herz dich heißt,
Und höre nicht die Stimme guten Rats
Und der Vernunft. Sei ganz ein Weib und gib   465
Dich hin dem Triebe, der dich zügellos
Ergreift und dahin oder dorthin reißt.
Wenn ihnen eine Lust im Busen brennt,
Hält vom Verräter sie kein heilig Band,

Der sie dem Vater oder dem Gemahl   470
Aus langbewährten, treuen Armen lockt;
Und schweigt in ihrer Brust die rasche Glut,
So dringt auf sie vergebens treu und mächtig
Der Überredung goldne Zunge los.
IPHIGENIE. Gedenk', o König, deines edeln Wortes!   475
Willst du mein Zutraun so erwidern? Du
Schienst vorbereitet, alles zu vernehmen.
THOAS. Aufs Ungehoffte war ich nicht bereitet;
Doch sollt' ich's auch erwarten: wußt' ich nicht,
Daß ich mit einem Weibe handeln ging?   480
IPHIGENIE. Schilt nicht, o König, unser arm Geschlecht.
Nicht herrlich wie die euern, aber nicht
Unedel sind die Waffen eines Weibes.
Glaub' es, darin bin ich dir vorzuziehn,
Daß ich dein Glück mehr als du selber kenne.   485
Du wähnest, unbekannt mit dir und mir,
Ein näher Band werd' uns zum Glück vereinen.
Voll guten Mutes, wie voll guten Willens,
Dringst du in mich, daß ich mich fügen soll;
Und hier dank' ich den Göttern, daß sie mir   490
Die Festigkeit gegeben, dieses Bündnis
Nicht einzugehen, das sie nicht gebilligt.
THOAS. Es spricht kein Gott; es spricht dein eignes Herz.
IPHIGENIE. Sie reden nur durch unser Herz zu uns.
THOAS. Und hab' Ich, sie zu hören, nicht das Recht?   495
IPHIGENIE. Es überbraust der Sturm die zarte Stimme.
THOAS. Die Priesterin vernimmt sie wohl allein?
IPHIGENIE. Vor allen andern merke sie der Fürst.
THOAS. Dein heilig Amt und dein geerbtes Recht
An Jovis Tisch bringt dich den Göttern näher   500
Als einen erdgebornen Wilden.
IPHIGENIE.   So
Büß' ich nun das Vertraun, das du erzwangst.
THOAS. Ich bin ein Mensch; und besser ist's, wir enden.
So bleibe denn mein Wort: Sei Priesterin
Der Göttin, wie sie dich erkoren hat;   505
Doch mir verzeih' Diane, daß ich ihr
Bisher, mit Unrecht und mit innerm Vorwurf,

Die alten Opfer vorenthalten habe.
Kein Fremder nahet glücklich unserm Ufer:
Von alters her ist ihm der Tod gewiß.   510
Nur du hast mich mit einer Freundlichkeit,
In der ich bald der zarten Tochter Liebe,
Bald stille Neigung einer Braut zu sehn
Mich tief erfreute, wie mit Zauberbanden
Gefesselt, daß ich meiner Pflicht vergaß.   515
Du hattest mir die Sinnen eingewiegt,
Das Murren meines Volks vernahm ich nicht;
Nun rufen sie die Schuld von meines Sohnes
Frühzeit'gem Tode lauter über mich.
Um deinetwillen halt' ich länger nicht   520
Die Menge, die das Opfer dringend fordert.
IPHIGENIE. Um meinetwillen hab' ich's nie begehrt.
Der mißversteht die Himmlischen, der sie
Blutgierig wähnt: er dichtet ihnen nur
Die eignen grausamen Begierden an.   525
Entzog die Göttin mich nicht selbst dem Priester?
Ihr war mein Dienst willkommner als mein Tod.
THOAS. Es ziemt sich nicht für uns, den heiligen
Gebrauch mit leicht beweglicher Vernunft
Nach unserm Sinn zu deuten und zu lenken.   530
Tu deine Pflicht, ich werde meine tun.
Zwei Fremde, die wir in des Ufers Höhlen
Versteckt gefunden, und die meinem Lande
Nichts Gutes bringen, sind in meiner Hand.
Mit diesen nehme deine Göttin wieder   535
Ihr erstes, rechtes, lang' entbehrtes Opfer!
Ich sende sie hierher; du weißt den Dienst.

VIERTER AUFTRITT

IPHIGENIE (allein). Du hast Wolken, gnädige Retterin,
Einzuhüllen unschuldig Verfolgte,
Und auf Winden dem ehrnen Geschick sie   540
Aus den Armen, über das Meer,
Über der Erde weiteste Strecken,

Und wohin es dir gut dünkt, zu tragen.
Weise bist du und siehest das Künftige;
Nicht vorüber ist dir das Vergangne,   545
Und dein Blick ruht über den Deinen,
Wie dein Licht, das Leben der Nächte,
Über der Erde ruhet und waltet.
O, enthalte vom Blut meine Hände!
Nimmer bringt es Segen und Ruhe;   550
Und die Gestalt des zufällig Ermordeten
Wird auf des traurig-unwilligen Mörders
Böse Stunden lauern und schrecken.
Denn die Unsterblichen lieben der Menschen
Weit verbreitete gute Geschlechter,   555
Und sie fristen das flüchtige Leben
Gerne dem Sterblichen, wollen ihm gerne
Ihres eigenen, ewigen Himmels
Mitgenießendes fröhliches Anschaun
Eine Weile gönnen und lassen.   560

ZWEITER AUFZUG

ERSTER AUFTRITT

Orest. Pylades.

OREST. Es ist der Weg des Todes, den wir treten:
Mit jedem Schritt wird meine Seele stiller.
Als ich Apollen bat, das gräßliche
Geleit der Rachegeister von der Seite
Mir abzunehmen, schien er Hilf' und Rettung   565
Im Tempel seiner vielgeliebten Schwester,
Die über Tauris herrscht, mit hoffnungsreichen,
Gewissen Götterworten zu versprechen;
Und nun erfüllet sich's, daß alle Not
Mit meinem Leben völlig enden soll.   570
Wie leicht wird's mir, dem eine Götterhand
Das Herz zusammendrückt, den Sinn betäubt,
Dem schönen Licht der Sonne zu entsagen.

Und sollen Atreus' Enkel in der Schlacht
Ein siegbekröntes Ende nicht gewinnen,   575
Soll ich wie meine Ahnen, wie mein Vater
Als Opfertier im Jammertode bluten:
So sei es! Besser hier vor dem Altar,
Als im verworfnen Winkel, wo die Netze
Der nahverwandte Meuchelmörder stellt.   580
Laßt mir so lange Ruh, ihr Unterird'schen,
Die nach dem Blut ihr, das von meinen Tritten
Hernieder träufelnd meinen Pfad bezeichnet,
Wie losgelaßne Hunde spürend hetzt!
Laßt mich, ich komme bald zu euch hinab: 585
Das Licht des Tags soll euch nicht sehn, noch mich.
Der Erde schöner grüner Teppich soll
Kein Tummelplatz für Larven sein. Dort unten
Such' ich euch auf: dort bindet alle dann
Ein gleich Geschick in ew'ge matte Nacht.   590
Nur dich, mein Pylades, dich, meiner Schuld
Und meines Banns unschuldigen Genossen,
Wie ungern nehm' ich dich in jenes Trauerland
Frühzeitig mit! Dein Leben oder Tod
Gibt mir allein noch Hoffnung oder Furcht.   595
PYLADES. Ich bin noch nicht, Orest, wie du bereit,
In jenes Schattenreich hinabzugehn.
Ich sinne noch, durch die verworrnen Pfade,
Die nach der schwarzen Nacht zu führen scheinen,
Uns zu dem Leben wieder aufzuwinden.   600
Ich denke nicht den Tod; ich sinn' und horche,
Ob nicht zu irgendeiner frohen Flucht
Die Götter Rat und Wege zubereiten.
Der Tod, gefürchtet oder ungefürchtet,
Kommt unaufhaltsam. Wenn die Priesterin   605
Schon, unsre Locken weihend abzuschneiden,
Die Hand erhebt, soll dein' und meine Rettung
Mein einziger Gedanke sein. Erhebe
Von diesem Unmut deine Seele; zweifelnd
Beschleunigest du die Gefahr. Apoll   610
Gab uns das Wort: im Heiligtum der Schwester
Sei Trost und Hilf' und Rückkehr dir bereitet.

Der Götter Worte sind nicht doppelsinnig,
Wie der Gedrückte sie im Unmut wähnt.

OREST. Des Lebens dunkle Decke breitete   615
Die Mutter schon mir um das zarte Haupt,
Und so wuchs ich herauf, ein Ebenbild
Des Vaters, und es war mein stummer Blick
Ein bittrer Vorwurf ihr und ihrem Buhlen.
Wie oft, wenn still Elektra, meine Schwester,   620
Am Feuer in der tiefen Halle saß,
Drängt' ich beklommen mich an ihren Schoß
Und starrte, wie sie bitter weinte, sie
Mit großen Augen an. Dann sagte sie
Von unserm hohen Vater viel: wie sehr   625
Verlangt' ich, ihn zu sehn, bei ihm zu sein!
Mich wünscht' ich bald nach Troja, ihn bald her.
Es kam der Tag –

PYLADES.   O laß von jener Stunde
Sich Höllengeister nächtlich unterhalten!
Uns gebe die Erinnrung schöner Zeit   630
Zu frischem Heldenlaufe neue Kraft.
Die Götter brauchen manchen guten Mann
Zu ihrem Dienst auf dieser weiten Erde.
Sie haben noch auf dich gezählt; sie gaben
Dich nicht dem Vater zum Geleite mit,   635
Da er unwillig nach dem Orkus ging.

OREST. O wär' ich, seinen Saum ergreifend, ihm
Gefolgt!

PYLADES.   So haben die, die dich erhielten,
Für mich gesorgt: denn was ich worden wäre,
Wenn du nicht lebtest, kann ich mir nicht denken,   640
Da ich mit dir und deinetwillen nur
Seit meiner Kindheit leb' und leben mag.

OREST. Erinnre mich nicht jener schönen Tage,
Da mir dein Haus die freie Stätte gab,
Dein edler Vater klug und liebevoll   645
Die halberstarrte junge Blüte pflegte;
Da du, ein immer munterer Geselle,
Gleich einem leichten, bunten Schmetterling
Um eine dunkle Blume, jeden Tag

Um mich mit neuem Leben gaukeltest,   650
Mir deine Lust in meine Seele spieltest,
Daß ich, vergessend meiner Not, mit dir
In rascher Jugend hingerissen schwärmte.
PYLADES. Da fing mein Leben an, als ich dich liebte.
OREST. Sag: meine Not begann, und du sprichst wahr.   655
Das ist das Ängstliche von meinem Schicksal,
Daß ich, wie ein verpesteter Vertriebner,
Geheimen Schmerz und Tod im Busen trage;
Daß, wo ich den gesundsten Ort betrete,
Gar bald um mich die blühenden Gesichter   660
Den Schmerzenszug langsamen Tods verraten.
PYLADES. Der Nächste wär' ich, diesen Tod zu sterben,
Wenn je dein Hauch, Orest, vergiftete.
Bin ich nicht immer noch voll Mut und Lust?
Und Lust und Liebe sind die Fittiche   665
Zu großen Taten.
OREST.   Große Taten? Ja,
Ich weiß die Zeit, da wir sie vor uns sahn!
Wenn wir zusammen oft dem Wilde nach
Durch Berg' und Täler rannten und dereinst,
An Brust und Faust dem hohen Ahnherrn gleich,   670
Mit Keul' und Schwert dem Ungeheuer so,
Dem Räuber auf der Spur zu jagen hofften;
Und dann wir abends an der weiten See
Uns aneinander lehnend ruhig saßen,
Die Wellen bis zu unsern Füßen spielten,   675
Die Welt so weit, so offen vor uns lag:
Da fuhr wohl einer manchmal nach dem Schwert,
Und künft'ge Taten drangen wie die Sterne
Rings um uns her unzählig aus der Nacht.
PYLADES. Unendlich ist das Werk, das zu vollführen   680
Die Seele dringt. Wir möchten jede Tat
So groß gleich tun, als wie sie wächst und wird,
Wenn jahrelang durch Länder und Geschlechter
Der Mund der Dichter sie vermehrend wälzt.
Es klingt so schön, was unsre Väter taten,   685
Wenn es, in stillen Abendschatten ruhend,
Der Jüngling mit dem Ton der Harfe schlürft;

Und was wir tun, ist, wie es ihnen war,
Voll Müh und eitel Stückwerk!
So laufen wir nach dem, was vor uns flieht,   690
Und achten nicht des Weges, den wir treten,
Und sehen neben uns der Ahnherrn Tritte
Und ihres Erdelebens Spuren kaum.
Wir eilen immer ihrem Schatten nach,
Der göttergleich in einer weiten Ferne   695
Der Berge Haupt auf goldnen Wolken krönt.
Ich halte nichts von dem, der von sich denkt,
Wie ihn das Volk vielleicht erheben möchte;
Allein, o Jüngling, danke du den Göttern,
Daß sie so früh durch dich so viel getan.   700
OREST. Wenn sie dem Menschen frohe Tat bescheren,
Daß er ein Unheil von den Seinen wendet,
Daß er sein Reich vermehrt, die Grenzen sichert,
Und alte Feinde fallen oder fliehn:
Dann mag er danken! denn ihm hat ein Gott   705
Des Lebens erste, letzte Lust gegönnt.
Mich haben sie zum Schlächter auserkoren,
Zum Mörder meiner doch verehrten Mutter,
Und, eine Schandtat schändlich rächend, mich
Durch ihren Wink zugrund' gerichtet. Glaube,   710
Sie haben es auf Tantals Haus gerichtet,
Und ich, der Letzte, soll nicht schuldlos, soll
Nicht ehrenvoll vergehn.
PYLADES.   Die Götter rächen
Der Väter Missetat nicht an dem Sohn;
Ein jeglicher, gut oder böse, nimmt   715
Sich seinen Lohn mit seiner Tat hinweg.
Es erbt der Eltern Segen, nicht ihr Fluch.
OREST. Uns führt ihr Segen, dünkt mich, nicht hierher.
PYLADES. Doch wenigstens der hohen Götter Wille.
OREST. So ist's ihr Wille denn, der uns verderbt.   720
PYLADES. Tu, was sie dir gebieten, und erwarte.
Bringst du die Schwester zu Apollen hin,
Und wohnen beide dann vereint zu Delphi,
Verehrt von einem Volk, das edel denkt,
So wird für diese Tat das hohe Paar   725

Dir gnädig sein, sie werden aus der Hand
Der Unterird'schen dich erretten. Schon
In diesen heil'gen Hain wagt keine sich.
OREST. So hab' ich wenigstens geruh'gen Tod.
PYLADES. Ganz anders denk' ich, und nicht ungeschickt   730
  Hab' ich das schon Geschehne mit dem Künft'gen
  Verbunden und im stillen ausgelegt.
  Vielleicht reift in der Götter Rat schon lange
  Das große Werk. Diana sehnet sich
  Von diesem rauhen Ufer der Barbaren   735
  Und ihren blut'gen Menschenopfern weg.
  Wir waren zu der schönen Tat bestimmt,
  Uns wird sie auferlegt, und seltsam sind
  Wir an der Pforte schon gezwungen hier.
OREST. Mit seltner Kunst flichtst du der Götter Rat   740
  Und deine Wünsche klug in eins zusammen.
PYLADES. Was ist des Menschen Klugheit, wenn sie nicht
  Auf jener Willen droben achtend lauscht?
  Zu einer schweren Tat beruft ein Gott
  Den edlen Mann, der viel verbrach, und legt   745
  Ihm auf, was uns unmöglich scheint zu enden.
  Es siegt der Held, und büßend dienet er
  Den Göttern und der Welt, die ihn verehrt.
OREST. Bin ich bestimmt, zu leben und zu handeln,
  So nehm' ein Gott von meiner schweren Stirn   750
  Den Schwindel weg, der auf dem schlüpfrigen,
  Mit Mutterblut besprengten Pfade fort
  Mich zu den Toten reißt. Er trockne gnädig
  Die Quelle, die, mir aus der Mutter Wunden
  Entgegensprudelnd, ewig mich befleckt.   755
PYLADES. Erwart' es ruhiger! Du mehrst das Übel
  Und nimmst das Amt der Furien auf dich.
  Laß mich nur sinnen, bleibe still! Zuletzt,
  Bedarf's zur Tat vereinter Kräfte, dann
  Ruf' ich dich auf, und beide schreiten wir   760
  Mit überlegter Kühnheit zur Vollendung.
OREST. Ich hör' Ulyssen reden.
PYLADES.   Spotte nicht.
  Ein jeglicher muß seinen Helden wählen,

Dem er die Wege zum Olymp hinauf
Sich nacharbeitet. Laß es mich gestehn: 765
Mir scheinet List und Klugheit nicht den Mann
Zu schänden, der sich kühnen Taten weiht.
OREST. Ich schätze den, der tapfer ist und grad.
PYLADES. Drum hab' ich keinen Rat von dir verlangt.
Schon ist ein Schritt getan. Von unsern Wächtern   770
Hab' ich bisher gar vieles ausgelockt.
Ich weiß, ein fremdes, göttergleiches Weib
Hält jenes blutige Gesetz gefesselt:
Ein reines Herz und Weihrauch und Gebet
Bringt sie den Göttern dar. Man rühmet hoch   775
Die Gütige; man glaubet, sie entspringe
Vom Stamm der Amazonen, sei geflohn,
Um einem großen Unheil zu entgehn.
OREST. Es scheint, ihr lichtes Reich verlor die Kraft
Durch des Verbrechers Nähe, den der Fluch   780
Wie eine breite Nacht verfolgt und deckt.
Die fromme Blutgier löst den alten Brauch
Von seinen Fesseln los, uns zu verderben.
Der wilde Sinn des Königs tötet uns:
Ein Weib wird uns nicht retten, wenn er zürnt.   785
PYLADES. Wohl uns, daß es ein Weib ist! denn ein Mann,
Der beste selbst, gewöhnet seinen Geist
An Grausamkeit und macht sich auch zuletzt
Aus dem, was er verabscheut, ein Gesetz,
Wird aus Gewohnheit hart und fast unkenntlich.   790
Allein ein Weib bleibt stet auf einem Sinn,
Den sie gefaßt. Du rechnest sicherer
Auf sie im Guten wie im Bösen. – Still!
Sie kommt; laß uns allein. Ich darf nicht gleich
Ihr unsre Namen nennen, unser Schicksal   795
Nicht ohne Rückhalt ihr vertraun. Du gehst,
Und eh' sie mit dir spricht, treff' ich dich noch.

ZWEITER AUFTRITT

Iphigenie. Pylades.

IPHIGENIE. Woher du seist und kommst, o Fremdling, sprich!
  Mir scheint es, daß ich eher einem Griechen
  Als einem Skythen dich vergleichen soll.   800
          (Sie nimmt ihm die Ketten ab.)
  Gefährlich ist die Freiheit, die ich gebe;
  Die Götter wenden ab, was euch bedroht!
PYLADES. O süße Stimme! Vielwillkommner Ton
  Der Muttersprach' in einem fremden Lande!
  Des väterlichen Hafens blaue Berge   805
  Seh' ich Gefangner neu willkommen wieder
  Vor meinen Augen. Laß dir diese Freude
  Versichern, daß auch ich ein Grieche bin!
  Vergessen hab' ich einen Augenblick,
  Wie sehr ich dein bedarf, und meinen Geist   810
  Der herrlichen Erscheinung zugewendet.
  O sage, wenn dir ein Verhängnis nicht
  Die Lippe schließt, aus welchem unsrer Stämme
  Du deine göttergleiche Herkunft zählst.
IPHIGENIE. Die Priesterin, von ihrer Göttin selbst   815
  Gewählet und geheiligt, spricht mit dir.
  Das laß dir gnügen; sage, wer du seist,
  Und welch unselig-waltendes Geschick
  Mit dem Gefährten dich hierher gebracht.
PYLADES. Leicht kann ich dir erzählen, welch ein Übel   820
  Mit lastender Gesellschaft uns verfolgt.
  O könntest du der Hoffnung frohen Blick
  Uns auch so leicht, du Göttliche, gewähren!
  Aus Kreta sind wir, Söhne des Adrasts:
  Ich bin der jüngste, Cephalus genannt,   825
  Und er Laodamas, der älteste
  Des Hauses. Zwischen uns stand rauh und wild
  Ein mittlerer und trennte schon im Spiel
  Der ersten Jugend Einigkeit und Lust.
  Gelassen folgten wir der Mutter Worten,   830
  Solang' des Vaters Kraft vor Troja stritt;
  Doch als er beutereich zurücke kam

Und kurz darauf verschied, da trennte bald
Der Streit um Reich und Erbe die Geschwister.
Ich neigte mich zum Ältsten. Er erschlug   835
Den Bruder. Um der Blutschuld willen treibt
Die Furie gewaltig ihn umher.
Doch diesem wilden Ufer sendet uns
Apoll, der Delphische, mit Hoffnung zu.
Im Tempel seiner Schwester hieß er uns   840
Der Hilfe segensvolle Hand erwarten.
Gefangen sind wir und hierher gebracht
Und dir als Opfer dargestellt. Du weißt's.

IPHIGENIE. Fiel Troja? Teurer Mann, versich' es mir.

PYLADES. Es liegt. O sichre du uns Rettung zu!   845
Beschleunige die Hilfe, die ein Gott
Versprach. Erbarme meines Bruders dich.
O sag' ihm bald ein gutes holdes Wort;
Doch schone seiner, wenn du mit ihm sprichst,
Das bitt' ich eifrig: denn es wird gar leicht   850
Durch Freud' und Schmerz und durch Erinnerung
Sein Innerstes ergriffen und zerrüttet.
Ein fieberhafter Wahnsinn fällt ihn an,
Und seine schöne freie Seele wird
Den Furien zum Raube hingegeben.   855

IPHIGENIE. So groß dein Unglück ist, beschwör' ich dich:
Vergiß es, bis du mir genuggetan.

PYLADES. Die hohe Stadt, die zehen lange Jahre
Dem ganzen Heer der Griechen widerstand,
Liegt nun im Schutte, steigt nicht wieder auf.   860
Doch manche Gräber unsrer Besten heißen
Uns an das Ufer der Barbaren denken.
Achill liegt dort mit seinem schönen Freunde.

IPHIGENIE. So seid ihr Götterbilder auch zu Staub!

PYLADES. Auch Palamedes, Ajax Telamons,   865
Sie sahn des Vaterlandes Tag nicht wieder.

IPHIGENIE. Er schweigt von meinem Vater, nennt ihn nicht
Mit den Erschlagnen. Ja! er lebt mir noch!
Ich werd' ihn sehn. O hoffe, liebes Herz!

PYLADES. Doch selig sind die Tausende, die starben   870
Den bittersüßen Tod von Feindes Hand!

Denn wüste Schrecken und ein traurig Ende
Hat den Rückkehrenden statt des Triumphs
Ein feindlich aufgebrachter Gott bereitet.
Kommt denn der Menschen Stimme nicht zu euch?   875
So weit sie reicht, trägt sie den Ruf umher
Von unerhörten Taten, die geschahn.
So ist der Jammer, der Mycenens Hallen
Mit immer wiederholten Seufzern füllt,
Dir ein Geheimnis? – Klytämnestra hat   880
Mit Hilf' Ägisthens den Gemahl berückt,
Am Tage seiner Rückkehr ihn ermordet! –
Ja, du verehrest dieses Königs Haus!
Ich seh' es, deine Brust bekämpft vergebens
Das unerwartet ungeheure Wort.   885
Bist du die Tochter eines Freundes? bist
Du nachbarlich in dieser Stadt geboren?
Verbirg es nicht und rechne mir's nicht zu,
Daß ich der erste diese Greuel melde.

IPHIGENIE. Sag' an, wie ward die schwere Tat vollbracht?   890
PYLADES. Am Tage seiner Ankunft, da der König,
  Vom Bad erquickt und ruhig, sein Gewand
  Aus der Gemahlin Hand verlangend, stieg,
  Warf die Verderbliche ein faltenreich
  Und künstlich sich verwirrendes Gewebe   895
  Ihm auf die Schultern, um das edle Haupt;
  Und da er wie von einem Netze sich
  Vergebens zu entwickeln strebte, schlug
  Ägisth ihn, der Verräter, und verhüllt
  Ging zu den Toten dieser große Fürst.   900
IPHIGENIE. Und welchen Lohn erhielt der Mitverschworne?
PYLADES. Ein Reich und Bette, das er schon besaß.
IPHIGENIE. So trieb zur Schandtat eine böse Lust?
PYLADES. Und einer alten Rache tief Gefühl.
IPHIGENIE. Und wie beleidigte der König sie?   905
PYLADES. Mit schwerer Tat, die, wenn Entschuldigung
  Des Mordes wäre, sie entschuldigte.
  Nach Aulis lockt' er sie und brachte dort,
  Als eine Gottheit sich der Griechen Fahrt
  Mit ungestümen Winden widersetzte,   910

Die älteste Tochter, Iphigenien,
Vor den Altar Dianens, und sie fiel,
Ein blutig Opfer, für der Griechen Heil.
Dies, sagt man, hat ihr einen Widerwillen
So tief ins Herz geprägt, daß sie dem Werben   915
Ägisthens sich ergab und den Gemahl
Mit Netzen des Verderbens selbst umschlang.

IPHIGENIE (sich verhüllend).
Es ist genug. Du wirst mich wiedersehn.

PYLADES (allein).
Von dem Geschick des Königshauses scheint
Sie tief gerührt. Wer sie auch immer sei,   920
So hat sie selbst den König wohl gekannt
Und ist, zu unserm Glück, aus hohem Hause
Hierher verkauft. Nur stille, liebes Herz,
Und laß dem Stern der Hoffnung, der uns blinkt,
Mit frohem Mut uns klug entgegensteuern.   925

DRITTER AUFZUG

ERSTER AUFTRITT

Iphigenie. Orest.

IPHIGENIE. Unglücklicher, ich löse deine Bande
Zum Zeichen eines schmerzlichern Geschicks.
Die Freiheit, die das Heiligtum gewährt,
Ist, wie der letzte lichte Lebensblick
Des schwer Erkrankten, Todesbote. Noch   930
Kann ich es mir und darf es mir nicht sagen,
Daß ihr verloren seid! Wie könnt' ich euch
Mit mörderischer Hand dem Tode weihen?
Und niemand, wer es sei, darf euer Haupt,
Solang' ich Priesterin Dianens bin,   935
Berühren. Doch verweigr' ich jene Pflicht,
Wie sie der aufgebrachte König fordert,
So wählt er eine meiner Jungfraun mir
Zur Folgerin, und ich vermag alsdann
Mit heißem Wunsch allein euch beizustehn.   940

O werter Landsmann! Selbst der letzte Knecht,
Der an den Herd der Vatergötter streifte,
Ist uns in fremdem Lande hoch willkommen:
Wie soll ich euch genug mit Freud' und Segen
Empfangen, die ihr mir das Bild der Helden,   945
Die ich von Eltern her verehren lernte,
Entgegenbringet und das innre Herz
Mit neuer, schöner Hoffnung schmeichelnd labet!
OREST. Verbirgst du deinen Namen, deine Herkunft
Mit klugem Vorsatz? oder darf ich wissen,   950
Wer mir, gleich einer Himmlischen, begegnet?
IPHIGENIE. Du sollst mich kennen. Jetzo sag' mir an,
Was ich nur halb von deinem Bruder hörte,
Das Ende derer, die, von Troja kehrend,
Ein hartes unerwartetes Geschick   955
Auf ihrer Wohnung Schwelle stumm empfing.
Zwar ward ich jung an diesen Strand geführt;
Doch wohl erinnr' ich mich des scheuen Blicks,
Den ich mit Staunen und mit Bangigkeit
Auf jene Helden warf. Sie zogen aus,   960
Als hätte der Olymp sich aufgetan
Und die Gestalten der erlauchten Vorwelt
Zum Schrecken Ilions herabgesendet,
Und Agamemnon war vor allen herrlich!
O sage mir! er fiel, sein Haus betretend,   965
Durch seiner Frauen und Ägisthens Tücke?
OREST. Du sagst's!
IPHIGENIE.   Weh dir, unseliges Mycen!
So haben Tantals Enkel Fluch auf Fluch
Mit vollen wilden Händen ausgesät!
Und, gleich dem Unkraut, wüste Häupter schüttelnd   970
Und tausendfält'gen Samen um sich streuend,
Den Kindeskindern nahverwandte Mörder
Zur ew'gen Wechselwut erzeugt! Enthülle,
Was von der Rede deines Bruders schnell
Die Finsternis des Schreckens mir verdeckte.   975
Wie ist des großen Stammes letzter Sohn,
Das holde Kind, bestimmt, des Vaters Rächer
Dereinst zu sein, wie ist Orest dem Tage

Des Bluts entgangen? Hat ein gleich Geschick
Mit des Avernus Netzen ihn umschlungen?   9
Ist er gerettet? Lebt er? Lebt Elektra?
OREST. Sie leben.
IPHIGENIE.   Goldne Sonne, leihe mir
Die schönsten Strahlen, lege sie zum Dank
Vor Jovis Thron! denn ich bin arm und stumm.
OREST. Bist du gastfreundlich diesem Königshause,   9
Bist du mit nähern Banden ihm verbunden,
Wie deine schöne Freude mir verrät,
So bändige dein Herz und halt es fest!
Denn unerträglich muß dem Fröhlichen
Ein jäher Rückfall in die Schmerzen sein.   9
Du weißt nur, merk' ich, Agamemnons Tod.
IPHIGENIE. Hab' ich an dieser Nachricht nicht genug?
OREST. Du hast des Greuels Hälfte nur erfahren.
IPHIGENIE. Was fürcht' ich noch? Orest, Elektra leben.
OREST. Und fürchtest du für Klytämnestren nichts?   9
IPHIGENIE. Sie rettet weder Hoffnung, weder Furcht.
OREST. Auch schied sie aus dem Land der Hoffnung ab.
IPHIGENIE. Vergoß sie reuig wütend selbst ihr Blut?
OREST. Nein, doch ihr eigen Blut gab ihr den Tod.
IPHIGENIE. Sprich deutlicher, daß ich nicht länger sinne. 100
Die Ungewißheit schlägt mir tausendfältig
Die dunkeln Schwingen um das bange Haupt.
OREST. So haben mich die Götter ausersehn
Zum Boten einer Tat, die ich so gern
Ins klanglos-dumpfe Höhlenreich der Nacht   100
Verbergen möchte? Wider meinen Willen
Zwingt mich dein holder Mund; allein er darf
Auch etwas Schmerzlichs fordern und erhält's.
Am Tage, da der Vater fiel, verbarg
Elektra rettend ihren Bruder: Strophius,   10
Des Vaters Schwäher, nahm ihn willig auf,
Erzog ihn neben seinem eignen Sohne,
Der, Pylades genannt, die schönsten Bande
Der Freundschaft um den Angekommnen knüpfte.
Und wie sie wuchsen, wuchs in ihrer Seele   10
Die brennende Begier, des Königs Tod

Zu rächen. Unversehen, fremd gekleidet,
Erreichen sie Mycen, als brächten sie
Die Trauernachricht von Orestens Tode
Mit seiner Asche. Wohl empfänget sie   1020
Die Königin; sie treten in das Haus.
Elektren gibt Orest sich zu erkennen;
Sie bläst der Rache Feuer in ihm auf,
Das vor der Mutter heil'ger Gegenwart
In sich zurückgebrannt war. Stille führt   1025
Sie ihn zum Orte, wo sein Vater fiel,
Wo eine alte leichte Spur des frech
Vergoßnen Blutes oftgewaschnen Boden
Mit blassen ahndungsvollen Streifen färbte.
Mit ihrer Feuerzunge schilderte   1030
Sie jeden Umstand der verruchten Tat,
Ihr knechtisch elend durchgebrachtes Leben,
Den Übermut der glücklichen Verräter
Und die Gefahren, die nun der Geschwister
Von einer stiefgewordnen Mutter warteten. –   1035
Hier drang sie jenen alten Dolch ihm auf,
Der schon in Tantals Hause grimmig wütete,
Und Klytämnestra fiel durch Sohnes Hand.
IPHIGENIE. Unsterbliche, die ihr den reinen Tag
Auf immer neuen Wolken selig lebet,   1040
Habt ihr nur darum mich so manches Jahr
Von Menschen abgesondert, mich so nah
Bei euch gehalten, mir die kindliche
Beschäftigung, des heil'gen Feuers Glut
Zu nähren aufgetragen, meine Seele   1045
Der Flamme gleich in ew'ger frommer Klarheit
Zu euern Wohnungen hinaufgezogen,
Daß ich nur meines Hauses Greuel später
Und tiefer fühlen sollte? – Sage mir
Vom Unglücksel'gen! Sprich mir von Orest! –   1050
OREST. O könnte man von seinem Tode sprechen!
Wie gärend stieg aus der Erschlagnen Blut
Der Mutter Geist
Und ruft der Nacht uralten Töchtern zu:
„Laßt nicht den Muttermörder entfliehn!   1055

Verfolgt den Verbrecher? Euch ist er geweiht!"
Sie horchen auf, es schaut ihr hohler Blick
Mit der Begier des Adlers um sich her.
Sie rühren sich in ihren schwarzen Höhlen,
Und aus den Winkeln schleichen ihre Gefährten,   10
Der Zweifel und die Reue, leis herbei.
Vor ihnen steigt ein Dampf vom Acheron;
In seinen Wolkenkreisen wälzet sich
Die ewige Betrachtung des Geschehnen
Verwirrend um des Schuld'gen Haupt umher.   10
Und sie, berechtigt zum Verderben, treten
Der gottbesäten Erde schönen Boden,
Von dem ein alter Fluch sie längst verbannte.
Den Flüchtigen verfolgt ihr schneller Fuß:
Sie geben nur, um neu zu schrecken, Rast.   10
IPHIGENIE. Unseliger, du bist in gleichem Fall
  Und fühlst, was er, der arme Flüchtling, leidet!
OREST. Was sagst du mir? Was wähnst du gleichen Fall?
IPHIGENIE. Dich drückt ein Brudermord wie jenen; mir
  Vertraute dies dein jüngster Bruder schon.   10
OREST. Ich kann nicht leiden, daß du große Seele
  Mit einem falschen Wort betrogen werdest.
  Ein lügenhaft Gewebe knüpf' ein Fremder
  Dem Fremden, sinnreich und der List gewohnt,
  Zur Falle vor die Füße; zwischen uns   10
  Sei Wahrheit!
  Ich bin Orest! und dieses schuld'ge Haupt
  Senkt nach der Grube sich und sucht den Tod:
  In jeglicher Gestalt sei er willkommen!
  Wer du auch seist, so wünsch' ich Rettung dir   10
  Und meinem Freunde; mir wünsch' ich sie nicht.
  Du scheinst hier wider Willen zu verweilen:
  Erfindet Rat zur Flucht und laßt mich hier.
  Es stürze mein entseelter Leib vom Fels,
  Es rauche bis zum Meer hinab mein Blut   10
  Und bringe Fluch dem Ufer der Barbaren!
  Geht ihr, daheim im schönen Griechenland
  Ein neues Leben freundlich anzufangen.
                    (Er entfernt sich.)

IPHIGENIE. So steigst du denn, Erfüllung, schönste Tochter
  Des größten Vaters, endlich zu mir nieder!   1095
  Wie ungeheuer steht dein Bild vor mir!
  Kaum reicht mein Blick dir an die Hände, die,
  Mit Frucht und Segenskränzen angefüllt,
  Die Schätze des Olympus niederbringen.
  Wie man den König an dem Übermaß   1100
  Der Gaben kennt – denn ihm muß wenig scheinen,
  Was Tausenden schon Reichtum ist –, so kennt
  Man euch, ihr Götter, an gesparten, lang'
  Und weise zubereiteten Geschenken.
  Denn ihr allein wißt, was uns frommen kann,   1105
  Und schaut der Zukunft ausgedehntes Reich,
  Wenn jedes Abends Stern- und Nebelhülle
  Die Aussicht uns verdeckt. Gelassen hört
  Ihr unser Flehn, das um Beschleunigung
  Euch kindisch bittet; aber eure Hand   1110
  Bricht unreif nie die goldnen Himmelsfrüchte,
  Und wehe dem, der, ungeduldig sie
  Ertrotzend, saure Speise sich zum Tod
  Genießt. O laßt das lang' erwartete,
  Noch kaum gedachte Glück nicht, wie den Schatten   1115
  Des abgeschiednen Freundes, eitel mir
  Und dreifach schmerzlicher vorübergehn!
OREST (tritt wieder zu ihr).
  Rufst du die Götter an für dich und Pylades,
  So nenne meinen Namen nicht mit eurem.
  Du rettest den Verbrecher nicht, zu dem   1120
  Du dich gesellst, und teilest Fluch und Not.
IPHIGENIE. Mein Schicksal ist an deines fest gebunden.
OREST. Mit nichten! Laß allein und unbegleitet
  Mich zu den Toten gehn. Verhülltest du
  In deinen Schleier selbst den Schuldigen: 1125
  Du birgst ihn nicht vorm Blick der immer Wachen,
  Und deine Gegenwart, du Himmlische,
  Drängt sie nur seitwärts und verscheucht sie nicht.
  Sie dürfen mit den ehrnen frechen Füßen
  Des heil'gen Waldes Boden nicht betreten;   1130
  Doch hör' ich aus der Ferne hier und da

Ihr gräßliches Gelächter. Wölfe harren
So um den Baum, auf den ein Reisender
Sich rettete. Da draußen ruhen sie
Gelagert; und verlass' ich diesen Hain,
Dann steigen sie, die Schlangenhäupter schüttelnd,
Von allen Seiten Staub erregend auf
Und treiben ihre Beute vor sich her.

IPHIGENIE.
Kannst du, Orest, ein freundlich Wort vernehmen?

OREST. Spar' es für einen Freund der Götter auf.

IPHIGENIE. Sie geben dir zu neuer Hoffnung Licht.

OREST. Durch Rauch und Qualm seh' ich den matten Schein
Des Totenflusses mir zur Hölle leuchten.

IPHIGENIE. Hast du Elektren, eine Schwester nur?

OREST. Die eine kannt' ich; doch die ältste nahm
Ihr gut Geschick, das uns so schrecklich schien,
Beizeiten aus dem Elend unsers Hauses.
O laß dein Fragen und geselle dich
Nicht auch zu den Erinnyen; sie blasen
Mir schadenfroh die Asche von der Seele
Und leiden nicht, daß sich die letzten Kohlen
Von unsers Hauses Schreckensbrande still
In mir verglimmen. Soll die Glut denn ewig,
Vorsätzlich angefacht, mit Höllenschwefel
Genährt, mir auf der Seele marternd brennen?

IPHIGENIE. Ich bringe süßes Rauchwerk in die Flamme.
O laß den reinen Hauch der Liebe dir
Die Glut des Busens leise wehend kühlen.
Orest, mein Teurer, kannst du nicht vernehmen?
Hat das Geleit der Schreckensgötter so
Das Blut in deinen Adern aufgetrocknet?
Schleicht, wie vom Haupt der gräßlichen Gorgone,
Versteinernd dir ein Zauber durch die Glieder?
O wenn vergoßnen Mutterblutes Stimme
Zur Höll' hinab mit dumpfen Tönen ruft,
Soll nicht der reinen Schwester Segenswort
Hilfreiche Götter vom Olympus rufen?

OREST. Es ruft! es ruft! So willst du mein Verderben?
Verbirgt in dir sich eine Rachegöttin?

Wer bist du, deren Stimme mir entsetzlich   1170
Das Innerste in seinen Tiefen wendet?
IPHIGENIE. Es zeigt sich dir im tiefsten Herzen an:
Orest, ich bin's! Sieh Iphigenien!
Ich lebe!
OREST.   Du!
IPHIGENIE.   Mein Bruder!
OREST.   Laß! Hinweg!
Ich rate dir, berühre nicht die Locken!   1175
Wie von Kreusas Brautkleid zündet sich
Ein unauslöschlich Feuer von mir fort.
Laß mich! Wie Herkules will ich Unwürd'ger
Den Tod voll Schmach, in mich verschlossen, sterben.
IPHIGENIE. Du wirst nicht untergehn! O daß ich nur   1180
Ein ruhig Wort von dir vernehmen könnte!
O löse meine Zweifel, laß des Glückes,
Des lang' erflehten, mich auch sicher werden.
Es wälzet sich ein Rad von Freud' und Schmerz
Durch meine Seele. Von dem fremden Manne   1185
Entfernet mich ein Schauer; doch es reißt
Mein Innerstes gewaltig mich zum Bruder.
OREST. Ist hier Lyäens Tempel? und ergreift
Unbändig-heil'ge Wut die Priesterin?
IPHIGENIE. O höre mich! O sieh mich an, wie mir   1190
Nach einer langen Zeit das Herz sich öffnet
Der Seligkeit, dem Liebsten, was die Welt
Noch für mich tragen kann, das Haupt zu küssen,
Mit meinen Armen, die den leeren Winden
Nur ausgebreitet waren, dich zu fassen!   1195
O laß mich! Laß mich! Denn es quillet heller
Nicht vom Parnaß die ew'ge Quelle sprudelnd
Von Fels zu Fels ins goldne Tal hinab,
Wie Freude mir vom Herzen wallend fließt
Und wie ein selig Meer mich rings umfängt.   1200
Orest! Orest! Mein Bruder!
OREST.   Schöne Nymphe,
Ich traue dir und deinem Schmeicheln nicht.
Diana fordert strenge Dienerinnen
Und rächet das entweihte Heiligtum.

Entferne deinen Arm von meiner Brust!   12
Und wenn du einen Jüngling rettend lieben,
Das schöne Glück ihm zärtlich bieten willst,
So wende meinem Freunde dein Gemüt,
Dem würd'gern Manne, zu. Er irrt umher
Auf jenem Felsenpfade: such' ihn auf,   12
Weis ihn zurecht und schone meiner.
IPHIGENIE.   Fasse
Dich, Bruder, und erkenne die Gefundne!
Schilt einer Schwester reine Himmelsfreude
Nicht unbesonnene, strafbare Lust.
O nehmt den Wahn ihm von dem starren Auge,   12?
Daß uns der Augenblick der höchsten Freude
Nicht dreifach elend mache! Sie ist hier,
Die längst verlorne Schwester. Vom Altar
Riß mich die Göttin weg und rettete
Hierher mich in ihr eigen Heiligtum.   12?
Gefangen bist du, dargestellt zum Opfer,
Und findest in der Priesterin die Schwester.
OREST. Unselige! So mag die Sonne denn
Die letzten Greuel unsers Hauses sehn!
Ist nicht Elektra hier, damit auch sie   12?
Mit uns zugrunde gehe, nicht ihr Leben
Zu schwererem Geschick und Leiden friste?
Gut, Priesterin! ich folge zum Altar:
Der Brudermord ist hergebrachte Sitte
Des alten Stammes; und ich danke, Götter,   12?
Daß ihr mich ohne Kinder auszurotten
Beschlossen habt. Und laß dir raten, habe
Die Sonne nicht zu lieb und nicht die Sterne:
Komm, folge mir ins dunkle Reich hinab!
Wie sich vom Schwefelpfuhl erzeugte Drachen,   12?
Bekämpfend die verwandte Brut, verschlingen,
Zerstört sich selbst das wütende Geschlecht:
Komm kinderlos und schuldlos mit hinab!
Du siehst mich mit Erbarmen an? Laß ab!
Mit solchen Blicken suchte Klytämnestra   124
Sich einen Weg nach ihres Sohnes Herzen;
Doch sein geschwungner Arm traf ihre Brust.

Die Mutter fiel! – Tritt auf, unwill'ger Geist!
Im Kreis geschlossen tretet an, ihr Furien,
Und wohnet dem willkommnen Schauspiel bei,   1245
Dem letzten, gräßlichsten, das ihr bereitet!
Nicht Haß und Rache schärfen ihren Dolch;
Die liebevolle Schwester wird zur Tat
Gezwungen. Weine nicht! Du hast nicht schuld.
Seit meinen ersten Jahren hab' ich nichts   1250
Geliebt, wie ich dich lieben könnte, Schwester.
Ja, schwinge deinen Stahl, verschone nicht,
Zerreiße diesen Busen und eröffne
Den Strömen, die hier sieden, einen Weg!
                    (Er sinkt in Ermattung.)
IPHIGENIE. Allein zu tragen dieses Glück und Elend   1255
Vermag ich nicht. – Wo bist du, Pylades?
Wo find' ich deine Hilfe, teurer Mann?
                    (Sie entfernt sich suchend.)

ZWEITER AUFTRITT

OREST (aus seiner Betäubung erwachend und sich aufrichtend).
Noch einen! reiche mir aus Lethes Fluten
Den letzten kühlen Becher der Erquickung!
Bald ist der Krampf des Lebens aus dem Busen   1260
Hinweggespült; bald fließet still mein Geist,
Der Quelle des Vergessens hingegeben,
Zu euch, ihr Schatten, in die ew'gen Nebel.
Gefällig laßt in eurer Ruhe sich
Den umgetriebnen Sohn der Erde laben! –   1265
Welch ein Gelispel hör' ich in den Zweigen,
Welch ein Geräusch aus jener Dämmrung säuseln? –
Sie kommen schon, den neuen Gast zu sehn!
Wer ist die Schar, die herrlich miteinander
Wie ein versammelt Fürstenhaus sich freut?   1270
Sie gehen friedlich, Alt' und Junge, Männer
Mit Weibern; göttergleich und ähnlich scheinen
Die wandelnden Gestalten. Ja, sie sind's,
Die Ahnherrn meines Hauses! – Mit Thyesten
Geht Atreus in vertraulichen Gesprächen,   1275

Die Knaben schlüpfen scherzend um sie her.
Ist keine Feindschaft hier mehr unter euch?
Verlosch die Rache wie das Licht der Sonne?
So bin auch ich willkommen, und ich darf
In euern feierlichen Zug mich mischen.   1280
Willkommen, Väter! euch grüßt Orest,
Von euerm Stamme der letzte Mann;
Was ihr gesät, hat er geerntet:
Mit Fluch beladen, stieg er herab.
Doch leichter trägt sich hier jede Bürde: 1285
Nehmt ihn, o nehmt ihn in euern Kreis! –
Dich, Atreus, ehr' ich, auch dich, Thyesten:
Wir sind hier alle der Feindschaft los. –
Zeigt mir den Vater, den ich nur einmal
Im Leben sah! – Bist du's, mein Vater?   1290
Und führst die Mutter vertraut mit dir?
Darf Klytämnestra die Hand dir reichen,
So darf Orest auch zu ihr treten
Und darf ihr sagen: Sieh deinen Sohn!
Seht euern Sohn! Heißt ihn willkommen.   1295
Auf Erden war in unserm Hause
Der Gruß des Mordes gewisse Losung,
Und das Geschlecht des alten Tantalus
Hat seine Freuden jenseits der Nacht.
Ihr ruft: Willkommen! und nehmt mich auf!   1300
O führt zum Alten, zum Ahnherrn mich!
Wo ist der Alte? Daß ich ihn sehe,
Das teure Haupt, das vielverehrte,
Das mit den Göttern zu Rate saß.
Ihr scheint zu zaudern, euch wegzuwenden?   1305
Was ist es? Leidet der Göttergleiche?
Weh mir! es haben die Übermächt'gen
Der Heldenbrust grausame Qualen
Mit ehrnen Ketten fest aufgeschmiedet.

DRITTER AUFTRITT

Orest. Iphigenie. Pylades.

OREST. Seid ihr auch schon herabgekommen?   1310
  Wohl, Schwester, dir! Noch fehlt Elektra:
  Ein güt'ger Gott send' uns die eine
  Mit sanften Pfeilen auch schnell herab.
  Dich, armer Freund, muß ich bedauern!
  Kommt mit! Kommt mit! zu Plutos Thron,   1315
  Als neue Gäste den Wirt zu grüßen.
IPHIGENIE. Geschwister, die ihr an dem weiten Himmel
  Das schöne Licht bei Tag und Nacht herauf
  Den Menschen bringet, und den Abgeschiednen
  Nicht leuchten dürfet, rettet uns Geschwister!   1320
  Du liebst, Diane, deinen holden Bruder
  Vor allem, was dir Erd' und Himmel bietet,
  Und wendest dein jungfräulich Angesicht
  Nach seinem ew'gen Lichte sehnend still.
  O laß den einz'gen, spätgefundnen mir   1325
  Nicht in der Finsternis des Wahnsinns rasen!
  Und ist dein Wille, da du hier mich bargst,
  Nunmehr vollendet, willst du mir durch ihn
  Und ihm durch mich die sel'ge Hilfe geben,
  So lös' ihn von den Banden jenes Fluchs,   1330
  Daß nicht die teure Zeit der Rettung schwinde.
PYLADES. Erkennst du uns und diesen heil'gen Hain
  Und dieses Licht, das nicht den Toten leuchtet?
  Fühlst du den Arm des Freundes und der Schwester,
  Die dich noch fest, noch lebend halten? Fass'   1335
  Uns kräftig an: wir sind nicht leere Schatten.
  Merk' auf mein Wort! Vernimm es! Raffe dich
  Zusammen! Jeder Augenblick ist teuer,
  Und unsre Rückkehr hängt an zarten Fäden,
  Die, scheint es, eine günst'ge Parze spinnt.   1340
OREST (zu Iphigenien).
  Laß mich zum ersten Mal mit freiem Herzen
  In deinen Armen reine Freude haben!
  Ihr Götter, die mit flammender Gewalt

Ihr schwere Wolken aufzuzehren wandelt
Und gnädig-ernst den lang' erflehten Regen   1345
Mit Donnerstimmen und mit Windesbrausen
In wilden Strömen auf die Erde schüttet,
Doch bald der Menschen grausendes Erwarten
In Segen auflöst und das bange Staunen
In Freudeblick und lauten Dank verwandelt,   1350
Wenn in den Tropfen frisch erquickter Blätter
Die neue Sonne tausendfach sich spiegelt
Und Iris freundlich bunt mit leichter Hand
Den grauen Flor der letzten Wolken trennt:
O laßt mich auch in meiner Schwester Armen,   1355
An meines Freundes Brust, was ihr mir gönnt,
Mit vollem Dank genießen und behalten!
Es löset sich der Fluch, mir sagt's das Herz.
Die Eumeniden ziehn, ich höre sie,
Zum Tartarus und schlagen hinter sich   1360
Die ehrnen Tore fernabdonnernd zu.
Die Erde dampft erquickenden Geruch
Und ladet mich auf ihren Flächen ein,
Nach Lebensfreud' und großer Tat zu jagen.
Pylades. Versäumt die Zeit nicht, die gemessen ist!   1365
Der Wind, der unsre Segel schwellt, er bringe
Erst unsre volle Freude zum Olymp.
Kommt! Es bedarf hier schnellen Rat und Schluß.

VIERTER AUFZUG

ERSTER AUFTRITT

Iphigenie. Denken die Himmlischen
Einem der Erdgebornen   1370
Viele Verwirrungen zu,
Und bereiten sie ihm
Von der Freude zu Schmerzen
Und von Schmerzen zur Freude
Tief erschütternden Übergang: 1375
Dann erziehen sie ihm
In der Nähe der Stadt,

Oder am fernen Gestade,
Daß in Stunden der Not
Auch die Hilfe bereit sei,   1380
Einen ruhigen Freund.
O segnet, Götter, unsern Pylades
Und was er immer unternehmen mag!
Er ist der Arm des Jünglings in der Schlacht,
Des Greises leuchtend Aug' in der Versammlung: 1385
Denn seine Seel' ist stille; sie bewahrt
Der Ruhe heil'ges unerschöpftes Gut,
Und den Umhergetriebnen reichet er
Aus ihren Tiefen Rat und Hilfe. Mich
Riß er vom Bruder los; den staunt' ich an   1390
Und immer wieder an, und konnte mir
Das Glück nicht eigen machen, ließ ihn nicht
Aus meinen Armen los, und fühlte nicht
Die Nähe der Gefahr, die uns umgibt.
Jetzt gehn sie, ihren Anschlag auszuführen,   1395
Der See zu, wo das Schiff mit den Gefährten,
In einer Bucht versteckt, aufs Zeichen lauert,
Und haben kluges Wort mir in den Mund
Gegeben, mich gelehrt, was ich dem König
Antworte, wenn er sendet und das Opfer   1400
Mir dringender gebietet. Ach! ich sehe wohl,
Ich muß mich leiten lassen wie ein Kind.
Ich habe nicht gelernt, zu hinterhalten,
Noch jemand etwas abzulisten. Weh!
O weh der Lüge! Sie befreiet nicht,   1405
Wie jedes andre, wahrgesprochne Wort,
Die Brust; sie macht uns nicht getrost, sie ängstet
Den, der sie heimlich schmiedet, und sie kehrt,
Ein losgedruckter Pfeil, von einem Gotte
Gewendet und versagend, sich zurück   1410
Und trifft den Schützen. Sorg' auf Sorge schwankt
Mir durch die Brust. Es greift die Furie
Vielleicht den Bruder auf dem Boden wieder
Des ungeweihten Ufers grimmig an.
Entdeckt man sie vielleicht? Mich dünkt, ich höre   1415
Gewaffnete sich nahen! – Hier! – Der Bote

Kommt von dem Könige mit schnellem Schritt.
Es schlägt mein Herz, es trübt sich meine Seele,
Da ich des Mannes Angesicht erblicke,
Dem ich mit falschem Wort begegnen soll.   1420

ZWEITER AUFTRITT

Iphigenie. Arkas.

ARKAS. Beschleunige das Opfer, Priesterin!
  Der König wartet, und es harrt das Volk.
IPHIGENIE. Ich folgte meiner Pflicht und deinem Wink,
  Wenn unvermutet nicht ein Hindernis
  Sich zwischen mich und die Erfüllung stellte.   1425
ARKAS. Was ist's, das den Befehl des Königs hindert?
IPHIGENIE. Der Zufall, dessen wir nicht Meister sind.
ARKAS. So sage mir's, daß ich's ihm schnell vermelde:
  Denn er beschloß bei sich der beiden Tod.
IPHIGENIE. Die Götter haben ihn noch nicht beschlossen.   1430
  Der älteste dieser Männer trägt die Schuld
  Des nahverwandten Bluts, das er vergoß.
  Die Furien verfolgen seinen Pfad,
  Ja, in dem innern Tempel faßte selbst
  Das Übel ihn, und seine Gegenwart   1435
  Entheiligte die reine Stätte. Nun
  Eil' ich mit meinen Jungfraun, an dem Meere
  Der Göttin Bild mit frischer Welle netzend,
  Geheimnisvolle Weihe zu begehn.
  Es störe niemand unsern stillen Zug!   1440
ARKAS. Ich melde dieses neue Hindernis
  Dem Könige geschwind; beginne du
  Das heil'ge Werk nicht eh', bis er's erlaubt.
IPHIGENIE. Dies ist allein der Priestrin überlassen.
ARKAS. Solch seltnen Fall soll auch der König wissen.   1445
IPHIGENIE. Sein Rat wie sein Befehl verändert nichts.
ARKAS. Oft wird der Mächtige zum Schein gefragt.
IPHIGENIE. Erdringe nicht, was ich versagen sollte.
ARKAS. Versage nicht, was gut und nützlich ist.
IPHIGENIE. Ich gebe nach, wenn du nicht säumen willst.   1450

ARKAS. Schnell bin ich mit der Nachricht in dem Lager,
Und schnell mit seinen Worten hier zurück.
O könnt' ich ihm noch eine Botschaft bringen,
Die alles löste, was uns jetzt verwirrt:
Denn du hast nicht des Treuen Rat geachtet. 1455
IPHIGENIE. Was ich vermochte, hab' ich gern getan.
ARKAS. Noch änderst du den Sinn zur rechten Zeit.
IPHIGENIE. Das steht nun einmal nicht in unsrer Macht.
ARKAS. Du hältst unmöglich, was dir Mühe kostet.
IPHIGENIE.
Dir scheint es möglich, weil der Wunsch dich trügt. 1460
ARKAS. Willst du denn alles so gelassen wagen?
IPHIGENIE. Ich hab' es in der Götter Hand gelegt.
ARKAS. Sie pflegen Menschen menschlich zu erretten.
IPHIGENIE. Auf ihren Fingerzeig kommt alles an.
ARKAS. Ich sage dir, es liegt in deiner Hand. 1465
Des Königs aufgebrachter Sinn allein
Bereitet diesen Fremden bittern Tod.
Das Heer entwöhnte längst vom harten Opfer
Und von dem blut'gen Dienste sein Gemüt.
Ja, mancher, den ein widriges Geschick 1470
An fremdes Ufer trug, empfand es selbst,
Wie göttergleich dem armen Irrenden,
Umhergetriebnen an der fremden Grenze
Ein freundlich Menschenangesicht begegnet.
O wende nicht von uns, was du vermagst! 1475
Du endest leicht, was du begonnen hast:
Denn nirgends baut die Milde, die herab
In menschlicher Gestalt vom Himmel kommt,
Ein Reich sich schneller, als wo trüb und wild
Ein neues Volk, voll Leben, Mut und Kraft, 1480
Sich selbst und banger Ahnung überlassen,
Des Menschenlebens schwere Bürden trägt.
IPHIGENIE. Erschüttre meine Seele nicht, die du
Nach deinem Willen nicht bewegen kannst.
ARKAS. Solang' es Zeit ist, schont man weder Mühe 1485
Noch eines guten Wortes Wiederholung.
IPHIGENIE.
Du machst dir Müh, und mir erregst du Schmerzen;

Vergebens beides: darum laß mich nun.
ARKAS. Die Schmerzen sind's, die ich zu Hilfe rufe:
  Denn es sind Freunde, Gutes raten sie.   1490
IPHIGENIE. Sie fassen meine Seele mit Gewalt,
  Doch tilgen sie den Widerwillen nicht.
ARKAS. Fühlt eine schöne Seele Widerwillen
  Für eine Wohltat, die der Edle reicht?
IPHIGENIE. Ja, wenn der Edle, was sich nicht geziemt,   1495
  Statt meines Dankes mich erwerben will.
ARKAS. Wer keine Neigung fühlt, dem mangelt es
  An einem Worte der Entschuld'gung nie.
  Dem Fürsten sag' ich an, was hier geschehn.
  O wiederholtest du in deiner Seele,   1500
  Wie edel er sich gegen dich betrug
  Von deiner Ankunft an bis diesen Tag!

DRITTER AUFTRITT

IPHIGENIE (allein). Von dieses Mannes Rede fühl' ich mir
  Zur ungelegnen Zeit das Herz im Busen
  Auf einmal umgewendet. Ich erschrecke! –   1505
  Denn wie die Flut mit schnellen Strömen wachsend
  Die Felsen überspült, die in dem Sand
  Am Ufer liegen: so bedeckte ganz
  Ein Freudenstrom mein Innerstes. Ich hielt
  In meinen Armen das Unmögliche.   1510
  Es schien sich eine Wolke wieder sanft
  Um mich zu legen, von der Erde mich
  Emporzuheben und in jenen Schlummer
  Mich einzuwiegen, den die gute Göttin
  Um meine Schläfe legte, da ihr Arm   1515
  Mich rettend faßte. – Meinen Bruder
  Ergriff das Herz mit einziger Gewalt:
  Ich horchte nur auf seines Freundes Rat;
  Nur sie zu retten, drang die Seele vorwärts.
  Und wie den Klippen einer wüsten Insel   1520
  Der Schiffer gern den Rücken wendet: so
  Lag Tauris hinter mir. Nun hat die Stimme
  Des treuen Manns mich wieder aufgeweckt,

Daß ich auch Menschen hier verlasse, mich
Erinnert. Doppelt wird mir der Betrug   1525
Verhaßt. O bleibe ruhig, meine Seele!
Beginnst du nun zu schwanken und zu zweifeln?
Den festen Boden deiner Einsamkeit
Mußt du verlassen! Wieder eingeschifft,
Ergreifen dich die Wellen schaukelnd, trüb   1530
Und bang verkennest du die Welt und dich.

VIERTER AUFTRITT

Iphigenie. Pylades.

PYLADES. Wo ist sie? daß ich ihr mit schnellen Worten
   Die frohe Botschaft unsrer Rettung bringe!
IPHIGENIE. Du siehst mich hier voll Sorgen und Erwartung
   Des sichern Trostes, den du mir versprichst.   1535
PYLADES. Dein Bruder ist geheilt! Den Felsenboden
   Des ungeweihten Ufers und den Sand
   Betraten wir mit fröhlichen Gesprächen;
   Der Hain blieb hinter uns, wir merkten's nicht.
   Und herrlicher und immer herrlicher   1540
   Umloderte der Jugend schöne Flamme
   Sein lockig Haupt; sein volles Auge glühte
   Von Mut und Hoffnung, und sein freies Herz
   Ergab sich ganz der Freude, ganz der Lust,
   Dich, seine Retterin, und mich zu retten.   1545
IPHIGENIE. Gesegnet seist du, und es möge nie
   Von deiner Lippe, die so Gutes sprach,
   Der Ton des Leidens und der Klage tönen!
PYLADES. Ich bringe mehr als das; denn schön begleitet,
   Gleich einem Fürsten, pflegt das Glück zu nahn.   1550
   Auch die Gefährten haben wir gefunden.
   In einer Felsenbucht verbargen sie
   Das Schiff und saßen traurig und erwartend.
   Sie sahen deinen Bruder, und es regten
   Sich alle jauchzend, und sie baten dringend,   1555
   Der Abfahrt Stunde zu beschleunigen.
   Es sehnet jede Faust sich nach dem Ruder,

Und selbst ein Wind erhob vom Lande lispelnd,
Von allen gleich bemerkt, die holden Schwingen.
Drum laß uns eilen, führe mich zum Tempel,   1550
Laß mich das Heiligtum betreten, laß
Mich unsrer Wünsche Ziel verehrend fassen!
Ich bin allein genug, der Göttin Bild
Auf wohlgeübten Schultern wegzutragen:
Wie sehn' ich mich nach der erwünschten Last!   1560
(Er geht gegen den Tempel unter den letzten Worten, ohne zu be-
    merken, daß Iphigenie nicht folgt; endlich kehrt er sich um.)
Du stehst und zauderst – sage mir – du schweigst!
Du scheinst verworren! Widersetzet sich
Ein neues Unheil unserm Glück? Sag' an!
Hast du dem Könige das kluge Wort
Vermelden lassen, das wir abgeredet?   1570
IPHIGENIE. Ich habe, teurer Mann; doch wirst du schelten.
Ein schweigender Verweis war mir dein Anblick.
Des Königs Bote kam, und wie du es
Mir in den Mund gelegt, so sagt' ich's ihm.
Er schien zu staunen und verlangte dringend,   1575
Die seltne Feier erst dem Könige
Zu melden, seinen Willen zu vernehmen;
Und nun erwart' ich seine Wiederkehr.
PYLADES. Weh uns! Erneuert schwebt nun die Gefahr
Um unsre Schläfe! Warum hast du nicht   1580
Ins Priesterrecht dich weislich eingehüllt?
IPHIGENIE. Als eine Hülle hab' ich's nie gebraucht.
PYLADES. So wirst du, reine Seele, dich und uns
Zugrunde richten. Warum dacht' ich nicht
Auf diesen Fall voraus und lehrte dich   1585
Auch dieser Fordrung auszuweichen!
IPHIGENIE.   Schilt
Nur mich, die Schuld ist mein, ich fühl' es wohl;
Doch konnt' ich anders nicht dem Mann begegnen,
Der mit Vernunft und Ernst von mir verlangte,
Was ihm mein Herz als Recht gestehen mußte.   1590
PYLADES. Gefährlicher zieht sich's zusammen; doch auch so
Laß uns nicht zagen oder unbesonnen
Und übereilt uns selbst verraten. Ruhig

Erwarte du die Wiederkunft des Boten,
Und dann steh fest, er bringe, was er will: 1595
Denn solcher Weihung Feier anzuordnen,
Gehört der Priesterin und nicht dem König.
Und fordert er, den fremden Mann zu sehn,
Der von dem Wahnsinn schwer belastet ist,
So lehn' es ab, als hieltest du uns beide   1600
Im Tempel wohl verwahrt. So schaff' uns Luft,
Daß wir aufs eiligste, den heil'gen Schatz
Dem rauh unwürd'gen Volk entwendend, fliehn.
Die besten Zeichen sendet uns Apoll,
Und eh' wir die Bedingung fromm erfüllen,   1605
Erfüllt er göttlich sein Versprechen schon.
Orest ist frei, geheilt! – Mit dem Befreiten
O führet uns hinüber, günst'ge Winde,
Zur Felseninsel, die der Gott bewohnt;
Dann nach Mycen, daß es lebendig werde,   1610
Daß von der Asche des verloschnen Herdes
Die Vatergötter fröhlich sich erheben,
Und schönes Feuer ihre Wohnungen
Umleuchte! Deine Hand soll ihnen Weihrauch
Zuerst aus goldnen Schalen streuen. Du   1615
Bringst über jene Schwelle Heil und Leben wieder,
Entsühnst den Fluch und schmückest neu die Deinen
Mit frischen Lebensblüten herrlich aus.
IPHIGENIE. Vernehm' ich dich, so wendet sich, o Teurer,
Wie sich die Blume nach der Sonne wendet,   1620
Die Seele, von dem Strahle deiner Worte
Getroffen, sich dem süßen Troste nach.
Wie köstlich ist des gegenwärt'gen Freundes
Gewisse Rede, deren Himmelskraft
Ein Einsamer entbehrt und still versinkt.   1625
Denn langsam reift, verschlossen in dem Busen,
Gedank' ihm und Entschluß; die Gegenwart
Des Liebenden entwickelte sie leicht.
PYLADES. Leb' wohl! Die Freunde will ich nun geschwind
Beruhigen, die sehnlich wartend harren.   1630
Dann komm' ich schnell zurück und lausche hier
Im Felsenbusch versteckt auf deinen Wink –

4*

Was sinnest du? Auf einmal überschwebt
Ein stiller Trauerzug die freie Stirne.
IPHIGENIE. Verzeih! Wie leichte Wolken vor der Sonne,   16
So zieht mir vor der Seele leichte Sorge
Und Bangigkeit vorüber.
PYLADES.   Fürchte nicht!
Betrüglich schloß die Furcht mit der Gefahr
Ein enges Bündnis: beide sind Gesellen.
IPHIGENIE. Die Sorge nenn' ich edel, die mich warnt,   16
Den König, der mein zweiter Vater ward,
Nicht tückisch zu betrügen, zu berauben.
PYLADES. Der deinen Bruder schlachtet, dem entfliehst du.
IPHIGENIE. Es ist derselbe, der mir Gutes tat.
PYLADES. Das ist nicht Undank, was die Not gebeut.   16
IPHIGENIE.
Es bleibt wohl Undank; nur die Not entschuldigt.
PYLADES. Vor Göttern und vor Menschen dich gewiß.
IPHIGENIE. Allein mein eigen Herz ist nicht befriedigt.
PYLADES. Zu strenge Fordrung ist verborgner Stolz.
IPHIGENIE. Ich untersuche nicht, ich fühle nur.   16
PYLADES. Fühlst du dich recht, so mußt du dich verehren.
IPHIGENIE. Ganz unbefleckt genießt sich nur das Herz.
PYLADES. So hast du dich im Tempel wohl bewahrt;
Das Leben lehrt uns, weniger mit uns
Und andern strenge sein: du lernst es auch.   16
So wunderbar ist dies Geschlecht gebildet,
So vielfach ist's verschlungen und verknüpft,
Daß keiner in sich selbst, noch mit den andern
Sich rein und unverworren halten kann.
Auch sind wir nicht bestellt, uns selbst zu richten;   16
Zu wandeln und auf seinen Weg zu sehen,
Ist eines Menschen erste, nächste Pflicht:
Denn selten schätzt er recht, was er getan,
Und was er tut, weiß er fast nie zu schätzen.
IPHIGENIE. Fast überredst du mich zu deiner Meinung.   16
PYLADES. Braucht's Überredung, wo die Wahl versagt ist?
Den Bruder, dich und einen Freund zu retten,
Ist nur ein Weg; fragt sich's, ob wir ihn gehn?
IPHIGENIE. O laß mich zaudern! denn du tätest selbst

Ein solches Unrecht keinem Mann gelassen,   1670
Dem du für Wohltat dich verpflichtet hieltest.
PYLADES. Wenn wir zugrunde gehen, wartet dein
Ein härtrer Vorwurf, der Verzweiflung trägt.
Man sieht, du bist nicht an Verlust gewohnt,
Da du, dem großen Übel zu entgehen,   1675
Ein falsches Wort nicht einmal opfern willst.
IPHIGENIE. O trüg' ich doch ein männlich Herz in mir,
Das, wenn es einen kühnen Vorsatz hegt,
Vor jeder andern Stimme sich verschließt!
PYLADES. Du weigerst dich umsonst; die ehrne Hand   1680
Der Not gebietet, und ihr ernster Wink
Ist oberstes Gesetz, dem Götter selbst
Sich unterwerfen müssen. Schweigend herrscht
Des ew'gen Schicksals unberatne Schwester.
Was sie dir auferlegt, das trage: tu,   1685
Was sie gebeut. Das andre weißt du. Bald
Komm' ich zurück, aus deiner heil'gen Hand
Der Rettung schönes Siegel zu empfangen.

FÜNFTER AUFTRITT

IPHIGENIE (allein). Ich muß ihm folgen: denn die Meinigen
Seh' ich in dringender Gefahr. Doch ach!   1690
Mein eigen Schicksal macht mir bang und bänger.
O soll ich nicht die stille Hoffnung retten,
Die in der Einsamkeit ich schön genährt?
Soll dieser Fluch denn ewig walten? Soll
Nie dies Geschlecht mit einem neuen Segen   1695
Sich wieder heben? – Nimmt doch alles ab!
Das beste Glück, des Lebens schönste Kraft
Ermattet endlich: warum nicht der Fluch?
So hofft' ich denn vergebens, hier verwahrt,
Von meines Hauses Schicksal abgeschieden,   1700
Dereinst mit reiner Hand und reinem Herzen
Die schwerbefleckte Wohnung zu entsühnen.
Kaum wird in meinen Armen mir ein Bruder
Vom grimm'gen Übel wundervoll und schnell
Geheilt, kaum naht ein lang' erflehtes Schiff,   1705

Mich in den Port der Vaterwelt zu leiten,
So legt die taube Not ein doppelt Laster
Mit ehrner Hand mir auf: das heilige,
Mir anvertraute, viel verehrte Bild
Zu rauben und den Mann zu hintergehn,   170
Dem ich mein Leben und mein Schicksal danke.
O daß in meinem Busen nicht zuletzt
Ein Widerwillen keime! der Titanen,
Der alten Götter tiefer Haß auf euch,
Olympier, nicht auch die zarte Brust   1710
Mit Geierklauen fasse! Rettet mich
Und rettet euer Bild in meiner Seele!

Vor meinen Ohren tönt das alte Lied –
Vergessen hatt' ich's und vergaß es gern –,
Das Lied der Parzen, das sie grausend sangen,   1720
Als Tantalus vom goldnen Stuhle fiel:
Sie litten mit dem edlen Freunde; grimmig
War ihre Brust, und furchtbar ihr Gesang.
In unsrer Jugend sang's die Amme mir
Und den Geschwistern vor, ich merkt' es wohl.   1725

          Es fürchte die Götter
          Das Menschengeschlecht!
          Sie halten die Herrschaft
          In ewigen Händen,
          Und können sie brauchen,   1730
          Wie's ihnen gefällt.

          Der fürchte sie doppelt,
          Den je sie erheben!
          Auf Klippen und Wolken
          Sind Stühle bereitet   17..
          Um goldene Tische.

          Erhebet ein Zwist sich,
          So stürzen die Gäste,
          Geschmäht und geschändet,
          In nächtliche Tiefen   174.

Und harren vergebens,
Im Finstern gebunden,
Gerechten Gerichtes.

Sie aber, sie bleiben
In ewigen Festen   1745
An goldenen Tischen.
Sie schreiten vom Berge
Zu Bergen hinüber:
Aus Schlünden der Tiefe
Dampft ihnen der Atem   1750
Erstickter Titanen,
Gleich Opfergerüchen,
Ein leichtes Gewölke.

Es wenden die Herrscher
Ihr segnendes Auge   1755
Von ganzen Geschlechtern
Und meiden, im Enkel
Die ehmals geliebten,
Still redenden Züge
Des Ahnherrn zu sehn.   1760

So sangen die Parzen;
Es horcht der Verbannte
In nächtlichen Höhlen,
Der Alte, die Lieder,
Denkt Kinder und Enkel   1765
Und schüttelt das Haupt.

FÜNFTER AUFZUG

ERSTER AUFTRITT

Thoas. Arkas.

ARKAS. Verwirrt muß ich gestehn, daß ich nicht weiß,
Wohin ich meinen Argwohn richten soll.
Sind's die Gefangnen, die auf ihre Flucht
Verstohlen sinnen? Ist's die Priesterin,   177
Die ihnen hilft? Es mehrt sich das Gerücht:
Das Schiff, das diese beiden hergebracht,
Sei irgend noch in einer Bucht versteckt.
Und jenes Mannes Wahnsinn, diese Weihe,
Der heil'ge Vorwand dieser Zögrung, rufen   177
Den Argwohn lauter und die Vorsicht auf.
THOAS. Es komme schnell die Priesterin herbei!
Dann geht, durchsucht das Ufer scharf und schnell
Vom Vorgebirge bis zum Hain der Göttin.
Verschonet seine heil'gen Tiefen, legt   178
Bedächt'gen Hinterhalt und greift sie an;
Wo ihr sie findet, faßt sie, wie ihr pflegt.

ZWEITER AUFTRITT

THOAS (allein). Entsetzlich wechselt mir der Grimm im Busen:
Erst gegen sie, die ich so heilig hielt,
Dann gegen mich, der ich sie zum Verrat   178
Durch Nachsicht und durch Güte bildete.
Zur Sklaverei gewöhnt der Mensch sich gut
Und lernet leicht gehorchen, wenn man ihn
Der Freiheit ganz beraubt. Ja, wäre sie
In meiner Ahnherrn rohe Hand gefallen,   179
Und hätte sie der heil'ge Grimm verschont:
Sie wäre froh gewesen, sich allein
Zu retten, hätte dankbar ihr Geschick
Erkannt und fremdes Blut vor dem Altar
Vergossen, hätte Pflicht genannt,   179
Was Not war. Nun lockt meine Güte

In ihrer Brust verwegnen Wunsch herauf.
Vergebens hofft' ich, sie mir zu verbinden:
Sie sinnt sich nun ein eigen Schicksal aus.
Durch Schmeichelei gewann sie mir das Herz: 1800
Nun widersteh' ich der, so sucht sie sich
Den Weg durch List und Trug, und meine Güte
Scheint ihr ein alt verjährtes Eigentum.

DRITTER AUFTRITT

Iphigenie. Thoas.

IPHIGENIE. Du forderst mich! Was bringt dich zu uns her?
THOAS. Du schiebst das Opfer auf; sag' an, warum?   1805
IPHIGENIE. Ich hab' an Arkas alles klar erzählt.
THOAS. Von dir möcht' ich es weiter noch vernehmen.
IPHIGENIE. Die Göttin gibt dir Frist zur Überlegung.
THOAS. Sie scheint dir selbst gelegen, diese Frist.
IPHIGENIE. Wenn dir das Herz zum grausamen Entschluß   1810
  Verhärtet ist, so solltest du nicht kommen!
  Ein König, der Unmenschliches verlangt,
  Findt Diener gnug, die gegen Gnad' und Lohn
  Den halben Fluch der Tat begierig fassen;
  Doch seine Gegenwart bleibt unbefleckt.   1815
  Er sinnt den Tod in einer schweren Wolke,
  Und seine Boten bringen flammendes
  Verderben auf des Armen Haupt hinab;
  Er aber schwebt durch seine Höhen ruhig,
  Ein unerreichter Gott, im Sturme fort.   1820
THOAS. Die heil'ge Lippe tönt ein wildes Lied.
IPHIGENIE. Nicht Priesterin! nur Agamemnons Tochter.
  Der Unbekannten Wort verehrtest du,
  Der Fürstin willst du rasch gebieten? Nein!
  Von Jugend auf hab' ich gelernt gehorchen,   1825
  Erst meinen Eltern und dann einer Gottheit,
  Und folgsam fühlt' ich immer meine Seele
  Am schönsten frei; allein dem harten Worte,
  Dem rauhen Ausspruch eines Mannes mich
  Zu fügen, lernt' ich weder dort noch hier.   1830

THOAS. Ein alt Gesetz, nicht ich, gebietet dir.
IPHIGENIE. Wir fassen ein Gesetz begierig an,
  Das unsrer Leidenschaft zur Waffe dient.
  Ein andres spricht zu mir: ein älteres,
  Mich dir zu widersetzen, das Gebot,   183
  Dem jeder Fremde heilig ist.
THOAS. Es scheinen die Gefangnen dir sehr nah
  Am Herzen: denn vor Anteil und Bewegung
  Vergissest du der Klugheit erstes Wort,
  Daß man den Mächtigen nicht reizen soll.   1840
IPHIGENIE.
  Red' oder schweig' ich, immer kannst du wissen,
  Was mir im Herzen ist und immer bleibt.
  Löst die Erinnerung des gleichen Schicksals
  Nicht ein verschloßnes Herz zum Mitleid auf?
  Wie mehr denn meins! In ihnen seh' ich mich.   184
  Ich habe vorm Altare selbst gezittert,
  Und feierlich umgab der frühe Tod
  Die Knieende: das Messer zuckte schon,
  Den lebenvollen Busen zu durchbohren;
  Mein Innerstes entsetzte wirbelnd sich,   185
  Mein Auge brach, und – ich fand mich gerettet.
  Sind wir, was Götter gnädig uns gewährt,
  Unglücklichen nicht zu erstatten schuldig?
  Du weißt es, kennst mich, und du willst mich zwingen!
THOAS. Gehorche deinem Dienste, nicht dem Herrn.   185
IPHIGENIE. Laß ab! Beschönige nicht die Gewalt,
  Die sich der Schwachheit eines Weibes freut.
  Ich bin so frei geboren als ein Mann.
  Stünd' Agamemnons Sohn dir gegenüber,
  Und du verlangtest, was sich nicht gebührt,   1860
  So hat auch er ein Schwert und einen Arm,
  Die Rechte seines Busens zu verteid'gen.
  Ich habe nichts als Worte, und es ziemt
  Dem edlen Mann, der Frauen Wort zu achten.
THOAS. Ich acht' es mehr als eines Bruders Schwert.   1865
IPHIGENIE. Das Los der Waffen wechselt hin und her:
  Kein kluger Streiter hält den Feind gering.
  Auch ohne Hilfe gegen Trutz und Härte

Hat die Natur den Schwachen nicht gelassen.
Sie gab zur List ihm Freude, lehrt' ihn Künste: 1870
Bald weicht er aus, verspätet und umgeht.
Ja, der Gewaltige verdient, daß man sie übt.
THOAS. Die Vorsicht stellt der List sich klug entgegen.
IPHIGENIE. Und eine reine Seele braucht sie nicht.
THOAS. Sprich unbehutsam nicht dein eigen Urteil.   1875
IPHIGENIE. O sähest du, wie meine Seele kämpft,
Ein bös Geschick, das sie ergreifen will,
Im ersten Anfall mutig abzutreiben!
So steh' ich denn hier wehrlos gegen dich?
Die schöne Bitte, den anmut'gen Zweig,   1880
In einer Frauen Hand gewaltiger
Als Schwert und Waffe, stößest du zurück:
Was bleibt mir nun, mein Innres zu verteid'gen?
Ruf' ich die Göttin um ein Wunder an?
Ist keine Kraft in meiner Seele Tiefen?   1885
THOAS. Es scheint, der beiden Fremden Schicksal macht
Unmäßig dich besorgt. Wer sind sie, sprich,
Für die dein Geist gewaltig sich erhebt?
IPHIGENIE.
Sie sind – sie scheinen – für Griechen halt' ich sie.
THOAS. Landsleute sind es? und sie haben wohl   1890
Der Rückkehr schönes Bild in dir erneut?
IPHIGENIE (nach einigem Stillschweigen).
Hat denn zur unerhörten Tat der Mann
Allein das Recht? Drückt denn Unmögliches
Nur er an die gewalt'ge Heldenbrust?
Was nennt man groß? Was hebt die Seele schaudernd   1895
Dem immer wiederholenden Erzähler,
Als was mit unwahrscheinlichem Erfolg
Der Mutigste begann? Der in der Nacht
Allein das Heer des Feindes überschleicht,
Wie unversehn eine Flamme wütend   1900
Die Schlafenden, Erwachenden ergreift,
Zuletzt, gedrängt von den Ermunterten,
Auf Feindes Pferden, doch mit Beute kehrt,
Wird der allein gepriesen? der allein,
Der, einen sichern Weg verachtend, kühn   1905

Gebirg' und Wälder durchzustreifen geht,
Daß er von Räubern eine Gegend säubre?
Ist uns nichts übrig? Muß ein zartes Weib
Sich ihres angebornen Rechts entäußern,
Wild gegen Wilde sein, wie Amazonen   1910
Das Recht des Schwerts euch rauben und mit Blute
Die Unterdrückung rächen? Auf und ab
Steigt in der Brust ein kühnes Unternehmen:
Ich werde großem Vorwurf nicht entgehn,
Noch schwerem Übel, wenn es mir mißlingt;   1915
Allein euch leg' ich's auf die Kniee! Wenn
Ihr wahrhaft seid, wie ihr gepriesen werdet,
So zeigt's durch euern Beistand und verherrlicht
Durch mich die Wahrheit! – Ja, vernimm, o König,
Es wird ein heimlicher Betrug geschmiedet: 1920
Vergebens fragst du den Gefangnen nach;
Sie sind hinweg und suchen ihre Freunde,
Die mit dem Schiff am Ufer warten, auf.
Der älteste, den das Übel hier ergriffen
Und nun verlassen hat – es ist Orest,   1925
Mein Bruder, und der andre sein Vertrauter,
Sein Jugendfreund, mit Namen Pylades.
Apoll schickt sie von Delphi diesem Ufer
Mit göttlichen Befehlen zu, das Bild
Dianens wegzurauben und zu ihm   1930
Die Schwester hinzubringen, und dafür
Verspricht er dem von Furien Verfolgten,
Des Mutterblutes Schuldigen, Befreiung.
Und beide hab' ich nun, die Überbliebnen
Von Tantals Haus, in deine Hand gelegt: 1935
Verdirb uns – wenn du darfst.
THOAS.   Du glaubst, es höre
Der rohe Skythe, der Barbar, die Stimme
Der Wahrheit und der Menschlichkeit, die Atreus,
Der Grieche, nicht vernahm?
IPHIGENIE.   Es hört sie jeder,
Geboren unter jedem Himmel, dem   1940
Des Lebens Quelle durch den Busen rein
Und ungehindert fließt. – Was sinnst du mir,

O König, schweigend in der tiefen Seele?
Ist es Verderben? so töte mich zuerst!
Denn nun empfind' ich, da uns keine Rettung   1945
Mehr übrigbleibt, die gräßliche Gefahr,
Worein ich die Geliebten übereilt
Vorsätzlich stürzte. Weh! Ich werde sie
Gebunden vor mir sehn! Mit welchen Blicken
Kann ich von meinem Bruder Abschied nehmen,   1950
Den ich ermorde? Nimmer kann ich ihm
Mehr in die vielgeliebten Augen schaun!
THOAS. So haben die Betrüger, künstlich dichtend,
Der lang' Verschloßnen, ihre Wünsche leicht
Und willig Glaubenden ein solch Gespinst   1955
Ums Haupt geworfen!
IPHIGENIE.   Nein! o König, nein!
Ich könnte hintergangen werden; diese
Sind treu und wahr. Wirst du sie anders finden,
So laß sie fallen und verstoße mich,
Verbanne mich zur Strafe meiner Torheit   1960
An einer Klippeninsel traurig Ufer.
Ist aber dieser Mann der lang' erflehte,
Geliebte Bruder, so entlaß uns, sei
Auch den Geschwistern wie der Schwester freundlich.
Mein Vater fiel durch seiner Frauen Schuld,   1965
Und sie durch ihren Sohn. Die letzte Hoffnung
Von Atreus' Stamme ruht auf ihm allein.
Laß mich mit reinem Herzen, reiner Hand
Hinübergehn und unser Haus entsühnen.
Du hältst mir Wort! – Wenn zu den Meinen je   1970
Mir Rückkehr zubereitet wäre, schwurst
Du, mich zu lassen; und sie ist es nun.
Ein König sagt nicht, wie gemeine Menschen,
Verlegen zu, daß er den Bittenden
Auf einen Augenblick entferne, noch   1975
Verspricht er auf den Fall, den er nicht hofft:
Dann fühlt er erst die Höhe seiner Würde,
Wenn er den Harrenden beglücken kann.
THOAS. Unwillig, wie sich Feuer gegen Wasser
Im Kampfe wehrt und gischend seinen Feind   1980

Zu tilgen sucht, so wehret sich der Zorn
In meinem Busen gegen deine Worte.
IPHIGENIE. O laß die Gnade, wie das heil'ge Licht
  Der stillen Opferflamme, mir, umkränzt
  Von Lobgesang und Dank und Freude, lodern.   19⁸
THOAS. Wie oft besänftigte mich diese Stimme!
IPHIGENIE. O reiche mir die Hand zum Friedenszeichen.
THOAS. Du forderst viel in einer kurzen Zeit.
IPHIGENIE. Um Guts zu tun, braucht's keiner Überlegung.
THOAS. Sehr viel! denn auch dem Guten folgt das Übel.   19:
IPHIGENIE. Der Zweifel ist's, der Gutes böse macht.
  Bedenke nicht; gewähre, wie du's fühlst.

VIERTER AUFTRITT

Orest gewaffnet. Die Vorigen.

OREST (nach der Szene gekehrt).
  Verdoppelt eure Kräfte! Haltet sie
  Zurück! Nur wenig Augenblicke! Weicht
  Der Menge nicht, und deckt den Weg zum Schiffe   19⁹
  Mir und der Schwester!
          (Zu Iphigenien, ohne den König zu sehen.)
                    Komm, wir sind verraten.
  Geringer Raum bleibt uns zur Flucht. Geschwind!
          (Er erblickt den König.)
THOAS (nach dem Schwerte greifend).
  In meiner Gegenwart führt ungestraft
  Kein Mann das nackte Schwert.
IPHIGENIE.   Entheiliget   20⁰
  Der Göttin Wohnung nicht durch Wut und Mord.
  Gebietet eurem Volke Stillstand, höret
  Die Priesterin, die Schwester!
OREST.   Sage mir!
  Wer ist es, der uns droht?
IPHIGENIE.   Verehr' in ihm
  Den König, der mein zweiter Vater ward!
  Verzeih mir, Bruder! doch mein kindlich Herz   20⁶
  Hat unser ganz Geschick in seine Hand

Gelegt. Gestanden hab' ich euern Anschlag
Und meine Seele vom Verrat gerettet.
OREST. Will er die Rückkehr friedlich uns gewähren?
IPHIGENIE. Dein blinkend Schwert verbietet mir die Antwort.   2010
OREST (der das Schwert einsteckt).
So sprich! Du siehst, ich horche deinen Worten.

FÜNFTER AUFTRITT

Die Vorigen. Pylades. Bald nach ihm Arkas. Beide mit bloßen
Schwertern.

PYLADES. Verweilet nicht! Die letzten Kräfte raffen
Die Unsrigen zusammen; weichend werden
Sie nach der See langsam zurückgedrängt.
Welch ein Gespräch der Fürsten find' ich hier!   2015
Dies ist des Königes verehrtes Haupt!
ARKAS. Gelassen, wie es dir, o König, ziemt,
Stehst du den Feinden gegenüber. Gleich
Ist die Verwegenheit bestraft: es weicht
Und fällt ihr Anhang, und ihr Schiff ist unser.   2020
Ein Wort von dir, so steht's in Flammen.
THOAS.   Geh!
Gebiete Stillstand meinem Volke! Keiner
Beschädige den Feind, solang' wir reden.
            (Arkas ab.)
OREST. Ich nehm' es an. Geh, sammle, treuer Freund,
Den Rest des Volkes; harret still, welch Ende   2025
Die Götter unsern Taten zubereiten.
            (Pylades ab.)

SECHSTER AUFTRITT

Iphigenie. Thoas. Orest.

IPHIGENIE. Befreit von Sorge mich, eh' ihr zu sprechen
Beginnet. Ich befürchte bösen Zwist,
Wenn du, o König, nicht der Billigkeit

Gelinde Stimme hörest, du, mein Bruder,
Der raschen Jugend nicht gebieten willst.
THOAS. Ich halte meinen Zorn, wie es dem Ältern
Geziemt, zurück. Antworte mir! Womit
Bezeugst du, daß du Agamemnons Sohn
Und Dieser Bruder bist?
OREST.   Hier ist das Schwert,
Mit dem er Trojas tapfre Männer schlug.
Dies nahm ich seinem Mörder ab und bat
Die Himmlischen, den Mut und Arm, das Glück
Des großen Königes mir zu verleihn
Und einen schönern Tod mir zu gewähren.
Wähl' einen aus den Edlen deines Heers
Und stelle mir den Besten gegenüber.
So weit die Erde Heldensöhne nährt,
Ist keinem Fremden dies Gesuch verweigert.
THOAS. Dies Vorrecht hat die alte Sitte nie
Dem Fremden hier gestattet.
OREST.   So beginne
Die neue Sitte denn von dir und mir!
Nachahmend heiliget ein ganzes Volk
Die edle Tat der Herrscher zum Gesetz.
Und laß mich nicht allein für unsre Freiheit,
Laß mich, den Fremden für die Fremden, kämpfen!
Fall' ich, so ist ihr Urteil mit dem meinen
Gesprochen; aber gönnet mir das Glück,
Zu überwinden, so betrete nie
Ein Mann dies Ufer, dem der schnelle Blick
Hilfreicher Liebe nicht begegnet, und
Getröstet scheide jeglicher hinweg!
THOAS. Nicht unwert scheinest du, o Jüngling, mir
Der Ahnherrn, deren du dich rühmst, zu sein.
Groß ist die Zahl der edeln, tapfern Männer,
Die mich begleiten; doch ich stehe selbst
In meinen Jahren noch dem Feinde, bin
Bereit, mit dir der Waffen Los zu wagen.
IPHIGENIE. Mit nichten! Dieses blutigen Beweises
Bedarf es nicht, o König! Laßt die Hand
Vom Schwerte! Denkt an mich und mein Geschick.

Der rasche Kampf verewigt einen Mann:
Er falle gleich, so preiset ihn das Lied.
Allein die Tränen, die unendlichen,
Der überbliebnen, der verlaßnen Frau   2070
Zählt keine Nachwelt, und der Dichter schweigt
Von tausend durchgeweinten Tag' und Nächten,
Wo eine stille Seele den verlornen,
Rasch abgeschiednen Freund vergebens sich
Zurückzurufen bangt und sich verzehrt.   2075
Mich selbst hat eine Sorge gleich gewarnt,
Daß der Betrug nicht eines Räubers mich
Vom sichern Schutzort reiße, mich der Knechtschaft
Verrate. Fleißig hab' ich sie befragt,
Nach jedem Umstand mich erkundigt, Zeichen   2080
Gefordert, und gewiß ist nun mein Herz.
Sieh hier an seiner rechten Hand das Mal
Wie von drei Sternen, das am Tage schon,
Da er geboren ward, sich zeigte, das
Auf schwere Tat, mit dieser Faust zu üben,   2085
Der Priester deutete. Dann überzeugt
Mich doppelt diese Schramme, die ihm hier
Die Augenbraue spaltet. Als ein Kind
Ließ ihn Elektra, rasch und unvorsichtig
Nach ihrer Art, aus ihren Armen stürzen.   2090
Er schlug auf einen Dreifuß auf – Er ist's –
Soll ich dir noch die Ähnlichkeit des Vaters,
Soll ich das innre Jauchzen meines Herzens
Dir auch als Zeugen der Versichrung nennen?
THOAS. Und hübe deine Rede jeden Zweifel,   2095
Und bändigt' ich den Zorn in meiner Brust,
So würden doch die Waffen zwischen uns
Entscheiden müssen; Frieden seh' ich nicht.
Sie sind gekommen, du bekennest selbst,
Das heil'ge Bild der Göttin mir zu rauben.   2100
Glaubt ihr, ich sehe dies gelassen an?
Der Grieche wendet oft sein lüstern Auge
Den fernen Schätzen der Barbaren zu,
Dem goldnen Felle, Pferden, schönen Töchtern;
Doch führte sie Gewalt und List nicht immer   2105

Mit den erlangten Gütern glücklich heim.
OREST. Das Bild, o König, soll uns nicht entzweien!
Jetzt kennen wir den Irrtum, den ein Gott
Wie einen Schleier um das Haupt uns legte,
Da er den Weg hierher uns wandern hieß.
Um Rat und um Befreiung bat ich ihn
Von dem Geleit der Furien; er sprach:
„Bringst du die Schwester, die an Tauris' Ufer
Im Heiligtume wider Willen bleibt,
Nach Griechenland, so löset sich der Fluch."
Wir legten's von Apollens Schwester aus,
Und er gedachte dich! Die strengen Bande
Sind nun gelöst: du bist den Deinen wieder,
Du Heilige, geschenkt. Von dir berührt,
War ich geheilt; in deinen Armen faßte
Das Übel mich mit allen seinen Klauen
Zum letzten Mal und schüttelte das Mark
Entsetzlich mir zusammen; dann entfloh's
Wie eine Schlange zu der Höhle. Neu
Genieß' ich nun durch dich das weite Licht
Des Tages. Schön und herrlich zeigt sich mir
Der Göttin Rat. Gleich einem heil'gen Bilde,
Daran der Stadt unwandelbar Geschick
Durch ein geheimes Götterwort gebannt ist,
Nahm sie dich weg, dich Schützerin des Hauses;
Bewahrte dich in einer heil'gen Stille
Zum Segen deines Bruders und der Deinen.
Da alle Rettung auf der weiten Erde
Verloren schien, gibst du uns alles wieder.
Laß deine Seele sich zum Frieden wenden,
O König! Hindre nicht, daß sie die Weihe
Des väterlichen Hauses nun vollbringe,
Mich der entsühnten Halle wiedergebe,
Mir auf das Haupt die alte Krone drücke!
Vergilt den Segen, den sie dir gebracht,
Und laß des nähern Rechtes mich genießen!
Gewalt und List, der Männer höchster Ruhm,
Wird durch die Wahrheit dieser hohen Seele
Beschämt, und reines kindliches Vertrauen

Zu einem edlen Manne wird belohnt.   2145
IPHIGENIE. Denk' an dein Wort und laß durch diese Rede
  Aus einem graden treuen Munde dich
  Bewegen! Sieh uns an! du hast nicht oft
  Zu solcher edeln Tat Gelegenheit.
  Versagen kannst du's nicht; gewähr' es bald.   2150
THOAS. So geht!
IPHIGENIE.   Nicht so, mein König! Ohne Segen,
  In Widerwillen, scheid' ich nicht von dir.
  Verbann' uns nicht! Ein freundlich Gastrecht walte
  Von dir zu uns: so sind wir nicht auf ewig
  Getrennt und abgeschieden. Wert und teuer,   2155
  Wie mir mein Vater war, so bist du's mir,
  Und dieser Eindruck bleibt in meiner Seele.
  Bringt der Geringste deines Volkes je
  Den Ton der Stimme mir ins Ohr zurück,
  Den ich an euch gewohnt zu hören bin,   2160
  Und seh' ich an dem Ärmsten eure Tracht:
  Empfangen will ich ihn wie einen Gott,
  Ich will ihm selbst ein Lager zubereiten,
  Auf einen Stuhl ihn an das Feuer laden
  Und nur nach dir und deinem Schicksal fragen.   2165
  O geben dir die Götter deiner Taten
  Und deiner Milde wohlverdienten Lohn!
  Leb' wohl! O wende dich zu uns und gib
  Ein holdes Wort des Abschieds mir zurück!
  Dann schwellt der Wind die Segel sanfter an,   2170
  Und Tränen fließen lindernder vom Auge
  Des Scheidenden. Leb' wohl! und reiche mir
  Zum Pfand der alten Freundschaft deine Rechte.
THOAS. Lebt wohl!

NAUSIKAA

ERSTER AUFZUG

ERSTER AUFTRITT

Jungfrauen der Nausikaa, eine schnell nach der andern.

ERSTE (suchend). Nach dieser Seite flog der Ball! – Er liegt
  Hier an der Erde. Schnell fass' ich ihn auf
  Und stecke mich in das Gebüsche! Still!
                    (Sie verbirgt sich.)
ZWEITE. Du hast ihn fallen sehn?
DRITTE.   Gewiß, er fiel
  Gleich hinter dies Gesträuch im Bogen nieder.
ZWEITE. Ich seh' ihn nicht!
DRITTE.   Noch ich.
ZWEITE.   Mir schien, es lief
  Uns Tyche schon, die schnelle, leicht voraus.
ERSTE (aus dem Gebüsch zugleich rufend und werfend).
  Er kommt! er trifft!
ZWEITE.   Ai!
DRITTE.   Ai!
ERSTE (hervortretend).   Erschreckt ihr so
  Vor einer Freundin? Nehmt vor Amors Pfeilen
  Euch nur in acht, sie treffen unversehener   10
  Als dieser Ball.
ZWEITE (den Ball aufraffend). Er soll! er soll zur Strafe
  Dir um die Schultern fliegen.
ERSTE (laufend).   Werft! ich bin schon weit!
DRITTE. Nach ihr! nach ihr!
ZWEITE (wirft).   Er reicht sie kaum, er springt
  Ihr von der Erde nur vergebens nach.
  Komm mit! Geschwind! daß wir des Spiels so lang',   15
  Als möglich ist, genießen, frei für uns
  Nach allem Willen scherzen. Denn ich fürchte,
  Bald eilt die Fürstin nach der Stadt zurück.
  Sie ist seit diesem heitern Frühlingsabend
  Nachdenklicher als sonst und freut sich nicht,   20

Mit uns zu lachen und zu spielen, wie
Sie stets gewohnt war. Komm! sie rufen schon.

ZWEITER AUFTRITT

Ulysses (aus der Höhle tretend).

Was rufen mich für Stimmen aus dem Schlaf?
Wie ein Geschrei, ein laut Gespräch der Frauen
Erklang mir durch die Dämmrung des Erwachens.   25
Hier seh' ich niemand! Scherzen durchs Gebüsch
Die Nymphen? oder ahmt der frische Wind,
Durchs hohe Rohr des Flusses sich bewegend,
Zu meiner Qual die Menschenstimmen nach?
Wo bin ich hingekommen? welchem Lande   30
Trug mich der Zorn des Wellengottes zu?
Ist's leer von Menschen, wehe mir Verlaßnen!
Wo will ich Speise finden, Kleid und Waffe?
Ist es bewohnt von Rohen, Ungezähmten,
Dann wehe doppelt mir! dann übt aufs neue   35
Gefahr und Sorge dringend Geist und Hände.
O Not! Bedürfnis o! ihr strengen Schwestern,
Ihr haltet, eng begleitend, mich gefangen!
So kehr' ich von der zehenjähr'gen Mühe
Des wohlvollbrachten Krieges wieder heim,   40
Der Städtebändiger, der Sinnbezwinger!
Der Bettgenoß unsterblich schöner Frauen!
Ins Meer versanken die erworbnen Schätze,
Und ach, die besten Schätze, die Gefährten,
Erprobte Männer, in Gefahr und Mühe   45
An meiner Seite lebenslang gebildet,
Verschlungen hat der tausendfache Rachen
Des Meeres die geliebten, und allein,
Nackt und bedürftig jeder kleinen Hilfe,
Erheb' ich mich auf unbekanntem Boden   50
Von ungemeßnem Schlaf. Ich irrte nicht!
Ich höre das Geschwätz vergnügter Mädchen.
O daß sie freundlich mir und zarten Herzens
Dem Vielgeplagten doch begegnen möchten,

Wie sie mich einst den Glücklichen empfingen! 55
Ich sehe recht! die schönste Heldentochter
Kommt hier, begleitet von bejahrtem Weibe,
Den Sand des Ufers meidend, nach dem Haine.
Verberg' ich mich so lange, bis die Zeit,
Die schickliche, dem klugen Sinn erscheint. 60

DRITTER AUFTRITT

Nausikaa. Eurymedusa.

NAUSIKAA. Laß sie nur immer scherzen, denn sie haben
Schnell ihr Geschäft verrichtet. Unter Schwätzen
Und Lachen spülte frisch und leicht die Welle
Die schönen Kleider rein. Die hohe Sonne,
Die allen hilft, vollendete gar leicht 65
Das Tagewerk. Gefalten sind die Schleier,
Die langen Röcke, deren Weib und Mann
Sich immer, reinlich wechselnd, gern erfreut.
Die Körbe sind geschlossen; leicht und sanft
Bringt der bepackte Wagen uns zur Stadt. 70
EURYMEDUSA. Ich gönne gern den Kindern ihre Lust,
Und was du willst, geschieht. Ich sah dich still
Beiseit am Flusse gehen, keinen Teil
Am Spiele nehmen, nur gefällig ...
Zu dulden mehr als dich zu freuen. Dies 75
Schien mir ein Wunder ...
NAUSIKAA. Gesteh' ich dir, geliebte Herzensfreundin,
Warum ich heut' so früh' in deine Kammer
Getreten bin, warum ich diesen Tag
So schön gefunden, unser weibliches 80
Geschäft so sehr beschleunigt, Roß und Wagen
Von meinem Vater ... mir erbeten.
Wenn ich jetzt ... still und ... bin,
So wirst du lächeln, denn mich hat ein Traum,
Ein Traum verführt, der einem Wunsche gleicht. 85
EURYMEDUSA. Erzähle mir, denn alle sind nicht leer
Und ohne Sinn die flüchtigen Gefährten
Der Nacht. Bedeutend fand ich stets

Die sanften Träume, die der Morgen uns
Ums Haupt bewegt.   90
NAUSIKAA.   So war der meine. Spät
Noch wacht' ich, denn mich hielt das Sausen
Des ungeheuren Sturms nach Mitternacht
Noch munter ...
                    _____

Dann schweigen sie und sehn einander an.

Geliebte, schilt die stille Träne nicht,   95
Die mir vom Auge fließt.

Und wie der arme letzte Brand
Von großer Herdesglut mit Asche
Des Abends überdeckt wird, daß er morgens
Dem Hause Feuer gebe, lag   100
In Blättern eingescharrt ...

In meines Vaters Garten soll die Erde
Dich umgetriebnen vielgeplagten Mann
Zum freundlichsten empfangen ...
Das schönste Feld hat er sein ganzes Leben   105
Bepflanzt, gepflügt und erntet nun im Alter
Des Fleißes Lohn, ein tägliches Vergnügen.
Dort dringen neben Früchten wieder Blüten,
Und Frucht auf Früchte wechseln durch das Jahr.
Die Pomeranze, die Zitrone steht   110
Im dunklen Laube, und die Feige folgt
Der Feige ... beschützt ist rings umher
Mit Aloe und Stachelfeigen ...,
Daß die verwegne Ziege nicht genäschig
— — — — — — — — — — — — — —

Dort wirst du in den schönen Lauben wandeln,   115
An weiten Teppichen von Blumen dich erfreun.
Es rieselt neben dir der Bach, geleitet
Von Stamm zu Stamm. Der Gärtner tränket sie
Nach seinem Willen ...

Du bist nicht einer von den Trüglichen,   120
Wie viele Fremde kommen, die sich rühmen
Und glatte Worte sprechen, wo der Hörer

Nichts Falsches ahnet und zuletzt, betrogen,
Sie unvermutet wieder scheiden sieht.
Du bist ein Mann, ein zuverlässiger Mann,   12
Sinn und Zusammenhang hat deine Rede. Schön
Wie eines Dichters Lied tönt sie dem Ohr
Und füllt das Herz und reißt es mit sich fort.

Ein weißer Glanz ruht über Land und Meer,
Und duftend schwebt der Äther ohne Wolken.   130

Und nur die höchsten Nymphen des Gebirgs
Erfreuen sich des leichtgefallnen Schnees
Auf kurze Zeit.

Er ist wohl jung genug, denn ich bin alt.
Und immer ist der Mann ein junger Mann,
Der einem jungen Weibe wohlgefällt.   135

Du gäbst ihm gern den Besten, merk' ich wohl.
— — — — — — — — — — — —
Du hältst ihn doch für jung? sprich, Tyche, sprich!
— — — — — — — — — — — —

Der Mann, der einen ihm vertrauten Schatz
Vergraben . . . . hatte der   140
Die Lust, die jener hat, der ihn dem Meer
Mit Klugheit anvertraut, mit günst'gem Gott
Zehnfach beglückt nach seinem Hause kehrt?

O teurer Mann, welch einen Schmerz erregt
Das edle Wort in meinem Busen! So   145
Soll jener Tag denn kommen, der mich einsam
Von meiner Tochter trennen wird. Vor dem Tag
Des Todes lassen soll ich sie
Und senden in ein fernes Land,
Sie, die zu Haus so wohl gepflegt . . .   150

So werde jener Tag, der wieder dich
Mit deinem Sohn zurück zum Feste bringt,
Der feierlichste Tag des Lebens mir . . .

Ein gottgesendet Übel sieht der Mensch,
Der klügste, nicht voraus und wendet's nicht   155
Vom Hause.

TORQUATO TASSO

EIN SCHAUSPIEL

PERSONEN

Alfons der Zweite, Herzog von Ferrara
Leonore von Este, Schwester des Herzogs
Leonore Sanvitale, Gräfin von Scandiano
Torquato Tasso
Antonio Montecatino, Staatssekretär

Der Schauplatz ist auf Belriguardo, einem Lustschlosse.

ERSTER AUFZUG

Gartenplatz, mit Hermen der epischen Dichter geziert.
Vorn an der Szene zur Rechten Virgil, zur Linken Ariost.

ERSTER AUFTRITT

Prinzessin. Leonore.

PRINZESSIN. Du siehst mich lächelnd an, Eleonore,
Und siehst dich selber an und lächelst wieder.
Was hast du? Laß es eine Freundin wissen!
Du scheinst bedenklich, doch du scheinst vergnügt.
LEONORE. Ja, meine Fürstin, mit Vergnügen seh' ich   5
Uns beide hier so ländlich ausgeschmückt.
Wir scheinen recht beglückte Schäferinnen
Und sind auch wie die Glücklichen beschäftigt.
Wir winden Kränze. Dieser, bunt von Blumen,
Schwillt immer mehr und mehr in meiner Hand;   10
Du hast mit höherm Sinn und größerm Herzen
Den zarten schlanken Lorbeer dir gewählt.
PRINZESSIN. Die Zweige, die ich in Gedanken flocht,
Sie haben gleich ein würdig Haupt gefunden:
Ich setze sie Virgilen dankbar auf.   15
(Sie kränzt die Herme Virgils.)

LEONORE. So drück’ ich meinen vollen frohen Kranz
  Dem Meister Ludwig auf die hohe Stirne –
            (Sie kränzt Ariostens Herme)
  Er, dessen Scherze nie verblühen, habe
  Gleich von dem neuen Frühling seinen Teil.
PRINZESSIN. Mein Bruder ist gefällig, daß er uns   20
  In diesen Tagen schon aufs Land gebracht:
  Wir können unser sein und stundenlang
  Uns in die goldne Zeit der Dichter träumen.
  Ich liebe Belriguardo, denn ich habe
  Hier manchen Tag der Jugend froh durchlebt,   25
  Und dieses neue Grün und diese Sonne
  Bringt das Gefühl mir jener Zeit zurück.
LEONORE. Ja, es umgibt uns eine neue Welt!
  Der Schatten dieser immer grünen Bäume
  Wird schon erfreulich. Schon erquickt uns wieder   30
  Das Rauschen dieser Brunnen. Schwankend wiegen
  Im Morgenwinde sich die jungen Zweige.
  Die Blumen von den Beeten schauen uns
  Mit ihren Kinderaugen freundlich an.
  Der Gärtner deckt getrost das Winterhaus   35
  Schon der Zitronen und Orangen ab.
  Der blaue Himmel ruhet über uns,
  Und an dem Horizonte löst der Schnee
  Der fernen Berge sich in leisen Duft.
PRINZESSIN. Es wäre mir der Frühling sehr willkommen,   40
  Wenn er nicht meine Freundin mir entführte.
LEONORE. Erinnre mich in diesen holden Stunden,
  O Fürstin, nicht, wie bald ich scheiden soll.
PRINZESSIN. Was du verlassen magst, das findest du
  In jener großen Stadt gedoppelt wieder.   45
LEONORE. Es ruft die Pflicht, es ruft die Liebe mich
  Zu dem Gemahl, der mich so lang’ entbehrt.
  Ich bring’ ihm seinen Sohn, der dieses Jahr
  So schnell gewachsen, schnell sich ausgebildet,
  Und teile seine väterliche Freude.   50
  Groß ist Florenz und herrlich, doch der Wert
  Von allen seinen aufgehäuften Schätzen
  Reicht an Ferraras Edelsteine nicht.

Das Volk hat jene Stadt zur Stadt gemacht,
Ferrara ward durch seine Fürsten groß.   55
PRINZESSIN. Mehr durch die guten Menschen, die sich hier
Durch Zufall trafen und zum Glück verbanden.
LEONORE. Sehr leicht zerstreut der Zufall, was er sammelt.
Ein edler Mensch zieht edle Menschen an
Und weiß sie festzuhalten, wie ihr tut.   60
Um deinen Bruder und um dich verbinden
Gemüter sich, die euer würdig sind,
Und ihr seid eurer großen Väter wert.
Hier zündete sich froh das schöne Licht
Der Wissenschaft, des freien Denkens an,   65
Als noch die Barbarei mit schwerer Dämmrung
Die Welt umher verbarg. Mir klang als Kind
Der Name Herkules von Este schon,
Schon Hippolyt von Este voll ins Ohr.
Ferrara ward mit Rom und mit Florenz   70
Von meinem Vater viel gepriesen! Oft
Hab' ich mich hingesehnt; nun bin ich da.
Hier ward Petrarch bewirtet, hier gepflegt,
Und Ariost fand seine Muster hier.
Italien nennt keinen großen Namen,   75
Den dieses Haus nicht seinen Gast genannt.
Und es ist vorteilhaft, den Genius
Bewirten: gibst du ihm ein Gastgeschenk,
So läßt er dir ein schöneres zurück.
Die Stätte, die ein guter Mensch betrat,   80
Ist eingeweiht; nach hundert Jahren klingt
Sein Wort und seine Tat dem Enkel wieder.
PRINZESSIN. Dem Enkel, wenn er lebhaft fühlt wie du.
Gar oft beneid' ich dich um dieses Glück.
LEONORE. Das du, wie wenig andre, still und rein   85
Genießest. Drängt mich doch das volle Herz,
Sogleich zu sagen, was ich lebhaft fühle;
Du fühlst es besser, fühlst es tief und – schweigst.
Dich blendet nicht der Schein des Augenblicks,
Der Witz besticht dich nicht, die Schmeichelei   90
Schmiegt sich vergebens künstlich an dein Ohr:
Fest bleibt dein Sinn und richtig dein Geschmack,

Dein Urteil grad, stets ist dein Anteil groß
Am Großen, das du wie dich selbst erkennst.

PRINZESSIN. Du solltest dieser höchsten Schmeichelei   95
Nicht das Gewand vertrauter Freundschaft leihen.

LEONORE. Die Freundschaft ist gerecht, sie kann allein
Den ganzen Umfang deines Werts erkennen.
Und laß mich der Gelegenheit, dem Glück
Auch ihren Teil an deiner Bildung geben;   100
Du hast sie doch, und bist's am Ende doch,
Und dich mit deiner Schwester ehrt die Welt
Vor allen großen Frauen eurer Zeit.

PRINZESSIN. Mich kann das, Leonore, wenig rühren,
Wenn ich bedenke, wie man wenig ist,   105
Und was man ist, das blieb man andern schuldig.
Die Kenntnis alter Sprachen und des Besten,
Was uns die Vorwelt ließ, dank' ich der Mutter;
Doch war an Wissenschaft, an rechtem Sinn
Ihr keine beider Töchter jemals gleich,   110
Und soll sich eine ja mit ihr vergleichen,
So hat Lucretia gewiß das Recht.
Auch, kann ich dir versichern, hab' ich nie
Als Rang und als Besitz betrachtet, was
Mir die Natur, was mir das Glück verlieh.   115
Ich freue mich, wenn kluge Männer sprechen,
Daß ich verstehen kann, wie sie es meinen.
Es sei ein Urteil über einen Mann
Der alten Zeit und seiner Taten Wert;
Es sei von einer Wissenschaft die Rede,   120
Die, durch Erfahrung weiter ausgebreitet,
Dem Menschen nutzt, indem sie ihn erhebt:
Wohin sich das Gespräch der Edlen lenkt,
Ich folge gern, denn mir wird leicht, zu folgen.
Ich höre gern dem Streit der Klugen zu,   125
Wenn um die Kräfte, die des Menschen Brust
So freundlich und so fürchterlich bewegen,
Mit Grazie die Rednerlippe spielt;
Gern, wenn die fürstliche Begier des Ruhms,
Des ausgebreiteten Besitzes, Stoff   130
Dem Denker wird, und wenn die feine Klugheit,

Von einem klugen Manne zart entwickelt,
Statt uns zu hintergehen, uns belehrt.

LEONORE. Und dann, nach dieser ernsten Unterhaltung,
Ruht unser Ohr und unser innrer Sinn   135
Gar freundlich auf des Dichters Reimen aus,
Der uns die letzten lieblichsten Gefühle
Mit holden Tönen in die Seele flößt.
Dein hoher Geist umfaßt ein weites Reich,
Ich halte mich am liebsten auf der Insel   140
Der Poesie in Lorbeerhainen auf.

PRINZESSIN. In diesem schönen Lande, hat man mir
Versichern wollen, wächst vor andern Bäumen
Die Myrte gern. Und wenn der Musen gleich
Gar viele sind, so sucht man unter ihnen   145
Sich seltner eine Freundin und Gespielin,
Als man dem Dichter gern begegnen mag,
Der uns zu meiden, ja zu fliehen scheint,
Etwas zu suchen scheint, das wir nicht kennen
Und er vielleicht am Ende selbst nicht kennt.   150
Da wär' es denn ganz artig, wenn er uns
Zur guten Stunde träfe, schnell entzückt
Uns für den Schatz erkennte, den er lang'
Vergebens in der weiten Welt gesucht.

LEONORE. Ich muß mir deinen Scherz gefallen lassen,   155
Er trifft mich zwar, doch trifft er mich nicht tief.
Ich ehre jeden Mann und sein Verdienst,
Und ich bin gegen Tasso nur gerecht.
Sein Auge weilt auf dieser Erde kaum;
Sein Ohr vernimmt den Einklang der Natur;   160
Was die Geschichte reicht, das Leben gibt,
Sein Busen nimmt es gleich und willig auf:
Das weit Zerstreute sammelt sein Gemüt,
Und sein Gefühl belebt das Unbelebte.
Oft adelt er, was uns gemein erschien,   165
Und das Geschätzte wird vor ihm zu nichts.
In diesem eignen Zauberkreise wandelt
Der wunderbare Mann und zieht uns an,
Mit ihm zu wandeln, teil an ihm zu nehmen:
Er scheint sich uns zu nahn, und bleibt uns fern;   170

Er scheint uns anzusehn, und Geister mögen
An unsrer Stelle seltsam ihm erscheinen.
PRINZESSIN. Du hast den Dichter fein und zart geschildert,
Der in den Reichen süßer Träume schwebt.
Allein mir scheint auch ihn das Wirkliche   17
Gewaltsam anzuziehn und festzuhalten.
Die schönen Lieder, die an unsern Bäumen
Wir hin und wieder angeheftet finden,
Die, goldnen Äpfeln gleich, ein neu Hesperien
Uns duftend bilden, erkennst du sie nicht alle   18
Für holde Früchte einer wahren Liebe?
LEONORE. Ich freue mich der schönen Blätter auch.
Mit mannigfalt'gem Geist verherrlicht er
Ein einzig Bild in allen seinen Reimen.
Bald hebt er es in lichter Glorie   18
Zum Sternenhimmel auf, beugt sich verehrend
Wie Engel über Wolken vor dem Bilde;
Dann schleicht er ihm durch stille Fluren nach,
Und jede Blume windet er zum Kranz.
Entfernt sich die Verehrte, heiligt er   19
Den Pfad, den leis ihr schöner Fuß betrat.
Versteckt im Busche, gleich der Nachtigall,
Füllt er aus einem liebekranken Busen
Mit seiner Klagen Wohllaut Hain und Luft:
Sein reizend Leid, die sel'ge Schwermut lockt   19
Ein jedes Ohr, und jedes Herz muß nach –
PRINZESSIN. Und wenn er seinen Gegenstand benennt,
So gibt er ihm den Namen Leonore.
LEONORE. Es ist dein Name, wie es meiner ist.
Ich nähm' es übel, wenn's ein andrer wäre.   20
Mich freut es, daß er sein Gefühl für dich
In diesem Doppelsinn verbergen kann.
Ich bin zufrieden, daß er meiner auch
Bei dieses Namens holdem Klang gedenkt.
Hier ist die Frage nicht von einer Liebe,   2
Die sich des Gegenstands bemeistern will,
Ausschließend ihn besitzen, eifersüchtig
Den Anblick jedem andern wehren möchte.
Wenn er in seliger Betrachtung sich

Mit deinem Wert beschäftigt, mag er auch   210
An meinem leichtern Wesen sich erfreun.
Uns liebt er nicht – verzeih, daß ich es sage! –,
Aus allen Sphären trägt er, was er liebt,
Auf einen Namen nieder, den wir führen,
Und sein Gefühl teilt er uns mit; wir scheinen   215
Den Mann zu lieben, und wir lieben nur
Mit ihm das Höchste, was wir lieben können.
PRINZESSIN. Du hast dich sehr in diese Wissenschaft
Vertieft, Eleonore, sagst mir Dinge,
Die mir beinahe nur das Ohr berühren   220
Und in die Seele kaum noch übergehn.
LEONORE. Du, Schülerin des Plato! nicht begreifen,
Was dir ein Neuling vorzuschwatzen wagt?
Es müßte sein, daß ich zu sehr mich irrte;
Doch irr' ich auch nicht ganz, ich weiß es wohl.   225
Die Liebe zeigt in dieser holden Schule
Sich nicht, wie sonst, als ein verwöhntes Kind:
Es ist der Jüngling, der mit Psychen sich
Vermählte, der im Rat der Götter Sitz
Und Stimme hat. Er tobt nicht frevelhaft   230
Von einer Brust zur andern hin und her;
Er heftet sich an Schönheit und Gestalt
Nicht gleich mit süßem Irrtum fest und büßet
Nicht schnellen Rausch mit Ekel und Verdruß.
PRINZESSIN.
Da kommt mein Bruder! Laß uns nicht verraten,   235
Wohin sich wieder das Gespräch gelenkt:
Wir würden seinen Scherz zu tragen haben,
Wie unsre Kleidung seinen Spott erfuhr.

ZWEITER AUFTRITT

Die Vorigen. Alfons.

ALFONS. Ich suche Tasso, den ich nirgends finde,
Und treff' ihn – hier sogar bei euch nicht an.   240
Könnt ihr von ihm mir keine Nachricht geben?
PRINZESSIN. Ich sah ihn gestern wenig, heute nicht.

ALFONS. Es ist ein alter Fehler, daß er mehr
  Die Einsamkeit als die Gesellschaft sucht.
  Verzeih' ich ihm, wenn er den bunten Schwarm   24
  Der Menschen flieht und lieber frei im stillen
  Mit seinem Geist sich unterhalten mag,
  So kann ich doch nicht loben, daß er selbst
  Den Kreis vermeidet, den die Freunde schließen.
LEONORE. Irr' ich mich nicht, so wirst du bald, o Fürst, 25
  Den Tadel in ein frohes Lob verwandeln.
  Ich sah ihn heut' von fern: er hielt ein Buch
  Und eine Tafel, schrieb und ging und schrieb.
  Ein flüchtig Wort, das er mir gestern sagte,
  Schien mir sein Werk vollendet anzukünden.   25
  Er sorgt nur, kleine Züge zu verbessern,
  Um deiner Huld, die ihm so viel gewährt,
  Ein würdig Opfer endlich darzubringen.
ALFONS. Er soll willkommen sein, wenn er es bringt,
  Und losgesprochen sein auf lange Zeit.   26
  So sehr ich teil an seiner Arbeit nehme,
  So sehr in manchem Sinn das große Werk
  Mich freut und freuen muß, so sehr vermehrt
  Sich auch zuletzt die Ungeduld in mir.
  Er kann nicht enden, kann nicht fertig werden,   2
  Er ändert stets, ruckt langsam weiter vor,
  Steht wieder still, er hintergeht die Hoffnung:
  Unwillig sieht man den Genuß entfernt
  In späte Zeit, den man so nah geglaubt.
PRINZESSIN. Ich lobe die Bescheidenheit, die Sorge,   2
  Womit er Schritt vor Schritt zum Ziele geht.
  Nur durch die Gunst der Musen schließen sich
  So viele Reime fest in eins zusammen;
  Und seine Seele hegt nur diesen Trieb,
  Es soll sich sein Gedicht zum Ganzen ründen.   2
  Er will nicht Märchen über Märchen häufen,
  Die reizend unterhalten und zuletzt
  Wie lose Worte nur verklingend täuschen.
  Laß ihn, mein Bruder! denn es ist die Zeit
  Von einem guten Werke nicht das Maß;   2
  Und wenn die Nachwelt mitgenießen soll,

So muß des Künstlers Mitwelt sich vergessen.
ALFONS. Laß uns zusammen, liebe Schwester, wirken,
  Wie wir zu beider Vorteil oft getan!
  Wenn ich zu eifrig bin, so lindre du: 285
  Und bist du zu gelind, so will ich treiben.
  Wir sehen dann auf einmal ihn vielleicht
  Am Ziel, wo wir ihn lang' gewünscht zu sehn.
  Dann soll das Vaterland, es soll die Welt
  Erstaunen, welch ein Werk vollendet worden.   290
  Ich nehme meinen Teil des Ruhms davon,
  Und er wird in das Leben eingeführt.
  Ein edler Mensch kann einem engen Kreise
  Nicht seine Bildung danken. Vaterland
  Und Welt muß auf ihn wirken. Ruhm und Tadel   295
  Muß er ertragen lernen. Sich und andre
  Wird er gezwungen recht zu kennen. Ihn
  Wiegt nicht die Einsamkeit mehr schmeichelnd ein.
  Es will der Feind – es darf der Freund nicht schonen;
  Dann übt der Jüngling streitend seine Kräfte,   300
  Fühlt, was er ist, und fühlt sich bald ein Mann.
LEONORE. So wirst du, Herr, für ihn noch alles tun,
  Wie du bisher für ihn schon viel getan.
  Es bildet ein Talent sich in der Stille,
  Sich ein Charakter in dem Strom der Welt.   305
  O daß er sein Gemüt wie seine Kunst
  An deinen Lehren bilde! daß er nicht
  Die Menschen länger meide, daß sein Argwohn
  Sich nicht zuletzt in Furcht und Haß verwandle!
ALFONS. Die Menschen fürchtet nur, wer sie nicht kennt, 310
  Und wer sie meidet, wird sie bald verkennen.
  Das ist sein Fall, und so wird nach und nach
  Ein frei Gemüt verworren und gefesselt.
  So ist er oft um meine Gunst besorgt,
  Weit mehr, als es ihm ziemte; gegen viele   315
  Hegt er ein Mißtraun, die, ich weiß es sicher,
  Nicht seine Feinde sind. Begegnet ja,
  Daß sich ein Brief verirrt, daß ein Bedienter
  Aus seinem Dienst in einen andern geht,
  Daß ein Papier aus seinen Händen kommt,   320

Gleich sieht er Absicht, sieht Verräterei
Und Tücke, die sein Schicksal untergräbt.
PRINZESSIN. Laß uns, geliebter Bruder, nicht vergessen,
Daß von sich selbst der Mensch nicht scheiden kann.
Und wenn ein Freund, der mit uns wandeln sollte,   330
Sich einen Fuß beschädigte, wir würden
Doch lieber langsam gehn und unsre Hand
Ihm gern und willig leihen.
ALFONS.   Besser wär's,
Wenn wir ihn heilen könnten, lieber gleich
Auf treuen Rat des Arztes eine Kur   335
Versuchten, dann mit dem Geheilten froh
Den neuen Weg des frischen Lebens gingen.
Doch hoff' ich, meine Lieben, daß ich nie
Die Schuld des rauhen Arztes auf mich lade.
Ich tue, was ich kann, um Sicherheit   340
Und Zutraun seinem Busen einzuprägen.
Ich geb' ihm oft in Gegenwart von vielen
Entschiedne Zeichen meiner Gunst. Beklagt
Er sich bei mir, so lass' ich's untersuchen,
Wie ich es tat, als er sein Zimmer neulich   345
Erbrochen glaubte. Läßt sich nichts entdecken,
So zeig' ich ihm gelassen, wie ich's sehe;
Und da man alles üben muß, so üb' ich,
Weil er's verdient, an Tasso die Geduld:
Und ihr, ich weiß es, steht mir willig bei.   350
Ich hab' euch nun aufs Land gebracht und gehe
Heut' abend nach der Stadt zurück. Ihr werdet
Auf einen Augenblick Antonio sehen;
Er kommt von Rom und holt mich ab. Wir haben
Viel auszureden, abzutun. Entschlüsse   355
Sind nun zu fassen, Briefe viel zu schreiben:
Das alles nötigt mich zur Stadt zurück.
PRINZESSIN. Erlaubst du uns, daß wir dich hinbegleiten?
ALFONS. Bleibt nur in Belriguardo, geht zusammen
Hinüber nach Consandoli! Genießt   360
Der schönen Tage ganz nach freier Lust.
PRINZESSIN. Du kannst nicht bei uns bleiben? die Geschäfte
Nicht hier so gut als in der Stadt verrichten?

LEONORE. Du führst uns gleich Antonio hinweg,
  Der uns von Rom so viel erzählen sollte?   360
ALFONS. Es geht nicht an, ihr Kinder; doch ich komme
  Mit ihm so bald, als möglich ist, zurück:
  Dann soll er euch erzählen, und ihr sollt
  Mir ihn belohnen helfen, der so viel
  In meinem Dienst aufs neue sich bemüht.   365
  Und haben wir uns wieder ausgesprochen,
  So mag der Schwarm dann kommen, daß es lustig
  In unsern Gärten werde, daß auch mir,
  Wie billig, eine Schönheit in dem Kühlen,
  Wenn ich sie suche, gern begegnen mag.   370
LEONORE. Wir wollen freundlich durch die Finger sehen.
ALFONS. Dagegen wißt ihr, daß ich schonen kann.
PRINZESSIN (nach der Szene gekehrt).
  Schon lange seh' ich Tasso kommen. Langsam
  Bewegt er seine Schritte, steht bisweilen
  Auf einmal still, wie unentschlossen, geht   375
  Dann wieder schneller auf uns los, und weilt
  Schon wieder.
ALFONS.   Stört ihn, wenn er denkt und dichtet,
  In seinen Träumen nicht und laßt ihn wandeln.
LEONORE. Nein, er hat uns gesehn, er kommt hierher.

DRITTER AUFTRITT

Die Vorigen. Tasso.

TASSO (mit einem Buche, in Pergament geheftet).
  Ich komme langsam, dir ein Werk zu bringen,   380
  Und zaudre noch, es dir zu überreichen.
  Ich weiß zu wohl, noch bleibt es unvollendet,
  Wenn es auch gleich geendigt scheinen möchte.
  Allein, war ich besorgt, es unvollkommen
  Dir hinzugeben, so bezwingt mich nun   385
  Die neue Sorge: möcht' ich doch nicht gern
  Zu ängstlich, möcht' ich nicht undankbar scheinen.
  Und wie der Mensch nur sagen kann: Hie bin ich!

6*

Daß Freunde seiner schonend sich erfreuen,
So kann ich auch nur sagen: Nimm es hin! 39
(Er übergibt den Band.)

ALFONS. Du überraschest mich mit deiner Gabe
Und machst mir diesen schönen Tag zum Fest.
So halt' ich's endlich denn in meinen Händen
Und nenn' es in gewissem Sinne mein!
Lang' wünscht' ich schon, du möchtest dich entschließen 39
Und endlich sagen: Hier! es ist genug.

TASSO. Wenn ihr zufrieden seid, so ist's vollkommen;
Denn euch gehört es zu in jedem Sinn.
Betrachtet' ich den Fleiß, den ich verwendet,
Sah ich die Züge meiner Feder an, 40
So konnt' ich sagen: dieses Werk ist mein.
Doch seh' ich näher an, was dieser Dichtung
Den innren Wert und ihre Würde gibt,
Erkenn' ich wohl, ich hab' es nur von euch.
Wenn die Natur der Dichtung holde Gabe 40
Aus reicher Willkür freundlich mir geschenkt,
So hatte mich das eigensinn'ge Glück
Mit grimmiger Gewalt von sich gestoßen;
Und zog die schöne Welt den Blick des Knaben
Mit ihrer ganzen Fülle herrlich an, 4
So trübte bald den jugendlichen Sinn
Der teuren Eltern unverdiente Not.
Eröffnete die Lippe sich, zu singen,
So floß ein traurig Lied von ihr herab,
Und ich begleitete mit leisen Tönen 4
Des Vaters Schmerzen und der Mutter Qual.
Du warst allein, der aus dem engen Leben
Zu einer schönen Freiheit mich erhob;
Der jede Sorge mir vom Haupte nahm,
Mir Freiheit gab, daß meine Seele sich 4
Zu mutigem Gesang entfalten konnte;
Und welchen Preis nun auch mein Werk erhält,
Euch dank' ich ihn, denn euch gehört es zu.

ALFONS. Zum zweitenmal verdienst du jedes Lob,
Und ehrst bescheiden dich und uns zugleich. 4

TASSO. O könnt' ich sagen, wie ich lebhaft fühle,

Daß ich von euch nur habe, was ich bringe!
Der tatenlose Jüngling – nahm er wohl
Die Dichtung aus sich selbst? Die kluge Leitung
Des raschen Krieges – hat er die ersonnen?   430
Die Kunst der Waffen, die ein jeder Held
An dem beschiednen Tage kräftig zeigt,
Des Feldherrn Klugheit und der Ritter Mut,
Und wie sich List und Wachsamkeit bekämpft,
Hast du mir nicht, o kluger, tapfrer Fürst,   435
Das alles eingeflößt, als wärest du
Mein Genius, der eine Freude fände,
Sein hohes, unerreichbar hohes Wesen
Durch einen Sterblichen zu offenbaren?
PRINZESSIN. Genieße nun des Werks, das uns erfreut!   440
ALFONS. Erfreue dich des Beifalls jedes Guten!
LEONORE. Des allgemeinen Ruhms erfreue dich!
TASSO. Mir ist an diesem Augenblick genug.
   An euch nur dacht' ich, wenn ich sann und schrieb:
   Euch zu gefallen war mein höchster Wunsch,   445
   Euch zu ergetzen war mein letzter Zweck.
   Wer nicht die Welt in seinen Freunden sieht,
   Verdient nicht, daß die Welt von ihm erfahre.
   Hier ist mein Vaterland, hier ist der Kreis,
   In dem sich meine Seele gern verweilt.   450
   Hier horch' ich auf, hier acht' ich jeden Wink,
   Hier spricht Erfahrung, Wissenschaft, Geschmack;
   Ja, Welt und Nachwelt seh' ich vor mir stehn.
   Die Menge macht den Künstler irr' und scheu:
   Nur wer euch ähnlich ist, versteht und fühlt,   455
   Nur der allein soll richten und belohnen!
ALFONS. Und stellen wir denn Welt und Nachwelt vor,
   So ziemt es nicht, nur müßig zu empfangen.
   Das schöne Zeichen, das den Dichter ehrt,
   Das selbst der Held, der seiner stets bedarf,   460
   Ihm ohne Neid ums Haupt gewunden sieht,
   Erblick' ich hier auf deines Ahnherrn Stirne.
             (Auf die Herme Virgils deutend.)
   Hat es der Zufall, hat's ein Genius
   Geflochten und gebracht? Es zeigt sich hier

Uns nicht umsonst. Virgilen hör' ich sagen: 4(
Was ehret ihr die Toten? Hatten die
Doch ihren Lohn und Freude, da sie lebten;
Und wenn ihr uns bewundert und verehrt,
So gebt auch den Lebendigen ihr Teil.
Mein Marmorbild ist schon bekränzt genug –   47
Der grüne Zweig gehört dem Leben an.

(Alfons winkt seiner Schwester; sie nimmt den Kranz von der Büste
Virgils und nähert sich Tasso. Er tritt zurück.)

LEONORE. Du weigerst dich? Sieh, welche Hand den Kranz,
Den schönen, unverwelklichen, dir bietet!

TASSO. O laßt mich zögern! Seh' ich doch nicht ein,
Wie ich nach dieser Stunde leben soll.   47

ALFONS. In dem Genuß des herrlichen Besitzes,
Der dich im ersten Augenblick erschreckt.

PRINZESSIN (indem sie den Kranz in die Höhe hält).
Du gönnest mir die seltne Freude, Tasso,
Dir ohne Wort zu sagen, wie ich denke.

TASSO. Die schöne Last aus deinen teuren Händen   48
Empfang' ich kniend auf mein schwaches Haupt.

(Er kniet nieder, die Prinzessin setzt ihm den Kranz auf.)

LEONORE (applaudierend).
Es lebe der zum erstenmal Bekränzte!
Wie zieret den bescheidnen Mann der Kranz!

(Tasso steht auf.)

ALFONS. Es ist ein Vorbild nur von jener Krone,
Die auf dem Kapitol dich zieren soll.   48

PRINZESSIN. Dort werden lautre Stimmen dich begrüßen;
Mit leiser Lippe lohnt die Freundschaft hier.

TASSO. O nehmt ihn weg von meinem Haupte wieder,
Nehmt ihn hinweg! Er sengt mir meine Locken!
Und wie ein Strahl der Sonne, der zu heiß   49
Das Haupt mir träfe, brennt er mir die Kraft
Des Denkens aus der Stirne. Fieberhitze
Bewegt mein Blut. Verzeiht! Es ist zu viel!

LEONORE. Es schützet dieser Zweig vielmehr das Haupt
Des Manns, der in den heißen Regionen   49
Des Ruhms zu wandeln hat, und kühlt die Stirne.

TASSO. Ich bin nicht wert, die Kühlung zu empfinden,

Die nur um Heldenstirnen wehen soll.
O hebt ihn auf, ihr Götter, und verklärt
Ihn zwischen Wolken, daß er hoch und höher   500
Und unerreichbar schwebe! daß mein Leben
Nach diesem Ziel ein ewig Wandeln sei!
ALFONS. Wer früh erwirbt, lernt früh den hohen Wert
    Der holden Güter dieses Lebens schätzen;
    Wer früh genießt, entbehrt in seinem Leben   505
    Mit Willen nicht, was er einmal besaß;
    Und wer besitzt, der muß gerüstet sein.
TASSO. Und wer sich rüsten will, muß eine Kraft
    Im Busen fühlen, die ihm nie versagt.
    Ach! sie versagt mir eben jetzt! Im Glück   510
    Verläßt sie mich, die angeborne Kraft,
    Die standhaft mich dem Unglück, stolz dem Unrecht
    Begegnen lehrte. Hat die Freude mir,
    Hat das Entzücken dieses Augenblicks
    Das Mark in meinen Gliedern aufgelöst?   515
    Es sinken meine Kniee! Noch einmal
    Siehst du, o Fürstin, mich gebeugt vor dir!
    Erhöre meine Bitte: nimm ihn weg!
    Daß, wie aus einem schönen Traum erwacht,
    Ich ein erquicktes neues Leben fühle.   520
PRINZESSIN. Wenn du bescheiden ruhig das Talent,
    Das dir die Götter gaben, tragen kannst,
    So lern' auch diese Zweige tragen, die
    Das Schönste sind, was wir dir geben können.
    Wem einmal würdig sie das Haupt berührt,   525
    Dem schweben sie auf ewig um die Stirne.
TASSO. So laßt mich denn beschämt von hinnen gehn!
    Laßt mich mein Glück im tiefen Hain verbergen,
    Wie ich sonst meine Schmerzen dort verbarg.
    Dort will ich einsam wandeln, dort erinnert   530
    Kein Auge mich ans unverdiente Glück.
    Und zeigt mir ungefähr ein klarer Brunnen
    In seinem reinen Spiegel einen Mann,
    Der, wunderbar bekränzt, im Widerschein
    Des Himmels zwischen Bäumen, zwischen Felsen   535
    Nachdenkend ruht, so scheint es mir, ich sehe

Elysium auf dieser Zauberfläche
Gebildet. Still bedenk' ich mich und frage:
Wer mag der Abgeschiedne sein? der Jüngling
Aus der vergangnen Zeit? so schön bekränzt?   54
Wer sagt mir seinen Namen? sein Verdienst?
Ich warte lang' und denke: Käme doch
Ein andrer und noch einer, sich zu ihm
In freundlichem Gespräche zu gesellen!
O säh' ich die Heroen, die Poeten   54
Der alten Zeit um diesen Quell versammelt!
O säh' ich hier sie immer unzertrennlich,
Wie sie im Leben fest verbunden waren!
So bindet der Magnet durch seine Kraft
Das Eisen mit dem Eisen fest zusammen,   55
Wie gleiches Streben Held und Dichter bindet.
Homer vergaß sich selbst, sein ganzes Leben
War der Betrachtung zweier Männer heilig,
Und Alexander in Elysium
Eilt, den Achill und den Homer zu suchen.   55
O daß ich gegenwärtig wäre, sie,
Die größten Seelen, nun vereint zu sehen!
LEONORE. Erwach'! Erwache! Laß uns nicht empfinden,
    Daß du das Gegenwärt'ge ganz verkennst.
TASSO. Es ist die Gegenwart, die mich erhöht,   56
    Abwesend schein' ich nur: ich bin entzückt.
PRINZESSIN. Ich freue mich, wenn du mit Geistern redest,
    Daß du so menschlich sprichst, und hör' es gern.
    (Ein Page tritt zu dem Fürsten und richtet leise etwas aus.)
ALFONS. Er ist gekommen! recht zur guten Stunde.
    Antonio! – Bring' ihn her – Da kommt er schon!   56

VIERTER AUFTRITT

Die Vorigen. Antonio.

ALFONS. Willkommen! der du uns zugleich dich selbst
    Und gute Botschaft bringst.
PRINZESSIN.   Sei uns gegrüßt!
ANTONIO. Kaum wag' ich es zu sagen, welch Vergnügen

In eurer Gegenwart mich neu belebt.
Vor euren Augen find' ich alles wieder,   570
Was ich so lang' entbehrt. Ihr scheint zufrieden
Mit dem, was ich getan, was ich vollbracht;
Und so bin ich belohnt für jede Sorge,
Für manchen bald mit Ungeduld durchharrten,
Bald absichtsvoll verlornen Tag. Wir haben   575
Nun, was wir wünschen, und kein Streit ist mehr.
LEONORE. Auch ich begrüße dich, wenn ich schon zürne.
Du kommst nur eben, da ich reisen muß.
ANTONIO. Damit mein Glück nicht ganz vollkommen werde,
Nimmst du mir gleich den schönen Teil hinweg.   580
TASSO. Auch meinen Gruß! Ich hoffe, mich der Nähe
Des vielerfahrnen Mannes auch zu freun.
ANTONIO. Du wirst mich wahrhaft finden, wenn du je
Aus deiner Welt in meine schauen magst.
ALFONS. Wenn du mir gleich in Briefen schon gemeldet, 585
Was du getan und wie es dir ergangen,
So hab' ich doch noch manches auszufragen,
Durch welche Mittel das Geschäft gelang.
Auf jenem wunderbaren Boden will der Schritt
Wohl abgemessen sein, wenn er zuletzt   590
An deinen eignen Zweck dich führen soll.
Wer seines Herren Vorteil rein bedenkt,
Der hat in Rom gar einen schweren Stand:
Denn Rom will alles nehmen, geben nichts;
Und kommt man hin, um etwas zu erhalten,   595
Erhält man nichts, man bringe denn was hin,
Und glücklich, wenn man da noch was erhält.
ANTONIO. Es ist nicht mein Betragen, meine Kunst,
Durch die ich deinen Willen, Herr, vollbracht.
Denn welcher Kluge fänd' im Vatikan   600
Nicht seinen Meister? Vieles traf zusammen,
Das ich zu unserm Vorteil nutzen konnte.
Dich ehrt Gregor und grüßt und segnet dich.
Der Greis, der würdigste, dem eine Krone
Das Haupt belastet, denkt der Zeit mit Freuden,   605
Da er in seinen Arm dich schloß. Der Mann,
Der Männer unterscheidet, kennt und rühmt

Dich hoch! Um deinetwillen tat er viel.
ALFONS. Ich freue seiner guten Meinung mich,
Sofern sie redlich ist. Doch weißt du wohl,   610
Vom Vatikan herab sieht man die Reiche
Schon klein genug zu seinen Füßen liegen,
Geschweige denn die Fürsten und die Menschen.
Gestehe nur, was dir am meisten half!
ANTONIO. Gut! wenn du willst: der hohe Sinn des Papsts.   615
Er sieht das Kleine klein, das Große groß.
Damit er einer Welt gebiete, gibt
Er seinen Nachbarn gern und freundlich nach.
Das Streifchen Land, das er dir überläßt,
Weiß er, wie deine Freundschaft, wohl zu schätzen.   620
Italien soll ruhig sein, er will
In seiner Nähe Freunde sehen, Friede
Bei seinen Grenzen halten, daß die Macht
Der Christenheit, die er gewaltig lenkt,
Die Türken da, die Ketzer dort vertilge.   625
PRINZESSIN. Weiß man die Männer, die er mehr als andre
Begünstigt, die sich ihm vertraulich nahn?
ANTONIO. Nur der erfahrne Mann besitzt sein Ohr,
Der tätige sein Zutraun, seine Gunst.
Er, der von Jugend auf dem Staat gedient,   630
Beherrscht ihn jetzt und wirkt auf jene Höfe,
Die er vor Jahren als Gesandter schon
Gesehen und gekannt und oft gelenkt.
Es liegt die Welt so klar vor seinem Blick
Als wie der Vorteil seines eignen Staats.   635
Wenn man ihn handeln sieht, so lobt man ihn
Und freut sich, wenn die Zeit entdeckt, was er
Im stillen lang' bereitet und vollbracht.
Es ist kein schönrer Anblick in der Welt,
Als einen Fürsten sehn, der klug regiert,   640
Das Reich zu sehn, wo jeder stolz gehorcht,
Wo jeder sich nur selbst zu dienen glaubt,
Weil ihm das Rechte nur befohlen wird.
LEONORE. Wie sehnlich wünscht' ich, jene Welt einmal
Recht nah zu sehn!   645
ALFONS.   Doch wohl, um mitzuwirken?

Denn bloß beschaun wird Leonore nie.
Es wäre doch recht artig, meine Freundin,
Wenn in das große Spiel wir auch zuweilen
Die zarten Hände mischen könnten – Nicht?
LEONORE (zu Alfons).
Du willst mich reizen, es gelingt dir nicht.   650
ALFONS. Ich bin dir viel von andern Tagen schuldig.
LEONORE. Nun gut, so bleib' ich heut' in deiner Schuld!
Verzeih und störe meine Fragen nicht.
(Zu Antonio.) Hat er für die Nepoten viel getan?
ANTONIO. Nicht weniger noch mehr, als billig ist.   655
Ein Mächtiger, der für die Seinen nicht
Zu sorgen weiß, wird von dem Volke selbst
Getadelt. Still und mäßig weiß Gregor
Den Seinigen zu nutzen, die dem Staat
Als wackre Männer dienen, und erfüllt   660
Mit e i n e r Sorge zwei verwandte Pflichten.
TASSO. Erfreut die Wissenschaft, erfreut die Kunst
Sich seines Schutzes auch? und eifert er
Den großen Fürsten alter Zeiten nach?
ANTONIO. Er ehrt die Wissenschaft, sofern sie nutzt,   665
Den Staat regieren, Völker kennen lehrt;
Er schätzt die Kunst, sofern sie ziert, sein Rom
Verherrlicht und Palast und Tempel
Zu Wunderwerken dieser Erde macht.
In seiner Nähe darf nichts müßig sein!   670
Was gelten soll, muß wirken und muß dienen.
ALFONS. Und glaubst du, daß wir das Geschäfte bald
Vollenden können? daß sie nicht zuletzt
Noch hie und da uns Hindernisse streuen?
ANTONIO. Ich müßte sehr mich irren, wenn nicht gleich   675
Durch deinen Namenszug, durch wenig Briefe
Auf immer dieser Zwist gehoben wäre.
ALFONS. So lob' ich diese Tage meines Lebens
Als eine Zeit des Glückes und Gewinns.
Erweitert seh' ich meine Grenze, weiß   680
Sie führt die Zukunft sicher. Ohne Schwertschlag
Hast du's geleistet, eine Bürgerkrone
Dir wohl verdient. Es sollen unsre Frauen

Vom ersten Eichenlaub am schönsten Morgen
Geflochten dir sie um die Stirne legen.   68
Indessen hat mich Tasso auch bereichert:
Er hat Jerusalem für uns erobert
Und so die neue Christenheit beschämt,
Ein weit entferntes, hoch gestecktes Ziel
Mit frohem Mut und strengem Fleiß erreicht.   69
Für seine Mühe siehst du ihn gekrönt.

ANTONIO. Du lösest mir ein Rätsel. Zwei Bekränzte
Erblickt' ich mit Verwundrung, da ich kam.

TASSO. Wenn du mein Glück vor deinen Augen siehst,
So wünsch' ich, daß du mein beschämt Gemüt   69
Mit eben diesem Blicke schauen könntest.

ANTONIO. Mir war es lang' bekannt, daß im Belohnen
Alfons unmäßig ist, und du erfährst,
Was jeder von den Seinen schon erfuhr.

PRINZESSIN. Wenn du erst siehst, was er geleistet hat,   7c
So wirst du uns gerecht und mäßig finden.
Wir sind nur hier die ersten stillen Zeugen
Des Beifalls, den die Welt ihm nicht versagt,
Und den ihm zehnfach künft'ge Jahre gönnen.

ANTONIO. Er ist durch euch schon seines Ruhms gewiß.   7c
Wer dürfte zweifeln, wo ihr preisen könnt?
Doch sage mir, wer drückte diesen Kranz
Auf Ariostens Stirne?

LEONORE.   Diese Hand.

ANTONIO. Und sie hat wohl getan! Er ziert ihn schön,
Als ihn der Lorbeer selbst nicht zieren würde.   71
Wie die Natur die innig reiche Brust
Mit einem grünen bunten Kleide deckt,
So hüllt er alles, was den Menschen nur
Ehrwürdig, liebenswürdig machen kann,
Ins blühende Gewand der Fabel ein.   7
Zufriedenheit, Erfahrung und Verstand
Und Geisteskraft, Geschmack und reiner Sinn
Fürs wahre Gute, geistig scheinen sie
In seinen Liedern und persönlich doch
Wie unter Blütenbäumen auszuruhn,   7
Bedeckt vom Schnee der leicht getragnen Blüten,

Umkränzt von Rosen, wunderlich umgaukelt
Vom losen Zauberspiel der Amoretten.
Der Quell des Überflusses rauscht daneben
Und läßt uns bunte Wunderfische sehn. 725
Von seltenem Geflügel ist die Luft,
Von fremden Herden Wies' und Busch erfüllt;
Die Schalkheit lauscht im Grünen halb versteckt,
Die Weisheit läßt von einer goldnen Wolke
Von Zeit zu Zeit erhabne Sprüche tönen, 730
Indes auf wohlgestimmter Laute wild
Der Wahnsinn hin und her zu wühlen scheint
Und doch im schönsten Takt sich mäßig hält.
Wer neben diesen Mann sich wagen darf,
Verdient für seine Kühnheit schon den Kranz. 735
Vergebt, wenn ich mich selbst begeistert fühle,
Wie ein Verzückter weder Zeit noch Ort,
Noch, was ich sage, wohl bedenken kann;
Denn alle diese Dichter, diese Kränze,
Das seltne festliche Gewand der Schönen 740
Versetzt mich aus mir selbst in fremdes Land.
PRINZESSIN. Wer ein Verdienst so wohl zu schätzen weiß,
Der wird das andre nicht verkennen. Du
Sollst uns dereinst in Tassos Liedern zeigen,
Was wir gefühlt und was nur du erkennst. 745
ALFONS. Komm mit, Antonio! manches hab' ich noch,
Worauf ich sehr begierig bin, zu fragen.
Dann sollst du bis zum Untergang der Sonne
Den Frauen angehören. Komm! Lebt wohl.
(Dem Fürsten folgt Antonio, den Damen Tasso.)

ZWEITER AUFZUG

Saal.

ERSTER AUFTRITT

Prinzessin. Tasso.

TASSO. Unsicher folgen meine Schritte dir,   75
  O Fürstin, und Gedanken ohne Maß
  Und Ordnung regen sich in meiner Seele.
  Mir scheint die Einsamkeit zu winken, mich
  Gefällig anzulispeln: komm, ich löse
  Die neu erregten Zweifel deiner Brust.   75
  Doch werf' ich einen Blick auf dich, vernimmt
  Mein horchend Ohr ein Wort von deiner Lippe,
  So wird ein neuer Tag um mich herum,
  Und alle Bande fallen von mir los.
  Ich will dir gern gestehn, es hat der Mann,   76
  Der unerwartet zu uns trat, nicht sanft
  Aus einem schönen Traum mich aufgeweckt;
  Sein Wesen, seine Worte haben mich
  So wunderbar getroffen, daß ich mehr
  Als je mich doppelt fühle, mit mir selbst   76
  Aufs neu' in streitender Verwirrung bin.
PRINZESSIN. Es ist unmöglich, daß ein alter Freund,
  Der, lang' entfernt, ein fremdes Leben führte,
  Im Augenblick, da er uns wiedersieht,
  Sich wieder gleich wie ehmals finden soll.   77
  Er ist in seinem Innern nicht verändert;
  Laß uns mit ihm nur wenig Tage leben,
  So stimmen sich die Saiten hin und wieder,
  Bis glücklich eine schöne Harmonie
  Aufs neue sie verbindet. Wird er dann   77
  Auch näher kennen, was du diese Zeit
  Geleistet hast, so stellt er dich gewiß
  Dem Dichter an die Seite, den er jetzt
  Als einen Riesen dir entgegenstellt.
TASSO. Ach, meine Fürstin, Ariostens Lob   78
  Aus seinem Munde hat mich mehr ergetzt,

Als daß es mich beleidigt hätte. Tröstlich
Ist es für uns, den Mann gerühmt zu wissen,
Der als ein großes Muster vor uns steht.
Wir können uns im stillen Herzen sagen: 785
Erreichst du einen Teil von seinem Wert,
Bleibt dir ein Teil auch seines Ruhms gewiß.
Nein, was das Herz im Tiefsten mir bewegte,
Was mir noch jetzt die ganze Seele füllt,
Es waren die Gestalten jener Welt,   790
Die sich lebendig, rastlos, ungeheuer
Um einen großen, einzig klugen Mann
Gemessen dreht und ihren Lauf vollendet,
Den ihr der Halbgott vorzuschreiben wagt.
Begierig horcht' ich auf, vernahm mit Lust   795
Die sichern Worte des erfahrnen Mannes;
Doch ach! je mehr ich horchte, mehr und mehr
Versank ich vor mir selbst, ich fürchtete,
Wie Echo an den Felsen zu verschwinden,
Ein Widerhall, ein Nichts, mich zu verlieren.   800
PRINZESSIN. Und schienst noch kurz vorher so rein zu fühlen,
Wie Held und Dichter für einander leben,
Wie Held und Dichter sich einander suchen
Und keiner je den andern neiden soll?
Zwar herrlich ist die liedeswerte Tat,   805
Doch schön ist's auch, der Taten stärkste Fülle
Durch würd'ge Lieder auf die Nachwelt bringen.
Begnüge dich, aus einem kleinen Staate,
Der dich beschützt, dem wilden Lauf der Welt,
Wie von dem Ufer, ruhig zuzusehn.   810
TASSO. Und sah ich hier mit Staunen nicht zuerst,
Wie herrlich man den tapfern Mann belohnt?
Als unerfahrner Knabe kam ich her,
In einem Augenblick, da Fest auf Fest
Ferrara zu dem Mittelpunkt der Ehre   815
Zu machen schien. O! welcher Anblick war's!
Den weiten Platz, auf dem in ihrem Glanze
Gewandte Tapferkeit sich zeigen sollte,
Umschloß ein Kreis, wie ihn die Sonne nicht
So bald zum zweitenmal bescheinen wird.   820

Es saßen hier gedrängt die schönsten Frauen,
Gedrängt die ersten Männer unsrer Zeit.
Erstaunt durchlief der Blick die edle Menge;
Man rief: Sie alle hat das Vaterland,
Das eine, schmale, meerumgebne Land,   820
Hierher geschickt. Zusammen bilden sie
Das herrlichste Gericht, das über Ehre,
Verdienst und Tugend je entschieden hat.
Gehst du sie einzeln durch, du findest keinen,
Der seines Nachbarn sich zu schämen brauche!   825
Und dann eröffneten die Schranken sich.
Da stampften Pferde, glänzten Helm' und Schilde,
Da drängten sich die Knappen, da erklang
Trompetenschall, und Lanzen krachten splitternd,
Getroffen tönten Helm' und Schilde, Staub   830
Auf einen Augenblick umhüllte wirbelnd
Des Siegers Ehre, des Besiegten Schmach.
O laß mich einen Vorhang vor das ganze,
Mir allzuhelle Schauspiel ziehen, daß
In diesem schönen Augenblicke mir   835
Mein Unwert nicht zu heftig fühlbar werde.
PRINZESSIN. Wenn jener edle Kreis, wenn jene Taten
Zu Müh und Streben damals dich entflammten,
So konnt' ich, junger Freund, zu gleicher Zeit
Der Duldung stille Lehre dir bewähren.   840
Die Feste, die du rühmst, die hundert Zungen
Mir damals priesen und mir manches Jahr
Nachher gepriesen haben, sah ich nicht.
Am stillen Ort, wohin kaum unterbrochen
Der letzte Widerhall der Freude sich   845
Verlieren konnte, mußt' ich manche Schmerzen
Und manchen traurigen Gedanken leiden.
Mit breiten Flügeln schwebte mir das Bild
Des Todes vor den Augen, deckte mir
Die Aussicht in die immer neue Welt.   850
Nur nach und nach entfernt' es sich und ließ
Mich, wie durch einen Flor, die bunten Farben
Des Lebens, blaß, doch angenehm, erblicken.
Ich sah lebend'ge Formen wieder sanft sich regen.

Zum erstenmal trat ich, noch unterstützt   860
Von meinen Frauen, aus dem Krankenzimmer,
Da kam Lucretia voll frohen Lebens
Herbei und führte dich an ihrer Hand.
Du warst der erste, der im neuen Leben
Mir neu und unbekannt entgegentrat.   865
Da hofft' ich viel für dich und mich; auch hat
Uns bis hierher die Hoffnung nicht betrogen.
TASSO. Und ich, der ich, betäubt von dem Gewimmel
Des drängenden Gewühls, von so viel Glanz
Geblendet und von mancher Leidenschaft   870
Bewegt, durch stille Gänge des Palasts
An deiner Schwester Seite schweigend ging,
Dann in das Zimmer trat, wo du uns bald,
Auf deine Fraun gelehnt, erschienest – mir
Welch ein Moment war dieser! O vergib!   875
Wie den Bezauberten von Rausch und Wahn
Der Gottheit Nähe leicht und willig heilt,
So war auch ich von aller Phantasie,
Von jeder Sucht, von jedem falschen Triebe
Mit einem Blick in deinen Blick geheilt.   880
Wenn unerfahren die Begierde sich
Nach tausend Gegenständen sonst verlor,
Trat ich beschämt zuerst in mich zurück
Und lernte nun das Wünschenswerte kennen.
So sucht man in dem weiten Sand des Meers   885
Vergebens eine Perle, die verborgen
In stillen Schalen eingeschlossen ruht.
PRINZESSIN. Es fingen schöne Zeiten damals an,
Und hätt' uns nicht der Herzog von Urbino
Die Schwester weggeführt, uns wären Jahre   890
Im schönen, ungetrübten Glück verschwunden.
Doch leider jetzt vermissen wir zu sehr
Den frohen Geist, die Brust voll Mut und Leben,
Den reichen Witz der liebenswürd'gen Frau.
TASSO. Ich weiß es nur zu wohl, seit jenem Tage,   895
Da sie von hinnen schied, vermochte dir
Die reine Freude niemand zu ersetzen.
Wie oft zerriß es meine Brust! Wie oft

7   Goethe V

Klagt' ich dem stillen Hain mein Leid um dich!
Ach! rief ich aus, hat denn die Schwester nur   900
Das Glück, das Recht, der Teuren viel zu sein?
Ist denn kein Herz mehr wert, daß sie sich ihm
Vertrauen dürfte, kein Gemüt dem ihren
Mehr gleich gestimmt? Ist Geist und Witz verloschen?
Und war die eine Frau, so trefflich sie   90c
Auch war, denn alles? Fürstin! o verzeih!
Da dacht' ich manchmal an mich selbst und wünschte,
Dir etwas sein zu können. Wenig nur,
Doch etwas, nicht mit Worten, mit der Tat
Wünscht' ich's zu sein, im Leben dir zu zeigen,   91
Wie sich mein Herz im stillen dir geweiht.
Doch es gelang mir nicht, und nur zu oft
Tat ich im Irrtum, was dich schmerzen mußte,
Beleidigte den Mann, den du beschütztest,
Verwirrte unklug, was du lösen wolltest,   91
Und fühlte so mich stets im Augenblick,
Wenn ich mich nahen wollte, fern und ferner.
PRINZESSIN. Ich habe, Tasso, deinen Willen nie
Verkannt und weiß, wie du dir selbst zu schaden
Geschäftig bist. Anstatt daß meine Schwester   92
Mit jedem, wie er sei, zu leben weiß,
So kannst du selbst nach vielen Jahren kaum
In einen Freund dich finden.
TASSO.   Tadle mich!
Doch sage mir hernach: wo ist der Mann,
Die Frau, mit der ich wie mit dir   92
Aus freiem Busen wagen darf zu reden?
PRINZESSIN. Du solltest meinem Bruder dich vertraun.
TASSO. Er ist mein Fürst! – Doch glaube nicht, daß mir
Der Freiheit wilder Trieb den Busen blähe.
Der Mensch ist nicht geboren, frei zu sein,   93
Und für den Edlen ist kein schöner Glück,
Als einem Fürsten, den er ehrt, zu dienen.
Und so ist er mein Herr, und ich empfinde
Den ganzen Umfang dieses großen Worts.
Nun muß ich schweigen lernen, wenn er spricht,   93
Und tun, wenn er gebietet, mögen auch

Verstand und Herz ihm lebhaft widersprechen.
PRINZESSIN. Das ist der Fall bei meinem Bruder nie.
Und nun, da wir Antonio wieder haben,
Ist dir ein neuer kluger Freund gewiß.   940
TASSO. Ich hofft' es ehmals, jetzt verzweifl' ich fast.
Wie lehrreich wäre mir sein Umgang, nützlich
Sein Rat in tausend Fällen! Er besitzt,
Ich mag wohl sagen, alles, was mir fehlt.
Doch, haben alle Götter sich versammelt,   945
Geschenke seiner Wiege darzubringen –
Die Grazien sind leider ausgeblieben,
Und wem die Gaben dieser Holden fehlen,
Der kann zwar viel besitzen, vieles geben,
Doch läßt sich nie an seinem Busen ruhn.   950
PRINZESSIN. Doch läßt sich ihm vertraun, und das ist viel.
Du mußt von einem Mann nicht alles fordern,
Und dieser leistet, was er dir verspricht.
Hat er sich erst für deinen Freund erklärt,
So sorgt er selbst für dich, wo du dir fehlst.   955
Ihr müßt verbunden sein! Ich schmeichle mir,
Dies schöne Werk in kurzem zu vollbringen.
Nur widerstehe nicht, wie du es pflegst!
So haben wir Lenoren lang besessen,
Die fein und zierlich ist, mit der es leicht   960
Sich leben läßt; auch dieser hast du nie,
Wie sie es wünschte, nähertreten wollen.
TASSO. Ich habe dir gehorcht, sonst hätt' ich mich
Von ihr entfernt, anstatt mich ihr zu nahen.
So liebenswürdig sie erscheinen kann,   965
Ich weiß nicht, wie es ist, konnt' ich nur selten
Mit ihr ganz offen sein, und wenn sie auch
Die Absicht hat, den Freunden wohlzutun,
So fühlt man Absicht, und man ist verstimmt.
PRINZESSIN. Auf diesem Wege werden wir wohl nie   970
Gesellschaft finden, Tasso! Dieser Pfad
Verleitet uns, durch einsames Gebüsch,
Durch stille Täler fortzuwandern; mehr
Und mehr verwöhnt sich das Gemüt und strebt,
Die goldne Zeit, die ihm von außen mangelt,   975

7*

In seinem Innern wiederherzustellen,
So wenig der Versuch gelingen will.
TASSO. O welches Wort spricht meine Fürstin aus!
Die goldne Zeit, wohin ist sie geflohn,
Nach der sich jedes Herz vergebens sehnt?   98
Da auf der freien Erde Menschen sich
Wie frohe Herden im Genuß verbreiteten;
Da ein uralter Baum auf bunter Wiese
Dem Hirten und der Hirtin Schatten gab,
Ein jüngeres Gebüsch die zarten Zweige   98
Um sehnsuchtsvolle Liebe traulich schlang;
Wo klar und still auf immer reinem Sande
Der weiche Fluß die Nymphe sanft umfing,
Wo in dem Grase die gescheuchte Schlange
Unschädlich sich verlor, der kühne Faun,   99
Vom tapfern Jüngling bald bestraft, entfloh;
Wo jeder Vogel in der freien Luft
Und jedes Tier, durch Berg' und Täler schweifend,
Zum Menschen sprach: Erlaubt ist, was gefällt.
PRINZESSIN. Mein Freund, die goldne Zeit ist wohl vorbei;   99
Allein die Guten bringen sie zurück.
Und soll ich dir gestehen, wie ich denke:
Die goldne Zeit, womit der Dichter uns
Zu schmeicheln pflegt, die schöne Zeit, sie war,
So scheint es mir, so wenig, als sie ist;   100
Und war sie je, so war sie nur gewiß,
Wie sie uns immer wieder werden kann.
Noch treffen sich verwandte Herzen an
Und teilen den Genuß der schönen Welt;
Nur in dem Wahlspruch ändert sich, mein Freund,   100
Ein einzig Wort: Erlaubt ist, was sich ziemt.
TASSO. O wenn aus guten, edlen Menschen nur
Ein allgemein Gericht bestellt entschiede,
Was sich denn ziemt! anstatt daß jeder glaubt,
Es sei auch schicklich, was ihm nützlich ist.   101
Wir sehn ja, dem Gewaltigen, dem Klugen
Steht alles wohl, und er erlaubt sich alles.
PRINZESSIN. Willst du genau erfahren, was sich ziemt,
So frage nur bei edlen Frauen an.

Denn ihnen ist am meisten dran gelegen, 1015
Daß alles wohl sich zieme, was geschieht.
Die Schicklichkeit umgibt mit einer Mauer
Das zarte, leicht verletzliche Geschlecht.
Wo Sittlichkeit regiert, regieren sie,
Und wo die Frechheit herrscht, da sind sie nichts. 1020
Und wirst du die Geschlechter beide fragen:
Nach Freiheit strebt der Mann, das Weib nach Sitte.
TASSO. Du nennest uns unbändig, roh, gefühllos?
PRINZESSIN.
Nicht das! Allein ihr strebt nach fernen Gütern,
Und euer Streben muß gewaltsam sein. 1025
Ihr wagt es, für die Ewigkeit zu handeln,
Wenn wir ein einzig nah beschränktes Gut
Auf dieser Erde nur besitzen möchten
Und wünschen, daß es uns beständig bliebe.
Wir sind von keinem Männerherzen sicher, 1030
Das noch so warm sich einmal uns ergab.
Die Schönheit ist vergänglich, die ihr doch
Allein zu ehren scheint. Was übrigbleibt,
Das reizt nicht mehr, und was nicht reizt, ist tot.
Wenn's Männer gäbe, die ein weiblich Herz 1035
Zu schätzen wüßten, die erkennen möchten,
Welch einen holden Schatz von Treu und Liebe
Der Busen einer Frau bewahren kann;
Wenn das Gedächtnis einzig schöner Stunden
In euren Seelen lebhaft bleiben wollte; 1040
Wenn euer Blick, der sonst durchdringend ist,
Auch durch den Schleier dringen könnte, den
Uns Alter oder Krankheit überwirft;
Wenn der Besitz, der ruhig machen soll,
Nach fremden Gütern euch nicht lüstern machte: 1045
Dann wär' uns wohl ein schöner Tag erschienen,
Wir feierten dann unsre goldne Zeit.
TASSO. Du sagst mir Worte, die in meiner Brust
Halb schon entschlafne Sorgen mächtig regen.
PRINZESSIN. Was meinst du, Tasso? Rede frei mit mir. 1050
TASSO. Oft hört' ich schon, und diese Tage wieder
Hab' ich's gehört, ja hätt' ich's nicht vernommen,

So müßt' ich's denken: edle Fürsten streben
Nach deiner Hand! Was wir erwarten müssen,
Das fürchten wir und möchten schier verzweifeln.   10
Verlassen wirst du uns, es ist natürlich;
Doch wie wir's tragen wollen, weiß ich nicht.
PRINZESSIN. Für diesen Augenblick seid unbesorgt!
Fast möcht' ich sagen: unbesorgt für immer.
Hier bin ich gern, und gerne mag ich bleiben.   10
Noch weiß ich kein Verhältnis, das mich lockte;
Und wenn ihr mich denn ja behalten wollt,
So laßt es mir durch Eintracht sehn und schafft
Euch selbst ein glücklich Leben, mir durch euch.
TASSO. O lehre mich, das Mögliche zu tun!   10
Gewidmet sind dir alle meine Tage.
Wenn, dich zu preisen, dir zu danken, sich
Mein Herz entfaltet, dann empfind' ich erst
Das reinste Glück, das Menschen fühlen können;
Das Göttlichste erfuhr ich nur in dir.   10
So unterscheiden sich die Erdengötter
Vor andern Menschen, wie das hohe Schicksal
Vom Rat und Willen selbst der klügsten Männer
Sich unterscheidet. Vieles lassen sie,
Wenn wir gewaltsam Wog' auf Woge sehn,   10
Wie leichte Wellen unbemerkt vorüber
Vor ihren Füßen rauschen, hören nicht
Den Sturm, der uns umsaust und niederwirft,
Vernehmen unser Flehen kaum und lassen,
Wie wir beschränkten, armen Kindern tun,   10
Mit Seufzern und Geschrei die Luft uns füllen.
Du hast mich oft, o Göttliche, geduldet,
Und wie die Sonne, trocknete dein Blick
Den Tau von meinen Augenlidern ab.
PRINZESSIN. Es ist sehr billig, daß die Frauen dir   10
Aufs freundlichste begegnen: es verherrlicht
Dein Lied auf manche Weise das Geschlecht.
Zart oder tapfer, hast du stets gewußt,
Sie liebenswert und edel vorzustellen;
Und wenn Armide hassenswert erscheint,   10
Versöhnt ihr Reiz und ihre Liebe bald.

TASSO. Was auch in meinem Liede widerklingt,
Ich bin nur einer, einer alles schuldig!
Es schwebt kein geistig unbestimmtes Bild
Vor meiner Stirne, das der Seele bald   1095
Sich überglänzend nahte, bald entzöge.
Mit meinen Augen hab' ich es gesehn,
Das Urbild jeder Tugend, jeder Schöne;
Was ich nach ihm gebildet, das wird bleiben:
Tancredens Heldenliebe zu Chlorinden,   1100
Erminiens stille, nicht bemerkte Treue,
Sophroniens Großheit und Olindens Not,
Es sind nicht Schatten, die der Wahn erzeugte,
Ich weiß es, sie sind ewig, denn sie sind.
Und was hat mehr das Recht, Jahrhunderte   1105
Zu bleiben und im stillen fortzuwirken,
Als das Geheimnis einer edlen Liebe,
Dem holden Lied bescheiden anvertraut?
PRINZESSIN. Und soll ich dir noch einen Vorzug sagen,
Den unvermerkt sich dieses Lied erschleicht?   1110
Es lockt uns nach, und nach, wir hören zu,
Wir hören, und wir glauben zu verstehn,
Was wir verstehn, das können wir nicht tadeln,
Und so gewinnt uns dieses Lied zuletzt.
TASSO. Welch einen Himmel öffnest du vor mir,   1115
O Fürstin! Macht mich dieser Glanz nicht blind,
So seh' ich unverhofft ein ewig Glück
Auf goldnen Strahlen herrlich niedersteigen.
PRINZESSIN. Nicht weiter, Tasso! Viele Dinge sind's,
Die wir mit Heftigkeit ergreifen sollen: 1120
Doch andre können nur durch Mäßigung
Und durch Entbehren unser eigen werden.
So, sagt man, sei die Tugend, sei die Liebe,
Die ihr verwandt ist. Das bedenke wohl!

ZWEITER AUFTRITT

TASSO (allein). Ist dir's erlaubt, die Augen aufzuschlagen?   1125
Wagst du's, umherzusehn? Du bist allein!
Vernahmen diese Säulen, was sie sprach?

Und hast du Zeugen, diese stummen Zeugen
Des höchsten Glücks zu fürchten? Es erhebt
Die Sonne sich des neuen Lebenstages,
Der mit den vorigen sich nicht vergleicht.
Herniedersteigend hebt die Göttin schnell
Den Sterblichen hinauf. Welch neuer Kreis
Entdeckt sich meinem Auge, welches Reich!
Wie köstlich wird der heiße Wunsch belohnt!
Ich träumte mich dem höchsten Glücke nah,
Und dieses Glück ist über alle Träume.
Der Blindgeborne denke sich das Licht,
Die Farben, wie er will; erscheinet ihm
Der neue Tag, ist's ihm ein neuer Sinn.
Voll Mut und Ahnung, freudetrunken schwankend
Betret' ich diese Bahn. Du gibst mir viel,
Du gibst, wie Erd' und Himmel uns Geschenke
Mit vollen Händen übermäßig reichen,
Und forderst wieder, was von mir zu fordern
Nur eine solche Gabe dich berechtigt.
Ich soll entbehren, soll mich mäßig zeigen
Und so verdienen, daß du mir vertraust.
Was tat ich je, daß sie mich wählen konnte?
Was soll ich tun, um ihrer wert zu sein?
Sie konnte dir vertraun, und dadurch bist du's.
Ja, Fürstin, deinen Worten, deinen Blicken
Sei ewig meine Seele ganz geweiht!
Ja, fordre, was du willst, denn ich bin dein!
Sie sende mich, Müh und Gefahr und Ruhm
In fernen Landen aufzusuchen, reiche
Im stillen Hain die goldne Leier mir,
Sie weihe mich der Ruh und ihrem Preis.
Ihr bin ich, bildend soll sie mich besitzen,
Mein Herz bewahrte jeden Schatz für sie.
O hätt' ein tausendfaches Werkzeug mir
Ein Gott gegönnt, kaum drückt' ich dann genug
Die unaussprechliche Verehrung aus.
Des Malers Pinsel und des Dichters Lippe,
Die süßeste, die je von frühem Honig
Genährt war, wünscht' ich mir. Nein, künftig soll

Nicht Tasso zwischen Bäumen, zwischen Menschen
Sich einsam, schwach und trübgesinnt verlieren!
Er ist nicht mehr allein, er ist mit dir.
O daß die edelste der Taten sich   1170
Hier sichtbar vor mich stellte, rings umgeben
Von gräßlicher Gefahr! Ich dränge zu
Und wagte gern das Leben, das ich nun
Von ihren Händen habe – forderte
Die besten Menschen mir zu Freunden auf,   1175
Unmögliches mit einer edlen Schar
Nach ihrem Wink und Willen zu vollbringen.
Voreiliger, warum verbarg dein Mund
Nicht das, was du empfandst, bis du dich wert
Und werter ihr zu Füßen legen konntest?   1180
Das war dein Vorsatz, war dein kluger Wunsch.
Doch sei es auch! Viel schöner ist es, rein
Und unverdient ein solch Geschenk empfangen,
Als halb und halb zu wähnen, daß man wohl
Es habe fordern dürfen. Blicke freudig!   1185
Es ist so groß, so weit, was vor dir liegt;
Und hoffnungsvolle Jugend lockt dich wieder
In unbekannte, lichte Zukunft hin.
– Schwelle, Brust! – O Witterung des Glücks,
Begünst'ge diese Pflanze doch einmal!   1190
Sie strebt gen Himmel, tausend Zweige dringen
Aus ihr hervor, entfalten sich zu Blüten.
O daß sie Frucht, o daß sie Freuden bringe!
Daß eine liebe Hand den goldnen Schmuck
Aus ihren frischen, reichen Ästen breche!   1195

DRITTER AUFTRITT

Tasso. Antonio.

TASSO. Sei mir willkommen, den ich gleichsam jetzt
Zum erstenmal erblicke! Schöner ward
Kein Mann mir angekündigt. Sei willkommen!
Dich kenn' ich nun und deinen ganzen Wert,
Dir biet' ich ohne Zögern Herz und Hand   1200

Und hoffe, daß auch du mich nicht verschmähst.
ANTONIO. Freigebig bietest du mir schöne Gaben,
　Und ihren Wert erkenn' ich, wie ich soll:
　Drum laß mich zögern, eh' ich sie ergreife.
　Weiß ich doch nicht, ob ich dir auch dagegen
　Ein Gleiches geben kann. Ich möchte gern
　Nicht übereilt und nicht undankbar scheinen:
　Laß mich für beide klug und sorgsam sein.
TASSO. Wer wird die Klugheit tadeln? Jeder Schritt
　Des Lebens zeigt, wie sehr sie nötig sei;
　Doch schöner ist's, wenn uns die Seele sagt,
　Wo wir der feinen Vorsicht nicht bedürfen.
ANTONIO. Darüber frage jeder sein Gemüt,
　Weil er den Fehler selbst zu büßen hat.
TASSO. So sei's! Ich habe meine Pflicht getan:
　Der Fürstin Wort, die uns zu Freunden wünscht,
　Hab' ich verehrt und mich dir vorgestellt.
　Rückhalten durft' ich nicht, Antonio; doch gewiß,
　Zudringen will ich nicht. Es mag denn sein.
　Zeit und Bekanntschaft heißen dich vielleicht
　Die Gabe wärmer fodern, die du jetzt
　So kalt beiseitelehnst und fast verschmähst.
ANTONIO. Der Mäßige wird öfters kalt genannt
　Von Menschen, die sich warm vor andern glauben,
　Weil sie die Hitze fliegend überfällt.
TASSO. Du tadelst, was ich tadle, was ich meide.
　Auch ich verstehe wohl, so jung ich bin,
　Der Heftigkeit die Dauer vorzuziehn.
ANTONIO. Sehr weislich! Bleibe stets auf diesem Sinne.
TASSO. Du bist berechtigt, mir zu raten, mich
　Zu warnen, denn es steht Erfahrung dir
　Als lang' erprobte Freundin an der Seite.
　Doch glaube nur, es horcht ein stilles Herz
　Auf jedes Tages, jeder Stunde Warnung
　Und übt sich insgeheim an jedem Guten,
　Das deine Strenge neu zu lehren glaubt.
ANTONIO. Es ist wohl angenehm, sich mit sich selbst
　Beschäft'gen, wenn es nur so nützlich wäre.
　Inwendig lernt kein Mensch sein Innerstes

Erkennen; denn er mißt nach eignem Maß   1240
Sich bald zu klein und leider oft zu groß.
Der Mensch erkennt sich nur im Menschen, nur
Das Leben lehret jedem, was er sei.
TASSO. Mit Beifall und Verehrung hör' ich dich.
ANTONIO. Und dennoch denkst du wohl bei diesen Worten 1245
Ganz etwas anders, als ich sagen will.
TASSO. Auf diese Weise rücken wir nicht näher.
Es ist nicht klug, es ist nicht wohlgetan,
Vorsätzlich einen Menschen zu verkennen,
Er sei auch, wer er sei. Der Fürstin Wort   1250
Bedurft' es kaum, leicht hab' ich dich erkannt:
Ich weiß, daß du das Gute willst und schaffst.
Dein eigen Schicksal läßt dich unbesorgt,
An andre denkst du, andern stehst du bei,
Und auf des Lebens leicht bewegter Woge   1255
Bleibt dir ein stetes Herz. So seh' ich dich.
Und was wär' ich, ging' ich dir nicht entgegen?
Sucht' ich begierig nicht auch einen Teil
An dem verschloßnen Schatz, den du bewahrst?
Ich weiß, es reut dich nicht, wenn du dich öffnest,   1260
Ich weiß, du bist mein Freund, wenn du mich kennst:
Und eines solchen Freunds bedurft' ich lange.
Ich schäme mich der Unerfahrenheit
Und meiner Jugend nicht. Still ruhet noch
Der Zukunft goldne Wolke mir ums Haupt.   1265
O nimm mich, edler Mann, an deine Brust
Und weihe mich, den Raschen, Unerfahrnen,
Zum mäßigen Gebrauch des Lebens ein.
ANTONIO. In einem Augenblicke forderst du,
Was wohlbedächtig nur die Zeit gewährt.   1270
TASSO. In einem Augenblick gewährt die Liebe,
Was Mühe kaum in langer Zeit erreicht.
Ich bitt' es nicht von dir, ich darf es fordern.
Dich ruf' ich in der Tugend Namen auf,
Die gute Menschen zu verbinden eifert.   1275
Und soll ich dir noch einen Namen nennen?
Die Fürstin hofft's, sie will's – Eleonore,
Sie will mich zu dir führen, dich zu mir.

O laß uns ihrem Wunsch entgegengehn!
Laß uns verbunden vor die Göttin treten,
Ihr unsern Dienst, die ganze Seele bieten,
Vereint für sie das Würdigste zu tun.
Noch einmal! – Hier ist meine Hand! Schlag ein!
Tritt nicht zurück und weigre dich nicht länger,
O edler Mann, und gönne mir die Wollust,
Die schönste guter Menschen, sich dem Bessern
Vertrauend ohne Rückhalt hinzugeben!
ANTONIO. Du gehst mit vollen Segeln! Scheint es doch,
Du bist gewohnt, zu siegen, überall
Die Wege breit, die Pforten weit zu finden.
Ich gönne jeden Wert und jedes Glück
Dir gern; allein ich sehe nur zu sehr,
Wir stehn zu weit noch voneinander ab.
TASSO. Es sei an Jahren, an geprüftem Wert;
An frohem Mut und Willen weich' ich keinem.
ANTONIO. Der Wille lockt die Taten nicht herbei;
Der Mut stellt sich die Wege kürzer vor.
Wer angelangt am Ziel ist, wird gekrönt,
Und oft entbehrt ein Würd'ger eine Krone.
Doch gibt es leichte Kränze, Kränze gibt es
Von sehr verschiedner Art: sie lassen sich
Oft im Spazierengehn bequem erreichen.
TASSO. Was eine Gottheit diesem frei gewährt
Und jenem streng versagt, ein solches Gut
Erreicht nicht jeder, wie er will und mag.
ANTONIO. Schreib es dem Glück vor andern Göttern zu,
So hör' ich's gern, denn seine Wahl ist blind.
TASSO. Auch die Gerechtigkeit trägt eine Binde
Und schließt die Augen jedem Blendwerk zu.
ANTONIO. Das Glück erhebe billig der Beglückte!
Er dicht' ihm hundert Augen fürs Verdienst
Und kluge Wahl und strenge Sorgfalt an,
Nenn' es Minerva, nenn' es, wie er will,
Er halte gnädiges Geschenk für Lohn,
Zufäll'gen Putz für wohlverdienten Schmuck.
TASSO. Du brauchst nicht deutlicher zu sein. Es ist genug!
Ich blicke tief dir in das Herz und kenne

Fürs ganze Leben dich. O kennte so
Dich meine Fürstin auch! Verschwende nicht
Die Pfeile deiner Augen, deiner Zunge!   1320
Du richtest sie vergebens nach dem Kranze,
Dem unverwelklichen, auf meinem Haupt.
Sei erst so groß, mir ihn nicht zu beneiden!
Dann darfst du mir vielleicht ihn streitig machen.
Ich acht' ihn heilig und das höchste Gut.   1325
Doch zeige mir den Mann, der das erreicht,
Wonach ich strebe, zeige mir den Helden,
Von dem mir die Geschichten nur erzählten;
Den Dichter stell' mir vor, der sich Homeren,
Virgilen sich vergleichen darf, ja, was   1330
Noch mehr gesagt ist, zeige mir den Mann,
Der dreifach diesen Lohn verdiente, den
Die schöne Krone dreifach mehr als mich
Beschämte: dann sollst du mich knieend sehn
Vor jener Gottheit, die mich so begabte;   1335
Nicht eher stünd' ich auf, bis sie die Zierde
Von meinem Haupt auf seins hinüber drückte.
ANTONIO. Bis dahin bleibst du freilich ihrer wert.
TASSO. Man wäge mich, das will ich nicht vermeiden;
Allein Verachtung hab' ich nicht verdient.   1340
Die Krone, der mein Fürst mich würdig achtete,
Die meiner Fürstin Hand für mich gewunden,
Soll keiner mir bezweifeln noch begrinsen!
ANTONIO. Es ziemt der hohe Ton, die rasche Glut
Nicht dir zu mir, noch dir an diesem Orte.   1345
TASSO. Was du dir hier erlaubst, das ziemt auch mir.
Und ist die Wahrheit wohl von hier verbannt?
Ist im Palast der freie Geist gekerkert?
Hat hier ein edler Mensch nur Druck zu dulden?
Mich dünkt, hier ist die Hoheit erst an ihrem Platz,   1350
Der Seele Hoheit! Darf sie sich der Nähe
Der Großen dieser Erde nicht erfreun?
Sie darf's und soll's. Wir nahen uns dem Fürsten
Durch Adel nur, der uns von Vätern kam;
Warum nicht durchs Gemüt, das die Natur   1355
Nicht jedem groß verlieh, wie sie nicht jedem

Die Reihe großer Ahnherrn geben konnte?
Nur Kleinheit sollte hier sich ängstlich fühlen,
Der Neid, der sich zu seiner Schande zeigt:
Wie keiner Spinne schmutziges Gewebe
An diesen Marmorwänden haften soll.

ANTONIO.
Du zeigst mir selbst mein Recht, dich zu verschmähn!
Der übereilte Knabe will des Manns
Vertraun und Freundschaft mit Gewalt ertrotzen?
Unsittlich, wie du bist, hältst du dich gut?

TASSO. Viel lieber, was ihr euch unsittlich nennt,
Als was ich mir unedel nennen müßte.

ANTONIO. Du bist noch jung genug, daß gute Zucht
Dich eines bessern Wegs belehren kann.

TASSO. Nicht jung genug, vor Götzen mich zu neigen,
Und, Trotz mit Trotz zu bänd'gen, alt genug.

ANTONIO. Wo Lippenspiel und Saitenspiel entscheiden,
Ziehst du als Held und Sieger wohl davon.

TASSO. Verwegen wär' es, meine Faust zu rühmen,
Denn sie hat nichts getan; doch ich vertrau' ihr.

ANTONIO. Du traust auf Schonung, die dich nur zu sehr
Im frechen Laufe deines Glücks verzog.

TASSO. Daß ich erwachsen bin, das fühl' ich nun.
Mit dir am wenigsten hätt' ich gewünscht
Das Wagespiel der Waffen zu versuchen:
Allein du schürest Glut auf Glut, es kocht
Das innre Mark, die schmerzliche Begier
Der Rache siedet schäumend in der Brust.
Bist du der Mann, der du dich rühmst, so steh mir.

ANTONIO. Du weißt so wenig, wer, als wo du bist.

TASSO. Kein Heiligtum heißt uns den Schimpf ertragen.
Du lästerst, du entweihest diesen Ort,
Nicht ich, der ich Vertraun, Verehrung, Liebe,
Das schönste Opfer, dir entgegentrug.
Dein Geist verunreint dieses Paradies
Und deine Worte diesen reinen Saal,
Nicht meines Herzens schwellendes Gefühl,
Das braust, den kleinsten Flecken nicht zu leiden.

ANTONIO. Welch hoher Geist in einer engen Brust!

TASSO. Hier ist noch Raum, dem Busen Luft zu machen.   1395
ANTONIO. Es macht das Volk sich auch mit Worten Luft.
TASSO. Bist du ein Edelmann wie ich, so zeig' es.
ANTONIO. Ich bin es wohl, doch weiß ich, wo ich bin.
TASSO. Komm mit herab, wo unsre Waffen gelten.
ANTONIO. Wie du nicht fordern solltest, folg' ich nicht.   1400
TASSO. Der Feigheit ist solch Hindernis willkommen.
ANTONIO. Der Feige droht nur, wo er sicher ist.
TASSO. Mit Freuden kann ich diesem Schutz entsagen.
ANTONIO. Vergib dir nur, dem Ort vergibst du nichts.
TASSO. Verzeihe mir der Ort, daß ich es litt.   1405
                    (Er zieht den Degen.)
    Zieh oder folge, wenn ich nicht auf ewig,
    Wie ich dich hasse, dich verachten soll!

                VIERTER AUFTRITT

            Alfons. Die Vorigen.

ALFONS. In welchem Streit treff' ich euch unerwartet?
ANTONIO. Du findest mich, o Fürst, gelassen stehn
    Vor einem, den die Wut ergriffen hat.   1410
TASSO. Ich bete dich als eine Gottheit an,
    Daß du mit einem Blick mich warnend bändigst.
ALFONS. Erzähl', Antonio, Tasso, sag' mir an,
    Wie hat der Zwist sich in mein Haus gedrungen?
    Wie hat er euch ergriffen, von der Bahn   1415
    Der Sitten, der Gesetze kluge Männer
    Im Taumel weggerissen? Ich erstaune.
TASSO. Du kennst uns beide nicht, ich glaub' es wohl.
    Hier dieser Mann, berühmt als klug und sittlich,
    Hat roh und hämisch, wie ein unerzogner,   1420
    Unedler Mensch sich gegen mich betragen.
    Zutraulich naht' ich ihm, er stieß mich weg;
    Beharrlich liebend drang ich mich zu ihm,
    Und bitter, immer bittrer ruht' er nicht,
    Bis er den reinsten Tropfen Bluts in mir   1425
    Zu Galle wandelte. Verzeih! Du hast mich hier
    Als einen Wütenden getroffen. Dieser

Hat alle Schuld, wenn ich mich schuldig machte.
Er hat die Glut gewaltsam angefacht,
Die mich ergriff und mich und ihn verletzte.

ANTONIO. Ihn riß der hohe Dichterschwung hinweg!
Du hast, o Fürst, zuerst mich angeredet,
Hast mich gefragt: es sei mir nun erlaubt,
Nach diesem raschen Redner auch zu sprechen.

TASSO. O ja, erzähl', erzähl' von Wort zu Wort!
Und kannst du jede Silbe, jede Miene
Vor diesen Richter stellen, wag' es nur!
Beleidige dich selbst zum zweiten Male
Und zeuge wider dich! Dagegen will
Ich keinen Hauch und keinen Pulsschlag leugnen.

ANTONIO. Wenn du noch mehr zu reden hast, so sprich;
Wo nicht, so schweig und unterbrich mich nicht.
Ob ich, mein Fürst, ob dieser heiße Kopf
Den Streit zuerst begonnen? wer es sei,
Der unrecht hat? ist eine weite Frage,
Die wohl zuvörderst noch auf sich beruht.

TASSO. Wie das? Mich dünkt, das ist die erste Frage:
Wer von uns beiden recht und unrecht hat.

ANTONIO. Nicht ganz, wie sich's der unbegrenzte Sinn
Gedenken mag.

ALFONS.   Antonio!

ANTONIO.   Gnädigster,
Ich ehre deinen Wink, doch laß ihn schweigen:
Hab' ich gesprochen, mag er weiter reden;
Du wirst entscheiden. Also sag' ich nur:
Ich kann mit ihm nicht rechten, kann ihn weder
Verklagen, noch mich selbst verteid'gen, noch
Ihm jetzt genugzutun mich anerbieten.
Denn wie er steht, ist er kein freier Mann.
Es waltet über ihm ein schwer Gesetz,
Das deine Gnade höchstens lindern wird.
Er hat mir hier gedroht, hat mich gefordert;
Vor dir verbarg er kaum das nackte Schwert.
Und tratst du, Herr, nicht zwischen uns herein,
So stünde jetzt auch ich als pflichtvergessen,
Mitschuldig und beschämt vor deinem Blick.

ALFONS (zu Tasso). Du hast nicht wohl getan.   1465
TASSO.   Mich spricht, o Herr
  Mein eigen Herz, gewiß auch deines frei.
  Ja, es ist wahr, ich drohte, forderte,
  Ich zog. Allein wie tückisch seine Zunge
  Mit wohlgewählten Worten mich verletzt,
  Wie scharf und schnell sein Zahn das feine Gift   1470
  Mir in das Blut geflößt, wie er das Fieber
  Nur mehr und mehr erhitzt – du denkst es nicht!
  Gelassen, kalt hat er mich ausgehalten,
  Aufs Höchste mich getrieben. O! du kennst,
  Du kennst ihn nicht und wirst ihn niemals kennen!   1475
  Ich trug ihm warm die schönste Freundschaft an –
  Er warf mir meine Gaben vor die Füße;
  Und hätte meine Seele nicht geglüht,
  So wär sie deiner Gnade, deines Dienstes
  Auf ewig unwert. Hab' ich des Gesetzes   1480
  Und dieses Orts vergessen, so verzeih.
  Auf keinem Boden darf ich niedrig sein,
  Erniedrigung auf keinem Boden dulden.
  Wenn dieses Herz, es sei auch, wo es will,
  Dir fehlt und sich, dann strafe, dann verstoße,   1485
  Und laß mich nie dein Auge wiedersehn.
ANTONIO. Wie leicht der Jüngling schwere Lasten trägt
  Und Fehler wie den Staub vom Kleide schüttelt!
  Es wäre zu verwundern, wenn die Zauberkraft
  Der Dichtung nicht bekannter wäre, die   1490
  Mit dem Unmöglichen so gern ihr Spiel
  Zu treiben liebt. Ob du auch so, mein Fürst,
  Ob alle deine Diener diese Tat
  So unbedeutend halten, zweifl' ich fast.
  Die Majestät verbreitet ihren Schutz   1495
  Auf jeden, der sich ihr wie einer Gottheit
  Und ihrer unverletzten Wohnung naht.
  Wie an dem Fuße des Altars bezähmt
  Sich auf der Schwelle jede Leidenschaft.
  Da blinkt kein Schwert, da fällt kein drohend Wort,   1500
  Da fordert selbst Beleid'gung keine Rache.
  Es bleibt das weite Feld ein offner Raum

Für Grimm und Unversöhnlichkeit genug:
Dort wird kein Feiger drohn, kein Mann wird fliehn.
Hier diese Mauern haben deine Väter
Auf Sicherheit gegründet, ihrer Würde
Ein Heiligtum befestigt, diese Ruhe
Mit schweren Strafen ernst und klug erhalten;
Verbannung, Kerker, Tod ergriff den Schuldigen.
Da war kein Ansehn der Person, es hielt
Die Milde nicht den Arm des Rechts zurück,
Und selbst der Frevler fühlte sich geschreckt.
Nun sehen wir nach langem, schönem Frieden
In das Gebiet der Sitten rohe Wut
Im Taumel wiederkehren. Herr, entscheide,
Bestrafe! denn wer kann in seiner Pflicht
Beschränkten Grenzen wandeln, schützet ihn
Nicht das Gesetz und seines Fürsten Kraft?
ALFONS. Mehr, als ihr beide sagt und sagen könnt,
Läßt unparteiisch das Gemüt mich hören.
Ihr hättet schöner eure Pflicht getan,
Wenn ich dies Urteil nicht zu sprechen hätte.
Denn hier sind Recht und Unrecht nah verwandt.
Wenn dich Antonio beleidigt hat,
So hat er dir auf irgendeine Weise
Genugzutun, wie du es fordern wirst.
Mir wär' es lieb, ihr wähltet mich zum Austrag.
Indessen, dein Vergehen macht, o Tasso,
Dich zum Gefangnen. Wie ich dir vergebe,
So lindr' ich das Gesetz um deinetwillen.
Verlaß uns, Tasso! bleib auf deinem Zimmer,
Von dir und mit dir selbst allein bewacht.
TASSO. Ist dies, o Fürst, dein richterlicher Spruch?
ANTONIO. Erkennest du des Vaters Milde nicht?
TASSO (zu Antonio).
Mit dir hab' ich vorerst nichts mehr zu reden.
(Zu Alfons.) O Fürst, es übergibt dein ernstes Wort
Mich Freien der Gefangenschaft. Es sei!
Du hältst es Recht. Dein heilig Wort verehrend,
Heiß' ich mein innres Herz im tiefsten schweigen.
Es ist mir neu, so neu, daß ich fast dich

Und mich und diesen schönen Ort nicht kenne.
Doch diesen kenn' ich wohl – Gehorchen will ich,
Ob ich gleich hier noch manches sagen könnte
Und sagen sollte. Mir verstummt die Lippe.
War's ein Verbrechen? Wenigstens es scheint,   1545
Ich bin als ein Verbrecher angesehn.
Und, was mein Herz auch sagt, ich bin gefangen.
ALFONS. Du nimmst es höher, Tasso, als ich selbst.
TASSO. Mir bleibt es unbegreiflich, wie es ist;
Zwar unbegreiflich nicht, ich bin kein Kind;   1550
Ich meine fast, ich müßt' es denken können.
Auf einmal winkt mich eine Klarheit an,
Doch augenblicklich schließt sich's wieder zu.
Ich höre nur mein Urteil, beuge mich.
Das sind zu viel vergebne Worte schon.   1555
Gewöhne dich von nun an, zu gehorchen,
Ohnmächt'ger! du vergaßest, wo du standst:
Der Götter Saal schien dir auf gleicher Erde,
Nun überwältigt dich der jähe Fall.
Gehorche gern, denn es geziemt dem Manne,   1560
Auch willig das Beschwerliche zu tun.
Hier nimm den Degen erst, den du mir gabst,
Als ich dem Kardinal nach Frankreich folgte;
Ich führt' ihn nicht mit Ruhm, doch nicht mit Schande,
Auch heute nicht. Der hoffnungsvollen Gabe   1565
Entäußr' ich mich mit tief gerührtem Herzen.
ALFONS. Wie ich zu dir gesinnt bin, fühlst du nicht.
TASSO. Gehorchen ist mein Los und nicht, zu denken!
Und leider eines herrlichern Geschenks
Verleugnung fordert das Geschick von mir.   1570
Die Krone kleidet den Gefangnen nicht:
Ich nehme selbst von meinem Haupt die Zierde,
Die für die Ewigkeit gegönnt mir schien.
Zu früh war mir das schönste Glück verliehen
Und wird, als hätt' ich sein mich überhoben,   1575
Mir nur zu bald geraubt.
Du nimmst dir selbst, was keiner nehmen konnte,
Und was kein Gott zum zweiten Male gibt.
Wir Menschen werden wunderbar geprüft;

Wir könnten's nicht ertragen, hätt' uns nicht
Den holden Leichtsinn die Natur verliehn.
Mit unschätzbaren Gütern lehret uns
Verschwenderisch die Not gelassen spielen:
Wir öffnen willig unsre Hände, daß
Unwiederbringlich uns ein Gut entschlüpfe.
Mit diesem Kuß vereint sich eine Träne
Und weiht dich der Vergänglichkeit! Es ist
Erlaubt, das holde Zeichen unsrer Schwäche.
Wer weinte nicht, wenn das Unsterbliche
Vor der Zerstörung selbst nicht sicher ist?
Geselle dich zu diesem Degen, der
Dich leider nicht erwarb! um ihn geschlungen,
Ruhe, wie auf dem Sarg der Tapfern, auf
Dem Grabe meines Glücks und meiner Hoffnung!
Hier leg' ich beide willig dir zu Füßen:
Denn wer ist wohl gewaffnet, wenn du zürnst?
Und wer geschmückt, o Herr, den du verkennst?
Gefangen geh' ich, warte des Gerichts.
(Auf des Fürsten Wink hebt ein Page den Degen mit dem Kranze auf
und trägt ihn weg.)

FÜNFTER AUFTRITT

Alfons. Antonio.

ANTONIO. Wo schwärmt der Knabe hin? Mit welchen Farben
Malt er sich seinen Wert und sein Geschick?
Beschränkt und unerfahren, hält die Jugend
Sich für ein einzig auserwähltes Wesen
Und alles über alle sich erlaubt.
Er fühle sich gestraft, und strafen heißt
Dem Jüngling wohltun, daß der Mann uns danke.
ALFONS. Er ist gestraft, ich fürchte: nur zu viel.
ANTONIO. Wenn du gelind mit ihm verfahren magst,
So gib, o Fürst, ihm seine Freiheit wieder,
Und unsern Zwist entscheide dann das Schwert.
ALFONS. Wenn es die Meinung fordert, mag es sein.
Doch sprich, wie hast du seinen Zorn gereizt?

ANTONIO. Ich wüßte kaum zu sagen, wie's geschah.
  Als Menschen hab' ich ihn vielleicht gekränkt,
  Als Edelmann hab' ich ihn nicht beleidigt.
  Und seinen Lippen ist im größten Zorne   1615
  Kein sittenloses Wort entflohn.
ALFONS.   So schien
  Mir euer Streit, und was ich gleich gedacht,
  Bekräftigt deine Rede mir noch mehr.
  Wenn Männer sich entzweien, hält man billig
  Den Klügsten für den Schuldigen. Du solltest   1620
  Mit ihm nicht zürnen; ihn zu leiten, stünde
  Dir besser an. Noch immer ist es Zeit:
  Hier ist kein Fall, der euch zu streiten zwänge.
  Solang' mir Friede bleibt, so lange wünsch' ich
  In meinem Haus ihn zu genießen. Stelle   1625
  Die Ruhe wieder her – du kannst es leicht.
  Lenore Sanvitale mag ihn erst
  Mit zarter Lippe zu besänft'gen suchen;
  Dann tritt zu ihm, gib ihm in meinem Namen
  Die volle Freiheit wieder und gewinne   1630
  Mit edlen, wahren Worten sein Vertraun.
  Verrichte das, sobald du immer kannst:
  Du wirst als Freund und Vater mit ihm sprechen.
  Noch eh' wir scheiden, will ich Friede wissen,
  Und dir ist nichts unmöglich, wenn du willst.   1635
  Wir bleiben lieber eine Stunde länger
  Und lassen dann die Frauen sanft vollenden,
  Was du begannst; und kehren wir zurück,
  So haben sie von diesem raschen Eindruck
  Die letzte Spur vertilgt. Es scheint, Antonio,   1640
  Du willst nicht aus der Übung kommen! Du
  Hast ein Geschäft kaum erst vollendet, nun
  Kehrst du zurück und schaffst dir gleich ein neues.
  Ich hoffe, daß auch dieses dir gelingt.
ANTONIO. Ich bin beschämt und seh' in deinen Worten,   1645
  Wie in dem klarsten Spiegel, meine Schuld!
  Gar leicht gehorcht man einem edlen Herrn,
  Der überzeugt, indem er uns gebietet.

DRITTER AUFZUG

ERSTER AUFTRITT

PRINZESSIN (allein). Wo bleibt Eleonore? Schmerzlicher
  Bewegt mir jeden Augenblick die Sorge
  Das tiefste Herz. Kaum weiß ich, was geschah,
  Kaum weiß ich, wer von beiden schuldig ist.
  O daß sie käme! Möcht' ich doch nicht gern
  Den Bruder nicht, Antonio nicht sprechen,
  Eh' ich gefaßter bin, eh' ich vernommen,
  Wie alles steht und was es werden kann.

ZWEITER AUFTRITT

Prinzessin. Leonore.

PRINZESSIN. Was bringst du, Leonore? Sag' mir an,
  Wie steht's um unsre Freunde? Was geschah?
LEONORE. Mehr, als wir wissen, hab' ich nicht erfahren.
  Sie trafen hart zusammen, Tasso zog,
  Dein Bruder trennte sie. Allein es scheint,
  Als habe Tasso diesen Streit begonnen:
  Antonio geht frei umher und spricht
  Mit seinem Fürsten; Tasso bleibt dagegen
  Verbannt in seinem Zimmer und allein.
PRINZESSIN. Gewiß hat ihn Antonio gereizt,
  Den Hochgestimmten kalt und fremd beleidigt.
LEONORE. Ich glaub' es selbst. Denn eine Wolke stand,
  Schon als er zu ihm trat, um seine Stirn.
PRINZESSIN. Ach daß wir doch, dem reinen stillen Wink
  Des Herzens nachzugehn, so sehr verlernen!
  Ganz leise spricht ein Gott in unsrer Brust,
  Ganz leise, ganz vernehmlich, zeigt uns an,
  Was zu ergreifen ist und was zu fliehn.
  Antonio erschien mir heute früh
  Viel schroffer noch als je, in sich gezogner.
  Es warnte mich mein Geist, als neben ihn
  Sich Tasso stellte. Sieh das Äußre nur

Von beiden an, das Angesicht, den Ton,
Den Blick, den Tritt! es widerstrebt sich alles,   1680
Sie können ewig keine Liebe wechseln.
Doch überredete die Hoffnung mich,
Die Gleisnerin: sie sind vernünftig beide,
Sind edel, unterrichtet, deine Freunde;
Und welch ein Band ist sicher als der Guten?   1685
Ich trieb den Jüngling an; er gab sich ganz;
Wie schön, wie warm ergab er ganz sich mir!
O hätt' ich gleich Antonio gesprochen!
Ich zauderte; es war nur kurze Zeit;
Ich scheute mich, gleich mit den ersten Worten   1690
Und dringend ihm den Jüngling zu empfehlen;
Verließ auf Sitte mich und Höflichkeit,
Auf den Gebrauch der Welt, der sich so glatt
Selbst zwischen Feinde legt; befürchtete
Von dem geprüften Manne diese Jähe   1695
Der raschen Jugend nicht. Es ist geschehn.
Das Übel stand mir fern, nun ist es da.
O gib mir einen Rat! Was ist zu tun?
LEONORE. Wie schwer zu raten sei, das fühlst du selbst
Nach dem, was du gesagt. Es ist nicht hier   1700
Ein Mißverständnis zwischen Gleichgestimmten;
Das stellen Worte, ja im Notfall stellen
Es Waffen leicht und glücklich wieder her.
Zwei Männer sind's, ich hab' es lang' gefühlt,
Die darum Feinde sind, weil die Natur   1705
Nicht einen Mann aus ihnen beiden formte.
Und wären sie zu ihrem Vorteil klug,
So würden sie als Freunde sich verbinden:
Dann stünden sie für einen Mann und gingen
Mit Macht und Glück und Lust durchs Leben hin.   1710
So hofft' ich selbst; nun seh' ich wohl: umsonst.
Der Zwist von heute, sei er, wie er sei,
Ist beizulegen; doch das sichert uns
Nicht für die Zukunft, für den Morgen nicht.
Es wär' am besten, dächt' ich, Tasso reiste   1715
Auf eine Zeit von hier: er könnte ja
Nach Rom, auch nach Florenz sich wenden; dort

Träf' ich in wenig Wochen ihn und könnte
Auf sein Gemüt als eine Freundin wirken.
Du würdest hier indessen den Antonio,
Der uns so fremd geworden, dir aufs neue
Und deinen Freunden näherbringen: so
Gewährte das, was jetzt unmöglich scheint,
Die gute Zeit vielleicht, die vieles gibt.
PRINZESSIN. Du willst dich in Genuß, o Freundin, setzen,
Ich soll entbehren; heißt das billig sein?
LEONORE. Entbehren wirst du nichts, als was du doch
In diesem Falle nicht genießen könntest.
PRINZESSIN. So ruhig soll ich einen Freund verbannen?
LEONORE. Erhalten, den du nur zum Schein verbannst.
PRINZESSIN. Mein Bruder wird ihn nicht mit Willen lassen.
LEONORE. Wenn er es sieht wie wir, so gibt er nach.
PRINZESSIN. Es ist so schwer, im Freunde sich verdammen.
LEONORE. Und dennoch rettest du den Freund in dir.
PRINZESSIN. Ich gebe nicht mein Ja, daß es geschehe.
LEONORE. So warte noch ein größres Übel ab.
PRINZESSIN. Du peinigst mich und weißt nicht, ob du nützest.
LEONORE. Wir werden bald entdecken, wer sich irrt.
PRINZESSIN. Und soll es sein, so frage mich nicht länger.
LEONORE. Wer sich entschließen kann, besiegt den Schmerz.
PRINZESSIN. Entschlossen bin ich nicht, allein es sei,
Wenn er sich nicht auf lange Zeit entfernt –
Und laß uns für ihn sorgen, Leonore,
Daß er nicht Mangel etwa künftig leide,
Daß ihm der Herzog seinen Unterhalt
Auch in der Ferne willig reichen lasse.
Sprich mit Antonio, denn er vermag
Bei meinem Bruder viel und wird den Streit
Nicht unserm Freund und uns gedenken wollen.
LEONORE. Ein Wort von dir, Prinzessin, gälte mehr.
PRINZESSIN. Ich kann, du weißt es, meine Freundin, nicht,
Wie's meine Schwester von Urbino kann,
Für mich und für die Meinen was erbitten.
Ich lebe gern so stille für mich hin
Und nehme von dem Bruder dankbar an,
Was er mir immer geben kann und will.

Ich habe sonst darüber manchen Vorwurf
Mir selbst gemacht; nun hab' ich überwunden.
Es schalt mich eine Freundin oft darum:
Du bist uneigennützig, sagte sie,   1760
Das ist recht schön; allein so sehr bist du's,
Daß du auch das Bedürfnis deiner Freunde
Nicht recht empfinden kannst. Ich lass' es gehn
Und muß denn eben diesen Vorwurf tragen.
Um desto mehr erfreut es mich, daß ich   1765
Nun in der Tat dem Freunde nützen kann;
Es fällt mir meiner Mutter Erbschaft zu,
Und gerne will ich für ihn sorgen helfen.
LEONORE. Und ich, o Fürstin, finde mich im Falle,
Daß ich als Freundin auch mich zeigen kann.   1770
Er ist kein guter Wirt; wo es ihm fehlt,
Werd' ich ihm schon geschickt zu helfen wissen.
PRINZESSIN. So nimm ihn weg, und, soll ich ihn entbehren,
Vor allen andern sei er dir gegönnt!
Ich seh' es wohl, so wird es besser sein.   1775
Muß ich denn wieder diesen Schmerz als gut
Und heilsam preisen? Das war mein Geschick
Von Jugend auf; ich bin nun dran gewöhnt.
Nur halb ist der Verlust des schönsten Glücks,
Wenn wir auf den Besitz nicht sicher zählten.   1780
LEONORE. Ich hoffe dich, so schön du es verdienst,
Glücklich zu sehn.
PRINZESSIN.   Eleonore! Glücklich?
Wer ist denn glücklich? – Meinen Bruder zwar
Möcht' ich so nennen, denn sein großes Herz
Trägt sein Geschick mit immer gleichem Mut;   1785
Allein, was er verdient, das ward ihm nie.
Ist meine Schwester von Urbino glücklich?
Das schöne Weib, das edle große Herz!
Sie bringt dem jüngern Manne keine Kinder;
Er achtet sie und läßt sie's nicht entgelten,   1790
Doch keine Freude wohnt in ihrem Haus.
Was half denn unsrer Mutter ihre Klugheit?
Die Kenntnis jeder Art, ihr großer Sinn?
Konnt' er sie vor dem fremden Irrtum schützen?

Man nahm uns von ihr weg: nun ist sie tot,   17
  Sie ließ uns Kindern nicht den Trost, daß sie
  Mit ihrem Gott versöhnt gestorben sei.
LEONORE. O blicke nicht nach dem, was jedem fehlt;
  Betrachte, was noch einem jeden bleibt!
  Was bleibt nicht dir, Prinzessin?   18
PRINZESSIN.   Was mir bleibt?
  Geduld, Eleonore! üben konnt' ich die
  Von Jugend auf. Wenn Freunde, wenn Geschwister
  Bei Fest und Spiel gesellig sich erfreuten,
  Hielt Krankheit mich auf meinem Zimmer fest,
  Und in Gesellschaft mancher Leiden mußt'   18
  Ich früh entbehren lernen. Eines war,
  Was in der Einsamkeit mich schön ergetzte,
  Die Freude des Gesangs; ich unterhielt
  Mich mit mir selbst, ich wiegte Schmerz und Sehnsucht
  Und jeden Wunsch mit leisen Tönen ein.   18
  Da wurde Leiden oft Genuß und selbst
  Das traurige Gefühl zur Harmonie.
  Nicht lang' war mir dies Glück gegönnt, auch dieses
  Nahm mir der Arzt hinweg: sein streng Gebot
  Hieß mich verstummen; leben sollt' ich, leiden,   18
  Den einz'gen kleinen Trost sollt' ich entbehren.
LEONORE. So viele Freunde fanden sich zu dir,
  Und nun bist du gesund, bist lebensfroh.
PRINZESSIN. Ich bin gesund, das heißt, ich bin nicht krank;
  Und manche Freunde hab' ich, deren Treue   18
  Mich glücklich macht. Auch hatt' ich einen Freund –
LEONORE. Du hast ihn noch.
PRINZESSIN.   Und werd' ihn bald verlieren.
  Der Augenblick, da ich zuerst ihn sah,
  War viel bedeutend. Kaum erholt' ich mich
  Von manchen Leiden; Schmerz und Krankheit waren   1
  Kaum erst gewichen; still bescheiden blickt' ich
  Ins Leben wieder, freute mich des Tags
  Und der Geschwister wieder, sog beherzt
  Der süßen Hoffnung reinsten Balsam ein.
  Ich wagt' es, vorwärts in das Leben weiter   1
  Hinein zu sehn, und freundliche Gestalten

Begegneten mir aus der Ferne. Da,
Eleonore, stellte mir den Jüngling
Die Schwester vor; er kam an ihrer Hand,
Und, daß ich dir's gestehe, da ergriff   1835
Ihn mein Gemüt und wird ihn ewig halten.
LEONORE. O meine Fürstin, laß dich's nicht gereuen!
Das Edle zu erkennen, ist Gewinst,
Der nimmer uns entrissen werden kann.
PRINZESSIN. Zu fürchten ist das Schöne, das Fürtreffliche,   1840
Wie eine Flamme, die so herrlich nützt,
Solange sie auf deinem Herde brennt,
Solang' sie dir von einer Fackel leuchtet,
Wie hold! wer mag, wer kann sie da entbehren?
Und frißt sie ungehütet um sich her,   1845
Wie elend kann sie machen! Laß mich nun.
Ich bin geschwätzig und verbärge besser
Auch selbst vor dir, wie schwach ich bin und krank.
LEONORE. Die Krankheit des Gemütes löset sich
In Klagen und Vertraun am leichtsten auf.   1850
PRINZESSIN. Wenn das Vertrauen heilt, so heil' ich bald;
Ich hab' es rein und hab' es ganz zu dir.
Ach meine Freundin! Zwar bin ich entschlossen:
Er scheide nur! allein ich fühle schon
Den langen ausgedehnten Schmerz der Tage, wenn   1855
Ich nun entbehren soll, was mich erfreute.
Die Sonne hebt von meinen Augenlidern
Nicht mehr sein schön verklärtes Traumbild auf;
Die Hoffnung, ihn zu sehen, füllt nicht mehr
Den kaum erwachten Geist mit froher Sehnsucht;   1860
Mein erster Blick hinab in unsre Gärten
Sucht ihn vergebens in dem Tau der Schatten.
Wie schön befriedigt fühlte sich der Wunsch,
Mit ihm zu sein an jedem heitern Abend!
Wie mehrte sich im Umgang das Verlangen,   1865
Sich mehr zu kennen, mehr sich zu verstehn!
Und täglich stimmte das Gemüt sich schöner
Zu immer reinern Harmonien auf.
Welch eine Dämmrung fällt nun vor mir ein!
Der Sonne Pracht, das fröhliche Gefühl   1870

Des hohen Tags, der tausendfachen Welt
Glanzreiche Gegenwart ist öd' und tief
Im Nebel eingehüllt, der mich umgibt.
Sonst war mir jeder Tag ein ganzes Leben;
Die Sorge schwieg, die Ahnung selbst verstummte,   18
Und glücklich eingeschifft, trug uns der Strom
Auf leichten Wellen ohne Ruder hin:
Nun überfällt in trüber Gegenwart
Der Zukunft Schrecken heimlich meine Brust.
LEONORE. Die Zukunft gibt dir deine Freunde wieder   18
Und bringt dir neue Freude, neues Glück.
PRINZESSIN. Was ich besitze, mag ich gern bewahren:
Der Wechsel unterhält, doch nutzt er kaum.
Mit jugendlicher Sehnsucht griff ich nie
Begierig in den Lostopf fremder Welt,   18
Für mein bedürfend unerfahren Herz
Zufällig einen Gegenstand zu haschen.
Ihn mußt' ich ehren, darum liebt' ich ihn;
Ich mußt' ihn lieben, weil mit ihm mein Leben
Zum Leben ward, wie ich es nie gekannt.   18
Erst sagt' ich mir: entferne dich von ihm!
Ich wich und wich, und kam nur immer näher,
So lieblich angelockt, so hart bestraft!
Ein reines wahres Gut verschwindet mir,
Und meiner Sehnsucht schiebt ein böser Geist   18
Statt Freud' und Glück verwandte Schmerzen unter.
LEONORE. Wenn einer Freundin Wort nicht trösten kann,
So wird die stille Kraft der schönen Welt,
Der guten Zeit dich unvermerkt erquicken.
PRINZESSIN. Wohl ist sie schön, die Welt! In ihrer Weite   19
Bewegt sich so viel Gutes hin und her.
Ach, daß es immer nur um einen Schritt
Von uns sich zu entfernen scheint
Und unsre bange Sehnsucht durch das Leben
Auch Schritt vor Schritt bis nach dem Grabe lockt!   19
So selten ist es, daß die Menschen finden,
Was ihnen doch bestimmt gewesen schien,
So selten, daß sie das erhalten, was
Auch einmal die beglückte Hand ergriff!

Es reißt sich los, was erst sich uns ergab,   1910
Wir lassen los, was wir begierig faßten.
Es gibt ein Glück, allein wir kennen's nicht:
Wir kennen's wohl, und wissen's nicht zu schätzen.

DRITTER AUFTRITT

LEONORE (allein). Wie jammert mich das edle schöne Herz!
Welch traurig Los, das ihrer Hoheit fällt!   1915
Ach, sie verliert – und denkst du, zu gewinnen?
Ist's denn so nötig, daß er sich entfernt?
Machst du es nötig, um allein für dich
Das Herz und die Talente zu besitzen,
Die du bisher mit einer andern teilst   1920
Und ungleich teilst! Ist's redlich, so zu handeln?
Bist du nicht reich genug? Was fehlt dir noch?
Gemahl und Sohn und Güter, Rang und Schönheit,
Das hast du alles, und du willst noch ihn
Zu diesem allen haben? Liebst du ihn?   1925
Was ist es sonst, warum du ihn nicht mehr
Entbehren magst? Du darfst es dir gestehn. –
Wie reizend ist's in seinem schönen Geiste
Sich selber zu bespiegeln! Wird ein Glück
Nicht doppelt groß und herrlich, wenn sein Lied   1930
Uns wie auf Himmelswolken trägt und hebt?
Dann bist du erst beneidenswert! Du bist,
Du hast das nicht allein, was viele wünschen;
Es weiß, es kennt auch jeder, was du hast!
Dich nennt dein Vaterland und sieht auf dich   1935
Das ist der höchste Gipfel jedes Glücks.
Ist Laura denn allein der Name, der
Von allen zarten Lippen klingen soll?
Und hatte nur Petrarch allein das Recht,
Die unbekannte Schöne zu vergöttern?   1940
Wo ist ein Mann, der meinem Freunde sich
Vergleichen darf? Wie ihn die Welt verehrt,
So wird die Nachwelt ihn verehrend nennen.
Wie herrlich ist's, im Glanze dieses Lebens
Ihn an der Seite haben! so mit ihm   1945

Der Zukunft sich mit leichtem Schritte nahn!
Alsdann vermag die Zeit, das Alter nichts
Auf dich und nichts der freche Ruf,
Der hin und her des Beifalls Woge treibt:
Das, was vergänglich ist, bewahrt sein Lied.
Du bist noch schön, noch glücklich, wenn schon lange
Der Kreis der Dinge dich mit fortgerissen.
Du mußt ihn haben, und ihr nimmst du nichts:
Denn ihre Neigung zu dem werten Manne
Ist ihren andern Leidenschaften gleich.
Sie leuchten, wie der stille Schein des Monds
Dem Wandrer spärlich auf dem Pfad zu Nacht:
Sie wärmen nicht und gießen keine Lust
Noch Lebensfreud' umher. Sie wird sich freuen,
Wenn sie ihn fern, wenn sie ihn glücklich weiß,
Wie sie genoß, wenn sie ihn täglich sah.
Und dann, ich will mit meinem Freunde nicht
Von ihr und diesem Hofe mich verbannen:
Ich komme wieder, und ich bring' ihn wieder.
So soll es sein! – Hier kommt der rauhe Freund:
Wir wollen sehn, ob wir ihn zähmen können.

VIERTER AUFTRITT

Leonore. Antonio.

LEONORE.
  Du bringst uns Krieg statt Frieden: scheint es doch,
  Du kommst aus einem Lager, einer Schlacht,
  Wo die Gewalt regiert, die Faust entscheidet,
  Und nicht von Rom, wo feierliche Klugheit
  Die Hände segnend hebt und eine Welt
  Zu ihren Füßen sieht, die gern gehorcht.
ANTONIO. Ich muß den Tadel, schöne Freundin, dulden,
  Doch die Entschuld'gung liegt nicht weit davon.
  Es ist gefährlich, wenn man allzu lang'
  Sich klug und mäßig zeigen muß. Es lauert
  Der böse Genius dir an der Seite
  Und will gewaltsam auch von Zeit zu Zeit

Ein Opfer haben. Leider hab' ich's diesmal
Auf meiner Freunde Kosten ihm gebracht.   1980
LEONORE. Du hast um fremde Menschen dich so lang'
  Bemüht und dich nach ihrem Sinn gerichtet:
  Nun, da du deine Freunde wieder siehst,
  Verkennst du sie und rechtest wie mit Fremden.
ANTONIO. Da liegt, geliebte Freundin, die Gefahr!   1985
  Mit fremden Menschen nimmt man sich zusammen,
  Da merkt man auf, da sucht man seinen Zweck
  In ihrer Gunst, damit sie nutzen sollen;
  Allein bei Freunden läßt man frei sich gehn,
  Man ruht in ihrer Liebe, man erlaubt   1990
  Sich eine Laune, ungezähmter wirkt
  Die Leidenschaft, und so verletzen wir
  Am ersten die, die wir am zärtsten lieben.
LEONORE. In dieser ruhigen Betrachtung find' ich dich
  Schon ganz, mein teurer Freund, mit Freuden wieder.   1995
ANTONIO. Ja, mich verdrießt – und ich bekenn' es gern –,
  Daß ich mich heut' so ohne Maß verlor.
  Allein gestehe, wenn ein wackrer Mann
  Mit heißer Stirn von saurer Arbeit kommt
  Und spät am Abend in ersehntem Schatten   2000
  Zu neuer Mühe auszuruhen denkt
  Und findet dann von einem Müßiggänger
  Den Schatten breit besessen, soll er nicht
  Auch etwas Menschlichs in dem Busen fühlen?
LEONORE. Wenn er recht menschlich ist, so wird er auch   2005
  Den Schatten gern mit einem Manne teilen,
  Der ihm die Ruhe süß, die Arbeit leicht
  Durch ein Gespräch, durch holde Töne macht.
  Der Baum ist breit, mein Freund, der Schatten gibt,
  Und keiner braucht den andern zu verdrängen.   2010
ANTONIO. Wir wollen uns, Eleonore, nicht
  Mit einem Gleichnis hin und wider spielen.
  Gar viele Dinge sind in dieser Welt,
  Die man dem andern gönnt und gerne teilt;
  Jedoch es ist ein Schatz, den man allein   2015
  Dem Hochverdienten gerne gönnen mag,
  Ein andrer, den man mit dem Höchstverdienten

Mit gutem Willen niemals teilen wird –
Und fragst du mich nach diesen beiden Schätzen:
Der Lorbeer ist es und die Gunst der Frauen.

LEONORE. Hat jener Kranz um unsers Jünglings Haupt
Den ernsten Mann beleidigt? Hättest du
Für seine Mühe, seine schöne Dichtung
Bescheidnern Lohn doch selbst nicht finden können.
Denn ein Verdienst, das außerirdisch ist,
Das in den Lüften schwebt, in Tönen nur,
In leichten Bildern unsern Geist umgaukelt,
Es wird denn auch mit einem schönen Bilde,
Mit einem holden Zeichen nur belohnt;
Und wenn er selbst die Erde kaum berührt,
Berührt der höchste Lohn ihm kaum das Haupt.
Ein unfruchtbarer Zweig ist das Geschenk,
Das der Verehrer unfruchtbare Neigung
Ihm gerne bringt, damit sie einer Schuld
Aufs leichtste sich entlade. Du mißgönnst
Dem Bild des Märtyrers den goldnen Schein
Ums kahle Haupt wohl schwerlich; und gewiß,
Der Lorbeerkranz ist, wo er dir erscheint,
Ein Zeichen mehr des Leidens als des Glücks.

ANTONIO. Will etwa mich dein liebenswürd'ger Mund
Die Eitelkeit der Welt verachten lehren?

LEONORE. Ein jedes Gut nach seinem Wert zu schätzen,
Brauch' ich dich nicht zu lehren. Aber doch,
Es scheint, von Zeit zu Zeit bedarf der Weise,
So sehr wie andre, daß man ihm die Güter,
Die er besitzt, im rechten Lichte zeige.
Du, edler Mann, du wirst an ein Phantom
Von Gunst und Ehre keinen Anspruch machen.
Der Dienst, mit dem du deinem Fürsten dich,
Mit dem du deine Freunde dir verbindest,
Ist wirkend, ist lebendig, und so muß
Der Lohn auch wirklich und lebendig sein.
Dein Lorbeer ist das fürstliche Vertraun,
Das auf den Schultern dir, als liebe Last,
Gehäuft und leicht getragen ruht; es ist
Dein Ruhm das allgemeine Zutraun.

ANTONIO. Und von der Gunst der Frauen sagst du nichts:
  Die willst du mir doch nicht entbehrlich schildern?
LEONORE. Wie man es nimmt. Denn du entbehrst sie nicht,
  Und leichter wäre sie dir zu entbehren,   2060
  Als sie es jenem guten Mann nicht ist.
  Denn sag': geläng' es einer Frau, wenn sie
  Nach ihrer Art für dich zu sorgen dächte,
  Mit dir sich zu beschäft'gen unternähme?
  Bei dir ist alles Ordnung, Sicherheit;   2065
  Du sorgst für dich, wie du für andre sorgst,
  Du hast, was man dir geben möchte. Jener
  Beschäftigt uns in unserm eignen Fache:
  Ihm fehlt's an tausend Kleinigkeiten, die
  Zu schaffen eine Frau sich gern bemüht.   2070
  Das schönste Leinenzeug, ein seiden Kleid
  Mit etwas Stickerei, das trägt er gern.
  Er sieht sich gern geputzt, vielmehr, er kann
  Unedlen Stoff, der nur den Knecht bezeichnet,
  An seinem Leib nicht dulden, alles soll   2075
  Ihm fein und gut und schön und edel stehn.
  Und dennoch hat er kein Geschick, das alles
  Sich anzuschaffen, wenn er es besitzt,
  Sich zu erhalten: immer fehlt es ihm
  An Geld, an Sorgsamkeit. Bald läßt er da   2080
  Ein Stück, bald eines dort. Er kehret nie
  Von einer Reise wieder, daß ihm nicht
  Ein Dritteil seiner Sachen fehle. Bald
  Bestiehlt ihn der Bediente. So, Antonio,
  Hat man für ihn das ganze Jahr zu sorgen.   2085
ANTONIO. Und diese Sorge macht ihn lieb und lieber.
  Glücksel'ger Jüngling, dem man seine Mängel
  Zur Tugend rechnet, dem so schön vergönnt ist,
  Den Knaben noch als Mann zu spielen, der
  Sich seiner holden Schwäche rühmen darf!   2090
  Du müßtest mir verzeihen, schöne Freundin,
  Wenn ich auch hier ein wenig bitter würde.
  Du sagst nicht alles, sagst nicht, was er wagt,
  Und daß er klüger ist, als wie man denkt.
  Er rühmt sich zweier Flammen! knüpft und löst   2095

Die Knoten hin und wieder und gewinnt
Mit solchen Künsten solche Herzen! Ist's
Zu glauben?
LEONORE.   Gut! Selbst das beweist ja schon,
Daß es nur Freundschaft ist, was uns belebt.
Und wenn wir denn auch Lieb' um Liebe tauschten,
Belohnten wir das schöne Herz nicht billig,
Das ganz sich selbst vergißt und hingegeben
Im holden Traum für seine Freunde lebt?
ANTONIO. Verwöhnt ihn nur und immer mehr und mehr,
Laßt seine Selbstigkeit für Liebe gelten,
Beleidigt alle Freunde, die sich euch
Mit treuer Seele widmen, gebt dem Stolzen
Freiwilligen Tribut, zerstöret ganz
Den schönen Kreis geselligen Vertrauns!
LEONORE. Wir sind nicht so parteiisch, wie du glaubst,
Ermahnen unsern Freund in manchen Fällen;
Wir wünschen ihn zu bilden, daß er mehr
Sich selbst genieße, mehr sich zu genießen
Den andern geben könne. Was an ihm
Zu tadeln ist, das bleibt uns nicht verborgen.
ANTONIO. Doch lobt ihr vieles, was zu tadeln wäre.
Ich kenn' ihn lang', er ist so leicht zu kennen
Und ist zu stolz, sich zu verbergen. Bald
Versinkt er in sich selbst, als wäre ganz
Die Welt in seinem Busen, er sich ganz
In seiner Welt genug, und alles rings
Umher verschwindet ihm. Er läßt es gehn,
Läßt's fallen, stößt's hinweg und ruht in sich –
Auf einmal, wie ein unbemerkter Funke
Die Mine zündet, sei es Freude, Leid,
Zorn oder Grille, heftig bricht er aus:
Dann will er alles fassen, alles halten,
Dann soll geschehn, was er sich denken mag;
In einem Augenblicke soll entstehn,
Was jahrelang bereitet werden sollte,
In einem Augenblick gehoben sein,
Was Mühe kaum in Jahren lösen könnte.
Er fordert das Unmögliche von sich,

Damit er es von andern fordern dürfe.
Die letzten Enden aller Dinge will   2135
Sein Geist zusammenfassen; das gelingt
Kaum einem unter Millionen Menschen,
Und er ist nicht der Mann: er fällt zuletzt,
Um nichts gebessert, in sich selbst zurück.
LEONORE. Er schadet andern nicht, er schadet sich.   2140
ANTONIO. Und doch verletzt er andre nur zu sehr.
Kannst du es leugnen, daß im Augenblick
Der Leidenschaft, die ihn behend ergreift,
Er auf den Fürsten, auf die Fürstin selbst,
Auf wen es sei, zu schmähn, zu lästern wagt?   2145
Zwar augenblicklich nur; allein genug,
Der Augenblick kommt wieder: er beherrscht
So wenig seinen Mund als seine Brust.
LEONORE. Ich sollte denken, wenn er sich von hier
Auf eine kurze Zeit entfernte, sollt'   2150
Es wohl für ihn und andre nützlich sein.
ANTONIO. Vielleicht, vielleicht auch nicht. Doch eben jetzt
Ist nicht daran zu denken. Denn ich will
Den Fehler nicht auf meine Schultern laden;
Es könnte scheinen, daß ich ihn vertreibe,   2155
Und ich vertreib' ihn nicht. Um meinetwillen
Kann er an unserm Hofe ruhig bleiben;
Und wenn er sich mit mir versöhnen will
Und wenn er meinen Rat befolgen kann,
So werden wir ganz leidlich leben können.   2160
LEONORE. Nun hoffst du selbst, auf ein Gemüt zu wirken,
Das dir vor kurzem noch verloren schien.
ANTONIO. Wir hoffen immer, und in allen Dingen
Ist besser hoffen als verzweifeln. Denn
Wer kann das Mögliche berechnen? Er   2165
Ist unserm Fürsten wert. Er muß uns bleiben.
Und bilden wir dann auch umsonst an ihm,
So ist er nicht der einz'ge, den wir dulden.
LEONORE. So ohne Leidenschaft, so unparteiisch
Glaubt' ich dich nicht. Du hast dich schnell bekehrt.   2170
ANTONIO. Das Alter muß doch einen Vorzug haben,
Daß, wenn es auch dem Irrtum nicht entgeht,

9*

Es doch sich auf der Stelle fassen kann.
Du warst, mich deinem Freunde zu versöhnen,
Zuerst bemüht. Nun bitt' ich es von dir.
Tu, was du kannst, daß dieser Mann sich finde,
Und alles wieder bald im gleichen sei.
Ich gehe selbst zu ihm, sobald ich nur
Von dir erfahre, daß er ruhig ist,
Sobald du glaubst, daß meine Gegenwart
Das Übel nicht vermehrt. Doch, was du tust,
Das tu in dieser Stunde; denn es geht
Alfons heut' abend noch zurück, und ich
Werd' ihn begleiten. Leb' indessen wohl.

FÜNFTER AUFTRITT

LEONORE (allein).
Für diesmal, lieber Freund, sind wir nicht eins:
Mein Vorteil und der deine gehen heut'
Nicht Hand in Hand. Ich nütze diese Zeit
Und suche Tasso zu gewinnen. Schnell!

VIERTER AUFZUG

Zimmer.

ERSTER AUFTRITT

TASSO (allein). Bist du aus einem Traum erwacht, und hat
Der schöne Trug auf einmal dich verlassen?
Hat dich an einem Tag der höchsten Lust
Ein Schlaf gebändigt, hält und ängstet nun
Mit schweren Fesseln deine Seele? Ja,
Du wachst und träumst. Wo sind die Stunden hin,
Die um dein Haupt mit Blumenkränzen spielten?
Die Tage, wo dein Geist mit freier Sehnsucht
Des Himmels ausgespanntes Blau durchdrang?
Und dennoch lebst du noch und fühlst dich an,
Du fühlst dich an und weißt nicht, ob du lebst.

Ist's meine Schuld, ist's eines andern Schuld,   2200
Daß ich mich nun als schuldig hier befinde?
Hab' ich verbrochen, daß ich leiden soll?
Ist nicht mein ganzer Fehler ein Verdienst?
Ich sah ihn an und ward vom guten Willen,
Vom Hoffnungswahn des Herzens übereilt: 2205
Der sei ein Mensch, der menschlich Ansehn trägt.
Ich ging mit offnen Armen auf ihn los
Und fühlte Schloß und Riegel, keine Brust.
O hatt' ich doch so klug mir ausgedacht,
Wie ich den Mann empfangen wollte, der   2210
Von alten Zeiten mir verdächtig war!
Allein was immer dir begegnet sei,
So halte dich an d e r Gewißheit fest:
Ich habe s i e gesehn! Sie stand vor mir!
Sie sprach zu mir, ich habe sie vernommen!   2215
Der Blick, der Ton, der Worte holder Sinn,
Sie sind auf ewig mein, es raubt sie nicht
Die Zeit, das Schicksal, noch das wilde Glück!
Und hob mein Geist sich da zu schnell empor
Und ließ ich allzu rasch in meinem Busen   2220
Der Flamme Luft, die mich nun selbst verzehrt,
So kann mich's nicht gereun, und wäre selbst
Auf ewig das Geschick des Lebens hin.
Ich widmete mich ihr und folgte froh
Dem Winke, der mich ins Verderben rief.   2225
Es sei! So hab' ich mich doch wert gezeigt
Des köstlichen Vertrauns, das mich erquickt,
In dieser Stunde selbst erquickt, die mir
Die schwarze Pforte langer Trauerzeit
Gewaltsam öffnet. – Ja, nun ist's getan!   2230
Es geht die Sonne mir der schönsten Gunst
Auf einmal unter; seinen holden Blick
Entziehet mir der Fürst und läßt mich hier
Auf düstrem, schmalem Pfad verloren stehn.
Das häßliche zweideutige Geflügel,   2235
Das leidige Gefolg' der alten Nacht,
Es schwärmt hervor und schwirrt mir um das Haupt.
Wohin, wohin beweg' ich meinen Schritt,

Dem Ekel zu entfliehn, der mich umsaust,
Dem Abgrund zu entgehn, der vor mir liegt?

ZWEITER AUFTRITT

Leonore. Tasso.

LEONORE. Was ist begegnet? Lieber Tasso, hat
Dein Eifer dich, dein Argwohn so getrieben?
Wie ist's geschehn? Wir alle stehn bestürzt.
Und deine Sanftmut, dein gefällig Wesen,
Dein schneller Blick, dein richtiger Verstand,
Mit dem du jedem gibst, was ihm gehört,
Dein Gleichmut, der erträgt, was zu ertragen
Der Edle bald, der Eitle selten lernt,
Die kluge Herrschaft über Zung' und Lippe –
Mein teurer Freund, fast ganz verkenn' ich dich.
TASSO. Und wenn das alles nun verloren wäre?
Wenn einen Freund, den du einst reich geglaubt,
Auf einmal du als einen Bettler fändest?
Wohl hast du recht, ich bin nicht mehr ich selbst,
Und bin's doch noch so gut, als wie ich's war.
Es scheint ein Rätsel, und doch ist es keins.
Der stille Mond, der dich bei Nacht erfreut,
Dein Auge, dein Gemüt mit seinem Schein
Unwiderstehlich lockt, er schwebt am Tage
Ein unbedeutend blasses Wölkchen hin.
Ich bin vom Glanz des Tages überschienen,
Ihr kennet mich, ich kenne mich nicht mehr.
LEONORE. Was du mir sagst, mein Freund, versteh' ich nicht,
Wie du es sagst. Erkläre dich mit mir.
Hat die Beleidigung des schroffen Manns
Dich so gekränkt, daß du dich selbst und uns
So ganz verkennen magst? Vertraue mir.
TASSO. Ich bin nicht der Beleidigte, du siehst
Mich ja bestraft, weil ich beleidigt habe.
Die Knoten vieler Worte löst das Schwert
Gar leicht und schnell, allein ich bin gefangen.
Du weißt wohl kaum – erschrick nicht, zarte Freundin –

Du triffst den Freund in einem Kerker an.
Mich züchtiget der Fürst wie einen Schüler.
Ich will mit ihm nicht rechten, kann es nicht.   2275
LEONORE. Du scheinest mehr, als billig ist, bewegt.
TASSO. Hältst du mich für so schwach, für so ein Kind,
Daß solch ein Fall mich gleich zerrütten könne?
Das, was geschehn ist, kränkt mich nicht so tief,
Allein das kränkt mich, was es mir bedeutet.   2280
Laß meine Neider, meine Feinde nur
Gewähren! Frei und offen ist das Feld.
LEONORE. Du hast gar manchen fälschlich in Verdacht,
Ich habe selbst mich überzeugen können.
Und auch Antonio feindet dich nicht an,   2285
Wie du es wähnst. Der heutige Verdruß –
TASSO. Den lass' ich ganz beiseite, nehme nur
Antonio, wie er war und wie er bleibt.
Verdrießlich fiel mir stets die steife Klugheit,
Und daß er immer nur den Meister spielt.   2290
Anstatt zu forschen, ob des Hörers Geist
Nicht schon für sich auf guten Spuren wandle,
Belehrt er dich von manchem, das du besser
Und tiefer fühltest, und vernimmt kein Wort,
Das du ihm sagst, und wird dich stets verkennen.   2295
Verkannt zu sein, verkannt von einem Stolzen,
Der lächelnd dich zu übersehen glaubt!
Ich bin so alt noch nicht und nicht so klug,
Daß ich nur duldend gegenlächeln sollte.
Früh oder spat, es konnte sich nicht halten,   2300
Wir mußten brechen; später wär' es nur
Um desto schlimmer worden. Einen Herrn
Erkenn' ich nur, den Herrn, der mich ernährt,
Dem folg' ich gern, sonst will ich keinen Meister.
Frei will ich sein im Denken und im Dichten;   2305
Im Handeln schränkt die Welt genug uns ein.
LEONORE. Er spricht mit Achtung oft genug von dir.
TASSO. Mit Schonung, willst du sagen, fein und klug.
Und das verdrießt mich eben; denn er weiß
So glatt und so bedingt zu sprechen, daß   2310
Sein Lob erst recht zum Tadel wird, und daß

Nichts mehr, nichts tiefer dich verletzt, als Lob
Aus seinem Munde.
LEONORE.   Möchtest du, mein Freund,
Vernommen haben, wie er sonst von dir
Und dem Talente sprach, das dir vor vielen
Die gütige Natur verlieh. Er fühlt gewiß
Das, was du bist und hast, und schätzt es auch.
TASSO. O glaube mir, ein selbstisches Gemüt
Kann nicht der Qual des engen Neids entfliehen.
Ein solcher Mann verzeiht dem andern wohl
Vermögen, Stand und Ehre; denn er denkt:
Das hast du selbst, das hast du, wenn du willst,
Wenn du beharrst, wenn dich das Glück begünstigt.
Doch das, was die Natur allein verleiht,
Was jeglicher Bemühung, jedem Streben
Stets unerreichbar bleibt, was weder Gold,
Noch Schwert, noch Klugheit, noch Beharrlichkeit
Erzwingen kann, das wird er nie verzeihn.
Er gönnt es mir? Er, der mit steifem Sinn
Die Gunst der Musen zu ertrotzen glaubt?
Der, wenn er die Gedanken mancher Dichter
Zusammenreiht, sich selbst ein Dichter scheint?
Weit eher gönnt er mir des Fürsten Gunst,
Die er doch gern auf sich beschränken möchte,
Als das Talent, das jene Himmlischen
Dem armen, dem verwaisten Jüngling gaben.
LEONORE. O sähest du so klar, wie ich es sehe!
Du irrst dich über ihn: so ist er nicht.
TASSO. Und irr' ich mich an ihm, so irr' ich gern!
Ich denk' ihn mir als meinen ärgsten Feind
Und wär' untröstlich, wenn ich mir ihn nun
Gelinder denken müßte. Töricht ist's,
In allen Stücken billig sein; es heißt
Sein eigen Selbst zerstören. Sind die Menschen
Denn gegen uns so billig? Nein, o nein!
Der Mensch bedarf in seinem engen Wesen
Der doppelten Empfindung, Lieb' und Haß.
Bedarf er nicht der Nacht als wie des Tags?
Des Schlafens wie des Wachens? Nein, ich muß

Von nun an diesen Mann als Gegenstand   2350
Von meinem tiefsten Haß behalten; nichts
Kann mir die Lust entreißen, schlimm und schlimmer
Von ihm zu denken.
LEONORE.   Willst du, teurer Freund,
  Von deinem Sinn nicht lassen, seh' ich kaum,
  Wie du am Hofe länger bleiben willst.   2355
  Du weißt, wie viel er gilt und gelten muß.
TASSO. Wie sehr ich längst, o schöne Freundin, hier
  Schon überflüssig bin, das weiß ich wohl.
LEONORE. Das bist du nicht, das kannst du nimmer werden!
  Du weißt vielmehr, wie gern der Fürst mit dir,   2360
  Wie gern die Fürstin mit dir lebt; und kommt
  Die Schwester von Urbino, kommt sie fast
  So sehr um deint- als der Geschwister willen.
  Sie denken alle gut und gleich von dir,
  Und jegliches vertraut dir unbedingt.   2365
TASSO. O Leonore, welch Vertraun ist das?
  Hat er von seinem Staate je ein Wort,
  Ein ernstes Wort mit mir gesprochen? Kam
  Ein eigner Fall, worüber er sogar
  In meiner Gegenwart mit seiner Schwester,   2370
  Mit andern sich beriet, mich fragt' er nie.
  Da hieß es immer nur: Antonio kommt!
  Man muß Antonio schreiben! Fragt Antonio!
LEONORE. Du klagst, anstatt zu danken. Wenn er dich
  In unbedingter Freiheit lassen mag,   2375
  So ehrt er dich, wie er dich ehren kann.
TASSO. Er läßt mich ruhn, weil er mich unnütz glaubt.
LEONORE. Du bist nicht unnütz, eben weil du ruhst.
  So lange hegst du schon Verdruß und Sorge,
  Wie ein geliebtes Kind, an deiner Brust.   2380
  Ich hab' es oft bedacht und mag's bedenken,
  Wie ich es will: auf diesem schönen Boden,
  Wohin das Glück dich zu verpflanzen schien,
  Gedeihst du nicht. O Tasso! – rat' ich dir's?
  Sprech' ich es aus? – Du solltest dich entfernen!   2385
TASSO. Verschone nicht den Kranken, lieber Arzt!
  Reich' ihm das Mittel, denke nicht daran,

Ob's bitter sei. – Ob er genesen könne,
Das überlege wohl, o kluge, gute Freundin!
Ich seh' es alles selbst, es ist vorbei!   235
Ich kann ihm wohl verzeihen, er nicht mir;
Und sein bedarf man, leider meiner nicht.
Und er ist klug, und leider bin ich's nicht.
Er wirkt zu meinem Schaden, und ich kann,
Ich mag nicht gegenwirken. Meine Freunde,   2355
Sie lassen's gehn, sie sehen's anders an.
Sie widerstreben kaum, und sollten kämpfen.
Du glaubst, ich soll hinweg; ich glaub' es selbst –
So lebt denn wohl! Ich werd' auch das ertragen.
Ihr seid von mir geschieden – werd' auch mir,   2400
Von euch zu scheiden, Kraft und Mut verliehn!
LEONORE. Ach, in der Ferne zeigt sich alles reiner,
    Was in der Gegenwart uns nur verwirrt.
    Vielleicht wirst du erkennen, welche Liebe
    Dich überall umgab, und welchen Wert   2405
    Die Treue wahrer Freunde hat, und wie
    Die weite Welt die Nächsten nicht ersetzt.
TASSO. Das werden wir erfahren! Kenn' ich doch
    Die Welt von Jugend auf, wie sie so leicht
    Uns hilflos, einsam läßt und ihren Weg   2410
    Wie Sonn' und Mond und andre Götter geht.
LEONORE. Vernimmst du mich, mein Freund, so sollst du nie
    Die traurige Erfahrung wiederholen.
    Soll ich dir raten, so begibst du dich
    Erst nach Florenz, und eine Freundin wird   2415
    Gar freundlich für dich sorgen. Sei getrost,
    Ich bin es selbst. Ich reise, den Gemahl
    Die nächsten Tage dort zu finden, kann
    Nichts freudiger für ihn und mich bereiten,
    Als wenn ich dich in unsre Mitte bringe.   2420
    Ich sage dir kein Wort, du weißt es selbst,
    Welch einem Fürsten du dich nahen wirst,
    Und welche Männer diese schöne Stadt
    In ihrem Busen hegt und welche Frauen. –
    Du schweigst? Bedenk' es wohl! Entschließe dich.   2425
TASSO. Gar reizend ist, was du mir sagst, so ganz

Dem Wunsch gemäß, den ich im stillen nähre;
Allein es ist zu neu: ich bitte dich,
Laß mich bedenken! Ich beschließe bald.
LEONORE. Ich gehe mit der schönsten Hoffnung weg 2430
  Für dich und uns und auch für dieses Haus.
  Bedenke nur, und wenn du recht bedenkst,
  So wirst du schwerlich etwas Bessers denken.
TASSO. Noch eins, geliebte Freundin! sage mir,
  Wie ist die Fürstin gegen mich gesinnt? 2435
  War sie erzürnt auf mich? Was sagte sie? –
  Sie hat mich sehr getadelt? Rede frei.
LEONORE.
  Da sie dich kennt, hat sie dich leicht entschuldigt.
TASSO. Hab' ich bei ihr verloren? Schmeichle nicht.
LEONORE. Der Frauen Gunst wird nicht so leicht verscherzt. 2440
TASSO. Wird sie mich gern entlassen, wenn ich gehe?
LEONORE. Wenn es zu deinem Wohl gereicht, gewiß.
TASSO. Werd' ich des Fürsten Gnade nicht verlieren?
LEONORE. In seiner Großmut kannst du sicher ruhn.
TASSO. Und lassen wir die Fürstin ganz allein? 2445
  Du gehst hinweg; und wenn ich wenig bin,
  So weiß ich doch, daß ich ihr etwas war.
LEONORE. Gar freundliche Gesellschaft leistet uns
  Ein ferner Freund, wenn wir ihn glücklich wissen.
  Und es gelingt: ich sehe dich beglückt, 2450
  Du wirst von hier nicht unzufrieden gehn.
  Der Fürst befahl's: Antonio sucht dich auf.
  Er tadelt selbst an sich die Bitterkeit,
  Womit er dich verletzt. Ich bitte dich,
  Nimm ihn gelassen auf, so wie er kommt. 2455
TASSO. Ich darf in jedem Sinne vor ihm stehn.
LEONORE. Und schenke mir der Himmel, lieber Freund,
  Noch eh' du scheidest, dir das Aug' zu öffnen:
  Daß niemand dich im ganzen Vaterlande
  Verfolgt und haßt und heimlich drückt und neckt! 2460
  Du irrst gewiß, und wie du sonst zur Freude
  Von andern dichtest, leider dichtest du
  In diesem Fall ein seltenes Gewebe,
  Dich selbst zu kränken. Alles will ich tun,

Um es entzwei zu reißen, daß du frei   24
Den schönen Weg des Lebens wandeln mögest.
Leb' wohl! Ich hoffe bald ein glücklich Wort.

DRITTER AUFTRITT

TASSO (allein). Ich soll erkennen, daß mich niemand haßt,
  Daß niemand mich verfolgt, daß alle List
  Und alles heimliche Gewebe sich   24
  Allein in meinem Kopfe spinnt und webt!
  Bekennen soll ich, daß ich unrecht habe
  Und manchem Unrecht tue, der es nicht
  Um mich verdient! Und das in einer Stunde,
  Da vor dem Angesicht der Sonne klar   24
  Mein volles Recht, wie ihre Tücke, liegt!
  Ich soll es tief empfinden, wie der Fürst
  Mit offner Brust mir seine Gunst gewährt,
  Mit reichem Maß die Gaben mir erteilt,
  Im Augenblicke, da er, schwach genug,   24
  Von meinen Feinden sich das Auge trüben
  Und seine Hand gewiß auch fesseln läßt!

  Daß er betrogen ist, kann er nicht sehen,
  Daß sie Betrüger sind, kann ich nicht zeigen;
  Und nur damit er ruhig sich betrüge,   24
  Daß sie gemächlich ihn betrügen können,
  Soll ich mich stille halten, weichen gar!

  Und wer gibt mir den Rat? Wer dringt so klug
  Mit treuer, lieber Meinung auf mich ein?
  Lenore selbst, Lenore Sanvitale,   24
  Die zarte Freundin! Ha, dich kenn' ich nun!
  O warum traut' ich ihrer Lippe je!
  Sie war nicht redlich, wenn sie noch so sehr
  Mir ihre Gunst, mir ihre Zärtlichkeit
  Mit süßen Worten zeigte! Nein, sie war   24
  Und bleibt ein listig Herz, sie wendet sich
  Mit leisen klugen Tritten nach der Gunst.

Wie oft hab' ich mich willig selbst betrogen,
Auch über sie! Und doch im Grunde hat
Mich nur – die Eitelkeit betrogen. Wohl!   2500
Ich kannte sie und schmeichelte mir selbst.
So ist sie gegen andre, sagt' ich mir,
Doch gegen dich ist's offne treue Meinung.
Nun seh' ich's wohl und seh' es nur zu spät:
Ich war begünstigt, und sie schmiegte sich   2505
So zart – an den Beglückten. Nun ich falle,
Sie wendet mir den Rücken wie das Glück.

Nun kommt sie als ein Werkzeug meines Feindes,
Sie schleicht heran und zischt mit glatter Zunge,
Die kleine Schlange, zauberische Töne.   2510
Wie lieblich schien sie! lieblicher als je!
Wie wohl tat von der Lippe jedes Wort!
Doch konnte mir die Schmeichelei nicht lang'
Den falschen Sinn verbergen: an der Stirne
Schien ihr das Gegenteil zu klar geschrieben   2515
Von allem, was sie sprach. Ich fühl' es leicht,
Wenn man den Weg zu meinem Herzen sucht
Und es nicht herzlich meint. Ich soll hinweg?
Soll nach Florenz, sobald ich immer kann?

Und warum nach Florenz? Ich seh' es wohl.   2520
Dort herrscht der Mediceer neues Haus,
Zwar nicht in offner Feindschaft mit Ferrara,
Doch hält der stille Neid mit kalter Hand
Die edelsten Gemüter auseinander.
Empfang' ich dort von jenen edlen Fürsten   2525
Erhabne Zeichen ihrer Gunst, wie ich
Gewiß erwarten dürfte, würde bald
Der Höfling meine Treu' und Dankbarkeit
Verdächtig machen. Leicht geläng' es ihm.

Ja, ich will weg, allein nicht, wie ihr wollt;   2530
Ich will hinweg, und weiter, als ihr denkt.

Was soll ich hier? Wer hält mich hier zurück?
O, ich verstand ein jedes Wort zu gut,

Das ich Lenoren von den Lippen lockte!
Von Silb' zu Silbe nur erhascht' ich's kaum
Und weiß nun ganz, wie die Prinzessin denkt –
Ja, ja, auch das ist wahr, verzweifle nicht!
„Sie wird mich gern entlassen, wenn ich gehe,
Da es zu meinem Wohl gereicht." O fühlte
Sie eine Leidenschaft im Herzen, die mein Wohl
Und mich zugrunde richtete! Willkommner
Ergriffe mich der Tod, als diese Hand,
Die kalt und starr mich von sich läßt. – Ich gehe! –
Nun hüte dich und laß dich keinen Schein
Von Freundschaft oder Güte täuschen! Niemand
Betrügt dich nun, wenn du dich nicht betrügst.

VIERTER AUFTRITT

Antonio. Tasso.

ANTONIO. Hier bin ich, Tasso, dir ein Wort zu sagen,
   Wenn du mich ruhig hören magst und kannst.
TASSO. Das Handeln, weißt du, bleibt mir untersagt;
   Es ziemt mir wohl, zu warten und zu hören.
ANTONIO. Ich treffe dich gelassen, wie ich wünschte,
   Und spreche gern zu dir aus freier Brust.
   Zuvörderst lös' ich in des Fürsten Namen
   Das schwache Band, das dich zu fesseln schien.
TASSO. Die Willkür macht mich frei, wie sie mich band;
   Ich nehm' es an und fordre kein Gericht.
ANTONIO. Dann sag' ich dir von mir: Ich habe dich
   Mit Worten, scheint es, tief und mehr gekränkt,
   Als ich, von mancher Leidenschaft bewegt,
   Es selbst empfand. Allein kein schimpflich Wort
   Ist meinen Lippen unbedacht entflohen:
   Zu rächen hast du nichts als Edelmann
   Und wirst als Mensch Vergebung nicht versagen.
TASSO. Was härter treffe, Kränkung oder Schimpf,
   Will ich nicht untersuchen: jene dringt
   Ins tiefe Mark, und dieser ritzt die Haut.
   Der Pfeil des Schimpfs kehrt auf den Mann zurück,

Der zu verwunden glaubt; die Meinung andrer
Befriedigt leicht das wohl geführte Schwert –
Doch ein gekränktes Herz erholt sich schwer.   2570
ANTONIO. Jetzt ist's an mir, daß ich dir dringend sage:
  Tritt nicht zurück, erfülle meinen Wunsch,
  Den Wunsch des Fürsten, der mich zu dir sendet.
TASSO. Ich kenne meine Pflicht und gebe nach.
  Es sei verziehn, sofern es möglich ist!   2575
  Die Dichter sagen uns von einem Speer,
  Der eine Wunde, die er selbst geschlagen,
  Durch freundliche Berührung heilen konnte.
  Es hat des Menschen Zunge diese Kraft;
  Ich will ihr nicht gehässig widerstehn.   2580
ANTONIO. Ich danke dir und wünsche, daß du mich
  Und meinen Willen, dir zu dienen, gleich
  Vertraulich prüfen mögest. Sage mir,
  Kann ich dir nützlich sein? Ich zeig' es gern.
TASSO. Du bietest an, was ich nur wünschen konnte.   2585
  Du brachtest mir die Freiheit wieder; nun
  Verschaffe mir, ich bitte, den Gebrauch.
ANTONIO. Was kannst du meinen? Sag' es deutlich an.
TASSO. Du weißt, geendet hab' ich mein Gedicht;
  Es fehlt noch viel, daß es vollendet wäre.   2590
  Heut' überreicht' ich es dem Fürsten, hoffte
  Zugleich ihm eine Bitte vorzutragen.
  Gar viele meiner Freunde find' ich jetzt
  In Rom versammelt; einzeln haben sie
  Mir über manche Stellen ihre Meinung   2595
  In Briefen schon eröffnet; vieles hab' ich
  Benutzen können, manches scheint mir noch
  Zu überlegen; und verschiedne Stellen
  Möcht' ich nicht gern verändern, wenn man mich
  Nicht mehr, als es geschehn ist, überzeugt.   2600
  Das alles wird durch Briefe nicht getan:
  Die Gegenwart löst diese Knoten bald.
  So dacht' ich heut' den Fürsten selbst zu bitten:
  Ich fand nicht Raum; nun darf ich es nicht wagen
  Und hoffe diesen Urlaub nun durch dich.   2605
ANTONIO. Mir scheint nicht rätlich, daß du dich entfernst

In dem Moment, da dein vollendet Werk
Dem Fürsten und der Fürstin dich empfiehlt.
Ein Tag der Gunst ist wie ein Tag der Ernte:
Man muß geschäftig sein, sobald sie reift.
Entfernst du dich, so wirst du nichts gewinnen,
Vielleicht verlieren, was du schon gewannst.
Die Gegenwart ist eine mächt'ge Göttin:
Lern' ihren Einfluß kennen, bleibe hier!

TASSO. Zu fürchten hab' ich nichts: Alfons ist edel,
Stets hat er gegen mich sich groß gezeigt;
Und was ich hoffe, will ich seinem Herzen
Allein verdanken, keine Gnade mir
Erschleichen; nichts will ich von ihm empfangen,
Was ihn gereuen könnte, daß er's gab.

ANTONIO. So fordre nicht von ihm, daß er dich jetzt
Entlassen soll; er wird es ungern tun,
Und ich befürchte fast: er tut es nicht.

TASSO. Er wird es gern, wenn recht gebeten wird,
Und du vermagst es wohl, sobald du willst.

ANTONIO. Doch welche Gründe, sag' mir, leg' ich vor?

TASSO. Laß mein Gedicht aus jeder Stanze sprechen!
Was ich gewollt, ist löblich, wenn das Ziel
Auch meinen Kräften unerreichbar blieb.
An Fleiß und Mühe hat es nicht gefehlt.
Der heitre Wandel mancher schönen Tage,
Der stille Raum so mancher tiefen Nächte
War einzig diesem frommen Lied geweiht.
Bescheiden hofft' ich, jenen großen Meistern
Der Vorwelt mich zu nahen, kühn gesinnt,
Zu edlen Taten unsern Zeitgenossen
Aus einem langen Schlaf zu rufen, dann
Vielleicht mit einem edlen Christenheere
Gefahr und Ruhm des heil'gen Kriegs zu teilen.
Und soll mein Lied die besten Männer wecken,
So muß es auch der besten würdig sein.
Alfonsen bin ich schuldig, was ich tat;
Nun möcht' ich ihm auch die Vollendung danken.

ANTONIO. Und eben dieser Fürst ist hier, mit andern,
Die dich so gut als Römer leiten können.

Vollende hier dein Werk, hier ist der Platz,
Und um zu wirken, eile dann nach Rom.
TASSO. Alfons hat mich zuerst begeistert, wird
Gewiß der letzte sein, der mich belehrt.
Und deinen Rat, den Rat der klugen Männer,   2650
Die unser Hof versammelt, schätz' ich hoch.
Ihr sollt entscheiden, wenn mich ja zu Rom
Die Freunde nicht vollkommen überzeugen.
Doch diese muß ich sehn. Gonzaga hat
Mir ein Gericht versammelt, dem ich erst   2655
Mich stellen muß. Ich kann es kaum erwarten.
Flaminio de' Nobili, Angelio
Da Barga, Antoniano und Speron Speroni!
Du wirst sie kennen. – Welche Namen sind's!
Vertraun und Sorge flößen sie zugleich   2660
In meinen Geist, der gern sich unterwirft.
ANTONIO.
Du denkst nur dich und denkst den Fürsten nicht
Ich sage dir, er wird dich nicht entlassen;
Und wenn er's tut, entläßt er dich nicht gern.
Du willst ja nicht verlangen, was er dir   2665
Nicht gern gewähren mag. Und soll ich hier
Vermitteln, was ich selbst nicht loben kann?
TASSO. Versagst du mir den ersten Dienst, wenn ich
Die angebotne Freundschaft prüfen will?
ANTONIO. Die wahre Freundschaft zeigt sich im Versagen 2670
Zur rechten Zeit, und es gewährt die Liebe
Gar oft ein schädlich Gut, wenn sie den Willen
Des Fordernden mehr als sein Glück bedenkt.
Du scheinest mir in diesem Augenblick
Für gut zu halten, was du eifrig wünschest,   2675
Und willst im Augenblick, was du begehrst.
Durch Heftigkeit ersetzt der Irrende,
Was ihm an Wahrheit und an Kräften fehlt.
Es fordert meine Pflicht, so viel ich kann,
Die Hast zu mäß'gen, die dich übel treibt.   3680
TASSO. Schon lange kenn' ich diese Tyrannei
Der Freundschaft, die von allen Tyranneien
Die unerträglichste mir scheint. Du denkst

Nur anders, und du glaubst deswegen
Schon recht zu denken. Gern erkenn' ich an:
Du willst mein Wohl; allein verlange nicht,
Daß ich auf deinem Weg es finden soll.
ANTONIO. Und soll ich dir sogleich mit kaltem Blut,
  Mit voller, klarer Überzeugung schaden?
TASSO. Von dieser Sorge will ich dich befrein!
  Du hältst mich nicht mit diesen Worten ab.
  Du hast mich frei erklärt, und diese Türe
  Steht mir nun offen, die zum Fürsten führt.
  Ich lasse dir die Wahl. Du oder ich!
  Der Fürst geht fort. Hier ist kein Augenblick
  Zu harren. Wähle schnell! Wenn du nicht gehst,
  So geh' ich selbst, und werd' es, wie es will.
ANTONIO. Laß mich nur wenig Zeit von dir erlangen
  Und warte nur des Fürsten Rückkehr ab!
  Nur heute nicht!
TASSO.   Nein, diese Stunde noch,
  Wenn's möglich ist! Es brennen mir die Sohlen
  Auf diesem Marmorboden; eher kann
  Mein Geist nicht Ruhe finden, bis der Staub
  Des freien Wegs mich Eilenden umgibt.
  Ich bitte dich! Du siehst, wie ungeschickt
  In diesem Augenblick ich sei, mit meinem Herrn
  Zu reden; siehst – wie kann ich das verbergen? –,
  Daß ich mir selbst in diesem Augenblick,
  Mir keine Macht der Welt gebieten kann.
  Nur Fesseln sind es, die mich halten können!
  Alfons ist kein Tyrann, er sprach mich frei.
  Wie gern gehorcht' ich seinen Worten sonst!
  Heut' kann ich nicht gehorchen. Heute nur
  Laßt mich in Freiheit, daß mein Geist sich finde!
  Ich kehre bald zu meiner Pflicht zurück.
ANTONIO. Du machst mich zweifelhaft. Was soll ich tun?
  Ich merke wohl: es steckt der Irrtum an.
TASSO. Soll ich dir glauben, denkst du gut für mich,
  So wirke, was ich wünsche, was du kannst.
  Der Fürst entläßt mich dann, und ich verliere
  Nicht seine Gnade, seine Hilfe nicht.

Das dank' ich dir und will dir's gern verdanken.
Doch hegst du einen alten Groll im Busen,
Willst du von diesem Hofe mich verbannen,
Willst du auf ewig mein Geschick verkehren, 2725
Mich hilflos in die weite Welt vertreiben,
So bleib auf deinem Sinn und widersteh!
ANTONIO. Weil ich dir doch, o Tasso, schaden soll,
So wähl' ich denn den Weg, den du erwählst.
Der Ausgang mag entscheiden, wer sich irrt! 2730
Du willst hinweg! Ich sag' es dir zuvor:
Du wendest diesem Hause kaum den Rücken,
So wird dein Herz zurückverlangen, wird
Dein Eigensinn dich vorwärts treiben; Schmerz,
Verwirrung, Trübsinn harrt in Rom auf dich, 2735
Und du verfehlest hier und dort den Zweck.
Doch sag' ich dies nicht mehr, um dir zu raten;
Ich sage nur voraus, was bald geschieht,
Und lade dich auch schon im voraus ein,
Mir in dem schlimmsten Falle zu vertraun. 2740
Ich spreche nun den Fürsten, wie du's forderst.

FÜNFTER AUFTRITT

TASSO (allein). Ja, gehe nur und gehe sicher weg,
Daß du mich überredest, was du willst.
Ich lerne mich verstellen, denn du bist
Ein großer Meister, und ich fasse leicht. 2745
So zwingt das Leben uns, zu scheinen, ja
Zu sein wie jene, die wir kühn und stolz
Verachten konnten. Deutlich seh' ich nun
Die ganze Kunst des höfischen Gewebes!
Mich will Antonio von hinnen treiben 2750
Und will nicht scheinen, daß er mich vertreibt.
Er spielt den Schonenden, den Klugen, daß
Man nur recht krank und ungeschickt mich finde,
Bestellet sich zum Vormund, daß er mich
Zum Kind erniedrige, den er zum Knecht 2755
Nicht zwingen konnte. So umnebelt er
Die Stirn des Fürsten und der Fürstin Blick.

Man soll mich halten, meint er: habe doch
Ein schön Verdienst mir die Natur geschenkt;
Doch leider habe sie mit manchen Schwächen
Die hohe Gabe wieder schlimm begleitet,
Mit ungebundnem Stolz, mit übertriebner
Empfindlichkeit und eignem düstern Sinn.
Es sei nicht anders, einmal habe nun
Den einen Mann das Schicksal so gebildet,
Nun müsse man ihn nehmen, wie er sei,
Ihn dulden, tragen und vielleicht an ihm,
Was Freude bringen kann, am guten Tage
Als unerwarteten Gewinst genießen,
Im übrigen, wie er geboren sei,
So müsse man ihn leben, sterben lassen.

Erkenn' ich noch Alfonsens festen Sinn,
Der Feinden trotzt und Freunde treulich schützt?
Erkenn' ich ihn, wie er nun mir begegnet?
Ja, wohl erkenn' ich ganz mein Unglück nun!
Das ist mein Schicksal, daß nur gegen mich
Sich jeglicher verändert, der für andre fest
Und treu und sicher bleibt, sich leicht verändert
Durch einen Hauch, in einem Augenblick.

Hat nicht die Ankunft dieses Manns allein
Mein ganz Geschick zerstört, in einer Stunde?
Nicht dieser das Gebäude meines Glücks
Von seinem tiefsten Grund aus umgestürzt?
O muß ich das erfahren, muß ich's heut!
Ja, wie sich alles zu mir drängte, läßt
Mich alles nun; wie jeder mich an sich
Zu reißen strebte, jeder mich zu fassen,
So stößt mich alles weg und meidet mich.
Und das warum? Und wiegt denn er allein
Die Schale meines Werts und aller Liebe,
Die ich so reichlich sonst besessen, auf?

Ja, alles flieht mich nun. Auch du! Auch du!
Geliebte Fürstin, du entziehst dich mir!

In diesen trüben Stunden hat sie mir
Kein einzig Zeichen ihrer Gunst gesandt.   2795
Hab' ich's um sie verdient? – Du armes Herz,
Dem so natürlich war, sie zu verehren! –
Vernahm ich ihre Stimme, wie durchdrang
Ein unaussprechliches Gefühl die Brust!
Erblickt' ich sie, da ward das helle Licht   2800
Des Tags mir trüb; unwiderstehlich zog
Ihr Auge mich, ihr Mund mich an, mein Knie
Erhielt sich kaum, und aller Kraft
Des Geists bedurft' ich, aufrecht mich zu halten,
Vor ihre Füße nicht zu fallen; kaum   2805
Vermocht' ich diesen Taumel zu zerstreun.
Hier halte fest, mein Herz! du klarer Sinn,
Laß hier dich nicht umnebeln! Ja, auch sie!
Darf ich es sagen? und ich glaub' es kaum;
Ich glaub' es wohl, und möcht' es mir verschweigen.   2810
Auch sie! auch sie! Entschuldige sie ganz,
Allein verbirg dir's nicht: auch sie! auch sie!

O dieses Wort, an dem ich zweifeln sollte,
Solang' ein Hauch von Glauben in mir lebt,
Ja, dieses Wort, es gräbt sich wie ein Schluß   2815
Des Schicksals noch zuletzt am ehrnen Rande
Der vollgeschriebnen Qualentafel ein.
Nun sind erst meine Feinde stark, nun bin ich
Auf ewig einer jeden Kraft beraubt.
Wie soll ich streiten, wenn sie gegenüber   2820
Im Heere steht? Wie soll ich duldend harren,
Wenn sie die Hand mir nicht von ferne reicht?
Wenn nicht ihr Blick dem Flehenden begegnet?
Du hast's gewagt zu denken, hast's gesprochen,
Und es ist wahr, eh' du es fürchten konntest!   2825
Und ehe nun Verzweiflung deine Sinnen
Mit ehrnen Klauen auseinanderreißt,
Ja, klage nur das bittre Schicksal an
Und wiederhole nur: auch sie! auch sie!

FÜNFTER AUFZUG

Garten.

ERSTER AUFTRITT

Alfons. Antonio.

ANTONIO. Auf deinen Wink ging ich das zweite Mal
          Zu Tasso hin, ich komme von ihm her.
     Ich hab' ihm zugeredet, ja gedrungen;
     Allein er geht von seinem Sinn nicht ab
     Und bittet sehnlich, daß du ihn nach Rom
     Auf eine kurze Zeit entlassen mögest.
ALFONS. Ich bin verdrießlich, daß ich dir's gestehe,
     Und lieber sag' ich dir, daß ich es bin,
     Als daß ich den Verdruß verberg' und mehre.
     Er will verreisen; gut, ich halt' ihn nicht.
     Er will hinweg, er will nach Rom; es sei!
     Nur daß mir Scipio Gonzaga nicht,
     Der kluge Medicis ihn nicht entwende!
     Das hat Italien so groß gemacht,
     Daß jeder Nachbar mit dem andern streitet,
     Die Bessern zu besitzen, zu benutzen.
     Ein Feldherr ohne Heer scheint mir ein Fürst,
     Der die Talente nicht um sich versammelt:
     Und wer der Dichtkunst Stimme nicht vernimmt,
     Ist ein Barbar, er sei auch, wer er sei.
     Gefunden hab' ich diesen und gewählt,
     Ich bin auf ihn als meinen Diener stolz,
     Und da ich schon für ihn so viel getan,
     So möcht' ich ihn nicht ohne Not verlieren.
ANTONIO. Ich bin verlegen, denn ich trage doch
     Vor dir die Schuld von dem, was heut' geschah;
     Auch ich will meinen Fehler gern gestehn,
     Er bleibet deiner Gnade zu verzeihn;
     Doch wenn du glauben könntest, daß ich nicht
     Das Mögliche getan, ihn zu versöhnen,
     So würd' ich ganz untröstlich sein. O! sprich

Mit holdem Blick mich an, damit ich wieder
Mich fassen kann, mir selbst vertrauen mag.
ALFONS. Antonio, nein, da sei nur immer ruhig,
  Ich schreib' es dir auf keine Weise zu;
  Ich kenne nur zu gut den Sinn des Mannes   2865
  Und weiß nur allzu wohl, was ich getan,
  Wie sehr ich ihn geschont, wie sehr ich ganz
  Vergessen, daß ich eigentlich an ihn
  Zu fordern hätte. Über vieles kann
  Der Mensch zum Herrn sich machen, seinen Sinn   2870
  Bezwinget kaum die Not und lange Zeit.
ANTONIO. Wenn andre vieles um den einen tun,
  So ist's auch billig, daß der eine wieder
  Sich fleißig frage, was den andern nützt.
  Wer seinen Geist so viel gebildet hat,   2875
  Wer jede Wissenschaft zusammengeizt
  Und jede Kenntnis, die uns zu ergreifen
  Erlaubt ist, sollte der, sich zu beherrschen,
  Nicht doppelt schuldig sein? Und denkt er dran?
ALFONS. Wir sollen eben nicht in Ruhe bleiben!   2880
  Gleich wird uns, wenn wir zu genießen denken,
  Zur Übung unsrer Tapferkeit ein Feind,
  Zur Übung der Geduld ein Freund gegeben.
ANTONIO. Die erste Pflicht des Menschen, Speis' und Trank
  Zu wählen, da ihn die Natur so eng   2885
  Nicht wie das Tier beschränkt, erfüllt er die?
  Und läßt er nicht vielmehr sich wie ein Kind
  Von allem reizen, was dem Gaumen schmeichelt?
  Wann mischt er Wasser unter seinen Wein?
  Gewürze, süße Sachen, stark Getränke,   2890
  Eins um das andre schlingt er hastig ein,
  Und dann beklagt er seinen trüben Sinn,
  Sein feurig Blut, sein allzu heftig Wesen
  Und schilt auf die Natur und das Geschick.
  Wie bitter und wie töricht hab' ich ihn   2895
  Nicht oft mit seinem Arzte rechten sehn;
  Zum Lachen fast, wär' irgend lächerlich,
  Was einen Menschen quält und andre plagt.
  „Ich fühle dieses Übel", sagt er bänglich

Und voll Verdruß: „Was rühmt Ihr Eure Kunst?   29
Schafft mir Genesung!" – Gut! versetzt der Arzt,
So meidet das und das. – „Das kann ich nicht." –
So nehmet diesen Trank. – „O nein! der schmeckt
Abscheulich, er empört mir die Natur." –
So trinkt denn Wasser. – „Wasser? nimmermehr!   29
Ich bin so wasserscheu als ein Gebißner." –
So ist Euch nicht zu helfen. – „Und warum?" –
Das Übel wird sich stets mit Übeln häufen
Und, wenn es Euch nicht töten kann, nur mehr
Und mehr mit jedem Tag Euch quälen. – „Schön!   29
Wofür seid Ihr ein Arzt? Ihr kennt mein Übel,
Ihr solltet auch die Mittel kennen, sie
Auch schmackhaft machen, daß ich nicht noch erst,
Der Leiden los zu sein, recht leiden müsse."
Du lächelst selbst, und doch ist es gewiß.   29
Du hast es wohl aus seinem Mund gehört?
ALFONS. Ich hab' es oft gehört und oft entschuldigt.
ANTONIO. Es ist gewiß, ein ungemäßigt Leben,
Wie es uns schwere wilde Träume gibt,
Macht uns zuletzt am hellen Tage träumen.   29
Was ist sein Argwohn anders als ein Traum?
Wohin er tritt, glaubt er von Feinden sich
Umgeben. Sein Talent kann niemand sehn,
Der ihn nicht neidet, niemand ihn beneiden,
Der ihn nicht haßt und bitter ihn verfolgt.   29
So hat er oft mit Klagen dich belästigt:
Erbrochne Schlösser, aufgefangne Briefe,
Und Gift und Dolch! Was alles vor ihm schwebt!
Du hast es untersuchen lassen, untersucht,
Und hast du was gefunden? Kaum den Schein.   29
Der Schutz von keinem Fürsten macht ihn sicher,
Der Busen keines Freundes kann ihn laben.
Und willst du einem solchen Ruh und Glück,
Willst du von ihm wohl Freude dir versprechen?
ALFONS. Du hättest recht, Antonio, wenn in ihm   29
Ich meinen nächsten Vorteil suchen wollte!
Zwar ist es schon mein Vorteil, daß ich nicht
Den Nutzen grad und unbedingt erwarte.

Nicht alles dienet uns auf gleiche Weise;
Wer vieles brauchen will, gebrauche jedes   2940
In seiner Art, so ist er wohl bedient.
Das haben uns die Medicis gelehrt,
Das haben uns die Päpste selbst gewiesen.
Mit welcher Nachsicht, welcher fürstlichen
Geduld und Langmut trugen diese Männer   2945
Manch groß Talent, das ihrer reichen Gnade
Nicht zu bedürfen schien und doch bedurfte!
ANTONIO.
Wer weiß es nicht, mein Fürst? Des Lebens Mühe
Lehrt uns allein des Lebens Güter schätzen.
Slo jung hat er zu vieles schon erreicht,   2950
As daß genügsam er genießen könnte.
O sollt' er erst erwerben, was ihm nun
Mit offnen Händen angeboten wird:
Er strengte seine Kräfte männlich an
Und fühlte sich von Schritt zu Schritt begnügt.   2955
Ein armer Edelmann hat schon das Ziel
Von seinem besten Wunsch erreicht, wenn ihn
Ein edler Fürst zu seinem Hofgenossen
Erwählen will und ihn der Dürftigkeit
Mit milder Hand entzieht. Schenkt er ihm noch   2960
Vertraun und Gunst und will an seine Seite
Vor andern ihn erheben, sei's im Krieg,
Sei's in Geschäften oder im Gespräch,
So, dächt' ich, könnte der bescheidne Mann
Sein Glück mit stiller Dankbarkeit verehren.   2965
Und Tasso hat zu allem diesen noch
Das schönste Glück des Jünglings: daß ihn schon
Sein Vaterland erkennt und auf ihn hofft.
O glaube mir, sein launisch Mißbehagen
Ruht auf dem breiten Polster seines Glücks.   2970
Er kommt, entlaß ihn gnädig, gib ihm Zeit,
In Rom und in Neapel, wo er will,
Das aufzusuchen, was er hier vermißt
Und was er hier nur wiederfinden kann.
ALFONS. Will er zurück erst nach Ferrara gehn?   2975
ANTONIO. Er wünscht in Belriguardo zu verweilen.

Das Nötigste, was er zur Reise braucht,
Will er durch einen Freund sich senden lassen.
ALFONS. Ich bin's zufrieden. Meine Schwester geht
Mit ihrer Freundin gleich zurück, und reitend
Werd' ich vor ihnen noch zu Hause sein.
Du folgst uns bald, wenn du für ihn gesorgt.
Dem Kastellan befiehl das Nötige,
Daß er hier auf dem Schlosse bleiben kann,
So lang' er will, so lang', bis seine Freunde
Ihm das Gepäck gesendet, bis wir ihm
Die Briefe schicken, die ich ihm nach Rom
Zu geben willens bin. Er kommt. Leb' wohl!

ZWEITER AUFTRITT

Alfons. Tasso.

TASSO (mit Zurückhaltung).
Die Gnade, die du mir so oft bewiesen,
Erscheinet heute mir in vollem Licht.
Du hast verziehen, was in deiner Nähe
Ich unbedacht und frevelhaft beging,
Du hast den Widersacher mir versöhnt,
Du willst erlauben, daß ich eine Zeit
Von deiner Seite mich entferne, willst
Mir deine Gunst großmütig vorbehalten.
Ich scheide nun mit völligem Vertraun
Und hoffe still, mich soll die kleine Frist
Von allem heilen, was mich jetzt beklemmt.
Es soll mein Geist aufs neue sich erheben
Und auf dem Wege, den ich froh und kühn,
Durch deinen Blick ermuntert, erst betrat,
Sich deiner Gunst aufs neue würdig machen.
ALFONS. Ich wünsche dir zu deiner Reise Glück
Und hoffe, daß du froh und ganz geheilt
Uns wiederkommen wirst. Du bringst uns dann
Den doppelten Gewinst für jede Stunde,
Die du uns nun entziehst, vergnügt zurück.
Ich gebe Briefe dir an meine Leute,

An Freunde dir nach Rom und wünsche sehr,   3010
Daß du dich zu den Meinen überall
Zutraulich halten mögest, wie ich dich
Als mein, obgleich entfernt, gewiß betrachte.
TASSO. Du überhäufst, o Fürst, mit Gnaden den,
Der sich unwürdig fühlt und selbst zu danken   3015
In diesem Augenblicke nicht vermag.
Anstatt des Danks eröffn' ich eine Bitte!
Am meisten liegt mir mein Gedicht am Herzen.
Ich habe viel getan und keine Mühe
Und keinen Fleiß gespart; allein es bleibt   3020
Zu viel mir noch zurück. Ich möchte dort,
Wo noch der Geist der großen Männer schwebt
Und wirksam schwebt, dort möcht' ich in die Schule
Aufs neue mich begeben: würdiger
Erfreute deines Beifalls sich mein Lied.   3025
O gib die Blätter mir zurück, die ich
Jetzt nur beschämt in deinen Händen weiß!
ALFONS. Du wirst mir nicht an diesem Tage nehmen,
Was du mir kaum an diesem Tag gebracht.
Laß zwischen dich und zwischen dein Gedicht   3030
Mich als Vermittler treten: hüte dich,
Durch strengen Fleiß die liebliche Natur
Zu kränken, die in deinen Reimen lebt,
Und höre nicht auf Rat von allen Seiten!
Die tausendfältigen Gedanken vieler   3035
Verschiedner Menschen, die im Leben sich
Und in der Meinung widersprechen, faßt
Der Dichter klug in eins und scheut sich nicht,
Gar manchem zu mißfallen, daß er manchem
Um desto mehr gefallen möge. Doch   3040
Ich sage nicht, daß du nicht hie und da
Bescheiden deine Feile brauchen solltest;
Verspreche dir zugleich: in kurzer Zeit
Erhältst du abgeschrieben dein Gedicht.
Es bleibt von deiner Hand in meinen Händen,   3045
Damit ich seiner erst mit meinen Schwestern
Mich recht erfreuen möge. Bringst du es
Vollkommner dann zurück: wir werden uns

Des höheren Genusses freun und dich
Bei mancher Stelle nur als Freunde warnen.   30

Tasso. Ich wiederhole nur beschämt die Bitte:
Laß mich die Abschrift eilig haben! ganz
Ruht mein Gemüt auf diesem Werke nun.
Nun muß es werden, was es werden kann.

Alfons. Ich billige den Trieb, der dich beseelt!   30
Doch, guter Tasso, wenn es möglich wäre,
So solltest du erst eine kurze Zeit
Der freien Welt genießen, dich zerstreuen,
Dein Blut durch eine Kur verbessern. Dir
Gewährte dann die schöne Harmonie   30
Der hergestellten Sinne, was du nun
Im trüben Eifer nur vergebens suchst.

Tasso. Mein Fürst, so scheint es; doch ich bin gesund,
Wenn ich mich meinem Fleiß ergeben kann,
Und so macht wieder mich der Fleiß gesund,   3
Du hast mich lang' gesehn: mir ist nicht wohl
In freier Üppigkeit. Mir läßt die Ruh
Am mindsten Ruhe. Dies Gemüt ist nicht
Von der Natur bestimmt, ich fühl' es leider,
Auf weichem Element der Tage froh   3
Ins weite Meer der Zeiten hinzuschwimmen.

Alfons. Dich führet alles, was du sinnst und treibst,
Tief in dich selbst. Es liegt um uns herum
Gar mancher Abgrund, den das Schicksal grub;
Doch hier in unserm Herzen ist der tiefste,   3
Und reizend ist es, sich hinabzustürzen.
Ich bitte dich, entreiße dich dir selbst!
Der Mensch gewinnt, was der Poet verliert.

Tasso. Ich halte diesen Drang vergebens auf,
Der Tag und Nacht in meinem Busen wechselt.   3
Wenn ich nicht sinnen oder dichten soll,
So ist das Leben mir kein Leben mehr.
Verbiete du dem Seidenwurm, zu spinnen,
Wenn er sich schon dem Tode näher spinnt:
Das köstliche Geweb' entwickelt er   3
Aus seinem Innersten und läßt nicht ab,
Bis er in seinen Sarg sich eingeschlossen.

O geb' ein guter Gott uns auch dereinst
Das Schicksal des beneidenswerten Wurms,
Im neuen Sonnental die Flügel rasch   3090
Und freudig zu entfalten!

ALFONS.   Höre mich!
Du gibst so Vielen doppelten Genuß
Des Lebens; lern', ich bitte dich,
Den Wert des Lebens kennen, das du noch
Und zehnfach reich besitzest. Lebe wohl!   3095
Je eher du zu uns zurücke kehrst,
Je schöner wirst du uns willkommen sein.

DRITTER AUFTRITT

TASSO (allein).   So halte fest, mein Herz, so war es recht!
Es wird dir schwer, es ist das erste Mal,
Daß du dich so verstellen magst und kannst.   3100
Du hörtest wohl: das war nicht sein Gemüt,
Das waren seine Worte nicht; mir schien,
Als klänge nur Antonios Stimme wider.
O gib nur acht! Du wirst sie nun so fort
Von allen Seiten hören. Fest, nur fest!   3105
Um einen Augenblick ist's noch zu tun.
Wer spät im Leben sich verstellen lernt,
Der hat den Schein der Ehrlichkeit voraus.
Es wird schon gehn, nur übe dich mit ihnen.
                    (Nach einer Pause.)
Du triumphierst zu früh, dort kommt sie her!   3110
Die holde Fürstin kommt! O welch Gefühl!
Sie tritt herein; es löst in meinem Busen
Verdruß und Argwohn sich in Schmerzen auf.

VIERTER AUFTRITT

Prinzessin. Tasso. Gegen das Ende des Auftritts die übrigen.

PRINZESSIN. Du denkst uns zu verlassen oder bleibst
Vielmehr in Belriguardo noch zurück   3115
Und willst dich dann von uns entfernen, Tasso?

Ich hoffe, nur auf eine kurze Zeit.
Du gehst nach Rom?
TASSO.   Ich richte meinen Weg
Zuerst dahin, und nehmen meine Freunde
Mich gütig auf, wie ich es hoffen darf,
So leg' ich da mit Sorgfalt und Geduld
Vielleicht die letzte Hand an mein Gedicht.
Ich finde viele Männer dort versammelt,
Die Meister aller Art sich nennen dürfen.
Und spricht in jener ersten Stadt der Welt
Nicht jeder Platz, nicht jeder Stein zu uns?
Wie viele tausend stumme Lehrer winken
In ernster Majestät uns freundlich an!
Vollend' ich da nicht mein Gedicht, so kann
Ich's nie vollenden. Leider, ach, schon fühl' ich,
Mir wird zu keinem Unternehmen Glück!
Verändern werd' ich es, vollenden nie.
Ich fühl', ich fühl' es wohl, die große Kunst,
Die jeden nährt, die den gesunden Geist
Stärkt und erquickt, wird mich zugrunde richten,
Vertreiben wird sie mich. Ich eile fort!
Nach Napel will ich bald!
PRINZESSIN.   Darfst du es wagen?
Noch ist der strenge Bann nicht aufgehoben,
Der dich zugleich mit deinem Vater traf.
TASSO. Du warnest recht, ich hab' es schon bedacht.
Verkleidet geh' ich hin, den armen Rock
Des Pilgers oder Schäfers zieh' ich an.
Ich schleiche durch die Stadt, wo die Bewegung
Der Tausende den einen leicht verbirgt.
Ich eile nach dem Ufer, finde dort
Gleich einen Kahn mit willig guten Leuten,
Mit Bauern, die zum Markte kamen, nun
Nach Hause kehren, Leute von Sorrent;
Denn ich muß nach Sorrent hinüber eilen.
Dort wohnet meine Schwester, die mit mir
Die Schmerzensfreude meiner Eltern war.
Im Schiffe bin ich still, und trete dann
Auch schweigend an das Land, ich gehe sacht

Den Pfad hinauf, und an dem Tore frag' ich:
Wo wohnt Cornelia? Zeigt mir es an!   3155
Cornelia Sersale? Freundlich deutet
Mir eine Spinnerin die Straße, sie
Bezeichnet mir das Haus. So steig' ich weiter.
Die Kinder laufen nebenher und schauen
Das wilde Haar, den düstern Fremdling an.   3160
So komm' ich an die Schwelle. Offen steht
Die Türe schon, so tret' ich in das Haus –
PRINZESSIN. Blick' auf, o Tasso, wenn es möglich ist,
Erkenne die Gefahr, in der du schwebst!
Ich schone dich, denn sonst würd' ich dir sagen: 3165
Ist's edel, so zu reden, wie du sprichst?
Ist's edel, nur allein an sich zu denken,
Als kränktest du der Freunde Herzen nicht?
Ist's dir verborgen, wie mein Bruder denkt?
Wie beide Schwestern dich zu schätzen wissen?   3170
Hast du es nicht empfunden und erkannt?
Ist alles denn in wenig Augenblicken
Verändert? Tasso! Wenn du scheiden willst,
So laß uns Schmerz und Sorge nicht zurück.
TASSO (wendet sich weg).
PRINZESSIN. Wie tröstlich ist es, einem Freunde, der   3175
Auf eine kurze Zeit verreisen will,
Ein klein Geschenk zu geben, sei es nur
Ein neuer Mantel oder eine Waffe!
Dir kann man nichts mehr geben, denn du wirfst
Unwillig alles weg, was du besitzest.   3180
Die Pilgermuschel und den schwarzen Kittel,
Den langen Stab erwählst du dir und gehst
Freiwillig arm dahin und nimmst uns weg,
Was du mit uns allein genießen konntest.
TASSO. So willst du mich nicht ganz und gar verstoßen?   3185
O süßes Wort, o schöner, teurer Trost!
Vertritt mich! Nimm in deinen Schutz mich auf! –
Laß mich in Belriguardo hier, versetze
Mich nach Consandoli, wohin du willst!
Es hat der Fürst so manches schöne Schloß,   3190
So manchen Garten, der das ganze Jahr

Gewartet wird, und ihr betretet kaum
Ihn einen Tag, vielleicht nur eine Stunde.
Ja, wählet den entferntsten aus, den ihr
In ganzen Jahren nicht besuchen geht,
Und der vielleicht jetzt ohne Sorge liegt:
Dort schickt mich hin! Dort laßt mich euer sein!
Wie will ich deine Bäume pflegen! die Zitronen
Im Herbst mit Brettern und mit Ziegeln decken
Und mit verbundnem Rohre wohl verwahren!
Es sollen schöne Blumen in den Beeten
Die breiten Wurzeln schlagen; rein und zierlich
Soll jeder Gang und jedes Fleckchen sein.
Und laßt mir auch die Sorge des Palastes!
Ich will zur rechten Zeit die Fenster öffnen,
Daß Feuchtigkeit nicht den Gemälden schade;
Die schön mit Stukkatur verzierten Wände
Will ich mit einem leichten Wedel säubern,
Es soll das Estrich blank und reinlich glänzen,
Es soll kein Stein, kein Ziegel sich verrücken,
Es soll kein Gras aus einer Ritze keimen!

PRINZESSIN. Ich finde keinen Rat in meinem Busen
Und finde keinen Trost für dich und – uns.
Mein Auge blickt umher, ob nicht ein Gott
Uns Hilfe reichen möchte, möchte mir
Ein heilsam Kraut entdecken, einen Trank,
Der deinem Sinne Frieden brächte, Frieden uns.
Das treuste Wort, das von der Lippe fließt,
Das schönste Heilungsmittel wirkt nicht mehr.
Ich muß dich lassen, und verlassen kann
Mein Herz dich nicht.

TASSO.   Ihr Götter, ist sie's doch,
Die mit dir spricht und deiner sich erbarmt!
Und konntest du das edle Herz verkennen?
War's möglich, daß in ihrer Gegenwart
Der Kleinmut dich ergriff und dich bezwang?
Nein, nein, du bist's! und nun, ich bin es auch.
O fahre fort und laß mich jeden Trost
Aus deinem Munde hören! Deinen Rat
Entzieh mir nicht! O sprich: was soll ich tun,

Damit dein Bruder mir vergeben könne,   3230
Damit du selbst mir gern vergeben mögest,
Damit ihr wieder zu den Euren mich
Mit Freuden zählen möget? Sag' mir an.
PRINZESSIN. Gar wenig ist's, was wir von dir verlangen;
Und dennoch scheint es allzuviel zu sein.   3235
Du sollst dich selbst uns freundlich überlassen.
Wir wollen nichts von dir, was du nicht bist,
Wenn du nur erst dir mit dir selbst gefällst.
Du machst uns Freude, wenn du Freude hast,
Und du betrübst uns nur, wenn du sie fliehst;   3240
Und wenn du uns auch ungeduldig machst,
So ist es nur, daß wir dir helfen möchten
Und, leider! sehn, daß nicht zu helfen ist,
Wenn du nicht selbst des Freundes Hand ergreifst,
Die, sehnlich ausgereckt, dich nicht erreicht.   3245
TASSO. Du bist es selbst, wie du zum erstenmal,
Ein heil'ger Engel, mir entgegenkamst!
Verzeih dem trüben Blick des Sterblichen,
Wenn er auf Augenblicke dich verkannt.
Er kennt dich wieder! Ganz eröffnet sich   3250
Die Seele, nur dich ewig zu verehren.
Es füllt sich ganz das Herz von Zärtlichkeit –
Sie ist's, sie steht vor mir. Welch ein Gefühl!
Ist es Verwirrung, was mich nach dir zieht?
Ist's Raserei? Ist's ein erhöhter Sinn,   3255
Der erst die höchste, reinste Wahrheit faßt?
Ja, es ist das Gefühl, das mich allein
Auf dieser Erde glücklich machen kann,
Das mich allein so elend werden ließ,
Wenn ich ihm widerstand und aus dem Herzen   3260
Es bannen wollte. Diese Leidenschaft
Gedacht' ich zu bekämpfen, stritt und stritt
Mit meinem tiefsten Sein, zerstörte frech
Mein eignes Selbst, dem du so ganz gehörst –
PRINZESSIN. Wenn ich dich, Tasso, länger hören soll,   3265
So mäßige die Glut, die mich erschreckt.
TASSO. Beschränkt der Rand des Bechers einen Wein,
Der schäumend wallt und brausend überschwillt?

Mit jedem Wort erhöhest du mein Glück,
Mit jedem Worte glänzt dein Auge heller.
Ich fühle mich im Innersten verändert,
Ich fühle mich von aller Not entladen,
Frei wie ein Gott, und alles dank' ich dir!
Unsägliche Gewalt, die mich beherrscht,
Entfließet deinen Lippen; ja, du machst
Mich ganz dir eigen. Nichts gehöret mehr
Von meinem ganzen Ich mir künftig an.
Es trübt mein Auge sich in Glück und Licht,
Es schwankt mein Sinn. Mich hält der Fuß nicht mehr.
Unwiderstehlich ziehst du mich zu dir,
Und unaufhaltsam dringt mein Herz dir zu.
Du hast mich ganz auf ewig dir gewonnen,
So nimm denn auch mein ganzes Wesen hin!
        (Er fällt ihr in die Arme und drückt sie fest an sich.)
PRINZESSIN (ihn von sich stoßend und hinwegeilend).
  Hinweg!
LEONORE (die sich schon eine Weile im Grunde sehen lassen, her-
  beieilend).
        Was ist geschehen? Tasso! Tasso!
        (Sie geht der Prinzessin nach.)
TASSO (im Begriff, ihnen zu folgen).
  O Gott!
ALFONS (der sich schon eine Zeitlang mit Antonio genähert).
        Er kommt von Sinnen, halt ihn fest! (Ab.)

FÜNFTER AUFTRITT

Tasso. Antonio.

ANTONIO. O stünde jetzt, so wie du immer glaubst,
  Daß du von Feinden rings umgeben bist,
  Ein Feind bei dir, wie würd' er triumphieren!
  Unglücklicher, noch kaum erhol' ich mich!
  Wenn ganz was Unerwartetes begegnet,
  Wenn unser Blick was Ungeheures sieht,
  Steht unser Geist auf eine Weile still:
  Wir haben nichts, womit wir das vergleichen.

TASSO (nach einer langen Pause).
  Vollende nur dein Amt – ich seh', du bist's!
  Ja, du verdienst das fürstliche Vertraun;   3295
  Vollende nur dein Amt und martre mich,
  Da mir der Stab gebrochen ist, noch langsam
  Zu Tode! Ziehe! Zieh am Pfeile nur,
  Daß ich den Widerhaken grimmig fühle,
  Der mich zerfleischt!   3300
  Du bist ein teures Werkzeug des Tyrannen;
  Sei Kerkermeister, sei der Marterknecht!
  Wie wohl, wie eigen steht dir beides an!
            (Gegen die Szene.)
  Ja, gehe nur, Tyrann! Du konntest dich
  Nicht bis zuletzt verstellen, triumphiere!   3305
  Du hast den Sklaven wohl gekettet, hast
  Ihn wohl gespart zu ausgedachten Qualen:
  Geh nur, ich hasse dich, ich fühle ganz
  Den Abscheu, den die Übermacht erregt,
  Die frevelhaft und ungerecht ergreift.   3310
            (Nach einer Pause.)
  So seh' ich mich am Ende denn verbannt,
  Verstoßen und verbannt als Bettler hier!
  So hat man mich bekränzt, um mich geschmückt
  Als Opfertier vor den Altar zu führen!
  So lockte man mir noch am letzten Tage   3315
  Mein einzig Eigentum, mir mein Gedicht
  Mit glatten Worten ab und hielt es fest!
  Mein einzig Gut ist nun in euren Händen,
  Das mich an jedem Ort empfohlen hätte,
  Das mir noch blieb, vom Hunger mich zu retten!   3320
  Jetzt seh' ich wohl, warum ich feiern soll.
  Es ist Verschwörung, und du bist das Haupt.
  Damit mein Lied nur nicht vollkommner werde,
  Daß nur mein Name sich nicht mehr verbreite,
  Daß meine Neider tausend Schwächen finden,   3325
  Daß man am Ende meiner gar vergesse,
  Drum soll ich mich zum Müßiggang gewöhnen,
  Drum soll ich mich und meine Sinne schonen.
  O werte Freundschaft, teure Sorglichkeit!

Abscheulich dacht' ich die Verschwörung mir,
Die unsichtbar und rastlos mich umspann,
Allein abscheulicher ist es geworden.

Und du, Sirene! die du mich so zart,
So himmlisch angelockt, ich sehe nun
Dich auf einmal! O Gott, warum so spät!

Allein wir selbst betrügen uns so gern
Und ehren die Verworfnen, die uns ehren.
Die Menschen kennen sich einander nicht;
Nur die Galeerensklaven kennen sich,
Die eng an eine Bank geschmiedet keuchen;
Wo keiner was zu fordern hat und keiner
Was zu verlieren hat, die kennen sich;
Wo jeder sich für einen Schelmen gibt
Und seinesgleichen auch für Schelmen nimmt.
Doch wir verkennen nur die andern höflich,
Damit sie wieder uns verkennen sollen.

Wie lang' verdeckte mir dein heilig Bild
Die Buhlerin, die kleine Künste treibt.
Die Maske fällt: Armiden seh' ich nun
Entblößt von allen Reizen – ja, du bist's!
Von dir hat ahnungsvoll mein Lied gesungen!

Und die verschmitzte kleine Mittlerin!
Wie tief erniedrigt seh' ich sie vor mir!
Ich höre nun die leisen Tritte rauschen,
Ich kenne nun den Kreis, um den sie schlich.
Euch alle kenn' ich! Sei mir das genug!
Und wenn das Elend alles mir geraubt,
So preis' ich's doch: die Wahrheit lehrt es mich.
ANTONIO. Ich höre, Tasso, dich mit Staunen an,
So sehr ich weiß, wie leicht dein rascher Geist
Von einer Grenze zu der andern schwankt.
Besinne dich! Gebiete dieser Wut!
Du lästerst, du erlaubst dir Wort auf Wort,
Das deinen Schmerzen zu verzeihen ist,
Doch das du selbst dir nie verzeihen kannst.

TASSO. O sprich mir nicht mit sanfter Lippe zu,
   Laß mich kein kluges Wort von dir vernehmen!
   Laß mir das dumpfe Glück, damit ich nicht
   Mich erst besinne, dann von Sinnen komme.
   Ich fühle mir das innerste Gebein   3370
   Zerschmettert, und ich leb', um es zu fühlen.
   Verzweiflung faßt mit aller Wut mich an,
   Und in der Höllenqual, die mich vernichtet,
   Wird Lästrung nur ein leiser Schmerzenslaut.
   Ich will hinweg! Und wenn du redlich bist,   3375
   So zeig' es mir und laß mich gleich von hinnen!
ANTONIO. Ich werde dich in dieser Not nicht lassen;
   Und wenn es dir an Fassung ganz gebricht,
   So soll mir's an Geduld gewiß nicht fehlen.
TASSO. So muß ich mich dir denn gefangen geben?   3380
   Ich gebe mich, und so ist es getan;
   Ich widerstehe nicht, so ist mir wohl –
   Und laß es dann mich schmerzlich wiederholen,
   Wie schön es war, was ich mir selbst verscherzte.
   Sie gehn hinweg – O Gott! dort seh' ich schon   3385
   Den Staub, der von den Wagen sich erhebt –
   Die Reiter sind voraus – Dort fahren sie,
   Dort gehn sie hin! Kam ich nicht auch daher?
   Sie sind hinweg, sie sind erzürnt auf mich.
   O küßt' ich nur noch einmal seine Hand!   3390
   O daß ich nur noch Abschied nehmen könnte!
   Nur einmal noch zu sagen: O verzeiht!
   Nur noch zu hören: Geh, dir ist verziehn!
   Allein ich hör' es nicht, ich hör' es nie –
   Ich will ja gehn! Laßt mich nur Abschied nehmen,   3395
   Nur Abschied nehmen! Gebt, o gebt mir nur
   Auf einen Augenblick die Gegenwart
   Zurück! Vielleicht genes' ich wieder. Nein,
   Ich bin verstoßen, bin verbannt, ich habe
   Mich selbst verbannt, ich werde diese Stimme   3400
   Nicht mehr vernehmen, diesem Blicke nicht,
   Nicht mehr begegnen –
ANTONIO. Laß eines Mannes Stimme dich erinnern,
   Der neben dir nicht ohne Rührung steht!

Du bist so elend nicht, als wie du glaubst.
Ermanne dich! Du gibst zu viel dir nach.
TASSO. Und bin ich denn so elend, wie ich scheine?
Bin ich so schwach, wie ich vor dir mich zeige?
Ist alles denn verloren? Hat der Schmerz,
Als schütterte der Boden, das Gebäude
In einen grausen Haufen Schutt verwandelt?
Ist kein Talent mehr übrig, tausendfältig
Mich zu zerstreun, zu unterstützen?
Ist alle Kraft erloschen, die sich sonst
In meinem Busen regte? Bin ich Nichts,
Ganz Nichts geworden?
Nein, es ist alles da, und ich bin nichts;
Ich bin mir selbst entwandt, sie ist es mir!
ANTONIO. Und wenn du ganz dich zu verlieren scheinst,
Vergleiche dich! Erkenne, was du bist!
TASSO. Ja, du erinnerst mich zur rechten Zeit! –
Hilft denn kein Beispiel der Geschichte mehr?
Stellt sich kein edler Mann mir vor die Augen,
Der mehr gelitten, als ich jemals litt,
Damit ich mich mit ihm vergleichend fasse?
Nein, alles ist dahin! – Nur eines bleibt:
Die Träne hat uns die Natur verliehen,
Den Schrei des Schmerzens, wenn der Mann zuletzt
Es nicht mehr trägt – Und mir noch über alles –
Sie ließ im Schmerz mir Melodie und Rede,
Die tiefste Fülle meiner Not zu klagen:
Und wenn der Mensch in seiner Qual verstummt,
Gab mir ein Gott, zu sagen, wie ich leide.
ANTONIO (tritt zu ihm und nimmt ihn bei der Hand).
TASSO. O edler Mann! Du stehest fest und still,
Ich scheine nur die sturmbewegte Welle.
Allein bedenk' und überhebe nicht
Dich deiner Kraft! Die mächtige Natur,
Die diesen Felsen gründete, hat auch
Der Welle die Beweglichkeit gegeben.
Sie sendet ihren Sturm, die Welle flieht
Und schwankt und schwillt und beugt sich schäumend
über.

In dieser Woge spiegelte so schön
Die Sonne sich, es ruhten die Gestirne
An dieser Brust, die zärtlich sich bewegte.
Verschwunden ist der Glanz, entflohn die Ruhe. –   3445
Ich kenne mich in der Gefahr nicht mehr
Und schäme mich nicht mehr, es zu bekennen.
Zerbrochen ist das Steuer, und es kracht
Das Schiff an allen Seiten. Berstend reißt
Der Boden unter meinen Füßen auf!   3450
Ich fasse dich mit beiden Armen an!
So klammert sich der Schiffer endlich noch
Am Felsen fest, an dem er scheitern sollte.

———————

DIE AUFGEREGTEN
POLITISCHES DRAMA IN FÜNF AUFZÜGEN
PERSONEN

Die Gräfin	Der Magister, Hofmeister
Friederike, ihre Tochter	des jungen Grafen
Karl, ihr Söhnchen	Der Amtmann
Der Baron, ein Vetter	Jakob, junger Landmann und
Der Hofrat	Jäger
Breme von Bremenfeld,	Martin,
Chirurgus	Albert, } Landleute
Karoline, Bremens Tochter	Peter
Luise, Bremens Nichte	Georg, Bedienter der Gräfin

ERSTER AUFZUG
ERSTER AUFTRITT

Ein gemeines Wohnzimmer, an der Wand zwei Bilder, eines bürgerlichen Mannes und seiner Frau, in der Tracht, wie sie vor funfzig oder
sechzig Jahren zu sein pflegte. Nacht 5

Luise, an einem Tische, worauf ein Licht steht, strickend.
Karoline, in einem Großvatersessel gegenüber, schlafend.

LUISE (einen eben vollendeten gestrickten Strumpf in die Höhe
haltend). Wieder ein Strumpf! Nun wollt' ich, der Onkel
käme nach Hause, denn ich habe nicht Lust, einen andern 10
anzufangen. (Sie steht auf und geht ans Fenster.) Er bleibt
heut' ungewöhnlich lange weg, sonst kommt er doch gegen
eilf Uhr, und es ist jetzt schon Mitternacht. (Sie tritt wieder
an den Tisch.) Was die französische Revolution Gutes oder
Böses stiftet, kann ich nicht beurteilen; so viel weiß ich, 15
daß sie mir diesen Winter einige Paar Strümpfe mehr ein-
bringt. Die Stunden, die ich jetzt wachen und warten muß,
bis Herr Breme nach Hause kommt, hätt' ich verschlafen,
wie ich sie jetzt verstricke, und er verplaudert sie, wie er sie
sonst verschlief. 20
KAROLINE (im Schlafe redend). Nein, nein! Mein Vater!
LUISE (sich dem Sessel nähernd). Was gibt's, liebe Muhme?
– Sie antwortet nicht! – Was nur dem guten Mädchen sein

mag! Sie ist still und unruhig; des Nachts schläft sie nicht,
und jetzt, da sie vor Müdigkeit eingeschlafen ist, spricht
sie im Traume. Sollte meine Vermutung gegründet sein?
sollte der Baron in diesen wenigen Tagen einen solchen
Eindruck auf sie gemacht haben, so schnell und so stark? 5
(Hervortretend.) Wunderst du dich, Luise, und hast du nicht
selbst erfahren, wie die Liebe wirkt, wie schnell und wie
stark!

ZWEITER AUFTRITT

Die Vorigen. Georg.   10

GEORG (heftig und ängstlich). Liebes Mamsellchen, geben Sie
mir geschwinde, geschwinde –
LUISE. Was denn, Georg?
GEORG. Geben Sie mir die Flasche.
LUISE. Was für eine Flasche?   15
GEORG. Ihr Herr Onkel sagte, Sie sollen mir die Flasche
geschwinde geben; sie steht in der Kammer, oben auf dem
Brette rechter Hand.
LUISE. Da stehen viele Flaschen; was soll denn drinne sein?
GEORG. Spiritus.   20
LUISE. Es gibt allerlei Spiritus; hat er sich nicht deutlicher
erklärt? wozu soll's denn?
GEORG. Er sagt' es wohl, ich war aber so erschrocken. Ach,
der junge Herr –
KAROLINE (die aus dem Schlaf auffährt). Was gibt's? – Der 25
Baron?
LUISE. Der junge Graf?
GEORG. Leider, der junge Graf!
KAROLINE. Was ist ihm begegnet?
GEORG. Geben Sie mir den Spiritus.   30
LUISE. Sage nur, was dem jungen Grafen begegnet ist, so
weiß ich wohl, was der Onkel für eine Flasche braucht.
GEORG. Ach, das gute Kind? was wird die Frau Gräfin sagen,
wenn sie morgen kommt! wie wird sie uns ausschelten!
KAROLINE. So red' Er doch!   35
GEORG. Er ist gefallen, mit dem Kopfe vor eine Tischecke,

das Gesicht ist ganz in Blut; wer weiß, ob nicht gar das
Auge gelitten hat.

LUISE (indem sie einen Wachsstock anzündet und in die Kammer
geht). Nun weiß ich, was sie brauchen.

KAROLINE. So spät! wie ging das zu?

GEORG. Liebes Mamsellchen, ich dachte lange, es würde
nichts Gutes werden. Da sitzt Ihr Vater und der Hofmeister alle Abend beim alten Pfarrer und lesen die Zeitungen
und Monatsschriften, und so disputieren sie und können
nicht fertig werden, und das arme Kind muß dabei sitzen;
da drückt sich's denn in eine Ecke, wenn's spät wird, und
schläft ein, und wenn sie aufbrechen, da taumelt das Kind
schlaftrunken mit, und heute – nun sehen Sie – da schlägt's
eben zwölfe – heute bleiben sie über alle Gebühr aus, und
ich sitze zu Hause und habe Licht brennen, und dabei stehen die andern Lichter für den Hofmeister und den jungen Herrn, und Ihr Vater und der Magister bleiben vor
der Schloßbrücke stehen und können noch nicht fertig
werden –

LUISE (kommt mit einem Glase zurück).

GEORG (fährt fort). Und das Kind kommt in den Saal getappt
und ruft mich, und ich fahre auf und will die Lichter an-
zünden, wie ich immer tue, und wie ich schlaftrunken bin,
lösche ich das Licht aus. Indessen tappt das Kind die
Treppe hinauf, und auf dem Vorsaal stehen die Stühle und
Tische, die wir morgen früh in die Zimmer verteilen wollen; das Kind weiß es nicht, geht geradezu, stößt sich, fällt,
wir hören es schreien, ich mache Lärm, ich mache Licht,
und wie wir hinaufkommen, liegt's da und weiß kaum von
sich selbst. Das ganze Gesicht ist blutig. Wenn es ein Auge
verloren hat, wenn es gefährlich wird, geh' ich morgen
früh auf und davon, eh' die Frau Gräfin ankommt; mag's
verantworten, wer will!

LUISE (die indessen einige Bündelchen Leinwand aus der Schublade
genommen, gibt ihm die Flasche). Hier! geschwind! trage das
hinüber und nimm die Läppchen dazu, ich komme gleich
selbst. Der Himmel verhüte, daß es so übel sei! Geschwind,
Georg, geschwind! (Georg ab.) Halte warmes Wasser bereit, wenn der Onkel nach Hause kommt und Kaffee ver-

langt. Ich will geschwind hinüber. Es wäre entsetzlich,
wenn wir unsere gute Gräfin so empfangen müßten. Wie
empfahl sie nicht dem Magister, wie empfahl sie nicht mir
das Kind bei ihrer Abreise! Leider hab' ich sehen müssen,
daß es die Zeit über sehr versäumt worden ist. Daß man 5
doch gewöhnlich seine nächste Pflicht versäumt! (Ab.)

DRITTER AUFTRITT

Karoline. Hernach der Baron.

KAROLINE (nachdem sie einigemal nachdenkend auf und ab gegangen). Er verläßt mich keinen Augenblick, auch im Trau- 10
me selbst war er mir gegenwärtig. O wenn ich glauben
könnte, daß sein Herz, seine Absichten so redlich sind, als
seine Blicke, sein Betragen reizend und einnehmend ist!
Ach, und die Art, mit der er alles zu sagen weiß, wie edel
er sich ausdrückt! Man sage, was man will, welche Vorzüge 15
gibt einem Menschen von edler Geburt eine standesmä-
ßige Erziehung! Ach, daß ich doch seinesgleichen wäre!
DER BARON (an der Türe). Sind Sie allein, beste Karoline?
KAROLINE. Herr Baron, wo kommen Sie her? entfernen Sie
sich! wenn mein Vater käme! Es ist nicht schön, mich so 20
zu überfallen.
BARON. Die Liebe, die mich hieher führt, wird auch mein
Fürsprecher bei Ihnen sein, angebetete Karoline. (Er will
sie umarmen.)
KAROLINE. Zurück, Herr Baron! Sie sind sehr verwegen. 25
Wo kommen Sie her?
BARON. Ein Geschrei weckt mich, ich springe herunter und
finde, daß mein Neffe sich eine Brausche gefallen hat. Ich
finde Ihren Vater um das Kind beschäftigt, nun kommt auch
Ihre Muhme; ich sehe, daß es keine Gefahr hat, es fällt mir 30
ein: Karoline ist allein – und was kann mir bei jeder Gelegenheit anders einfallen als Karoline? Die Augenblicke
sind kostbar, schönes, angenehmes Kind! Gestehen Sie
mir, sagen Sie mir, daß Sie mich lieben. (Will sie umarmen.)
KAROLINE. Noch einmal, Herr Baron! lassen Sie mich, und 35
verlassen Sie dieses Haus!

BARON. Sie haben versprochen, mich so bald als möglich zu sehen, und wollen mich nun entfernen?

KAROLINE. Ich habe versprochen, morgen früh mit Sonnenaufgang in dem Garten zu sein, mit Ihnen spazierenzugehen, mich Ihrer Gesellschaft zu freuen. Hieher hab' ich Sie nicht eingeladen.

BARON. Aber die Gelegenheit –

KAROLINE. Hab' ich nicht gemacht.

BARON. Aber ich benutze sie; können Sie mir es verdenken?

KAROLINE. Ich weiß nicht, was ich von Ihnen denken soll.

BARON. Auch Sie – lassen Sie es mich frei gestehen –, auch Sie erkenne ich nicht.

KAROLINE. Und warum bin ich mir denn so unähnlich?

BARON. Können Sie noch fragen?

KAROLINE. Ich muß wohl, ich begreife Sie nicht.

BARON. Ich soll reden?

KAROLINE. Wenn ich Sie verstehen soll.

BARON. Nun gut. Haben Sie nicht seit den drei Tagen, die ich Sie kenne, jede Gelegenheit gesucht, mich zu sehen und zu sprechen?

KAROLINE. Ich leugne es nicht.

BARON. Haben Sie mir nicht, sooft ich Sie ansah, mit Blicken geantwortet? und mit was für Blicken!

KAROLINE (verlegen). Ich kann meine eignen Blicke nicht sehen.

BARON. Aber fühlen, was sie bedeuten – Haben Sie mir, wenn ich Ihnen im Tanze die Hand drückte, die Hand nicht wieder gedrückt?

KAROLINE. Ich erinnere mich's nicht.

BARON. Sie haben ein kurzes Gedächtnis, Karoline. Als wir unter der Linde drehten und ich Sie zärtlich an mich schloß, damals stieß mich Karoline nicht zurück.

KAROLINE. Herr Baron, Sie haben sich falsch ausgelegt, was ein gutherziges unerfahrnes Mädchen –

BARON. Liebst du mich?

KAROLINE. Noch einmal, verlassen Sie mich! Morgen frühe –

BARON. Werde ich ausschlafen.

KAROLINE. Ich werde Ihnen sagen –

BARON. Ich werde nichts hören.

KAROLINE. So verlassen Sie mich.

BARON (sich entfernend). O, es ist mir leid, daß ich gekommen bin.

KAROLINE (allein, nach einer Bewegung, als wenn sie ihn aufhalten wollte). Er geht, ich muß ihn fortschicken, ich darf ihn nicht halten. Ich liebe ihn, und muß ihn verscheuchen. Ich war unvorsichtig, und bin unglücklich. Weg sind meine Hoffnungen auf den schönen Morgen, weg die goldnen Träume, die ich zu nähren wagte. O, wie wenig Zeit braucht es, unser ganzes Schicksal umzukehren!

VIERTER AUFTRITT

Karoline. Breme.

KAROLINE. Lieber Vater, wie geht's? was macht der junge Graf?

BREME. Es ist eine starke Kontusion; doch hoff' ich, die Läsion soll nicht gefährlich sein. Ich werde eine vortreffliche Kur machen, und der Herr Graf wird sich künftig, sooft er sich im Spiegel besieht, bei der Schmarre mit Achtung seines geschickten Chirurgi, seines Breme von Bremenfeld erinnern.

KAROLINE. Die arme Gräfin! wenn sie nur nicht schon morgen käme.

BREME. Desto besser! und wenn sie den übeln Zustand des Patienten mit Augen sieht, wird sie, wenn die Kur vollbracht ist, desto mehr Ehrfurcht für meine Kunst empfinden. Standespersonen müssen auch wissen, daß sie und ihre Kinder Menschen sind; man kann sie nicht genug empfinden machen, wie verehrungswürdig ein Mann ist, der ihnen in ihren Nöten beisteht, denen sie wie alle Kinder Adams unterworfen sind, besonders ein Chirurgus. Ich sage dir, mein Kind, ein Chirurgus ist der verehrungswürdigste Mann auf dem ganzen Erdboden. Der Theolog befreit dich von der Sünde, die er selbst erfunden hat; der Jurist gewinnt dir deinen Prozeß und bringt deinen Gegner, der gleiches Recht hat, an den Bettelstab; der Medikus kuriert dir eine Krankheit weg, die andere herbei, und du kannst nie recht wissen, ob er dir genutzt oder geschadet hat: der Chirurgus aber befreit dich von einem reellen Übel, das du dir selbst zugezogen hast oder das dir zufällig und unverschuldet über den Hals kommt; er nutzt dir, schadet keinem Menschen, und du kannst dich unwidersprechlich überzeugen, daß seine Kur gelungen ist.

KAROLINE. Freilich auch, wenn sie nicht gelungen ist.

BREME. Das lehrt dich den Pfuscher vom Meister unterscheiden. Freue dich, meine Tochter, daß du einen solchen Meister zum Vater hast: für ein wohldenkendes Kind ist nichts ergetzlicher, als sich seiner Eltern und Großeltern zu freuen.

KAROLINE (mit traurigem Ton, wie bisher). Das tu' ich, mein Vater.

BREME (sie nachahmend). Das tust du, mein Töchterchen, mit einem betrübten Gesichtchen und weinerlichen Tone. – Das soll doch wohl keine Freude vorstellen?

KAROLINE. Ach, mein Vater!

BREME. Was hast du, mein Kind?

KAROLINE. Ich muß es Ihnen gleich sagen.

BREME. Was hast du?

KAROLINE. Sie wissen, der Baron hat diese Tage her sehr freundlich, sehr zärtlich mit mir getan; ich sagt' es Ihnen gleich und fragte Sie um Rat.

BREME. Du bist ein vortreffliches Mädchen! wert, als eine Prinzessin, eine Königin aufzutreten.

KAROLINE. Sie rieten mir, auf meiner Hut zu sein, auf mich wohl achtzuhaben, aber auch auf ihn; mir nichts zu vergeben, aber auch ein Glück, wenn es mich aufsuchen sollte, nicht von mir zu stoßen. Ich habe mich gegen ihn betragen, daß ich mir keine Vorwürfe zu machen habe; aber er –

BREME. Sprich, meine Tochter, sag, was ist geschehen?

KAROLINE. O, es ist abscheulich. Wie frech, wie verwegen! –

BREME. Wie? (Nach einer Pause.) Sage mir nichts, meine Tochter, du kennst mich, ich bin eines hitzigen Temperaments, ein alter Soldat; ich würde mich nicht fassen können, ich würde einen tollen Streich machen.

KAROLINE. Sie können es hören, mein Vater, ohne zu zürnen; ich darf es sagen, ohne rot zu werden. Er hat meine

Freundlichkeit übel ausgelegt, er hat sich in Ihrer Abwesenheit, nachdem Luise auf das Schloß geeilt war, hier ins Haus geschlichen. Er war verwegen, aber ich wies ihn zurechte. Ich trieb ihn fort, und ich darf wohl sagen: seit diesem Augenblick haben sich meine Gesinnungen gegen ihn 5 geändert. Er schien mir liebenswürdig, als er gut war, als ich glauben konnte, daß er es gut mit mir meinte; jetzt kommt er mir vor, schlimmer als jeder andere. Ich werde Ihnen alles, wie bisher, erzählen, alles gestehen und mich Ihrem Rat ganz allein überlassen. 10

BREME. Welch ein Mädchen! welch ein vortreffliches Mädchen! O ich beneidenswerter Vater! Wartet nur, Herr Baron, wartet nur! Die Hunde werden von der Kette loskommen und den Füchsen den Weg zum Taubenschlag verrennen. Ich will nicht Breme heißen, nicht den Namen 15 Bremenfeld verdienen, wenn in kurzem nicht alles anders werden soll.

KAROLINE. Erzürnt Euch nicht, mein Vater.

BREME. Du gibst mir ein neues Leben, meine Tochter; ja, fahre fort, deinen Stand durch deine Tugend zu zieren, 20 gleiche in allem deiner vortrefflichen Urgroßmutter, der seligen Burgemeisterin von Bremenfeld. Diese würdige Frau war durch Sittsamkeit die Ehre ihres Geschlechts und durch Verstand die Stütze ihres Gemahls. Betrachte dieses Bild jeden Tag, jede Stunde, ahme sie nach und werde 25 verehrungswürdig wie sie! (Karoline sieht das Bild an und lacht.) Was lachst du, meine Tochter?

KAROLINE. Ich will meiner Urgroßmutter gern in allem Guten folgen, wenn ich mich nur nicht anziehen soll wie sie. Ha, ha, ha! Sehn Sie nur, sooft ich das Bild ansehe, muß 30 ich lachen, ob ich es gleich alle Tage vor Augen habe, ha, ha, ha! Sehn Sie nur das Häubchen, das wie Fledermausflügel vom Kopfe lossteht.

BREME. Nun, nun! zu ihrer Zeit lachte niemand darüber, und wer weiß, wer über euch künftig lacht, wenn er euch gemalt 35 sieht; denn ihr seid sehr selten angezogen und aufgeputzt, daß ich sagen möchte, ob du gleich meine hübsche Tochter bist: sie gefällt mir! Gleiche dieser vortrefflichen Frau an Tugenden und kleide dich mit besserm Geschmack, so hab' ich nichts dagegen, vorausgesetzt, daß, wie sie sagen, der gute Geschmack nicht teurer ist als der schlechte. Übrigens dächt' ich, du gingst zu Bette; denn es ist spät.

KAROLINE. Wollen Sie nicht noch Kaffee trinken? das Wasser siedet, er ist gleich gemacht.

BREME. Setze nur alles zurechte, schütte den gemahlenen Kaffee in die Kanne, das heiße Wasser will ich selbst darüber gießen.

KAROLINE. Gute Nacht, mein Vater! (Geht ab.)

BREME. Schlaf wohl, mein Kind.

FÜNFTER AUFTRITT

BREME (allein). Daß auch das Unglück just diese Nacht geschehen mußte! Ich hatte alles klüglich eingerichtet, meine Einteilung der Zeit als ein echter Praktikus gemacht. Bis gegen Mitternacht hatten wir zusammen geschwatzt, da war alles ruhig; nachher wollte ich meine Tasse Kaffee trinken, meine bestellten Freunde sollten kommen zu der geheimnisvollen Überlegung. Nun hat's der Henker! Alles ist in Unruhe. Sie wachen im Schloß, dem Kinde Umschläge aufzulegen. Wer weiß, wo sich der Baron herumdrückt, um meiner Tochter aufzupassen. Beim Amtmann seh' ich Licht, bei dem verwünschten Kerl, den ich am meisten scheue. Wenn wir entdeckt werden, so kann der größte, schönste, erhabenste Gedanke, der auf mein ganzes Vaterland Einfluß haben soll, in der Geburt erstickt werden. (Er geht ans Fenster.) Ich höre jemand kommen; die Würfel sind geworfen, wir müssen nun die Steine setzen; ein alter Soldat darf sich vor nichts fürchten. Bin ich denn nicht bei dem großen unüberwindlichen Fritz in die Schule gegangen?

SECHSTER AUFTRITT

Breme. Martin.

BREME. Seid Ihr's, Gevatter Martin?

MARTIN. Ja, lieber Gevatter Breme, das bin ich. Ich habe mich ganz stille aufgemacht, wie die Glocke zwölfe schlug, und bin hergekommen; aber ich habe noch Lärm gehört

und hin und wider gehen, und da bin ich im Garten einigemal auf und ab geschlichen, bis alles ruhig war. Sagt mir
nur, was Ihr wollt, Gevatter Breme, daß wir so spät bei
Euch zusammenkommen, in der Nacht; konnten wir's
denn nicht bei Tag abmachen?   5
BREME. Ihr sollt alles erfahren, nur müßt Ihr Geduld haben,
bis die andern alle beisammen sind.
MARTIN. Wer soll denn noch alles kommen?
BREME. Alle unsere guten Freunde, alle vernünftigen Leute.
Außer Euch, der Ihr Schulze von dem Ort hier seid, kommt 10
noch Peter, der Schulze von Rosenhahn, und Albert, der
Schulze von Wiesengruben; ich hoffe, auch Jakob wird
kommen, der das hübsche Freigut besitzt. Dann sind recht
ordentliche und vernünftige Leute beisammen, die schon
was ausmachen können.   15
MARTIN. Gevatter Breme, Ihr seid ein wunderlicher Mann;
es ist Euch alles eins, Nacht und Tag, Tag und Nacht,
Sommer und Winter.
BREME. Ja, wenn das auch nicht so wäre, könnte nichts
Rechts werden. Wachen oder schlafen, das ist mir auch 20
ganz gleich. Es war nach der Schlacht bei Leuthen, wo
unsere Lazarette sich in schlechtem Zustande befanden
und sich wahrhaftig noch in schlechterm Zustande befun-
den hätten, wäre Breme nicht damals ein junger rüstiger
Bursche gewesen. Da lagen viele Blessierte, viele Kranke, 25
und alle Feldscherer waren alt und verdrossen, aber Breme
ein junger tüchtiger Kerl, Tag und Nacht parat. Ich sag'
Euch, Gevatter, daß ich acht Nächte nacheinander weg
gewacht und am Tage nicht geschlafen habe. Das merkte
sich aber auch der alte Fritz, der alles wußte, was er wissen 30
wollte. Höre Er, Breme, sagte er einmal, als er in eigner
Person das Lazarett visitierte, höre Er, Breme, man sagt, daß
Er an der Schlaflosigkeit krank liege. – Ich merkte, wo das
hinaus wollte, denn die andern stunden alle dabei; ich
faßte mich und sagte: Ihro Majestät, das ist eine Krankheit, 35
wie ich sie allen Ihren Dienern wünsche, und da sie keine
Mattigkeit zurückläßt und ich den Tag auch noch brauch-
bar bin, so hoffe ich, daß Seine Majestät deswegen keine
Ungnade auf mich werfen werden.

MARTIN. Ei, ei! wie nahm denn das der König auf?

BREME. Er sah ganz ernsthaft aus, aber ich sah ihm wohl an, daß es ihm wohlgefiel. Breme, sagte er, womit vertreibt Er sich denn die Zeit? Da faßt' ich mir wieder ein Herz und sagte: Ich denke an das, was Ihro Majestät getan haben und noch tun werden, und da könnt' ich Methusalems Jahre erreichen und immer fort wachen und könnt's doch nicht ausdenken. Da tat er, als hört' er's nicht, und ging vorbei. Nun war's wohl acht Jahre darnach, da faßt' er mich bei der Revue wieder ins Auge. Wacht Er noch immer, Breme? rief er. Ihro Majestät, versetzt' ich, lassen einem ja im Frieden so wenig Ruh als im Kriege. Sie tun immer so große Sachen, daß sich ein gescheiter Kerl daran zu Schanden denkt.

MARTIN. So habt Ihr mit dem König gesprochen, Gevatter? Durfte man so mit ihm reden?

BREME. Freilich durfte man so und noch ganz anders, denn er wußte alles besser. Es war ihm einer wie der andere, und der Bauer lag ihm am mehrsten am Herzen. Ich weiß wohl, sagte er zu seinen Ministern, wenn sie ihm das und jenes einreden wollten, die Reichen haben viel Advokaten, aber die Dürftigen haben nur einen, und das bin ich.

MARTIN. Wenn ich ihn doch nur auch gesehen hätte!

BREME. Stille, ich höre was! es werden unsere Freunde sein. Sieh da! Peter und Albert.

SIEBENTER AUFTRITT

Peter. Albert. Die Vorigen.

BREME. Willkommen! – Ist Jakob nicht bei euch?

PETER. Wir haben uns bei den drei Linden bestellt; aber er blieb uns zu lang' aus, nun sind wir allein da.

ALBERT. Was habt Ihr uns Neues zu sagen, Meister Breme? Ist was von Wetzlar gekommen, geht der Prozeß vorwärts?

BREME. Eben weil nichts gekommen ist, und weil, wenn was gekommen wäre, es auch nicht viel heißen würde, so wollt' ich euch eben einmal meine Gedanken sagen: denn ihr wißt wohl, ich nehme mich der Sachen aller, aber nicht

öffentlich an, bis jetzt nicht öffentlich; denn ich darf's mit
der gnädigen Herrschaft nicht ganz verderben.

PETER. Ja, wir verdürben's auch nicht gern mit ihr, wenn
sie's nur halbweg leidlich machte.

BREME. Ich wollte euch sagen – wenn nur Jakob da wäre,
daß wir alle zusammen wären, und daß ich nichts wiederholen müßte und wir einig würden.

ALBERT. Jakob? Es ist fast besser, daß er nicht dabei ist.
Ich traue ihm nicht recht; er hat das Freigütchen, und
wenn er auch wegen der Zinsen mit uns gleiches Interesse
hat, so geht ihn doch die Straße nichts an, und er hat sich
im ganzen Prozeß gar zu lässig bewiesen.

BREME. Nun so laßt's gut sein. Setzt euch und hört mich an.
(Sie setzen sich.)

MARTIN. Ich bin recht neugierig, zu hören.

BREME. Ihr wißt, daß die Gemeinden schon vierzig Jahre
lang mit der Herrschaft einen Prozeß führen, der auf langen Umwegen endlich nach Wetzlar gelangt ist und von
dort den Weg nicht zurückfinden kann. Der Gutsherr verlangt Fronen und andere Dienste, die ihr verweigert, und
mit Recht verweigert: denn es ist ein Rezeß geschlossen
worden mit dem Großvater unsers jungen Grafen – Gott
erhalt' ihn! –, der sich diese Nacht eine erschreckliche
Brausche gefallen hat.

MARTIN. Eine Brausche?

PETER. Gerade diese Nacht!

ALBERT. Wie ist das zugegangen?

MARTIN. Das arme liebe Kind!

BREME. Das will ich euch nachher erzählen. Nun hört mich
weiter an. Nach diesem geschlossenen Rezeß überließen
die Gemeinden an die Herrschaft ein paar Fleckchen Holz,
einige Wiesen, einige Triften und sonst noch Kleinigkeiten,
die euch von keiner Bedeutung waren und der Herrschaft
viel nutzten; denn man sieht, der alte Graf war ein kluger
Herr, aber auch ein guter Herr. Leben und leben lassen,
war sein Spruch. Er erließ den Gemeinden dagegen einige
zu entbehrende Fronen und –

ALBERT. Und das sind die, die wir noch immer leisten müssen.

BREME. Und machte ihnen einige Konvenienzen –

MARTIN. Die wir noch nicht genießen.

BREME. Richtig, weil der Graf starb, die Herrschaft sich in
Besitz dessen setzte, was ihr zugestanden war, der Krieg
einfiel und die Untertanen noch mehr tun mußten, als sie
vorher getan hatten.

PETER. Es ist akkurat so; so hab' ich's mehr als einmal aus
des Advokaten Munde gehört.

BREME. Und ich weiß es besser als der Advokat, denn ich
sehe weiter. Der Sohn des Grafen, der verstorbene gnädige
Herr, wurde eben um die Zeit volljährig. Das war, bei Gott!
ein wilder böser Teufel, der wollte nichts herausgeben und
mißhandelte euch ganz erbärmlich. Er war im Besitz, der
Rezeß war fort und nirgends zu finden.

ALBERT. Wäre nicht noch die Abschrift da, die unser ver-
storbener Pfarrer gemacht hat, wir wüßten kaum etwas
davon.

BREME. Diese Abschrift ist euer Glück und euer Unglück.
Diese Abschrift gilt alles vor jedem billigen Menschen,
vor Gericht gilt sie nichts. Hättet ihr diese Abschrift nicht,
so wäret ihr ungewiß in dieser Sache. Hätte man diese Abschrift der Herrschaft nicht vorgelegt, so wüßte man nicht,
wie ungerecht sie denkt.

MARTIN. Da müßt Ihr auch wieder billig sein. Die Gräfin
leugnet nicht, daß vieles für uns spricht; nur weigert sie
sich, den Vergleich einzugehen, weil sie, in Vormundschaft ihres Sohnes, sich nicht getraut, so etwas abzu-
schließen.

ALBERT. In Vormundschaft ihres Sohnes! Hat sie nicht den
neuen Schloßflügel bauen lassen, den er vielleicht sein
Lebtage nicht bewohnt, denn er ist nicht gern in dieser
Gegend.

PETER. Und besonders, da er nun eine Brausche gefallen hat.

ALBERT. Hat sie nicht den großen Garten und die Wasser-
fälle anlegen lassen, worüber ein paar Mühlen haben müssen weggekauft werden? Das getraut sie sich alles in Vormundschaft zu tun, aber das Rechte, das Billige, das getraut sie sich nicht.

BREME. Albert, du bist ein wackrer Mann; so hör' ich gern

reden, und ich gestehe wohl, wenn ich von unserer gnädigen Gräfin manches Gute genieße und deshalb mich für ihren untertänigen Diener bekenne, so möcht' ich doch auch darin meinem König nachahmen und euer Sachwalter sein. 5

PETER. Das wäre recht schön. Macht nur, daß unser Prozeß bald aus wird.

BREME. Das kann ich nicht, das müßt ihr.

PETER. Wie wäre denn das anzugreifen?

BREME. Ihr guten Leute wißt nicht, daß alles in der Welt 10 vorwärts geht, daß heute möglich ist, was vor zehn Jahren nicht möglich war. Ihr wißt nicht, was jetzt alles unternommen, was alles ausgeführt wird.

MARTIN. O ja, wir wissen, daß in Frankreich jetzt wunderliches Zeug geschieht. 15

PETER. Wunderliches und abscheuliches!

ALBERT. Wunderliches und gutes.

BREME. So recht, Albert, man muß das Beste wählen! Da sag' ich nun: Was man in Güte nicht haben kann, soll man mit Gewalt nehmen. 20

MARTIN. Sollte das gerade das Beste sein?

ALBERT. Ohne Zweifel.

PETER. Ich dächte nicht.

BREME. Ich muß euch sagen, Kinder: jetzt oder niemals!

ALBERT. Da dürft Ihr uns in Wiesengruben nicht viel vor- 25 schwatzen; dazu sind wir fix und fertig. Unsere Leute wollten längst rebellern; ich habe nur immer abgewehrt, weil mir Herr Breme immer sagte, es sei noch nicht Zeit, und das ist ein gescheiter Mann, auf den ich Vertrauen habe. 30

BREME. Gratias, Gevatter, und ich sage euch: jetzt ist es Zeit.

ALBERT. Ich glaub's auch.

PETER. Nehmt mir's nicht übel, das kann ich nicht einsehen; denn wenn's gut aderlassen ist, gut purgieren, gut schröp- 35 fen, das steht im Kalender, und darnach weiß ich mich zu richten; aber wenn's just gut rebellern sei, das, glaub' ich, ist viel schwerer zu sagen.

BREME. Das muß unsereiner verstehen.

ALBERT. Freilich versteht Ihr's.

PETER. Aber sagt mir nur, woher's eigentlich kommt, daß Ihr's besser versteht als andere gescheite Leute?

BREME (gravitätisch). Erstlich, mein Freund, weil schon vom Großvater an meine Familie die größten politischen Einsichten erwiesen. Hier dieses Bildnis zeigt euch meinen Großvater Hermann Breme von Bremenfeld, der, wegen großer und vorzüglicher Verdienste zum Burgemeister seiner Vaterstadt erhoben, ihr die größten und wichtigsten Dienste geleistet hat. Dort schwebt sein Andenken noch in Ehren und Segen, wenngleich boshafte, pasquillantische Schauspieldichter seine großen Talente und gewisse Eigenheiten, die er an sich haben mochte, nicht sehr glimpflich behandelten. Seine tiefe Einsicht in die ganze politische und militärische Lage von Europa wird ihm selbst von seinen Feinden nicht abgesprochen.

PETER. Es war ein hübscher Mann, er sieht recht wohlgenährt aus.

BREME. Freilich genoß er ruhigere Tage als sein Enkel.

MARTIN. Habt Ihr nicht auch das Bildnis Eures Vaters?

BREME. Leider, nein! Doch muß ich euch sagen: die Natur, indem sie meinen Vater Jost Breme von Bremenfeld hervorbrachte, hielt ihre Kräfte zusammen, um euren Freund mit solchen Gaben auszurüsten, durch die er euch nützlich zu werden wünscht. Doch behüte der Himmel, daß ich mich über meine Vorfahren erheben sollte; es wird uns jetzt viel leichter gemacht, und wir können mit geringern natürlichen Vorzügen eine große Rolle spielen.

MARTIN. Nicht zu bescheiden, Gevatter!

BREME. Es ist lautre Wahrheit. Sind nicht jetzt der Zeitungen, der Monatsschriften, der fliegenden Blätter so viel, aus denen wir uns unterrichten, an denen wir unsern Verstand üben können! Hätte mein seliger Großvater nur den tausendsten Teil dieser Hilfsmittel gehabt, er wäre ein ganz anderer Mann geworden. Doch Kinder, was rede ich von mir! Die Zeit vergeht, und ich fürchte, der Tag bricht an. Der Hahn macht uns aufmerksam, daß wir uns kurz fassen sollen. Habt ihr Mut?

ALBERT. An mir und den Meinigen soll's nicht fehlen.

PETER. Unter den Meinigen findet sich wohl einer, der sich
an die Spitze stellt; ich verbitte mir den Auftrag.

MARTIN. Seit den paar letzten Predigten, die der Magister
hielt, weil der alte Pfarrer so krank liegt, ist das ganze große
Dorf hier in Bewegung.   5

BREME. Gut! so kann was werden. Ich habe ausgerechnet,
daß wir über sechshundert Mann stellen können. Wollt
ihr, so ist in der nächsten Nacht alles getan.

MARTIN. In der nächsten Nacht?

BREME. Es soll nicht wieder Mitternacht werden, und ihr   10
sollt wiederhaben alles, was euch gebührt, und mehr dazu.

PETER. So geschwind? wie wäre das möglich?

ALBERT. Geschwind oder gar nicht.

BREME. Die Gräfin kommt heute an, sie darf sich kaum be-
sinnen. Rückt nur bei einbrechender Nacht vor das Schloß   15
und fordert eure Rechte, fordert eine neue Ausfertigung
des alten Reverses, macht euch noch einige kleine Bedingungen, die ich euch schon angeben will, laßt sie unter-
schreiben, laßt sie schwören, und so ist alles getan.

PETER. Vor einer solchen Gewalttätigkeit zittern mir Arm   20
und Beine.

ALBERT. Narr! Wer Gewalt braucht, darf nicht zittern.

MARTIN. Wie leicht können sie uns aber ein Regiment Dragoner über den Hals ziehen. So arg dürfen wir's doch nicht
machen. Das Militär, der Fürst, die Regierung würden uns   25
schön zusammenarbeiten.

BREME. Gerade umgekehrt. Das ist's eben, worauf ich fuße.
Der Fürst ist unterrichtet, wie sehr das Volk bedrückt sei.
Er hat sich über die Unbilligkeit des Adels, über die Langweiligkeit der Prozesse, über die Schikane der Gerichts-   30
halter und Advokaten oft genug deutlich und stark erklärt, so daß man voraussetzen kann: er wird nicht zürnen,
wenn man sich Recht verschafft, da er es selbst zu tun gehindert ist.

PETER. Sollte das gewiß sein?   35

ALBERT. Es wird im ganzen Lande davon gesprochen.

PETER. Da wäre noch allenfalls was zu wagen.

BREME. Wie ihr zu Werke gehen müßt, wie vor allen Dingen
der abscheuliche Gerichtshalter beiseite muß, und auf wen

noch mehr genau zu sehen ist, das sollt ihr alles noch vor
Abend erfahren. Bereitet eure Sachen vor, regt eure Leute
an und seid mir um sechse beim Herrenbrunnen. Daß
Jakob nicht kommt, macht ihn verdächtig; ja es ist besser,
daß er nicht gekommen ist. Gebt auf ihn acht, daß er uns   5
wenigstens nicht schade; an dem Vorteil, den wir uns erwerben, wird er schon teilnehmen wollen. Es wird Tag;
lebt wohl und bedenkt nur, daß, was geschehen soll, schon
geschehen ist. Die Gräfin kommt eben erst von Paris zurück, wo sie das alles gesehn und gehört hat, was wir mit   10
so vieler Verwunderung lesen; vielleicht bringt sie schon
selbst mildere Gesinnungen mit, wenn sie gelernt hat, was
Menschen, die zu sehr gedrückt werden, endlich für ihre
Rechte tun können und müssen.

MARTIN. Lebt wohl, Gevatter, lebt wohl! Punkt sechse   15
bin ich am Herrenbrunnen.

ALBERT. Ihr seid ein tüchtiger Mann! Lebt wohl.

PETER. Ich will Euch recht loben, wenn's gut abläuft.

MARTIN. Wir wissen nicht, wie wir's Euch danken sollen.

BREME (mit Würde). Ihr habt Gelegenheit genug, mich zu ver-   20
binden. Das kleine Kapital zum Exempel von zweihundert
Talern, das ich der Kirche schuldig bin, erlaßt ihr mir ja
wohl.

MARTIN. Das soll uns nicht reuen.

ALBERT. Unsere Gemeine ist wohlhabend und wird auch   25
gern was für Euch tun.

BREME. Das wird sich finden. Das schöne Fleck, das Ge-
meindegut war und das der Gerichtshalter zum Garten ein-
zäunen und umarbeiten lassen, das nehmt ihr wieder in
Besitz und überlaßt mir's.   30

ALBERT. Das wollen wir nicht ansehen, das ist schon ver-
schmerzt.

PETER. Wir wollen auch nicht zurückbleiben.

BREME. Ihr habt selbst einen hübschen Sohn und ein schönes
Gut; dem könnt' ich meine Tochter geben. Ich bin nicht   35
stolz, glaubt mir, ich bin nicht stolz. Ich will Euch gern
meinen Schwäher heißen.

PETER. Das Mamsellchen ist hübsch genug; nur ist sie schon
zu vornehm erzogen.

BREME. Nicht vornehm, aber gescheit. Sie wird sich in jeden
Stand zu finden wissen. Doch darüber läßt sich noch vieles
reden. Lebt jetzt wohl, meine Freunde, lebt wohl!
ALLE. So lebt denn wohl!

ZWEITER AUFZUG

ERSTER AUFTRITT

Vorzimmer der Gräfin. Sowohl im Fond als an den Seiten hängen
adelige Familienbilder in mannigfaltigen geistlichen und weltlichen
Kostümen.

Der Amtmann tritt herein, und indem er sich umsieht, ob niemand da
ist, kommt Luise von der andern Seite.

AMTMANN. Guten Morgen, Demoiselle! Sind Ihro Exzellenz
zu sprechen? Kann ich meine untertänigste Devotion zu
Füßen legen?
LUISE. Verzeihen Sie einigen Augenblick, Herr Amtmann.
Die Frau Gräfin wird gleich herauskommen. Die Be-
schwerlichkeiten der Reise und das Schrecken bei der Ankunft haben einige Ruhe nötig gemacht.
AMTMANN. Ich bedaure von ganzem Herzen! Nach einer
so langen Abwesenheit, nach einer so beschwerlichen Reise
ihren einzig geliebten Sohn in einem so schrecklichen Zustande zu finden! ich muß gestehen, es schaudert mich,
wenn ich nur daran denke. Ihro Exzellenz waren wohl sehr
alteriert?
LUISE. Sie können sich leicht vorstellen, was eine zärtliche
sorgsame Mutter empfinden mußte, als sie ausstieg, ins
Haus trat und da die Verwirrung fand, nach ihrem Sohne
fragte und aus unserm Stocken und Stottern leicht schließen konnte, daß ihm ein Unglück begegnet sei.
AMTMANN. Ich bedaure von Herzen. Was fingen Sie an?
LUISE. Wir mußten nur geschwind alles erzählen, damit sie
nicht etwas Schlimmeres besorgte; wir mußten sie zu dem
Kinde führen, das mit verbundenem Kopf und blutigen

Kleidern dalag. Wir hatten nur für Umschläge gesorgt und ihn nicht ausziehen können.

AMTMANN. Es muß ein schrecklicher Anblick gewesen sein.

LUISE. Sie blickte hin, tat einen lauten Schrei und fiel mir ohnmächtig in die Arme. Sie war untröstlich, als sie wieder zu sich kam, und wir hatten alle Mühe, sie zu überführen, daß das Kind sich nur eine starke Beule gefallen, daß es aus der Nase geblutet und daß keine Gefahr sei.

AMTMANN. Ich möcht' es mit dem Hofmeister nicht teilen, der das Kind so vernachlässigt.

LUISE. Ich wunderte mich über die Gelassenheit der Gräfin, besonders da er den Vorfall leichter behandelte, als es ihm in dem Augenblick geziemte.

AMTMANN. Sie ist gar zu gnädig, gar zu nachsichtig.

LUISE. Aber sie kennt ihre Leute und merkt sich alles. Sie weiß, wer ihr redlich und treu dient; sie weiß, wer nur dem Schein nach ihr untertäniger Knecht ist. Sie kennt die Nachlässigen so gut als die Falschen, die Unklugen so wohl als die Bösartigen.

AMTMANN. Sie sagen nicht zu viel, es ist eine vortreffliche Dame, aber eben deswegen! Der Hofmeister verdiente doch, daß sie ihn geradezu wegschickte.

LUISE. In allem, was das Schicksal des Menschen betrifft, geht sie langsam zu Werke, wie es einem Großen geziemt. Es ist nichts schrecklicher als Macht und Übereilung.

AMTMANN. Aber Macht und Schwäche sind auch ein trauriges Paar.

LUISE. Sie werden der gnädigen Gräfin nicht nachsagen, daß sie schwach sei.

AMTMANN. Behüte Gott, daß ein solcher Gedanke einem alten treuen Diener einfallen sollte! Aber es ist denn doch erlaubt, zum Vorteil seiner gnädigen Herrschaft zu wünschen, daß man manchmal mit mehr Strenge gegen Leute zu Werke gehe, die mit Strenge behandelt sein wollen.

LUISE. Die Frau Gräfin! (Tritt ab.)

ZWEITER AUFTRITT

Die Gräfin im Negligé. Der Amtmann.

AMTMANN. Euer Exzellenz haben zwar auf eine angenehme
Weise, doch unvermutet Ihre Dienerschaft überrascht,
und wir bedauern nur, daß Dieselben bei Ihrer Ankunft 5
durch einen so traurigen Anblick erschreckt worden. Wir
hatten alle Anstalten zu Dero Empfang gemacht: das Tan-
nenreisig zu einer Ehrenpforte liegt wirklich schon im
Hofe; die sämtlichen Gemeinden wollten reihenweis an
dem Wege stehen und Hochdieselben mit einem lauten 10
Vivat empfangen, und jeder freute sich schon, bei einer
so feierlichen Gelegenheit seinen Festtagsrock anzuziehen
und sich und seine Kinder zu putzen.

GRÄFIN. Es ist mir lieb, daß die guten Leute sich nicht zu
beiden Seiten des Wegs gestellt haben; ich hätte ihnen un- 15
möglich ein freundlich Gesicht machen können, und Ihnen
am wenigsten, Herr Amtmann!

AMTMANN. Wieso? wodurch haben wir Eurer Exzellenz Ungnade verdient?

GRÄFIN. Ich kann nicht leugnen, ich war sehr verdrießlich, 20
als ich gestern auf den abscheulichen Weg kam, der gerade da anfängt, wo meine Besitzungen angehen. Die große
Reise hab' ich fast auf lauter guten Wegen vollbracht, und
eben da ich wieder in das Meinige zurückkomme, find' ich
sie nicht nur schlechter wie vorm Jahr, sondern so abscheu- 25
lich, daß sie alle Übel einer schlechten Chaussee verbinden.
Bald tief ausgefahrne Löcher, in die der Wagen umzu-
stürzen droht, aus denen die Pferde mit aller Gewalt ihn
kaum herausreißen, bald Steine ohne Ordnung überein-
andergeworfen, daß man eine Viertelstunde lang selbst in 30
dem bequemsten Wagen aufs unerträglichste zusammen-
geschüttelt wird. Es sollte mich wundern, wenn nichts daran beschädigt wäre.

AMTMANN. Euer Exzellenz werden mich nicht ungehört
verdammen; nur mein eifriges Bestreben, von Eurer Ex- 35
zellenz Gerechtsamen nicht das mindeste zu vergeben, ist
Ursache an diesem üblen Zustande des Wegs.

GRÄFIN. Ich verstehe –

AMTMANN. Sie erlauben, Ihrer tiefen Einsicht nur anheim-
zustellen, wie wenig es mir hätte ziemen wollen, den widerspenstigen Bauern auch nur ein Haarbreit nachzugeben.
Sie sind schuldig, die Wege zu bessern, und da Euer Exzellenz Chaussee befehlen, sind sie auch schuldig, die
Chaussee zu machen.

GRÄFIN. Einige Gemeinden waren ja willig.

AMTMANN. Das ist eben das Unglück. Sie fuhren die Steine
an; als aber die übrigen, widerspenstigen sich weigerten
und auch jene widerspenstig machten, blieben die Steine
liegen und wurden nach und nach, teils aus Notwendigkeit,
teils aus Mutwillen, in die Gleise geworfen, und da ist nun
der Weg freilich ein bißchen holprig geworden.

GRÄFIN. Sie nennen das ein wenig holprig?

AMTMANN. Verzeihen Euer Exzellenz, wenn ich sogar sage,
daß ich diesen Weg öfters mit vieler Zufriedenheit zurück-
lege. Es ist ein vortreffliches Mittel gegen die Hypochon-
drie, sich dergestalt zusammenschütteln zu lassen.

GRÄFIN. Das, gesteh' ich, ist eine eigne Kurmethode.

AMTMANN. Und freilich, da nun eben wegen dieses Streites, welcher vor dem Kaiserlichen Reichskammergericht
auf das eifrigste betrieben wird, seit einem Jahre an
keine Wegebesserung zu denken gewesen und überdies
die Holzfuhren stark gehen, in diesen letzten Tagen auch
anhaltendes Regenwetter eingefallen, so möchte denn freilich jemanden, der gute Chausseen gewohnt ist, unsere
Straße gewissermaßen impraktikabel vorkommen.

GRÄFIN. Gewissermaßen? ich dächte, ganz und gar.

AMTMANN. Euer Exzellenz belieben zu scherzen. Man
kommt doch noch immer fort –

GRÄFIN. Wenn man nicht liegenbleibt. Und doch hab'
ich an der Meile sechs Stunden zugebracht.

AMTMANN. Ich, vor einigen Tagen, noch länger. Zweimal
wurd' ich glücklich herausgewunden, das drittemal brach
ein Rad, und ich mußte mich nur noch so hereinschleppen
lassen. Aber bei allen diesen Unfällen war ich getrost und
gutes Muts: denn ich bedachte, daß Eurer Exzellenz und
Ihres Herrn Sohnes Gerechtsame salviert sind. Aufrichtig
gestanden, ich wollte auf solchen Wegen lieber von hier

nach Paris fahren, als nur einen Fingerbreit nachgeben,
wenn die Rechte und Befugnisse meiner gnädigsten Herrschaft bestritten werden. Ich wollte daher, Euer Exzellenz
dächten auch so, und Sie würden gewiß diesen Weg nicht
mit so viel Unzufriedenheit zurückgelegt haben.   5

GRÄFIN. Ich muß sagen, darin bin ich anderer Meinung,
und gehörten diese Besitztümer mir eigen, müßte ich mich
nicht bloß als Verwalterin ansehen, so würde ich über
manche Bedenklichkeit hinausgehen, ich würde mein Herz
hören, das mir Billigkeit gebietet, und meinen Verstand,   10
der mich einen wahren Vorteil von einem scheinbaren
unterscheiden lehrt. Ich würde großmütig sein, wie es
dem gar wohl ansteht, der Macht hat. Ich würde mich
hüten, unter dem Scheine des Rechts auf Forderungen zu
beharren, die ich durchzusetzen kaum wünschen müßte   15
und die, indem ich Widerstand finde, mir auf lebenslang
den völligen Genuß eines Besitzes rauben, den ich auf billige Weise verbessern könnte. Ein leidlicher Vergleich und
der unmittelbare Gebrauch sind besser als eine wohl ge-
gründete Rechtssache, die mir Verdruß macht und von der   20
ich nicht einmal den Vorteil für meine Nachkommen ein-
sehe.

AMTMANN. Euer Exzellenz erlauben, daß ich darin der entgegengesetzten Meinung sein darf. Ein Prozeß ist eine so
reizende Sache, daß, wenn ich reich wäre, ich eher einige   25
kaufen würde, um nicht ganz ohne dieses Vergnügen zu
leben. (Tritt ab.)

GRÄFIN. Es scheint, daß er seine Lust an unsern Besitz-
tümern büßen will.

DRITTER AUFTRITT   30

Gräfin. Magister.

MAGISTER. Darf ich fragen, gnädige Gräfin, wie Sie sich
befinden?

GRÄFIN. Wie Sie denken können, nach der Alteration, die
mich bei meinem Eintritt überfiel.   35

MAGISTER. Es tat mir herzlich leid; doch, hoff' ich, soll es

von keinen Folgen sein. Schwerlich kann Ihnen der Aufenthalt hier so bald angenehm werden, wenn Sie ihn mit
dem vergleichen, den Sie vor kurzem genossen haben.
GRÄFIN. Es hat auch große Reize, wieder zu Hause, wieder
bei den Seinigen zu wohnen.

MAGISTER. Wie oftmals hab' ich Sie um das Glück beneidet,
gegenwärtig zu sein, als die größten Handlungen gescha-
hen, die je die Welt gesehen hat, Zeuge zu sein des seligen
Taumels, der eine große Nation in dem Augenblick ergriff,
als sie sich zum erstenmal frei und von den Ketten ent-
bunden fühlte, die sie so lange getragen hatte, daß diese
schwere fremde Last gleichsam ein Glied ihres elenden,
kranken Körpers geworden.

GRÄFIN. Ich habe wunderbare Begebenheiten gesehen, aber
wenig Erfreuliches.

MAGISTER. Wenngleich nicht für die Sinne, doch für den
Geist. Wer aus großen Absichten fehlgreift, handelt immer
lobenswürdiger, als wer dasjenige tut, was nur kleinen
Absichten gemäß ist. Man kann auf dem rechten Wege
irren und auf dem falschen recht gehen – –

VIERTER AUFTRITT

Die Vorigen. Luise.

Durch die Ankunft dieses vorzüglichen Frauenzimmers wird die Leb-
haftigkeit des Gesprächs erst gemildert und sodann die Unterredung
von dem Gegenstande gänzlich abgelenkt. Der Magister, der nun weiter
kein Interesse findet, entfernt sich, und das Gespräch unter den beiden
Frauenzimmern setzt sich fort, wie folgt.

GRÄFIN. Was macht mein Sohn? ich war eben im Begriff,
zu ihm zu gehen.

LUISE. Er schläft recht ruhig, und ich hoffe, er wird bald
wieder herumspringen und in kurzer Zeit keine Spur der
Beschädigung mehr übrig sein.

GRÄFIN. Das Wetter ist gar zu übel, sonst ging' ich in den
Garten. Ich bin recht neugierig, zu sehen, wie alles ge-
wachsen ist und wie der Wasserfall, wie die Brücke und die
Felsenkluft sich jetzt ausnehmen.

LUISE. Es ist alles vortrefflich gewachsen; die Wildnisse, die Sie angelegt haben, scheinen natürlich zu sein, sie bezaubern jeden, der sie zum erstenmal sieht, und auch mir geben sie noch immer in einer stillen Stunde einen angenehmen Aufenthalt. Doch muß ich gestehen, daß ich in der Baumschule unter den fruchtbaren Bäumen lieber bin. Der Gedanke des Nutzens führt mich aus mir selbst heraus und gibt mir eine Fröhlichkeit, die ich sonst nicht empfinde. Ich kann säen, pfropfen, okulieren; und wenngleich mein Auge keine malerische Wirkung empfindet, so ist mir doch der Gedanke von Früchten höchst reizend, die einmal und wohl bald jemanden erquicken werden.

GRÄFIN. Ich schätze Ihre guten häuslichen Gesinnungen.

LUISE. Die einzigen, die sich für den Stand schicken, der ans Notwendige zu denken hat, dem wenig Willkür erlaubt ist.

GRÄFIN. Haben Sie den Antrag überlegt, den ich Ihnen in meinem letzten Briefe tat? können Sie sich entschließen, meiner Tochter Ihre Zeit zu widmen, als Freundin, als Gesellschafterin mit ihr zu leben?

LUISE. Ich habe kein Bedenken, gnädige Gräfin.

GRÄFIN. Ich hatte viel Bedenken, Ihnen den Antrag zu tun. Die wilde und unbändige Gemütsart meiner Tochter macht ihren Umgang unangenehm und oft sehr verdrießlich. So leicht mein Sohn zu behandeln ist, so schwer ist es meine Tochter.

LUISE. Dagegen ist ihr edles Herz, ihre Art, zu handeln, aller Achtung wert. Sie ist heftig, aber bald zu besänftigen, unbillig, aber gerecht, stolz, aber menschlich.

GRÄFIN. Hierin ist sie ihrem Vater – –

LUISE. Äußerst ähnlich. Auf eine sehr sonderbare Weise scheint die Natur in der Tochter den rauhen Vater, in dem Sohne die zärtliche Mutter wieder hervorgebracht zu haben.

GRÄFIN. Versuchen Sie, Luise, dieses wilde, aber edle Feuer zu dämpfen. Sie besitzen alle Tugenden, die ihr fehlen. In Ihrer Nähe, durch Ihr Beispiel wird sie gereizt werden, sich nach einem Muster zu bilden, das so liebenswürdig ist.

LUISE. Sie beschämen mich, gnädige Gräfin. Ich kenne mir keine Tugend als die, daß ich mich bisher in mein Schicksal zu finden wußte, und selbst diese hat kein Verdienst mehr, seitdem Sie, gnädige Gräfin, so viel getan haben, um es zu erleichtern. Sie tun jetzt noch mehr, da Sie mich näher an sich heranziehen. Nach dem Tode meines Vaters und dem Umsturz meiner Familie habe ich vieles entbehren lernen, nur nicht gesitteten und verständigen Umgang.

GRÄFIN. Bei Ihrem Onkel müssen Sie von dieser Seite viel ausstehen.

LUISE. Es ist ein guter Mann; aber seine Einbildung macht ihn oft höchst albern, besonders seit der letzten Zeit, da jeder ein Recht zu haben glaubt, nicht nur über die großen Welthändel zu reden, sondern auch darin mitzuwirken.

GRÄFIN. Es geht ihm wie sehr vielen.

LUISE. Ich habe manchmal meine Bemerkungen im stillen darüber gemacht. Wer die Menschen nicht kennte, würde sie jetzt leicht kennen lernen. So viele nehmen sich der Sache der Freiheit, der allgemeinen Gleichheit an, nur um für sich eine Ausnahme zu machen, nur um zu wirken, es sei, auf welche Art es wolle.

GRÄFIN. Sie hätten nichts mehr erfahren können, und wenn Sie mit mir in Paris gewesen wären.

FÜNFTER AUFTRITT

Friederike. Der Baron. Die Vorigen.

FRIEDERIKE. Hier, liebe Mutter, ein Hase und zwei Feldhühner! Ich habe die drei Stücke geschossen, der Vetter hat immer gepudelt.

GRÄFIN. Du siehst wild aus, Friederike; wie du durchnäßt bist!

FRIEDERIKE (das Wasser vom Hute abschwingend). Der erste glückliche Morgen, den ich seit langer Zeit gehabt habe.

BARON. Sie jagt mich nun schon vier Stunden im Felde herum.

FRIEDERIKE. Es war eine rechte Lust. Gleich nach Tische wollen wir wieder hinaus.

GRÄFIN. Wenn du's so heftig treibst, wirst du es bald über-
drüssig werden.

FRIEDERIKE. Geben Sie mir das Zeugnis, liebe Mama! wie
oft hab' ich mich aus Paris wieder nach unsern Revieren
gesehnt. Die Opern, die Schauspiele, die Gesellschaften, 5
die Gastereien, die Spaziergänge, was ist das alles gegen
einen einzigen vergnügten Tag auf der Jagd, unter freiem
Himmel, auf unsern Bergen, wo wir eingeboren und ein-
gewohnt sind. – Wir müssen ehester Tage hetzen, Vetter.

BARON. Sie werden noch warten müssen, die Frucht ist noch 10
nicht aus dem Felde.

FRIEDERIKE. Was will das viel schaden? es ist fast von gar
keiner Bedeutung. Sobald es ein bißchen auftrocknet,
wollen wir hetzen.

GRÄFIN. Geh, zieh dich um! Ich vermute, daß wir zu Tische 15
noch einen Gast haben, der sich nur kurze Zeit bei uns
aufhalten kann.

BARON. Wird der Hofrat kommen?

GRÄFIN. Er versprach mir, heute wenigstens auf ein Stündchen einzusprechen. Er geht auf Kommission. 20

BARON. Es sind einige Unruhen im Lande.

GRÄFIN. Es wird nichts zu bedeuten haben, wenn man sich
nur vernünftig gegen die Menschen beträgt und ihnen
ihren wahren Vorteil zeigt.

FRIEDERIKE. Unruhen? Wer will Unruhen anfangen? 25

BARON. Mißvergnügte Bauern, die von ihren Herrschaften
gedrückt werden und die leicht Anführer finden.

FRIEDERIKE. Die muß man auf den Kopf schießen. (Sie macht
Bewegungen mit der Flinte.) Sehen Sie, gnädige Mama, wie
der Magister die Flinte verwahrlost hat! Ich wollte sie 30
doch mitnehmen, und da Sie es nicht erlaubten, wollte ich
sie dem Jäger aufzuheben geben. Da bat mich der Grau-
rock so inständig, sie ihm zu lassen: sie sei so leicht, sagt'
er, so bequem, er wolle sie so gut halten, er wolle so oft auf
die Jagd gehen. Ich ward ihm wirklich gut, weil er so oft 35
auf die Jagd gehen wollte, und nun, sehen Sie, find' ich
sie heute in der Gesindestube hinterm Ofen. Wie das aussieht! sie wird in meinem Leben nicht wieder rein.

BARON. Er hatte die Zeit her mehr zu tun; er arbeitet mit

an der allgemeinen Gleichheit, und da hält er wahrscheinlich die Hasen auch mit für seinesgleichen und scheut sich,
ihnen was zuleide zu tun.

GRÄFIN. Zieht euch an, Kinder, damit wir nicht zu warten
brauchen. Sobald der Hofrat kommt, wollen wir essen. (Ab.)

FRIEDERIKE (ihre Flinte besehend). Ich habe die französische
Revolution schon so oft verwünscht, und jetzt tu' ich's
doppelt und dreifach. Wie kann mir nun der Schaden ersetzt werden, daß meine Flinte rostig ist?

DRITTER AUFZUG

ERSTER AUFTRITT

Saal im Schlosse.

Gräfin. Hofrat.

GRÄFIN. Ich geb' es Ihnen recht aufs Gewissen, teurer
Freund. Denken Sie nach, wie wir diesem unangenehmen
Prozesse ein Ende machen. Ihre große Kenntnis der Gesetze, Ihr Verstand und Ihre Menschlichkeit helfen gewiß
ein Mittel finden, wie wir aus dieser widerlichen Sache
scheiden können. Ich habe es sonst leichter genommen,
wenn man unrecht hatte und im Besitz war: je nun, dacht'
ich, es geht ja wohl so hin, und wer hat, ist am besten dran.
Seitdem ich aber bemerkt habe, wie sich Unbilligkeit von
Geschlecht zu Geschlecht so leicht aufhäuft, wie groß-
mütige Handlungen meistenteils nur persönlich sind und
der Eigennutz allein gleichsam erblich wird; seitdem ich
mit Augen gesehen habe, daß die menschliche Natur auf
einen unglaublichen Grad gedrückt und erniedrigt, aber
nicht unterdrückt und vernichtet werden kann: so habe
ich mir fest vorgenommen, jede einzelne Handlung, die
mir unbillig scheint, selbst streng zu vermeiden und unter
den Meinigen, in Gesellschaft, bei Hof, in der Stadt über
solche Handlungen meine Meinung laut zu sagen. Zu
keiner Ungerechtigkeit will ich mehr schweigen, keine
Kleinheit unter einem großen Scheine ertragen, und wenn

ich auch unter dem verhaßten Namen einer Demokratin
verschrien werden sollte.

HOFRAT. Es ist schön, gnädige Gräfin, und ich freue mich,
Sie wiederzufinden, wie ich Abschied von Ihnen genommen, und noch ausgebildeter. Sie waren eine Schülerin der 5
großen Männer, die uns durch ihre Schriften in Freiheit
gesetzt haben, und nun finde ich in Ihnen einen Zögling
der großen Begebenheiten, die uns einen lebendigen Begriff geben von allem, was der wohldenkende Staatsbürger
wünschen und verabscheuen muß. Es ziemt Ihnen, Ihrem 10
eignen Stande Widerpart zu halten. Ein jeder kann nur
seinen eignen Stand beurteilen und tadeln. Aller Tadel
heraufwärts oder hinabwärts ist mit Nebenbegriffen und
Kleinheiten vermischt, man kann nur durch seinesgleichen
gerichtet werden. Aber eben deswegen, weil ich ein Bürger 15
bin, der es zu bleiben denkt, der das große Gewicht des
höheren Standes im Staate anerkennt und zu schätzen Ursache hat, bin ich auch unversöhnlich gegen die kleinlichen
neidischen Neckereien, gegen den blinden Haß, der nur
aus eigner Selbstigkeit erzeugt wird, prätentios Präten- 20
tionen bekämpft, sich über Formalitäten formalisiert und,
ohne selbst Realität zu haben, da nur Schein sieht, wo er
Glück und Folge sehen könnte. Wahrlich! wenn alle Vorzüge gelten sollen, Gesundheit, Schönheit, Jugend, Reichtum, Verstand, Talente, Klima, warum soll der Vorzug 25
nicht auch irgendeine Art von Gültigkeit haben, daß ich
von einer Reihe tapferer, bekannter, ehrenvoller Väter
entsprungen bin! Das will ich sagen da, wo ich eine Stimme
habe, und wenn man mir auch den verhaßten Namen eines
Aristokraten zueignete.   30

    Hier findet sich eine Lücke, welche wir durch Erzählung ausfüllen.
Der trockne Ernst dieser Szene wird dadurch gemildert, daß der Hofrat seine Neigung zu Luisen bekennt, indem er sich bereit zeigt, ihr
seine Hand zu geben. Ihre frühern Verhältnisse, vor dem Umsturz,
den Luisens Familie erlitt, kommen zur Sprache, sowie die stillen Be- 35
mühungen des vorzüglichen Mannes, sich und zugleich Luisen eine
Existenz zu verschaffen.

    Eine Szene zwischen der Gräfin, Luisen und dem Hofrat gibt Ge-

13*

legenheit, drei schöne Charaktere näher kennen zu lernen und uns für
das, was wir in den nächsten Auftritten erdulden sollen, vorläufig
einigermaßen zu entschädigen. Denn nun versammelt sich um den
Teetisch, wo Luise einschenkt, nach und nach das ganze Personal des
Stücks, so daß zuletzt auch die Bauern eingeführt werden. Da man sich
nun nicht enthalten kann, von Politik zu sprechen, so tut der Baron,
welcher Leichtsinn, Frevel und Spott nicht verbergen kann, den Vorschlag, sogleich eine Nationalversammlung vorzustellen. Der Hofrat
wird zum Präsidenten erwählt, und die Charaktere der Mitspielenden,
wie man sie schon kennt, entwickeln sich freier und heftiger. Die Gräfin,
das Söhnchen mit verbundenem Kopfe neben sich, stellt die Fürstin
vor, deren Ansehen geschmälert werden soll und die aus eigenen libe-
ralen Gesinnungen nachzugeben geneigt ist. Der Hofrat, verständig
und gemäßigt, sucht ein Gleichgewicht zu erhalten, ein Bemühen, das
jeden Augenblick schwieriger wird. Der Baron spielt die Rolle des
Edelmanns, der von seinem Stande abfällt und zum Volke übergeht.
Durch seine schelmische Verstellung werden die andern gelockt, ihr
Innerstes hervorzukehren. Auch Herzensangelegenheiten mischen sich
mit ins Spiel. Der Baron verfehlt nicht, Karolinen die schmeichelhafte-
sten Sachen zu sagen, die sie zu ihren schönsten Gunsten auslegen kann.
An der Heftigkeit, womit Jakob die Gerechtsame des gräflichen Hauses
verteidigt, läßt sich eine stille, unbewußte Neigung zu der jungen Gräfin nicht verkennen. Luise sieht in allem diesen nur die Erschütterung
des häuslichen Glücks, dem sie sich so nahe glaubt, und wenn die
Bauern mitunter schwerfällig werden, so erheitert Bremenfeld die Szene
durch seinen Dünkel, durch Geschichten und guten Humor. Der Magister, wie wir ihn schon kennen, überschreitet vollkommen die Grenze,
und da der Baron immerfort hetzt, läuft es endlich auf Persönlichkeiten
hinaus, und als nun vollends die Brausche des Erbgrafen als unbedeutend, ja lächerlich behandelt wird, so bricht die Gräfin los, und die
Sache kommt so weit, daß dem Magister aufgekündigt wird. Der Baron
verschlimmert das Übel, und er bedient sich, da der Lärm immer stärker wird, der Gelegenheit, mehr in Karolinen zu dringen und sie zu
einer heimlichen Zusammenkunft für die Nacht zu bereden. Bei allem
diesen zeigt sich die junge Gräfin entschieden heftig, parteiisch auf
ihren Stand, hartnäckig auf ihren Besitz, welche Härte jedoch durch
ein unbefangenes, rein natürliches und im tiefsten Grunde rechtliches
weibliches Wesen bis zur Liebenswürdigkeit gemildert wird. Und so
läßt sich einsehen, daß der Akt ziemlich tumultuarisch und, insofern

es der bedenkliche Gegenstand erlaubt, für das Gefühl nicht ganz unerträglich geendigt wird. Vielleicht bedauert man, daß der Verfasser
die Schwierigkeiten einer solchen Szene nicht zur rechten Zeit zu überwinden bemüht war.

VIERTER AUFZUG

ERSTER AUFTRITT

Bremens Wohnung.

Breme. Martin und Albert.

BREME. Sind eure Leute alle an ihren Posten? Habt ihr sie
wohl unterrichtet? Sind sie gutes Muts?

MARTIN. Sobald Ihr mit der Glocke stürmt, werden sie alle
da sein.

BREME. So ist's recht! Wenn im Schlosse die Lichter alle
aus sind, wenn es Mitternacht ist, soll es gleich angehen.
Unser Glück ist's, daß der Hofrat fortgeht. Ich fürchtete
sehr, er möchte bleiben und uns den ganzen Spaß verderben.

ALBERT. Ich fürchte so noch immer, es geht nicht gut ab.
Es ist mir schon zum voraus bange, die Glocke zu hören.

BREME. Seid nur ruhig. Habt ihr nicht heute selbst gehört,
wie übel es jetzt mit den vornehmen Leuten steht? Habt
ihr gehört, was wir der Gräfin alles unters Gesicht gesagt
haben?

MARTIN. Es war ja aber nur zum Spaß.

ALBERT. Es war schon zum Spaße grob genug.

BREME. Habt ihr gehört, wie ich eure Sache zu verfechten
weiß? wenn's Ernst gilt, will ich so vor den Kaiser treten.
Und was sagt ihr zum Herrn Magister, hat sich der nicht
auch wacker gehalten?

ALBERT. Sie haben's Euch aber auch brav abgegeben. Ich
dachte zuletzt, es würde Schläge setzen; und unsere junge
gnädige Comtesse – war's doch, als wenn ihr seliger Herr
Vater leibhaftig dastünde.

BREME. Laßt mir das gnädige weg, es wird sich bald nichts mehr zu gnädigen haben. Seht, hier hab' ich die Briefe schon fertig, die schick' ich in die benachbarten Gerichtsdörfer. Sobald's hier losgeht, sollen die auch stürmen und rebellieren und auch ihre Nachbarn auffordern.

MARTIN. Das kann was werden.

BREME. Freilich! Und alsdann Ehre, dem Ehre gebührt! euch, meine lieben Kinder. Ihr werdet als die Befreier des Landes angesehn.

MARTIN. Ihr, Herr Breme, werdet das größte Lob davontragen.

BREME. Nein, das gehört sich nicht; es muß jetzt alles gemein sein.

MARTIN. Indessen habt Ihr's doch angefangen.

BREME. Gebt mir die Hände, brave Männer! So standen einst die drei großen Schweizer, Wilhelm Tell, Walther Staubbach, Fürst von Uri, die standen auf dem Grütliberg beisammen und schwuren den Tyrannen ewigen Haß und ihren Mitgenossen ewige Freiheit. Wie oft hat man diese wackern Helden gemalt und in Kupfer gestochen! Auch uns wird diese Ehre widerfahren. In dieser Positur werden wir auf die Nachwelt kommen.

MARTIN. Wie Ihr Euch das alles so denken könnt.

ALBERT. Ich fürchte nur, daß wir im Karrn eine böse Figur machen können. Horcht! es klingelt jemand. Mir zittert das Herz im Leibe, wenn sich nur was bewegt.

BREME. Schämt Euch! ich will aufziehen. Es wird der Magister sein, ich habe ihn herüber bestellt. Die Gräfin hat ihm den Dienst aufgesagt; die Konteß hat ihn sehr beleidigt. Wir werden ihn leicht in unsere Partei ziehen. Wenn wir einen Geistlichen unter uns haben, sind wir unserer Sache desto gewisser.

MARTIN. Einen Geistlichen und Gelehrten.

BREME. Was die Gelehrsamkeit betrifft, geb' ich ihm nichts nach, und besonders hat er weit weniger politische Lektüre als ich. Alle die Chroniken, die ich von meinem seligen Großvater geerbt habe, waren in meiner Jugend schon durchgelesen, und das Theatrum Europäum kenn' ich in- und auswendig. Wer recht versteht, was geschehen ist, der

weiß auch, was geschieht und geschehen wird. Es ist immer
einerlei; es passiert in der Welt nichts Neues. Der Magister
kommt. Halt! wir müssen ihn feierlich empfangen. Er muß
Respekt vor uns kriegen. Wir stellen jetzt die Repräsentanten der ganzen Nation gleichsam in Nuce vor. Setzt 5
euch.

(Er setzt drei Stühle auf die eine Seite des Theaters, auf die andere
einen Stuhl. Die beiden Schulzen setzen sich, und wie der Magister her-
eintritt, setzt sich Breme geschwind in ihre Mitte und nimmt ein gravi-
tätisches Wesen an.) 10

ZWEITER AUFTRITT

Die Vorigen. Der Magister.

MAGISTER. Guten Morgen, Herr Breme. Was gibt's Neues?
Sie wollen mir etwas Wichtiges vertrauen, sagten Sie.
BREME. Etwas sehr Wichtiges, gewiß! Setzen Sie sich. (Ma- 15
gister will den einzelnen Stuhl nehmen und zu ihnen rücken.) Nein,
bleiben Sie dort, sitzen Sie dort nieder! Wir wissen noch
nicht, ob Sie an unserer Seite niedersitzen wollen.
MAGISTER. Eine wunderbare Vorbereitung.
BREME. Sie sind ein Mann, ein freigeborner, ein freiden- 20
kender, ein geistlicher, ein ehrwürdiger Mann. Sie sind
ehrwürdig, weil Sie geistlich sind, und noch ehrwürdiger,
weil Sie frei sind. Sie sind frei, weil Sie edel sind, und sind
schätzbar, weil Sie frei sind. Und nun! was haben wir erleben müssen! Wir haben Sie verachtet, wir haben Sie be- 25
leidigt gesehen, wir haben Ihren edlen Zorn gesehen; aber
einen Zorn ohne Wirkung. Glauben Sie, daß wir Ihre
Freunde sind, so glauben Sie auch, daß sich unser Herz
im Busen umkehrt, wenn wir Sie verkehrt behandelt
sehen. Ein edler Mann und verhöhnt, ein freier Mann und 30
bedroht, ein geistlicher Mann und verachtet, ein treuer
Diener und verstoßen! Zwar verhöhnt von Leuten, die
selbst Hohn verdienen, verachtet von Menschen, die keiner
Achtung wert sind, verstoßen von Undankbaren, deren
Wohltaten man nicht genießen möchte, bedroht von einem 35
Kinde, von einem Mädchen – das scheint freilich nicht viel

zu bedeuten; aber wenn Ihr bedenkt, daß dieses Mädchen
kein Mädchen, sondern ein eingefleischter Satan ist, daß man
sie Legion nennen sollte – denn es sind viele tausend
aristokratische Geister in sie gefahren –, so seht Ihr deutlich, was uns von allen Aristokraten bevorsteht, Ihr seht
es, und wenn Ihr klug seid, so nehmt Ihr Eure Maßregeln.
MAGISTER. Wozu soll diese sonderbare Rede? wohin wird
Euch der seltsame Eingang führen? Sagt Ihr das, um
meinen Zorn gegen diese verdammte Brut noch mehr zu
erhitzen, um meine aufs Äußerste getriebene Empfindlichkeit noch mehr zu reizen? schweigt stille! wahrhaftig, ich
wüßte nicht, wozu mein gekränktes Herz jetzt nicht alles
fähig wäre. Was! nach so vielen Diensten, nach so vielen
Aufopferungen mir so zu begegnen, mich vor die Türe zu
setzen! und warum? wegen einer elenden Beule, wegen
einer gequetschten Nase, mit der so viele hundert Kinder
lustig auf und davon springen. Aber es kommt eben recht,
eben recht! Sie wissen nicht, die Großen, wen sie in uns
beleidigen, die wir Zungen, die wir Federn haben.
BREME. Dieser edle Zorn ergetzt mich, und so frage ich
Euch denn im Namen aller edlen, freigebornen, der Freiheit werten Menschen, ob Ihr diese Zunge, diese Feder
von nun an dem Dienste der Freiheit völlig widmen wollt?
MAGISTER. O ja, ich will, ich werde!
BREME. Daß Ihr keine Gelegenheit versäumen wollt, zu
dem edlen Zwecke mitzuwirken, nach dem jetzt die ganze
Menschheit emporstrebt?
MAGISTER. Ich gebe Euch mein Wort.
BREME. So gebt mir Eure Hand, mir und diesen Männern.
MAGISTER. Einem jeden; aber was haben diese armen Leute,
die wie Sklaven behandelt werden, mit der Freiheit zu tun?
BREME. Sie sind nur noch eine Spanne davon, nur so breit,
als die Schwelle des Gefängnisses ist, an dessen eröffneter
Türe sie stehen.
MAGISTER. Wie?
BREME. Euer Ehrenwort, daß Ihr schweigen werdet!
MAGISTER. Ich gebe es.
BREME. Der Augenblick ist nahe, die Gemeinden sind ver-
sammelt, in einer Stunde sind sie hier. Wir überfallen das

Schloß, nötigen die Gräfin zur Unterschrift des Rezesses und zu einer eidlichen Versicherung, daß künftighin alle drückenden Lasten aufgehoben sein sollen.

MAGISTER. Ich erstaune!

BREME. Da habe ich nur noch ein Bedenken wegen des Eids. 5
Die vornehmen Leute glauben nichts mehr. Sie wird einen Eid schwören und sich davon entbinden lassen. Man wird ihr beweisen, daß ein gezwungener Eid nichts gelte.

MAGISTER. Dafür will ich Rat schaffen. Diese Menschen, die sich über alles wegsetzen, ihresgleichen behandeln 10 wie das Vieh, ohne Liebe, ohne Mitleid, ohne Furcht frech in den Tag hineinleben, solange sie mit Menschen zu tun haben, die sie nicht schätzen, solange sie von einem Gott sprechen, den sie nicht erkennen: dieses übermütige Geschlecht kann sich doch von dem geheimen Schauer 15 nicht losmachen, der alle lebendigen Kräfte der Natur durchschwebt, kann die Verbindung sich nicht leugnen, in der Worte und Wirkung, Tat und Folge ewig miteinander bleiben. Laßt sie einen feierlichen Eid tun.

MARTIN. Sie soll in der Kirche schwören.   20

BREME. Nein, unter freiem Himmel.

MAGISTER. Das ist nichts. Diese feierlichen Szenen rühren nur die Einbildungskraft. Ich will es euch anders lehren. Umgebt sie, laßt sie in eurer Mitte die Hand auf ihres Sohnes Haupt legen, bei diesem geliebten Haupte ihr Ver- 25 sprechen beteuern und alles Übel, was einen Menschen betreffen kann, auf dieses kleine Gefäß herabrufen, wenn sie unter irgendeinem Vorwande ihr Versprechen zurücknähme oder zugäbe, daß es vereitelt würde.

BREME. Herrlich!   30

MARTIN. Schrecklich!

ALBERT. Entsetzlich!

MAGISTER. Glaubt mir, sie ist auf ewig gebunden.

BREME. Ihr sollt zu ihr in den Kreis treten und ihr das Gewissen schärfen.   35

MAGISTER. An allem, was ihr tun wollt, nehm' ich Anteil; nur sagt mir, wie wird man es in der Residenz ansehen? Wenn sie euch Dragoner schicken, so seid ihr alle gleich verloren.

MARTIN. Da weiß Herr Breme schon Rat.

ALBERT. Ja, was das für ein Kopf ist!

MAGISTER. Klärt mich auf.

BREME. Ja, ja, das ist's nun eben, was man hinter Hermann
  Breme dem Zweiten nicht sucht. Er hat Konnexionen,
  Verbindungen da, wo man glaubt, er habe nur Kunden.
  So viel kann ich euch nur sagen, und es wissen's diese
  Leute, daß der Fürst selbst eine Revolution wünscht.

MAGISTER. Der Fürst?

BREME. Er hat die Gesinnungen Friedrichs und Josephs,
  der beiden Monarchen, welche alle wahren Demokraten
  als ihre Heiligen anbeten sollten. Er ist erzürnt, zu sehen,
  wie der Bürger- und Bauernstand unterm Druck des Adels
  seufzt, und leider kann er selbst nicht wirken, da er von
  lauter Aristokraten umgeben ist. Haben wir uns nur aber
  erst legitimiert, dann setzt er sich an unsere Spitze, und
  seine Truppen sind zu unsern Diensten, und Breme und
  alle braven Männer sind an seiner Seite.

MAGISTER. Wie habt Ihr das alles erforscht und getan und
  habt Euch nichts merken lassen?

BREME. Man muß im stillen viel tun, um die Welt zu überraschen. (Er geht ans Fenster.) Wenn nur erst der Hofrat
  fort wäre, dann solltet ihr Wunder sehen.

MARTIN (auf Bremen deutend). Nicht wahr, das ist ein Mann!

ALBERT. Er kann einem recht Herz machen.

BREME. Und, lieber Magister, die Verdienste, die Ihr Euch
  heute nacht erwerbt, dürfen nicht unbelohnt bleiben. Wir
  arbeiten heute fürs ganze Vaterland. Von unserm Dorfe
  wird die Sonne der Freiheit aufgehen. Wer hätte das gedacht!

MAGISTER. Befürchtet Ihr keinen Widerstand?

BREME. Dafür ist schon gesorgt. Der Amtmann und die
  Gerichtsdiener werden gleich gefangengenommen. Der
  Hofrat geht weg, die paar Bedienten wollen nichts sagen,
  und der Baron ist nur der einzige Mann im Schlosse; den
  locke ich durch meine Tochter herüber ins Haus und
  sperre ihn ein, bis alles vorbei ist.

MARTIN. Wohl ausgedacht.

MAGISTER. Ich verwundere mich über Eure Klugheit.

BREME. Nu, nu! wenn es Gelegenheit gibt, sie zu zeigen, sollt Ihr noch mehr sehen, besonders was die auswärtigen Angelegenheiten betrifft. Glaubt mir, es geht nichts über einen guten Chirurgus, besonders wenn er dabei ein geschickter Barbier ist. Das unverständige Volk spricht viel 5 von Bartkratzern und bedenkt nicht, wie viel dazu gehört, jemanden zu barbieren, eben daß es nicht kratze. Glaubt mir nur, es wird zu nichts mehr Politik erfordert, als den Leuten den Bart zu putzen, ihnen diese garstigen barbarischen Exkremente der Natur, diese Barthaare, womit sie 10 das männliche Kinn täglich verunreinigt, hinwegzunehmen und den Mann dadurch an Gestalt und Sitten einer glattwangigen Frau, einem zarten liebenswürdigen Jüngling ähnlich zu machen. Komme ich dereinst dazu, mein Leben und Meinungen aufzusetzen, so soll man über die 15 Theorie der Barbierkunst erstaunen, aus der ich zugleich alle Lebens- und Klugheitsregeln herleiten will.

MAGISTER. Ihr seid ein originaler Kopf.

BREME. Ja, ja, das weiß ich wohl, und deswegen habe ich auch den Leuten verziehen, wenn sie mich oft nicht be- 20 greifen konnten und wenn sie, albern genug, glaubten mich zum besten zu haben. Aber ich will ihnen zeigen, daß, wer einen rechten Seifenschaum zu schlagen weiß, wer mit Leichtigkeit, Bequemlichkeit und Gewandtheit der Finger einzuseifen, den sprödesten Bart zahm zu machen versteht; 25 wer da weiß, daß ein frisch abgezognes Messer ebenso gut rauft als ein stumpfes, wer mit dem Strich oder wider den Strich die Haare wegnimmt, als wären sie gar nicht dagewesen; wer dem warmen Wasser zum Abwaschen die gehörige Temperatur verleiht und selbst das Abtrocknen 30 mit Gefälligkeit verrichtet und in seinem ganzen Benehmen etwas Zierliches darstellt – das ist kein gemeiner Mensch, sondern er muß alle Eigenschaften besitzen, die einem Minister Ehre machen.

ALBERT. Ja, ja, es ist ein Unterschied zwischen Barbier und 35 Barbier.

MARTIN. Und Herr Breme besonders, das ist dir eine ordentliche Lust.

BREME. Nu, nu, es wird sich zeigen. Es ist bei der ganzen

Kunst nichts Unbedeutendes. Die Art, den Schersack aus-
und einzukramen, die Art, die Gerätschaften zu halten,
ihn unterm Arm zu tragen – ihr sollt Wunder hören und
sehen. Nun wird's aber Zeit, daß ich meine Tochter vor-
kriege. Ihr Leute, geht an eure Posten! Herr Magister,
halten Sie sich in der Nähe.

MAGISTER. Ich gehe in den Gasthof, wohin ich gleich meine
Sachen habe bringen lassen, als man mir im Schlosse übel
begegnete.

BREME. Wenn Sie stürmen hören, so soll's Ihnen freistehen,   1
sich zu uns zu schlagen oder abzuwarten, ob es uns glückt,
woran ich gar nicht zweifle.

MAGISTER. Ich werde nicht fehlen.

BREME. So lebt denn wohl und gebt aufs Zeichen acht.

DRITTER AUFTRITT   1

BREME (allein). Wie würde mein sel'ger Großvater sich
freuen, wenn er sehen könnte, wie gut ich mich in das neue
Handwerk schicke. Glaubt doch der Magister schon, daß
ich große Konnexionen bei Hofe habe. Da sieht man, was
es tut, wenn man sich Kredit zu machen weiß. Nun muß   2
Karoline kommen. Sie hat das Kind so lange gewartet,
ihre Muhme wird sie ablösen. Da ist sie.

VIERTER AUFTRITT

Breme. Karoline.

BREME. Wie befindet sich der junge Graf?   2

KAROLINE. Recht leidlich. Ich habe ihm Märchen erzählt,
bis er eingeschlafen ist.

BREME. Was gibt's sonst im Schlosse?

KAROLINE. Nichts Merkwürdiges.

BREME. Der Hofrat ist noch nicht weg?   3

KAROLINE. Er scheint Anstalt zu machen. Sie binden eben
den Mantelsack auf.

BREME. Hast du den Baron nicht gesehen?

KAROLINE. Nein, mein Vater.

BREME. Er hat dir heute in der Nationalversammlung allerlei in die Ohren geraunt?

KAROLINE. Ja, mein Vater.

BREME. Das eben nicht die ganze Nation, sondern meine
Tochter Karoline betraf?

KAROLINE. Freilich, mein Vater.

BREME. Du hast dich doch klug gegen ihn zu benehmen
gewußt?

KAROLINE. O gewiß.

BREME. Er hat wohl wieder stark in dich gedrungen?

KAROLINE. Wie Sie denken können.

BREME. Und du hast ihn abgewiesen?

KAROLINE. Wie sich's ziemt.

BREME. Wie ich es von meiner vortrefflichen Tochter erwarten darf, die ich aber auch noch mit Ehre und Glück
überhäuft und für ihre Tugend reichlich belohnt sehen
werde.

KAROLINE. Wenn Sie nur nicht vergebens hoffen.

BREME. Nein, meine Tochter, ich bin eben im Begriff, einen
großen Anschlag auszuführen, wozu ich deine Hilfe brauche.

KAROLINE. Was meinen Sie, mein Vater?

BREME. Es ist dieser verwegenen Menschenrasse der Untergang gedroht.

KAROLINE. Was sagen Sie?

BREME. Setze dich nieder und schreib.

KAROLINE. Was?

BREME. Ein Billet an den Baron, daß er kommen soll.

KAROLINE. Aber wozu?

BREME. Das will ich dir schon sagen. Es soll ihm kein Leids
widerfahren, ich sperre ihn nur ein.

KAROLINE. O Himmel!

BREME. Was gibt's?

KAROLINE. Soll ich mich einer solchen Verräterei schuldig
machen?

BREME. Nur geschwind.

KAROLINE. Wer soll es denn hinüberbringen?

BREME. Dafür laß mich sorgen.

KAROLINE. Ich kann nicht.

BREME. Zuerst eine Kriegslist. (Er zündet eine Blendlaterne an und löscht das Licht aus.) Geschwind, nun schreib, ich will dir leuchten.

KAROLINE (für sich). Was soll das werden? Der Baron wird sehen, daß das Licht ausgelöscht ist; er wird auf das Zeichen kommen.

BREME (zwingt sie zum Sitzen). Schreib! „Luise bleibt im Schlosse, mein Vater schläft. Ich lösche das Licht aus, kommen Sie."

KAROLINE (widerstrebend). Ich schreibe nicht.

FÜNFTER AUFTRITT

Die Vorigen. Der Baron am Fenster.

BARON. Karoline!

BREME. Was ist das? (Er schiebt die Blendlaterne zu und hält Karolinen fest, die aufstehen will.)

BARON (wie oben). Karoline! sind Sie nicht hier? (Er steigt herein.) Stille! wo bin ich? daß ich nicht fehlgehe. Gleich dem Fenster gegenüber ist des Vaters Schlafzimmer, und hier rechts an der Wand die Tür in der Mädchen Kammer. (Er tappt an der Seite hin und trifft die Tür.) Hier ist sie, nur angelehnt. O wie gut sich der blinde Cupido im Dunkeln zu finden weiß! (Er geht hinein.)

BREME. In die Falle! (Er schiebt die Blendlaterne auf, eilt nach der Kammertüre und stößt den Riegel vor.) So recht, und das Vorlegeschloß ist auch schon in Bereitschaft. (Er legt ein Schloß vor.) Und du, Nichtswürdige! so verrätst du mich?

KAROLINE. Mein Vater!

BREME. So heuchelst du mir Vertrauen vor?

BARON (inwendig). Karoline! Was heißt das?

KAROLINE. Ich bin das unglücklichste Mädchen unter der Sonne.

BREME (laut an der Türe). Das heißt: daß Sie hier schlafen werden, aber allein.

BARON (inwendig). Nichtswürdiger! Machen Sie auf, Herr Breme, der Spaß wird Ihnen teuer zu stehen kommen.

BREME (laut). Es ist mehr als Spaß, es ist bitterer Ernst.

KAROLINE (an der Türe). Ich bin unschuldig an dem Verrat!

BREME. Unschuldig? Verrat?

KAROLINE (vor der Türe kniend). O, wenn du sehen könntest, mein Geliebter, wie ich hier vor dieser Schwelle liege, wie ich untröstlich meine Hände ringe, wie ich meinen grausamen Vater bitte! – Machen Sie auf, mein Vater! – Er hört nicht, er sieht mich nicht an. – O mein Geliebter, habe mich nicht in Verdacht, ich bin unschuldig!

BREME. Du unschuldig? Niederträchtige feile Dirne! Schande deines Vaters! Ewiger schändender Flecken in das Ehrenkleid, das er eben in diesem Augenblicke angezogen hat. Steh auf, hör' auf zu weinen, daß ich dich nicht an den Haaren von der Schwelle wegziehe, die du, ohne zu erröten, nicht wieder betreten solltest. Wie! in dem Augenblick, da Breme sich den größten Männern des Erdbodens gleichsetzt, erniedrigt sich seine Tochter so sehr!

KAROLINE. Verstoßt mich nicht, verwerft mich nicht, mein Vater! Er tat mir die heiligsten Versprechungen.

BREME. Rede mir nicht davon, ich bin außer mir. Was! ein Mädchen, das sich wie eine Prinzessin, wie eine Königin aufführen sollte, vergißt sich so ganz und gar? Ich halte mich kaum, daß ich dich nicht mit Fäusten schlage, nicht mit Füßen trete. Hier hinein! (Er stößt sie in sein Schlafzimmer.) Dies französische Schloß wird dich wohl verwahren. Von welcher Wut fühl' ich mich hingerissen! Das wäre die rechte Stimmung, um die Glocke zu ziehen. – Doch nein, fasse dich, Breme! – Bedenke, daß die größten Menschen in ihrer Familie manchen Verdruß gehabt haben. Schäme dich nicht einer frechen Tochter und bedenke, daß Kaiser Augustus in eben dem Augenblick mit Verstand und Macht die Welt regierte, da er über die Vergehungen seiner Julie bittere Tränen vergoß. Schäme dich nicht, zu weinen, daß eine solche Tochter dich hintergangen hat; aber bedenke auch zugleich, daß der Endzweck erreicht ist, daß der Widersacher eingesperrt verzweifelt und daß deiner Unternehmung ein glückliches Ende bevorsteht.

SECHSTER AUFTRITT

Saal im Schlosse, erleuchtet.

Friederike mit einer gezogenen Büchse. Jakob mit einer Flinte.

FRIEDERIKE. So ist's recht, Jakob, du bist ein braver Bursche. Wenn du mir die Flinte zurechtbringst, daß mir der
Schulfuchs nicht gleich einfällt, wenn ich sie ansehe, sollst
du ein gut Trinkgeld haben.

JAKOB. Ich nehme sie mit, gnädige Gräfin, und will mein
Bestes tun. Ein Trinkgeld braucht's nicht, ich bin Ihr Diener für ewig.

FRIEDERIKE. Du willst in der Nacht noch fort? es ist dunkel
und regnicht, bleibe doch beim Jäger.

JAKOB. Ich weiß nicht, wie mir ist, es treibt mich etwas fort.
Ich habe eine Art von Ahnung.

FRIEDERIKE. Du siehst doch sonst nicht Gespenster.

JAKOB. Es ist auch nicht Ahnung, es ist Vermutung. Mehrere Bauern sind beim Chirurgus in der Nacht zusammen-
gekommen; sie hatten mich auch eingeladen, ich ging aber
nicht hin; ich will keine Händel mit der gräflichen Familie.
Und jetzt wollt' ich doch, ich wäre hingegangen, damit
ich wüßte, was sie vorhaben.

FRIEDERIKE. Nun, was wird's sein? es ist die alte Prozeß-
geschichte.

JAKOB. Nein, nein, es ist mehr! lassen Sie mir meine Grille;
es ist für Sie, es ist für die Ihrigen, daß ich besorgt bin.

SIEBENTER AUFTRITT

Friederike, nachher die Gräfin und der Hofrat.

FRIEDERIKE. Die Büchse ist noch, wie ich sie verlassen habe;
die hat mir der Jäger recht gut versorgt. Ja, das ist auch
ein Jäger, und über die geht nichts. Ich will sie gleich
laden und morgen früh bei guter Tageszeit einen Hirsch
schießen. (Sie beschäftigt sich an einem Tische, worauf ein Arm-
leuchter steht, mit Pulverhorn, Lademaß, Pflaster, Kugel, Hammer
und lädt die Büchse ganz langsam und methodisch.)

GRÄFIN. Da hast du schon wieder das Pulverhorn beim Licht, wie leicht kann eine Schnuppe herunterfallen. Sei doch vernünftig, du kannst dich unglücklich machen.

FRIEDERIKE. Lassen Sie mich, liebe Mutter, ich bin schon vorsichtig. Wer sich vor dem Pulver fürchtet, muß nicht 5 mit Pulver umgehen.

GRÄFIN. Sagen Sie mir, lieber Hofrat, ich habe es recht auf dem Herzen: könnten wir nicht einen Schritt tun, wenigstens bis Sie zurückkommen?

HOFRAT. Ich verehre in Ihnen diese Heftigkeit, das Gute 10 zu wirken und nicht einen Augenblick zu zaudern.

GRÄFIN. Was ich einmal für Recht erkenne, möcht' ich auch gleich getan sehn. Das Leben ist so kurz, und das Gute wirkt so langsam.

HOFRAT. Wie meinen Sie denn? 15

GRÄFIN. Sie sind moralisch überzeugt, daß der Amtmann in dem Kriege das Dokument beiseitegebracht hat –

FRIEDERIKE (heftig). Sind Sie's?

HOFRAT. Nach allen Anzeigen kann ich wohl sagen, es ist mehr als Vermutung. 20

GRÄFIN. Sie glauben, daß er es noch zu irgendeiner Absicht verwahre?

FRIEDERIKE (wie oben). Glauben Sie?

HOFRAT. Bei der Verworrenheit seiner Rechnungen, bei der Unordnung des Archivs, bei der ganzen Art, wie er 25 diesen Rechtshandel benutzt hat, kann ich vermuten, daß er sich einen Rückzug vorbehält, daß er vielleicht, wenn man ihn von dieser Seite drängt, sich auf die andere zu retten und das Dokument dem Gegenteile für eine ansehnliche Summe zu verhandeln denkt. 30

GRÄFIN. Wie wär' es, man suchte ihn durch Gewinst zu locken? Er wünscht seinen Neffen substituiert zu haben; wie wär' es, wir versprächen diesem jungen Menschen eine Belohnung, wenn er zur Probe das Archiv in Ordnung brächte, besonders eine ansehnliche, wenn er das Doku- 35 ment ausfindig machte? Man gäbe ihm Hoffnung zur Substitution. Sprechen Sie ihn noch, ehe Sie fortgehen; indes, bis Sie wiederkommen, richtet sich's ein.

HOFRAT. Es ist zu spät, der Mann ist gewiß schon zu Bette.

GRÄFIN. Glauben Sie das nicht. So alt er ist, paßt er Ihnen
auf, bis Sie in den Wagen steigen. Er macht Ihnen noch
in völliger Kleidung seinen Scharrfuß und versäumt gewiß nicht, sich Ihnen zu empfehlen. Lassen wir ihn rufen.
FRIEDERIKE. Lassen Sie ihn rufen, man muß doch sehen,   5
wie er sich gebärdet.
HOFRAT. Ich bin's zufrieden.
FRIEDERIKE (klingelt und sagt zum Bedienten, der hereinkommt).
Der Amtmann möchte doch noch einen Augenblick her-
überkommen!   10
GRÄFIN. Die Augenblicke sind kostbar. Wollen Sie nicht
indes noch einen Blick auf die Papiere werfen, die sich auf
diese Sache beziehen? (Zusammen ab.)

ACHTER AUFTRITT

Friederike allein, nachher der Amtmann.   15

FRIEDERIKE. Das will mir nicht gefallen. Sie sind überzeugt,
daß er ein Schelm ist, und wollen ihm nicht zu Leibe. Sie
sind überzeugt, daß er sie betrogen, ihnen geschadet hat,
und wollen ihn belohnen. Das taugt nun ganz und gar
nichts. Es wäre besser, daß man ein Exempel statuierte. — 20
Da kommt er eben recht.
AMTMANN. Ich höre, daß des Herrn Hofrats Wohlgeboren
noch vor ihrer Abreise mir etwas zu sagen haben. Ich
komme, dessen Befehle zu vernehmen.
FRIEDERIKE (indem sie die Büchse nimmt). Verziehen Sie einen 25
Augenblick, er wird gleich wieder hier sein. (Sie schüttet Pulver auf die Pfanne.)
AMTMANN. Was machen Sie da, gnädige Gräfin?
FRIEDERIKE. Ich habe die Büchse auf morgen früh geladen,
da soll ein alter Hirsch fallen.   30
AMTMANN. Ei, ei! schon heute geladen und Pulver auf die
Pfanne, das ist verwegen! wie leicht kann da ein Unglück
geschehen.
FRIEDERIKE. Ei was! Ich bin gern fix und fertig. (Sie hebt
das Gewehr auf und hält es, gleichsam zufällig, gegen ihn.) 35

AMTMANN. Ei, gnädige Gräfin, kein geladen Gewehr jemals
auf einen Menschen gehalten! Da kann der Böse sein Spiel
haben.

FRIEDERIKE (in der vorigen Stellung). Hören Sie, Herr Amtmann, ich muß Ihnen ein Wort im Vertrauen sagen: – daß
Sie ein erzinfamer Spitzbube sind.

AMTMANN. Welche Ausdrücke, meine Gnädige! – Tun Sie
die Büchse weg.

FRIEDERIKE. Rühre dich nicht vom Platz, verdammter Kerl!
Siehst du, ich spanne, siehst du, ich lege an! Du hast ein
Dokument gestohlen –

AMTMANN. Ein Dokument? ich weiß von keinem Dokumente.

FRIEDERIKE. Siehst du, ich steche, es geht alles in der Ordnung, und wenn du nicht auf der Stelle das Dokument
herausgibst oder mir anzeigst, wo es sich befindet, oder
was mit ihm vorgefallen, so rühr' ich diese kleine Nadel,
und du bist auf der Stelle mausetot.

AMTMANN. Um Gottes willen!

FRIEDERIKE. Wo ist das Dokument?

AMTMANN. Ich weiß nicht – Tun Sie die Büchse weg – Sie
könnten aus Versehen –

FRIEDERIKE (wie oben). Aus Versehen oder mit Willen bist
du tot. Rede, wo ist das Dokument?

AMTMANN. Es ist – verschlossen.

NEUNTER AUFTRITT   25

Gräfin. Hofrat. Die Vorigen.

GRÄFIN. Was gibt's hier?

HOFRAT. Was machen Sie?

FRIEDERIKE (immer zum Amtmann). Rühren Sie sich nicht,
oder Sie sind des Todes! wo verschlossen?   30

AMTMANN. In meinem Pulte.

FRIEDERIKE. Und in dem Pulte! wo?

AMTMANN. Zwischen einem Doppelboden.

FRIEDERIKE. Wo ist der Schlüssel?

AMTMANN. In meiner Tasche.   35

FRIEDERIKE. Und wie geht der doppelte Boden auf?

AMTMANN. Durch einen Druck an der rechten Seite.

FRIEDERIKE. Heraus den Schlüssel!

AMTMANN. Hier ist er.

FRIEDERIKE. Hingeworfen!

AMTMANN (wirft ihn auf die Erde).

FRIEDERIKE. Und die Stube?

AMTMANN. Ist offen.

FRIEDERIKE. Wer ist drinnen?

AMTMANN. Meine Magd und mein Schreiber.

FRIEDERIKE. Sie haben alles gehört, Herr Hofrat. Ich habe
Ihnen ein umständliches Gespräch erspart. Nehmen Sie
den Schlüssel und holen Sie das Dokument. Bringen Sie es
nicht zurück, so hat er gelogen, und ich schieße ihn darum
tot.

HOFRAT. Lassen Sie ihn mitgehen; bedenken Sie, was Sie
tun.

FRIEDERIKE. Ich weiß, was ich tue. Machen Sie mich nicht
wild und gehen Sie. (Hofrat ab.)

GRÄFIN. Meine Tochter, du erschreckst mich. Tu das Gewehr weg!

FRIEDERIKE. Gewiß nicht eher, als bis ich das Dokument
sehe.

GRÄFIN. Hörst du nicht? deine Mutter befiehlt's.

FRIEDERIKE. Und wenn mein Vater aus dem Grabe auf-
stünde, ich gehorchte nicht.

GRÄFIN. Wenn es losginge!

FRIEDERIKE. Welch Unglück wäre das?

AMTMANN. Es würde Sie gereuen.

FRIEDERIKE. Gewiß nicht. Erinnerst du dich noch, Nichtswürdiger, als ich vorm Jahr im Zorn nach dem Jäger-
burschen schoß, der meinen Hund prügelte, erinnerst du
dich noch, da ich ausgescholten wurde und alle Menschen
den glücklichen Zufall priesen, der mich hatte fehlen
lassen, da warst du's allein, der hämisch lächelte und sagte:
Was wär' es denn gewesen? ein Kind aus einem vornehmen Hause! das wäre mit Geld abzutun. Ich bin noch
immer ein Kind, ich bin noch immer aus einem vornehmen
Hause; so müßte das wohl auch mit Geld abzutun sein.

HOFRAT (kommt zurück). Hier ist das Dokument.

FRIEDERIKE. Ist es? (Sie bringt das Gewehr in Ruh.)

GRÄFIN. Ist's möglich?

AMTMANN. O ich Unglücklicher!

FRIEDERIKE. Geh! Elender! daß deine Gegenwart meine 5
Freude nicht vergälle!

HOFRAT. Es ist das Original.

FRIEDERIKE. Geben Sie mir's. Morgen will ich's den Gemeinden selbst zeigen und sagen, daß ich's ihnen erobert
habe. 10

GRÄFIN (sie umarmend). Meine Tochter!

FRIEDERIKE. Wenn mir der Spaß nur die Lust an der Jagd
nicht verdirbt. Solch ein Wildpret schieß' ich nie wieder!

FÜNFTER AUFZUG

Nacht, trüber Mondschein. 15

Das Theater stellt einen Teil des Parks vor, der früher beschrieben
worden. Rauhe steile Felsenbänke, auf denen ein verfallenes Schloß.
Natur und Mauerwerk ineinander verschränkt. Die Ruine sowie die
Felsen mit Bäumen und Büschen bewachsen. Eine dunkle Kluft deutet
auf Höhlen, wo nicht gar unterirdische Gänge. 20

Friederike, fackeltragend, die Büchse unterm Arm, Pistolen im
Gürtel, tritt aus der Höhle, umherspürend. Ihr folgt die Gräfin, den
Sohn an der Hand. Auch Luise. Sodann der Bediente, mit Kästchen be-
schwert. Man erfährt, daß von hier ein unterirdischer Gang bis zu den
Gewölben des Schlosses reicht, daß man die Schloßpforten gegen die 25
andringenden Bauern verriegelt, daß die Gräfin verlangt habe, man
solle ihnen aus dem Fenster das Dokument ankündigen und zeigen
und so alles beilegen. Friederike jedoch sei nicht zu bewegen gewesen,
sich in irgendeine Kapitulation einzulassen, noch sich einer Gewalt,
selbst nach eigenen Absichten, zu fügen. Sie habe vielmehr die Ihrigen 30
zur Flucht genötigt, um auf diesem geheimen Wege ins Freie zu gelangen und den benachbarten Sitz eines Anverwandten zu erreichen.
Eben will man sich auf den Weg machen, als man oben in der Ruine
Licht sieht, ein Geräusch hört. Man zieht sich in die Höhle zurück.

Herunter kommen Jakob, der Hofrat und eine Partei Bauern. Jakob hatte sie unterwegs angetroffen und sie zu Gunsten der Herrschaft zu bereden gesucht. Der Wagen des wegfahrenden Hofrats war unter sie gekommen. Dieser würdige Mann verbindet sich mit Jakob und kann das Hauptargument, daß der Originalrezeß gefunden sei, allen übrigen Beweggründen hinzufügen. Die aufgeregte Schar wird beruhigt, ja sie entschließt sich, den Damen zu Hilfe zu kommen.

Friederike, die gelauscht hat, nun von allem unterrichtet, tritt unter sie, dem Hofrat und dem jungen Landmann sehr willkommen, auch den übrigen durch die Vorzeigung des Dokuments höchst erwünscht.

Eine früher ausgesendete Patrouille dieses Trupps kommt zurück und meldet, daß ein Teil der Aufgeregten vom Schlosse her im Anmarsche sei. Alles verbirgt sich, teils in der Höhle, teils in Felsen und Gemäuer.

Breme mit einer Anzahl bewaffneter Bauern tritt auf, schilt auf den Magister, daß er außen geblieben, und erklärt die Ursache, warum er einen Teil der Mannschaft in den Gewölben des Schlosses gelassen und mit dem andern sich hieher verfügt. Er weiß das Geheimnis des unterirdischen Ganges und ist überzeugt, daß die Familie sich darein versteckt, und dies gibt die Gewißheit, ihrer habhaft zu werden. Sie zünden Fackeln an und sind im Begriff, in die Höhle zu treten. Friederike, Jakob, der Hofrat erscheinen in dem Augenblicke, bewaffnet, sowie die übrige Menge.

Breme sucht der Sache eine Wendung durch Beispiele aus der alten Geschichte zu geben und tut sich auf seine Einfälle viel zugute, da man sie gelten läßt; und als nun das Dokument auch hier seine Wirkung nicht verfehlt, so schließt das Stück zu allgemeiner Zufriedenheit. Die vier Personen, deren Gegenwart einen unangenehmen Eindruck machen könnte: Karoline, der Baron, der Magister und der Amtmann, kommen nicht mehr zum Vorschein.

DIE NATÜRLICHE TOCHTER

TRAUERSPIEL

PERSONEN

König
Herzog
Graf
Eugenie
Hofmeisterin
Sekretär
Weltgeistlicher
Gerichtsrat
Gouverneur
Äbtissin
Mönch

ERSTER AUFZUG

Dichter Wald.

ERSTER AUFTRITT

König. Herzog.

KÖNIG. Das flücht'ge Ziel, das Hunde, Roß und Mann,
Auf seine Fährte bannend, nach sich reißt,
Der edle Hirsch, hat über Berg und Tal
So weit uns irr' geführt, daß ich mich selbst,
Obgleich so landeskundig, hier nicht finde.   5
Wo sind wir, Oheim? Herzog, sage mir,
Zu welchen Hügeln schweiften wir heran?
HERZOG. Der Bach, der uns umrauscht, mein König, fließt
Durch deines Dieners Fluren, die er deiner
Und deiner Ahnherrn königlicher Gnade,   10
Als erster Lehnsmann deines Reiches, dankt.
An jenes Felsens andrer Seite liegt

Am grünen Hang ein artig Haus versteckt,
Dich zu bewirten keineswegs gebaut;
Allein bereit, dich huld'gend zu empfangen.   15
KÖNIG. Laß dieser Bäume hochgewölbtes Dach
Zum Augenblick des Rastens freundlich schatten.
Laß dieser Lüfte liebliches Geweb'
Uns leis umstricken, daß an Sturm und Streben
Der Jagdlust auch der Ruhe Lust sich füge.   20
HERZOG. Wie du auf einmal völlig abgeschieden
Hier hinter diesem Bollwerk der Natur,
Mein König, dich empfindest, fühl' ich mit.
Hier dränget sich der Unzufriednen Stimme,
Der Unverschämten offne Hand nicht nach.   25
Freiwillig einsam merkest du nicht auf,
Ob Undankbare schleichend sich entfernen.
Die ungestüme Welt reicht nicht hierher,
Die immer fordert, nimmer leisten will.
KÖNIG. Soll ich vergessen, was mich sonst bedrängt,   30
So muß kein Wort erinnernd mich berühren.
Entfernten Weltgetöses Widerhall
Verklinge, nach und na h, aus meinem Ohr.
Ja, lieber Oheim, wende dein Gespräch
Auf Gegenstände, diesem Ort gemäßer.   35
Hier sollen Gatten aneinander wandeln,
Ihr Stufenglück in wohlgeratnen Kindern
Entzückt betrachten; hier ein Freund dem Freunde,
Verschloßnen Busen traulich öffnend, nahn.
Und gabst du nicht erst neulich stille Winke,   40
Du hofftest mir, in ruh'gen Augenblicken,
Verborgenes Verhältnis zu bekennen,
Drangvoller Wünsche holden Inbegriff,
Erfüllung hoffend, heiter zu gestehn?
HERZOG. Mit größrer Gnade konntest du mich nicht,   45
O Herr, beglücken, als indem du mir
In diesem Augenblick die Zunge lösest.
Was ich zu sagen habe, könnt' es wohl
Ein andrer besser hören als mein König,
Dem unter allen Schätzen seine Kinder   50
Am herrlichsten entgegenleuchten, der

Vollkommner Vaterfreuden Hochgenuß
Mit seinem Knechte herzlich teilen wird?
KÖNIG. Du sprichst von Vaterfreuden! Hast du je
  Sie denn gefühlt? Verkümmerte dir nicht   55
  Dein einz'ger Sohn durch rohes, wildes Wesen,
  Verworrenheit, Verschwendung, starren Trutz
  Dein reiches Leben, dein erwünschtes Alter?
  Verändert er auf einmal die Natur?
HERZOG. Von ihm erwart' ich keine frohen Tage!   60
  Sein trüber Sinn erzeugt nur Wolken, die,
  Ach! meinen Horizont so oft verfinstern.
  Ein anderes Gestirn, ein andres Licht
  Erheitert mich. Und wie in dunklen Grüften,
  Das Märchen sagt's, Karfunkelsteine leuchten,   65
  Mit herrlich mildem Schein der öden Nacht
  Geheimnisvolle Schauer hold beleben,
  So ward auch mir ein Wundergut beschert,
  Mir Glücklichem! das ich mit Sorgfalt, mehr
  Als den Besitz ererbt errungner Güter,   70
  Als meiner Augen, meines Lebens Licht,
  Mit Freud' und Furcht, mit Lust und Sorge pflege.
KÖNIG. Sprich vom Geheimnis nicht geheimnisvoll.
HERZOG. Wer spräche vor der Majestät getrost
  Von seinen Fehlern, wenn sie nicht allein   75
  Den Fehl in Recht und Glück verwandeln könnte.
KÖNIG. Der wonnevoll geheim verwahrte Schatz?
HERZOG. Ist eine Tochter.
KÖNIG.   Eine Tochter? Wie?
  Und suchte, Fabelgöttern gleich, mein Oheim,
  Zum niedern Kreis verstohlen hingewandt,   80
  Sich Liebesglück und väterlich Entzücken?
HERZOG. Das Große wie das Niedre nötigt uns,
  Geheimnisvoll zu handeln und zu wirken.
  Nur allzu hoch stand jene heimlich mir
  Durch wundersam Geschick verbundne Frau,   85
  Um welche noch dein Hof in Trauer wandelt
  Und meiner Brust geheime Schmerzen teilt.
KÖNIG. Die Fürstin? Die verehrte, nah verwandte,
  Nur erst verstorbne?

HERZOG.   War die Mutter! Laß,
  O laß mich nur von diesem Kinde reden,
  Das, seiner Eltern wert und immer werter,
  Mit edlem Sinne sich des Lebens freut.
  Begraben sei das übrige mit ihr,
  Der hochbegabten, hochgesinnten Frauen.
  Ihr Tod eröffnet mir den Mund, ich darf
  Vor meinem König meine Tochter nennen,
  Ich darf ihn bitten: sie zu mir herauf,
  Zu sich herauf zu heben, ihr das Recht
  Der fürstlichen Geburt vor seinem Hofe,
  Vor seinem Reiche, vor der ganzen Welt
  Aus seiner Gnadenfülle zu bewähren.
KÖNIG. Vereint in sich die Nichte, die du mir,
  So ganz erwachsen, zuzuführen denkst,
  Des Vaters und der Mutter Tugenden:
  So muß der Hof, das königliche Haus,
  Indem uns ein Gestirn entzogen wird,
  Den Aufgang eines neuen Sterns bewundern.
HERZOG. O kenne sie, eh' du zu ihrem Vorteil
  Dich ganz entscheidest. Laß ein Vaterwort
  Dich nicht bestechen! Manches hat Natur
  Für sie getan, das ich entzückt betrachte,
  Und alles, was in meinem Kreise webt,
  Hab' ich um ihre Kindheit hergelagert.
  Schon ihren ersten Weg geleiteten
  Ein ausgebildet Weib, ein weiser Mann.
  Mit welcher Leichtigkeit, mit welchem Sinn
  Erfreut sie sich des Gegenwärtigen,
  Indes ihr Phantasie das künft'ge Glück
  Mit schmeichelhaften Dichterfarben malt.
  An ihrem Vater hängt ihr frommes Herz,
  Und wenn ihr Geist den Lehren edler Männer,
  Sich stufenweis entwickelnd, friedlich horcht:
  So mangelt Übung ritterlicher Tugend
  Dem wohlgebauten, festen Körper nicht.
  Du selbst, mein König, hast sie unbekannt
  Im wilden Drang der Jagd um dich gesehn.
  Ja, heute noch! die Amazonentochter,

Die in den Fluß dem Hirsche sich zuerst
Auf raschem Pferde flüchtig nachgestürzt.

KÖNIG. Wir sorgten alle für das edle Kind!   130
Ich freue mich, sie mir verwandt zu hören.

HERZOG. Und nicht zum erstenmal empfand ich heute,
Wie Stolz und Sorge, Vaterglück und Angst
Zu übermenschlichem Gefühl sich mischen.

KÖNIG. Gewaltsam und behende riß das Pferd   135
Sich und die Reiterin auf jenes Ufer,
dichtbewachsner Hügel Dunkelheit.
Und so verschwand sie mir.

HERZOG.   Noch einmal hat
Mein Auge sie gesehen, eh' ich sie
Im Labyrinth der hast'gen Jagd verlor.   140
Wer weiß, welch ferne Gegend sie durchstreift,
Verdroßnen Muts, am Ziel sich nicht zu finden,
Wo, ihrem angebeteten Monarchen sich
In ehrerbietiger Entfernung anzunähern,
Allein ihr jetzt erlaubt ist, bis er sie   145
Als Blüte seines hochbejahrten Stammes
Mit königlicher Huld zu grüßen würdigt.

KÖNIG. Welch ein Getümmel seh' ich dort entstehn?
Welch einen Zulauf nach den Felsenwänden?

(Er winkt nach der Szene.)

ZWEITER AUFTRITT

Die Vorigen. Graf.

KÖNIG. Warum versammelt sich die Menge dort?   150

GRAF. Die kühne Reiterin ist eben jetzt
Von jener Felsenwand herabgestürzt.

HERZOG. Gott!

KÖNIG.   Ist sie sehr beschädigt?

GRAF.   Eilig hat
Man deinen Wundarzt, Herr, dahingerufen.

HERZOG. Was zaudr' ich? Ist sie tot, so bleibt mir nichts,   155
Was mich im Leben länger halten kann.

DRITTER AUFTRITT

König. Graf.

KÖNIG. Kennst du den Anlaß der Begebenheit?
GRAF. Vor meinen Augen hat sie sich ereignet.
Ein starker Trupp von Reitern, welcher sich
Durch Zufall von der Jagd getrennt gesehn,
Geführt von dieser Schönen, zeigte sich
Auf jener Klippen waldbewachsner Höhe.
Sie hören, sehen unten in dem Tal
Den Jagdgebrauch vollendet, sehn den Hirsch
Als Beute liegen seiner kläffenden
Verfolger. Schnell zerstreuet sich die Schar,
Und jeder sucht sich einzeln seinen Pfad,
Hier oder dort, mehr oder weniger
Durch einen Umweg. Sie allein besinnt
Sich keinen Augenblick und nötiget
Ihr Pferd von Klipp' zu Klippe, grad herein.
Des Frevels Glück betrachten wir erstaunt;
Denn ihr gelingt es eine Weile, doch
Am untern steilen Abhang gehn dem Pferde
Die letzten, schmalen Klippenstufen aus,
Es stürzt herunter, sie mit ihm. So viel
Konnt' ich bemerken, eh' der Menge Drang
Sie mir verdeckte. Doch ich hörte bald
Nach deinem Arzte rufen. So erschein' ich nun
Auf deinen Wink, den Vorfall zu berichten.
KÖNIG. O möge sie ihm bleiben! Fürchterlich
Ist einer, der nichts zu verlieren hat.
GRAF. So hat ihm dieser Schrecken das Geheimnis
Auf einmal abgezwungen, das er sonst
Mit so viel Klugheit zu verbergen strebte?
KÖNIG. Er hatte schon sich völlig mir vertraut.
GRAF. Die Lippen öffnet ihm der Fürstin Tod,
Nun zu bekennen, was für Hof und Stadt
Ein offenbar Geheimnis lange war.
Es ist ein eigner, grillenhafter Zug,
Daß wir durch Schweigen das Geschehene
Für uns und andre zu vernichten glauben.

König. O laß dem Menschen diesen edlen Stolz.
  Gar vieles kann, gar vieles muß geschehn,
  Was man mit Worten nicht bekennen darf.   195
Graf. Man bringt sie, fürcht' ich, ohne Leben her!
König. Welch unerwartet, schreckliches Ereignis!

VIERTER AUFTRITT

Die Vorigen. Eugenie, auf zusammengeflochtenen Ästen für tot
  hereingetragen. Herzog. Wundarzt. Gefolge.

Herzog (zum Wundarzt).
  Wenn deine Kunst nur irgend was vermag,
  Erfahrner Mann, dem unsers Königs Leben,
  Das unschätzbare Gut, vertraut ist, laß   200
  Ihr helles Auge sich noch einmal öffnen,
  Daß Hoffnung mir in diesem Blick erscheine!
  Daß aus der Tiefe meines Jammers ich
  Nur Augenblicke noch gerettet werde!
  Vermagst du dann nichts weiter, kannst du sie   205
  Nur wenige Minuten mir erhalten:
  So laßt mich eilen, vor ihr hinzusterben,
  Daß ich im Augenblick des Todes noch
  Getröstet rufe: Meine Tochter lebt!
König. Entferne dich, mein Oheim! daß ich hier   210
  Die Vaterpflichten treulich übernehme.
  Nichts unversucht läßt dieser wackre Mann.
  Gewissenhaft, als läg' ich selber hier,
  Wird er um deine Tochter sich bemühen.
Herzog. Sie regt sich!
König.   Ist es wahr?
Graf.   Sie regt sich!
Herzog.   Starr   215
  Blickt sie zum Himmel, blickt verirrt umher.
  Sie lebt! sie lebt!
König (ein wenig zurücktretend).
                    Verdoppelt eure Sorge!
Herzog. Sie lebt! sie lebt! Sie hat dem Tage wieder
  Ihr Aug' eröffnet. Ja! sie wird nun bald

Auch ihren Vater, ihre Freunde kennen.
Nicht so umher, mein liebes Kind, verschwende
Die Blicke staunend, ungewiß; auf mich,
Auf deinen Vater wende sie zuerst.
Erkenne mich, laß meine Stimme dir
Zuerst das Ohr berühren, da du uns
Aus jener stummen Nacht zurückkehrst.

EUGENIE (die indes nach und nach zu sich gekommen ist und sich
aufgerichtet hat). Was ist aus uns geworden?

HERZOG.   Kenne mich
Nur erst! – Erkennst du mich?

EUGENIE.   Mein Vater!

HERZOG.   Ja!
Dein Vater, den mit diesen holden Tönen
Du aus den Armen der Verzweiflung rettest.

EUGENIE. Wer bracht' uns unter diese Bäume?

HERZOG (dem der Wundarzt ein weißes Tuch gegeben).
                                                Bleib
Gelassen, meine Tochter! Diese Stärkung,
Nimm sie mit Ruhe, mit Vertrauen an!

EUGENIE. (Sie nimmt dem Vater das Tuch ab, das er ihr vorgehalten,
und verbirgt ihr Gesicht darin. Dann steht sie schnell auf, indem sie
das Tuch vom Gesicht nimmt.)
Da bin ich wieder! – Ja, nun weiß ich alles.
Dort oben hielt ich, dort vermaß ich mich
Herab zu reiten, grad herab. Verzeih!
Nicht wahr, ich bin gestürzt? Vergibst du mir's?
Für tot hob man mich auf? Mein guter Vater!
Und wirst du die Verwegne lieben können,
Die solche bittre Schmerzen dir gebracht?

HERZOG. Zu wissen glaubt' ich, welch ein edler Schatz
In dir, o Tochter, mir beschieden ist;
Nun steigert mir gefürchteter Verlust
Des Glücks Empfindung ins Unendliche.

KÖNIG (der sich bisher im Grunde mit dem Wundarzt und dem Grafen
unterhalten, zu dem letzten).
Entferne jedermann! ich will sie sprechen.

FÜNFTER AUFTRITT

König. Herzog. Eugenie.

KÖNIG (näher tretend). Hat sich die wackre Reiterin erholt?
Hat sie sich nicht beschädigt?
HERZOG.   Nein, mein König!
Und was noch übrig ist von Schreck und Weh,
Nimmst du, o Herr, durch deinen milden Blick,
Durch deiner Worte sanften Ton hinweg.   250
KÖNIG. Und wem gehört es an, das liebe Kind?
HERZOG (nach einer Pause).
Da du mich fragst, so darf ich dir bekennen;
Da du gebietest, darf ich sie vor dich
Als meine Tochter stellen.
KÖNIG.   Deine Tochter?
So hat für dich das Glück, mein lieber Oheim,   255
Unendlich mehr als das Gesetz getan.
EUGENIE. Wohl muß ich fragen: ob ich wirklich denn
Aus jener tödlichen Betäubung mich
Ins Leben wieder aufgerafft? und ob,
Was mir begegnet, nicht ein Traumbild sei?   260
Mein Vater nennt vor seinem Könige
Mich seine Tochter. O, so bin ich's auch!
Der Oheim eines Königes bekennt
Mich für sein Kind, so bin ich denn die Nichte
Des großen Königs. O verzeihe mir   265
Die Majestät! wenn aus geheimnisvollem,
Verborgnem Zustand ich, ans Licht auf einmal
Hervorgerissen und geblendet, mich,
Unsicher, schwankend, nicht zu fassen weiß.
                    (Sie wirft sich vor dem König nieder.)
KÖNIG. Mag diese Stellung die Ergebenheit   270
In dein Geschick, von Jugend auf, bezeichnen,
Die Demut, deren unbequeme Pflicht
Du, deiner höheren Geburt bewußt,
So manches Jahr im stillen ausgeübt!
Doch sei auch nun, wenn ich von meinen Füßen   275
Zu meinem Herzen dich herauf gehoben,
            (er hebt sie auf und drückt sie sanft an sich)

Wenn ich des Oheims heil'gen Vaterkuß
Auf dieser Stirne schönen Raum gedrückt,
So sei dies auch ein Zeichen, sei ein Siegel:
Dich, die Verwandte, hab' ich anerkannt
Und werde bald, was hier geheim geschah,
Vor meines Hofes Augen wiederholen.

HERZOG. So große Gabe fordert ungeteilten
Und unbegrenzten Dank des ganzen Lebens.

EUGENIE. Von edlen Männern hab' ich viel gelernt,
Auch manches lehrte mich mein eigen Herz;
Doch meinen König anzureden, bin
Ich nicht entfernterweise vorbereitet.
Doch wenn ich schon das ganz Gehörige
Dir nicht zu sagen weiß, so möcht' ich doch
Vor dir, o Herr, nicht ungeschickt verstummen.
Was fehlte dir? was wäre dir zu bringen?
Die Fülle selber, die zu dir sich drängt,
Fließt, nur für andre strömend, wieder fort.
Hier stehen Tausende, dich zu beschützen,
Hier wirken Tausende nach deinem Wink;
Und wenn der einzelne dir Herz und Geist
Und Arm und Leben fröhlich opfern wollte:
In solcher großen Menge zählt er nicht,
Er muß vor dir und vor sich selbst verschwinden.

KÖNIG. Wenn dir die Menge, gutes, edles Kind,
Bedeutend scheinen mag, so tadl' ich's nicht;
Sie ist bedeutend, mehr noch aber sind's
Die wenigen, geschaffen, dieser Menge
Durch Wirken, Bilden, Herrschen vorzustehn.
Berief hiezu den König die Geburt,
So sind ihm seine nächsten Anverwandten
Geborne Räte, die, mit ihm vereint,
Das Reich beschützen und beglücken sollten.
O träte doch in diese Regionen,
Zum Rate dieser hohen Wächter, nie
Vermummte Zwietracht, leise wirkend, ein!
Dir, edle Nichte, geb' ich einen Vater
Durch allgewalt'gen, königlichen Spruch;
Erhalte mir nun auch, gewinne mir

Des nahverwandten Mannes Herz und Stimme!
Gar viele Widersacher hat ein Fürst:
O laß ihn jene Seite nicht verstärken!
HERZOG. Mit welchem Vorwurf kränkest du mein Herz!
EUGENIE. Wie unverständlich sind mir diese Worte!   320
KÖNIG. O lerne sie nicht allzu früh verstehn!
Die Pforten unsers königlichen Hauses
Eröffn' ich dir mit eigner Hand; ich führe
Auf glatten Marmorboden dich hinein.
Noch staunst du dich, noch staunst du alles an,   325
Und in den innern Tiefen ahnest du
Nur sichre Würde mit Zufriedenheit.
Du wirst es anders finden! Ja, du bist
In eine Zeit gekommen, wo dein König
Dich nicht zum heitren, frohen Feste ruft,   330
Wenn er den Tag, der ihm das Leben gab,
In kurzem feiern wird; doch soll der Tag
Um deinetwillen mir willkommen sein:
Dort werd' ich dich im offnen Kreise sehn,
Und aller Augen werden auf dir haften.   335
Die schönste Zierde gab dir die Natur;
Und daß der Schmuck der Fürstin würdig sei,
Die Sorge laß dem Vater, laß dem König.
EUGENIE. Der freud'gen Überraschung lauter Schrei,
Bedeutender Gebärde dringend Streben,   340
Vermöchten sie die Wonne zu bezeugen,
Die du dem Herzen schaffend aufgeregt?
Zu deinen Füßen, Herr, laß mich verstummen.
                    (Sie will knieen.)
KÖNIG (hält sie ab). Du sollst nicht knieen.
EUGENIE.   Laß, o laß mich hier
Der völligsten Ergebung Glück genießen.   345
Wenn wir in raschen, mutigen Momenten
Auf unsern Füßen stehen, strack und kühn,
Als eigner Stütze froh uns selbst vertraun,
Dann scheint uns Welt und Himmel zu gehören.
Doch was in Augenblicken der Entzückung   350
Die Kniee beugt, ist auch ein süß Gefühl.
Und was wir unserm Vater, König, Gott

Von Wonnedank, von ungemeßner Liebe
Zum reinsten Opfer bringen möchten, drückt
In dieser Stellung sich am besten aus.   35
                (Sie fällt vor ihm nieder.)
HERZOG (kniet). Erneute Huldigung gestatte mir.
EUGENIE. Zu ewigen Vasallen nimm uns an.
KÖNIG. Erhebt euch denn und stellt euch neben mich,
  Ins Chor der Treuen, die an meiner Seite
  Das Rechte, das Beständige beschützen.   36
  O diese Zeit hat fürchterliche Zeichen:
  Das Niedre schwillt, das Hohe senkt sich nieder,
  Als könnte jeder nur am Platz des andern
  Befriedigung verworrner Wünsche finden,
  Nur dann sich glücklich fühlen, wenn nichts mehr   36
  Zu unterscheiden wäre, wenn wir alle,
  Von einem Strom vermischt dahingerissen,
  Im Ozean uns unbemerkt verlören.
  O laßt uns widerstehen, laßt uns tapfer,
  Was uns und unser Volk erhalten kann,   37
  Mit doppelt neuvereinter Kraft erhalten!
  Laßt endlich uns den alten Zwist vergessen,
  Der Große gegen Große reizt, von innen
  Das Schiff durchbohrt, das gegen äußre Wellen
  Geschlossen kämpfend nur sich halten kann.   37
EUGENIE. Welch frisch wohltät'ger Glanz umleuchtet mich
  Und regt mich auf, anstatt mich zu verblenden!
  Wie! unser König achtet uns so sehr,
  Um zu gestehen, daß er uns bedarf:
  Wir sind ihm nicht Verwandte nur, wir sind   38
  Durch sein Vertraun zum höchsten Platz erhoben.
  Und wenn die Edlen seines Königreichs
  Um ihn sich drängen, seine Brust zu schützen,
  So fordert er uns auf zu größerm Dienst.
  Die Herzen dem Regenten zu erhalten,   38
  Ist jedes Wohlgesinnten höchste Pflicht:
  Denn wo er wankt, wankt das gemeine Wesen,
  Und wenn er fällt, mit ihm stürzt alles hin.
  Die Jugend, sagt man, bilde sich zu viel
  Auf ihre Kraft, auf ihren Willen ein;   39

Doch dieser Wille, diese Kraft, auf ewig,
Was sie vermögen, dir gehört es an.
HERZOG. Des Kindes Zuversicht, erhabner Fürst,
Weißt du zu schätzen, weißt du zu verzeihen.
Und wenn der Vater, der erfahrne Mann,   395
Die Gabe dieses Tags, die nächste Hoffnung
In ihrem ganzen Werte fühlt und wägt,
So bist du seines vollen Danks gewiß.
KÖNIG. Wir wollen bald einander wiedersehn,
An jenem Fest, wo sich die treuen Meinen   400
Der Stunde freun, die mir das Licht gegeben.
Dich geb' ich, edles Kind, an diesem Tage
Der großen Welt, dem Hofe, deinem Vater
Und mir. Am Throne glänze dein Geschick.
Doch bis dahin verlang' ich von euch beiden   405
Verschwiegenheit. Was unter uns geschehn,
Erfahre niemand. Mißgunst lauert auf,
Schnell regt sie Wog' auf Woge, Sturm auf Sturm;
Das Fahrzeug treibt an jähe Klippen hin,
Wo selbst der Steurer nicht zu retten weiß.   410
Geheimnis nur verbürget unsre Taten;
Ein Vorsatz, mitgeteilt, ist nicht mehr dein;
Der Zufall spielt mit deinem Willen schon;
Selbst wer gebieten kann, muß überraschen.
Ja, mit dem besten Willen leisten wir   415
So wenig, weil uns tausend Willen kreuzen.
O wäre mir zu meinen reinen Wünschen
Auch volle Kraft auf kurze Zeit gegeben:
Bis an den letzten Herd im Königreich
Empfände man des Vaters warme Sorge.   420
Begnügte sollten unter niedrem Dach,
Begnügte sollten im Palaste wohnen.
Und hätt' ich einmal ihres Glücks genossen,
Entsagt' ich gern dem Throne, gern der Welt.

SECHSTER AUFTRITT

Herzog. Eugenie.

EUGENIE. O welch ein selig jubelvoller Tag!

HERZOG. O möcht' ich Tag' auf Tage so erleben!

EUGENIE. Wie göttlich hat der König uns beglückt.

HERZOG. Genieße rein so ungehoffte Gaben.

EUGENIE. Er scheint nicht glücklich, ach! und ist so gut.

HERZOG. Die Güte selbst erregt oft Widerstand.

EUGENIE. Wer ist so hart, sich ihm zu widersetzen?

HERZOG. Der Heil des Ganzen von der Strenge hofft.

EUGENIE. Des Königs Milde sollte Milde zeugen.

HERZOG. Des Königs Milde zeugt Verwegenheit.

EUGENIE. Wie edel hat ihn die Natur gebildet.

HERZOG. Doch auf zu hohen Platz hinaufgestellt.

EUGENIE. Und ihn mit so viel Tugend ausgestattet.

HERZOG. Zur Häuslichkeit, zum Regimente nicht.

EUGENIE. Von altem Heldenstamme grünt er auf.

HERZOG. Die Kraft entgeht vielleicht dem späten Zweige.

EUGENIE. Die Schwäche zu vertreten, sind wir da.

HERZOG. Sobald er unsre Stärke nicht verkennt.

EUGENIE (nachdenklich).

　Mich leiten seine Reden zum Verdacht.

HERZOG. Was sinnest du? Enthülle mir dein Herz.

EUGENIE (nach einer Pause).

　Auch du bist unter denen, die er fürchtet.

HERZOG. Er fürchte jene, die zu fürchten sind.

EUGENIE. Und sollten ihm geheime Feinde drohn?

HERZOG. Wer die Gefahr verheimlicht, ist ein Feind.

　Wo sind wir hingeraten! Meine Tochter!

　Wie hat der sonderbarste Zufall uns

　Auf einmal weggerissen nach dem Ziel.

　Unvorbereitet red' ich, übereilt

　Verwirr' ich dich, anstatt dich aufzuklären.

　So mußte dir der Jugend heitres Glück

　Beim ersten Eintritt in die Welt verschwinden.

　Du konntest nicht in süßer Trunkenheit

　Der blendenden Befriedigung genießen.

　Das Ziel erreichst du; doch des falschen Kranzes

Verborgne Dornen ritzen deine Hand.
Geliebtes Kind! so sollt' es nicht geschehn!   460
Erst nach und nach, so hofft' ich, würdest du
Dich aus Beschränkung an die Welt gewöhnen,
Erst nach und nach den liebsten Hoffnungen
Entsagen lernen, manchem holden Wunsch.
Und nun auf einmal, wie der jähe Sturz   465
Dir vorbedeutet, bist du in den Kreis
Der Sorgen, der Gefahr herabgestürzt.
Mißtrauen atmet man in dieser Luft,
Der Neid verhetzt ein fieberhaftes Blut
Und übergibt dem Kummer seine Kranken.   470
Ach! soll ich nun nicht mehr ins Paradies,
Das dich umgab, am Abend wiederkehren,
Zu deiner Unschuld heil'gem Vorgefühl
Mich von der Welt gedrängter Posse retten!
Du wirst fortan, mit mir ins Netz verstrickt,   475
Gelähmt, verworren, dich und mich betrauern.
EUGENIE. Nicht so, mein Vater! Konnt' ich schon bisher,
    Untätig, abgesondert, eingeschlossen,
    Ein kindlich Nichts, die reinste Wonne dir,
    Schon in des Daseins Unbedeutenheit   480
    Erholung, Trost und Lebenslust gewähren:
    Wie soll die Tochter erst, in dein Geschick
    Verflochten, im Gewebe deines Lebens
    Als heitrer, bunter Faden künftig glänzen!
    Ich nehme teil an jeder edlen Tat,   485
    An jeder großen Handlung, die den Vater
    Dem König und dem Reiche werter macht.
    Mein frischer Sinn, die jugendliche Lust,
    Die mich belebt, sie teilen dir sich mit,
    Verscheuchen jene Träume, die der Welt   490
    Unüberwindlich ungeheure Last
    Auf eine Menschenbrust zerknirschend wälzen.
    Wenn ich dir sonst in trüben Augenblicken
    Ohnmächt'gen guten Willen, arme Liebe,
    Dir leere Tändeleien kindlich bot: 495
    Nun hoff' ich, eingeweiht in deine Plane,
    Bekannt mit deinen Wünschen, mir das Recht
    Vollbürt'ger Kindschaft rühmlich zu erwerben.

HERZOG. Was du bei diesem wicht'gen Schritt verlierst,
Erscheint dir ohne Wert und ohne Würde;
Was du erwartest, schätzest du zu sehr.
EUGENIE. Mit hocherhabnen, hochbeglückten Männern
Gewalt'ges Ansehn, würd'gen Einfluß teilen:
Für edle Seelen reizender Gewinn!
HERZOG. Gewiß! Vergib, wenn du in dieser Stunde
Mich schwächer findest, als dem Manne ziemt.
Wir tauschten sonderbar die Pflichten um:
Ich soll dich leiten, und du leitest mich.
EUGENIE. Wohl denn, mein Vater, tritt mit mir herauf
In diese Regionen, wo mir eben
Die neue, heitre Sonne sich erhebt!
In diesen muntern Stunden lächle nur,
Wenn ich den Inbegriff von meinen Sorgen
Dir auch eröffne.
HERZOG.   Sage, was es ist.
EUGENIE. Der wichtigen Momente gibt's im Leben
Gar manche, die mit Freude, die mit Trauer
Des Menschen Herz bestürmen. Wenn der Mann
Sein Äußeres in solchem Fall vergißt,
Nachlässig oft sich vor die Menge stellt,
So wünscht ein Weib noch, jedem zu gefallen,
Durch ausgesuchte Tracht, vollkommnen Schmuck
Beneidenswert vor andern zu erscheinen.
Das hab' ich oft gehört und oft bemerkt,
Und nun empfind' ich im bedeutendsten
Momente meines Lebens, daß auch ich
Der mädchenhaften Schwachheit schuldig bin.
HERZOG. Was kannst du wünschen, das du nicht erlangst?
EUGENIE. Du bist geneigt, mir alles zu gewähren,
Ich weiß es. Doch der große Tag ist nah,
Zu nah, um alles würdig zu bereiten;
Und was von Stoffen, Stickerei und Spitzen,
Was von Juwelen mich umgeben soll,
Wie kann's geschafft, wie kann's vollendet werden?
HERZOG. Uns überrascht ein längst gewünschtes Glück;
Doch vorbereitet können wir's empfangen.
Was du bedarfst, ist alles angeschafft,

Und heute noch, verwahrt im edlen Schrein,
Erhältst du Gaben, die du nicht erwartet.
Doch leichte Prüfung leg' ich dir dabei
Zum Vorbild mancher künftig schweren auf.   540
Hier ist der Schlüssel! den verwahre wohl;
Bezähme deine Neugier! öffne nicht,
Eh' ich dich wiedersehe, jenen Schatz.
Vertraue niemand, sei es, wer es sei.
Die Klugheit rät's, der König selbst gebeut's.   545
EUGENIE. Dem Mädchen sinnst du harte Prüfung aus;
Doch will ich sie bestehn, ich schwör' es dir!
HERZOG. Mein eigner, wüster Sohn umlauert ja
Die stillen Wege, die ich dich geführt.
Der Güter kleinen Teil, den ich bisher   550
Dir schuldig zugewandt, mißgönnt er schon.
Erführ' er, daß du, höher nun empor
Durch unsers Königs Gunst gehoben, bald
In manchem Recht ihm gleich dich stellen könntest,
Wie müßt' er wüten! Würd' er tückisch nicht,   555
Den schönen Schritt zu hindern, alles tun?
EUGENIE. Laß uns im stillen jenen Tag erharren.
Und wenn geschehn ist, was mich seine Schwester
Zu nennen mich berechtigt, soll's an mir,
Soll's an gefälligem Betragen, guten Worten,   560
Nachgiebigkeit und Neigung nicht gebrechen.
Er ist dein Sohn; und sollt' er nicht nach dir
Zur Liebe, zur Vernunft gebildet sein?
HERZOG. Ich traue dir ein jedes Wunder zu:
Verrichte sie zu meines Hauses Bestem   565
Und lebe wohl. Doch ach! indem ich scheide,
Befällt mich grausend jäher Furcht Gewalt.
Hier lagst du tot in meinen Armen! Hier
Bezwang mich der Verzweiflung Tigerklaue.
Wer nimmt das Bild vor meinen Augen weg!   570
Dich hab' ich tot gesehn! So wirst du mir
An manchem Tag, in mancher Nacht erscheinen.
War ich, entfernt von dir, nicht stets besorgt?
Nun ist's nicht mehr ein kranker Grillentraum,
Es ist ein wahres, unauslöschlichs Bild: 575

Eugenie, das Leben meines Lebens,
Bleich, hingesunken, atemlos, entseelt.
EUGENIE. Erneue nicht, was du entfernen solltest,
Laß diesen Sturz, laß diese Rettung dir
Als wertes Pfand erscheinen meines Glücks.   5*
Lebendig siehst du sie vor deinen Augen
           (indem sie ihn umarmt)
Und fühlst lebendig sie an deiner Brust.
So laß mich immer, immer wiederkehren!
Und vor dem glühnden, liebevollen Leben
Entweiche des verhaßten Todes Bild.   5*
HERZOG. Kann wohl ein Kind empfinden, wie den Vater
Die Sorge möglichen Verlustes quält?
Gesteh' ich's nur! Wie öfters hat mich schon
Dein überkühner Mut, mit dem du dich,
Als wie ans Pferd gewachsen, voll Gefühl   5*
Der doppelten, centaurischen Gewalt,
Durch Tal und Berg, durch Fluß und Graben schleuderst,
Wie sich ein Vogel durch die Lüfte wirft,
Ach, öfters mehr geängstigt als entzückt.
Daß doch gemäßigter dein Trieb fortan   5
Der ritterlichen Übung sich erfreue!
EUGENIE. Dem Ungemeßnen beugt sich die Gefahr,
Beschlichen wird das Mäßige von ihr.
O fühle jetzt wie damals, da du mich,
Ein kleines Kind, in ritterliche Weise   6*
Mit heitrer Kühnheit fröhlich eingeweiht.
HERZOG. Ich hatte damals unrecht; soll mich nun
Ein langes Leben sorgenvoll bestrafen?
Und locket Übung des Gefährlichen
Nicht die Gefahr an uns heran?   6*
EUGENIE.   Das Glück
Und nicht die Sorge bändigt die Gefahr.
Leb' wohl, mein Vater, folge deinem König
Und sei nun auch um deiner Tochter willen
Sein redlicher Vasall, sein treuer Freund.
Leb' wohl!   6*
HERZOG.   O bleib! und steh an diesem Platz
Lebendig, aufrecht noch einmal, wie du

Ins Leben wieder aufsprangst, wo mit Wonne
Du mein zerrissen Herz erfüllend heiltest.
Unfruchtbar bleibe diese Freude nicht!
Zum ew'gen Denkmal weih' ich diesen Ort.   615
Hier soll ein Tempel aufstehn, der Genesung,
Der glücklichsten, gewidmet. Rings umher
Soll deine Hand ein Feenreich erschaffen.
Den wilden Wald, das struppige Gebüsch
Soll sanfter Gänge Labyrinth verknüpfen.   620
Der steile Fels wird gangbar, dieser Bach,
In reinen Spiegeln fällt er hier und dort.
Der überraschte Wandrer fühlt sich hier
Ins Paradies versetzt. Hier soll kein Schuß,
Solang' ich lebe, fallen, hier kein Vogel   625
Von seinem Zweig, kein Wild in seinem Busch
Geschreckt, verwundet, hingeschmettert werden.
Hier will ich her, wenn mir der Augen Licht,
Wenn mir der Füße Kraft zuletzt versagt,
Auf dich gelehnt, wallfahrten; immer soll   630
Des gleichen Danks Empfindung mich beleben.
Nun aber lebe wohl! Und wie? – Du weinst?
EUGENIE. O! wenn mein Vater ängstlich fürchten darf,
  Die Tochter zu verlieren, soll in mir
  Sich keine Sorge regen, ihn vielleicht –   635
  Wie kann ich's denken, sagen? – ihn zu missen?
  Verwaiste Väter sind beklagenswert;
  Allein verwaiste Kinder sind es mehr.
  Und ich, die Ärmste, stünde ganz allein
  Auf dieser weiten, fremden, wilden Welt,   640
  Müßt' ich von ihm, dem Einzigen, mich trennen.
HERZOG. Wie du mich stärktest, geb' ich dir's zurück.
  Laß uns getrost, wie immer, vorwärts gehen.
  Das Leben ist des Lebens Pfand; es ruht
  Nur auf sich selbst und muß sich selbst verbürgen.   645
  Drum laß uns eilig auseinander scheiden!
  Von diesem allzu weichen Lebewohl
  Soll ein erfreulich Wiedersehn uns heilen.
(Sie trennen sich schnell; aus der Entfernung werfen sie sich mit aus-
  gebreiteten Armen ein Lebewohl zu und gehen eilig ab.)

ZWEITER AUFZUG

Zimmer Eugeniens, im gotischen Stil.

ERSTER AUFTRITT

Hofmeisterin. Sekretär.

SEKRETÄR. Verdien' ich, daß du mich, im Augenblick,
  Da ich erwünschte Nachricht bringe, fliehst?
  Vernimm nur erst, was ich zu sagen habe!
HOFMEISTERIN. Wohin es deutet, fühl' ich nur zu sehr.
  O laß mein Auge vom bekannten Blick,
  Mein Ohr sich von bekannter Stimme wenden.
  Entfliehen laß mich der Gewalt, die, sonst
  Durch Lieb' und Freundschaft wirksam, fürchterlich
  Wie ein Gespenst mir nun zur Seite steht.
SEKRETÄR. Wenn ich des Glückes Füllhorn dir auf einmal,
  Nach langem Hoffen, vor die Füße schütte,
  Wenn sich die Morgenröte jenes Tags,
  Der unsern Bund auf ewig gründen soll,
  Am Horizonte feierlich erhebt,
  So scheinst du nun verlegen, widerwillig
  Den Antrag eines Bräutigams zu fliehn.
HOFMEISTERIN. Du zeigst mir nur die eine Seite dar:
  Sie glänzt und leuchtet, wie im Sonnenschein
  Die Welt erfreulich daliegt; aber hinten
  Droht schwarzer Nächte Graus, ich ahn' ihn schon.
SEKRETÄR. So laß uns erst die schöne Seite sehn!
  Verlangst du Wohnung, mitten in der Stadt,
  Geräumig, heiter, trefflich ausgestattet,
  Wie man's für sich so wie für Gäste wünscht:
  Sie ist bereit, der nächste Winter findet
  Uns festlich dort umgeben, wenn du willst.
  Sehnst du im Frühling dich aufs Land: auch dort
  Ist uns ein Haus, ein Garten uns bestimmt,
  Ein reiches Feld. Und was Erfreuliches
  An Waldung, Busch, an Wiesen, Bach und Seen
  Sich Phantasie zusammendrängen mag,

Genießen wir, zum Teil als unser eignes,   680
Zum Teil als allgemeines Gut. Wobei
Noch manche Rente gar bequem vergönnt,
Durch Sparsamkeit ein sichres Glück zu steigern.
HOFMEISTERIN. In trübe Wolken hüllt sich jenes Bild,
  So heiter du es malst, vor meinen Augen.   685
  Nicht wünschenswert, abscheulich naht sich mir
  Der Gott der Welt im Überfluß heran.
  Was für ein Opfer fordert er? Das Glück
  Des holden Zöglings müßt' ich morden helfen!
  Und was ein solch Verbrechen mir erwarb,   690
  Ich sollt' es je mit freier Brust genießen?
  Eugenie! du, deren holdes Wesen
  In meiner Nähe sich von Jugend auf
  Aus reicher Fülle rein entwickeln sollte,
  Kann ich noch unterscheiden, was an dir   695
  Dein eigen ist, und was du mir verdankst?
  Dich, die ich als mein selbstgebildet Werk
  Im Herzen trage, sollt' ich nun zerstören?
  Von welchem Stoffe seid ihr denn geformt,
  Ihr Grausamen, daß eine solche Tat   700
  Ihr fordern dürft und zu belohnen glaubt?
SEKRETÄR. Gar manchen Schatz bewahrt von Jugend auf
  Ein edles, gutes Herz und bildet ihn
  Nur immer schöner, liebenswürd'ger aus
  Zur holden Gottheit des geheimen Tempels;   705
  Doch wenn das Mächtige, das uns regiert,
  Ein großes Opfer heischt, wir bringen's doch,
  Mit blutendem Gefühl, der Not zuletzt.
  Zwei Welten sind es, meine Liebe, die,
  Gewaltsam sich bekämpfend, uns bedrängen.   710
HOFMEISTERIN. In völlig fremder Welt für mein Gefühl
  Scheinst du zu wandeln, da du deinem Herrn,
  Dem edlen Herzog, solche Jammertage
  Verräterisch bereitest, zur Partei
  Des Sohns dich fügest. Wenn das Waltende   715
  Verbrechen zu begünst'gen scheinen mag,
  So nennen wir es Zufall; doch der Mensch,
  Der ganz besonnen solche Tat erwählt,

Er ist ein Rätsel. Doch – und bin ich nicht
Mir auch ein Rätsel, daß ich noch an dir
Mit solcher Neigung hänge, da du mich
Zum jähen Abgrund hinzureißen strebst?
Warum, o! schuf dich die Natur von außen
Gefällig, liebenswert, unwiderstehlich,
Wenn sie ein kaltes Herz in deinen Busen,
Ein glückzerstörendes, zu pflanzen dachte?
SEKRETÄR. An meiner Neigung Wärme zweifelst du?
HOFMEISTERIN.
Ich würde mich vernichten, wenn ich's könnte.
Doch ach! warum, und mit verhaßtem Plan,
Aufs neue mich bestürmen? Schwurst du nicht,
In ew'ge Nacht das Schrecknis zu begraben?
SEKRETÄR. Ach, leider drängt sich's mächtiger hervor.
Den jungen Fürsten zwingt man zum Entschluß.
Erst blieb Eugenie so manches Jahr
Ein unbedeutend unbekanntes Kind.
Du hast sie selbst von ihren ersten Tagen
In diesen alten Sälen auferzogen,
Von wenigen besucht und heimlich nur.
Doch wie verheimlichte sich Vaterliebe!
Der Herzog, stolz auf seiner Tochter Wert,
Läßt nach und nach sie öffentlich erscheinen;
Sie zeigt sich reitend, fahrend. Jeder fragt
Und jeder weiß zuletzt, woher sie sei.
Nun ist die Mutter tot. Der stolzen Frau
War dieses Kind ein Greuel, das ihr nur
Der Neigung Schwäche vorzuwerfen schien.
Nie hat sie's anerkannt und kaum gesehn.
Durch ihren Tod fühlt sich der Herzog frei,
Entwirft geheime Plane, nähert sich
Dem Hofe wieder und entsagt zuletzt
Dem alten Groll, versöhnt sich mit dem König
Und macht sich's zur Bedingung: dieses Kind
Als Fürstin seines Stamms erklärt zu sehn.
HOFMEISTERIN.   Und gönnt ihr dieser köstlichen Natur
Vom Fürstenblute nicht das Glück des Rechts?
SEKRETÄR. Geliebte, Teure! Sprichst du doch so leicht,

Durch diese Mauern von der Welt geschieden,
In klösterlichem Sinne von dem Wert
Der Erdengüter. Blicke nur hinaus;
Dort wägt man besser solchen edlen Schatz.   760
Der Vater neidet ihn dem Sohn, der Sohn
Berechnet seines Vaters Jahre, Brüder
Entzweit ein ungewisses Recht auf Tod
Und Leben. Selbst der Geistliche vergißt,
Wohin er streben soll, und strebt nach Gold.   765
Verdächte man's dem Prinzen, der sich stets
Als einz'gen Sohn gefühlt, wenn er sich nun
Die Schwester nicht gefallen lassen will,
Die, eingedrungen, ihm das Erbteil schmälert?
Man stelle sich an seinen Platz und richte.   770
HOFMEISTERIN.
  Und ist er nicht schon jetzt ein reicher Fürst?
  Und wird er's nicht durch seines Vaters Tod
  Zum Übermaß? Wie wär' ein Teil der Güter
  So köstlich angelegt, wenn er dafür
  Die holde Schwester zu gewinnen wüßte!   775
SEKRETÄR. Willkürlich handeln ist des Reichen Glück!
  Er widerspricht der Fordrung der Natur,
  Der Stimme des Gesetzes, der Vernunft,
  Und spendet an den Zufall seine Gaben.
  Genug besitzen hieße darben. Alles   780
  Bedürfte man! Unendlicher Verschwendung
  Sind ungemeßne Güter wünschenswert.
  Hier denke nicht zu raten, nicht zu mildern;
  Kannst du mit uns nicht wirken, gib uns auf.
HOFMEISTERIN.
  Und was denn wirken? Lange droht ihr schon   785
  Von fern dem Glück des liebenswürd'gen Kindes.
  Was habt ihr denn in eurem furchtbarn Rat
  Beschlossen über sie? Verlangt ihr etwa,
  Daß ich mich blind zu eurer Tat geselle?
SEKRETÄR. Mit nichten! Hören kannst und sollst du gleich, 790
  Was zu beginnen, was von dir zu fordern
  Wir selbst genötigt sind. Eugenien
  Sollst du entführen! Sie muß dergestalt

Auf einmal aus der Welt verschwinden, daß
Wir sie getrost als tot beweinen können.
Verborgen muß ihr künftiges Geschick,
Wie das Geschick der Toten, ewig bleiben.
HOFMEISTERIN. Lebendig weiht ihr sie dem Grabe, mich
Bestimmt ihr tückisch zur Begleiterin.
Mich stoßt ihr mit hinab. Ich soll mit ihr,
Mit der Verratnen die Verräterin,
Der Toten Schicksal vor dem Tode teilen.
SEKRETÄR. Du führst sie hin und kehrest gleich zurück.
HOFMEISTERIN. Soll sie im Kloster ihre Tage schließen?
SEKRETÄR. Im Kloster nicht; wir mögen solch ein Pfand
Der Geistlichkeit nicht anvertrauen, die
Es leicht als Werkzeug gegen uns gebrauchte.
HOFMEISTERIN. So soll sie nach den Inseln? Sprich es aus.
SEKRETÄR. Du wirst's vernehmen! Jetzt beruh'ge dich.
HOFMEISTERIN. Wie kann ich ruhen bei Gefahr und Not,
Die meinen Liebling, die mich selbst bedräut?
SEKRETÄR. Dein Liebling kann auch drüben glücklich sein,
Und dich erwarten hier Genuß und Wonne.
HOFMEISTERIN.
O schmeichelt euch mit solcher Hoffnung nicht.
Was hilft's, in mich zu stürmen? zum Verbrechen
Mich anzulocken, mich zu drängen? Sie,
Das hohe Kind, wird euren Plan vereiteln.
Gedenkt nur nicht, sie als geduld'ges Opfer
Gefahrlos wegzuschleppen. Dieser Geist,
Der mutvoll sie beseelt, ererbte Kraft
Begleiten sie, wohin sie geht, zerreißen
Das falsche Netz, womit ihr sie umgab.
SEKRETÄR. Sie festzuhalten, das gelinge dir!
Willst du mich überreden, daß ein Kind,
Bisher im sanften Arm des Glücks gewiegt,
Im unverhofften Fall Besonnenheit
Und Kraft, Geschick und Klugheit zeigen werde?
Gebildet ist ihr Geist, doch nicht zur Tat,
Und wenn sie richtig fühlt und weise spricht,
So fehlt noch viel, daß sie gemessen handle.
Des Unerfahrnen hoher, freier Mut

Verliert sich leicht in Feigheit und Verzweiflung,
Wenn sich die Not ihm gegenüberstellt.
Was wir gesonnen, führe du es aus:
Klein wird das Übel werden, groß das Glück.   835
HOFMEISTERIN. So gebt mir Zeit, zu prüfen und zu wählen!
SEKRETÄR. Der Augenblick des Handelns drängt uns schon.
Der Herzog scheint gewiß, daß ihm der König
Am nächsten Fest die hohe Gunst gewähren
Und seine Tochter anerkennen wolle;   840
Denn Kleider und Juwelen stehn bereit,
Im prächt'gen Kasten sämtlich eingeschlossen,
Wozu er selbst die Schlüssel wohl verwahrt
Und ein Geheimnis zu verwahren glaubt;
Wir aber wissen's wohl und sind gerüstet.   845
Geschehen muß nun schnell das Überlegte.
Heut' abend hörst du mehr. Nun lebe wohl!
HOFMEISTERIN. Auf düstern Wegen wirkt ihr tückisch fort
Und wähnet, euren Vorteil klar zu sehen.
Habt ihr denn jeder Ahnung euch verschlossen,   850
Daß über Schuld und Unschuld, lichtverbreitend,
Ein rettend, rächend Wesen göttlich schwebt?
SEKRETÄR. Wer wagt, ein Herrschendes zu leugnen, das
Sich vorbehält, den Ausgang unsrer Taten
Nach seinem einz'gen Willen zu bestimmen?   855
Doch wer hat sich zu seinem hohen Rat
Gesellen dürfen? Wer Gesetz und Regel,
Wonach es ordnend spricht, erkennen mögen?
Verstand empfingen wir, uns mündig selbst
Im ird'schen Element zurechtzufinden,   860
Und was uns nützt, ist unser höchstes Recht.
HOFMEISTERIN. Und so verleugnet ihr das Göttlichste,
Wenn euch des Herzens Winke nichts bedeuten.
Mich ruft es auf, die schreckliche Gefahr
Vom holden Zögling kräftig abzuwenden,   865
Mich gegen dich und gegen Macht und List
Beherzt zu waffnen. Kein Versprechen soll,
Kein Drohn mich von der Stelle drängen. Hier,
Zu ihrem Heil gewidmet, steh' ich fest.
SEKRETÄR. O meine Gute! dies ihr Heil vermagst   870

Du ganz allein zu schaffen, die Gefahr
Von ihr zu wenden, magst du ganz allein,
Und zwar, indem du uns gehorchst. Ergreife
Sie schnell, die holde Tochter, führe sie,
So weit du kannst, hinweg, verbirg sie fern
Von aller Menschen Anblick, denn – Du schauderst,
Du fühlst, was ich zu sagen habe. Sei's,
Weil du mich drängest, endlich auch gesagt:
Sie zu entfernen, ist das Mildeste.
Willst du zu diesem Plan nicht tätig wirken,
Denkst du, dich ihm geheim zu widersetzen,
Und wagtest du, was ich dir anvertraut,
Aus guter Absicht irgend zu verraten,
So liegt sie tot in deinen Armen! Was
Ich selbst beweinen werde, muß geschehn.

ZWEITER AUFTRITT

HOFMEISTERIN. Die kühne Drohung überrascht mich nicht
Schon lange seh' ich dieses Feuer glimmen,
Nun schlägt es bald in lichte Flammen aus.
Um dich zu retten, muß ich, liebes Kind,
Dich deinem holden Morgentraum entreißen.
Nur eine Hoffnung lindert meinen Schmerz;
Allein sie schwindet, wie ich sie ergreife.
Eugenie! wenn du entsagen könntest
Dem hohen Glück, das unermeßlich scheint,
An dessen Schwelle dir Gefahr und Tod,
Verbannung als ein Milderes begegnet.
O dürft' ich dich erleuchten! dürft' ich dir
Verborgne Winkel öffnen, wo die Schar
Verschworner Verfolger tückisch lauscht!
Ach, schweigen soll ich! Leise kann ich nur
Dich ahnungsvoll ermahnen; wirst du wohl
Im Taumel deiner Freude mich verstehen?

DRITTER AUFTRITT

Eugenie. Hofmeisterin.

EUGENIE. Sei mir gegrüßt! du Freundin meines Herzens,
  An Mutter Statt Geliebte, sei gegrüßt.
HOFMEISTERIN. Mit Wonne drück' ich dich an dieses Herz, 905
  Geliebtes Kind, und freue mich der Freude,
  Die reich aus Lebensfülle dir entquillt.
  Wie heiter glänzt dein Auge! Welch Entzücken
  Umschwebet Mund und Wange! Welches Glück
  Drängt aus bewegtem Busen sich hervor!   910
EUGENIE. Ein großes Unheil hatte mich ergriffen:
  Vom Felsen stürzte Roß und Reiterin.
HOFMEISTERIN. O Gott!
EUGENIE.   Sei ruhig! Siehst du doch mich wieder,
  Gesund und hochbeglückt, nach diesem Fall.
HOFMEISTERIN. Und wie?   915
EUGENIE.   Du sollst es hören, wie so schön
  Aus diesem Übel sich das Glück entwickelt.
HOFMEISTERIN.
  Ach! aus dem Glück entwickelt oft sich Schmerz.
EUGENIE. Sprich böser Vorbedeutung Wort nicht aus!
  Und schrecke mich der Sorge nicht entgegen.
HOFMEISTERIN. O möchtest du mir alles gleich vertrauen! 920
EUGENIE. Von allen Menschen dir zuerst. Nur jetzt,
  Geliebte, laß mich mir. Ich muß allein
  Ins eigene Gefühl mich finden lernen.
  Du weißt, wie hoch mein Vater sich erfreut,
  Wenn unerwartet ihm ein klein Gedicht   925
  Entgegenkommt, wie mir's der Muse Gunst
  Bei manchem Anlaß willig schenken mag.
  Verlaß mich! Eben schwebt mir's heiter vor,
  Ich muß es haschen, sonst entschwindet's mir.
HOFMEISTERIN.
  Wann soll, wie sonst, vertrauter Stunden Reihe   930
  Mit reichlichen Gesprächen uns erquicken?
  Wann öffnen wir, zufriednen Mädchen gleich,
  Die ihren Schmuck einander wiederholt
  Zu zeigen kaum ermüden, unsres Herzens

Geheimste Fächer, uns bequem und herzlich
Des wechselseit'gen Reichtums zu erfreuen?
EUGENIE. Auch jene Stunden werden wiederkehren,
Von deren stillem Glück man mit Vertrauen,
Sich des Vertrauns erinnernd, gerne spricht.
Doch heute laß in voller Einsamkeit
Mich das Bedürfnis jener Tage finden.

VIERTER AUFTRITT

Eugenie, nachher Hofmeisterin außen.

EUGENIE (eine Brieftasche hervorziehend).
Und nun geschwind zum Pergament, zum Griffel!
Ich hab' es ganz, und eilig fass' ich's auf,
Was ich dem Könige zu jener Feier,
Bei der ich, neugeboren durch sein Wort,
Ins Leben trete, herzlich widmen soll.
            (Sie rezitiert langsam und schreibt.)
Welch Wonneleben wird hier ausgespendet!
    Willst du, o Herr der obern Regionen,
    Des Neulings Unvermögen nicht verschonen?
Ich sinke hin, von Majestät geblendet.
Doch bald getrost zu dir hinauf gewendet
    Erfreut's mich, an dem Fuß der festen Thronen,
    Ein Sprößling deines Stamms, beglückt zu wohnen,
Und all mein frühes Hoffen ist vollendet.
So fließe denn der holde Born der Gnaden!
    Hier will die treue Brust so gern verweilen
    Und an der Liebe Majestät sich fassen.
Mein Ganzes hängt an einem zarten Faden,
    Mir ist, als müßt' ich unaufhaltsam eilen,
    Das Leben, das du gabst, für dich zu lassen.
            (Das Geschriebene mit Gefälligkeit betrachtend.)
So hast du lange nicht, bewegtes Herz,
Dich in gemeßnen Worten ausgesprochen!
Wie glücklich, den Gefühlen unsrer Brust
Für ew'ge Zeit den Stempel aufzudrücken!
Doch ist es wohl genug? Hier quillt es fort,
Hier quillt es auf! – Du nahest, großer Tag,

Der uns den König gab und der nun mich
Dem Könige, dem Vater, mich mir selbst
Zu ungemeßner Wonne geben soll.
Dies hohe Fest verherrliche mein Lied!   970
Beflügelt drängt sich Phantasie voraus,
  Sie trägt mich vor den Thron und stellt mich vor,
  Sie gibt im Kreise mir –
HOFMEISTERIN (außen).
                          Eugenie!
EUGENIE. Was soll das?
HOFMEISTERIN.   Höre mich und öffne gleich!
EUGENIE. Verhaßte Störung! Öffnen kann ich nicht.   975
HOFMEISTERIN. Vom Vater Botschaft!
EUGENIE.   Wie? vom Vater? Gleich!
  Da muß ich öffnen.
HOFMEISTERIN.   Große Gaben scheint
  Er dir zu schicken.
EUGENIE.   Warte!
HOFMEISTERIN.   Hörst du?
EUGENIE.   Warte!
  Doch wo verberg' ich dieses Blatt? Zu klar
  Spricht's jene Hoffnung aus, die mich beglückt.   980
  Hier ist nichts zum Verschließen! Und bei mir
  Ist's nirgend sicher, diese Tasche kaum;
  Denn meine Leute sind nicht alle treu.
  Gar manches hat man schon mir, als ich schlief,
  Durchblättert und entwendet. Das Geheimnis,   985
  Das größte, das ich je gehegt, wohin,
  Wohin verberg' ich's?
              (Indem sie sich der Seitenwand nähert.)
                    Wohl! Hier war es ja,
  Wo du, geheimer Wandschrank, meiner Kindheit
  Unschuldige Geheimnisse verbargst!
  Du, den mir kindisch allausspähende,   990
  Von Neugier und von Müßiggang erzeugte,
  Rastlose Tätigkeit entdecken half,
  Du, jedem ein Geheimnis, öffne dich!
(Sie drückt an einer unbemerkbaren Feder, und eine kleine Türe springt
                      auf.)

So wie ich sonst verbotnes Zuckerwerk
Zu listigem Genuß in dir versteckte,
Vertrau' ich heute meines Lebens Glück
Entzückt und sorglich dir, auf kurze Zeit.
(Sie legt das Pergament in den Schrank und drückt ihn zu.)
Die Tage schreiten vor, und ahnungsvoller
Bewegen sich nun Freud' und Schmerz heran.
(Sie öffnet die Türe.)

FÜNFTER AUFTRITT

Eugenie. Hofmeisterin. Bediente, die einen prächtigen Putz-
kasten tragen.

HOFMEISTERIN.
Wenn ich dich störte, führ' ich gleich mit mir,
Was mich gewiß entschuld'gen soll, herbei.
EUGENIE. Von meinem Vater? dieser prächt'ge Schrein!
Auf welchen Inhalt deutet solch Gefäß?
(Zu den Bedienten.)
Verweilt!
(Sie reicht ihnen einen Beutel hin.)
Zum Vorschmack eures Botenlohns
Nehmt diese Kleinigkeit, das Beßre folgt.
(Bediente gehen.)
Und ohne Brief und ohne Schlüssel! Steht
Mir solch ein Schatz verborgen, in der Nähe?
O Neugier! O Verlangen! Ahnest du,
Was diese Gabe mir bedeuten kann?
HOFMEISTERIN. Ich zweifle nicht, du hast es selbst erraten.
Auf nächste Hoheit deutet sie gewiß.
Den Schmuck der Fürstentochter bringt man dir,
Weil dich der König bald berufen wird.
EUGENIE. Wie kannst du das vermuten?
HOFMEISTERIN.   Weiß ich's doch!
Geheimnisse der Großen sind belauscht.
EUGENIE. Und wenn du's weißt, was soll ich dir's verbergen?
Soll ich die Neugier, dies Geschenk zu sehn,

Vor dir umsonst bezähmen! – Hab' ich doch
Den Schlüssel hier! – Der Vater zwar verbot's.
Doch was verbot er? Das Geheimnis nicht   1020
Unzeitig zu entdecken; doch dir ist
Es schon entdeckt. Du kannst nicht mehr erfahren,
Als du schon weißt, und schweigst nun, mir zuliebe.
Was zaudern wir? Komm, laß uns öffnen! komm,
Daß uns der Gaben hoher Glanz entzücke.   1025
HOFMEISTERIN. Halt ein! Gedenke des Verbots! Wer weiß,
  Warum der Herzog weislich so befohlen?
EUGENIE. Mit Sinn befahl er, zum bestimmten Zweck;
  Der ist vereitelt: alles weißt du schon.
  Du liebst mich, bist verschwiegen, zuverlässig.   1030
  Laß uns das Zimmer schließen! das Geheime
  Laß uns sogleich vertraulich untersuchen.
     (Sie schließt die Zimmertüre und eilt gegen den Schrank.)
HOFMEISTERIN (sie abhaltend).
  Der prächt'gen Stoffe Gold und Farbenglanz,
  Der Perlen Milde, der Juwelen Strahl
  Bleib' im Verborgnen! Ach, sie reizen dich   1035
  Zu jenem Ziel unwiderstehlich auf.
EUGENIE. Was sie bedeuten, ist das Reizende.
     (Sie öffnet den Schrank, an der Türe zeigen sich Spiegel.)
  Welch köstliches Gewand entwickelt sich,
  Indem ich's nur berühre, meinem Blick.
  Und diese Spiegel! fordern sie nicht gleich,   1040
  Das Mädchen und den Schmuck vereint zu schildern?
HOFMEISTERIN. Kreusas tödliches Gewand entfaltet,
  So scheint es mir, sich unter meiner Hand.
EUGENIE.
  Wie schwebt ein solcher Trübsinn dir ums Haupt?
  Denk' an beglückter Bräute frohes Fest.   1045
  Komm! Reiche mir die Teile, nach und nach.
  Das Unterkleid! wie reich und süß durchflimmert
  Sich rein des Silbers und der Farben Blitz.
HOFMEISTERIN (indem sie Eugenien das Gewand umlegt).
  Verbirgt sich je der Gnade Sonnenblick,
  Sogleich ermattet solch ein Widerglanz.   1050
EUGENIE. Ein treues Herz verdient sich diesen Blick,

Und wenn er weichen wollte, zieht's ihn an. –
Das Oberkleid, das goldne, schlage drüber,
Die Schleppe ziehe, weit verbreitet, nach.
Auch diesem Gold ist, mit Geschmack und Wahl,
Der Blumen Schmelz metallisch aufgebrämt.
Und tret' ich so nicht schön umgeben auf?

HOFMEISTERIN.
Doch wird von Kennern mehr die Schönheit selbst
In ihrer eignen Herrlichkeit verehrt.

EUGENIE. Das einfach Schöne soll der Kenner schätzen;
Verziertes aber spricht der Menge zu. –
Nun leihe mir der Perlen sanftes Licht,
Auch der Juwelen leuchtende Gewalt.

HOFMEISTERIN. Doch deinem Herzen, deinem Geist genügt
Nur eigner, innrer Wert und nicht der Schein.

EUGENIE. Der Schein, was ist er, dem das Wesen fehlt?
Das Wesen, wär' es, wenn es nicht erschiene?

HOFMEISTERIN. Und hast du nicht in diesen Mauern selbst
Der Jugend ungetrübte Zeit verlebt?
Am Busen deiner Liebenden, entzückt,
Verborgner Wonne Seligkeit erfahren?

EUGENIE. Gefaltet kann die Knospe sich genügen,
Solange sie des Winters Frost umgibt;
Nun schwillt vom Frühlingshauche Lebenskraft,
In Blüten bricht sie auf, an Licht und Lüfte.

HOFMEISTERIN. Aus Mäßigkeit entspringt ein reines Glück.

EUGENIE. Wenn du ein mäßig Ziel dir vorgesteckt.

HOFMEISTERIN. Beschränktheit sucht sich der Genießende.

EUGENIE. Du überredest die Geschmückte nicht.
O daß sich dieser Saal erweiterte
Zum Raum des Glanzes, wo der König thront!
Daß reicher Teppich unten, oben sich
Der goldnen Decke Wölbung breitete!
Daß hier im Kreise, vor der Majestät,
Demütig stolz, die Großen, angelacht
Von dieser Sonne, herrlich leuchteten!
Ich unter diesen Ausgezeichneten
Am schönsten Fest die Ausgezeichnete!

O laß mir dieser Wonne Vorgefühl,
Wenn aller Augen mich zum Ziel erlesen.   1090
HOFMEISTERIN. Zum Ziele der Bewundrung nicht allein,
Zum Ziel des Neides und des Hasses mehr.
EUGENIE. Der Neider steht als Folie des Glücks,
Der Hasser lehrt uns immer wehrhaft bleiben.
HOFMEISTERIN. Demütigung beschleicht die Stolzen oft.   1095
EUGENIE. Ich setz' ihr Geistesgegenwart entgegen.
                (Zum Schranke gewendet.)
Noch haben wir nicht alles durchgesehn;
Nicht mich allein bedenk' ich diese Tage:
Für andre hoff' ich manche Kostbarkeit.
HOFMEISTERIN (ein Kästchen hervornehmend).
Hier aufgeschrieben steht es: „Zu Geschenken".   1100
EUGENIE. So nimm voraus, was dich vergnügen kann,
Von diesen Uhren, diesen Dosen. Wähle! –
Nein, überlege noch! Vielleicht verbirgt
Sich Wünschenswerteres im reichen Schrein.
HOFMEISTERIN. O fände sich ein kräft'ger Talisman,   1105
Des trüben Bruders Neigung zu gewinnen!
EUGENIE. Den Widerwillen tilge nach und nach
Des unbefangnen Herzens reines Wirken.
HOFMEISTERIN. Doch die Partei, die seinen Groll bestärkt,
Auf ewig steht sie deinem Wunsch entgegen.   1110
EUGENIE. Wenn sie bisher mein Glück zu hindern suchte,
Tritt nun Entscheidung unaufhaltsam ein,
Und ins Geschehne fügt sich jedermann.
HOFMEISTERIN.
Das, was du hoffest, noch ist's nicht geschehn.
EUGENIE. Doch als vollendet kann ich's wohl betrachten.   1115
                (Nach dem Schrank gekehrt.)
Was liegt im langen Kästchen, obenan?
HOFMEISTERIN (die es herausnimmt).
Die schönsten Bänder, frisch und neu gewählt –
Zerstreue nicht durch eitlen Flitterwesens
Neugierige Betrachtung deinen Geist.
O wär' es möglich, daß du meinem Wort   1120
Gehör verliehest, einen Augenblick!
Aus stillem Kreise trittst du nun heraus

In weite Räume, wo dich Sorgendrang,
Vielfach geknüpfte Netze, Tod vielleicht
Von meuchelmörderischer Hand erwartet.

EUGENIE.

Du scheinst mir krank! wie könnte sonst mein Glück
Dir fürchterlich, als ein Gespenst, erscheinen.

(In das Kästchen blickend.)

Was seh' ich? Diese Rolle! Ganz gewiß
Das Ordensband der ersten Fürstentöchter!
Auch dieses werd' ich tragen! Nur geschwind!
Laß sehen, wie es kleidet! Es gehört
Zum ganzen Prunk; so sei auch das versucht!

(Das Band wird umgelegt.)

Nun sprich vom Tode nur! sprich von Gefahr!
Was zieret mehr den Mann, als wenn er sich
Im Heldenschmuck zu seinem Könige,
Sich unter seinesgleichen stellen kann?
Was reizt das Auge mehr als jenes Kleid,
Das kriegerische lange Reihen zeichnet?
Und dieses Kleid und seine Farben, sind
Sie nicht ein Sinnbild ewiger Gefahr?
Die Schärpe deutet Krieg, womit sich, stolz
Auf seine Kraft, ein edler Mann umgürtet.
O meine Liebe! Was bedeutend schmückt,
Es ist durchaus gefährlich. Laß auch mir
Das Mutgefühl, was mir begegnen kann,
So prächtig ausgerüstet, zu erwarten.
Unwiderruflich, Freundin, bleibt mein Glück.

HOFMEISTERIN (beiseite).

Das Schicksal, das dich trifft, unwiderruflich.

DRITTER AUFZUG

Vorzimmer des Herzogs, prächtig, modern.

ERSTER AUFTRITT

Sekretär. Weltgeistlicher.

SEKRETÄR. Tritt still herein in diese Totenstille!
  Wie ausgestorben findest du das Haus,   1150
  Der Herzog schläft, und alle Diener stehen,
  Von seinem Schmerz durchdrungen, stumm gebeugt.
  Er schläft! Ich segnet' ihn, als ich ihn sah
  Bewußtlos auf dem Pfühle ruhig atmen.
  Das Übermaß der Schmerzen löste sich   1155
  In der Natur balsam'scher Wohltat auf.
  Den Augenblick befürcht' ich, der ihn weckt:
  Euch wird ein jammervoller Mann erscheinen.
WELTGEISTLICHER. Darauf bin ich bereitet, zweifelt nicht.
SEKRETÄR. Vor wenig Stunden kam die Nachricht an,   1160
  Eugenie sei tot! vom Pferd gestürzt!
  An eurem Orte sei sie beigesetzt,
  Als an dem nächsten Platz, wohin man sie
  Aus jenem Felsendickicht bringen können,
  Wo sie verwegen sich den Tod erstürmt.   1165
WELTGEISTLICHER. Und sie indessen ist schon weit entfernt?
SEKRETÄR. Mit rascher Eile wird sie weggeführt.
WELTGEISTLICHER.
  Und wem vertraut ihr solch ein schwer Geschäft?
SEKRETÄR. Dem klugen Weibe, das uns angehört.
WELTGEISTLICHER. In welche Gegend habt ihr sie geschickt? 1170
SEKRETÄR. Zu dieses Reiches letztem Hafenplatz.
WELTGEISTLICHER. Von dorten soll sie in das fernste Land?
SEKRETÄR. Sie führt ein günst'ger Wind sogleich davon.
WELTGEISTLICHER. Und hier auf ewig gelte sie für tot!
SEKRETÄR. Auf deiner Fabel Vortrag kommt es an.   1175
WELTGEISTLICHER. Der Irrtum soll im ersten Augenblick,
  Auf alle künft'ge Zeit, gewaltig wirken.
  An ihrer Gruft, an ihrer Leiche soll
  Die Phantasie erstarren. Tausendfach

Zerreiß' ich das geliebte Bild und grabe
Dem Sinne des entsetzten Hörenden
Mit Feuerzügen dieses Unglück ein.
Sie ist dahin für alle, sie verschwindet
Ins Nichts der Asche. Jeder kehret schnell
Den Blick zum Leben und vergißt, im Taumel
Der treibenden Begierden, daß auch sie
Im Reihen der Lebendigen geschwebt.
SEKRETÄR. Du trittst mit vieler Kühnheit ans Geschäft;
  Besorgst du keine Reue hintennach?
WELTGEISTLICHER. Welch eine Frage tust du? Wir sind fest!
SEKRETÄR. Ein innres Unbehagen fügt sich oft,
  Auch wider unsern Willen, an die Tat.
WELTGEISTLICHER.
  Was hör' ich? du bedenklich? oder willst
  Du mich nur prüfen, ob es euch gelang,
  Mich, euern Schüler, völlig auszubilden?
SEKRETÄR. Das Wichtige bedenkt man nie genug.
WELTGEISTLICHER. Bedenke man, eh' noch die Tat beginnt.
SEKRETÄR. Auch in der Tat ist Raum für Überlegung.
WELTGEISTLICHER. Für mich ist nichts zu überlegen mehr!
  Da wär' es Zeit gewesen, als ich noch
  Im Paradies beschränkter Freuden weilte,
  Als, von des Gartens engem Hag umschlossen,
  Ich selbstgesäte Bäume selber pfropfte,
  Aus wenig Beeten meinen Tisch versorgte,
  Als noch Zufriedenheit im kleinen Hause
  Gefühl des Reichtums über alles goß,
  Und ich, nach meiner Einsicht, zur Gemeinde
  Als Freund, als Vater aus dem Herzen sprach,
  Dem Guten fördernd meine Hände reichte,
  Dem Bösen wie dem Übel widerstritt.
  O hätte damals ein wohltät'ger Geist
  Vor meiner Türe dich vorbeigewiesen,
  An der du müde, durstig von der Jagd
  Zu klopfen kamst, mit schmeichlerischem Wesen,
  Mit süßem Wort mich zu bezaubern wußtest.
  Der Gastfreundschaft geweihter, schöner Tag,
  Er war der letzte reingenoßnen Friedens.

SEKRETÄR. Wir brachten dir so manche Freude zu.
WELTGEISTLICHER.
  Und dranget mir so manch Bedürfnis auf.
  Nun war ich arm, als ich die Reichen kannte;   1220
  Nun war ich sorgenvoll, denn mir gebrach's;
  Nun hatt' ich Not, ich brauchte fremde Hilfe.
  Ihr wart mir hilfreich, teuer büß' ich das.
  Ihr nahmt mich zum Genossen eures Glücks,
  Mich zum Gesellen eurer Taten auf.   1225
  Zum Sklaven, sollt' ich sagen, dingtet ihr
  Den sonst so freien, jetzt bedrängten Mann.
  Ihr lohnt ihm zwar, doch immer noch versagt
  Ihr ihm den Lohn, den er verlangen darf.
SEKRETÄR. Vertraue, daß wir dich in kurzer Zeit   1230
  Mit Gütern, Ehren, Pfründen überhäufen.
WELTGEISTLICHER. Das ist es nicht, was ich erwarten muß.
SEKRETÄR. Und welche neue Fordrung bildest du?
WELTGEISTLICHER.
  Als ein gefühllos Werkzeug braucht ihr mich
  Auch diesmal wieder. Dieses holde Kind   1235
  Verstoßt ihr aus dem Kreise der Lebend'gen;
  Ich soll die Tat beschönen, sie bedecken,
  Und ihr beschließt, begeht sie ohne mich.
  Von nun an fordr' ich, mit im Rat zu sitzen,
  Wo Schreckliches beschlossen wird, wo jeder,   1240
  Auf seinen Sinn, auf seine Kräfte stolz,
  Zum unvermeidlich Ungeheuren stimmt.
SEKRETÄR. Daß du auch diesmal dich mit uns verbunden,
  Erwirbt aufs neue dir ein großes Recht.
  Gar manch Geheimnis wirst du bald vernehmen –   1245
  Dahin gedulde dich und sei gefaßt.
WELTGEISTLICHER.
  Ich bin's und bin noch weiter, als ihr denkt;
  In eure Plane schaut' ich längst hinein.
  Der nur verdient geheimnisvolle Weihe,
  Der ihr durch Ahnung vorzugreifen weiß.   1250
SEKRETÄR. Was ahnest du? was weißt du?
WELTGEISTLICHER.   Laß uns das
  Auf ein Gespräch der Mitternacht versparen.

O dieses Mädchens trauriges Geschick
Verschwindet, wie ein Bach im Ozean,
Wenn ich bedenke, wie, verborgen, ihr
Zu mächtiger Parteigewalt euch hebt
Und an die Stelle der Gebietenden
Mit frecher List euch einzudrängen hofft.
Nicht ihr allein; denn andre streben auch,
Euch widerstrebend, nach demselben Zweck.
So untergrabt ihr Vaterland und Thron;
Wer soll sich retten, wenn das Ganze stürzt?
SEKRETÄR. Ich höre kommen! Tritt hier an die Seite!
Ich führe dich zu rechter Zeit herein.

ZWEITER AUFTRITT

Herzog. Sekretär.

HERZOG. Unsel'ges Licht! du rufst mich auf zum Leben,
    Mich zum Bewußtsein dieser Welt zurück
    Und meiner selbst. Wie öde, hohl und leer
    Liegt alles vor mir da, und ausgebrannt,
    Ein großer Schutt, die Stätte meines Glücks.
SEKRETÄR. Wenn jeder von den Deinen, die um dich
    In dieser Stunde leiden, einen Teil
    Von deinen Schmerzen übertragen könnte,
    Du fühltest dich erleichtert und gestärkt.
HERZOG. Der Schmerz um Liebe, wie die Liebe, bleibt
    Unteilbar und unendlich. Fühl' ich doch,
    Welch ungeheures Unglück den betrifft,
    Der seines Tags gewohntes Gut vermißt.
    Warum o! laßt ihr die bekannten Wände
    Mit Farb' und Gold mir noch entgegenscheinen,
    Die mich an gestern, mich an ehegestern,
    An jenen Zustand meines vollen Glücks
    Mich kalt erinnern! O warum verhüllet
    Ihr nicht Gemach und Saal mit schwarzem Krepp!
    Daß, finster wie mein Innres, auch von außen
    Ein ewig nächt'ger Schatten mich umfange.

SEKRETÄR. O möchte doch das viele, das dir bleibt
  Nach dem Verlust, als etwas dir erscheinen.
HERZOG. Ein geistverlaßner, körperlicher Traum!
  Sie war die Seele dieses ganzen Hauses.
  Wie schwebte beim Erwachen sonst das Bild   1290
  Des holden Kindes dringend mir entgegen!
  Hier fand ich oft ein Blatt von ihrer Hand,
  Ein geistreich, herzlich Blatt, zum Morgengruß.
SEKRETÄR.
  Wie drückte nicht der Wunsch, dich zu ergetzen,
  Sich dichtrisch oft in frühen Reimen aus.   1295
HERZOG. Die Hoffnung, sie zu sehen, gab den Stunden
  Des mühevollen Tags den einz'gen Reiz.
SEKRETÄR. Wie oft bei Hindernis und Zögrung hat
  Man ungeduldig, wie nach der Geliebten
  Den raschen Jüngling, dich nach ihr gesehn.   1300
HERZOG. Vergleiche doch die jugendliche Glut,
  Die selbstischen Besitz verzehrend hascht,
  Nicht dem Gefühl des Vaters, der entzückt,
  In heil'gem Anschaun stille hingegeben,
  Sich an Entwicklung wunderbarer Kräfte,   1305
  Sich an der Bildung Riesenschritten freut.
  Der Liebe Sehnsucht fordert Gegenwart;
  Doch Zukunft ist des Vaters Eigentum.
  Dort liegen seiner Hoffnung weite Felder,
  Dort seiner Saaten keimender Genuß.   1310
SEKRETÄR. O Jammer! diese grenzenlose Wonne,
  Dies ewig frische Glück verlorst du nun.
HERZOG. Verlor ich's? War es doch im Augenblick
  Vor meiner Seele noch im vollen Glanz.
  Ja, ich verlor's! du rufst's, Unglücklicher,   1315
  Die öde Stunde ruft mir's wieder zu.
  Ja, ich verlor's! So strömt, ihr Klagen, denn!
  Zerstöre, Jammer, diesen festen Bau,
  Den ein zu günstig Alter noch verschont.
  Verhaßt sei mir das Bleibende, verhaßt,   1320
  Was mir in seiner Dauer Stolz erscheint,
  Erwünscht, was fließt und schwankt. Ihr Fluten, schwellt,
  Zerreißt die Dämme, wandelt Land in See!

Eröffne deine Schlünde, wildes Meer,
Verschlinge Schiff und Mann und Schätze! Weit
Verbreitet euch, ihr kriegerischen Reihen,
Und häuft auf blut'gen Fluren Tod auf Tod!
Entzünde, Strahl des Himmels, dich im Leeren
Und triff der kühnen Türme sichres Haupt!
Zertrümmr', entzünde sie und geißle weit
Im Stadtgedräng der Flamme Wut umher,
Daß ich, von allem Jammer rings umfangen,
Dem Schicksal mich ergebe, das mich traf!

SEKRETÄR. Das ungeheuer Unerwartete
Bedrängt dich fürchterlich, erhabner Mann.

HERZOG. Wohl unerwartet kam's, nicht ungewarnt.
In meinen Armen ließ ein guter Geist
Sie von den Toten wieder auferstehn
Und zeigte mir gelind, vorübereilend,
Ein Schreckliches, nun ewig Bleibendes.
Da sollt' ich strafen die Verwegenheit,
Dem Übermut mich scheltend widersetzen,
Verbieten jene Raserei, die, sich
Unsterblich, unverwundbar wähnend, blind,
Wetteifernd mit dem Vogel, sich durch Wald
Und Fluß und Sträuche von dem Felsen stürzt.

SEKRETÄR. Was oft und glücklich unsre Besten tun,
Wie sollt' es dir des Unglücks Ahnung bringen?

HERZOG. Die Ahnung dieser Leiden fühlt' ich wohl,
Als ich zum letztenmal – Zum letztenmal!
Du sprichst es aus, das fürchterliche Wort,
Das deinen Weg mit Finsternis umzieht.
O hätt' ich sie nur einmal noch gesehn!
Vielleicht war dieses Unglück abzuleiten.
Ich hätte flehentlich gebeten, sie als Vater
Zum treulichsten ermahnt, sich mir zu schonen
Und von der Wut tollkühner Reiterei
Um unsres Glückes willen abzustehn.
Ach, diese Stunde war mir nicht gegönnt.
Und nun vermiss' ich mein geliebtes Kind!
Sie ist dahin! Verwegner ward sie nur
Durch jenen Sturz, dem sie so leicht entrann.

Und niemand, sie zu warnen, sie zu leiten!
Entwachsen war sie dieser Frauenzucht.
In welchen Händen ließ ich solchen Schatz?   1365
Verzärtelnden, nachgieb'gen Weiberhänden.
Kein festes Wort, den Willen meines Kinds
Zu mäßiger Vernünftigkeit zu lenken!
Zur unbedingten Freiheit ließ man ihr,
Zu jedem kühnen Wagnis offnes Feld.   1370
Ich fühlt' es oft und sagt' es mir nicht klar:
Bei diesem Weibe war sie schlecht verwahrt.
SEKRETÄR. O! tadle nicht die Unglückselige!
Vom tiefsten Schmerz begleitet, irrt sie nun,
Wer weiß, in welche Lande, trostlos hin.   1375
Sie ist entflohn. Denn wer vermöchte dir
Ins Angesicht zu sehen, der auch nur
Den fernsten Vorwurf zu befürchten hätte.
HERZOG. O! laß mich ungerecht auf andre zürnen,
Daß ich mich nicht verzweifelnd selbst zerreiße.   1380
Wohl trag' ich selbst die Schuld und trag' sie schwer.
Denn rief ich nicht mit törigem Beginnen
Gefahr und Tod auf dieses teure Haupt?
Sie überall zu sehn als Meisterin,
Das war mein Stolz! Zu teuer büß' ich ihn.   1385
Zu Pferde sollte sie, im Wagen sie,
Die Rosse bändigend, als Heldin glänzen.
Ins Wasser tauchend, schwimmend, schien sie mir
Den Elementen göttlich zu gebieten.
So, hieß es, kann sie jeglicher Gefahr   1390
Dereinst entgehen. Statt sie zu bewahren,
Gibt Übung zur Gefahr den Tod ihr nun.
SEKRETÄR. Des edlen Pflichtgefühles Übung gibt,
Ach! unsrer Unvergeßlichen den Tod.
HERZOG. Erkläre dich!   1395
SEKRETÄR.   Und weck' ich diesen Schmerz
Durch Schildrung kindlich edlen Unternehmens?
Ihr alter, erster, hochgeliebter Freund
Und Lehrer wohnt von dieser Stadt entfernt,
Verschränkt in Trübsinn, Krankheit, Menschenhaß.
Nur sie allein vermocht' ihn zu erheitern;   1400

Als Leidenschaft empfand sie diese Pflicht;
Nur allzu oft verlangte sie hinüber,
Und oft versagte man's. Nun hatte sie's
Planmäßig angelegt: sie nutzte kühn
Des Morgenrittes abgemeßne Stunden
Mit ungeheurer Schnelligkeit, zum Zweck,
Den alten, vielgeliebten Mann zu sehn.
Ein einz'ger Reitknecht nur war im Geheimnis,
Er unterlegt' ihr jedesmal das Pferd,
Wie wir vermuten; denn auch er ist fort.
Der arme Mensch und jene Frau verloren
Aus Furcht vor dir sich in die weite Welt.
HERZOG. Die Glücklichen, die noch zu fürchten haben,
Bei denen sich der Schmerz um ihres Herrn
Verlornes Heil in leicht verwundene,
In leicht gehobne Bangigkeit verwandelt!
Ich habe nichts zu fürchten! nichts zu hoffen!
Drum laß mich alles wissen; zeige mir
Den kleinsten Umstand an, ich bin gefaßt.

DRITTER AUFTRITT

Herzog. Sekretär. Weltgeistlicher.

SEKRETÄR. Auf diesen Augenblick, verehrter Fürst,
Hab' ich hier einen Mann zurückgehalten,
Der, auch gebeugt, vor deinem Blick erscheint.
Es ist der Geistliche, der aus der Hand
Des Todes deine Tochter aufgenommen
Und sie, da keiner Hilfe Trost sich zeigte,
Mit liebevoller Sorgfalt beigesetzt.

VIERTER AUFTRITT

Herzog. Weltgeistlicher.

WELTGEISTLICHER.
Den Wunsch, vor deinem Antlitz zu erscheinen,
Erhabner Fürst, wie lebhaft hegt' ich ihn!

Nun wird er mir gewährt im Augenblick,
Der dich und mich in tiefen Jammer senkt.   1430
HERZOG. Auch so willkommen, unwillkommner Bote!
  Du hast sie noch gesehn, den letzten Blick,
  Den sehnsuchtsvollen, dir ins Herz gefaßt,
  Das letzte Wort bedächtig aufgenommen,
  Dem letzten Seufzer Mitgefühl erwidert.   1435
  O sage: Sprach sie noch? Was sprach sie aus?
  Gedachte sie des Vaters? Bringst du mir
  Von ihrem Mund ein herzlich Lebewohl?
WELTGEISTLICHER.
  Willkommen scheint ein unwillkommner Bote,
  Solang' er schweigt und noch der Hoffnung Raum,   1440
  Der Täuschung Raum in unserm Herzen gibt.
  Der ausgesprochne Jammer ist verhaßt.
HERZOG. Was zauderst du? Was kann ich mehr erfahren?
  Sie ist dahin! Und diesen Augenblick
  Ist über ihrem Sarge Ruh und Stille.   1445
  Was sie auch litt, es ist für sie vorbei,
  Für mich beginnt es; aber rede nur!
WELTGEISTLICHER. Ein allgemeines Übel ist der Tod.
  So denke dir das Schicksal deiner Toten,
  Und finster wie des Grabes Nacht verstumme   1450
  Der Übergang, der sie hinabgeführt.
  Nicht jeden leitet ein gelinder Gang
  Unmerklich in das stille Reich der Schatten.
  Gewaltsam schmerzlich reißt Zerstörung oft
  Durch Höllenqualen in die Ruhe hin.   1455
HERZOG. So hat sie viel gelitten?
WELTGEISTLICHER.   Viel, nicht lange.
HERZOG. Es war ein Augenblick, in dem sie litt,
  Ein Augenblick, wo sie um Hilfe rief.
  Und ich? Wo war ich da? Welch ein Geschäft,
  Welch ein Vergnügen hatte mich gefesselt?   1460
  Verkündigte mir nichts das Schreckliche,
  Das mir das Leben voneinander riß?
  Ich hörte nicht den Schrei, ich fühlte nicht
  Den Unfall, der mich ohne Rettung traf.
  Der Ahnung heil'ges, fernes Mitgefühl   1465

Ist nur ein Märchen. Sinnlich und verstockt,
Ins Gegenwärtige verschlossen, fühlt
Der Mensch das nächste Wohl, das nächste Weh,
Und Liebe selbst ist in der Ferne taub.

WELTGEISTLICHER.
So viel auch Worte gelten, fühl' ich doch,   14
Wie wenig sie zum Troste wirken können.

HERZOG. Das Wort verwundet leichter, als es heilt.
Und ewig wiederholend strebt vergebens
Verlornes Glück der Kummer herzustellen.
So war denn keine Hilfe, keine Kunst   14
Vermögend, sie ins Leben aufzurufen?
Was hast du, sage mir, begonnen? was
Zu ihrem Heil versucht? Du hast gewiß
Nichts unbedacht gelassen.

WELTGEISTLICHER.   Leider war
Nichts zu bedenken mehr, als ich sie fand.   14

HERZOG. Und soll ich ihres Lebens holde Kraft
Auf ewig missen! Laß mich meinen Schmerz
Durch meinen Schmerz betrügen, diese Reste
Verewigen. O komm, wo liegen sie?

WELTGEISTLICHER. In würdiger Kapelle steht ihr Sarg   14
Allein verwahrt. Ich sehe vom Altar
Durchs Gitter jedesmal die Stätte, will
Für sie, solang' ich lebe, betend flehen.

HERZOG. O komm und führe mich dahin! Begleiten
Soll uns der Ärzte vielerfahrenster.   14
Laß uns den schönen Körper der Verwesung
Entreißen, laß mit edlen Spezereien
Das unschätzbare Bild zusammenhalten!
Ja! die Atomen alle, die sich einst
Zur köstlichen Gestalt versammelten,   14
Sie sollen nicht ins Element zurück.

WELTGEISTLICHER.
Was darf ich sagen? Muß ich dir bekennen!
Du kannst nicht hin! Ach! das zerstörte Bild!
Kein Fremder säh' es ohne Jammer an!
Und vor die Augen eines Vaters – Nein,   15
Verhüt' es Gott! du darfst sie nicht erblicken.

HERZOG. Welch neuer Qualenkrampf bedrohet mich!
WELTGEISTLICHER.
  O! laß mich schweigen, daß nicht meine Worte
  Auch die Erinnrung der Verlornen schänden!
  Laß mich verhehlen, wie sie, durchs Gebüsch,   1505
  Durch Felsen hergeschleift, entstellt und blutig,
  Zerrissen und zerschmettert und zerbrochen,
  Unkenntlich, mir im Arm zur Erde hing.
  Da segnet' ich, von Tränen überfließend,
  Der Stunde Heil, in der ich feierlich   1510
  Dem holden Vaternamen einst entsagt.
HERZOG. Du bist nicht Vater! bist der selbstischen
  Verstockten, der Verkehrten einer, die
  Ihr abgeschloßnes Wesen unfruchtbar
  Verzweifeln läßt. Entferne dich! Verhaßt   1515
  Erscheinet mir dein Anblick.
WELTGEISTLICHER.   Fühlt' ich's doch!
  Wer kann dem Boten solcher Not verzeihn?
           (Will sich entfernen.)
HERZOG. Vergib und bleib. Ein schön entworfnes Bild,
  Das wunderbar dich selbst zum zweitenmal
  Vor deinen Augen zu erschaffen strebt,   1520
  Hast du entzückt es jemals angestaunt?
  O hättest du's! du hättest diese Form,
  Die sich zu meinem Glück, zur Lust der Welt
  In tausendfält'gen Zügen auferbaut,
  Mir grausam nicht verstümmelt, mir die Wonne   1525
  Der traurigen Erinnrung nicht verkümmert!
WELTGEISTLICHER.
  Was sollt' ich tun? dich zu dem Sarge führen,
  Den tausend fremde Tränen schon benetzt,
  Als ich das morsche, schlotternde Gebein
  Zu ruhiger Verwesung eingeweiht?   1530
HERZOG. Schweig, Unempfindlicher! du mehrest nur
  Den herben Schmerz, den du zu lindern denkst.
  O! Wehe! daß die Elemente nun,
  Von keinem Geist der Ordnung mehr beherrscht,
  Im leisen Kampf das Götterbild zerstören.   1535
  Wenn über werdend Wachsendem vorher

7*

Der Vatersinn mit Wonne brütend schwebte,
So stockt, so kehrt in Moder nach und nach
Vor der Verzweiflung Blick die Lust des Lebens.
WELTGEISTLICHER. Was Luft und Licht Zerstörliches erbaut,
Bewahret lange das verschloßne Grab.
HERZOG. O weiser Brauch der Alten, das Vollkommne,
Das ernst und langsam die Natur geknüpft,
Des Menschenbilds erhabne Würde, gleich
Wenn sich der Geist, der wirkende, getrennt,
Durch reiner Flammen Tätigkeit zu lösen!
Und wenn die Glut mit tausend Gipfeln sich
Zum Himmel hob und zwischen Dampf und Wolken,
Des Adlers Fittich deutend, sich bewegte,
Da trocknete die Träne, freier Blick
Der Hinterlaßnen stieg dem neuen Gott
In des Olymps verklärte Räume nach.
O sammle mir in köstliches Gefäß
Der Asche, der Gebeine trüben Rest,
Daß die vergebens ausgestreckten Arme
Nur etwas fassen, daß ich dieser Brust,
Die sehnsuchtsvoll sich in das Leere drängt,
Den schmerzlichsten Besitz entgegendrücke.
WELTGEISTLICHER.
Die Trauer wird durch Trauren immer herber.
HERZOG. Durch Trauren wird die Trauer zum Genuß.
O daß ich doch geschwundner Asche Rest,
Im kleinen Hause, wandernd, immer weiter,
Bis zu dem Ort, wo ich zuletzt sie sah,
Als Büßender mit kurzen Schritten trüge!
Dort lag sie tot in meinen Armen, dort
Sah ich, getäuscht, sie in das Leben kehren.
Ich glaubte, sie zu fassen, sie zu halten,
Und nun ist sie auf ewig mir entrückt.
Dort aber will ich meinen Schmerz verew'gen.
Ein Denkmal der Genesung hab' ich dort,
In meines Traums Entzückungen, gelobt –
Schon führet klug des Gartenmeisters Hand
Durch Busch und Fels bescheidne Wege her,
Schon wird der Platz gerundet, wo mein König

Als Oheim sie an seine Brust geschlossen,   1575
Und Ebenmaß und Ordnung will den Raum
Verherrlichen, der mich so hoch beglückt.
Doch jede Hand soll feiern! Halb vollbracht
Soll dieser Plan, wie mein Geschick, erstarren!
Das Denkmal nur, ein Denkmal will ich stiften,   1580
Von rauhen Steinen ordnungslos getürmt,
Dorthin zu wallen, stille zu verweilen,
Bis ich vom Leben endlich selbst genese.
O laßt mich dort, versteint, am Steine ruhn,
Bis aller Sorgfalt lichtgezogne Spur   1585
Aus dieser Wüste Trauersitz verschwindet!
Mag sich umher der freie Platz berasen,
Mag sich der Zweig dem Zweige wild verflechten,
Der Birke hangend Haar den Boden schlagen,
Der junge Busch zum Baume sich erheben,   1590
Mit Moos der glatte Stamm sich überziehn:
Ich fühle keine Zeit; denn sie ist hin,
An deren Wachstum ich die Jahre maß.

WELTGEISTLICHER.

Den vielbewegten Reiz der Welt zu meiden,
Das Einerlei der Einsamkeit zu wählen,   1595
Wird sich's der Mann erlauben, der sich oft
Wohltätiger Zerstreuung übergab,
Wenn Unerträgliches, mit Felsenlast
Herbei sich wälzend, ihn bedrohend, schlich?
Hinaus! mit Flügelschnelle durch das Land,   1600
Durch fremde Reiche, daß vor deinem Sinn
Der Erde Bilder heilend sich bewegen.

HERZOG. Was hab' ich in der Welt zu suchen, wenn
Ich sie nicht wiederfinde, die allein
Ein Gegenstand für meine Blicke war?   1605
Soll Fluß und Hügel, Tal und Wald und Fels
Vorüber meinen Augen gehn und nur
Mir das Bedürfnis wecken, jenes Bild,
Das einzige, geliebte, zu erhaschen?
Vom hohen Berg hinab, ins weite Meer,   1610
Was soll für mich ein Reichtum der Natur,
Der an Verlust und Armut mich erinnert!

WELTGEISTLICHER. Und neue Güter eignest du dir an!
HERZOG. Nur durch der Jugend frisches Auge mag
　Das längst Bekannte neubelebt uns rühren,
　Wenn das Erstaunen, das wir längst verschmäht,
　Von Kindes Munde hold uns widerklingt.
　So hofft' ich, ihr des Reichs bebaute Flächen,
　Der Wälder Tiefen, der Gewässer Flut
　Bis an das offne Meer zu zeigen, dort
　Mich ihres trunknen Blicks ins Unbegrenzte
　Mit unbegrenzter Liebe zu erfreun.
WELTGEISTLICHER.
　Wenn du, erhabner Fürst, des großen Lebens
　Beglückte Tage der Beschauung nicht
　Zu widmen trachtetest, wenn Tätigkeit
　Fürs Wohl Unzähliger am Throne dir
　Zum Vorzug der Geburt den herrlichern
　Des allgemeinen, edlen Wirkens gab,
　So ruf' ich dich, im Namen aller, auf:
　Ermanne dich! und laß die trüben Stunden,
　Die deinen Horizont umziehn, für andre,
　Durch Trost und Rat und Hilfe, laß für dich
　Auch diese Stunden so zum Feste werden.
HERZOG. Wie schal und abgeschmackt ist solch ein Leben
　Wenn alles Regen, alles Treiben stets
　Zu neuem Regen, neuem Treiben führt
　Und kein geliebter Zweck euch endlich lohnt.
　Den sah ich nur in ihr, und so besaß
　Und so erwarb ich mit Vergnügen, ihr
　Ein kleines Reich anmut'gen Glücks zu schaffen.
　So war ich heiter, aller Menschen Freund,
　Behilflich, wach, zu Rat und Tat bequem.
　Den Vater lieben sie! so sagt' ich mir,
　Dem Vater danken sie's und werden auch
　Die Tochter einst als werte Freundin grüßen.
WELTGEISTLICHER. Zu süßen Sorgen bleibt nun keine Zeit
　Ganz andre fordern dich, erhabner Mann!
　Darf ich's erwähnen? Ich, der unterste
　Von deinen Dienern? Jeder ernste Blick
　In diesen trüben Tagen ist auf dich,

Auf deinen Wert, auf deine Kraft gerichtet.

HERZOG. Der Glückliche nur fühlt sich Wert und Kraft.

WELTGEISTLICHER. So tiefer Schmerzen heiße Qual verbürgt
Dem Augenblick unendlichen Gehalt,
Mir aber auch Verzeihung, wenn sich kühn   1655
Vertraulichkeit von meinen Lippen wagt:
Wie heftig wilde Gärung unten kocht,
Wie Schwäche kaum sich oben schwankend hält;
Nicht jedem wird es klar, dir aber ist's
Mehr als der Menge, der ich angehöre.   1660
O zaudre nicht, im nahen Sturmgewitter
Das falsch gelenkte Steuer zu ergreifen!
Zum Wohle deines Vaterlands verbanne
Den eignen Schmerz; sonst werden tausend Väter,
Wie du, um ihre Kinder weinen, tausend   1665
Und aber tausend Kinder ihre Väter
Vermissen, Angstgeschrei der Mütter gräßlich
An hohler Kerkerwand verklingend hallen.
O bringe deinen Jammer, deinen Kummer
Auf dem Altar des allgemeinen Wohls   1670
Zum Opfer dar, und alle, die du rettest,
Gewinnst du dir als Kinder zum Ersatz.

HERZOG. Aus grauenvollen Winkeln führe nicht
Mir der Gespenster dichte Schar heran,
Die meiner Tochter liebliche Gewalt   1675
Mir zaubrisch oft und leicht hinweggebannt.
Sie ist dahin, die schmeichlerische Kraft,
Die meinen Geist in holde Träume sang.
Nun drängt das Wirkliche mit dichten Massen
An mich heran und droht, mich zu erdrücken.   1680
Hinaus, hinaus! Von dieser Welt hinweg!
Und lügt mir nicht das Kleid, in dem du wandelst,
So führe mich zur Wohnung der Geduld,
Ins Kloster führe mich und laß mich dort,
Im allgemeinen Schweigen, stumm, gebeugt,   1685
Ein müdes Leben in die Grube senken.

WELTGEISTLICHER.
Mir ziemt es kaum, dich an die Welt zu weisen;
Doch andre Worte sprech' ich kühner aus.

Nicht in das Grab, nicht übers Grab verschwendet
Ein edler Mann der Sehnsucht hohen Wert.   1695
Er kehrt in sich zurück und findet staunend
In seinem Busen das Verlorne wieder.
HERZOG. Daß ein Besitz so fest sich hier erhält,
Wenn das Verlorne fern und ferner flieht,
Das ist die Qual, die das geschiedene,   1699
Für ewig losgerißne Glied aufs neue
Dem schmerzergriffnen Körper fügen will.
Getrenntes Leben, wer vereinigt's wieder?
Vernichtetes, wer stellt es her?
WELTGEISTLICHER.   Der Geist!
Des Menschen Geist, dem nichts verlorengeht,   1705
Was er von Wert mit Sicherheit besessen.
So lebt Eugenie vor dir, sie lebt
In deinem Sinne, den sie sonst erhub,
Dem sie das Anschaun herrlicher Natur
Lebendig aufgeregt; so wirkt sie noch   1710
Als hohes Vorbild, schützet vor Gemeinem,
Vor Schlechtem dich, wie's jede Stunde bringt,
Und ihrer Würde wahrer Glanz verscheuchet
Den eitlen Schein, der dich bestechen will.
So fühle dich durch ihre Kraft beseelt!   1715
Und gib ihr so ein unzerstörlich Leben,
Das keine Macht entreißen kann, zurück.
HERZOG. Laß eines dumpfen, dunkeln Traumgeflechtes
Verworrne Todesnetze mich zerreißen!
Und bleibe mir, du vielgeliebtes Bild,   1720
Vollkommen, ewig jung und ewig gleich!
Laß deiner klaren Augen reines Licht
Mich immerfort umglänzen! Schwebe vor,
Wohin ich wandle, zeige mir den Weg
Durch dieser Erde Dornenlabyrinth!   1725
Du bist kein Traumbild, wie ich dich erblicke;
Du warst, du bist. Die Gottheit hatte dich
Vollendet einst gedacht und dargestellt.
So bist du teilhaft des Unendlichen,
Des Ewigen, und bist auf ewig mein.   1730

VIERTER AUFZUG

Platz am Hafen. Zur einen Seite ein Palast, auf der andern eine
Kirche, im Grund eine Reihe Bäume, durch die man nach dem Hafen
hinabsieht.

ERSTER AUFTRITT

Eugenie, in einen Schleier gehüllt, auf einer Bank im Grunde, mit dem
Gesicht nach der See. Hofmeisterin, Gerichtsrat im Vordergrunde.

HOFMEISTERIN. Drängt unausweichlich ein betrübt Geschäft
   Mich aus dem Mittelpunkt des Reiches, mich
   Aus dem Bezirk der Hauptstadt an die Grenze
   Des festen Lands, zu diesem Hafenplatz,
   So folgt mir streng die Sorge, Schritt vor Schritt,   1730
   Und deutet mir bedenklich in die Weite.
   Wie müssen Rat und Anteil eines Manns,
   Der allen edel, zuverlässig gilt,
   Mir als ein Leitstern wonniglich erscheinen!
   Verzeih daher, wenn ich mit diesem Blatt,   1735
   Das mich zu solcher schweren Tat berechtigt,
   Zu dir mich wendend komme, den so lange
   Man im Gericht, wo viel Gerechte wirken,
   Erst pries als Beistand, nun als Richter preist.
GERICHTSRAT (der indessen das Blatt nachdenkend angesehen).
   Nicht mein Verdienst, nur mein Bemühen war   1740
   Vielleicht zu preisen. Sonderbar jedoch
   Will es mich dünken, daß du eben diesen,
   Den du gerecht und edel nennen willst,
   In solcher Sache fragen, ihm getrost
   Solch ein Papier vors Auge bringen magst,   1745
   Worauf er nur mit Schauder blicken kann.
   Nicht ist von Recht, noch von Gericht die Rede:
   Hier ist Gewalt! entsetzliche Gewalt,
   Selbst wenn sie klug, selbst wenn sie weise handelt.
   Anheimgegeben ward ein edles Kind,   1750
   Auf Tod und Leben – sag' ich wohl zu viel? –,
   Anheimgegeben deiner Willkür. Jeder,
   Sei er Beamter, Kriegsmann, Bürger, alle

Sind angewiesen, dich zu schützen, sie
Nach deines Worts Gesetzen zu behandeln.

(Er gibt das Blatt zurück.)

HOFMEISTERIN. Auch hier beweise dich gerecht und laß
Nicht dies Papier allein als Kläger sprechen,
Auch mich, die hart Verklagte, höre nun
Und meinen offnen Vortrag günstig an.
Aus edlem Blut entsproß die Treffliche;
Von jeder Gabe, jeder Tugend schenkt'
Ihr die Natur den allerschönsten Teil,
Wenn das Gesetz ihr andre Rechte weigert.
Und nun verbannt! Ich sollte sie dem Kreise
Der Ihrigen entführen, sie hierher,
Hinüber nach den Inseln sie geleiten.

GERICHTSRAT. Gewissem Tod entgegen, der im Qualm
Erhitzter Dünste schleichend überfällt.
Dort soll verwelken diese Himmelsblume,
Die Farbe dieser Wange dort verbleichen!
Verschwinden die Gestalt, die sich das Auge
Mit Sehnsucht immer zu erhalten wünscht.

HOFMEISTERIN. Bevor du richtest, höre weiter an!
Unschuldig ist – bedarf es wohl Beteurung? –,
Doch vieler Übel Ursach dieses Kind.
Sie, als des Haders Apfel, warf ein Gott
Erzürnt ins Mittel zwischen zwei Parteien,
Die sich, auf ewig nun getrennt, bekämpfen.
Sie will der eine Teil zum höchsten Glück
Berechtigt wissen, wenn der andre sie
Hinabzudrängen strebt. Entschieden beide. –
Und so umschlang ein heimlich Labyrinth
Verschmitzten Wirkens doppelt ihr Geschick,
So schwankte List um List im Gleichgewicht,
Bis ungeduld'ge Leidenschaft zuletzt
Den Augenblick entschiedenen Gewinns
Beschleunigte. Da brach von beiden Seiten
Die Schranke der Verstellung, drang Gewalt,
Dem Staate selbst gefährlich drohend, los,
Und nun, sogleich der Schuld'gen Schuld zu hemmen,
Zu tilgen, trifft ein hoher Götterspruch

Des Kampfs unschuld'gen Anlaß, meinen Zögling,
Und reißt, verbannend, mich mit ihm dahin.
GERICHTSRAT.
  Ich schelte nicht das Werkzeug, rechte kaum
  Mit jenen Mächten, die sich solche Handlung   1795
  Erlauben können. Leider sind auch sie
  Gebunden und gedrängt. Sie wirken selten
  Aus freier Überzeugung. Sorge, Furcht
  Vor größerm Übel nötiget Regenten
  Die nützlich ungerechten Taten ab.   1800
  Vollbringe, was du mußt, entferne dich
  Aus meiner Enge reingezognem Kreis.
HOFMEISTERIN. Den eben such' ich auf! da dring' ich hin!
  Dort hoff' ich Heil! du wirst mich nicht verstoßen.
  Den werten Zögling wünscht' ich lange schon   1805
  Vom Glück zu überzeugen, das im Kreise
  Des Bürgerstandes hold genügsam weilt.
  Entsagte sie der nicht gegönnten Höhe,
  Ergäbe sich des biedern Gatten Schutz
  Und wendete von jenen Regionen,   1810
  Wo sie Gefahr, Verbannung, Tod umlauern,
  Ins Häusliche den liebevollen Blick:
  Gelöst wär' alles, meiner strengen Pflicht
  Wär' ich entledigt, könnt' im Vaterland
  Vertrauter Stunden mich verweilend freuen.   1815
GERICHTSRAT. Ein sonderbar Verhältnis zeigst du mir!
HOFMEISTERIN. Dem klug entschloßnen Manne zeig' ich's an.
GERICHTSRAT. Du gibst sie frei, wenn sich ein Gatte findet?
HOFMEISTERIN. Und reichlich ausgestattet geb' ich sie.
GERICHTSRAT. So übereilt, wer dürfte sich entschließen? 1820
HOFMEISTERIN. Nur übereilt bestimmt die Neigung sich.
GERICHTSRAT. Die Unbekannte wählen wäre Frevel.
HOFMEISTERIN. Dem ersten Blick ist sie gekannt und wert.
GERICHTSRAT. Der Gattin Feinde drohen auch dem Gatten.
HOFMEISTERIN. Versöhnt ist alles, wenn sie Gattin heißt. 1825
GERICHTSRAT.
  Und ihr Geheimnis, wird man's ihm entdecken?
HOFMEISTERIN. Vertrauen wird man dem Vertrauenden.
GERICHTSRAT. Und wird sie frei solch einen Bund erwählen?

HOFMEISTERIN. Ein großes Übel dränget sie zur Wahl.
GERICHTSRAT. In solchem Fall zu werben, ist es redlich? 1830
HOFMEISTERIN. Der Rettende faßt an und klügelt nicht.
GERICHTSRAT. Was forderst du vor allen andern Dingen?
HOFMEISTERIN. Entschließen soll sie sich im Augenblick.
GERICHTSRAT. Ist euer Schicksal ängstlich so gesteigert?
HOFMEISTERIN. Im Hafen regt sich emsig schon die Fahrt. 1835
GERICHTSRAT. Hast du ihr früher solchen Bund geraten?
HOFMEISTERIN. Im allgemeinen deutet' ich dahin.
GERICHTSRAT. Entfernte sie unwillig den Gedanken?
HOFMEISTERIN. Noch war das alte Glück ihr allzu nah.
GERICHTSRAT. Die schönen Bilder, werden sie entweichen? 1840
HOFMEISTERIN. Das hohe Meer hat sie hinweggeschreckt.
GERICHTSRAT. Sie fürchtet, sich vom Vaterland zu trennen?
HOFMEISTERIN.
　　Sie fürchtet's, und ich fürcht' es wie den Tod.
　　O laß uns, Edler, glücklich Aufgefundner,
　　Vergebne Worte nicht bedenklich wechseln! 1845
　　Noch lebt in dir, dem Jüngling, jede Tugend,
　　Die mächt'gen Glaubens, unbedingter Liebe
　　Zu nie genug geschätzter Tat bedarf.
　　Gewiß umgibt ein schöner Kreis dich auch
　　Von Ähnlichen – von Gleichen sag' ich nicht! 1850
　　O sieh dich um in deinem eignen Herzen,
　　In deiner Freunde Herzen sieh umher,
　　Und findest du ein überfließend Maß
　　Von Liebe, von Ergebung, Kraft und Mut,
　　So werde dem Verdientesten dies Kleinod 1855
　　Mit stillem Segen heimlich übergeben!
GERICHTSRAT. Ich weiß, ich fühle deinen Zustand, kann
　　Und mag nicht mit mir selbst bedächtig erst,
　　Wie Klugheit forderte, zu Rate gehn!
　　Ich will sie sprechen.
HOFMEISTERIN (tritt zurück gegen Eugenien).
GERICHTSRAT. 　　　　　　Was geschehen soll, 1860
　　Es wird geschehn! In ganz gemeinen Dingen
　　Hängt viel von Wahl und Wollen ab; das Höchste,
　　Was uns begegnet, kommt wer weiß woher.

ZWEITER AUFTRITT

Eugenie. Gerichtsrat.

GERICHTSRAT. Indem du mir, verehrte Schöne, nahst,
  So zweifl’ ich fast, ob man mich treu berichtet.   1865
  Du bist unglücklich, sagt man; doch du bringst,
  Wohin du wandelst, Glück und Heil heran.
EUGENIE. Find’ ich den Ersten, dem aus tiefer Not
  Ich Blick und Wort entgegenwenden darf,
  So mild und edel, als du mir erscheinst: 1870
  Dies Angstgefühl, ich hoffe, wird sich lösen.
GERICHTSRAT. Ein Vielerfahrner wäre zu bedauern,
  Wär’ ihm das Los gefallen, das dich trifft;
  Wie ruft nicht erst bedrängter Jugend Kummer
  Die Mitgefühle hilfsbedürftig an!   1875
EUGENIE. So hob ich mich vor kurzem aus der Nacht
  Des Todes an des Tages Licht herauf:
  Ich wußte nicht, wie mir geschehn! wie hart
  Ein jäher Sturz mich lähmend hingestreckt.
  Da rafft’ ich mich empor, erkannte wieder   1880
  Die schöne Welt, ich sah den Arzt bemüht,
  Die Flamme wieder anzufachen, fand
  In meines Vaters liebevollem Blick,
  An seinem Ton mein Leben wieder. Nun
  Zum zweitenmal, von einem jähern Sturz   1885
  Erwach’ ich! Fremd und schattengleich erscheint
  Mir die Umgebung, mir der Menschen Wandeln,
  Und deine Milde selbst ein Traumgebild.
GERICHTSRAT. Wenn Fremde sich in unsre Lage fühlen,
  Sind sie wohl näher als die Nächsten, die   1890
  Oft unsern Gram als wohlbekanntes Übel
  Mit lässiger Gewohnheit übersehn.
  Dein Zustand ist gefährlich; ob er gar
  Unheilbar sei, wer wagt es zu entscheiden!
EUGENIE. Ich habe nichts zu sagen. Unbekannt   1895
  Sind mir die Mächte, die mein Elend schufen.
  Du hast das Weib gesprochen, jene weiß;
  Ich dulde nur dem Wahnsinn mich entgegen.

GERICHTSRAT.
 Was auch der Obermacht gewalt'gen Schluß
 Auf dich herabgerufen, leichte Schuld,   1900
 Ein Irrtum, den der Zufall schädlich leitet –
 Die Achtung bleibt, die Neigung spricht für dich.
EUGENIE. Des reinen Herzens traulich mir bewußt,
 Sinn' ich der Wirkung kleiner Fehler nach.
GERICHTSRAT. Auf ebnem Boden straucheln, ist ein Scherz,   190
 Ein Fehltritt stürzt vom Gipfel dich herab.
EUGENIE. Auf jenen Gipfeln schwebt' ich voll Entzücken,
 Der Freuden Übermaß verwirrte mich.
 Das nahe Glück berührt' ich schon im Geist,
 Ein köstlich Pfand lag schon in meinen Händen.   191
 Nur wenig Ruhe! wenige Geduld!
 Und alles war, so darf ich glauben, mein.
 Doch übereilt' ich's, überließ mich rasch
 Zudringlicher Versuchung. – War es das? –
 Ich sah, ich sprach, was mir zu sehn, zu sprechen   191
 Verboten war. Wird ein so leicht Vergehn
 So hart bestraft? Ein läßlich scheinendes,
 Scherzhafter Probe gleichendes Verbot,
 Verdammt's den Übertreter ohne Schonung?
 O, so ist's wahr, was uns der Völker Sagen   192
 Unglaublichs überliefern! Jenes Apfels
 Leichtsinnig augenblicklicher Genuß
 Hat aller Welt unendlich Weh verschuldet.
 So ward auch mir ein Schlüssel anvertraut:
 Verbotne Schätze wagt' ich aufzuschließen,   194
 Und aufgeschlossen hab' ich mir das Grab.
GERICHTSRAT. Des Übels Quelle findest du nicht aus,
 Und aufgefunden fließt sie ewig fort.
EUGENIE. In kleinen Fehlern such' ich's, gebe mir
 Aus eitlem Wahn die Schuld so großer Leiden.   19
 Nur höher, höher wende den Verdacht!
 Die beiden, denen ich mein ganzes Glück
 Zu danken hoffte, die erhabnen Männer,
 Zum Scheine reichten sie sich Hand um Hand.
 Der innre Zwist unsicherer Parteien,   19
 Der nur in düstern Höhlen sich geneckt,

Er bricht vielleicht ins Freie bald hervor!
Und was mich erst als Furcht und Sorg' umgeben,
Entscheidet sich, indem es mich vernichtet,
Und droht Vernichtung aller Welt umher.   1940
GERICHTSRAT. Du jammerst mich! das Schicksal einer Welt
Verkündest du nach deinem Schmerzgefühl.
Und schien dir nicht die Erde froh und glücklich,
Als du, ein heitres Kind, auf Blumen schrittest?
EUGENIE. Wer hat es reizender als ich gesehn,   1945
Der Erde Glück mit allen seinen Blüten!
Ach, alles um mich her, es war so reich,
So voll und rein, und was der Mensch bedarf,
Es schien zur Lust, zum Überfluß gegeben.
Und wem verdankt' ich solch ein Paradies?   1950
Der Vaterliebe dankt' ich's, die, besorgt
Ums Kleinste wie ums Größte, mich verschwendrisch
Mit Prachtgenüssen zu erdrücken schien
Und meinen Körper, meinen Geist zugleich,
Ein solches Wohl zu tragen, bildete.   1955
Wenn alles weichlich Eitle mich umgab,
Ein wonniges Behagen mir zu schmeicheln,
So rief mich ritterlicher Trieb hinaus,
Zu Roß und Wagen, mit Gefahr zu kämpfen.
Oft sehnt' ich mich in ferne Weiten hin,   1960
Nach fremder Lande seltsam neuen Kreisen.
Dorthin versprach der edle Vater mich,
Ans Meer versprach er mich zu führen, hoffte
Sich meines ersten Blicks ins Unbegrenzte
Mit liebevollem Anteil zu erfreun –   1965
Da steh' ich nun und schaue weit hinaus,
Und enger scheint mich's, enger zu umschließen.
O Gott, wie schränkt sich Welt und Himmel ein,
Wenn unser Herz in seinen Schranken banget!
GERICHTSRAT. Unselige! die mir aus deinen Höhen,   1970
Ein Meteor, verderblich niederstreifst
Und meiner Bahn Gesetz berührend störst!
Auf ewig hast du mir den heitern Blick
Ins volle Meer getrübt. Wenn Phöbus nun
Ein feuerwallend Lager sich bereitet,   1975

Und jedes Auge von Entzücken tränt,
Da werd' ich weg mich wenden, werde dich
Und dein Geschick beweinen. Fern am Rande
Des nachtumgebnen Ozeans erblick' ich
Mit Not und Jammer deinen Pfad umstrickt!
Entbehrung alles nötig lang' Gewohnten,
Bedrängnis neuer Übel, ohne Flucht.
Der Sonne glühendes Geschoß durchdringt
Ein feuchtes, kaum der Flut entrißnes Land.
Um Niederungen schwebet, gift'gen Brodens,
Blaudunst'ger Streifen angeschwollne Pest.
Im Vortod seh' ich, matt und hingebleicht,
Von Tag zu Tag ein Kummerleben schwanken.
O die so blühend, heiter vor mir steht,
Sie soll so früh, langsamen Tods, verschwinden!
EUGENIE. Entsetzen rufst du mir hervor! Dorthin?
Dorthin verstößt man mich! In jenes Land,
Als Höllenwinkel mir, von Kindheit auf,
In grauenvollen Zügen dargestellt.
Dorthin, wo sich in Sümpfen Schlang' und Tiger
Durch Rohr und Dorngeflechte tückisch drängen,
Wo, peinlich quälend, als belebte Wolken
Um Wandrer sich Insektenscharen ziehn,
Wo jeder Hauch des Windes, unbequem
Und schädlich, Stunden raubt und Leben kürzt.
Zu bitten dacht' ich; flehend siehst du nun
Die Dringende. Du kannst, du wirst mich retten.
GERICHTSRAT. Ein mächtig ungeheurer Talisman
Liegt in den Händen deiner Führerin.
EUGENIE. Was ist Gesetz und Ordnung? Können sie
Der Unschuld Kindertage nicht beschützen?
Wer seid denn ihr, die ihr mit leerem Stolz
Durchs Recht Gewalt zu bänd'gen euch berühmt?
GERICHTSRAT. In abgeschloßnen Kreisen lenken wir,
Gesetzlich streng, das in der Mittelhöhe
Des Lebens wiederkehrend Schwebende.
Was droben sich in ungemeßnen Räumen
Gewaltig seltsam hin und her bewegt,
Belebt und tötet ohne Rat und Urteil,

Das wird nach anderm Maß, nach andrer Zahl   2015
Vielleicht berechnet, bleibt uns rätselhaft.
EUGENIE. Und ist das alles? Hast du weiter nichts
Zu sagen, zu verkünden?
GERICHTSRAT.   Nichts.
EUGENIE.   Ich glaub' es nicht!
Ich darf's nicht glauben.
GERICHTSRAT.   Laß, o laß mich fort!
Soll ich als feig, als unentschlossen gelten?   2020
Bedauern, jammern? Soll nicht irgendhin
Mit kühner Hand auf deine Rettung deuten?
Doch läge nicht in dieser Kühnheit selbst
Für mich die gräßlichste Gefahr, von dir
Verkannt zu werden? mit verfehltem Zweck   2025
Als frevelhaft unwürdig zu erscheinen?
EUGENIE. Ich lasse dich nicht los, den mir das Glück,
Mein altes Glück, vertraulich zugesendet.
Mich hat's von Jugend auf gehegt, gepflegt,
Und nun im rauhen Sturme sendet mir's   2030
Den edlen Stellvertreter seiner Neigung.
Sollt' ich nicht sehen, fühlen, daß du teil
An mir und meinem Schicksal nimmst? Ich stehe
Nicht ohne Wirkung hier: du sinnst! du denkst! –
Im weiten Kreise rechtlicher Erfahrung   2035
Schaust du zu meinen Gunsten um dich her.
Noch bin ich nicht verloren! Ja, du suchst
Ein Mittel, mich zu retten, hast es wohl
Schon ausgefunden! Mir bekennt's dein Blick,
Dein tiefer, ernster, freundlich trüber Blick.   2040
O kehre dich nicht weg! O! sprich es aus,
Ein hohes Wort, das mich zu heilen töne.
GERICHTSRAT. So wendet voll Vertraun zum Arzte sich
Der tief Erkrankte, fleht um Linderung,
Fleht um Erhaltung schwer bedrohter Tage.   2045
Als Gott erscheint ihm der erfahrne Mann.
Doch ach! ein bitter, unerträglich Mittel
Wird nun geboten. Ach! soll ihm vielleicht
Der edlen Glieder grausame Verstümmlung,
Verlust statt Heilung angekündigt werden?   2050

Gerettet willst du sein! Zu retten bist du,
Nicht herzustellen. Was du warst, ist hin,
Und was du sein kannst, magst du's übernehmen?
EUGENIE. Um Rettung aus des Todes Nachtgewalt,
  Um dieses Lichts erquickenden Genuß,   2
  Um Sicherheit des Daseins ruft zuerst,
  Aus tiefer Not, ein halb Verlorner noch.
  Was dann zu heilen sei, was zu erstatten,
  Was zu vermissen, lehre Tag um Tag.
GERICHTSRAT. Und nächst dem Leben, was erflehst du dir? 2
EUGENIE. Des Vaterlandes vielgeliebten Boden!
GERICHTSRAT. Du forderst viel im einz'gen, großen Wort!
EUGENIE. Ein einzig Wort enthält mein ganzes Glück.
GERICHTSRAT.
  Den Zauberbann, wer wagt's, ihn aufzulösen?
EUGENIE. Der Tugend Gegenzauber siegt gewiß!   2
GERICHTSRAT. Der obern Macht ist schwer zu widerstehen.
EUGENIE. Allmächtig ist sie nicht, die obre Macht.
  Gewiß! dir gibt die Kenntnis jener Formen,
  Für Hohe wie für Niedre gleich verbindlich,
  Ein Mittel an. Du lächelst. Ist es möglich!   2
  Das Mittel ist gefunden! Sprich es aus!
GERICHTSRAT. Was hülf' es, meine Beste, wenn ich dir
  Von Möglichkeiten spräche! Möglich scheint
  Fast alles unsern Wünschen; unsrer Tat
  Setzt sich von innen wie von außen viel,   2
  Was sie durchaus unmöglich macht, entgegen.
  Ich kann, ich darf nicht reden, laß mich los!
EUGENIE. Und wenn du täuschen solltest! – Wäre nur
  Für Augenblicke meiner Phantasie
  Ein zweifelhafter, leichter Flug vergönnt!   2
  Ein Übel um das andre biete mir!
  Ich bin gerettet, wenn ich wählen kann.
GERICHTSRAT. Ein Mittel gibt es, dich im Vaterland
  Zurückzuhalten. Friedlich ist's, und manchem
  Erschien' es auch erfreulich. Große Gunst   2
  Hat es vor Gott und Menschen. Heil'ge Kräfte
  Erheben's über alle Willkür. Jedem,
  Der's anerkennt, sich's anzueignen weiß,

Verschafft es Glück und Ruhe. Vollbestand
Erwünschter Lebensgüter sind wir ihm,   2090
Sowie der Zukunft höchste Bilder schuldig.
Als allgemeines Menschengut verordnet's
Der Himmel selbst und ließ dem Glück, der Kühnheit
Und stiller Neigung Raum, sich's zu erwerben.
EUGENIE. Welch Paradies in Rätseln stellst du dar?   2095
GERICHTSRAT. Der eignen Schöpfung himmlisch Erdenglück.
EUGENIE. Was hilft mein Sinnen! ich verwirre mich!
GERICHTSRAT. Errätst du's nicht, so liegt es fern von dir.
EUGENIE. Das zeige sich, sobald du ausgesprochen.
GERICHTSRAT. Ich wage viel! Der Ehstand ist es!
EUGENIE.   Wie?   2100
GERICHTSRAT. Gesprochen ist's. Nun überlege du.
EUGENIE. Mich überrascht, mich ängstet solch ein Wort.
GERICHTSRAT. Ins Auge fasse, was dich überrascht.
EUGENIE. Mir lag es fern in meiner frohen Zeit,
Nun kann ich seine Nähe nicht ertragen;   2105
Die Sorge, die Beklemmung mehrt sich nur.
Von meines Vaters, meines Königs Hand
Mußt' ich dereinst den Bräutigam erwarten.
Voreilig schwärmte nicht mein Blick umher,
Und keine Neigung wuchs in meiner Brust.   2110
Nun soll ich denken, was ich nie gedacht,
Und fühlen, was ich sittsam weggewiesen;
Soll mir den Gatten wünschen, eh' ein Mann
Sich liebenswert und meiner wert gezeigt,
Und jenes Glück, das Hymen uns verspricht,   2115
Zum Rettungsmittel meiner Not entweihen.
GERICHTSRAT.
Dem wackern Mann vertraut ein Weib getrost,
Und wär' er fremd, ein zweifelhaft Geschick.
Der ist nicht fremd, wer teilzunehmen weiß,
Und schnell verbindet ein Bedrängter sich   2120
Mit seinem Retter. Was im Lebensgange
Dem Gatten seine Gattin fesselnd eignet,
Ein Sicherheitsgefühl, ihr werd' es nie
An Rat und Trost, an Schutz und Hilfe fehlen,
Das flößt im Augenblick ein kühner Mann   2125

Dem Busen des gefahrumgebnen Weibes
Durch Wagetat auf ew'ge Zeiten ein.

EUGENIE. Und mir, wo zeigte sich ein solcher Held?

GERICHTSRAT. Der Männer Schar ist groß in dieser Stadt.

EUGENIE. Doch allen bin und bleib' ich unbekannt.

GERICHTSRAT.
Nicht lange bleibt ein solcher Blick verborgen!

EUGENIE. O täusche nicht ein leicht betrognes Hoffen!
Wo fände sich ein Gleicher, seine Hand
Mir, der Erniedrigten, zu reichen? Dürft' ich
Dem Gleichen selbst ein solches Glück verdanken?

GERICHTSRAT. Ungleich erscheint im Leben viel, doch bald
Und unerwartet ist es ausgeglichen.
In ew'gem Wechsel wiegt ein Wohl das Weh
Und schnelle Leiden unsre Freuden auf.
Nichts ist beständig! Manches Mißverhältnis
Löst unbemerkt, indem die Tage rollen,
Durch Stufenschritte sich in Harmonie.
Und ach! den größten Abstand weiß die Liebe,
Die Erde mit dem Himmel, auszugleichen.

EUGENIE. In leere Träume denkst du mich zu wiegen.

GERICHTSRAT. Du bist gerettet, wenn du glauben kannst.

EUGENIE. So zeige mir des Retters treues Bild.

GERICHTSRAT. Ich zeig' ihn dir, er bietet seine Hand!

EUGENIE. Du! welch ein Leichtsinn überraschte dich?

GERICHTSRAT. Entschieden bleibt auf ewig mein Gefühl.

EUGENIE. Der Augenblick, vermag er solche Wunder?

GERICHTSRAT. Das Wunder ist des Augenblicks Geschöpf.

EUGENIE. Und Irrtum auch der Übereilung Sohn.

GERICHTSRAT. Ein Mann, der dich gesehen, irrt nicht mehr.

EUGENIE. Erfahrung bleibt des Lebens Meisterin.

GERICHTSRAT.
Verwirren kann sie, doch das Herz entscheidet.
O laß dir sagen: Wie, vor wenig Stunden,
Ich mit mir selbst zu Rate ging und mich
So einsam fühlte, meine ganze Lage,
Vermögen, Stand, Geschäft ins Auge faßte
Und um mich her nach einer Gattin sann,
Da regte Phantasie mir manches Bild,

Die Schätze der Erinnrung sichtend, auf,
Und wohlgefällig schwebten sie vorüber.
Zu keiner Wahl bewegte sich mein Herz.   2165
Doch du erscheinest: ich empfinde nun,
Was ich bedurfte. Dies ist mein Geschick.
EUGENIE. Die Fremde, schlecht Umgebne, Mißempfohlne,
    Sie könnte frohen, stolzen Trost empfinden,
    Sich so geschätzt, sich so geliebt zu sehn,   2170
    Bedächte sie nicht auch des Freundes Glück,
    Des edlen Manns, der unter allen Menschen
    Vielleicht zuletzt ihr Hilfe bieten mag.
    Betrügst du dich nicht selbst? und wagst du, dich
    Mit jener Macht, die mich bedroht, zu messen?   2175
GERICHTSRAT. Mit jener nicht allein! – Dem Ungestüm
    Des rohen Drangs der Menge zu entgehn,
    Hat uns ein Gott den schönsten Port bezeichnet.
    Im Hause, wo der Gatte sicher waltet,
    Da wohnt allein der Friede, den vergebens   2180
    Im Weiten du, da draußen, suchen magst.
    Unruh'ge Mißgunst, grimmige Verleumdung,
    Verhallendes, parteiisches Bestreben,
    Nicht wirken sie auf diesen heil'gen Kreis!
    Vernunft und Liebe hegen jedes Glück,   2185
    Und jeden Unfall mildert ihre Hand.
    Komm! rette dich zu mir! Ich kenne mich!
    Und weiß, was ich versprechen darf und kann.
EUGENIE. Bist du in deinem Hause Fürst?
GERICHTSRAT.   Ich bin's!
    Und jeder ist's, der Gute wie der Böse.   2190
    Reicht eine Macht denn wohl in jenes Haus,
    Wo der Tyrann die holde Gattin kränkt,
    Wenn er nach eignem Sinn verworren handelt,
    Durch Launen, Worte, Taten jede Lust
    Mit Schadenfreude sinnreich untergräbt?   2195
    Wer trocknet ihre Tränen? Welch Gesetz,
    Welch Tribunal erreicht den Schuldigen?
    Er triumphiert, und schweigende Geduld
    Senkt nach und nach, verzweifelnd, sie ins Grab.
    Notwendigkeit, Gesetz, Gewohnheit gaben   2200

Dem Mann so große Rechte; sie vertrauten
Auf seine Kraft, auf seinen Biedersinn. –
Nicht Heldenfaust, nicht Heldenstamm, geliebte,
Verehrte Fremde, weiß ich dir zu bieten;
Allein des Bürgers hohen Sicherstand.
Und bist du mein, was kann dich mehr berühren?
Auf ewig bist du mein, versorgt, beschützt.
Der König fordre dich von mir zurück:
Als Gatte kann ich mit dem König rechten.
EUGENIE. Vergib! Mir schwebt noch allzu lebhaft vor,
Was ich verscherzte! Du, Großmütiger,
Bedenkest nur, was mir noch übrigblieb.
Wie wenig ist es! Dieses wenige
Lehrst du mich schätzen, gibst mein eignes Wesen
Durch dein Gefühl belebend mir zurück.
Verehrung zoll' ich dir. Wie soll ich's nennen?
Dankbare, schwesterlich entzückte Neigung!
Ich fühle mich als dein Geschöpf und kann
Dir leider, wie du wünschest, nicht gehören.
GERICHTSRAT.
So schnell versagst du dir und mir die Hoffnung?
EUGENIE. Das Hoffnungslose kündet schnell sich an!

DRITTER AUFTRITT

Die Vorigen. Hofmeisterin.

HOFMEISTERIN.
Dem günst'gen Wind gehorcht die Flotte schon,
Die Segel schwellen, alles eilt hinab.
Die Scheidenden umarmen tränend sich,
Und von den Schiffen, von dem Strande wehn
Die weißen Tücher noch den letzten Gruß.
Bald lichtet unser Schiff die Anker auch!
Komm! laß uns gehen! Uns begleitet nicht
Ein Scheidegruß, wir ziehen unbeweint.
GERICHTSRAT. Nicht unbeweint, nicht ohne bittern Schmerz
Zurückgelaßner Freunde, die nach euch
Die Arme rettend strecken. O! vielleicht

Erscheint, was ihr im Augenblick verschmäht,
Euch bald ein sehnsuchtswertes, fernes Bild.
(Zu Eugenien.) Vor wenigen Minuten nannt' ich dich   2235
Entzückt willkommen! Soll ein Lebewohl
Behend auf ewig unsre Trennung siegeln?
HOFMEISTERIN. Der Unterredung Inhalt, ahn' ich ihn?
GERICHTSRAT. Zum ew'gen Bunde siehst du mich bereit.
HOFMEISTERIN (zu Eugenien).
    Und wie erkennst du solch ein groß Erbieten?   2240
EUGENIE. Mit höchst gerührten Herzens reinstem Dank.
HOFMEISTERIN. Und ohne Neigung, diese Hand zu fassen?
GERICHTSRAT. Zur Hilfe bietet sie sich dringend an.
EUGENIE. Das Nächste steht oft unergreifbar fern.
HOFMEISTERIN. Ach! fern von Rettung stehn wir nur zu bald. 2245
GERICHTSRAT. Und hast du künftig Drohendes bedacht?
EUGENIE. Sogar das letzte Drohende, den Tod.
HOFMEISTERIN. Ein angebotnes Leben schlägst du aus?
GERICHTSRAT. Erwünschte Feier froher Bundestage.
EUGENIE. Ein Fest versäumt' ich, keins erscheint mir wieder. 2250
HOFMEISTERIN. Gewinnen kann, wer viel verloren, schnell.
GERICHTSRAT. Nach glänzendem ein dauerhaft Geschick.
EUGENIE. Hinweg die Dauer, wenn der Glanz verlosch.
HOFMEISTERIN. Wer Mögliches bedenkt, läßt sich genügen.
GERICHTSRAT. Und wem genügte nicht an Lieb' und Treue?   2255
EUGENIE. Den Schmeichelworten widerspricht mein Herz
    Und widerstrebt euch beiden, ungeduldig.
GERICHTSRAT. Ach, allzu lästig scheint, ich weiß es wohl,
    Uns unwillkommne Hilfe! Sie erregt
    Nur innern Zwiespalt. Danken möchten wir,   2260
    Und sind undankbar, da wir nicht empfangen.
    Drum laßt mich scheiden! doch des Hafenbürgers
    Gebrauch und Pflicht vorher an euch erfüllen,
    Aufs unfruchtbare Meer von Landesgaben
    Zum Lebewohl Erquickungsvorrat widmen.   2265
    Dann werd' ich stehen, werde starren Blicks
    Geschwollne Segel ferner, immer ferner,
    Und Glück und Hoffnung weichend schwinden sehn.

VIERTER AUFTRITT

Eugenie. Hofmeisterin.

EUGENIE. In deiner Hand, ich weiß es, ruht mein Heil,
So wie mein Elend. Laß dich überreden!
Laß dich erweichen! Schiffe mich nicht ein!
HOFMEISTERIN. Du lenkest nun, was uns begegnen soll,
Du hast zu wählen! Ich gehorche nur
Der starken Hand, sie stößt mich vor sich hin.
EUGENIE. Und nennst du Wahl, wenn Unvermeidliches
Unmöglichem sich gegenüberstellt?
HOFMEISTERIN.
Der Bund ist möglich, wie der Bann vermeidlich.
EUGENIE. Unmöglich ist, was Edle nicht vermögen.
HOFMEISTERIN. Für diesen biedern Mann vermagst du viel.
EUGENIE. In beßre Lagen führe mich zurück,
Und sein Erbieten lohn' ich grenzenlos.
HOFMEISTERIN. Ihm lohne gleich, was ihn allein belohnt:
Zu hohen Stufen heb' ihn deine Hand!
Wenn Tugend, wenn Verdienst den Tüchtigen
Nur langsam fördern, wenn er still entsagend
Und kaum bemerkt sich andern widmend strebt,
So führt ein edles Weib ihn leicht ans Ziel.
Hinunter soll kein Mann die Blicke wenden,
Hinauf zur höchsten Frauen kehr' er sich!
Gelingt es ihm, sie zu erwerben, schnell
Geebnet zeigt des Lebens Pfad sich ihm.
EUGENIE. Verwirrender, verfälschter Worte Sinn
Entwickl' ich wohl aus deinen falschen Reden.
Das Gegenteil erkenn' ich nur zu klar:
Der Gatte zieht sein Weib unwiderstehlich
In seines Kreises abgeschloßne Bahn.
Dorthin ist sie gebannt, sie kann sich nicht
Aus eigner Kraft besondre Wege wählen:
Aus niedrem Zustand führt er sie hervor,
Aus höhern Sphären lockt er sie hernieder.
Verschwunden ist die frühere Gestalt,
Verloschen jede Spur vergangner Tage.

Was sie gewann, wer will es ihr entreißen?
Was sie verlor, wer gibt es ihr zurück?
HOFMEISTERIN. So brichst du grausam dir und mir den Stab. 2305
EUGENIE.
Noch forscht mein Blick nach Rettung hoffnungsvoll.
HOFMEISTERIN. Der Liebende verzweifelt – kannst du hoffen?
EUGENIE. Ein kalter Mann verlieh' uns bessern Rat.
HOFMEISTERIN. Von Rat und Wahl ist keine Rede mehr;
    Du stürzest mich ins Elend, folge mir! 2310
EUGENIE. O daß ich dich noch einmal freundlich hold
    Vor meinen Augen sähe, wie du stets
    Von früher Zeit herauf mich angeblickt!
    Der Sonne Glanz, die alles Leben regt,
    Des klaren Monds erquicklich leiser Schein 2315
    Begegneten mir holder nicht als du.
    Was konnt' ich wünschen? Vorbereitet war's.
    Was durft' ich fürchten? Abgelehnt war alles!
    Und zog sich ins Verborgne meine Mutter
    Vor ihres Kindes Blicken früh zurück, 2320
    So reichtest du ein überfließend Maß
    Besorgter Mutterliebe mir entgegen.
    Bist du denn ganz verwandelt? Äußerlich
    Erscheinst du mir die Vielgeliebte selber;
    Doch ausgewechselt ist, so scheint's, dein Herz – 2325
    Du bist es noch, die ich um Klein- und Großes
    So oft gebeten, die mir nichts verweigert.
    Gewohnter Ehrfurcht kindliches Gefühl,
    Es lehrt mich nun, das Höchste zu erbitten.
    Und könnt' es mich erniedrigen, dich nun 2330
    An Vaters, Königs, dich an Gottes Statt
    Gebognen Knies um Rettung anzuflehen?
                    (Sie kniet.)
HOFMEISTERIN. In dieser Lage scheinst du meiner nur
    Verstellt zu spotten. Falschheit rührt mich nicht.
            (Hebt Eugenien mit Heftigkeit auf.)
EUGENIE. So hartes Wort, so widriges Betragen, 2335
    Erfahr' ich das, erleb' ich das von dir?
    Und mit Gewalt verscheuchst du meinen Traum.
    Im klaren Lichte seh' ich mein Geschick!

Nicht meine Schuld, nicht jener Großen Zwist,
Des Bruders Tücke hat mich hergestoßen,
Und mitverschworen hältst du mich gebannt.
HOFMEISTERIN.
Dein Irrtum schwankt nach allen Seiten hin.
Was will der Bruder gegen dich beginnen?
Den bösen Willen hat er, nicht die Macht.
EUGENIE. Sei's, wie ihm wolle! Noch verschmacht' ich nicht
In ferner Wüste hoffnungslosen Räumen.
Ein lebend Volk bewegt sich um mich her,
Ein liebend Volk, das auch den Vaternamen
Entzückt aus seines Kindes Mund vernimmt.
Die fordr' ich auf. Aus roher Menge kündet
Ein mächt'ger Ruf mir meine Freiheit an.
HOFMEISTERIN. Die rohe Menge hast du nie gekannt,
Sie starrt und staunt und zaudert, läßt geschehn;
Und regt sie sich, so endet ohne Glück,
Was ohne Plan zufällig sie begonnen.
EUGENIE. Den Glauben wirst du mir mit kaltem Wort
Nicht, wie mein Glück mit frecher Tat, zerstören.
Dort unten hoff' ich Leben, aus dem Leben,
Dort, wo die Masse tätig strömend wogt,
Wo jedes Herz, mit wenigem befriedigt,
Für holdes Mitleid gern sich öffnen mag.
Du hältst mich nicht zurück! Ich rufe laut,
Wie furchtbar mich Gefahr und Not bedrängen,
Ins wühlende Gemisch mich stürzend, aus.

FÜNFTER AUFZUG

Platz am Hafen.

ERSTER AUFTRITT

Eugenie. Hofmeisterin.

EUGENIE. Mit welchen Ketten führst du mich zurück?
Gehorch' ich, wider Willen, diesmal auch!
Fluchwürdige Gewalt der Stimme, die

Mich einst so glatt zur Folgsamkeit gewöhnte,
Die meines ersten bildsamen Gefühls
Im ganzen Umfang sich bemeisterte!   2370
Du warst es, der ich dieser Worte Sinn
Zuerst verdanke, dieser Sprache Kraft
Und künstliche Verknüpfung; diese Welt
Hab' ich aus deinem Munde, ja, mein eignes Herz.
Nun brauchst du diesen Zauber gegen mich,   2375
Du fesselst mich, du schleppst mich hin und wider,
Mein Geist verwirrt sich, mein Gefühl ermattet,
Und zu den Toten sehn' ich mich hinab.
HOFMEISTERIN. O hätte diese Zauberkraft gewirkt,
  Als ich dich dringend, flehentlich gebeten,   2380
  Von jenen hohen Planen abzustehn!
EUGENIE. Du ahnetest solch ungeheures Übel
  Und warntest nicht den allzu sichern Mut?
HOFMEISTERIN. Wohl durft' ich warnen, aber leise nur;
  Die ausgesprochne Silbe trug den Tod.   2385
EUGENIE. Und hinter deinem Schweigen lag Verbannung!
  Ein Todeswort, willkommner war es mir.
HOFMEISTERIN. Dies Unglück, vorgesehen oder nicht,
  Hat mich und dich in gleiches Netz verschlungen.
EUGENIE. Was kann ich wissen, welch ein Lohn dir wird, 2390
  Um deinen armen Zögling zu verderben.
HOFMEISTERIN. Er wartet wohl am fremden Strande mein!
  Das Segel schwillt und führt uns beide hin.
EUGENIE. Noch hat das Schiff in seine Kerker nicht
  Mich aufgenommen. Sollt' ich willig gehn?   2395
HOFMEISTERIN.
  Und riefst du nicht das Volk zur Hilfe schon?
  Es staunte nur dich an und schwieg und ging.
EUGENIE. Mit ungeheurer Not im Kampfe, schien
  Ich dem gemeinen Blick des Wahnsinns Beute.
  Doch sollst du mir mit Worten, mit Gewalt   2400
  Den mut'gen Schritt nach Hilfe nicht verkümmern.
  Die Ersten dieser Stadt erheben sich
  Aus ihren Häusern dem Gestade zu,
  Die Schiffe zu bewundern, die gereiht,
  Uns unerwünscht, das hohe Meer gewinnen.   2405

Schon regt sich am Palast des Gouverneurs
Die Wache. Jener ist es, der die Stufen,
Von mehreren begleitet, niedersteigt.
Ich will ihn sprechen, ihm den Fall erzählen!
Und ist er wert, an meines Königs Platz
Den wichtigsten Geschäften vorzustehn,
So weist er mich nicht unerhört von hinnen.
HOFMEISTERIN. Ich hindre dich an diesem Schritte nicht,
Doch nennst du keinen Namen, nur die Sache.
EUGENIE. Den Namen nicht, bis ich vertrauen darf.
HOFMEISTERIN. Es ist ein edler junger Mann und wird,
Was er vermag, mit Anstand gern gewähren.

ZWEITER AUFTRITT

Die Vorigen. Der Gouverneur. Adjutanten.

EUGENIE. Dir in den Weg zu treten, darf ich's wagen?
Wirst du der kühnen Fremden auch verzeihn?
GOUVERNEUR (nachdem er sie aufmerksam betrachtet).
Wer sich, wie du, dem ersten Blick empfiehlt,
Der ist gewiß des freundlichsten Empfangs.
EUGENIE. Nicht froh und freundlich ist es, was ich bringe,
Entgegen treibt mich dir die höchste Not.
GOUVERNEUR. Ist, sie zu heben, möglich, sei mir's Pflicht;
Ist sie auch nur zu lindern, soll's geschehn.
EUGENIE. Von hohem Haus entsproß die Bittende;
Doch leider ohne Namen tritt sie auf.
GOUVERNEUR. Ein Name wird vergessen; dem Gedächtnis
Schreibt solch ein Bild sich unauslöschlich ein.
EUGENIE. Gewalt und List entreißen, führen, drängen
Mich von des Vaters Brust ans wilde Meer.
GOUVERNEUR. Wer durfte sich an diesem Friedensbild
Mit ungeweihter Feindeshand vergreifen?
EUGENIE. Ich selbst vermute nur! Mich überrascht
Aus meinem eignen Hause dieser Schlag.
Von Eigennutz und bösem Rat geleitet,
Sann mir ein Bruder dies Verderben aus,

Und diese hier, die mich erzogen, steht,
Mir unbegreiflich, meinen Feinden bei.
HOFMEISTERIN. Ihr steh' ich bei und mildre großes Übel,   2440
Das ich zu heilen, leider, nicht vermag.
EUGENIE. Ich soll zu Schiffe steigen, fordert sie!
Nach jenen Ufern führt sie mich hinüber!
HOFMEISTERIN. Geb' ich auf solchem Weg ihr das Geleit,
So zeigt es Liebe, Muttersorgfalt an.   2445
GOUVERNEUR. Verzeiht, geschätzte Frauen, wenn ein Mann,
Der, jung an Jahren, manches in der Welt
Gesehn und überlegt, im Augenblick,
Da er euch sieht und hört, bedenklich stutzt.
Vertrauen scheint ihr beide zu verdienen,   2450
Und ihr mißtraut einander beide selbst,
So scheint es wenigstens. Wie soll ich nun
Des wunderbaren Knotens Rätselschlinge,
Die euch umstrickt, zu lösen übernehmen?
EUGENIE. Wenn du mich hören willst, vertrau' ich mehr.   2455
HOFMEISTERIN. Auch ich vermöchte manches zu erklären.
GOUVERNEUR. Daß uns mit Fabeln oft ein Fremder täuscht,
Muß auch der Wahrheit schaden, wenn wir sie
In abenteuerlicher Hülle sehn.
EUGENIE. Mißtraust du mir, so bin ich ohne Hilfe.   2460
GOUVERNEUR.
Und traut' ich auch, ist doch zu helfen schwer.
EUGENIE. Nur zu den Meinen sende mich zurück.
GOUVERNEUR. Verlorne Kinder aufzunehmen, gar
Entwendete, verstoßne zu beschützen,
Bringt wenig Dank dem wohlgesinnten Mann.   2465
Um Gut und Erbe wird sogleich ein Streit,
Um die Person, ob sie die rechte sei,
Gehässig aufgeregt, und wenn Verwandte
Ums Mein und Dein gefühllos hadern, trifft
Den Fremden, der sich eingemischt, der Haß   2470
Von beiden Teilen, und nicht selten gar,
Weil ihm der strengere Beweis nicht glückt,
Steht er zuletzt auch vor Gericht beschämt.
Verzeih mir also, wenn ich nicht sogleich
Mit Hoffnung dein Gesuch erwidern kann.   2475

EUGENIE. Ziemt eine solche Furcht dem edlen Mann,
Wohin soll sich ein Unterdrückter wenden?
GOUVERNEUR. Doch wenigstens entschuldigst du gewiß
Im Augenblick, wo ein Geschäft mich ruft,
Wenn ich auf morgen frühe dich hinein   240
In meine Wohnung lade, dort genauer
Das Schicksal zu erfahren, das dich drängt.
EUGENIE. Mit Freuden werd' ich kommen. Nimm voraus
Den lauten Dank für meine Rettung an!
HOFMEISTERIN (die ihm ein Papier überreicht).
Wenn wir auf deine Ladung nicht erscheinen,   245
So ist dies Blatt Entschuldigung genug.
GOUVERNEUR (der es aufmerksam eine Weile angesehn, es zurück-
gebend). So kann ich freilich nur beglückte Fahrt,
Ergebung ins Geschick und Hoffnung wünschen.

DRITTER AUFTRITT

Eugenie. Hofmeisterin.

EUGENIE. Ist dies der Talisman, mit dem du mich
Entführst, gefangen hältst, der alle Guten,   248
Die sich zu Hilfe mir bewegen, lähmt?
Laß mich es ansehn, dieses Todesblatt!
Mein Elend kenn' ich; nun, so laß mich auch,
Wer es verhängen konnte, laß mich's wissen.
HOFMEISTERIN (die das Blatt offen darzeigt). Hier! Sieh herein.
EUGENIE (sich wegwendend).   Entsetzliches Gefühl!   248
Und überlebt' ich's, wenn des Vaters Name,
Des Königs Name mir entgegenblitzte?
Noch ist die Täuschung möglich, daß verwegen
Ein Kronbeamter die Gewalt mißbraucht
Und, meinem Bruder frönend, mich verletzt.   250
Da bin ich noch zu retten. Eben dies
Will ich erfahren! Zeige her!
HOFMEISTERIN (wie oben).   Du siehst's!
EUGENIE (wie oben).
Der Mut verläßt mich! Nein, ich wag' es nicht.

Sei's, wie es will, ich bin verloren, bin
Aus allem Vorteil dieser Welt gestoßen;   2505
Entsag' ich denn auf ewig dieser Welt!
O dies vergönnst du mir! du willst es ja,
Die Feinde wollen meinen Tod, sie wollen
Mich lebend eingescharrt. Vergönne mir,
Der Kirche mich zu nähern, die begierig   2510
So manch unschuldig Opfer schon verschlang.
Hier ist der Tempel: diese Pforte führt
Zu stillem Jammer wie zu stillem Glück.
Laß diesen Schritt mich ins Verborgne tun;
Was mich daselbst erwartet, sei mein Los.   2515
HOFMEISTERIN. Ich sehe, die Äbtissin steigt, begleitet
Von zwei der Ihren, zu dem Platz herab;
Auch sie ist jung, von hohem Haus entsprossen:
Entdeck' ihr deinen Wunsch, ich hindr' es nicht.

VIERTER AUFTRITT

Die Vorigen. Äbtissin. Zwei Nonnen.

EUGENIE. Betäubt, verworren, mit mir selbst entzweit   2520
Und mit der Welt, verehrte heil'ge Jungfrau,
Siehst du mich hier. Die Angst des Augenblicks,
Die Sorge für die Zukunft treiben mich
In deine Gegenwart, in der ich Lindrung
Des ungeheuren Übels hoffen darf.   2525
ÄBTISSIN. Wenn Ruhe, wenn Besonnenheit und Friede
Mit Gott und unserm eignen Herzen sich
Mitteilen läßt, so soll es, edle Fremde,
Nicht fehlen an der Lehre treuem Wort,
Dir einzuflößen, was der Meinen Glück   2530
Und meins, für heut' so wie auf ewig, fördert.
EUGENIE. Unendlich ist mein Übel, schwerlich möcht'
Es durch der Worte göttliche Gewalt
Sogleich zu heilen sein. O nimm mich auf
Und laß mich weilen, wo du weilst, mich erst   2535
In Tränen lösen diese Bangigkeit
Und mein erleichtert Herz dem Troste weihen!

ÄBTISSIN. Wohl hab' ich oft im heiligen Bezirk
  Der Erde Tränen sich in göttlich Lächeln
  Verwandeln sehn, in himmlisches Entzücken,
  Doch drängt man sich gewaltsam nicht herein:
  Gar manche Prüfung muß die neue Schwester
  Und ihren ganzen Wert uns erst entwickeln.
HOFMEISTERIN.
  Entschiedner Wert ist leicht zu kennen, leicht,
  Was du bedingen möchtest, zu erfüllen.
ÄBTISSIN. Ich zweifle nicht am Adel der Geburt,
  Nicht am Vermögen, dieses Hauses Rechte,
  Die groß und wichtig sind, dir zu gewinnen.
  Drum laßt mich bald vernehmen, was ihr denkt.
EUGENIE. Gewähre meine Bitte, nimm mich auf!
  Verbirg mich vor der Welt, im tiefsten Winkel,
  Und meine ganze Habe nimm dahin.
  Ich bringe viel und hoffe mehr zu leisten.
ÄBTISSIN. Kann uns die Jugend, uns die Schönheit rühren,
  Ein edles Wesen, spricht's an unser Herz,
  So hast du viele Rechte, gutes Kind.
  Geliebte Tochter! komm an meine Brust!
EUGENIE. Mit diesem Wort, mit diesem Herzensdruck
  Besänftigst du auf einmal alles Toben
  Der aufgeregten Brust. Die letzte Welle
  Umspielt mich weichend noch. Ich bin im Hafen.
HOFMEISTERIN (dazwischentretend).
  Wenn nicht ein grausam Schicksal widerstünde!
  Betrachte dieses Blatt, uns zu beklagen.
           (Sie reicht der Äbtissin das Blatt.)
ÄBTISSIN (die gelesen).
  Ich muß dich tadeln, daß du wissentlich
  So manch vergeblich Wort mit angehört.
  Ich beuge vor der höhern Hand mich tief,
  Die hier zu walten scheint.

FÜNFTER AUFTRITT

Eugenie. Hofmeisterin.

EUGENIE.   Wie? höhre Hand?
Was meint die Heuchlerin? Versteht sie Gott?
Der himmlisch Höchste hat gewiß nicht hier,
Mit dieser Freveltat, zu tun. Versteht   2570
Sie unsern König? Wohl! ich muß es dulden,
Was dieser über mich verhängt. Allein
Ich will nicht mehr in Zweifel, zwischen Furcht
Und Liebe schweben, will nicht weibisch mehr,
Indem ich untergehe, noch des Herzens   2575
Und seiner weichlichen Gefühle schonen.
Es breche, wenn es brechen soll, und nun
Verlang' ich, dieses Blatt zu sehen, sei
Von meinem Vater, sei von meinem König
Das Todesurteil unterzeichnet. Jener   2580
Gereizten Gottheit, die mich niederschmettert,
Will ich getrost ins Auge schauend stehn.
O daß ich vor ihr stünde! Fürchterlich
Ist der bedrängten Unschuld letzter Blick.
HOFMEISTERIN. Ich hab' es nie verweigert, nimm es hin.   2585
EUGENIE (das Papier von außen ansehend).
Das ist des Menschen wunderbar Geschick,
Daß bei dem größten Übel noch die Furcht
Vor fernerem Verlust ihm übrigbleibt.
Sind wir so reich, ihr Götter, daß ihr uns
Mit einem Schlag nicht alles rauben könnt?   2590
Des Lebens Glück entriß mir dieses Blatt
Und läßt mich größern Jammer noch befürchten.
              (Sie entfaltet's.)
Wohlan! Getrost, mein Herz, und schaudre nicht,
Die Neige dieses bittern Kelchs zu schlürfen.
              (Blickt hinein.)
Des Königs Hand und Siegel!
HOFMEISTERIN (die ihr das Blatt abnimmt).
                    Gutes Kind,   2595
Bedaure mich, indem du dich bejammerst.
Ich übernahm das traurige Geschäft,

Der Allgewalt Befehl vollzieh' ich nur,
Um dir in deinem Elend beizustehn,
Dich keiner fremden Hand zu überlassen.
Was meine Seele peinigt, was ich noch
Von diesem schrecklichen Ereignis kenne,
Erfährst du künftig. Jetzt verzeihe mir,
Wenn mich die eiserne Notwendigkeit
Uns unverzüglich einzuschiffen zwingt.

SECHSTER AUFTRITT

Eugenie allein, hernach Hofmeisterin im Grunde.

EUGENIE. So ist mir denn das schönste Königreich,
Der Hafenplatz, von Tausenden belebt,
Zur Wüste worden, und ich bin allein.
Hier sprechen edle Männer nach Gesetzen,
Und Krieger lauschen auf gemeßnes Wort.
Hier flehen heilig Einsame zum Himmel;
Beschäftigt strebt die Menge nach Gewinn.
Und mich verstößt man, ohne Recht und Urteil,
Nicht eine Hand bewaffnet sich für mich,
Man schließt mir die Asyle, niemand mag
Zu meinen Gunsten wenig Schritte wagen.
Verbannung! Ja, des Schreckensworts Gewicht
Erdrückt mich schon mit allen seinen Lasten.
Schon fühl' ich mich ein abgestorbnes Glied,
Der Körper, der gesunde, stößt mich los.
Dem selbstbewußten Toten gleich' ich, der,
Ein Zeuge seiner eigenen Bestattung,
Gelähmt, in halbem Traume, grausend liegt.
Entsetzliche Notwendigkeit! Doch wie?
Ist mir nicht eine Wahl verstattet? Kann
Ich nicht des Mannes Hand ergreifen, der
Mir, einzig edel, seine Hilfe beut? –
Und könnt' ich das? Ich könnte die Geburt,
Die mich so hoch hinaufgerückt, verleugnen!
Von allem Glanze jener Hoffnung mich
Auf ewig trennen! Das vermag ich nicht!

O fasse mich, Gewalt, mit ehrnen Fäusten;
Geschick, du blindes, reiße mich hinweg!
Die Wahl ist schwerer als das Übel selbst,
Die zwischen zweien Übeln schwankend bebt.   2635
(Hofmeisterin, mit Leuten, welche Gepäcke tragen, geht schweigend
                    hinten vorbei.)
Sie kommen! tragen meine Habe fort,
Das letzte, was von köstlichem Besitz
Mir übrigblieb. Wird es mir auch geraubt?
Man bringt's hinüber, und ich soll ihm nach.
Ein günst'ger Wind bewegt die Wimpel seewärts,   2640
Bald werd' ich alle Segel schwellen sehn.
Die Flotte löset sich vom Hafen ab!
Und nun das Schiff, das mich Unsel'ge trägt.
Man kommt! Man fordert mich an Bord. O Gott!
Ist denn der Himmel ehern über mir?   2645
Dringt meine Jammerstimme nicht hindurch?
So sei's! Ich gehe! Doch mich soll das Schiff
In seines Kerkers Räume nicht verschlingen.
Das letzte Brett, das mich hinüberführt,
Soll meiner Freiheit erste Stufe werden.   2650
Empfangt mich dann, ihr Wellen, faßt mich auf
Und fest umschlingend senket mich hinab
In eures tiefen Friedens Grabesschoß.
Und wenn ich dann vom Unbill dieser Welt
Nichts mehr zu fürchten habe, spült zuletzt   2655
Mein bleichendes Gebein dem Ufer zu,
Daß eine fromme Seele mir das Grab
Auf heim'schem Boden wohlgesinnt bereite.
                    (Mit einigen Schritten.)
Wohlan denn!
        (Hält inne.) Will mein Fuß nicht mehr gehorchen?
Was fesselt meinen Schritt, was hält mich hier?   2660
Unsel'ge Liebe zum unwürd'gen Leben!
Du führest mich zum harten Kampf zurück.
Verbannung, Tod, Entwürdigung umschließen
Mich fest und ängsten mich einander zu.
Und wie ich mich von einem schaudernd wende,   2665
So grinst das andre mir mit Höllenblick.

Ist denn kein menschlich, ist kein göttlich Mittel,
Von tausendfacher Qual mich zu befreien?
O daß ein einzig ahnungsvolles Wort
Zufällig, aus der Menge, mir ertönte!
O daß ein Friedensvogel mir vorbei
Mit leisem Fittich leitend sich bewegte!
Gern will ich hin, wohin das Schicksal ruft:
Es deute nur! und ich will gläubig folgen.
Es winke nur, ich will dem heil'gen Winke,
Vertrauend, hoffend, ungesäumt mich fügen.

SIEBENTER AUFTRITT

Eugenie. Mönch.

EUGENIE (die eine Zeitlang vor sich hingesehen, indem sie die Augen
aufhebt und den Mönch erblickt).
Ich darf nicht zweifeln, ja! ich bin gerettet!
Ja! dieser ist's, der mich bestimmen soll.
Gesendet auf mein Flehn, erscheint er mir,
Der Würdige, Bejahrte, dem das Herz
Beim ersten Blick vertraut entgegenflieht.
(Ihm entgegengehend.)
Mein Vater! laß den, ach! mir nun versagten,
Verkümmerten, verbotnen Vaternamen
Auf dich, den edlen Fremden, übertragen.
Mit wenig Worten höre meine Not.
Nicht als dem weisen, wohlbedächt'gen Mann,
Dem gottbegabten Greise leg' ich sie,
Mit schmerzlichem Vertraun, dir an die Brust.
MÖNCH. Was dich bedrängt, eröffne freien Mutes.
Nicht ohne Schickung trifft der Leidende
Mit dem zusammen, der als höchste Pflicht
Die Linderung der Leiden üben soll.
EUGENIE. Ein Rätsel statt der Klagen wirst du hören,
Und ein Orakel fordr' ich, keinen Rat.
Zu zwei verhaßten Zielen liegen mir
Zwei Wege vor den Füßen, einer dorthin,
Hierhin der andre – welchen soll ich wählen?

MÖNCH. Du führst mich in Versuchung! Soll ich nur
  Als Los entscheiden?
EUGENIE.   Als ein heilig Los.
MÖNCH. Begreif' ich dich, so hebt aus tiefer Not   2700
  Zu höhern Regionen sich dein Blick.
  Erstorben ist im Herzen eigner Wille,
  Entscheidung hoffst du dir vom Waltenden.
  Jawohl! das ewig Wirkende bewegt,
  Uns unbegreiflich, dieses oder jenes   2705
  Als wie von ohngefähr zu unserm Wohl,
  Zum Rate, zur Entscheidung, zum Vollbringen,
  Und wie getragen werden wir ans Ziel.
  Dies zu empfinden, ist das höchste Glück,
  Es nicht zu fordern, ist bescheidne Pflicht,   2710
  Es zu erwarten, schöner Trost im Leiden.
  O wär' ich doch gewürdigt, nun für dich,
  Was dir am besten frommte, vorzufühlen!
  Allein die Ahnung schweigt in meiner Brust,
  Und kannst du mehr nicht mir vertraun, so nimm   2715
  Ein fruchtlos Mitleid hin zum Lebewohl.
EUGENIE. Schiffbrüchig fass' ich noch die letzte Planke!
  Dich halt' ich fest und sage wider Willen
  Zum letztenmal das hoffnungslose Wort:
  Aus hohem Haus entsprossen, werd' ich nun   2720
  Verstoßen, übers Meer verbannt und könnte
  Mich durch ein Ehebündnis retten, das
  Zu niedren Sphären mich herunterzieht.
  Was sagt nun dir das Herz? Verstummt es noch?
MÖNCH. Es schweige, bis der prüfende Verstand   2725
  Sich als ohnmächtig selbst bekennen muß.
  Du hast nur Allgemeines mir vertraut,
  Ich kann dir nur das Allgemeine raten.
  Bist du zur Wahl genötigt unter zwei
  Verhaßten Übeln, fasse sie ins Auge   2730
  Und wähle, was dir noch den meisten Raum
  Zu heil'gem Tun und Wirken übrigläßt,
  Was deinen Geist am wenigsten begrenzt,
  Am wenigsten die frommen Taten fesselt.
EUGENIE. Die Ehe, merk' ich, rätst du mir nicht an.   2735

MÖNCH. Nicht eine solche, wie sie dich bedroht.
Wie kann der Priester segnen, wenn das Ja
Der holden Braut nicht aus dem Herzen quillt?
Er soll nicht Widerwärt'ges aneinander
Zu immer neu erzeugtem Streite ketten;
Den Wunsch der Liebe, die zum All das Eine,
Zum Ewigen das Gegenwärtige,
Das Flüchtige zum Dauernden erhebt,
Den zu erfüllen, ist sein göttlich Amt.
EUGENIE. Ins Elend übers Meer verbannst du mich.
MÖNCH. Zum Troste jener drüben ziehe hin.
EUGENIE. Wie soll ich trösten, wenn ich selbst verzweifle?
MÖNCH. Ein reines Herz, wovon dein Blick mir zeugt,
Ein edler Mut, ein hoher, freier Sinn
Erhalten dich und andre, wo du auch
Auf dieser Erde wandelst. Wenn du nun,
In frühen Jahren ohne Schuld verbannt,
Durch heil'ge Fügung fremde Fehler büßest,
So führst du, wie ein überirdisch Wesen,
Der Unschuld Glück und Wunderkräfte mit.
So ziehe denn hinüber! Trete frisch
In jenen Kreis der Traurigen. Erheitre
Durch dein Erscheinen jene trübe Welt.
Durch mächt'ges Wort, durch kräft'ge Tat errege
Der tief gebeugten Herzen eigne Kraft;
Vereine die Zerstreuten um dich her,
Verbinde sie einander, alle dir;
Erschaffe, was du hier verlieren sollst,
Dir Stamm und Vaterland und Fürstentum.
EUGENIE. Getrautest du, zu tun, was du gebietest?
MÖNCH. Ich tat's! – Als jungen Mann entführte schon
Zu wilden Stämmen mich der Geist hinüber.
Ins rohe Leben bracht' ich milde Sitte,
Ich brachte Himmelshoffnung in den Tod.
O! hätt' ich nicht, verführt von treuer Neigung,
Dem Vaterland zu nützen, mich zurück
Zu dieser Wildnis frechen Städtelebens,
Zu diesem Wust verfeinerter Verbrechen,
Zu diesem Pfuhl der Selbstigkeit gewendet!

Hier fesselt mich des Alters Unvermögen,   2775
Gewohnheit, Pflichten; ein Geschick vielleicht,
Das mir die schwerste Prüfung spät bestimmt.
Du aber, jung, von allen Banden frei,
Gestoßen in das Weite, dringe vor
Und rette dich! Was du als Elend fühlst,   2780
Verwandelt sich in Wohltat! Eile fort!
EUGENIE. Eröffne klarer! was befürchtest du?
MÖNCH. Im Dunklen drängt das Künft'ge sich heran,
Das künftig Nächste selbst erscheinet nicht
Dem offnen Blick der Sinne, des Verstands.   2785
Wenn ich beim Sonnenschein durch diese Straßen
Bewundernd wandle, der Gebäude Pracht,
Die felsengleich getürmten Massen schaue,
Der Plätze Kreis, der Kirchen edlen Bau,
Des Hafens masterfüllten Raum betrachte: 2790
Das scheint mir alles für die Ewigkeit
Gegründet und geordnet; diese Menge
Gewerksam Tätiger, die hin und her
In diesen Räumen wogt, auch die verspricht,
Sich unvertilgbar ewig herzustellen.   2795
Allein wenn dieses große Bild bei Nacht
In meines Geistes Tiefen sich erneut,
Da stürmt ein Brausen durch die düstre Luft,
Der feste Boden wankt, die Türme schwanken,
Gefugte Steine lösen sich herab,   2800
Und so zerfällt in ungeformten Schutt
Die Prachterscheinung. Wenig Lebendes
Durchklimmt bekümmert neuentstandne Hügel,
Und jede Trümmer deutet auf ein Grab.
Das Element zu bändigen, vermag   2805
Ein tiefgebeugt, vermindert Volk nicht mehr,
Und rastlos wiederkehrend füllt die Flut
Mit Sand und Schlamm des Hafens Becken aus.
EUGENIE. Die Nacht entwaffnet erst den Menschen, dann
Bekämpft sie ihn mit nichtigem Gebild.   2810
MÖNCH. Ach! bald genug steigt über unsern Jammer
Der Sonne trübgedämpfter Blick heran.
Du aber fliehe, die ein guter Geist
Verbannend segnete. Leb' wohl und eile!

ACHTER AUFTRITT

EUGENIE (allein). Vom eignen Elend leitet man mich ab,
Und fremden Jammer prophezeit man mir.
Doch wär' es fremd, was deinem Vaterland
Begegnen soll? Dies fällt mit neuer Schwere
Mir auf die Brust! Zum gegenwärt'gen Übel
Soll ich der Zukunft Geistesbürden tragen?
So ist's denn wahr, was in der Kindheit schon
Mir um das Ohr geklungen, was ich erst
Erhorcht, erfragt und nun zuletzt sogar
Aus meines Vaters, meines Königs Mund
Vernehmen mußte! Diesem Reiche droht
Ein jäher Umsturz. Die zum großen Leben
Gefugten Elemente wollen sich
Nicht wechselseitig mehr mit Liebeskraft
Zu stets erneuter Einigkeit umfangen.
Sie fliehen sich, und einzeln tritt nun jedes
Kalt in sich selbst zurück. Wo blieb der Ahnherrn
Gewalt'ger Geist, der sie zu einem Zweck
Vereinigte, die feindlich kämpfenden?
Der diesem großen Volk als Führer sich,
Als König und als Vater dargestellt?
Er ist entschwunden! Was uns übrigbleibt,
Ist ein Gespenst, das mit vergebnem Streben
Verlorenen Besitz zu greifen wähnt.
Und solche Sorge nähm' ich mit hinüber?
Entzöge mich gemeinsamer Gefahr?
Entflöhe der Gelegenheit, mich kühn
Der hohen Ahnen würdig zu beweisen
Und jeden, der mich ungerecht verletzt,
In böser Stunde hilfreich zu beschämen?
Nun bist du, Boden meines Vaterlands,
Mir erst ein Heiligtum, nun fühl' ich erst
Den dringenden Beruf, mich anzuklammern.
Ich lasse dich nicht los, und welches Band
Mich dir erhalten kann, es ist nun heilig.
Wo find' ich jenen gutgesinnten Mann,
Der mir die Hand so traulich angeboten?

An ihn will ich mich schließen! Im Verborgnen
Verwahr' er mich, als reinen Talisman.
Denn wenn ein Wunder auf der Welt geschieht,
Geschieht's durch liebevolle, treue Herzen.   2855
Die Größe der Gefahr betracht' ich nicht,
Und meine Schwäche darf ich nicht bedenken:
Das alles wird ein günstiges Geschick
Zu rechter Zeit auf hohe Zwecke leiten.
Und wenn mein Vater, mein Monarch mich einst   2860
Verkannt, verstoßen, mich vergessen, soll
Erstaunt ihr Blick auf der Erhaltnen ruhn,
Die das, was sie im Glücke zugesagt,
Aus tiefem Elend zu erfüllen strebt.
Er kommt! Ich seh' ihm freudiger entgegen,   2865
Als ich ihn ließ. Er kommt. Er sucht mich auf!
Zu scheiden denkt er – bleiben werd' ich ihm.

NEUNTER AUFTRITT

Eugenie. Gerichtsrat. Ein Knabe mit einem schönen Kästchen.

GERICHTSRAT. Schon ziehn die Schiffe nacheinander fort,
Und bald, so fürcht' ich, wirst auch du berufen.
Empfange noch ein herzlich Lebewohl   2870
Und eine frische Gabe, die auf langer Fahrt
Beklommnen Reisenden Erquickung atmet.
Gedenke mein! O daß du meiner nicht
Am bösen Tage sehnsuchtsvoll gedenkest!
EUGENIE. Ich nehme dein Geschenk mit Freuden an,   2875
Es bürgt mir deine Neigung, deine Sorgfalt;
Doch send' es eilig in dein Haus zurück!
Und wenn du denkst, wie du gedacht, empfindest,
Wie du empfunden, wenn dir meine Freundschaft
Genügen kann, so folg' ich dir dahin.   2880
GERICHTSRAT (nach einer Pause, den Knaben durch einen Wink
entfernend). Ist's möglich? hätte sich zu meiner Gunst,
In kurzer Zeit, dein Wille so verändert?
EUGENIE. Er ist verändert! aber denke nicht,
Daß Bangigkeit mich dir entgegentreibe.

Ein edleres Gefühl – laß mich's verbergen! –
Hält mich am Vaterland, an dir zurück.
Nun sei's gefragt: Vermagst du, hohen Muts,
Entsagung der Entsagenden zu weihen?
Vermagst du zu versprechen, mich als Bruder
Mit reiner Neigung zu empfangen? mir,
Der liebevollen Schwester, Schutz und Rat
Und stille Lebensfreude zu gewähren?
GERICHTSRAT. Zu tragen glaub' ich alles, nur das eine,
Dich zu verlieren, da ich dich gefunden,
Erscheint mir unerträglich. Dich zu sehen,
Dir nah zu sein, für dich zu leben, wäre
Mein einzig höchstes Glück. Und so bedinge
Dein Herz allein das Bündnis, das wir schließen.
EUGENIE. Von dir allein gekannt, muß ich fortan,
Die Welt vermeidend, im Verborgnen leben.
Besitzest du ein still entferntes Landgut,
So widm' es mir und sende mich dahin.
GERICHTSRAT. Ein kleines Gut besitz' ich, wohlgelegen;
Doch alt und halb verfallen ist das Haus.
Du kannst jedoch in jener Gegend bald
Die schönste Wohnung finden, sie ist feil.
EUGENIE. Nein! In das altverfallne laß mich ziehn,
Zu meiner Lage stimmt es, meinem Sinn.
Und wenn er sich erheitert, find' ich gleich
Der Tätigkeit bereiten Stoff und Raum.
Sobald ich mich die Deine nenne, laß,
Von irgendeinem alten zuverläss'gen Knecht
Begleitet, mich, in Hoffnung einer künft'gen
Beglückten Auferstehung, mich begraben.
GERICHTSRAT.
Und zum Besuch, wann darf ich dort erscheinen?
EUGENIE. Du wartest meinen Ruf geduldig ab.
Auch solch ein Tag wird kommen, uns vielleicht
Mit ernsten Banden enger zu verbinden.
GERICHTSRAT. Du legest mir zu schwere Prüfung auf.
EUGENIE. Erfülle deine Pflichten gegen mich;
Daß ich die meinen kenne, sei gewiß.
Indem du, mich zu retten, deine Hand

Mir bietest, wagst du viel. Werd' ich entdeckt,
Werd' ich's zu früh, so kannst du vieles dulden.
Ich sage dir das tiefste Schweigen zu: 2925
Woher ich komme, niemand soll's erfahren,
Ja, die entfernten Lieben will ich nur
Im Geist besuchen, keine Zeile soll,
Kein Bote dort mich nennen, wo vielleicht
Zu meinem Heil ein Funke glühen möchte.   2930
GERICHTSRAT. In diesem wicht'gen Fall was soll ich sagen?
Uneigennütz'ge Liebe kann der Mund
Mit Frechheit oft beteuern, wenn im Herzen
Der Selbstsucht Ungeheuer lauschend grinst.
Die Tat allein beweist der Liebe Kraft.   2935
Indem ich dich gewinne, soll ich allem
Entsagen, deinem Blick sogar! Ich will's.
Wie du zum ersten Male mir erschienen,
Erscheinst du bleibend mir, ein Gegenstand
Der Neigung, der Verehrung. Deinetwillen   2940
Wünsch' ich zu leben, du gebietest mir.
Und wenn der Priester sich, sein Leben lang,
Der unsichtbaren Gottheit niederbeugt,
Die im beglückten Augenblick vor ihm
Als höchstes Musterbild vorüberging,   2945
So soll von deinem Dienste mich fortan,
Wie du dich auch verhüllest, nichts zerstreun.
EUGENIE. Ob ich vertraue, daß dein Äußres nicht,
Nicht deiner Worte Wohllaut lügen kann;
Daß ich empfinde, welch ein Mann du bist,   2950
Gerecht, gefühlvoll, tätig, zuverlässig:
Davon empfange den Beweis, den höchsten,
Den eine Frau besonnen geben kann!
Ich zaudre nicht, ich eile, dir zu folgen!
Hier meine Hand: wir gehen zum Altar.   2955

PALÄOPHRON UND NEOTERPE

Der Herzogin Amalia von Sachsen-Weimar widmete dieses kleine
Stück der Verfasser mit dankbarer Verehrung. Er hatte dabei
die Absicht, an alte bildende Kunst zu erinnern und ein plasti-
sches, doch bewegliches und belebtes Werk den Zuschauern vor
Augen zu stellen.
Durch gegenwärtigen Abdruck kann man dem Publikum freilich
nur einen Teil des Ganzen vorlegen, indem die Wirkung der
vollständigen Darstellung auf die Gesinnungen und die Emp-
fänglichkeit gebildeter Zuschauer, auf die Empfindung und die
persönlichen Vorzüge der spielenden Personen, auf gefühlte Re-
zitation, auf Kleidung, Masken und mehr Umstände berechnet war.

★

Eine Vorhalle, an der Seite ein Altar, um denselben ein Asyl, durch
eine niedrige Mauer bezeichnet; außerhalb, an dem Fortsatze der
Mauer, ein steinerner Sessel.

NEOTERPE (mit zwei Kindern in Charaktermasken).
Zum frohen Feste find' ich feine Leute hier
Versammelt, und ich dränge mich beherzt herein,
Ob sie mir und den Meinen guten Schutz vielleicht
Gewähren möchten, dessen ich so sehr bedarf.
Zwar wenn ich komme, Gastgerechtigkeit zu flehn,
Könnte man auch fordern, daß ich sagte, wer ich sei;
Doch dieses ist viel schwerer, als man etwa denken mag.
Zu leben weiß ich, mich zu kennen weiß ich nicht;
Doch was so manche Leute von mir sagen, weiß ich wohl.
Die einen haben mich die neue Zeit genannt,   10
Genug! ich bin das Neue eben überall.
Willkommen stets und unwillkommen wandl' ich fort,
Und wär' ich nicht, so wäre nichts auch überall.
Und ob ich gleich so nötig als erfreulich bin,
So wandelt doch ein Alter immer hinter mir,   1
Der mich vernichten würde, wenn es ihm einmal
Mit seinem langsam langbedächt'gen Schritt
Mich zu erreichen glückte. Doch so hetzt er mich
Von einem Ort zum andern, daß ich nicht so froh

Mit meinen artigen Gespielen mich, der Lust   20
Des heitern Lebens hingegeben, freuen darf.
Nun hab' ich mich hierher gerettet, wo mit Recht
Man sich des schönsten Tags zu freun versammelt ist,
Und denke Schutz zu finden vor dem wilden Mann
Und Recht, obgleich er stärker ist als ich.   25
Drum werf' ich bittend mich an den Altar
Der Götter dieses Hauses flehend hin.
Kniet nieder gleichfalls, ein gleich Geschick,
Wie ich es hoffe, hier getrost erwarten dürft.

PALÄOPHRON (auf zwei Alte in Charaktermasken gelehnt, im Herein-
   treten zu seinen Begleitern).

Ihr habet klug die Flüchtige mir ausgespürt,   30
Und nicht vergebens wenden wir den Fuß hierher;
Denn seht! sie hat sich flehend an den Ort gewandt,
Berühret den Altar, der uns verehrlich ist.
Doch wenn er gleich sie schützt und ihre leid'ge Brut,
So wollen wir sie doch belagern, daß sie sich   35
Von ihrem Schutzort nicht entfernen darf, wofern
Sie nicht in unsre Hände sich zu geben willig ist.
Drum führet mich zum Sessel, daß ich mich
Ihr gegenüber setzen und bedenken kann,
Wiefern ich mit Gewalt, wo nicht mit gutem Wort,   40
Zu ihrer Schuldigkeit zu bringen sie vermag.

(Er setzt sich und spricht zu den Zuschauern.)

Und ihr, die ihr vielleicht in euren Schutz sie nehmt,
Dieweil sie lieblich aussieht und betulich ist
Und einem jeden gern nach seiner eignen Art erscheint,
Erfahret, welch ein Recht, sie zu verfolgen, mir gebührt.   45
Ich will nicht sagen, daß sie meine Tochter sei;
Doch hab' ich als ein Oheim immer Vaterrecht auf sie
Und kann behaupten, daß aus meinem Blute sie
Entsprossen mir vor allen andern angehört.
Im allgemeinen nennt man mich die alte Zeit,   50
Und wer besonders wohl mir will, der nennt mich auch
Die goldne Zeit, und jeder will in seiner Jugend mich
Als Freund besessen haben, da ich, jung wie er
Und rüstig, unvergleichlich soll gewesen sein.
Auch hör' ich überall, wohin ich horchend nur   55

Die Ohren wende, mein entzückend großes Lob.
Und dennoch kehret jedermann den Rücken mir
Und richtet emsig sein Gesicht der Neuen zu,
Der Jungen da, die schmeichelnd jeglichen verdirbt,
Mit törichtem Gefolge durch das Volk sich drängt.   60
Drum hab' ich sie, mit diesen wackeren Gesellen hier,
Verfolgt und in die Enge sie zuletzt gebracht.
Ihr seht es hoffentlich zufrieden an,
Daß ich ein Ende mache solchem Frevelgang.

NEOTERPE. Holde Gottheit dieses Hauses,   65
    Der die Bürger, der die Fremden
    Auf dem reinlichen Altare
    Manche Dankesgabe bringen,
    Hast du jemals den Vertriebnen
    Aufgenommen, dem Verirrten   70
    Aufgeholfen und der Jugend
    Süßes Jubelfest begünstigt;
    Ward an dieser heil'gen Schwelle
    Mancher Hungrige gespeiset,
    Mancher Durstige getränket   75
    Und erquickt durch Mild' und Güte,
    Mehr als durch die besten Gaben –
    O! so hör' auch unser Flehen!
    Sieh der zarten Kleinen Jammer!
    Steh uns gegen unsre Feinde,   80
    Gegen diesen Wütrich bei!

PALÄOPHRON. Wenn ihr freventlich so lange
    Guter Ordnung euch entzogen,
    Zwecklos hin und her geschwärmet
    Und zuletzt euch Sorg' und Mangel   85
    An die kalten Steine treiben,
    Denkt ihr, werden gleich die Götter
    Eurentwillen sich hernieder
    Aus der hohen Ruhe regen!
    Nein, mein gutes, süßes Püppchen!   90
    Sammle nach dem eignen Herzen
    Die zerstreuten Blicke nieder;
    Und wenn du dich unvermögend
    Fühlest, deiner Not zu raten,

Wende seitwärts, wende hieher,   95
Nach dem alten, immer strengen,
Aber immer guten Oheim
Deine Seufzer, deine Bitten
Und erwarte Trost und Glück.

NEOTERPE.

Wenn dieser Mann, den ich zum erstenmal so nah   100
Ins Auge fasse, nicht die allerhäßlichsten
Begleiter hätte, die so grämlich um ihn stehn,
So könnt' er mir gefallen, da er freundlich spricht
Und edel aussieht, daß man eines Göttlichen
Erfreulich schöne Gegenwart empfinden muß.   105
Ich dächt', ich wendete mich um und spräch' ihn an!

PALÄOPHRON.

Wenn dieses Mädchen, das ich nur von ferne sonst
Und auf der Flucht gesehen, nicht die läppische
Gesellschaft mit sich schleppte, die verhaßt mir ist,
So müßt' ich wünschen, immer an der Seite mir   110
Die liebliche Gestalt zu sehen, die der Hebe gleich
Der Jugend Becher aus den holden Augen gießt.
Sie kehrt sich um, und spricht sie nicht, so ist's an mir.

NEOTERPE.

Wenn wir uns zu den Göttern wenden, ist es wohl
Kein Wunder, da uns auf der Erde solche Not   115
Bereitet ist und ich des edlen Mannes Kraft,
Die mich beschützen sollte, mir als ärgsten Feind
Und Widersacher finde. Solches hofft' ich nicht!
Denn da ich noch ein Kind war, hört' ich stets:
Der Jugend Führer sei das Alter; beiden sei   120
Nur, wenn sie als Verbundne wandeln, Glück beschert.

PALÄOPHRON.

Dergleichen Reden hören freilich gut sich an;
Doch hat es allerlei Bedenkliches damit,
Das ich jetzt nicht berühren will. Doch sage mir!
Wer sind die Kreaturen beide, die, an dich   125
So fest geschlossen, durch die Straßen ziehn?
Du ehrest dich mit solcherlei Gesellschaft nicht.

NEOTERPE. Die guten Kinder! Beide haben das Verdienst,
Daß sie, so schnell als ich durch alles durchzugehn

Gewohnt, die Menge teilen, die ich finden mag.   1
Nicht eine Spur von Faulheit zeigt das junge Paar,
Und immer sind sie früher an dem Platz als ich.
Doch wenn du mich nach Eigenschaft und Namen fragst:
Gelbschnabel heißt man diesen; heiter tritt er auf
Und hat nichts Arges weiter in der argen Welt.   1
Doch diesen heißt man Naseweis, der, flink und rasch,
Nach allen Gegenden das stumpfe Näschen kehrt.
Wie kannst du solchen guten, zarten Kindern nur
Gehässig sein, die seltne Lebenszierden sind?
Doch, daß ich das Vertraun erwidre, sage mir!   1
Wer sind die Männer, die, nicht eben liebenswert,
An deiner Seite stehn, mit düstrem, wildem Blick?
PALÄOPHRON.
Das Ernste kommt euch eben wild und düster vor,
Weil ihr, gewöhnt an flache, leere Heiterkeit,
Des Augenblicks Bedeutung nicht empfinden könnt.   2
Dagegen fühlet dieser Mann nur allzugut,
Daß in der Welt nur wenig zur Befriedigung
Des weisen Mannes eigentlich gereichen kann.
Griesgram wird er daher genannt. Er muß fürwahr,
Wie ich es selbst gestehe, der bepflanzten Welt   2
Und des gestirnten Himmels Hochzeitschmuck
Mit ganz besondern wunderlichen Farben sehn,
Die Sonne rot, die Frühlingsblätter braun und falb.
So sagt er wenigstens und scheint gewiß zu sein,
Daß das Gewölb des Himmels nächstens brechen wird.
Doch dieser, den man Haberecht mit Recht genannt,
Ist seiner tiefbegründeten Unfehlbarkeit
So ganz gewiß, daß er mir nie das letzte Wort,
Ob ich gleich Herr und Meister bin, gelassen hat.
So dienet er zur Übung mir der Redekunst,
Der Lunge, ja der Galle, das gesteh' ich gern.
NEOTERPE. Nein, ich werd' es nie vermögen,
   Diese wunderlichen Fratzen
   An der Seite des Verwandten
   Mit Vertrauen anzusehn!
PALÄOPHRON. Könnt' ich irgendeinem Freunde
   Meine würdigen Begleiter

Auf ein Stündchen überlassen,
Tät' ich es von Herzen gern!
NEOTERPE. Wüßt' ich meine kleinen Schätze   170
Irgend jemand zu vertrauen,
Der mir sie spazierenführte,
Mir geschäh' ein großer Dienst.
PALÄOPHRON.
Mein lieber Griesgram! was ich dir bisher verschwieg,
Entdeck' ich nun, so sehr es dich verdrießen muß.   175
Durch Stadt und Vorstadt zieht ein frecher Mann und lehrt
Und ruft: „Ihr Bürger, merket auf mein wahres Wort!
Die Tätigkeit ist, was den Menschen glücklich macht;
Die, erst das Gute schaffend, bald ein Übel selbst
Durch göttlich wirkende Gewalt in Gutes kehrt.   180
Drum auf beizeiten morgens! ja, und fändet ihr,
Was gestern ihr gebaut, schon wieder eingestürzt,
Ameisen gleich nur frisch die Trümmern aufgeräumt!
Und neuen Plan ersonnen, Mittel neu erdacht!
So werdet ihr, und wenn aus ihren Fugen selbst   185
Die Welt geschoben in sich selbst zertrümmerte,
Sie wieder bauen, einer Ewigkeit zur Lust."
So spricht er töricht und erreget mir das Volk;
Und niemand sitzt mir an der Straße mehr und klagt,
Und niemand stickt in einem Winkel jammervoll.   190
Ich brauche nicht hinzuzusetzen: eile hin
Und steure diesem Unheil, wenn es möglich ist.

(Griesgram ab.)

Dich aber, edler Haberecht, beleidigt man
Noch ärger fast; denn in den Hallen an dem Markt
Läßt sich ein Fremder hören, welcher schwört,   195
Es habe grade Haberecht darum kein Recht,
Weil er es immer haben und behalten will.
Es habe niemand recht, als wer den Widerspruch
Mit Geist zu lösen, andre zu verstehen weiß,
Wenn er auch gleich von andern nicht verstanden wird.   200
Dergleichen ketzerische Reden führet er –

(Haberecht eilig ab.)

Du eilest fort, zu kämpfen? Ich erkenne dich!

NEOTERPE.
Du hast die beiden wilden Männer fortgeschickt;
Um meinetwillen, merk' ich wohl, ist es geschehn.
Das zeiget gute Neigung an, und ich fürwahr
Bin auch geneigt, die kleinen Wesen hier, die dir
Verdrießlich sind, hinwegzuschicken, wenn ich nur
Auch sicher wäre, daß Gefahr und Not sie nicht
Ergreifen kann, wenn sie allein im Volke gehn.

PALÄOPHRON.
Kommt nur! ich geb' euch beiden sicheres Geleit.
            (Die Kinder treten aus dem Asyl vor den Alten.)
Geht nur, ihr Kinder! doch erfüllet mein Gesetz,
Das ich euch wohlbedächtig gebe, ganz genau.
Gelbschnabel soll dem Griesgram wie der Naseweis
Dem Haberecht beständig aus dem Wege gehn:
So wird es Friede bleiben in der edlen Stadt.
            (Die Kinder gehen ab.)

NEOTERPE (die aus dem Asyl tritt und sich neben den Alten auf die
      Mauer setzt).
            Ich steige sicher nun heraus
            Und komme dir vertraulich nah.
            O! sieh mich an und sage mir:
            Ist möglich die Veränderung?
            Du scheinest mir ein jüngerer,
            Ein rüstig frischer Mann zu sein.
            Der Kranz von Rosen meines Haupts,
            Er kleidete fürwahr dich auch.

PALÄOPHRON. Ich selber fühle rüstiger
            In meinem tiefen Busen mich;
            Und wie du mir so nahe bist,
            So stellst du ein gesittetes
            Und lieblich ernstes Wesen dar.
            Den Bürgerkranz auf meinem Haupt,
            Von dichtem Eichenlaub gedrängt,
            Auf deiner Stirne säh' ich ihn,
            Auf deinen Locken, wonnevoll.

NEOTERPE. Versuchen wir's und wechseln gleich
            Die Kränze, die mit Eigensinn

Ausschließend wir uns angemaßt. 235
Den meinen nehm' ich gleich herab.
(Sie nimmt die Rosenkrone herunter.)
PALÄOPHRON (der den Eichenkranz herabnimmt).
Und ich den meinen ebenfalls,
Und mit des Kranzes Wechselscherz
Sei zwischen uns ein ew'ger Bund
Geschlossen, der die Stadt beglückt. 240
(Er setzt ihr den Eichenkranz auf.)
NEOTERPE. Des Eichenkranzes Würde soll
Mir immer sagen, daß ich nicht
Der edlen Mühe schonen darf,
Ihn zu verdienen jeden Tag.
(Sie setzt ihm die Rosenkrone aufs Haupt.)
PALÄOPHRON. Der Rosenkrone Munterkeit 245
Soll mich erinnern, daß auch mir
Im Lebensgarten, wie vordem,
Noch manche holde Zierde blüht.
NEOTERPE (indem sie aufsteht und vortritt).
Das Alter ehr' ich, denn es hat für mich gelebt.
PALÄOPHRON (indem er aufsteht und vortritt).
Die Jugend schätz' ich, die für mich nun leben soll. 250
NEOTERPE.
Hast du Geduld, wenn alles langsam reifen wird?
PALÄOPHRON.
Von grüner Frucht am Baume hoff' ich Süßigkeit.
NEOTERPE. Aus harter Schale sei der süße Kern für mich.
PALÄOPHRON. Von meiner Habe mitzuteilen, sei mir Pflicht.
NEOTERPE.
Gern will ich sammeln, daß ich einst auch geben kann. 255
PALÄOPHRON. Gut ist der Vorsatz, aber die Erfüllung schwer.
NEOTERPE.
Ein edles Beispiel macht die schweren Taten leicht.
PALÄOPHRON.
Ich sehe deutlich, wen du mir bezeichnen willst.
NEOTERPE.
Was wir zu tun versprechen, hat Sie längst getan.
PALÄOPHRON.
Und unsern Bund hat Sie begründet in der Stadt. 260

20*

NEOTERPE.
Ich nehme diesen Kranz herab und reich' ihn Ihr.
PALÄOPHRON. Und ich den meinen.
  (Sie nehmen die Kränze herunter und halten sie vor sich hin.)
NEOTERPE.   Lange lebe! Würdige!
PALÄOPHRON. Und fröhlich lebe! wie die Rose Dir es winkt.
NEOTERPE. Sie lebe! rufe jeder wahre Bürger mit.

———————

ELPENOR

EIN SCHAUSPIEL

PERSONEN

Antiope
Lykus
Elpenor
Evadne
Polymetis
Jünglinge
Jungfrauen

ERSTER AUFZUG

ERSTER AUFTRITT

Evadne, ein Chor Jungfrauen.

EVADNE. Verdoppelt eure Schritte, kommt herab! Verweilet
nicht zu lange, gute Mädchen! Kommt herein! Gebt nicht 5
zu viele Sorgfalt euren Kleidern und Haaren! Es ist noch
immer Zeit, wenn das Geschäfte vollbracht ist, sich zu
schmücken. Der frühe Morgen heißt uns rege zur Arbeit
sein.

EINE JUNGFRAU. Hier sind wir, und die andern folgen gleich. 10
Wir haben selbst uns diesem Fest geweckt, du siehest uns
bereit, zu tun, was du gebietest.

EVADNE. Wohlan, beeifert euch mit mir! Zwar halb nur freu-
dig, halb mit Widerwillen ruf ich euch zum Dienste dieses
Tages; denn er bringt unsrer hochgeliebten Frauen, in 15
Fröhlichkeit gekleidet, stillen Schmerz.

JUNGFRAU. Ja und uns allen; denn es scheidet heute der
werte Knabe, mit dem die glücklichste Gewohnheit uns
verbindet. Sag, wie erträgt's die Königin? Gibt sie gelassen
ihren teuren Pflegbefohlnen seinem Vater wieder? 20

EVADNE. Mir wird es bange für die künftigen Tage. Noch

ruht der alte Schmerz in ihrer Seele. Der doppelte Verlust
des Sohns und des Gemahls ist noch nicht ausgeheilt; und
wenn des Knaben frohe Gesellschaft sie verläßt, wird sie
dem alten Kummer widerstehen? Und wie Larven der
Unterwelt vorzüglich Einsamen erscheinen, so rührt der   5
Trauer kalte Schattenhand den Verlaßnen ängstlich. Und
wem gibt sie den lieben Zögling wieder?

JUNGFRAU. Ich hab' es auch bedacht. Nie war der Bruder
des Gemahls ihr lieb. Sein rauh Betragen hielt sie weit
entfernt. Nie hätten wir geglaubt, daß sie in seinem Sohne   10
der süßten Liebe Gegenstand umarmen sollte.

EVADNE. Wär es ihr eigner, wie belohnte sie der heut'ge Tag
für alle Muttersorgen! Der schöne Knabe tritt feierlich vor
seinem Volke aus der beschränkten Kindheit niederem
Kreise auf der beglückten Jugend erste Stufe; doch sie er-   15
freut es kaum. Ein ganzes Reich dankt ihr die edle Sorgfalt,
und ach! in ihrem Busen gewinnt der Gram nur neue Luft
und Nahrung; denn für das schwerste, edelste Bemühen ist
dem Menschen nicht soviel Freude gegönnt, als die Natur
mit einem einzigen Geschenke leicht gewährt.   20

JUNGFRAU. Ach, welche schöne Tage lebte sie, eh noch das
Glück von ihrer Schwelle wich, ihr den Gemahl, den Sohn
entführte und unerwartet sie verwaist zurückließ.

EVADNE. Laß uns das Angedenken jener Zeiten so heftig
nicht erneuern, das Gute schätzen, das ihr übrigblieb, den   25
Reichtum in dem nahverwandten Knaben!

JUNGFRAU. Nennst du den reich, der fremde Kinder nährt?

EVADNE. Wenn sie geraten, ist auch das vergnüglich. Ja
wohl, ihr ist ein herrlicher Ersatz in Lykus' Sohn gegeben
worden. Am einsamen Gestade hier, an ihrer Seite wuchs er 30
schnell hervor, und er gehört nun ihr durch Lieb und
Bildung. Herzlich gönnt sie einem Vielverwandten den
Teil des Reichs, der ihrem Sohne vom Vater her gebührte,
ja gönnt ihm einst, was sie an Land und Schätzen von ihren
Eltern sich ererbt. Sie stattet ihn mit allem Segen aus und 35
sucht sich still den Trost im Guten. „Dem Volk ist's besser,
wenn nur einer herrscht", hört ich sie sagen, und noch
manches Wort, womit ihr Geist das Übel lindernd preisen
möchte, das sie befiel.

JUNGFRAU. Mich dünkt, ich sah sie heute, froh und hell ihr
  Auge.
EVADNE. Mir schien es auch. O mögen ihr die Götter ein
  frisches Herz behalten! Denn leichter dient sich einem
  Glücklichen.   5
JUNGFRAU. Der edel ist und den der Übermut nicht härtet,
EVADNE. Wie wir sie billig preisen unsere Frau.
JUNGFRAU. Wie ich sie fröhlich sah und fröhlicher den
  Knaben, der goldnen Sonne Morgenstrahlen auf ihren An-
  gesichtern, da schwang sich eine Freude mir durchs Herz,   10
  die alles Traurige der alten Tage leicht überstimmte.
EVADNE. Laßt uns nicht weiblich zu vieles reden, wo viel zu tun
  ist. Die Freude soll dem Dienst nicht schaden, der heute mehr
  als andre Tage erfordert wird, laßt sie am besten durch den
  Eifer sehen, mit dem ein jedes eilt, sein Werk zu tun.   15
JUNGFRAU. Verordne du, wir andre säumen nicht.
EVADNE. Daß unserer Fürstin Herz geöffnet ist, hab ich gesehen; denn sie will, daß ihre Schätze, die, still verwahrt,
  dem künftigen Geschlecht entgegenruhten, sich heute
  zeigen und, diesem Tag gewidmet, glänzen, daß auf Rein-   20
  lichkeit und Ordnung diese Feier sich wie auf zwei Gefährten würdig lehne. Was mir vertraut ist, hab ich aufgeschlossen; nun sorget für den Schmuck der Säle, entfaltet
  die gestickten Teppiche und deckt damit den Boden, die
  Sessel und Tafeln, verwendet das Geringere und Köstliche   25
  mit kluger Wahl, bereitet Platz genug für viele Gäste und
  setzt die künstlich getriebenen Geschirre zur Augenlust
  auf ihre rechten Stellen! An Speis und Trank soll's auch
  nicht fehlen, das ist der Fürstin Wille, und was den Fremden gereicht wird, soll Anmut und Gefälligkeit begleiten.   30
  Die Männer, seh ich, haben auch von ihren Vorgesetzten
  schon Befehl erhalten; und Pferde, Waffen und Wagen sind,
  diese Feier zu verherrlichen, bewegt.
JUNGFRAU. Wir gehen.
EVADNE. Wohl, ich folge gleich. Nur hält mich noch der   35
  Anblick meines Prinzen. Er naht sich, wie der Stern des
  Morgens funkelnd, schnell. Laßt mich ihn segnen, ihn,
  der balde Tausenden ein neues Licht des Glücks aufgehend erscheint.

ZWEITER AUFTRITT

Elpenor. Evadne.

ELPENOR. Bist du hier, meine Gute, Treue, die du an meiner
Freude immer teilnimmst? Sieh, was zum Anfang dieses
Tages mir geschenkt ward! Die ich so gerne Mutter nenne, 5
will mich heute mit vielen Zeichen ihrer Lieb entlassen.
Den Bogen und den reichbeladnen Köcher gab sie mir;
von den Barbaren gewann ihn ihr Vater. Seit meiner
ersten Jugend gefiel er mir vor allen Waffen, die an den
hohen Pfeilern aufgehängt sind. Ich forderte ihn oft. Mit 10
Worten nicht, ich nahm ihn von den Pfosten und klirrte
an der starken Senne. Dann blickt' ich die geliebte freundlich an und ging um sie herum und zauderte, den Bogen
wieder aufzuhängen. Heut ist der alte Wunsch mir gewährt. Er ist nun mein, ich führ' ihn mit mir fort, wenn 15
bald mein Vater kommt, mich nach der Stadt zu holen.
EVADNE. Ein schönes, würdiges Geschenk, mein Prinz, es
sagt dir viel.
ELPENOR. Was denn?
EVADNE. Groß ist der Bogen, schwer zu beugen; wenn ich 20
nicht irre, vermagst du's nicht.
ELPENOR. Ich werd es schon.
EVADNE. Es denkt die teure Pflegemutter ebenso. Und
wenn sie dir vertraut, daß du mit mämnlicher Kraft dereinst die straffe Senne spannst, so winkt sie dir zugleich 25
und hofft, daß du nach einem würdigen Ziele die Pfeile
senden wirst.
ELPENOR. O laß mich nur! Noch hab ich auf der Jagd das
leichte Reh, geringe Vögel nur der niedern Luft erlegt;
doch wenn ich dich einst bändige – ihr Götter gebt es bald –, 30
dann hol ich ihn aus seinen hohen Wolken den sichern
Adler herunter.
EVADNE. Wirst du entfernt von deinen Bergen und Wäldern,
in denen du bisher mit uns gelebt, auch deiner ersten Ju-
gendfreuden und unserer gedenken?   35
ELPENOR. Und du bist unerbittlich, willst nicht mit mir
ziehen, willst deine Sorgfalt mir nicht ferner gönnen?

EVADNE. Du gehst, wohin ich dir nicht folgen kann, und
deine nächsten Jahre schon vertragen eines Weibes Sorge
kaum. Der Frauen Liebe nährt das Kind, ein Knabe wird
am besten von Männern erzogen.

ELPENOR. Sag mir, wann kommt mein Vater, der mich heute 5
nach seiner Stadt zurückeführt?

EVADNE. Nicht eh, als bis die Sonne am hohen Himmel
wandelt. Dich hat der frühste Morgen aufgeweckt.

ELPENOR. Ich habe fast gar nicht geschlafen. In der be-
wegten Seele ging mir auf und ab, was alles ich heut zu 10
erwarten habe.

EVADNE. Wie du verlangst, so wirst auch du verlangt; denn
aller Bürger Augen warten dein.

ELPENOR. Sag an, ich weiß, daß mir Geschenke bereitet
sind, die heute noch vor meinem Vater kommen. Ist dir 15
bekannt, was wohl die Boten bringen werden?

EVADNE. Ich vermut es. Zuvörderst reiche Kleider, wie
einer haben soll, auf den die Augen vieler gerichtet sind,
damit ihr Blick, der nicht ins Innre dringt, sich an dem
Äußern weide. 20

ELPENOR. Auf etwas andres hoff ich, meine Liebe.

EVADNE. Mit Schmuck und köstlicher Zierde wird auch
dein Vater heut nicht karg sein.

ELPENOR. Das will ich nicht verachten, wenn es kommt;
doch rätst du, als ob ich eine Tochter wäre. Ein Pferd 25
wird kommen, groß, mutig und schnell. Was ich so lang
entbehrt, das werd ich haben, und eigen haben. Denn was
half es mir, bald ritt ich dies, bald das, es war nicht mein!
Und nebenher voll Angst ein alter wohlbedächtiger Diener;
ich wollte reiten, und er wollte mich gesund nach Hause 30
haben. Am liebsten war ich auf der Jagd der Königin zur
Seite, und doch sah ich wohl, wär sie allein gewesen, sie
hätte schärfer zugeritten; und ich wohl auch, wär ich allein
gewesen. Nein, dieses Pferd, es wird mein eigen bleiben,
und ich will reiten, es soll eine Lust sein. Ich hoffe, das 35
Tier ist jung und wild und roh. Es selber zuzureiten, wäre
meine größte Freude.

EVADNE. Ich hoffe, man ist auf dein Vergnügen und auf
deine Sicherheit bedacht.

ELPENOR. Ei was! Vergnügen sucht der Mann sich in Gefahren, und ich will bald ein Mann sein. Auch wird mir
noch gebracht – errat es schnell – ein Schwert, ein größeres
als ich bisher auf der Jagd geführt, ein Schlachtschwert!
Es biegt sich wie ein Rohr und spaltet auf einen Hieb den
starken Ast, ja Eisen haut es durch, und keine Spur bleibt
auf der Schärfe zurück. Sein Griff ist köstlich mit einem
goldnen Drachenhals geziert, die Flügel decken die Faust
des Kämpfenden. Es hängen Ketten um den Rachen, als
hätt ein Held ihn in der finstern Höhle überwältigt, gebunden dienstbar ihn ans Tageslicht gerissen. Find ich nur
Zeit, so will ich's gleich im nächsten Wald versuchen und
Bäume spalten und zu Stücken hauen.

EVADNE. Mit diesem Mut wirst du den Feind besiegen. Für
Freunde Freund zu sein, mög dir die Grazie auch einen
Funken jenes Feuers in den Busen legen, das auf dem
himmlischen Altar, durch ihre ewigreine Hand genährt,
zu Jovis Füßen brennt.

ELPENOR. Ich will ein treuer Freund sein, will teilen, was
mir von den Göttern wird, und wenn ich alles habe, was
mich freut, will ich gern allen andern alles geben.

EVADNE. Nun fahre wohl! Sehr schnell sind diese Tage
mir hingeflogen! Wie eine Flamme, die den Holzstoß nun
recht ergriffen hat, verzehrt die Zeit das Alter schneller
als die Jugend.

ELPENOR. So will ich eilen, Rühmliches zu tun.

EVADNE. Die Götter geben dir Gelegenheit und hohen Sinn,
das Rühmliche von dem Gerühmten zu unterscheiden.

ELPENOR. Was sagst du mir? Ich kann es nicht verstehn.

EVADNE. Mit Worten, wärens ihrer noch so viel, wird dieser
Segen nicht erklärt; denn es ist Wunsch und Segen mehr
als Lehre. Die geb ich dir an diesem Tage nicht auf lange
Zeit; denn du trittst eine weite Reise an. Die ersten Pfade
liefst du spielend durch, und nun betrittst du einen breitern
Weg; da folge stets Erfahrnen! Es würde dir nicht nützen,
dich nur verwirren, beschrieb ich dir beim Ausgang zu
genau die fernen Gegenden, durch die du wandern wirst.
Der beste Rat ist: Folge gutem Rat, und laß das Alter dir
ehrwürdig sein.

ELPENOR. Das will ich tun.

EVADNE. Erbitte von den Göttern verständige und wohlgesinnte Gefährten! Beleidige durch Torheit noch durch
Übermut das Glück nicht! Es begünstigt die Jugend wohl
in ihren Fehlern, doch mit den Jahren fordert es mehr. 5

ELPENOR. Ja, viel vertrau ich dir, und deine Frau, so klug
sie ist, weiß ich, vertraut dir viel. Sie fragte dich gar oft
um dies und jenes, wenn du auch gleich nicht stets mit
einer Antwort ihr bereit warst.

EVADNE. Wer alt mit Fürsten wird, lernt vieles und zu 10
vielem schweigen.

ELPENOR. Wie gern blieb ich bei dir, bis ich so weise geworden als nötig ist, um nicht zu fehlen.

EVADNE. Wenn du dich so hieltest, wäre mehr Gefahr. Ein
Fürst soll einzeln nicht erzogen werden. Einsam lernt 15
niemand sich, noch weniger andern zu gebieten.

ELPENOR. Entziehe künftig mir nicht deinen Rat!

EVADNE. Du sollst ihn haben, wenn du ihn verlangst; auch
unverlangt, wenn du ihn hören kannst.

ELPENOR. Wenn ich vor dir am Feuer saß und du erzähltest 20
von den Taten alter Zeit, du einen Guten rühmtest, des
Edlen Wert erhobst, da glüht es mir durch Mark und
Adern. Ich rief im Innersten: O wär ich der, von dem sie
spricht!

EVADNE. O möchtest du mit immer gleichem Triebe zur 25
Höhe wachsen, die dir bestimmt ist! Laß es den besten
Wunsch sein, den ich mit diesem Abschiedskuß dir weihe.
Teures Kind, leb wohl! Ich seh die Königin sich nahn.

DRITTER AUFTRITT

Antiope. Elpenor. Evadne.   30

ANTIOPE. Ich find euch hier in freundlichem Gespräch.

EVADNE. Die Trennung heißt der Liebe Bund erneun.

ELPENOR. Sie ist mir wert, mir wird das Scheiden schwer.

ANTIOPE. Du wirst viel wiederfinden, und du weißt noch
nicht, was alles du bisher entbehrt.   35

EVADNE. Hast du für mich, o Königin, noch irgendeinen
Auftrag? Ich gehe hinein, wo vieles zu besorgen ist.

ANTIOPE. Ich sage dir heut nichts, Evadne, denn du tust immer, was ich loben muß.

VIERTER AUFTRITT

Antiope. Elpenor.

ANTIOPE. Und du, mein Sohn, leb in das Leben wohl! So
sehr als ich dich liebe, scheid ich doch von dir gesetzt und
freudig. Ich war bereit, auch so den eignen zu entbehren,
mit zarten Mutterhänden ihn der strengen Pflicht zu
überliefern. Du hast bisher der Liebenden gefolgt; geh,
lerne nun gehorchen, daß du herrschen lernest.

ELPENOR. Dank! Tausend Dank, o meine beste Mutter!

ANTIOPE. Vergelt es deinem Vater, daß er mir geneigt war,
mir deiner ersten Jahre schönen Anblick, süßen Mitgenuß
gegönnt, den einzgen Trost, als mich das Glück gar hart
verletzte.

ELPENOR. Oft hab ich dich bedauert, dir den Sohn und mir
den Vetter sehr zurückgewünscht. Welch ein Gespiele
wäre das geworden!

ANTIOPE. Nur wenig älter als du. Wir beiden Mütter ver-
sprachen zugleich den Brüdern einen Erben. Ihr sproßtet
auf; ein neuer Glanz der Hoffnung durchleuchtete der
Väter altes Haus und überschien das weite gemeinsame
Reich. In beiden Königen entbrannte neue Lust zu leben,
mit Verstand zu herrschen und mit Macht zu kriegen.

ELPENOR. Sie sind sonst oft ins Feld gezogen, warum jetzt
nicht mehr? Die Waffen meines Vaters ruhen lange.

ANTIOPE. Der Jüngling kriegt, damit der Alte genieße.
Damals traf meinen Gemahl das Los, die Feinde jenseits
des Meeres zu bändigen. Er trug gewaltsames Verderben
in ihre Städte, und tückisch lauerte ihm und allen Schätzen meines Lebens ein feindseliger Gott auf. Er zog mit
froher Kraft vor seinem Heer, den teuren Sohn verließ
er an der Mutter Brust. Wo schien der Knabe sicherer als
da, wo ihn die Götter selber hingelegt! Da ließ er ihn

scheidend und sagte: „Wachse wohl und richte deiner
ersten Worte Stammeln, das Straucheln deiner ersten
Tritte entgegen auf der Schwelle deinem Vater, der
glücklich siegreich balde wiederkehrt." Es war ein eitler
Segen!   5

ELPENOR. Dein Kummer greift mich an, wie mich der Mut,
aus deinen Augen glänzend, entzünden kann.

ANTIOPE. Er fiel, von einem tückischen Hinterhalte im Laufe
seines Sieges überwältigt. Da war von Tränen meine
Brust des Tags, zu Nacht mein einsam Lager heiß. Den   10
Sohn an mich zu drücken, über ihn zu weinen, war des
Jammers Labsal. O den, auch den von meinem Herzen zu
verlieren, ertrug ich nicht, und noch ertrag ich's nicht.

ELPENOR. Ergib dich nicht dem Schmerz, und laß auch mich
dir etwas sein!   15

ANTIOPE. O unvorsichtiges Weib, die du dich selbst und
alle deine Hoffnung so zugrunde gerichtet!

ELPENOR. Klagst du dich an, die du nicht schuldig bist?

ANTIOPE. Zu schwer bezahlt man oft ein leicht Versehn.
Von meiner Mutter kamen Boten über Boten, sie riefen   20
mich und hießen meinen Schmerz an ihrer Seite mich erleichtern. Sie wollte meinen Knaben sehn, auch ihres Alters Trost. Erzählung und Gespräch und Wiederholung,
Erinnerung alter Zeiten sollten den tiefen Eindruck meiner
Qualen lindern. Ich ließ mich überreden, und ich ging.   25

ELPENOR. Nenn mir den Ort! Sag, wo geschah die Tat?

ANTIOPE. Du kennest das Gebirg, das von der See hinein
das Land zur rechten Seite schließt; dorthin nahm ich den
Weg. Von allen Feinden schien die Gegend und von
Räubern sicher. Nur wenig Knechte begleiteten den Wa-   30
gen, und eine Frau war bei mir. Es ragt ein Fels beim Eintritt ins Gebirg hervor, ein alter Eichbaum faßt ihn mit
den starken Ästen, und aus der Seite fließt ein klarer Quell.
Dort hielten sie im Schatten, tränkten die abgespannten
Rosse, wie man pflegt. Und es zerstreuten sich die Knechte;   35
der eine suchte Honig, wie er im Walde träuft, uns zu erquicken, der andere hielt die Pferde bei dem Brunnen,
der dritte hieb sich Zweige, den geplagten Tieren die
Bremsen abzuwehren. Auf einmal hören sie den fernsten

schrein; der nahe weilt, eilt hin, und es entsteht ein Kampf
der Unbewaffneten mit kühnen, wohlbewehrten Männern,
die aus dem Gebüsch sich drängen. Sich heftig verteidigend fallen die Getreuen, der Fuhrmann auch, der im
Entsetzen die Pferde fahren läßt und sich mit Steinen hartnäckig der Gewalt entgegensetzt. Wir fliehn und stehn. Die
Räuber glaubten leicht des Knaben sich zu bemächtigen;
doch nun erneuert sich der Streit, wir ringen, voll Wut den
Schatz verteidigend. Mit unauflöslichen Banden der mütterlichen Arme umschling ich meinen Sohn, die andere hält,
entsetzlich schreiend, mit geschwinden Händen die eindringende Gewalt ab, bis zuletzt, vom Schwert getroffen –
vorsätzlich oder zufällig weiß ich nicht – ohnmächtig ich
niedersinke, den Knaben mit dem Leben zugleich von
meinem Busen lasse und die Gefährtin schwergeschlagen
fällt.

ELPENOR. O warum ist man ein Kind, warum entfernt zur
Zeit, wo solche Hilfe nötig ist! Es ballt sich vor der Erzählung die Faust, und ich höre die Frauen rufen: Rette!
Räche! Nicht wahr, o Mutter, wen die Götter lieben, den
führen sie dahin, wo man sein bedarf?

ANTIOPE. So leiteten sie Herkules und Theseus, so Iason
und der alten Helden Chor. Wer edel ist, den suchet die
Gefahr, und er sucht sie, so müssen sie sich treffen. Ach,
sie erschleicht auch Schwache, denen nichts als knir-
schende Verzweiflung übrigbleibt. So fanden uns die Hirten des Gebirgs, verbanden meine Wunden, führten die
Sterbenden zurück. Ich kam und lebte. Mit welchem
Grauen betrat ich meine Wohnung, wo Schmerz und
Sorge sich an meinem Herde gelagert. Wie verbrannt,
vom Feinde zerstört schien mir das wohlbestellte königliche Haus! Und noch verstummet mein Jammer.

ELPENOR. Hast du nie erfahren, ob ein Feind, ob ein Verräter, wer die Tat verübt?

ANTIOPE. Überall versandte schnell dein Vater Boten hin,
ließ von Gewappneten die Küsten mit den Bergen scharf
untersuchen; doch nichts um nichts. Und nach und nach,
wie ich genas, kam grimmiger der Schmerz zurück, und die
unbändige Wut ergriff mein Haupt. Mit Waffen der Ohn-

mächtigen verfolgt ich den Verräter. Ich rief den Donner
an, ich rief der Flut und den Gefahren, die leis, um schwer
zu schaden, auf der Erde schleichen. „Ihr Götter", rief ich
aus, „ergreift die Not, die über Erd und Meer blind und
gesetzlos schweift, ergreift sie mit gerechten Händen und   5
stoßt sie ihm entgegen, wo er kommt. Wenn er bekränzt mit
Fröhlichen von einem Feste zurückkehrt, wenn er, mit
Beute schwer beladen, seine Schwelle betritt." Verwün-
schung war die Stimme meiner Seele, die Sprache meiner
Lippe Fluch!   10

ELPENOR. O glücklich wäre der, dem die Unsterblichen die
heißen Wünsche deines Grimmes zu vollführen gäben.

ANTIOPE. Wohl, mein Sohn! Vernimm mit wenigen Worten
noch mein Schicksal; denn es wird das deine. Dein Vater
begegnete mir gut; doch fühlt ich bald, daß ich nun in dem   15
Seinen lebte, seiner Gnade, was er mir gönnen wollte, danken mußte. Bald wandt ich mich hierher zu meiner Mutter
und lebte still, bis sie die Götter riefen, bei ihr. Da ward ich
Meisterin von allem, was mein Vater, was sie mir hinterließ.
Vergebens forschte ich um Nachricht von meinem Ver-   20
lornen. Wie mancher Fremde kam und täuschte mich mit
Hoffnung. Ich war geneigt, dem Letzten stets zu glauben.
Er ward gekleidet und genährt und doch zuletzt so lügenhaft gefunden als die Ersten. Mein Reichtum lockte Freier,
und sie kamen von nah und fern, sich um mich her zu lagern. 25
Die Neigung hieß mich einsam leben, dem Verlangen nach
den Schatten der Unterwelt voll Sehnsucht nachzuhängen,
und die Not befahl, den Mächtigsten zu wählen; denn ein
Weib vermag allein nicht viel. Da kam ich, mit deinem
Vater mich zu beraten, in seine Stadt. Denn, ich gesteh es   30
dir, geliebt hab ich ihn nie; doch seiner Klugheit konnt ich
stets vertrauen. Da fand ich dich, und mit dem ersten
Blicke war meine Seele ganz dir zugewandt.

ELPENOR. Ich kann mich noch erinnern, wie du kamst. Ich
warf den Ballen weg, mit dem ich spielte, und lief, den   35
Gürtel deines Kleides zu betrachten, und wollte nicht von
dir, da du die Tiere, die um ihn her sich schlingend jagen,
mir wiederholend zeigtest und benanntest. Es war ein
schönes Stück, ich lieb es noch zu sehen.

ANTIOPE. Da sprach ich zu mir selbst, als ich betrachtend
dich zwischen meinen Knien hielte: So war das Bild, das mir
die Wünsche vorbedeutend oft durch meine Wohnungen
geführt. Solch einen Knaben sah ich oft im Geist auf meiner
Väter alten Stuhl ans Feuer sich lagern. So hofft ich ihn zu
führen und zu leiten, den lebhaft Fragenden zu unterrichten.

ELPENOR. Das hast du mir gegönnt und mir getan.

ANTIOPE. Hier ist er, sagte mir mein Geist, als ich dein Haupt
in meinen Händen spielend wandte und eifrig dir die lieben
Augen küßte, hier ist er! Nicht dein eigen, doch deines
Stammes. Und hätt ein Gott ihn, dein Gebet erhörend, aus
den zerstreuten Steinen des Gebirges gebildet, so wär er dein
und deines Herzens Kind, er ist der Sohn nach deinem
Herzen.

ELPENOR. Von jener Zeit an blieb ich fest an dir.

ANTIOPE. Du erkanntest und liebtest bald die Liebende. Es
kam die Wärterin, dich zur gewohnten Zeit dem Schlaf zu
widmen. Unwillig, ihr zu folgen, faßtest du mit beiden
Armen meinen Hals und wurzeltest dich tief in meine
Brust.

ELPENOR. Noch wohl erinnr' ich mich der Freude, als du
mich scheidend mit dir führtest.

ANTIOPE. Schwer war dein Vater zu bereden, viel versucht
ich und lang, versprach ihm, dein als meines Eigensten zu
wahren. „Laß mir den Knaben", sprach ich, „bis die Jugend ihn zum ernstern Leben ruft! Er sei das Ziel von allen
meinen Wünschen. Dem Fremden, wer es sei, versag ich
meine Hand, als Witwe will ich leben, will ich sterben. Von
meinen Kindern soll kein Streit ihn überfallen. Es soll die
nahe Nachbarschaft sie nicht verwirren. Ihm sei das Meinige ein schöner Teil zu dem, was er besitzt!" Da schwieg
dein Vater; er sann dem Vorteil nach. Ich rief: „Nimm
gleich die Inseln, nimm sie hin zum Pfand, befestige dein
Reich, beschütze meins! Erhalt es deinem Sohne!" Dies
bewegt' ihn endlich; denn der Ehrgeiz hat ihn stets beherrscht und die Begierde zu befehlen.

ELPENOR. O tadl' ihn nicht! Den Göttern gleich zu sein, ist
edler Wunsch.

ANTIOPE. Du warst nun mein, oft hab ich mich gescholten,
daß ich in dir, durch dich des schrecklichen Verlustes Linderung fühlen konnte. Ich nährte dich, fest hat die Liebe
mich an dich gebunden, doch auch die Hoffnung.

ELPENOR. Möcht ich dir doch alles leisten! 5

ANTIOPE. Nicht jene Hoffnung, die im strengen Winter mit
Frühlingsblumen uns das Haupt umwindet, vom blüte-
vollen Baum aus reichen Früchten uns entgegenlächelt.
Nein, umgewendet hatte mir das Unglück in der Brust die
Wünsche und des Verderbens unmäßige Begierde in mir 10
entzündet.

ELPENOR. Verhehle nichts! Sprich, laß mich alles wissen.

ANTIOPE. Es ist nun Zeit, du kannst vernehmen, höre! Ich
sah dich wachsen, und ich spähte still der offnen Neigung
Trieb und schöne Kraft. Da rief ich aus: „Ja, er ward mir 15
geboren, in ihm der Rächer jener Missetat, die mir das
Leben zerstückte!"

ELPENOR. Gewiß, gewiß, ich will nicht ruhen, bis ich ihn
entdeckt, und grimmig soll die Rache ungezähmt auf sein
verschuldet Haupt nachsinnend wüten. 20

ANTIOPE. Versprich und schwöre mir! Ich führe dich an den
Altar der stillen Götter dieses Hauses. Ein freudig Wachstum haben dir die Traurigen gegönnt, sie ruhen gebeugt
an dem verwaisten Herde und hören uns.

ELPENOR. Ich ehre sie und brächte gern der Dankbarkeit 25
bereite Gabe.

ANTIOPE. Ein Jammer dringt durch der Unsterblichen wohl-
tätig Wesen, wenn ihres langbewahrten Herdes letzte Glut
verlischt. Von keinem neuen Geschlechte leuchtet frischgenährte Flamme durchs Haus. Vergebens fachen sie den 30
glimmenden Rest mit himmlischem Odem von neuem empor. Die Asche zerstiebt in Luft, die Kohle versinkt. Teilnehmend an der Irdischen Schmerzen, blicken sie dich mit
halbgesenkten Häuptern an und widerstreben nicht miß-
billigend, wenn ich dir sage: „Hier am friedlichen, un- 35
blutigen Altar gelobe, schwöre Rache!"

ELPENOR. Hier bin ich, was du forderst, leist ich gern.

ANTIOPE. Rastlos streicht die Rache hin und wider, sie zerstreut ihr Gefolge an die Enden der bewohnten Erde über

der Verbrecher schweres Haupt. Auch in Wüsten treibt sie
sich, zu suchen, ob nicht da und dort in letzten Höhlen ein
Verruchter sich verberge, schweift sie hin und her und
schwebt vorüber, eh sie trifft. Leise sinken Schauer von ihr
nieder, und der Böse wechselt ängstlich aus Palästen in den
Tempel, aus dem Tempel unter freien Himmel, wie ein
Kranker bang sein Lager wechselt. Und der Morgenlüfte
Kinderstammeln in den Zweigen scheint ihm drohend. Oft
in schweren Wolken senkt sie nahe sich ihm aufs Haupt
und schlägt nicht, wendet ihren Rücken oft dem wohlbe-
wußten, schüchternen Verbrecher. Ungewiß im Fluge,
kehrt sie wieder und begegnet seinem starren Anblick. Vor
dem Herrschen ihres großen Auges ziehet sich von bösem
Krampfe zuckend in der Brust das feige Herz zusammen,
und das warme Blut kehrt aus den Gliedern nach dem Busen,
dort zu Eis gerinnend. So begegne du, wenn einst die Götter mich erhören, mit dem scharfen Finger dir ihn zeigen,
finster deine Stirn gefaltet, jenem Frevler. Zähl ihm langsam
meiner Jahre Schmerzen auf den kahlen Scheitel! Das
Erbarmen, die Verschonung und das Mitgefühl der Men-
schenqualen, guter Könige Begleiterinnen, mögen weit
zurücketretend sich verbergen, daß du ihre Hand auch
willig nicht ergreifen könnest. Fasse den geweihten Stein
und schwöre, aller meiner Wünsche Umfang zu erfüllen!
ELPENOR. Gern, ich schwöre!
ANTIOPE. Doch nicht er allein sei zum Verderben dir empfohlen; auch die Seinen, die um ihn und nach ihm seines
Erdenglücks Kraft befestigen, zehre du zu Schatten auf.
Wär er lang ins Grab gestiegen, führe du die Enkel und
die Kinder zu dem aufgeworfenen durstigen Hügel, gieße
dort ihr Blut aus, daß es fließend seinen Geist umwittre,
er im Dunkeln dran sich labe, bis die Schar unwillig Ab-
geschiedner ihn im Sturme weckt! Grausen komm auf
Erden über alle, die sich im Verborgnen sicher dünken,
heimliche Verräter! Keiner blicke mehr aus Angst und Sorgen nach dem Friedensdach der stillen Wohnung, keiner
schaue mehr zur Grabespforte hoffend, die sich einmal
willig locker jedem auftut und dann unbeweglich, strenger
als gegossen Erz und Riegel, Freud und Schmerzen ewig

von ihm scheidet! Wenn er seine Kinder sterbend segnet,
starr ihm in der Hand das letzte Leben, und er schaudre,
die beweglichen Locken der geliebten Häupter zu berühren!
Bei dem kalten, festen, heiligen Stein! – Ergreif ihn! –
Schwöre, aller meiner Wünsche Umfang zu erfüllen!   5
ELPENOR. Frei war noch mein Herz von Rach und Grimme,
denn mir ist kein Unrecht widerfahren. Wenn wir uns im
Spiele leicht entzweiten, folgte leichter Friede noch vor
Abend. Du entzündest mich mit einem Feuer, das ich nie
empfunden. Meinem Busen hast du einen schweren Schatz 10
vertraut, hast zu einer hohen Heldenwürde mich erhoben,
daß ich nun gewisser mit bewußtem Schritt ins Leben eile.
Ja, den ersten, schärfsten Grimm des Herzens mit dem
ersten, treusten Schwur der Lippe schwör ich an dieser
heiligen Stätte ewig dir und deinem Dienst zu eigen.   15
ANTIOPE. Laß mich mit diesem Herzenskuß, mein Eigenster,
dir aller Wünsche Siegel auf die Stirne drücken. Und nun
tret ich vor die hohe Pforte zu der heiligen Quelle, die, aus
dem geheimen Felsen sprudelnd, meiner Mauer alten Fuß
benetzet, und nach wenigen Augenblicken kehr ich wieder. 20

FÜNFTER AUFTRITT

ELPENOR. Ich bin begierig zu sehen, was sie vorhat. In sich
gekehrt bleibt sie vorm hellen Strahl des Wassers stehen
und scheint zu sinnen. Sorgfältig wäscht sie nun die Hände,
dann die Arme, besprengt die Stirne, den Busen. Sie 25
schaut gen Himmel, empfängt mit hohler Hand das frische
Naß und gießt es feierlich zur Erde dreimal. Welch eine
Weihung mag sie da begehen? Sie richtet ihren Tritt der
Schwelle zu, sie kommt.

SECHSTER AUFTRITT   30

Antiope. Elpenor.

ANTIOPE. Laß mich dir mit frohem, freudigem Mute noch
einmal danken!
ELPENOR. Und wofür?

ANTIOPE. Daß du des Lebens Last von mir genommen.

ELPENOR. Ich dir?

ANTIOPE. Der Haß ist eine lästige Bürde. Er senkt das Herz
tief in die Brust hinab und legt sich wie ein Grabstein
schwer auf alle Freuden. Nicht im Elend allein ist fröhlicher
Liebe willkommner, reiner Strahl die einzige Tröstung.
Hüllt er in Wolken sich mir, ach, dann leuchtet des Glückes,
der Freude flatternd Gewand nicht mit erquickenden Farben. Wie in die Hände der Götter hab ich in deine meine
Schmerzen gelegt und stehe wie vom Gebete ruhig auf.
Weggewaschen hab ich von mir der Rachegöttinnen Flecken
hinterlassende Berührung. Weithin führt sie allreinigend
die Welle, und ein stiller Keim friedlicher Hoffnung hebt
wie durchgelockerte Erde sich empor und blickt bescheiden nach dem grünfärbenden Lichte.

ELPENOR. Vertraue mir, du darfst mir nichts verhehlen.

ANTIOPE. Sollt er wohl noch unter den Lebendigen wandeln,
den ich als abgeschieden betrauern muß?

ELPENOR. Dreifach willkommen, erschien er uns wieder!

ANTIOPE. Sage, gestehe, kannst du versprechen, lebt er und
zeigt er kommend sein Antlitz, gibst du die Hälfte, die ihm
gebührt, gerne zurück?

ELPENOR. Gerne von allem.

ANTIOPE. Auch hat dein Vater mir's geschworen.

ELPENOR. Und ich versprech es, schwör es zu deinen heiligen Händen.

ANTIOPE. Und ich empfange für den Entfernten Versprechen
und Schwur.

ELPENOR. Doch zeige mir nun an: wie soll ich ihn erkennen?

ANTIOPE. Wie ihn die Götter führen werden, welch ein Zeugnis sie ihm geben, weiß ich nicht. Merke dir indes: In
jener Stunde, als mir ihn die Räuber aus den Armen rissen,
hing ihm an dem Hals ein goldnes Kettchen, dreifach
schön gewunden; an der Kette hing ein Bild der Sonne
wohl gegraben.

ELPENOR. Ich verwahre das Gedächtnis.

ANTIOPE. Doch ein ander Zeichen kann ich dir noch geben,
schwerer nachzuahmen, der Verwandtschaft unumstößlich
Zeugnis.

ELPENOR. Sage mir's vernehmlich.

ANTIOPE. Am Nacken trägt er einen braunen Flecken, wie
ich ihn auch an dir mit freudiger Verwunderung schaute.
Von eurem Ahnherrn pflanzte sich dies Mal auf beide Enkel
fort, in beiden Vätern unsichtbar verborgen. Darauf gib ₅
acht und prüfe mit scharfem Sinne der angebornen Seele
Tugend.

ELPENOR. Keiner soll sich unterschieben, mich betrügen.

ANTIOPE. Schöner als das Ziel der Rache sei dir dieser Blick
in alle Fernen deines Lebens. Lebe, lebe wohl! Ich wieder- ₁₀
hole hundertmal, was ungern ich zum letzten Male sage,
und doch muß ich dich lassen, teures Kind! Die stille,
hohe Betrachtung deines künftigen Geschickes schwebt
wie eine Gottheit zwischen Freud und Schmerzen. Niemand tritt auf diese Welt, dem nicht von beiden mancherlei ₁₅
bereitet wäre, und den Großen mit großem Maße; doch
überwiegt das Leben alles, wenn die Liebe in seiner Schale
liegt. So lang ich weiß, du wandelst auf der Erde, dein
Auge blickt der Sonne teures Licht geöffnet an und deine
Stimme schallt dem Freunde, bist du mir gleich entfernt, ₂₀
so fehlt mir nichts zum Glück. Bleib mir, daß ich, zu meinen
lieben Schatten einst gesellt, mich deiner langerwartend
freue. Und geben dir die Götter jemand, so wie ich dich
liebe zu lieben! Komm, viele Worte der Scheidenden sind
nicht gut. Laß uns die Schmerzen der Zukunft künftig ₂₅
leiden, und fröhlich sei dir eines neuen Lebens Tag. Es säumen die Boten, die der König sendet, nicht, sie nahen bald,
und ihn erwart ich auch. Komm, daß wir sie empfangen,
den Gaben und dem Sinn gleich, die sie zu uns bringen!

ZWEITER AUFZUG   ₃₀

ERSTER AUFTRITT

POLYMETIS. Aus einer Stadt voll sehnlicher Erwartung
komm ich, der Diener eines Glücklichen, nicht glücklich.
Es sendet mich mein Herr mit viel Geschenken an seinen
Sohn voraus und folgt in wenig Stunden meinem Schritt. ₃₅

Bald werd ich eines frohen Knaben Angesicht erblicken,
doch zu der allgemeinen Freude meine Stimme nur verstellt erheben, geheimnisvolle Schmerzen mit frohen Zügen
überkleiden. Denn hier, hier stockt von altem Hochverrat
ein ungeheilt Geschwür, das sich vom blühenden Leben,
von jeder Kraft in meinem Busen nährt. Es sollt ein König
niemand seiner kühnen Taten mitschuldig machen. Was
er, um Kron und Reich zu gewinnen und zu befestigen,
tut, was sich um Kron und Reich zu tun wohl ziemen mag,
ist in dem Werkzeug niedriger Verrat. Doch ja, den lieben
sie und hassen den Verräter. Weh ihm! In einen Taumel
treibt uns ihre Gunst, und wir gewöhnen leicht uns zu vergessen, was wir der eignen Würde schuldig sind. Die
Gnade scheinet ein so hoher Preis, daß wir den ganzen
Wert von unserm Selbst zur Gegengabe viel zu wenig
achten. Wir fühlen uns Gesellen einer Tat, die unsrer Seele
fremd war; wir dünken Gesellen uns und sind Knechte.
Von unserm Rücken schwingt er sich aufs Roß, und rasch
hinweg ist der Reuter zu seinem Ziel, eh wir das sorgen-
volle Angesicht vom Boden heben. Nach meinen Lippen
dringt das schreckliche Geheimnis. Entdeck ich es, bin ich
ein doppelter Verräter, entdeck ich's nicht, so siegt der
schändlichste Verrat. Gesellin meines ganzen Lebens, verschwiegene Verstellung, willst du den sanften und gewal-
tigen Finger im Augenblicke mir vom Munde heben? Soll
mein Geheimnis, das ich nun so lange, wie Philoktet den
alten Schaden, wie einen schmerzbeladnen Freund er-
nähre, soll es ein Fremdling meinem Herzen werden und
wie ein ander, gleichgültig Wort in Luft zerfließen? Du
bist mir schwer und lieb, du schwarzes Bewußtsein, du
stärkst mich quälend; doch deiner Reife Zeit erscheinet
bald. Noch zweifl ich, und wie bang ist dann der Zweifel,
wenn unser Schicksal am Entschlusse hängt! O gebt ein
Zeichen mir, ihr Götter! Löst meinen Mund, verschließt
ihn, wie ihr wollt.

ZWEITER AUFTRITT

Elpenor. Polymetis.

ELPENOR. Willkommen, Polymetis, der du mir von altersher
durch Freundlichkeit und guten Willen schon bekannt bist,
willkommen heute! O sage mir, was bringst du? Kommt ₅
es bald? Wo sind die Deinen? Wo des Königs Diener?
Darfst du entdecken, was mir der Tag bereitet?

POLYMETIS. Mein teurer Prinz, wie, du erkennst den alten
Freund sogleich?! Und ich nach eines kurzen Jahrs Entfernung muß mich fragen, ist er's? Ist er's wirklich? Das ₁₀
Alter stockt wie ein bejahrter Baum, und wenn er nicht ver-
dorrt, scheint er derselbe. Aus deiner lieblichen Gestalt, du
süßer Knabe, entwickelt jeder Frühling neue Reize. Man
möchte dich stets halten, wie du bist, und immer, was du
werden sollst, genießen. Die Boten kommen bald, die du ₁₅
mit Recht erwartest. Sie bringen die Geschenke deines Vaters, deiner und des Tages wert.

ELPENOR. Verzeih der Ungeduld! Schon viele Nächte kann
ich nicht schlafen, schon manchen Morgen lauf ich auf dem
Fels hervor und seh mich um und schaue nach der Ebne, ₂₀
als wollt ich sie, die Kommenden, erblicken, und weiß, sie
kommen nicht. Jetzt, da sie nah sind, halt ich dies nicht aus,
komm, ihnen zu begegnen. Hörst du der Rosse Stampfen?
Hörst du ein Geschrei?

POLYMETIS. Noch nicht, mein Prinz, ich ließ sie weit zurück. ₂₅

ELPENOR. Sag, ist's ein schönes Pferd, das heut mich tragen
soll?

POLYMETIS. Ein Schimmel, lebhaft, fromm und glänzend wie
das Licht.

ELPENOR. Ein Schimmel, sagst du mir! Soll ich mich dir ₃₀
vertraun, soll ich's gestehn? Ein Rappen wär mir lieber.

POLYMETIS. Du kannst sie haben, wie du sie begehrst.

ELPENOR. Ein Pferd von dunkler Farbe greift viel feuriger
den Boden an; denn soll es je mir wert sein, muß es mit Not
nur hinter andern gehalten werden, keinen Vormann leiden, ₃₅
muß setzen, klettern und vor rauschenden Fahnen, vor ge-
fällten Speeren sich nicht scheuen und der Trompete rasch
entgegenwiehern.

POLYMETIS. Ich sehe wohl, mein Prinz, ich hatte recht und kannte dich genau, als noch dein Vater unschlüssig war, was er dir senden sollte. Sei nicht besorgt, o Herr, so sagt ich ihm, der Feierkleider und des Schmuckes ist genug. Nur Waffen sind ihm mehr und alte Schwerter, wenn sie auch noch so groß sind. Kann er sie jetzt nicht führen, so wird die Hoffnung ihm die Seele heben und künftig Kraft ihm in der jungen Faust vorahnend zucken.

ELPENOR. O schönes Glück! O lang erwarteter, o Freudentag! Und du mein alter Freund, wie dank ich dir? Wie soll ich dir's vergelten, daß du so für mich gesorgt?

POLYMETIS. Mir wohlzutun und vielen, wird die Gelegenheit nicht fehlen.

ELPENOR. Sag, ist's gewiß, das alles soll ich haben? Und bringen sie das alles?

POLYMETIS. Ja und mehr!

ELPENOR. Und mehr?

POLYMETIS. Und vieles mehr! Sie bringen dir, was Gold nicht kaufen kann und was das stärkste Schwert dir nicht erwirbt, was niemand gern entbehrt, an dessen Schatten der Stolze, der Tyrann sich gerne weidet.

ELPENOR. O nenne mir den Schatz, und laß mich nicht vor diesem Rätsel stutzen!

POLYMETIS. Die edlen Jünglinge, die Knaben, die dir heut entgegengehn, sie tragen in der Brust ein dir ergebnes Herz voll Hoffnung und voll Zutrau'n, und ihre fröhlichen Gesichter sind dir ein Vorbild vieler Tausende, die dich erwarten.

ELPENOR. Drängt sich das Volk schon auf den Straßen früh?

POLYMETIS. Ein jeglicher vergißt der Not, der Arbeit. Der Bequemste rafft sich auf, sein dringendes Bedürfnis ist nur, dich zu sehn, und harrend fühlt ein jeder zum zweitenmal die Freude des Tags, der dich gebar.

ELPENOR. Wie fröhlich will ich Fröhlichen begegnen!

POLYMETIS. O möge dir ihr Auge tief die Seele durchdringen! Solch ein Blick begegnet keinem, selbst dem König nicht. Was alles nur der Greis von guten alten Zeiten gern erzählet, was von der Zukunft sich der Jüngling träumt, knüpft Hoffnung in den schönsten Kranz zusammen und

hält versprechend ihn übers Ziel, das deinen Tagen auf-
gesteckt ist.

ELPENOR. Wie meinen Vater sollen sie mich lieben und ehren.

POLYMETIS. Gerne versprechen sie dir mehr. Ein alter König
drängt die Hoffnungen der Menschen in ihre Herzen tief ⁵
zurück und fesselt sie dort ein. Der Anblick eines neuen
Fürsten aber befreit die langgebundnen Wünsche. Im
Taumel dringen sie hervor, genießen übermäßig, töricht
oder klug, des schwer entbehrten Atems.

ELPENOR. Ich will den Vater bitten, daß er Wein und Brot ¹⁰
und von den Herden, was er leicht entbehrt, dem Volk
verteilt.

POLYMETIS. Er wird es gern. Den Tag, den einmal nur im
Leben die Götter gewähren können, den feire jeder hoch!
Wie selten schließt der Menschen Seele sich zusammen ¹⁵
auf! Ein jeder ist für sich besorgt. Wut und Unsinn durch-
flammt ein Volk weit eh als Lieb und Freude. Du wirst die
Väter sehn, die Hände auf ihrer Söhne Haupt gelegt, mit
Eifer deuten: Seht, dort kommt er. Der Hohe blickt den
Niedrigen wie seinesgleichen an; zu seinem Herren hebt der ²⁰
Knecht ein offnes, frohes Aug, und der Beleidigte begegnet
sanft des Widersachers Blick und lädt ihn ein zur Reue, zum
offnen, weichen Mitgenuß des Glücks. So mischt der
Freude unschuldige Kinderhand die willigen Herzen und
schafft ein Fest, ein ungekünsteltes, den goldnen Tagen ²⁵
gleich, da noch Saturn der jungen Erde leicht wie ein geliebter Vater vorstand.

ELPENOR. Wieviel Gespielen hat man mir bestimmt? Hier
hatt ich ihrer drei; wir waren gute Freunde, oft uneins und
bald wieder eins. Wenn ich erst eine Menge haben werde, ³⁰
dann wollen wir in Freund und Feind uns teilen und Wachen, Lager, Überfall in Schlachten recht ernstlich spielen.
Kennst du sie? Sind's willige, gute Knaben?

POLYMETIS. Du hättest sollen das Gedränge sehn, wie jeder
seinen Sohn, und wie die Jünglinge sich selbst mit Eifer ³⁵
boten! Der Edelsten, der Besten sind dir zwölfe zugewählt,
die deiner immer warten sollen.

ELPENOR. Doch kann ich auch noch mehr zum Spiele fordern?

POLYMETIS. Du hast sie alle gleich auf einen Wink.

ELPENOR. Ich will sie sondern, und die Besten sollen auf
meiner Seite sein. Ich will sie führen ungebahnte Wege. Sie
werden kletternd schnell den sichern Feind in seiner Fel-
senburg zugrunde richten.

POLYMETIS. Mit diesem Geiste wirst du, teurer Prinz, die
Knaben und dein ganzes Volk zum Jugendspiel und bald
zum ernsten Spiele führen. Ein jeder fühlt sich hinter dir,
ein jeder von dir nachgezogen. Der Jüngling hält die
rasche Glut zurück und wartet auf dein Auge, wohin es
Leben oder Tod gebietet. Willig irrt der erfahrne Mann
mit dir, und selbst der Greis entsagt der schwer erworbe-
nen Weisheit und kehrt noch einmal in das Leben zu dir
teilnehmend rasch zurück. Ja, dieses graue Haupt wirst du
an deiner Seite dem Sturm entgegensehen, und diese Brust
vergießt ihr letztes Blut, vielleicht weil du dich irrtest.

ELPENOR. Wie meinst du? O es soll euch nicht gereuen. Ich
will gewiß der Erste sein, wo's Not hat, und euer aller Zutrauen muß ich haben.

POLYMETIS. Das flößten reichlich die Götter dem Volke für
ihren jungen Fürsten ein; es ist ihm leicht und schwer, es
zu behalten.

ELPENOR. Keiner soll es mir entziehen. Wer brav ist, soll es
mit mir sein.

POLYMETIS. Du wirst nicht Glückliche allein beherrschen.
In stillen Winkeln liegt der Druck des Elends und des
Schmerzens auf vielen Menschen, und sie scheinen verworfen, weil sie das Glück verwarf; doch folgen sie dem
Mutigen auf seinen Wegen unsichtbar nach, und ihre Bitte
dringt bis zu der Götter Ohr. Geheimnisvolle Hilfe kommt
vom Schwachen dem Stärkern oft zugute.

ELPENOR. Ich hör, ich höre den Freudenruf und der Trompete Klang vom Tal herauf. O laß mich schnell, ich will
durch einen steilen Pfad den Kommenden entgegen. Folge
du, geliebter Freund, den großen Weg, und, willst du,
bleibe hier!

DRITTER AUFTRITT

POLYMETIS. Wie Schmeichelei dem Knaben schon so lieblich
klingt! Und doch, was schmeichelt noch unschuldiger als
Hoffnung? Wie hart, wenn wir dereinst zu dem, was wir
mißbilligen, dich loben müssen! Es preise der sich glück- 5
lich, der von den Göttern dieser Welt entfernt lebt; er ehr
und fürchte sie und danke still, wenn ihre Hand gelind das
Volk regiert! Ihr Schmerz berührt ihn kaum, und ihre
Freude kann er unmäßig teilen. O weh mir! Doppelt weh
mir heute! Du schöner muntrer Knabe, sollst du leben? 10
Soll ich das Ungeheuer, das dich zerreißen kann, in seinen
Klüften angeschlossen halten? Soll die Königin erfahren,
welch eine schwarze Tat dein Vater gegen sie verübt?
Wirst du mir's lohnen, wenn ich schweige? Und Treue,
die nicht rauscht, wird sie empfunden? Was hab ich Alter 15
noch von dir zu hoffen? Ich werde dir zur Last sein, du
wirst vorübergehend mit einem Händedruck mich sehr
befriedigt halten. Vom Strome Gleichgesinnter wirst du
unbändig mit fortgerissen werden, indes dein Vater uns
mit einem schweren Szepter beherrscht. Nein! Soll mir je 20
noch eine Sonne scheinen, so muß ein ungeheurer Zwist
das Haus zerrütten, und wenn die Not mit tausend Armen
eingreift, dann wird man unsern Wert wie in den ersten
verworrenen Zeiten fühlen. Dann wird man uns wie ein ver-
altet Schwert vom Pfeiler eifrig nehmen und den Rost von 25
seiner Klinge tilgen. Heraus aus euren Grüften, ihr alten
Larven verborgener schwarzer Tat, wo ihr gefangen lebt!
Die schwere Schuld erstirbt nicht. Auf, umgebt mit dump-
fem Nebel den Thron, der über Gräber aufgebaut ist, daß
das Entsetzen wie ein Donnerschlag durch alle Busen fahre, 30
Freude verwandelt in Knirschen, und vor den ausgestreckten Armen scheitre die Hoffnung!

PANDORA

EIN FESTSPIEL

PERSONEN

Prometheus, ⎫ Japetiden		Helios
Epimetheus ⎭		Schmiede
Phileros, Prometheus' Sohn		Hirten
Elpore, ⎫ Epimetheus'		Feldbauende
Epimeleia ⎭ Töchter		Krieger
Eos		Gewerbsleute
Pandora, Epimetheus' Gattin		Winzer
Dämonen		Fischer

Der Schauplatz wird im großen Stil nach Poussinischer Weise gedacht.

Seite des Prometheus

Zu der Linken des Zuschauers Fels und Gebirg, aus dessen mächtigen Bänken und Massen natürliche und künstliche Höhlen neben- und übereinander gebildet sind, mit mannigfaltigen Pfaden und Steigen, welche sie verbinden. Einige dieser Höhlen sind wieder mit Felsstücken zugesetzt, andre mit Toren und Gattern verschlossen, alles roh und derb. Hier und da sieht man etwas regelmäßig Gemauertes, vorzüglich Unterstützung und künstliche Verbindung der Massen bezweckend, auch schon bequemere Wohnungen andeutend, doch ohne alle Symmetrie. Rankengewächse hangen herab; einzelne Büsche zeigen sich auf den Absätzen; höher hinauf verdichtet sich das Gesträuch, bis sich das Ganze in einen waldigen Gipfel endigt.

Seite des Epimetheus

Gegenüber zur Rechten ein ernstes Holzgebäude nach ältester Art und Konstruktion, mit Säulen von Baumstämmen und kaum gekanteten Gebälken und Gesimsen. In der Vorhalle sieht man eine Ruhestätte mit Fellen und Teppichen. Neben dem Hauptgebäude, gegen den Hintergrund, kleinere ähnliche Wohnungen mit vielfachen Anstalten von trockenen Mauern, Planken und Hecken, welche auf Befriedigung verschiedener Besitztümer deuten; dahinter die Gipfel von Frucht-

bäumen, Anzeigen wohlbestellter Gärten. Weiterhin mehrere Gebäude
im gleichen Sinne.

Im Hintergrunde mannigfaltige Flächen, Hügel, Büsche und Haine;
ein Fluß, der mit Fällen und Krümmungen nach einer Seebucht fließt,
die zunächst von steilen Felsen begrenzt wird. Der Meereshorizont,
über den sich Inseln erheben, schließt das Ganze.

Nacht.

EPIMETHEUS (aus der Mitte der Landschaft hervortretend).
Kindheit und Jugend, allzuglücklich preis' ich sie,
Daß, nach durchstürmter durchgenoßner Tageslust,
Behender Schlummer allgewaltig sie ergreift
Und, jede Spur vertilgend kräft'ger Gegenwart,
Vergangnes, Träume bildend, mischt Zukünftigem.   5
Ein solch Behagen, ferne bleibt's dem Alten, mir.
Nicht sondert mir entschieden Tag und Nacht sich ab,
Und meines Namens altes Unheil trag' ich fort:
Denn Epimetheus nannten mich die Zeugenden,
Vergangnem nachzusinnen, Raschgeschehenes   10
Zurückzuführen, mühsamen Gedankenspiels,
Zum trüben Reich gestaltenmischender Möglichkeit.
So bittre Mühe war dem Jüngling auferlegt,
Daß, ungeduldig in das Leben hingewandt,
Ich unbedachtsam Gegenwärtiges ergriff   15
Und neuer Sorge neubelastende Qual erwarb.
So flohst du, kräft'ge Zeit der Jugend, mir dahin,
Abwechselnd immer, immer wechselnd mir zum Trost,
Von Fülle zum Entbehren, von Entzücken zu Verdruß.
Verzweiflung floh vor wonniglichem Gaukelwahn,   20
Ein tiefer Schlaf erquickte mich von Glück und Not;
Nun aber, nächtig immer schleichend wach umher,
Bedaur' ich meiner Schlafenden zu kurzes Glück,
Des Hahnes Krähen fürchtend, wie des Morgensterns
Voreilig Blinken. Besser blieb' es immer Nacht!   25
Gewaltsam schüttle Helios die Lockenglut;
Doch Menschenpfade, zu erhellen sind sie nicht.

Was aber hör' ich? knarrend öffnen sich so früh
Des Bruders Tore. Wacht er schon, der Tätige?
Voll Ungeduld, zu wirken, zündet er schon die Glut
Auf hohlem Herdraum werkaufregend wieder an
Und ruft zu mächt'ger Arbeitslust die rußige,
Mit Guß und Schlag Erz auszubilden kräft'ge Schar?
Nicht so! Ein eilend leiser Tritt bewegt sich her,
Mit frohem Tonmaß herzerhebenden Gesangs.

PHILEROS (von der Seite des Prometheus her).
Zu freieren Lüften hinaus, nur hinaus!
Wie drängen mich Mauern! wie ängstet das Haus!
Wie sollen mir Felle des Lagers genügen?
Geläng' es, ein Feuer in Träume zu wiegen?
Nicht Ruhe, nicht Rast
Den Liebenden faßt.
Was hilft es, und neiget das Haupt auch sich nieder
Und sinken ohnmächtig ermüdete Glieder;
Das Herz, es ist munter, es regt sich, es wacht,
Es lebt den lebendigsten Tag in der Nacht!

Alle blinken die Sterne mit zitterndem Schein,
Alle laden zu Freuden der Liebe mich ein,
Zu suchen, zu wandeln den duftigen Gang,
Wo gestern die Liebste mir wandelt' und sang,
Wo sie stand, wo sie saß, wo mit blühenden Bogen
Beblümete Himmel sich über uns zogen,
Und um uns und an uns so drängend und voll
Die Erde von nickenden Blumen erquoll.
O dort nur, o dort
Ist zum Ruhen der Ort!

EPIMETHEUS.
Wie tönet mir ein mächt'ger Hymnus durch die Nacht!
PHILEROS.
Wen treff' ich schon, wen treff' ich noch den Wachenden?
EPIMETHEUS.
Phileros, bist du es? Deine Stimme scheint es mir.
PHILEROS. Ich bin es, Oheim! aber halte mich nicht auf.
EPIMETHEUS.
Wo eilst du hin, du morgendlicher Jüngling du?

PHILEROS. Wohin mich nicht dem Alten zu begleiten ziemt.
EPIMETHEUS. Des Jünglings Pfade, zu erraten sind sie leicht.
PHILEROS. So laß mich los und frage mir nicht weiter nach.
EPIMETHEUS. Vertraue mir! Der Liebende bedarf des Rats.
PHILEROS.
Zum Rate bleibt nicht, zum Vertrauen bleibt nicht Raum. 65
EPIMETHEUS. So nenne mir den Namen deines holden Glücks.
PHILEROS. Verborgen ist ihr Name wie der Eltern mir.
EPIMETHEUS.
Auch Unbekannte zu beschädigen, bringet Weh.
PHILEROS. Des Ganges heitre Schritte, Guter, trübe nicht.
EPIMETHEUS.
Daß du ins Unglück rennest, fürcht' ich nur zu sehr. 70
PHILEROS. Phileros, nur dahin zum bedufteten Garten!
Da magst du die Fülle der Liebe dir erwarten,
Wenn Eos, die Blöde, mit glühendem Schein
Die Teppiche rötet am heiligen Schrein
Und hinter dem Teppich das Liebchen hervor, 75
Mit röteren Wangen, nach Helios' Tor,
Nach Gärten und Feldern mit Sehnsucht hinaus
Die Blicke versendet und spähet mich aus.
So wie ich zu dir,
So strebst du zu mir! 80
          (Ab, nach der rechten Seite des Zuschauers.)
EPIMETHEUS. Fahr hin, Beglückter, Hochgesegneter, dahin!
Und wärst du nur den kurzen Weg zu ihr beglückt,
Doch zu beneiden! Schlägt dir nicht des Menschenheils
Erwünschte Stunde, zöge sie auch schnell vorbei?

So war auch mir! so freudig hüpfte mir das Herz, 85
Als mir Pandora nieder vom Olympos kam.
Allschönst und allbegabtest regte sie sich hehr
Dem Staunenden entgegen, forschend holden Blicks,
Ob ich, dem strengen Bruder gleich, wegwiese sie.
Doch nur zu mächtig war mir schon das Herz erregt, 90
Die holde Braut empfing ich mit berauschtem Sinn.
Sodann geheimnisreicher Mitgift naht' ich mich,
Des irdenen Gefäßes hoher Wohlgestalt.
Verschlossen stand's. Die Schöne freundlich trat hinzu,

Zerbrach das Göttersiegel, hub den Deckel ab.
Da schwoll gedrängt ein leichter Dampf aus ihm hervor,
Als wollt' ein Weihrauch danken den Uraniern,
Und fröhlich fuhr ein Sternblitz aus dem Dampf heraus,
Sogleich ein andrer; andre folgten heftig nach.
Da blickt' ich auf, und auf der Wolke schwebten schon   1
Im Gaukeln lieblich Götterbilder, buntgedrängt;
Pandora zeigt' und nannte mir die Schwebenden:
Dort, siehst du, sprach sie, glänzet Liebesglück empor!
Wie? rief ich, droben schwebt es? Hab' ich's doch in dir!
Daneben zieht, so sprach sie fort, Schmucklustiges   1
Des Vollgewandes wellenhafte Schleppe nach.
Doch höher steigt, bedächtig ernsten Herrscherblicks,
Ein immer vorwärts dringendes Gewaltgebild.
Dagegen, gunsterregend, strebt, mit Freundlichkeit
Sich selbst gefallend, süß zudringlich, regen Blicks,   1
Ein artig Bild, dein Auge suchend, emsig her.
Noch andre schmelzen kreisend ineinander hin,
Dem Rauch gehorchend, wie er hin und wider wogt,
Doch alle pflichtig, deiner Tage Lust zu sein.

Da rief ich aus: Vergebens glänzt ein Sternenheer,   *
Vergebens rauchgebildet wünschenswerter Trug!
Du trügst mich nicht, Pandora, mir die Einzige!
Kein andres Glück verlang' ich, weder wirkliches
Noch vorgespiegeltes im Luftwahn. Bleibe mein!

Indessen hatte sich das frische Menschenchor,   *
Das Chor der Neulinge, versammelt mir zum Fest.
Sie starrten froh die muntern Luftgeburten an
Und drangen zu und haschten. Aber flüchtiger
Und irdisch ausgestreckten Händen unerreich-
bar jene, steigend jetzt empor und jetzt gesenkt,
Die Menge täuschten stets sie, die verfolgende.
Ich aber zuversichtlich trat zur Gattin schnell
Und eignete das gottgesandte Wonnebild
Mit starken Armen meiner lieberfüllten Brust.
Auf ewig schuf da holde Liebesfülle mir
Zur süßen Lebensfabel jenen Augenblick.
   (Er begibt sich nach dem Lager in der Vorhalle und besteigt es.)

Jener Kranz, Pandorens Locken
Eingedrückt von Götterhänden,
Wie er ihre Stirn umschattet,
Ihrer Augen Glut gedämpfet,   135
Schwebt mir noch vor Seel' und Sinnen,
Schwebt, da sie sich längst entzogen,
Wie ein Sternbild über mir.

Doch er hält nicht mehr zusammen;
Er zerfließt, zerfällt und streuet   140
Über alle frischen Fluren
Reichlich seine Gaben aus.
                    (Schlummernd.)
O wie gerne bänd' ich wieder
Diesen Kranz! Wie gern verknüpft' ich,
Wär's zum Kranze, wär's zum Strauße,   145
Flora-Cypris, deine Gaben!

Doch mir bleiben Kranz und Sträuße
Nicht beisammen. Alles löst sich.
Einzeln schafft sich Blum' und Blume
Durch das Grüne Raum und Platz.   150
Pflückend geh' ich und verliere
Das Gepflückte. Schnell entschwindet's.
Rose, brech' ich deine Schöne,
Lilie, du bist schon dahin! (Er entschläft.)

PROMETHEUS (eine Fackel in der Hand).
Der Fackel Flamme, morgendlich dem Stern voran   155
In Vaterhänden aufgeschwungen, kündest du
Tag vor dem Tage! Göttlich werde du verehrt.
Denn aller Fleiß, der männlich schätzenswerteste,
Ist morgendlich; nur er gewährt dem ganzen Tag
Nahrung, Behagen, müder Stunden Vollgenuß.   160
Deswegen ich der Abendasche heil'gen Schatz
Entblößend früh zu neuem Gluttrieb aufgefacht,
Vorleuchtend meinem wackern arbeitstreuen Volk –
So ruf' ich laut euch Erzgewält'ger nun hervor:
Erhebt die starken Arme leicht, daß taktbewegt   165

Ein kräft'ger Hämmerchortanz, laut erschallend, rasch
Uns das Geschmolzne vielfach strecke zum Gebrauch.
(Mehrere Höhlen eröffnen sich, mehrere Feuer fangen an zu brennen.)

SCHMIEDE. Zündet das Feuer an!
Feuer ist obenan.
Höchstes, er hat's getan,
Der es geraubt.
Wer es entzündete,
Sich es verbündete,
Schmiedete, ründete
Kronen dem Haupt.

Wasser, es fließe nur!
Fließet es von Natur
Felsenab durch die Flur,
Zieht es auf seine Spur
Menschen und Vieh.
Fische, sie wimmeln da,
Vögel, sie himmeln da,
Ihr' ist die Flut,
Die unbeständige,
Stürmisch lebendige,
Daß der Verständige
Manchmal sie bändige,
Finden wir gut.

Erde, sie steht so fest!
Wie sie sich quälen läßt!
Wie man sie scharrt und plackt!
Wie man sie ritzt und hackt!
Da soll's heraus.
Furchen und Striemen ziehn
Ihr auf den Rücken hin
Knechte mit Schweißbemühn;
Und wo nicht Blumen blühn,
Schilt man sie aus.

Ströme du, Luft und Licht,
Weg mir vom Angesicht!

Schürst du das Feuer nicht,
Bist du nichts wert.
Strömst du zum Herd herein,
Sollst du willkommen sein,
Wie sich's gehört.   205
Dring nur herein ins Haus;
Willst du hernach hinaus,
Bist du verzehrt.

Rasch nur zum Werk getan!
Feuer, nun flammt's heran,   210
Feuer schlägt obenan;
Sieht's doch der Vater an,
Der es geraubt.
Der es entzündete,
Sich es verbündete,   215
Schmiedete, ründete
Kronen dem Haupt.

PROMETHEUS. Des tät'gen Manns Behagen sei Parteilichkeit.
  Drum freut es mich, daß, andrer Elemente Wert
  Verkennend, ihr das Feuer über alles preist.   220
  Die ihr, hereinwärts auf den Amboß blickend, wirkt
  Und hartes Erz nach eurem Sinne zwingend formt,
  Euch rettet' ich, als mein verlorenes Geschlecht
  Bewegtem Rauchgebilde nach, mit trunknem Blick,
  Mit offnem Arm, sich stürzte, zu erreichen das,   225
  Was unerreichbar ist und, wär's erreichbar auch,
  Nicht nützt noch frommt; ihr aber seid die Nützenden.
  Wildstarre Felsen widerstehn euch keineswegs;
  Dort stürzt von euren Hebeln Erzgebirg herab,
  Geschmolzen fließt's, zum Werkzeug umgebildet nun, 230
  Zur Doppelfaust. Verhundertfältigt ist die Kraft.
  Geschwungne Hämmer dichten, Zange fasset klug;
  So eigne Kraft und Bruderkräfte mehret ihr,
  Werktätig, weisekräftig, ins Unendliche.
  Was Macht entworfen, Feinheit ausgesonnen, sei's 235
  Durch euer Wirken über sich hinausgeführt.
  Drum bleibt am Tagwerk vollbewußt und freigemut:

Denn eurer Nachgebornen Schar, sie nahet schon,
Gefertigtes begehrend, Seltnem huldigend.

HIRTEN.   Ziehet den Berg hinauf,
                 Folget der Flüsse Lauf!
                 Wie sich der Fels beblüht,
                 Wie sich die Weide zieht,
                 Treibet gemach!

                 Überall findet's was,
                 Kräuter und tauig Naß,
                 Wandelt und sieht sich um,
                 Trippelt, genießet stumm,
                 Was es bedarf.

ERSTER HIRT (zu den Schmieden). Mächtige Brüder hier,
                 Stattet uns aus!
                 Reichet der Klingen mir
                 Schärfste heraus.
                 Syrinx muß leiden!
                 Rohr einzuschneiden,
                 Gebt mir die feinsten gleich!
                 Zart sei der Ton.
                 Preisend und lobend euch
                 Ziehn wir davon.

ZWEITER HIRT (zum Schmiede). Hast du wohl Weichlinge
                 Freundlich versorgt,
                 Haben noch obendrein
                 Sie dir es abgeborgt.
                 Reich' uns des Erzes Kraft,
                 Spitzig, nach hinten breit,
                 Daß wir es schnüren fest
                 An unsrer Stäbe Schaft.

                 Dem Wolf begegnen wir,
                 Menschen, mißwilligen;
                 Denn selbst die Billigen
                 Sehn es nicht gern,
                 Wenn man sich was vermißt;
                 Doch nah und fern
                 Läßt man sich ein,

Und wer kein Krieger ist,   275
Soll auch kein Hirte sein.
DRITTER HIRT (zum Schmiede). Wer will ein Hirte sein,
    Lange Zeit er hat;
    Zähl' er die Stern' im Schein,
    Blas' er auf dem Blatt.   280
    Blätter gibt uns der Baum,
    Rohre gibt uns das Moor;
    Künstlicher Schmiedegesell,
    Reich' uns was anders vor!
    Reich' uns ein ehern Rohr,   285
    Zierlich zum Mund gespitzt,
    Blätterzart angeschlitzt:
    Lauter als Menschensang
    Schallet es weit;
    Mädchen im Lande breit   290
    Hören den Klang.
(Die Hirten verteilen sich unter Musik und Gesang in der Gegend.)
PROMETHEUS.
  Entwandelt friedlich! Friede findend geht ihr nicht.
  Denn solches Los dem Menschen wie den Tieren ward,
  Nach deren Urbild ich mir Beßres bildete,
  Daß eins dem andern, einzeln oder auch geschart,   295
  Sich widersetzt, sich hassend aneinander drängt,
  Bis eins dem andern Übermacht betätigte.
  Drum faßt euch wacker, eines Vaters Kinder ihr!
  Wer falle? stehe? kann ihm wenig Sorge sein.

  Ihm ruht zu Hause vielgewaltiger ein Stamm,   300
  Der stets fernaus- und weit und breit umhergesinnt;
  Zu enge wohnt er, aufeinander dicht gedrängt.
  Nun ziehn sie aus, und alle Welt verdrängen sie.
  Gesegnet sei des wilden Abschieds Augenblick!

  Drum, Schmiede! Freunde! Nur zu Waffen legt mir's an, 305
  Das andre lassend, was der sinnig Ackernde,
  Was sonst der Fischer von euch fordern möchte heut'.
  Nur Waffen schafft! Geschaffen habt ihr alles dann,
  Auch derbster Söhne übermäß'gen Vollgenuß.

Jetzt erst, ihr mühsam finsterstündig Strebenden,
Für euch ein Ruhmahl! Denn wer nachts arbeitete,
Genieße, wenn die andern früh zur Mühe gehn.
(Dem schlafenden Epimetheus sich nähernd.)
Du aber, einz'ger Mitgeborner, ruhst du hier?
Nachtwandler, Sorgenvoller, Schwerbedenklicher.
Du dauerst mich, und doch belob' ich dein Geschick.
Zu dulden ist! Sei's tätig oder leidend auch. (Ab.)
SCHMIEDE.   Der es entzündete,
               Sich es verbündete,
               Schmiedete, ründete
               Kronen dem Haupt.
(Sie verlieren sich in den Gewölben, die sich schließen.)

Epimetheus, in offner Halle schlafend. Elpore, den Morgenstern
auf dem Haupte, in luftigem Gewand, steigt hinter dem Hügel herauf.
EPIMETHEUS (träumend).
    Ich seh' Gestirne kommen, dicht gedrängt!
    Ein Stern für viele, herrlich glänzet er!
    Was steiget hinter ihm so hold empor?
    Welch liebes Haupt bekrönt, beleuchtet er?
    Nicht unbekannt bewegt sie sich herauf,
    Die schlanke, holde, niedliche Gestalt.
    Bist du's, Elpore?
ELPORE (von fern).   Teurer Vater, ja!
    Die Stirne dir zu kühlen, weh' ich her!
EPIMETHEUS. Tritt näher, komm!
ELPORE.   Das ist mir nicht erlaubt.
EPIMETHEUS. Nur näher!
ELPORE (nahend).   So denn?
EPIMETHEUS.   So! noch näher!
ELPORE (ganz nah).   So?
EPIMETHEUS. Ich kenne dich nicht mehr.
ELPORE.   Das dacht' ich wohl.
    (Wegtretend.) Nun aber?
EPIMETHEUS.   Ja, du bist's, geliebtes Mädchen,
    Das deine Mutter scheidend mir entriß!
    Wo bliebst du? Komm zu deinem alten Vater.

ELPORE (herzutretend).

Ich komme, Vater; doch es fruchtet nicht.   335

EPIMETHEUS. Welch lieblich Kind besucht mich in der Nähe?

ELPORE. Die du verkennst und kennst, die Tochter ist's.

EPIMETHEUS. So komm in meinen Arm!

ELPORE.   Bin nicht zu fassen.

EPIMETHEUS. So küsse mich!

ELPORE (zu seinen Haupten).   Ich küsse deine Stirn
  Mit leichter Lippe.
      (Sich entfernend.) Fort schon bin ich, fort!   340

EPIMETHEUS. Wohin? wohin?

ELPORE.   Nach Liebenden zu blicken.

EPIMETHEUS. Warum nach denen? Die bedürfen's nicht.

ELPORE. Ach, wohl bedürfen sie's, und niemand mehr.

EPIMETHEUS. So sage mir denn zu!

ELPORE.   Und was denn? was?

EPIMETHEUS. Der Liebe Glück, Pandorens Wiederkehr.   345

ELPORE. Unmöglichs zu versprechen, ziemt mir wohl.

EPIMETHEUS. Und sie wird wiederkommen?

ELPORE.   Ja doch! ja!
            (Zu den Zuschauern.)
      Gute Menschen! so ein zartes,
      Ein mitfühlend Herz, die Götter
      Legten's in den jungen Busen;   350
      Was ihr wollet, was ihr wünschet,
      Nimmer kann ich's euch versagen,
      Und von mir, dem guten Mädchen,
      Hört ihr weiter nichts als Ja.

      Ach! die anderen Dämonen,   355
      Ungemütlich, ungefällig,
      Kreischen immerfort dazwischen
      Schadenfroh ein hartes Nein.

      Doch der Morgenlüfte Wehen
      Mit dem Krähn des Hahns vernehm' ich!   360
      Eilen muß die Morgendliche,
      Eilen zu Erwachenden.
      Doch so kann ich euch nicht lassen.

Wer will noch was Liebes hören?
Wer von euch bedarf ein Ja?

Welch ein Tosen! welch ein Wühlen!
Ist's der Morgenwelle Brausen?
Schnaubst schon hinter goldnen Toren,
Roßgespann des Helios?
Nein! mir wogt die Menge murmelnd,
Wildbewegte Wünsche stürzen
Aus den überdrängten Herzen,
Wälzen sich zu mir empor.

Ach! was wollt ihr von der Zarten?
Ihr Unruh'gen, Übermüt'gen!
Reichtum wollt ihr, Macht und Ehre,
Glanz und Herrlichkeit? Das Mädchen
Kann euch solches nicht verleihen;
Ihre Gabe, ihre Töne,
Alle sind sie mädchenhaft.

Wollt ihr Macht? Der Mächt'ge hat sie.
Wollt ihr Reichtum? Zugegriffen!
Glanz? Behängt euch! Einfluß? Schleicht nur!
Hoffe niemand solche Güter;
Wer sie will, ergreife sie.

Stille wird's! Doch hör' ich deutlich –
Leis ist mein Gehör – ein seufzend
Lispeln! Still! ein lispelnd Seufzen!
O! das ist der Liebe Ton.
Wende dich zu mir, Geliebter!
Schau' in mir der Süßen, Treuen
Wonnevolles Ebenbild.
Frage mich, wie du sie fragest,
Wenn sie vor dir steht und lächelt
Und die sonst geschloßne Lippe
Dir bekennen mag und darf.

„Wird sie lieben?" Ja! „Und mich?" Ja!
„Mein sein?" Ja! „Und bleiben?" Ja doch!
„Werden wir uns wiederfinden?"

Ja gewiß! „Treu wiederfinden?   400
Nimmer scheiden?" Ja doch! ja!
(Sie verhüllt sich und verschwindet, als Echo wiederholend.)
Ja doch! ja!

EPIMETHEUS (erwachend).
Wie süß, o Traumwelt, schöne, lösest du dich ab!
(Durchdringendes Angstgeschrei eines Weibes vom Garten her.)

EPIMETHEUS (aufspringend).
Entsetzlich stürzt Erwachenden sich Jammer zu!
(Wiederholtes Geschrei.)
Weiblich Geschrei! Sie flüchtet! Näher! Nahe schon.   405

EPIMELEIA (innerhalb des Gartens unmittelbar am Zaun).
Ai! Ai! Weh! Weh mir! Weh! Weh! Weh! Ai! Ai mir! Weh!

EPIMETHEUS. Epimeleias Töne! hart am Gartenrand.

EPIMELEIA (den Zaun hastig übersteigend).
Weh! Mord und Tod! Weh, Mörder! Ai! ai! Hilfe mir!

PHILEROS (nachspringend).
Vergebens! Gleich ergreif' ich dein geflochtnes Haar.

EPIMELEIA.
Im Nacken, weh! den Hauch des Mörders fühl' ich schon.   410

PHILEROS.
Verruchte! Fühl' im Nacken gleich das scharfe Beil!

EPIMETHEUS.
Her! Schuldig, Tochter, oder schuldlos rett' ich dich.

EPIMELEIA (an seiner linken Seite niedersinkend).
O Vater du! Ist doch ein Vater stets ein Gott!

EPIMETHEUS.
Und wer, verwegen, stürmt aus dem Bezirk dich her?

PHILEROS (zu Epimetheus' Rechten).
Beschütze nicht des frechsten Weibs verworfnes Haupt!   415

EPIMETHEUS (sie mit dem Mantel bedeckend).
Sie schütz' ich, Mörder, gegen dich und jeglichen.

PHILEROS (nach Epimetheus' Linken um ihn herumtretend).
Ich treffe sie auch unter dieses Mantels Nacht.

EPIMELEIA (sich vor dem Vater her nach der rechten Seite zu werfend).
Verloren, Vater, bin ich! O! Gewalt! Gewalt!

PHILEROS (hinter Epimetheus sich zur Rechten wendend).
Irrt auch die Schärfe, irrend aber trifft sie doch!
(Er verwundet Epimeleia im Nacken.)

EPIMELEIA. Ai ai! Weh, weh mir!
EPIMETHEUS (abwehrend).   Weh uns! Weh! Gewalt!
PHILEROS. Geritzt nur! Weitre Seelenpforten öffn' ich gleich!
EPIMELEIA. O Jammer! Jammer!
EPIMETHEUS (abwehrend). Weh uns! Hilfe! Weh uns! Weh!
PROMETHEUS (eilig hereintretend).
  Welch Mordgeschrei! Im friedlichen Bezirke tönt's?
EPIMETHEUS. Zu Hilfe, Bruder! Armgewalt'ger, eile her!
EPIMELEIA. Beflügle deine Schritte! Rettender, heran!
PHILEROS.
  Vollende, Faust! und Rettung schmählich hinke nach.
PROMETHEUS (dazwischentretend).
  Zurück, Unsel'ger! törig Rasender, zurück!
  Phileros, bist du's? Unbänd'ger, diesmal halt' ich dich.
                    (Er faßt ihn an.)
PHILEROS. Laß, Vater, los! ich ehre deine Gegenwart.
PROMETHEUS. Abwesenheit des Vaters ehrt ein guter Sohn.
  Ich halte dich! – An diesem Griff der starken Faust
  Empfinde, wie erst Übeltat den Menschen faßt
  Und Übeltäter weise Macht sogleich ergreift.
  Hier morden? Unbewehrte? Geh zu Raub und Krieg!
  Hin, wo Gewalt Gesetz macht! Denn wo sich Gesetz,
  Wo Vaterwille sich Gewalt schuf, taugst du nicht.
  Hast jene Ketten nicht gesehn, die ehernen,
  Geschmiedet für des wilden Stieres Hörnerpaar,
  Mehr für den Ungebändigten des Männervolks?
  Sie sollen dir die Glieder lasten, klirrend hin
  Und wider schlagen, deinem Gang Begleitungstakt.
  Doch was bedarf's der Ketten? Überwiesener!
  Gerichteter! Dort ragen Felsen weit hinaus
  Nach Land und See, dort stürzen billig wir hinab
  Den Tobenden, der, wie das Tier, das Element,
  Zum Grenzenlosen übermütig rennend stürzt.
                    (Er läßt ihn fahren.)
  Jetzt lös' ich dich. Hinaus mit dir ins Weite fort!
  Bereuen magst du oder dich bestrafen selbst.
PHILEROS. So glaubest du, Vater, nun sei es getan?
  Mit starrer Gesetzlichkeit stürmst du mich an,

Und achtest für nichts die unendliche Macht,
Die mich, den Glücksel'gen, ins Elend gebracht.

Was liegt hier am Boden in blutender Qual?
Es ist die Gebieterin, die mir befahl.
Die Hände, sie ringen, die Arme, sie bangen,   455
Die Arme, die Hände sind's, die mich umfangen.

Was zitterst du, Lippe? was dröhnest du, Brust?
Verschwiegene Zeugen verrätrischer Lust.
Verräterisch, ja! Was sie innig gereicht,
Gewährt sie dem Zweiten – dem Dritten vielleicht.   460

Nun sage mir, Vater, wer gab der Gestalt
Die einzige furchtbar entschiedne Gewalt?
Wer führte sie still die verborgene Bahn
Herab vom Olymp? aus dem Hades heran?
Weit eher entflöhst du dem ehrnen Geschick   465
Als diesem durchbohrend verschlingenden Blick;
Weit eher eindringender Keren Gefahr
Als diesem geflochtnen geringelten Haar;
Weit eher der Wüste beweglichem Sand
Als diesem umflatternden regen Gewand.   470
(Epimetheus hat Epimeleian aufgehoben, führt sie tröstend umher, daß
ihre Stellungen zu Phileros' Worten passen.)

Sag', ist es Pandora? Du sahst sie einmal,
Den Vätern verderblich, den Söhnen zur Qual.
Sie bildet' Hephaistos mit prunkendem Schein,
Da webten die Götter Verderben hinein.
Wie glänzt das Gefäß! O wie faßt es sich schlank!   475
So bieten die Himmel berauschenden Trank.
Was birgt wohl das Zaudern? Verwegene Tat.
Das Lächeln, das Neigen, was birgt es? Verrat.
Die heiligen Blicke? Vernichtenden Scherz.
Der göttliche Busen? Ein hündisches Herz.   480

O! sag' mir, ich lüge! O sag', sie ist rein!
Willkommner als Sinn soll der Wahnsinn mir sein.

Vom Wahnsinn zum Sinne welch glücklicher Schritt!
Vom Sinne zum Wahnsinn! Wer litt, was ich litt?
Nun ist mir's bequem, dein gestrenges Gebot;   4⁸
Ich eile, zu scheiden, ich suche den Tod.
Sie zog mir mein Leben ins ihre hinein;
Ich habe nichts mehr, um lebendig zu sein. (Ab.)

PROMETHEUS (zu Epimeleia).
  Bist du beschämt? Gestehst du, wessen er dich zeiht?

EPIMETHEUS.
  Bestürzt gewahr' ich seltsam uns Begegnendes.   4⁵

EPIMELEIA (zwischen beide tretend).
  Einig, unverrückt, zusammenwandernd,
  Leuchten ewig sie herab, die Sterne;
  Mondlicht überglänzet alle Höhen,
  Und im Laube rauschet Windesfächeln,
  Und im Fächeln atmet Philomele,   4⁵
  Atmet froh mit ihr der junge Busen,
  Aufgeweckt vom holden Frühlingstraume.
  Ach! warum, ihr Götter, ist unendlich
  Alles, alles, endlich unser Glück nur!

  Sternenglanz und Mondes Überschimmer,   5⁰
  Schattentiefe, Wassersturz und Rauschen
  Sind unendlich, endlich unser Glück nur.

  Lieblich, horch! zur feinen Doppellippe
  Hat der Hirte sich ein Blatt geschaffen
  Und verbreitet früh schon durch die Auen   5⁵
  Heitern Vorgesang mittägiger Heimchen.
  Doch der saitenreichen Leier Töne,
  Anders fassen sie das Herz, man horchet,
  Und wer draußen wandle schon so frühe
  Und wer draußen singe goldnen Saiten,   5⁵
  Mädchen möcht' es wissen, Mädchen öffnet
  Leis den Schalter, lauscht am Klaff des Schalters.
  Und der Knabe merkt: da regt sich eines!
  Wer? das möcht' er wissen, lauert, spähet;
  So erspähen beide sich einander,   5⁵
  Beide sehen sich in halber Helle.

Und, was man gesehn, genau zu kennen
Und, was man nun kennt, sich zuzueignen,
Sehnt sich gleich das Herz, und Arme strecken,
Arme schließen sich; ein heil'ger Bund ist, 520
Jubelt nun das Herz, er ist geschlossen.

Ach! warum, ihr Götter, ist unendlich
Alles, alles, endlich unser Glück nur!
Sternenglanz, ein liebereich Beteuern,
Mondenschimmer, liebevoll Vertrauen, ·525
Schattentiefe, Sehnsucht wahrer Liebe
Sind unendlich, endlich unser Glück nur.

Bluten laß den Nacken! laß ihn, Vater!
Blut, gerinnend, stillet leicht sich selber,
Überlassen sich verharscht die Wunde; 530
Aber Herzensblut, im Busen stockend,
Wird es je sich wieder fließend regen?
Wirst, erstarrtes Herz, du wieder schlagen?

Er entfloh! – Ihr Grausamen vertriebt ihn;
Ich Verstoßne konnt' ihn, ach, nicht halten, 535
Wie er schalt, mir fluchte, lästernd raste.
Doch willkommen sei des Fluches Rasen:
Denn so liebt' er mich, wie er mich schmähte,
So durchglüht' ich ihn, wie er verwünschte.
Ach! warum verkannt' er die Geliebte? 540
Wird er leben, wieder sie zu kennen?

Angelehnt war ihm die Gartenpforte,
Das gesteh' ich, warum sollt' ich's leugnen?
Unheil überwältigt Scham. – Ein Hirte
Stößt die Tür an, stößt sie auf, und forschend, 545
Still verwegen, tritt er in den Garten,
Findet mich, die Harrende, ergreift mich,
Und im Augenblick ergreift ihn jener,
Auf dem Fuß ihm folgend. Dieser läßt mich,
Wehrt sich erst und flüchtet, bald verfolgt nun, 550
Ob getroffen oder nicht? was weiß ich!
Dann auf mich gewandt, mit Schäumen, Schelten,

Dringt nun Phileros; ich stürze flüchtend
Über Blumen und Gesträuch, der Zaun hält
Mich zuletzt, doch hebet mich befitticht   55
Angst empor, ich bin im Freien, gleich drauf
Stürzt auch er heran; das andre wißt ihr.

Teurer Vater! hat Epimeleia
Sorg' um dich getragen manche Tage,
Sorge trägt sie leider um sich selbst nun,   56
Und zur Sorge schleicht sich ein die Reue.
Eos wohl wird meine Wange röten,
Nicht an seiner; Helios beleuchten
Schöne Pfade, die er nicht zurückkehrt.
Laßt mich gehn, ihr Väter, mich verbergen,   56
Zürnet nicht der Armen, laßt sie weinen!
Ach! wie fühl' ich's! Ach! das schmerzt unendlich,
Wohlerworbne Liebe zu vermissen. (Ab.)
PROMETHEUS. Das Götterkind, die herrliche Gestalt, wer ist's?
Pandoren gleicht sie, schmeichelhafter scheint sie nur   57
Und lieblicher; die Schönheit jener schreckte fast.
EPIMETHEUS.
Pandorens Tochter, meine Tochter rühm' ich sie.
Epimeleia nennen wir die Sinnende.
PROMETHEUS.
Dein Vaterglück, warum verbargst du, Bruder, mir's?
EPIMETHEUS.
Entfremdet war dir mein Gemüt, o Trefflicher!   57
PROMETHEUS.
Um jener willen, die ich nicht empfing mit Gunst?
EPIMETHEUS. Die du hinweggewiesen, eignet' ich mir zu.
PROMETHEUS. In deinen Hort verbargst du jene Gefährliche?
EPIMETHEUS.
Die Himmlische! vermeidend herben Bruderzwist.
PROMETHEUS.
Nicht lange wohl blieb, wankelmütig, sie dir getreu?   58
EPIMETHEUS.
Treu blieb ihr Bild; noch immer steht es gegen mir.
PROMETHEUS.
Und peiniget in der Tochter dich zum zweiten Mal.

EPIMETHEUS.
Die Schmerzen selbst um solch ein Kleinod sind Genuß.
PROMETHEUS.
Kleinode schafft dem Manne täglich seine Faust.
EPIMETHEUS.
Unwürd'ge, schafft er nicht das höchste Gut dafür.   585
PROMETHEUS.
Das höchste Gut? Mich dünken alle Güter gleich.
EPIMETHEUS. Mit nichten! Eines übertrifft. Besaß ich's doch!
PROMETHEUS. Ich rate fast, auf welchem Weg du irrend gehst.
EPIMETHEUS.
Ich irre nicht! die Schönheit führt auf rechte Bahn.
PROMETHEUS. In Fraungestalt nur allzuleicht verführet sie.   590
EPIMETHEUS. Du formtest Frauen, keineswegs verführerisch.
PROMETHEUS.
Doch formt' ich sie aus zärtrem Ton, die rohen selbst.
EPIMETHEUS. Den Mann vorausgedenkend, sie zur Dienerin.
PROMETHEUS.
So werde Knecht, verschmähest du die treue Magd.
EPIMETHEUS.
Zu widersprechen meid' ich. Was in Herz und Sinn   595
Sich eingeprägt, ich wiederhol's im stillen gern.
O göttliches Vermögen mir, Erinnerung!
Du bringst das hehre frische Bild ganz wieder her.
PROMETHEUS.
Die Hochgestalt aus altem Dunkel tritt auch mir;
Hephaisten selbst gelingt sie nicht zum zweiten Mal.   600
EPIMETHEUS.
Auch du erwähnest solchen Ursprungs Fabelwahn?
Aus göttlich altem Kraftgeschlechte stammt sie her:
Uranione, Heren gleich und Schwester Zeus'.
PROMETHEUS.
Doch schmückt' Hephaistos wohlbedenkend reich sie aus;
Ein goldnes Hauptnetz flechtend erst mit kluger Hand,   605
Die feinsten Drähte wirkend, strickend mannigfach.
EPIMETHEUS.
Dies göttliche Gehäge, nicht das Haar bezwang's,
Das übervolle, strotzend braune, krause Haar;
Ein Büschel flammend warf sich von dem Scheitel auf.

PROMETHEUS. Drum schlang er Ketten neben an, gediegene. 6

EPIMETHEUS.
 In Flechten glänzend schmiegte sich der Wunderwuchs,
 Der, freigegeben, schlangengleich die Ferse schlug.

PROMETHEUS. Das Diadem, nur Aphroditen glänzt es so!
 Pyropisch, unbeschreiblich, seltsam leuchtet' es.

EPIMETHEUS.
 Mir blickt' es nur gesellig aus dem Kranz hervor   6
 Aufblühnder Blumen; Stirn und Braue hüllten sie,
 Die neidischen! Wie Kriegsgefährte den Schützen deckt
 Mit dem Schild, so sie der Augen treffende Pfeilgewalt.

PROMETHEUS.
 Geknüpft mit Kettenbändern schaut' ich jenen Kranz;
 Der Schulter schmiegten sie zwitzernd, glimmernd gern
                                             sich an.   6

EPIMETHEUS.
 Des Ohres Perle schwankt mir vor dem Auge noch,
 Wie sich frei das Haupt anmutiglich bewegete.

PROMETHEUS. Gereihte Gaben Amphitritens trug der Hals.
 Dann vielgeblümten Kleides Feld, wie es wunderbar
 Mit frühlingsreichem bunten Schmuck die Brust umgab. 6

EPIMETHEUS.
 An diese Brust mich Glücklichen hat sie gedrückt!

PROMETHEUS. Des Gürtels Kunst war über alles lobenswert.

EPIMETHEUS. Und diesen Gürtel hab' ich liebend aufgelöst!

PROMETHEUS.
 Dem Drachen, um den Arm geringelt, lernt' ich ab,
 Wie starr Metall im Schlangenkreise sich dehnt und schließt. 6

EPIMETHEUS. Mit diesen Armen liebevoll umfing sie mich!

PROMETHEUS.
 Die Ringe schmückend verbreiterten die schlanke Hand.

EPIMETHEUS. Die mir so oft sich herzerfreuend hingestreckt!

PROMETHEUS.
 Und glich sie wohl Athenens Hand an Kunstgeschick?

EPIMETHEUS.
 Ich weiß es nicht; nur liebekosend kannt' ich sie.   6

PROMETHEUS. Athenens Webstuhl offenbart' ihr Oberkleid.

EPIMETHEUS.
 Wie's wellenschimmernd, wogenhaft ihr wallte nach.

PROMETHEUS.
Der Saum verwirrte fesselnd auch den schärfsten Blick.
EPIMETHEUS. Sie zog die Welt auf ihren Pfaden nach sich her.
PROMETHEUS. Gewundne Riesenblumen, Füllhorn jegliche. 640
EPIMETHEUS. Den reichen Kelchen mutiges Gewild entquoll.
PROMETHEUS.
Das Reh, zu fliehen, es zu verfolgen, sprang der Leu.
EPIMETHEUS.
Wer säh' den Saum an, zeigte sich der Fuß im Schritt,
Beweglich wie die Hand erwidernd Liebesdruck.
PROMETHEUS.
Auch hier nicht müde schmückte nur der Künstler mehr; 645
Biegsame Sohlen, goldne, schrittbefördernde.
EPIMETHEUS. Beflügelte! sie rührte kaum den Boden an.
PROMETHEUS.
Gegliedert schnürten goldne Riemen schleifenhaft.
EPIMETHEUS. O! rufe mir nicht jene Hüllepracht hervor!
Der Allbegabten wußt' ich nichts zu geben mehr;   650
Die Schönste, die Geschmückteste, die Meine war's!
Ich gab mich selbst ihr, gab mich mir zum ersten Mal!
PROMETHEUS. Und leider so auf ewig dir entriß sie dich!
EPIMETHEUS. Und sie gehört auf ewig mir, die Herrliche!

Der Seligkeit Fülle, die hab' ich empfunden!   655
Die Schönheit besaß ich, sie hat mich gebunden;
Im Frühlingsgefolge trat herrlich sie an.
Sie erkannt' ich, sie ergriff ich, da war es getan!
Wie Nebel zerstiebte trübsinniger Wahn,
Sie zog mich zur Erd' ab, zum Himmel hinan.   660

Du suchest nach Worten, sie würdig zu loben,
Du willst sie erhöhen; sie wandelt schon oben.
Vergleich ihr das Beste, du hältst es für schlecht.
Sie spricht, du besinnst dich, doch hat sie schon recht.
Du stemmst dich entgegen; sie gewinnt das Gefecht.   665
Du schwankst, ihr zu dienen, und bist schon ihr Knecht.

Das Gute, das Liebe, das mag sie erwidern.
Was hilft hohes Ansehn? sie wird es erniedern.

Sie stellt sich ans Ziel hin, beflügelt den Lauf;
Vertritt sie den Weg dir, gleich hält sie dich auf.   67
Du willst ein Gebot tun, sie treibt dich hinauf,
Gibst Reichtum und Weisheit und alles in den Kauf.

Sie steiget hernieder in tausend Gebilden,
Sie schwebet auf Wassern, sie schreitet auf Gefilden,
Nach heiligen Maßen erglänzt sie und schallt,   67
Und einzig veredelt die Form den Gehalt,
Verleiht ihm, verleiht sich die höchste Gewalt.
Mir erschien sie in Jugend-, in Frauengestalt.

PROMETHEUS.
    Dem Glück der Jugend heiß' ich Schönheit nah verwandt:
Auf Gipfeln weilt so eines wie das andre nicht.   68
EPIMETHEUS.
    Und auch im Wechsel beide, nun und immer, schön:
Denn ewig bleibt Erkornen anerkanntes Glück.
So neu verherrlicht leuchtete das Angesicht
Pandorens mir aus buntem Schleier, den sie jetzt
Sich umgeworfen, hüllend göttlichen Gliederbau.   68
Ihr Antlitz, angeschaut allein, höchst schöner war's,
Dem sonst des Körpers Wohlgestalt wetteiferte;
Auch ward es rein der Seele klar gespiegelt Bild,
Und sie, die Liebste, Holde, leicht-gesprächiger,
Zutraulich mehr, geheimnisvoll gefälliger.   69
PROMETHEUS.
Auf neue Freuden deutet solche Verwandelung.
EPIMETHEUS.
Und neue Freuden, leidenschaffende, gab sie mir.
PROMETHEUS.
Laß hören! Leid aus Freude tritt so leicht hervor.
EPIMETHEUS.
    Am schönsten Tage – blühend regte sich die Welt –
Entgegnete sie im Garten mir, verschleiert noch,   69
Nicht mehr allein: auf jedem Arme wiegte sie
Ein lieblich Kind, beschattet, Töchterzwillinge.
Sie trat heran, daß hoch erstaunt, erfreut ich die
Beschauen möchte, herzen auch nach Herzenslust.
PROMETHEUS. Verschieden waren beide, sag' mir, oder gleich? 70

EPIMETHEUS.
  Gleich und verschieden; ähnlich nenntest beide wohl.
PROMETHEUS.
  Dem Vater eins, der Mutter eines, denk' ich doch.
EPIMETHEUS. Das Wahre triffst du, wie es ziemt Erfahrenem.
  Da sprach sie: Wähle! Das eine sei dir anvertraut,
  Eins meiner Pflege vorbehalten! Wähle schnell!   705
  Epimeleia nennst du dies, Elpore dies.
  Ich sah sie an. Die eine schalkisch äugelte
  Vom Schleiersaum her; wie sie meinen Blick gehascht,
  Zurück sie fuhr und barg sich an der Mutter Brust.
  Die andre, ruhig gegenteils und schmerzlich fast,   710
  Als Jener Blick den meinigen zuerst erwarb,
  Sah stät herüber, hielt mein Auge fest und fest
  In ihrem innig, ließ nicht los, gewann mein Herz.
  Nach mir sich neigend, händereichend, strebte sie
  Als liebedürftig, hilfsbedürftig, tiefen Blicks.   715
  Wie hätt' ich widerstanden! Diese nahm ich auf;
  Mich Vater fühlend, schloß an meine Brust ich sie,
  Ihr wegzuscheuchen von der Stirn frühzeit'gen Ernst.
  Nicht achtend stand ich, daß Pandora weiterschritt,
  Der Ferngewichnen folgt' ich fröhlich rufend nach;   720
  Sie aber, halb gewendet nach dem Eilenden,
  Warf mit der Hand ein deutlich Lebewohl mir zu.
  Ich stand versteinert, schaute hin; ich seh' sie noch!

  Vollwüchsig streben drei Zypressen himmelwärts,
  Wo dort der Weg sich wendet. Sie, gewandt im Gehn,   725
  Darzeigte vorgehoben nochmals mir das Kind,
  Das unerreichbar seine Händchen reichend wies;
  Und jetzt, hinum die Stämme schreitend, augenblicks
  Weg war sie! Niemals hab' ich wieder sie gesehn.
PROMETHEUS.
  Nicht sonderbar soll jedem scheinen, was geschieht,   730
  Vereint er sich Dämonen, gottgesendeten.
  Nicht tadl' ich deiner Schmerzen Glut, Verwitweter!
  Wer glücklich war, der wiederholt sein Glück im Schmerz.
EPIMETHEUS.
  Wohl wiederhol' ich's! Immer jenen Zypressen zu,

Mein einz'ger Gang blieb's. Blickt' ich doch am liebsten hin,
Allwo zuletzt sie schwindend mir im Auge blieb.
Sie kommt vielleicht, so dacht' ich, dorther mir zurück,
Und weinte quellweis, an mich drückend jenes Kind
An Mutterstatt. Es sah mich an und weinte mit,
Bewegt von Mitgefühlen, staunend, unbewußt. –
So leb' ich fort, entgegen ewig verwaister Zeit,
Gestärkt an meiner Tochter zart besorgtem Sinn,
Die nun bedürftig meiner Vatersorge wird,
Von Liebesjammer unerträglich aufgequält.

PROMETHEUS.
Vernahmst du nichts von deiner Zweiten diese Zeit?

EPIMETHEUS.
Grausam gefällig steigt sie oft als Morgentraum,
Geschmückt, mit Phosphoros herüber; schmeichelnd fließt
Versprechen ihr vom Munde; kosend naht sie mir
Und schwankt und flieht. Mit ewigem Verwandeln täuscht
Sie meinen Kummer, täuscht zuletzt auf Ja und Ja
Den Flehnden mit Pandorens Wiederkehr sogar.

PROMETHEUS. Elporen kenn' ich, Bruder, darum bin ich mild
Zu deinen Schmerzen, dankbar für mein Erdenvolk.
Du mit der Göttin zeugtest ihm ein holdes Bild,
Zwar auch verwandt mit jenen Rauchgeborenen;
Doch stets gefällig täuschet sie unschuldiger,
Entbehrlich keinem Erdensohn. Kurzsichtigen
Zum zweiten Auge wird sie; jedem sei's gegönnt! –
Du stärkend aber deine Tochter stärke dich...
Wie! hörst du nicht? versinkest zur Vergangenheit?

EPIMETHEUS.
Wer von der Schönen zu scheiden verdammt ist,
Fliehe mit abgewendetem Blick!
Wie er, sie schauend, im Tiefsten entflammt ist,
Zieht sie, ach! reißt sie ihn ewig zurück.

Frage dich nicht in der Nähe der Süßen:
Scheidet sie? scheid' ich? Ein grimmiger Schmerz
Fasset im Krampf dich, du liegst ihr zu Füßen,
Und die Verzweiflung zerreißt dir das Herz.

Kannst du dann weinen und siehst sie durch Tränen,
Fernende Tränen, als wäre sie fern: 770
Bleib! Noch ist's möglich! Der Liebe, dem Sehnen
Neigt sich der Nacht unbeweglichster Stern.

Fasse sie wieder! Empfindet selbander
Euer Besitzen und euren Verlust!
Schlägt nicht ein Wetterstrahl euch aus einander,   775
Inniger dränget sich Brust nur an Brust.

Wer von der Schönen zu scheiden verdammt ist,
Fliehe mit abegewendetem Blick!
Wie er, sie schauend, im Tiefsten entflammt ist,
Zieht sie, ach! reißt sie ihn ewig zurück!   780
PROMETHEUS.
Ist's wohl ein Glück zu nennen, was in Gegenwart
Ausschließend wegweist alles, was ergötzlich lockt,
Abwesend aber, jeden Trost verneinend, quält?
EPIMETHEUS.
Trostlos zu sein, ist Liebenden der schönste Trost;
Verlornem nachzustreben selbst schon mehr Gewinn,   785
Als Neues aufzuhaschen. Weh doch! Eitles Mühn,
Sich zu vergegenwärt'gen Ferngeschiedenes,
Unwiederherstellbares! hohle, leid'ge Qual!

Mühend versenkt ängstlich der Sinn
Sich in die Nacht, suchet umsonst   790
Nach der Gestalt. Ach! wie so klar
Stand sie am Tag sonst vor dem Blick.

Schwankend erscheint kaum noch das Bild;
Etwa nur so schritt sie heran!
Naht sie mir denn? Faßt sie mich wohl? –   795
Nebelgestalt schwebt sie vorbei,

Kehret zurück, herzlich ersehnt;
Aber noch schwankt's immer und wogt's,
Ähnlich zugleich andern und sich;
Schärferem Blick schwindet's zuletzt.   800

Endlich nun doch tritt sie hervor,
Steht mir so scharf gegen dem Blick!
Herrlich! So schafft Pinsel und Stahl! –
Blinzen des Augs scheuchet sie fort!

Ist ein Bemühn eitler? Gewiß
Schmerzlicher keins, ängstlicher keins!
Wie es auch streng Minos verfügt,
Schatten ist nun ewiger Wert.

Wieder versucht sei's, dich heran,
Gattin, zu ziehn! Hasch' ich sie? Bleibt's
Wieder, mein Glück? – Bild nur und Schein!
Flüchtig entschwebt's, fließt und zerrinnt.

PROMETHEUS.
Zerrinne nicht, o Bruder, schmerzlich aufgelöst!
Erhabnen Stammes, hoher Jahre sei gedenk!
Im Jünglingsauge mag ich wohl die Träne sehn;
Des Greisen Aug' entstellt sie. Guter, weine nicht!
EPIMETHEUS.
Der Tränen Gabe, sie versöhnt den grimmsten Schmerz;
Sie fließen glücklich, wenn's im Innern heilend schmilzt.
PROMETHEUS.
Blick' auf aus deinem Jammer! Schau' die Röte dort!
Verfehlet Eos wohlgewohnten Pfades heut'?
Vom Mittag dorther leuchtet rote Glut empor.
Ein Brand in deinen Wäldern, deinen Wohnungen
Scheint aufzuflammen. Eile! Gegenwart des Herrn
Mehrt jedes Gute, steuert möglichem Verlust.
EPIMETHEUS. Was hab' ich zu verlieren, da Pandora floh?
Das brenne dort! Viel schöner baut sich's wieder auf.
PROMETHEUS.
Gebautes einzureißen, rat' ich, gnügt's nicht mehr;
Mit Willen tät' ich's! Zufall aber bleibt verhaßt.
Drum eilig sammle, was von Männern im Bezirk
Dir tätig reg' ist, widersteh der Flammen Wut!
Mich aber hört gleich jene schwarmgedrängte Schar,
Die zum Verderben sich bereit hält wie zum Schutz.

EPIMELEIA.

Meinen Angstruf,
Um mich selbst nicht:
Ich bedarf's nicht,   835
Aber hört ihn!
Jenen dort helft,
Die zugrund gehn:
Denn zugrund ging
Ich vorlängst schon.   840

Als er tot lag,
Jener Hirt, stürzt'
Auch mein Glück hin;
Nun die Rach' rast,
Zum Verderb strömt   845
Sein Geschlecht her.

Das Gehäg' stürzt,
Und ein Wald schlägt
Mächt'ge Flamm' auf.
Durch die Rauchglut   850
Siedet Balsam
Aus dem Harzbaum.

An das Dach greift's,
Das entflammt schon.
Das Gesparr kracht!   855
Ach! es bricht mir
Übers Haupt ein!
Es erschlägt mich
In der Fern' auch!
Jene Schuld ragt!   860
Auge droht mir,
Braue winkt mir
Ins Gericht hin!

Nicht dahin trägt
Mich der Fuß, wo   865
Phileros wild
Sich hinabstürzt

In den Meerschwall.
Die er liebt, soll
Seiner wert sein!   87
Lieb' und Reu' treibt
Mich zur Flamm' hin,
Die aus Liebsglut
Rasend aufquoll. (Ab.)

EPIMETHEUS.   Diese rett' ich,   87
Sie die einz'ge!
Jenen wehr' ich
Mit der Hauskraft,
Bis Prometheus
Mir das Heer schickt.   88
Dann erneun wir
Zorn'gen Wettkampf.
Wir befrein uns;
Jene fliehn dann,
Und die Flamm' lischt. (Ab.)   88

PROMETHEUS.   Nun heran ihr,
Die im Schwarm schon
Um die Felskluft,
Eure Nachtburg,
Aus dem Busch auf,   89
Eurem Schirmdach,
Strebend aufsummt!

Eh' ihr auszieht
In das Fernland,
Diesem Nachbar   89
Werdet hilfreich
Und befreit ihn
Vom Gewaltschlag
Wilder Rachlust!

KRIEGER.   Der Ruf des Herrn,   90
Des Vaters, tönt;
Wir folgen gern,
Wir sind's gewöhnt;
Geboren sind
Wir all' zum Streit,   90

Wie Schall und Wind
Zum Weg bereit.

Wir ziehn, wir ziehn
Und sagen's nicht;
Wohin? wohin?   910
Wir fragen's nicht;
Und Schwert und Spieß,
Wir tragen's fern,
Und jens und dies,
Wir wagen's gern.   915

So geht es kühn
Zur Welt hinein;
Was wir beziehn,
Wird unser sein:
Will einer das,   920
Verwehren wir's;
Hat einer was,
Verzehren wir's.

Hat einer gnug
Und will noch mehr,   925
Der wilde Zug
Macht alles leer.
Da sackt man auf!
Und brennt das Haus,
Da packt man auf   930
Und rennt heraus.

So zieht vom Ort,
Mit festem Schritt,
Der Erste fort
Den Zweiten mit;   935
Wenn Wahn und Bahn
Der Beste brach,
Kommt an und an
Der Letzte nach.

PROMETHEUS.   Verleihet gleich   940
                  So Schad' als Nutz!

Hier weih' ich euch
Zu Schutz und Trutz.
Auf! rasch Vergnügte,
Schnellen Strichs!
Der barsch Besiegte
Habe sich's!
Hier leistet frisch und weislich dringende Hochgewalt
Erwünschten Dienst. Das Feuerzeichen schwindet schon,
Und brüderlich bringt würd'ge Hilfe mein Geschlecht. –
Nun aber Eos, unaufhaltsam strebt sie an,
Sprungweise, mädchenartig, streut aus voller Hand
Purpurne Blumen. Wie an jedem Wolkensaum
Sich reich entfaltend sie blühen, wechseln, mannigfach!
So tritt sie lieblich hervor, erfreulich immerfort,
Gewöhnet Erdgeborner schwaches Auge sanft,
Daß nicht vor Helios' Pfeil erblinde mein Geschlecht,
Bestimmt, Erleuchtetes zu sehen, nicht das Licht!

EOS (von dem Meere heraufsteigend).

Jugendröte, Tagesblüte,
Bring' ich schöner heut' als jemals
Aus den unerforschten Tiefen
Des Okeanos herüber.
Hurtiger entschüttelt heute
Mir den Schlaf, die ihr des Meeres
Felsumsteilte Bucht bewohnet,
Ernste Fischer, frisch vom Lager!
Euer Werkzeug nehmt zur Hand.

Schnell entwickelt eure Netze,
Die bekannte Flut umzingelnd:
Eines schönen Fangs Gewißheit
Ruf' ich euch ermunternd zu.
Schwimmet, Schwimmer! taucht, ihr Taucher!
Spähet, Späher, auf dem Felsen!
Ufer wimmle wie die Fluten,
Wimmle schnell von Tätigkeit!

PROMETHEUS.

Was hältst du deinen Fuß zurück, du Flüchtige?
Was fesselt an dies Buchtgestade deinen Blick?

Wen rufst du an, du Stumme sonst, gebietest wem?
Die niemand Rede stehet, diesmal sprich zu mir!

Eos.   Jenen Jüngling rettet, rettet!   980
            Der verzweiflend, liebetrunken,
            Rachetrunken, schwer gescholten
            In die nachtumhüllten Fluten
            Sich vom Felsen stürzete.

PROMETHEUS.
  Was hör' ich! hat Phileros dem Strafedräun gehorcht?   985
  Sich selbst gerichtet, kalten Wellentod gesucht?
  Auf, eilen wir! dem Leben geb' ich ihn zurück.

Eos.   Weile, Vater! hat dein Schelten
            Ihn dem Tode zugetrieben,
            Deine Klugheit, dein Bestreben   990
            Bringt ihn diesmal nicht zurück.
            Diesmal bringt der Götter Wille,
            Bringt des Lebens eignes, reines,
            Unverwüstliches Bestreben
            Neugeboren ihn zurück.   995

PROMETHEUS. Gerettet ist er? sage mir, und schaust du ihn?

Eos.   Dort! er taucht in Flutenmitte
            Schon hervor, der starke Sehwimmer:
            Denn ihn läßt die Lust zu leben
            Nicht, den Jüngling, untergehn.   1000

            Spielen rings um ihn die Wogen,
            Morgendlich und kurz beweget,
            Spielt er selbst nur mit den Wogen,
            Tragend ihn, die schöne Last.
            Alle Fischer, alle Schwimmer,   1005
            Sie versammeln sich lebendig
            Um ihn her, nicht, ihn zu retten:
            Gaukelnd baden sie mit ihm.
            Ja Delphine drängen gleitend
            Zu der Schar sich, der bewegten,   1010
            Tauchen auf und heben tragend
            Ihn, den schönen Aufgefrischten.
            Alles wimmelnde Gedränge
            Eilet nun dem Lande zu.

Und an Leben und an Frische
Will das Land der Flut nicht weichen;
Alle Hügel, alle Klippen
Von Lebend'gen ausgeziert!

Alle Winzer, aus den Keltern,
Felsenkellern tretend, reichen
Schal' um Schale, Krug um Krüge
Den beseelten Wellen zu.
Nun entsteigt der Göttergleiche,
Von dem ringsumschäumten Rücken
Freundlicher Meerwunder schreitend,
Reich umblüht von meinen Rosen,
Er ein Anadyomen,
Auf zum Felsen. – Die geschmückte
Schönste Schale reicht ein Alter,
Bärtig, lächelnd, wohlbehaglich,
Ihm dem Bacchusähnlichen.

Klirret, Becken! Erz, ertöne!
Sie umdrängen ihn, beneidend
Mich um seiner schönen Glieder
Wonnevollen Überblick.
Pantherfelle von den Schultern
Schlagen schon um seine Hüften,
Und den Thyrsus in den Händen
Schreitet er heran ein Gott.
Hörst du jubeln? Erz ertönen?
Ja, des Tages hohe Feier,
Allgemeines Fest beginnt.

PROMETHEUS.
Was kündest du für Feste mir? Sie lieb' ich nicht;
Erholung reichet Müden jede Nacht genug.
Des echten Mannes wahre Feier ist die Tat!

EOS. Manches Gute ward gemein den Stunden;
Doch die gottgewählte, festlich werde diese!
Eos blicket auf in Himmelsräume,
Ihr enthüllt sich das Geschick des Tages.
Nieder senkt sich Würdiges und Schönes,

Erst verborgen, offenbar zu werden,
Offenbar, um wieder sich zu bergen.
Aus den Fluten schreitet Phileros her,
Aus den Flammen tritt Epimeleia;
Sie begegnen sich, und eins im andern   1055
Fühlt sich ganz und fühlet ganz das andre.
So, vereint in Liebe, doppelt herrlich,
Nehmen sie die Welt auf. Gleich vom Himmel
Senket Wort und Tat sich segnend nieder,
Gabe senkt sich, ungeahnet vormals.   1060
PROMETHEUS. Neues freut mich nicht, und ausgestattet
Ist genugsam dies Geschlecht zur Erde.
Freilich frönt es nur dem heut'gen Tage,
Gestrigen Ereignens denkt's nur selten;
Was es litt, genoß, ihm ist's verloren.   1065
Selbst im Augenblicke greift es roh zu;
Faßt, was ihm begegnet, eignet's an sich,
Wirft es weg, nicht sinnend, nicht bedenkend,
Wie man's bilden möge höhrem Nutzen.
Dieses tadl' ich; aber Lehr' und Rede,   1070
Selbst ein Beispiel, wenig will es frommen.
Also schreiten sie mit Kinderleichtsinn
Und mit rohem Tasten in den Tag hin.
Möchten sie Vergangnes mehr beherz'gen,
Gegenwärt'ges, formend, mehr sich eignen,   1075
Wär' es gut für alle; solches wünscht' ich.
EOS. Länger weil' ich nicht, mich treibet fürder
Strahlend Helios unwiderstehlich.
Weg vor seinem Blick zu schwinden, zittert
Schon der Tau, der meinen Kranz beperlet.   1080
Fahre wohl, du Menschenvater! – Merke:
Was zu wünschen ist, ihr unten fühlt es;
Was zu geben sei, die wissen's droben.
Groß beginnet ihr Titanen; aber leiten
Zu dem ewig Guten, ewig Schönen,   1085
Ist der Götter Werk; die laßt gewähren.

DES EPIMENIDES ERWACHEN

EIN FESTSPIEL

Den Frieden kann das Wollen nicht bereiten:
Wer alles will, will sich vor allen mächtig;
Indem er siegt, lehrt er die andern streiten,
Bedenkend macht er seinen Feind bedächtig.
So wachsen Kraft und List nach allen Seiten,
Der Weltkreis ruht von Ungeheuern trächtig,
Und der Geburten zahlenlose Plage
Droht jeden Tag als mit dem jüngsten Tage.

Der Dichter sucht das Schicksal zu entbinden,
Das, wogenhaft und schrecklich ungestaltet,
Nicht Maß, noch Ziel, noch Richte weiß zu finden
Und brausend webt, zerstört und knirschend waltet.
Da faßt die Kunst, in liebendem Entzünden,
Der Masse Wust; die ist sogleich entfaltet
Durch Mitverdienst gemeinsamen Erregens,
Gesang und Rede, sinnigen Bewegens.

ERSTER AUFZUG

Ein prächtiger Säulenhof; im Grunde ein tempelähnliches Wohngebäude.

ERSTER AUFTRITT

DIE MUSE. (Zwei Genien, der eine an einem Thyrsus Leier, Masken,
geschriebene Rolle trophäenartig tragend, der andere einen Sternen-
kreis um sich her.) In tiefe Sklaverei lag ich gebunden,
Und mir gefiel der Starrheit Eigensinn;
Ein jedes Licht der Freiheit war verschwunden,
Die Fesseln selbst, sie schienen mir Gewinn:
Da nahte sich, in holden Frühlingsstunden,
Ein Glanzbild; gleich entzückt – so wie ich bin –
Seh' ich es weit und breiter sich entfalten,
Und rings umher ist keine Spur des Alten.

Die Fesseln fallen ab von Händ' und Füßen,
Wie Schuppen fällt's herab vom starren Blick,   10
Und eine Träne, von den liebesüßen,
Zum ersten Mal sie kehrt ins Aug' zurück;
Sie fließt – ihr nach die Götterschwestern fließen,
Das Herz empfindet längst entwohntes Glück,
Und mir erscheint, was mich bisher gemieden,   15
Ganz ohne Kampf, der reine Seelenfrieden.

Und mir entgegnet, was mich sonst entzückte:
Der Leier Klang, der Töne süßes Licht
Und, was mich schnell der Wirklichkeit entrückte,
Bald ernst, bald frohgemut, ein Kunstgesicht;   2
Und das den Pergamenten Aufgedrückte,
Ein unergründlich schweres Leichtgewicht;
Der Sterne Kreis erhebt den Blick nach oben,
Und alle wollen nur das Eine loben.

Und Glück und Unglück tragen so sich besser,   25
Die eine Schale sinkt, die andre steigt,
Das Unglück mindert sich, das Glück wird größer,
So auf den Schultern trägt man beide leicht!
Da leere das Geschick die beiden Fässer,
Der Segen trifft, wenn Fluch uns nie erreicht;   30
Wir sind für stets dem guten Geist zuteile,
Der böse selbst, er wirkt zu unserm Heile.

So ging es mir! Mög' es euch so ergehen,
Daß aller Haß sich augenblicks entfernte
Und, wo wir noch ein dunkles Wölkchen sehen,   35
Sich alsobald der Himmel übersternte,
Es tausendfach erglänzte von den Höhen
Und alle Welt von uns die Eintracht lernte;
Und so genießt das höchste Glück hienieden:
Nach hartem äußern Kampf den innern Frieden.   40
(Die Muse bewegt sich, als wenn sie abgehen wollte; die Kinder
ziehen voran und sind schon in der Kulisse, sie aber ist noch auf dem
Theater, wenn Epimenides erscheint; dann spricht sie folgende
    Stanze, geht ab, und jener kommt die Stufen herab.)

MUSE. Und diesen lass' ich euch an meiner Stelle,
Der, früher schon geheimnisvoll belehrt,
Als Mann der Weisheit unversiegter Quelle
Und ihrem Schaun sich treulich zugekehrt,
Nun freigesinnt, beinah zur Götterhelle
Die wunderbarsten Bilder euch erklärt;
Doch laßt vorher die wildesten Gestalten
In eigensinn'ger Kraft zerstörend walten. (Ab.)

ZWEITER AUFTRITT

EPIMENIDES. Uralten Waldes majestätische Kronen,
Schroffglatter Felsenwände Spiegelflächen
Im Schein der Abendsonne zu betrachten –
Erreget Geist und Herz zu der Natur
Erhabnen Gipfeln, ja zu Gott hinan.
Auch schau' ich gern der Menschenhände Werk,
Woher des Meisters Hochgedanke strahlt;
Und dieser Pfeiler, dieser Säulen Pracht
Umwandl' ich sinnend, wo sich alles fügte,
Wo alles trägt und alles wird getragen!
So freut mich auch, zu sehn ein edles Volk
Mit seinem Herrscher, die im Einklang sich
Zusammenwirkend fügen, für den Tag,
Ja für Jahrhunderte, wenn es gelingt.
Und so begrüß' ich froh die Morgensonne,
Begrüße gleicherweis' die scheidende.
Dann wend' ich meinen Blick den Sternen zu,
Und dort wie hier ist Einklang der Bewegung.
Der Jugend Nachtgefährt' ist Leidenschaft,
Ein wildes Feuer leuchtet ihrem Pfad;
Der Greis hingegen wacht mit hellem Sinn,
Und sein Gemüt verschließt das Ewige.

DRITTER AUFTRITT

GENIEN (treten rasch auf und stellen sich ihm zu beiden Seiten).
Wandelt der Mond und bewegt sich der Stern,
Junge wie Alte, sie schlafen so gern;

Leuchtet die Sonne nach löblichem Brauch,
Junge wie Alte, sie schlafen wohl auch.

EPIMENIDES. Ein heitres Lied, ihr Kinder; doch voll Sinn.   75
Ich kenn' euch wohl! Sobald ihr scherzend kommt,
Dann ist es Ernst, und wenn ihr ernstlich sprecht,
Vermut' ich Schalkheit. Schlafen, meint ihr, schlafen?
An meine Jugend wollt ihr mich erinnern.
Auf Kretas Höhn, des Vaters Herde weidend,   80
Die Insel unter mir, ringsum das Meer,
Den Tageshimmel von der einzigen Sonne,
Von tausenden den nächtigen erleuchtet –
Da strebt's in meiner Seele, dieses All,
Das herrliche, zu kennen; doch umsonst: 85
Der Kindheit Bande fesselten mein Haupt.
Da nahmen sich die Götter meiner an,
Zur Höhle führten sie den Sinnenden,
Versenkten mich in tiefen langen Schlaf.
Als ich erwachte, hört' ich einen Gott: 90
„Bist vorbereitet", sprach er, „wähle nun!
Willst du die Gegenwart und das, was ist,
Willst du die Zukunft sehn, was sein wird?" Gleich
Mit heiterm Sinn verlangt' ich zu verstehn,
Was mir das Auge, was das Ohr mir beut.   95
Und gleich erschien durchsichtig diese Welt,
Wie ein Kristallgefäß mit seinem Inhalt. –
Den schau' ich nun so viele Jahre schon;
Was aber künftig ist, bleibt mir verborgen.
Soll ich vielleicht nun schlafen, sagt mir an,   100
Daß ich zugleich auch Künftiges gewahre?

GENIEN. Wärest du fieberhaft, wärest du krank,
Wüßtest dem Schlafe du herzlichen Dank;
Zeiten, sie werden so fieberhaft sein,
Laden die Götter zum Schlafen dich ein.   105

EPIMENIDES.
Zum Schlafen? jetzt? – Ein sehr bedeutend Wort.
Zwei euresgleichen sind's, wo nicht ihr selbst,
Sind Zwillingsbrüder, einer Schlaf genannt,
Den andern mag der Mensch nicht gerne nennen;

Doch reicht der Weise einem wie dem andern
Die Hand mit Willen – also, Kinder, hier!
    (Er reicht ihnen die Hände, welche sie anfassen.)
Hier habt ihr mich! Vollziehet den Befehl –
Ich lebte nur, mich ihm zu unterwerfen.
GENIEN. Wie man es wendet und wie man es nimmt,
  Alles geschieht, was die Götter bestimmt!
  Laß nur den Sonnen, den Monden den Lauf,
  Kommen wir zeitig und wecken dich auf.

(Epimenides steigt, begleitet von den Knaben, die Stufen hinan, und
als die Vorhänge sich öffnen, sieht man ein prächtiges Lager, über
demselben eine wohlerleuchtete Lampe. Er besteigt es; man sieht
ihn sich niederlegen und einschlafen. Sobald der Weise ruht, schließen
die Knaben zwei eherne Pfortenflügel, auf welchen man den Schlaf
und Tod, nach antiker Weise, vorgestellt sieht. Fernes Donnern.)

VIERTER AUFTRITT

HEERESZUG. (Im Kostüm der sämtlichen Völker, welche von den
  Römern zuerst bezwungen und dann als Bundesgenossen gegen die
  übrige Welt gebraucht worden.)
        Der Ruf des Herrn
        Der Herrn ertönt;
        Wir folgen gern,
        Wir sind's gewöhnt;
        Geboren sind
        Wir all' zum Streit,
        Wie Schall und Wind
        Zum Weg bereit.

        Wir ziehn, wir ziehn
        Und sagen's nicht,
        Wohin? wohin?
        Wir fragen's nicht;
        Und Schwert und Spieß,
        Wir tragen's fern,
        Und jens und dies,
        Wir wagen's gern.

FÜNFTER AUFTRITT

DÄMON DES KRIEGS (sehr schnell auftretend).
  Mit Staunen seh' ich euch, mit Freude,
  Der ich euch schuf, bewundr' euch heute: 135
  Ihr zieht mich an, ihr zieht mich fort,
  Mich muß ich unter euch vergessen:
  Mein einzig Streben sei immerfort,
  An eurem Eifer mich zu messen.
  Des Höchsten bin ich mir bewußt,   140
  Dem Wunderbarsten widm' ich mich mit Lust:
  Denn wer Gefahr und Tod nicht scheut,
  Ist Herr der Erde, Herr der Geister;
  Was auch sich gegensetzt und dräut,
  Er bleibt zuletzt allein der Meister.   145
  Kein Widerspruch! kein Widerstreben!
  Ich kenne keine Schwierigkeit,
  Und wenn umher die Länder beben,
  Dann erst ist meine Wonnezeit.
  Ein Reich mag nach dem andern stürzen,   150
  Ich steh' allein und wirke frei;
  Und will sich wo ein schneller Knoten schürzen,
  Um desto schneller hau' ich ihn entzwei.
  Kaum ist ein großes Werk getan,
  Ein neues war schon ausgedacht;   155
  Und wär' ich ja aufs Äußerste gebracht,
  Da fängt erst meine Kühnheit an. –
  Ein Schauder überläuft die Erde,
  Ich ruf' ihr zu ein neues Werde.
      (Ein Brandschein verbreitet sich über das Theater.)
  Es werde Finsternis! – Ein brennend Meer   160
  Soll allen Horizont umrauchen
  Und sich der Sterne zitternd Heer
  Im Blute meiner Flammen tauchen.
  Die höchste Stunde bricht herein,
  Wir wollen ihre Gunst erfassen: 165
  Gleich unter dieser Ahnung Schein
  Entfalten euch, gedrängte Massen;
  Vom Berg ins Land, flußab ans Meer

Verbreite dich, unüberwindlich Heer!
Und wenn der Erdkreis überzogen
Kaum noch den Atem heben mag,
Demütig seine Herrn bewirtet –
Am Ufer schließet mir des Zwanges ehrnen Bogen:
Denn wie euch sonst das Meer umgürtet,
Umgürtet ihr die kühnen Wogen:
So Nacht für Nacht, so Tag für Tag;
Nur keine Worte – Schlag auf Schlag!

HEERESZUG (sich entfernend).

> So geht es kühn
> Zur Welt hinein;
> Was wir beziehn,
> Wird unser sein:
> Will einer das,
> Verwehren wir's;
> Hat einer was,
> Verzehren wir's.

> Hat einer gnug
> Und will noch mehr,
> Der wilde Zug
> Macht alles leer.
> Da sackt man auf,
> Und brennt das Haus,
> Da packt man auf
> Und rennt heraus.

> So zieht vom Ort
> Mit festem Schritt
> Der Erste fort
> Den Zweiten mit;
> Wenn Wahn und Bahn
> Der Beste brach,
> Kommt an und an
> Der Letzte nach.

SECHSTER AUFTRITT

DÄMONEN DER LIST (treten, in verschiedenen Gestalten, von derselben Seite, nach welcher das Kriegsheer abzieht, auf, schlingen sich
   durch die Kolonne durch, welche, in ihrem raschen Schritt gehindert,
   langsamer abzieht).

> Wenn unser Sang
> Gefällig lockt,
> Der Siegesdrang,
> Er schwankt und stockt;   205
> Wenn unser Zug
> Sich krümmt und schlingt,
> Der Waffen Flug
> Wird selbst bedingt.
>
> Nur alle mit   210
> Dahin! dahin!
> Nur Schritt vor Schritt,
> Gelassen kühn.
> Wie's steht und fällt,
> Ihr tretet ein;   215
> Geschwind die Welt
> Wird euer sein.

(Wenn der Kriegszug das Theater verlassen hat, haben die Neuange-
kommenen dasselbe schon völlig eingenommen, und indem der
Dämon des Kriegs den Seinigen folgen will, treten ihm die Dämonen
der List in den Weg.)

SIEBENTER AUFTRITT

Dämonen der List.

ALLE. Halt ein! Du rennst in dein Verderben!
DÄMON DES KRIEGS. Wer also spricht, der müsse sterben.
PFAFFE. Erkenn' ich doch, daß du unsterblich bist;   220
   Doch auch unsterblich ist die Pfaffenlist.
DÄMON DES KRIEGS. So sprecht!
JURIST.   Fürwahr, dein ungezähmter Mut
   Läßt sich durch Güte nicht erbitten.

Du wirst mit einem Meer von Blut
Den ganzen Erdkreis überschütten.   22

DIPLOMAT. Doch wandl' ich dir nicht still voran
  Und folg' ich nicht den raschen Pfaden,
  So hast du wenig nur getan
  Und wirst dir immer selber schaden.

DAME. Wer leise reizt und leise quält,   25
  Erreicht zuletzt des Herrschers höchstes Ziel;
  Und wie den Marmor selbst der Tropfen Folge höhlt,
  So töt' ich endlich das Gefühl.

DIPLOMAT. Du eilst uns vor, wir folgen still,
  Und mußt uns noch am Ende schätzen: 23
  Denn wer der List sich wohl noch fügen will,
  Wird der Gewalt sich widersetzen.

DÄMON DES KRIEGS. Verweilet ihr, ich eile fort!
  Der Abschluß, der ist meine Sache.
  Du wirkest hier, du wirkest dort,   24
  Und wenn ich nicht ein Ende mache,
  So hat ein jeder noch ein Wort.
  Ich löse rasch mit einem Male
  Die größten Zweifel Angesichts:
  So legte Brennus in die Schale   24
  Das Schwert statt goldenen Gewichts.
  Du magst nur dein Gewerbe treiben,
  In dem dich niemand übertrifft;
  Ich kann nur mit dem Schwerte schreiben,
  Mit blut'gen Zügen, meine Schrift. (Geht rasch ab.)   25

ACHTER AUFTRITT

Dämonen der List.

PFAFFE. Der Kriegesgott, er wüte jetzt,
  Und ihr umgarnt ihn doch zuletzt.

DIPLOMAT. Zertret' er goldner Saaten Halme
  Mit flügelschnellem Siegeslauf,
  Allein wenn ich sie nicht zermalme,   25
  Gleich richten sie sich wieder auf.

DAME. Die Geister macht er nie zu Sklaven;
　Durch offne Rache, harte Strafen
　Macht er sie nur der Freiheit reif.
HOFMANN. Doch alles, was wir je ersonnen,　　　　260
　Und alles, was wir je begonnen,
　Gelinge nur durch Unterschleif.
PFAFFE. Den Völkern wollen wir versprechen,
　Sie reizen zu der kühnsten Tat;
　Wenn Worte fallen, Worte brechen,　　　　265
　Nennt man uns weise, klug im Rat.
JURIST. Durch Zaudern wollen wir verwehren,
　Und alle werden uns vertraun.
　Es sei ein ewiges Zerstören,
　Es sei ein ew'ges Wiederbaun.　　　　270
LUSTIGE PERSON.
　Steht nur nicht in so eng geschloßnen Reihen,
　Schließt mich in eure Zirkel ein,
　Damit zu euren Gaukeleien
　Die meinigen behilflich sei'n!

　Bin der Gefährlichste von allen!　　　　275
　Dieweil man mich für nichtig hält;
　Daran hat jedermann Gefallen,
　Und so betrüg' ich alle Welt.

　Euch dien' es allen zum Bescheide:
　Ich spiele doppelte Person –　　　　280
　Erst komm' ich an in diesem Kleide,
　In diesem mach' ich mich davon.
(Zeigt sich als böser Geist, versinkt, eine Flamme schlägt empor.)
DIPLOMAT.
　Und nun beginnet gleich – das herrliche Gebäude,
　Der Augen Lust, des Geistes Freude,
　Im Wege steht es mir vor allen;　　　　285
　Durch eure Künste soll es fallen.
HOFMANN. Leise müßt ihr das vollbringen,
　Die gelinde Macht ist groß;
　Wurzelfasern, wie sie dringen,
　Sprengen wohl die Felsen los.　　　　290

CHOR. Leise müßt ihr das vollbringen,
  Die geheime Macht ist groß.
HOFMANN. Und so löset still die Fugen
  An dem herrlichen Palast;
  Und die Pfeiler, wie sie trugen,   2
  Stürzen durch die eigne Last.
  In das Feste sucht zu dringen
  Ungewaltsam, ohne Stoß.
CHOR. Leise müßt ihr das vollbringen,
  Die geheime Macht ist groß.   3

(Während dieses letzten Chors verteilen sich die Dämonen an alle
Kulissen, nur der Hofmann bleibt in der Mitte, die übrigen sind mit
dem letzten Laute auf einmal alle verschwunden.)

NEUNTER AUFTRITT

DÄMON ALS HOFMANN (allein).
              (Lauschend.)
  Ich trete sacht, ich halte Puls und Oden –
  Ich fühle sie wohl, doch hör' ich sie nicht;
  Es zittert unter mir der Boden;
  Ich fürchte selbst, er schwankt und bricht:
          (Er entfernt sich von der einen Seite.)
  Die mächtig riesenhaften Quadern,   3
  Sie scheinen unter sich zu hadern;
          (Er entfernt sich von der andern Seite.)
  Die schlanken Säulenschäfte zittern,
  Die schönen Glieder, die in Liebesbanden
  Einträchtig sich zusammenfanden,
  Jahrhunderte als Eins bestanden –   31
  Erdbeben scheinen sie zu wittern,
  Bei dringender Gefahr und Not,
  Die einem wie dem andern droht,
  Sich gegenseitig zu erbittern.
          (Er tritt in die Mitte, argwöhnisch gegen beide Seiten.)
  Ein Wink, ein Hauch den Bau zugrunde stößt,   31
  Wo sich von selbst das Feste löst.

(In dem Augenblicke bricht alles zusammen. Er steht in schweigender, umsichtiger Betrachtung.)

ZEHNTER AUFTRITT

Dämon der Unterdrückung tritt auf, im Kostüm eines orientali-
schen Despoten.

DÄMON DER LIST (ehrerbietig).
  Mein Fürst! mein Herrscher, so allein?
DÄMON DER UNTERDRÜCKUNG.
  Da, wo ich bin, da soll kein andrer sein.
DÄMON DER LIST. Auch die nicht, die dir angehören?
DÄMON DER UNTERDRÜCKUNG.
  Ich werde niemals dir verwehren,   320
  Zu schaun mein fürstlich Angesicht;
  Doch weiß ich wohl, du liebst mich nicht.
  Dein Vielbemühn, was hilft es dir?
  Denn ewig dienstbar bist du mir.
DÄMON DER LIST. Herr, du verkennest meinen Sinn!   325
  Zu dienen dir, ist mein Gewinn;
  Und wo kann freieres Leben sein,
  Als dir zu dienen, dir allein!
  Was Großes auch die Welt gesehn,
  Für deinen Zepter ist's geschehn;   330
  Was Himmel zeugte, Hölle fand,
  Ergossen über Meer und Land,
  Es kommt zuletzt in deine Hand.
DÄMON DER UNTERDRÜCKUNG.
  Sehr wohl! Die Mühe mir verkürzen,
  Das ist dein edelster Beruf: 335
  Denn was die Freiheit langsam schuf,
  Es kann nicht schnell zusammenstürzen,
  Nicht auf der Kriegsposaune Ruf;
  Doch hast du klug den Boden untergraben,
  So stürzt das alles Blitz vor Blitz.   340
  Da kann ich meinen stummen Sitz
  In sel'gen Wüsteneien haben.
  Du hast getan, wie ich gedacht.
  Ich will nun sehn, was du vollbracht.
        (Verliert sich unter die Ruinen.)

EILFTER AUFTRITT

DÄMON DER LIST (zuversichtlich). Ja, gehe nur und sieh dich um! 34
In unsrer Schöpfung magst du wohnen.
Du findest alles still und stumm,
Denkst du in Sicherheit zu thronen.
Ihr brüstet euch, ihr unteren Dämonen;
So mögt ihr wüten, mögt auch ruhn,   35
Ich deut' euch beides heimlich an.
Da mag denn jener immer tun
Und dieser glauben, es sei getan.

Ich aber wirke schleichend immerzu,
Um beide nächstens zu erschrecken: 35
Dich Kriegesgott bring' ich zur Ruh,
Dich Sklavenfürsten will ich wecken.

        Zu dringen und zu weichen,
        Das ist die größte Kunst,
        Und so zu überschleichen   3
        Das Glück und seine Gunst.
        Die Wege, die sie gehen,
        Sie sind nach meinem Sinn;
        Der Übermut soll gestehen,
        Daß ich allmächtig bin. (Ab.)   3

ZWÖLFTER AUFTRITT

DÄMON DER UNTERDRÜCKUNG (aus den Ruinen hervortretend).
Es ist noch allzu frisch, man könnt' es wieder bauen;
Die graue Zeit, wirkend ein neues Grauen –
Verwittrung, Staub und Regenschlick –,
Mit Moos und Wildnis düstre sie die Räume.
Nun wachst empor, ehrwürd'ge Bäume!   3
Und zeiget dem erstaunten Blick
Ein längst veraltetes, verschwundenes Geschick,
Begraben auf ewig jedes Glück.
   (Während dieser Arie begrünet sich die Ruine nach und nach.)

Nicht zu zieren – zu verdecken,
Nicht zu freuen – zu erschrecken,   375
Wachse dieses Zaubertal!
Und so schleichen und so wanken,
Wie verderbliche Gedanken,
Sich die Büsche, sich die Ranken
Als Jahrhunderte zumal.   380

So sei die Welt denn einsam! aber mir,
Dem Herrscher, ziemt es nicht, daß er allein:
Mit Männern mag er nicht verkehren,
Eunuchen sollen Männern wehren,
Und halb umgeben wird er sein;   385
Nun aber sollen schöne Frauen
Mit Taubenblick mir in die Augen schauen,
Mit Pfauenwedeln luftig wehen,
Gemeßnen Schrittes mich umgehen,
Mich liebenswürdig all' umsehen,   390
Und ganze Scharen mir allein.
Das Paradies, es tritt herein!
Er ruht im Überfluß gebettet,
Und jene, die sich glücklich wähnen,
Sie sind bewacht, sie sind gekettet.   395

DREIZEHNTER AUFTRITT

LIEBE (ungesehen, aus der Ferne).
Ja, ich schweife schon im Weiten
Dieser Wildnis leicht und froh:
Denn der Liebe sind die Zeiten
Alle gleich und immer so.
DÄMON DER UNTERDRÜCKUNG.
Wie? was hör' ich da von weiten?   400
Ist noch eine Seele froh?
Ich vernichte Zeit auf Zeiten,
Und sie sind noch immer so! –
(Melodie jenes Gesangs, durch blasende Instrumente. Der Dämon
zeigt indessen Gebärden der Überraschung und Rührung.)
Doch dein Busen will entflammen,

Dich besänftigt dieser Schall?
Nimm, o nimm dich nur zusammen
Gegen diese Nachtigall!

LIEBE (tritt auf).

(Der Dämon ist zurückgetreten.)

Ja, ich walle gern im Weiten
Dieser Pfade leicht und froh:
Denn der Liebe sind die Zeiten
Alle gleich und immer so.

DÄMON DER UNTERDRÜCKUNG.

O, wie kommt sie da von weiten,
Ohne Furcht und immer froh!

LIEBE. Denn der Liebe sind die Zeiten
Immer gleich und immer so.

DÄMON DER UNTERDRÜCKUNG (zu ihr tretend).

Wen suchst du denn? Du suchest wen!
Ich dächte doch, du mußt ihn kennen.

LIEBE. Ich suche wohl – es ist so schön!
Und weiter weiß ich nichts zu nennen.

DÄMON DER UNTERDRÜCKUNG (anständig zudringlich, gehalten
und scherzhaft). Nun, o nenne mir den Lieben,
Dem entgegen man so eilt.

LIEBE. Ja, es ist, es ist das Lieben,
Das im Herzen still verweilt!

(Der Dämon entfernt sich.)

VIERZEHNTER AUFTRITT

Glaube hat die Schwester am Gesang erkannt, kommt eilig herbei,
wirft sich ihr an die Brust. Liebe fährt in ihrem heitern Gesange noch
eine Zeitlang fort, bis Glaube sich leidenschaftlich losreißt und abwärts tritt.

GLAUBE. O liebste Schwester! Kannst du mich
Und meine Leiden so empfangen?
Ich irre trostlos, suche dich,
An deinem Herzen auszubangen;
Nun flieh' ich leider, wie ich kam,
Mich abgestoßen muß ich fühlen:

Wer teilt nun Zweifel, Kummer, Gram,   430
Wie sie das tiefste Herz durchwühlen!

LIEBE (sich nähernd). O Schwester! mich so im Verdacht?
Die immer neu und immer gleich
Unsterbliche unsterblich macht,
Die Sterblichen alle gut und reich.   435
Von oben kommt mir der Gewinn –
Die höchste Gabe willst du lästern?
Denn ohne diesen heitren Sinn
Was wären wir und unsre Schwestern!

GLAUBE. Nein, in diesen Jammerstunden   440
Klinget keine Freude nach!
Schmerzen, tausendfach empfunden,
Herz um Herz, das knirschend brach,
Leer Gebet, vergebne Tränen,
Eingekettet unser Sehnen,   445
Unsrer Herrlichkeit Verhöhnen,
Der Erniedrigung Gewöhnen! –
Ewig deckt die Nacht den Tag.

LIEBE. Es sind nicht die letzten Stunden,
Laß den Göttern das Gericht!   450

GLAUBE. Nie hast du ein Glück empfunden:
Denn der Jammer rührt dich nicht!
                (Sie treten auseinander.)

DÄMON DER UNTERDRÜCKUNG (für sich).
Still! nun hab' ich überwunden –
Schwestern und verstehn sich nicht!
(Zum Glauben.) Herrlich Mädchen! welches Bangen,   455
Welche Neigung, welch Verlangen
Reget diese schöne Brust?

GLAUBE. Herr, o Herr! gerecht Verlangen
War, die Schwester zu umfangen,
Treue bin ich mir bewußt.   460

DÄMON DER UNTERDRÜCKUNG (zur Liebe).
Wie, du Holde? Das Verlangen,
Deine Schwester zu umfangen,
Regt sich's nicht in deiner Brust?

LIEBE. Sie, die Beste, zu umfangen,
Fühl' ich ewiges Verlangen;   465

Komm, o komm an meine Brust!

GLAUBE. O verzeih dem Schmerz, dem Bangen!
  Kaum getraut' ich, zu verlangen
  Lieb' um Liebe, Lust um Lust! (Sie umarmen sich.)

DÄMON DER UNTERDRÜCKUNG (für sich).
  Immer wächst mir das Verlangen,   4
  Zu betören; sie zu fangen,
  Sei mein Streben, meine Lust.
              (Zwischen sie tretend.)
  Holdsel'ges Paar, das himmlisch mir begegnet,
  Es sei der Tag für euch und mich gesegnet,
  Er sei bezeichnet immerdar!   4
  Ja, dieser Stunde jedes von uns gedenke!
            (Kleine Dämonen mit Juwelen.)
  Verschmähet nicht die wenigen Geschenke
  Aus meiner Hand, verehrtes Paar.
    (Die Liebe liebkosend und ihr Armbänder anlegend.)
  Hände, meiner Augen Weide,
  O wie drück' und küss' ich sie!   4
  Nimm das köstlichste Geschmeide,
  Trag es und vergiß mich nie!
(Den Glauben liebkosend und ihr einen köstlichen Gürtel oder viel-
          mehr Brustschmuck anlegend.)
  Wie sie sich in dir vereinen,
  Hoher Sinn und Lebenslust:
  So mit bunten Edelsteinen   4
  Schmück' ich dir die volle Brust.
(Die kleinen Dämonen bringen heimlich schwarze schwere Ketten
          hervor.)

GLAUBE. Das verdient wohl dieser Busen,
  Daß ihn die Juwele schmückt.
(Der eine Dämon hängt ihr die Kette hinten in den Gürtel; in dem
Augenblick fühlt sie Schmerzen, sie ruft, indem sie auf die Brust sieht:)
  Doch wie ist mir! von Medusen
  Werd' ich greulich angeblickt.   4

LIEBE. O! wie sich das Auge weidet,
  Und die Hand, wie freut sie sich!
(Sie streckt die Arme aus und besieht die Armbänder von oben; das
  Dämonchen hängt von unten eine Doppelkette ein.)

Was ist das? wie sticht's und schneidet,
Und unendlich foltert's mich!

DÄMON DER UNTERDRÜCKUNG (zur Liebe, mäßig spottend).
So ist dein zartes Herz belohnt!   495
Von diesen wird dich nichts erretten;
Doch finde dich, du bist's gewohnt,
Du gehst doch immerfort in Ketten.

(Zum Glauben, der sich ängstlich gebärdet, mit geheuchelter Teil-
nahme.)
Ja, schluchze nur aus voller Brust
Und mache den Versuch, zu weinen!   500
(Zu beiden gewaltsam.)
Verzichtet aber auf Glück und Lust;
Das Beßre wird euch nie erscheinen!

(Sie fahren von ihm weg, werfen sich an den Seiten nieder; Liebe
liegt ringend, Glaube still.)

DÄMON DER UNTERDRÜCKUNG.
So hab' ich euch dahin gebracht,
Beim hellsten Tag in tiefste Nacht.
Getrennt wie sie gefesselt sind,   505
Ist Liebe töricht, Glaube blind.
Allein die Hoffnung schweift noch immer frei –
Mein Zauber winke sie herbei!
Ich bin schon oft ihr listig nachgezogen,
Doch wandelbar wie Regenbogen,   510
Setzt sie den Fuß bald da, bald dort, bald hier;
Und hab' ich diese nicht betrogen,
Was hilft das andre alles mir!

FUNFZEHNTER AUFTRITT

Hoffnung erscheint auf der Ruine linker Hand des Zuschauers,
bewaffnet mit Helm, Schild und Speer.

DÄMON DER UNTERDRÜCKUNG.
Sie kommt! sie ist's! – Ich will sie kirren:
's ist auch ein Mädchenhaupt, ich will's verwirren.   515
Sie sieht mich, bleibt gelassen stehn,
Sie soll mir diesmal nicht entgehn.
(Sanft teilnehmend.)

Im Gedränge hier auf Erden
Kann nicht jeder, was er will;
Was nicht ist, es kann noch werden,   5
Hüte dich und bleibe still.

(Sie hebt den Speer gegen ihn auf und steht in drohender Gebärde
unbeweglich.)

Doch welch ein Nebel, welche Dünste
Verbergen plötzlich die Gestalt!
Wo find' ich sie? Ich weiß nicht, wo sie wallt:
An ihr verschwend' ich meine Künste.   5
Verdichtet schwankt der Nebelrauch und wächst
Und webt, er webt undeutliche Gestalten,
Die deutlich, doch undeutlich, immerfort
Das Ungeheure mir entfalten.
Gespenster sind's, nicht Wolken, nicht Gespenster,   5
Die Wirklichen, sie dringen auf mich ein.
Wie kann das aber wirklich sein,
Das Webende, das immer sich entschleiert?
Verschleierte Gestalten, Ungestalten,
In ewigem Wechseltrug erneuert!   5
Wo bin ich? Bin ich mir bewußt? –
Sie sind's! sie sind auch nicht, und aus dem Grauen
Muß ich voran lebendig Kräft'ge schauen;
Fürwahr, es drängt sich Brust an Brust
Voll Lebensmacht und Kampfeslust;   5
Die Häupter in den Wolken sind gekrönt,
Die Füße schlangenartig ausgedehnt,
Verschlungen schlingend,
Mit sich selber ringend,
Doch alle klappernd nur auf mich gespitzt.   5
Die breite Wolke senkt sich, eine Wolke
Lebendig tausendfach, vom ganzen Volke,
Von allen Edlen schwer; sie sinkt, sie drückt,
Sie beugt mich nieder, sie erstickt!

(Er wehrt sich gegen die von der Einbildungskraft ihm vorgespiegelte
Vision, weicht ihr aus, wähnt, in die Enge getrieben zu sein, ist ganz
nahe, zu knien. Die Hoffnung nimmt ihre ruhige Stellung wieder an.
Er ermannt sich.)

Aufgeregte Höllenbilder,   550
Zeigt euch wild und immer wilder,
Und ihr fechtet mich nicht an!
Euer Wanken, euer Weben
Sind Gedanken; sollt' ich beben
Vor dem selbstgeschaffnen Wahn?   555
Euer Lasten, euer Streben,
Ihr Verhaßten, ist kein Leben;
Eure Häupter, eure Kronen
Sind nur Schatten, trübe Luft.
Doch ich wittre Grabesduft: 560
Unten schein' ich mir zu wohnen,
Und schon modert mir die Gruft.
(Er entflieht mit Grauen. Hoffnung ist nicht mehr zu sehen. Der Vor-
                    hang fällt.)

ZWEITER AUFZUG

ERSTER AUFTRITT

LIEBE (erhebt sich nach einiger Zeit, wie abwesend, wo nicht wahn-
sinnig). Sag', wie ist dir denn zumalen?
Was beengt dir so das Herz?
Was ich fühle, sind nicht Qualen,   565
Was ich leide, ist nicht Schmerz.
Ob ich gleich den Namen höre,
Liebe, so hieß ich immerfort;
Es ist, als ob ich gar nicht wäre,
Liebe, 's ist ein leeres Wort.   570
GLAUBE (die indessen aufgestanden, aber nicht sicher auf ihren Füßen
steht). Wankt der Felsen unter mir,
Der mich sonst so kräftig trug?
Nein! ich wanke, sinke hier,
Habe nicht mehr Kraft genug,
Mich zu halten; meine Knie   575
Brechen, ach, ich beuge sie
Nicht zum Beten; sinnenlos,
Herzlos lieg' ich an dem Boden,

Mir versagt, mir stockt der Oden;
Götter! meine Not ist groß!   5
LIEBE (weiterschreitend). Zwar gefesselt sind die Hände,
    Doch der Fuß bewegt sich noch;
    Wenn ich, ach, dorthin mich wende,
    Schüttl' ich ab das schwere Joch.
GLAUBE (wie jene, nur etwas rascher und lebhafter).
    Will ich mich vom Ort bewegen,   5
    Wird vielleicht der Busen frei.
            (Sieht die Schwester herankommen.)
    O, die Schwester! Welch ein Segen!
    Ja, die Gute kommt herbei.
        (Indem sie gegeneinander die Arme ausstrecken, sehen sie sich
            so weit entfernt, daß sie sich nicht berühren können.)
LIEBE. Gott! ich kann dich nicht erreichen,
    Ach, von dir steh' ich gebannt!   5
        (Indem sie an ihren vorigen Platz eilig zurückkehrt.)
GLAUBE. Gibt's ein Elend solchesgleichen!
(Die noch gezögert und sich hin und wieder umgesehen hat, stürmt
                auch nach ihrer Seite.)
    Nein! die Welt hat's nicht gekannt.
            (Beide werfen sich an ihrer Stelle nieder.)

ZWEITER AUFTRITT

HOFFNUNG (welche indessen oben erschienen und heruntergetreten
ist). Ich höre jammern, höre klagen –
    In Banden meine Schwestern? Wie,
    O wie sie ringen, wie sie zagen!   5
    Vernehmt mein Wort, es fehlet nie.
    Ihr zeigt mir freilich eure Ketten,
    Getrauet nicht, mich anzuschaun;
    Doch bin ich, hoff' euch zu erretten –
    Erhebt euch, kommt, mir zu vertraun!   6

DRITTER AUFTRITT

GENIEN (herbeieilend). Immer sind wir noch im Lande,
    Hier und dort mit raschem Lauf.
        (Sie nehmen die Ketten ab, zugleich mit dem Schmuck.)

Erstlich lösen wir die Bande –
Richte du sie wieder auf!

Denn uns Genien gegeben   605
Ward gewiß ein schönes Teil;
Euer eigenes Bestreben
Wirke nun das eigne Heil. (Sie entfernen sich.)
HOFFNUNG (zu den wegeilenden Genien).
  Nehmt Gotteslohn, ihr süßen Brüder!
(Sie hebt erst den Glauben auf und bringt ihn gegen die Mitte.)
  Und steht nur erst der Glaube fest,   610
  So hebt sich auch die Liebe wieder.
LIEBE (die von selbst aufspringt und auf die Hoffnung loseilt).
  Ja, ich bin's, und neugeboren
  Werf' ich mich an deine Brust.
GLAUBE. Völlig hatt' ich mich verloren,
  Wieder find' ich mich mit Lust.   615
HOFFNUNG. Ja, wer sich mit mir verschworen,
  Ist sich alles Glücks bewußt.

Denn wie ich bin, so bin ich auch beständig,
Nie der Verzweiflung geb' ich mich dahin;
Ich mildre Schmerz, das höchste Glück vollend' ich;   620
Weiblich gestaltet, bin ich männlich kühn.
Das Leben selbst ist nur durch mich lebendig,
Ja übers Grab kann ich's hinüberziehn,
Und wenn sie mich sogar als Asche sammeln,
So müssen sie noch meinen Namen stammeln.   625

Und nun vernehmt! – Wie einst in Grabeshöhlen
Ein frommes Volk geheim sich flüchtete
Und allen Drang der himmlisch reinen Seelen
Nach oben voll Vertrauen richtete,
Nicht unterließ, auf höchsten Schutz zu zählen,   630
Und auszudauern sich verpflichtete:
So hat die Tugend still ein Reich gegründet
Und sich, zu Schutz und Trutz, geheim verbündet.

Im Tiefsten hohl, das Erdreich untergraben,
Auf welchem jene schrecklichen Gewalten   635

25*

Nun offenbar ihr wildes Wesen haben
In majestätisch häßlichen Gestalten
Und mit den holden überreifen Gaben
Der Oberfläche nach Belieben schalten –
Doch wird der Boden gleich zusammenstürzen
Und jenes Reich des Übermuts verkürzen.

Von Osten rollt, Lauinen gleich, herüber
Der Schnee- und Eisball, wälzt sich groß und größer,
Er schmilzt, und nah und näher stürzt vorüber
Das alles überschwemmende Gewässer:
So strömt's nach Westen, dann zum Süd hinüber,
Die Welt sieht sich zerstört – und fühlt sich besser:
Vom Ozean, vom Belt her kommt uns Rettung;
So wirkt das All in glücklicher Verkettung.

VIERTER AUFTRITT

GENIEN (den drei Schwestern Kronen darreichend).
  Und so bestärkt euch, Königinnen!
  Ihr seid es, obschon jetzt gebeugt.
  Ihr müßt noch alles Glück gewinnen:
  Vom Himmel seid ihr uns gezeugt;
  Zum Himmel werdet ihr euch heben –
  Die Sterblichen, sie sehn's entzückt –
  Und glorreich über Welten schweben,
  Die ihr auf ewig nun beglückt.

  Doch was dem Abgrund kühn entstiegen,
  Kann durch ein ehernes Geschick
  Den halben Weltkreis übersiegen,
  Zum Abgrund muß es doch zurück.
  Schon droht ein ungeheures Bangen,
  Vergebens wird er widerstehn!
  Und alle, die noch an ihm hangen,
  Sie müssen mit zugrunde gehn.
HOFFNUNG. Nun begegn' ich meinen Braven,
  Die sich in der Nacht versammelt,
  Um zu schweigen, nicht zu schlafen,
  Und das schöne Wort der Freiheit

Wird gelispelt und gestammelt,   670
Bis in ungewohnter Neuheit
Wir an unsrer Tempel Stufen
Wieder neu entzückt es rufen:
        (Mit Überzeugung, laut.)
Freiheit!
        (Gemäßigter.)
    Freiheit!
      (Von allen Enden Echo.)
      Freiheit!
LIEBE. Kommt, zu sehn, was unsre frommen   675
  Guten Schwestern unternommen,
  Die mit Seufzen sich bereiten
  Auf die blutig wilden Zeiten.
GLAUBE. Denn der Liebe Hilf' und Laben
  Wird den schönsten Segen haben,   680
  Und im Glauben überwinden
  Sie die Furcht, die sie empfinden.
GENIUS I. Ihr werdet eure Kraft beweisen,
  Bereitet still den jüngsten Tag.
GENIUS II. Denn jenes Haupt von Stahl und Eisen   685
  Zermalmt zuletzt ein Donnerschlag.
(Die sämtlichen fünfe, unter musikalischer Begleitung, kehren sich um
und gehen nach dem Grunde. Die Hoffnung besteigt die Ruinen links
des Zuschauers, Glaube und Liebe die Ruinen rechts; die Knaben be-
steigen die Treppen und stellen sich an die Pforten. Sie begrüßen sich
    alle untereinander nochmals zum Abschied. Es wird Nacht.)

FÜNFTER AUFTRITT

UNSICHTBARES CHOR.
  Sterne versanken und Monden in Blut.
  Aber nun wittert und lichtet es gut:
  Sonne, sie nahet dem himmlischen Thron,
  Lieber, sie kommen und wecken dich schon.   690
(Die Genien eröffnen die Pforten, indem sie sich dahinter verstecken
und lauschen. Epimenides ruht noch, wie er eingeschlafen; die Lampe
brennt. Er erwacht, regt sich, steht auf, tritt unter die Türe, gibt seine
Verwunderung zu erkennen, tritt wankend die Stufen herunter, unge-
      wiß, wo er sich befinde.)

SECHSTER AUFTRITT

EPIMENIDES. Und welch Erwachen! wunderbar genug!
Die Pforten öffnen sich bei düstrer Nacht.
Täuscht mich der Genien sonst so treuer Dienst?
Kein Stern am Himmel?

(Es erscheint ein Komet, ungeheuer.)

      Welch ein furchtbar Zeichen
Erschreckt den Blick mit Rutenfeuerschein!
Wo bin ich denn? – In eine Wüstenei,
Von Fels und Baum beschränkt, bin ich begraben.

Wie war es sonst! als mir die Flügeltüren
Beim ersten Morgenlicht von Geisterhand
Sich öffneten, das liebe Himmelspaar
Mich in die holde Welt herunterführte,
Mich Tempel und Palast, und nah und fern
Die herrlichste Natur mich glänzend grüßte.
Wie düster jetzt! und was der Feuerschein
Mir ahnungsvoll entdeckt, ist grausenhaft.
Wer leitet mich? wer rettet vom Verderben?
Verdient wohl euer Freund, ihr Götter, so zu sterben?

(Die Genien treten, oben an der Pforte, hervor mit Fackeln.)

Doch ihr erhört des treuen Priesters Ruf!
Ich sehe neuen goldnen Schein umschimmern:
Die Lieben sind's! o, wo sie leuchtend gehn,
Liegt keine Wüste, haust kein Schrecknis mehr.

(Sie sind heruntergekommen und stehen neben ihm.)

O sagt mir an, ihr Holden, welchen Traum
Von Ängstlichkeiten schafft ihr um mich her?

(Sie legen den Finger auf den Mund.)

Ich träume, ja! wo nicht, so hat ein Gott
In tiefe Wüsteneien mich verschlagen –
Hier – keine Spur von jenem alten Glanz,
Nicht Spur von Kunst, von Ordnung keine Spur!
Es ist der Schöpfung wildes Chaos hier,
Das letzte Grauen endlicher Zerstörung.

(Genien deuten hinüber und herüber.)

Was deutet ihr? Ich soll mich hier erkennen! 720
    (Die Genien leuchten voran nach der einen Seite.)
Euch folgen? wohl! ihr leuchtet dieserseits.
Was seh' ich hier! ein wohlbekanntes Bild!
In Marmorglanze, Glanz vergangner Tage.
„Der Vater ruht auf seinem breiten Polster,
Die Frau im Sessel, Kinder stehn umher 725
Von jedem Alter; Knechte tragen zu,
Das Pferd sogar es wiehert an der Pforte;
Die Tafel ist besetzt, man schwelgt und ruht."
Fürwahr! es ist die Stätte noch, wo mir
Des Freudentages hellste Sonne schien; 730
Ist alles doch in Schutt und Graus versunken.
    (Sie deuten, und leiten ihn nach der andern Seite.)
Noch weiter? Nein, ihr Guten, nein, ach nein!
Ich glaub' es euch, es ist die alte Stätte;
Doch während meines Schlafes hat ein Gott
Die Erd' erschüttert, daß Ruinen hier 735
Sich aufeinander türmen, durch ein Wunder
Der Bäume, der Gesträuche Trieb beschleunigt. –
So ist es hin, was alles ich gebaut
Und was mit mir von Jugend auf emporstieg.
O, wär' es herzustellen! Nein, ach nein! 740

Ihr nötigt mich an diese Tafel hin!
Zerschlagen ist sie, nicht mehr leserlich.
Hinweg von mir! O mein Gedächtnis! O!
Du hältst das Lied noch fest, du wiederholst es.
UNSICHTBARES CHOR.
    Hast du ein gegründet Haus, 745
    Fleh' die Götter alle,
    Daß es, bis man dich trägt hinaus,
    Nicht zu Schutt zerfalle
    Und noch lange hinterdrein
    Kindeskindern diene, 750
    Und umher ein frischer Hain
    Immer neu ergrüne.
EPIMENIDES. Dämonen seid ihr, keine Genien!
Der Hölle, die Verzweiflung haucht, entstiegen.

Sie haucht mich an, durchdringt, erstarrt die Brust,   7

Umstrickt das Haupt, zerrüttet alle Sinnen.

(Er beugt seine Knie, richtet sich aber gleich wieder auf.)

Nein, kniee nicht! sie hören dich nicht mehr;

Die Genien schweigen, wünsche dir den Tod.

Denn wo der Mensch verzweifelt, lebt kein Gott,

Und ohne Gott will ich nicht länger leben.   7

(Er wendet sich ab, verzweifelnd.)

Genien (sich einander zuwinkend).

Komm! wir wollen dir versprechen

Rettung aus dem tiefsten Schmerz –

Pfeiler, Säulen kann man brechen,

Aber nicht ein freies Herz:

Denn es lebt ein ewig Leben,   7

Es ist selbst der ganze Mann,

In ihm wirken Lust und Streben,

Die man nicht zermalmen kann.

Epimenides (wehmütig).

O sprecht! o helft! mein Knie, es trägt mich kaum:

Ihr wollt euch bittern Spott erlauben?   7

Genien. Komm mit! den Ohren ist's ein Traum;

Den Augen selbst wirst du nicht glauben.

(Es wird auf einmal Tag. Von ferne kriegerische Musik. Epimenides

und die Genien stehen vor der Pforte.)

SIEBENTER AUFTRITT

Die kriegerische Musik kommt näher. Die Hoffnung, den Jugend-
fürsten an der Seite, führt über die Ruinen, da wo sie abgegangen ist,
ein Heer herein, welches die verschiedenen neuern, zu diesem Kriege
verbündeten Völker bezeichnet.

Chor. Brüder, auf! die Welt zu befreien!

Kometen winken, die Stund' ist groß.

Alle Gewebe der Tyranneien   7

Haut entzwei und reißt euch los!

Hinan! – Vorwärts – hinan!

Und das Werk, es werde getan!

So erschallt nun Gottes Stimme,
Denn des Volkes Stimme, sie erschallt,   780
Und entflammt von heil'gem Grimme,
Folgt des Blitzes Allgewalt.
Hinan! – Vorwärts – hinan!
Und das große Werk wird getan.

Und so schreiten wir, die Kühnen,   785
Eine halbe Welt entlang;
Die Verwüstung, die Ruinen,
Nichts verhindre deinen Gang.
Hinan! – Vorwärts – hinan!
Und das große, das Werk sei getan.   790

JUGENDFÜRST. Hinter uns her vernehmt ihr schallen
Starke Worte, treuen Ruf:
Siegen, heißt es, oder fallen
Ist, was alle Völker schuf.
Hinan! – Vorwärts – hinan!   795
Und das Werk, es wäre getan.

HOFFNUNG. Noch ist vieles zu erfüllen,
Noch ist manches nicht vorbei;
Doch wir alle, durch den Willen
Sind wir schon von Banden frei.   800
CHOR. Hinan! – Vorwärts – hinan!
Und das große, das Werk sei getan.

JUGENDFÜRST. Auch die Alten und die Greisen
Werden nicht im Rate ruhn;
Denn es ist um den Stein der Weisen,   805
Es ist um das All zu tun.
Hinan! – Vorwärts – hinan!
Und das Werk, es war schon getan.

CHOR. Denn so einer „Vorwärts" rufet,
Gleich sind alle hinterdrein,   810
Und so geht es, abgestufet,
Stark und schwach und groß und klein.
Hinan! – Vorwärts – hinan!
Und das große, das Werk ist getan.

Und wo eh' wir sie nun erfassen,   81
In den Sturz, in die Flucht sie hinein!
Ja, in ungeheuren Massen
Stürzen wir schon hinterdrein.
Hinan! – Vorwärts – hinan!
Und das alles, das Werk ist getan.   82

ACHTER AUFTRITT

Glaube und Liebe mit den Frauen und Landbewohnern an der
andern Seite.

CHOR.   Und wir kommen
              Mit Verlangen,
              Wir, die Frommen,
              Zu empfangen
              Sie, die Braven,   82
              Sie mit Kränzen
              Zu umschlingen.

              Und mit Hymnen
              Zu umsingen,
              Zu erheben   83
              Jene Braven,
              Die da schlafen,
              Die gegeben
              Höhrem Leben.

LANDBEWOHNER (aller Alter und Stände).
Und die wir zurückgeblieben,   83
Eurer Kraft uns anvertraut,
Haben unsren kühnen Lieben
Haus und Hof und Feld gebaut;
Und wie ihr im Siege schreitet,
Drückt uns traulich an die Brust: 84
Alles, was wir euch bereitet,
Lang' genießt es und mit Lust.

SÄMTLICHE CHÖRE. Und mit den wichtigsten Geschäften
Verherrlicht heut' den großen Tag,
Zusammen all' mit vollen Kräften   84

Erhebt den Bau, der niederlag:
Strebt an – Glück auf – Strebt an!
Nur zu! und schon regt sich's hinan.

Und schon der Pfeiler, der gespalten,
Er hebt gefüget sich empor,   850
Und Säulenreihen, sie entfalten
Der schlanken Stämme Zierd' und Flor.
Strebt an – Glück auf – Strebt an!
Es steht, und das Werk ist getan.
(Indessen sind die Ruinen wieder aufgerichtet. Ein Teil der Vegetation
bleibt und ziert.)

NEUNTER AUFTRITT

Epimenides mit zwei Priestern.

EPIMENIDES (nach oben). Wie selig euer Freund gewesen,   855
Der diese Nacht des Jammers überschlief,
Ich konnt's an den Ruinen lesen,
Ihr Götter, ich empfind' es tief!
                (Zu den Umstehenden.)
Doch schäm' ich mich der Ruhestunden;
Mit euch zu leiden, war Gewinn: 860
Denn für den Schmerz, den ihr empfunden,
Seid ihr auch größer, als ich bin.
PRIESTER. Tadle nicht der Götter Willen,
Wenn du manches Jahr gewannst:
Sie bewahrten dich im stillen,   865
Daß du rein empfinden kannst.
Und so gleichst du künft'gen Tagen,
Denen unsre Qual und Plagen,
Unser Streben, unser Wagen
Endlich die Geschichte beut;   870
Und nicht glauben, was wir sagen,
Wirst du, wie die Folgezeit.
GLAUBE. Zum Ungeheuren war ich aufgerufen,
Mir dienten selbst Zerstörung, Blut und Tod;
So flammte denn an meines Thrones Stufen   875
Der Freiheit plötzlich furchtbar Morgenrot.

Schneidend eisige Lüfte blasen,
Ströme schwellen Schlund auf Schlund,
Und der Elemente Rasen,
Alles kräftigte den Bund.   88
Heil der Edlen, die den Glauben
In der tiefsten Brust genährt,
Unter Glut und Mord und Rauben
Das Verderben abgewehrt.

Ihr danken wir, nach mancher Jahre Grauen,   88
Das schöne Licht, das wir vergnüglich schauen.
LIEBE. Begrüßet ihn mit liebevollen Blicken,
  Der liebevoll bei seinem Volk verweilt,
  Der treuen Seinen neubelebt Entzücken
  Mit offnem holden Vaterherzen teilt.   89
  Der Edle hat mit Edlen sich verbündet,
  Da jauchzte kühn die treue Schar;
  Und wo die Liebe wirkt und gründet,
  Da wird die Kraft der Tugend offenbar,
  Das Glück ist sicher und gegründet.   89
HOFFNUNG. Ich will gestehn den Eigennutz, o Schwestern!
  Für jedes Opfer fordr' ich meinen Lohn,
  Ein selig Heute für ein schrecklich Gestern,
  Triumpheswonne statt der Duldung Hohn:
  So wollt' ich es dem hohen Paare geben,   90
  Von dessen Blick beseelt wir alle leben.
EPIMENIDES. Die Tugenden, die hier ein kräftig Wirken
  Und in unendlichen Bezirken
  Sich herrlich tausendfach gezeigt,
  Den höchsten Zweck mit Blitzesflug erreicht,   90
  Sie helfen uns die größten Tage feiern.
  Nur eine, die mit treuer Hand
  Die Schwestern fest und zart verband,
  Abseits, verhüllt bescheiden stand,
  Die Einigkeit muß ich entschleiern.   91
(Er führt eine bisher verborgen gebliebene Verschleierte hervor und
          schlägt ihr den Schleier zurück.)

ZEHNTER AUFTRITT

DIE EINIGKEIT. Der Geist, der alle Welten schafft,
Durch mich belehrt er seine Teuren:
„Von der Gefahr, der ungeheuren,
Errettet nur gesamte Kraft."
Das, was ich lehre, scheint so leicht, 915
Und fast unmöglich zu erfüllen:
„Nachgiebigkeit bei großem Willen."
Nun ist des Wortes Ziel erreicht,
Den höchsten Wunsch seh' ich erfüllen.

JUGENDFÜRST. Ja, alle Kronen seh' ich neu geschmückt 920
Mit eignem Gold, mit Feindes Beute;
Ihr habt das Volk, ihr habt euch selbst beglückt;
Was ihr besitzt, besitzt ihr erst von heute.
Zwar hat der Ahnen würdiges Verdienst
Die goldnen Reife längst geflochten, 925
Doch nun ist's eigener Gewinst:
Ihr habt das Recht daran erfochten.

EPIMENIDES. Und wir sind alle neugeboren,
Das große Sehnen ist gestillt;
Bei Friedrichs Asche war's geschworen 930
Und ist auf ewig nun erfüllt.

CHOR DER KRIEGER.
Und wir wandeln mit freien Schritten,
Weil wir uns was zugetraut,
Und empfangen in unsre Mitten
Gattin, Schwester, Tochter, Braut. 935
Getan! – Glück auf! – Getan!
Und den Dank nun zum Himmel hinan!

CHOR DER FRAUEN. Euch zu laben,
　　　　Laßt uns eilen,
　　　　Unsre Gaben 940
　　　　Auszuteilen,
　　　　Eure Wunden
　　　　Auszuheilen:
　　　　Selige Stunden

Sind gegeben   94•
Unsrem Leben!
(Große Gruppe.)

EPIMENIDES. Ich sehe nun mein frommes Hoffen
  Nach Wundertaten eingetroffen;
  Schön ist's, dem Höchsten sich vertraun.
  Er lehrte mich das Gegenwärt'ge kennen;   95•
  Nun aber soll mein Blick entbrennen,
  In fremde Zeiten auszuschaun.
PRIESTER. Und nun soll Geist und Herz entbrennen,
  Vergangnes fühlen, Zukunft schaun.
CHOR. So rissen wir uns ringsherum   95•
  Von fremden Banden los.
  Nun sind wir Deutsche wiederum,
  Nun sind wir wieder groß.
  So waren wir und sind es auch
  Das edelste Geschlecht,   96•
  Von biederm Sinn und reinem Hauch
  Und in der Taten Recht.

  Und Fürst und Volk und Volk und Fürst
  Sind alle frisch und neu!
  Wie du dich nun empfinden wirst   96•
  Nach eignem Sinne frei.
  Wer dann das Innere begehrt,
  Der ist schon groß und reich;
  Zusammen haltet euren Wert,
  Und euch ist niemand gleich.   97•

  Gedenkt unendlicher Gefahr,
  Des wohlvergoßnen Bluts,
  Und freuet euch von Jahr zu Jahr
  Des unschätzbaren Guts.
  Die große Stadt, am großen Tag,   97•
  Die unsre sollte sein –
  Nach ungeheurem Doppelschlag
  Zum zweitenmal hinein!

  Nun töne laut: Der Herr ist da!
  Von Sternen glänzt die Nacht.   98•

Er hat, damit uns Heil geschah,
Gestritten und gewacht.
Für alle, die ihm angestammt,
Für uns war es getan,
Und wie's von Berg zu Bergen flammt,   985
Entzücken flamm' hinan!

        (Der Vorhang fällt.)

ANMERKUNGEN DES HERAUSGEBERS

BIBLIOGRAPHIE ZU GOETHES DRAMEN

ABKÜRZUNGEN

Dt. Vjs. = DeutscheVierteljahresschriftfür Literaturwissenschaft und Geistesgeschichte.
FDH = Freies Deutsches Hochstift, Frankfurt.
Fischer = Paul Fischer, Goethe-Wortschatz. Lpz. 1929.
GJb. = Goethe-Jahrbuch. Frankfurt 1880/1913, fortgeführt als Jahrbuch d. Goethe-
Gesellschaft 1914/35.
Goethe = Goethe. Vierteljahresschrift (bzw. Viermonatsschrift und seit 1944 Jahrbuch)
der Goethegesellschaft. Weimar 1936 ff.
Gräf = Goethe über seine Dichtungen. Hrsg. v. Hans Gerhard Gräf. II. Teil, 1., 2., 3.,
4. Bd. Frankfurt a. M. 1902.
ZfDk = Zeitschrift für Deutschkunde. Lpz. u. Bln. 1920—42.
PrJb. = Preußische Jahrbücher. Bln. 1858—1935.

GESAMTAUSGABEN DER DRAMEN

Goethes Werke, Ausgabe letzter Hand. Cotta, Stuttgart u. Tübingen 1828. Bd. 16 Iph.,
T. T., Nat. Tochter; Bd. 4 Nausikaa; Bd. 15 Die Aufgeregten; Bd. 10 Elpenor;
Bd. 11 Paläophron und Neoterpe; Bd. 13 Des Epimenides Erwachen; Bd. 40
Pandora.

Goethes Werke, Weimarer Ausgabe. Weimar:
Bd. 10 Iphigenie krt. hrsg. v. Berthold Litzmann 1889
Bd. 10 Nausikaa krt. hrsg. v. Bernhard Suphan 1889
Bd. 10 Torquato Tasso krt. hrsg. v. Karl Weinhold 1889
Bd. 18 Die Aufgeregten krt. hrsg. v. Rud. Koegel 1895
Bd. 10 Die natürliche Tochter krt. hrsg. v. Carl Redlich 1889
Bd. 13 Paläophron und Neoterpe krt. hrsg. v. Rich. M. Werner 1894
Bd. 11 Elpenor krt. hrsg. v. Friedr. Zarncke 1892
Bd. 50 Pandora krt. hrsg. v. Bernh. Suphan 1900
Bd. 16 Des Epimenides Erwachen krt. hrsg. v. Wilh. Fielitz 1894.

Goethes Werke, Jubiläums-Ausgabe, Stuttg. u. Bln., hrsg. v. Eduard v. d. Hellen, 1906.
Iphigenie Bd. 12 eingel. v. Alb. Köster
Nausikaa Bd. 15 eingel. v. Otto Pniower
Torquato Tasso Bd. 12 eingel. v. Albert Köster
Die Aufgeregten Bd. 15 eingel. v. Otto Pniower
Die natürliche Tochter Bd. 12 eingel. v. Albert Köster
Paläophron und Neoterpe Bd. 9 eingel. v. Otto Pniower
Elpenor Bd. 15 eingel. v. Otto Pniower
Pandora Bd. 15 eingel. v. Otto Pniower
Des Epimenides Erwachen Bd. 9 eingel. v. Otto Pniower.

Goethes Werke, Festausgabe. Leipzig 1926.
Iphigenie Bd. 7 hrsg. v. Rob. Petsch
Nausikaa Bd. 8 hrsg. v. Rob. Petsch
Torquato Tasso Bd. 7 hrsg. v. Rob. Petsch
Die Aufgeregten Bd. 9 hrsg. v. Rob. Petsch
Die natürliche Tochter Bd. 7 hrsg. v. Rob. Petsch
Paläophron und Neoterpe Bd. 8 hrsg. v. Rob. Petsch
Elpenor Bd. 8 hrsg. v. Rob. Petsch
Pandora Bd. 8 hrsg. v. Rob. Petsch
Des Epimenides Erwachen Bd. 8 hrsg. v. Rob. Petsch.

BIBLIOGRAPHIEN

Karl Goedeke, Grundriß der dt. Dichtung. 3. Aufl. 4.Bd. 3. Abt. Dresden 1912, S. 262ff. 2. Abt. Dresden 1910. 4. Abt. Dresden 1913.

Jahresberichte über die wissenschaftlichen Erscheinungen auf dem Gebiete der neueren deutschen Literatur. Hrsg. v. d. Literaturarchivgesellschaft. Berlin 1921—1939.

Gesamtkatalog der Preußischen Bibliotheken (Sonderband): Goethe. Hrsg. v. d. Preußischen Staatsbibliothek. Bln. 1932.

Springer, Otto, Germanic Bibliography 1940—45, in: The Journal of English and Germanic Philology. 1945, 1946. S. 251—326.

Baier, Clair, German literary and linguistic publications during the years 1939—1944, in: Modern language review. Cambridge 1947. S. 82—122.

Maurer, Friedrich, Bibliographie zur deutschen Philologie 1945—49 im Archiv für das Studium der neueren Sprachen, 187, 1950, S. 90—108.

Körner, Josef, Bibliographisches Handbuch des deutschen Schrifttums. 3. Aufl., Bern 1949, Besonderer Teil Abschnitt B: Schrifttum der Goethezeit.

Petry, Karl, Handbuch zur deutschen Literaturgeschichte. Bd. 1, 2. Köln 1949.

Nicolai, Heinz, Zehn Jahre deutsche Goetheforschung 1939—1948. In: Goethe 1749 bis 1949. Hrsg. v. d. Univ. Nac. de Cuyo, Facultad de Filosofia y Letras, Mendoza 1949, S. 219—276.

Goethe-Literatur 1945—1949. Eine Zusammenstellung des seit Kriegsende erschienenen bzw. in Vorbereitung befindlichen deutschsprachigen Schrifttums von und über Goethe, einschließlich Österreich und Schweiz. Bearb. v. Walter Carstanjen. Beilage zum Börsenblatt f. d. dt. Buchhandel. Ffm. 1949, Nr. 51.

GEISTESGESCHICHTLICHE ZUSAMMENHÄNGE

W. H. Bruford, Die gesellschaftlichen Grundlagen der Goethezeit. Cambridge 1935.

Rud. Unger, Zur Dichtungs- und Geistesgeschichte der Goethezeit. Ges. Stud. Berlin 1944.

Paul Kluckhohn, Die Idee des Menschen in der Goethezeit. Stuttgart 1946.

Joh. Hoffmeister, Die Heimkehr des Geistes. Studien zur Dichtung und Philosophie der Goethezeit. Hameln 1946.

Georg Lukacs, Goethe und seine Zeit. Bern 1947.

Günther Müller, Kleine Goethe-Biographie. Bonn 1948.

Arnold Bergsträsser, Goethe's Image of Man and Society. Chicago 1949.

Ernst Maaß, Goethe und die Antike. Bln., Stuttg., Lpz. 1912.

Walter Rehm, Götterstille und Göttertrauer. Ein Beitrag zur Geschichte der klassisch-romantischen Antikendeutung. In: FDH 1931, S. 208—297.

Walter Rehm, Griechentum und Goethezeit. Freiburg 1936.

Humphrey Trevelyan, Goethe und die Griechen. Eine Monographie. Übers. v. Löw, Hamburg 1949.

R. Alewyn, Goethe und die Antike. In: Humanistisches Gymnasium 43, S. 114—124.

DEUTUNGEN

Christoph Schrempf, Goethes Lebensanschauung. Stuttgart 1905. 2 Bde.

Eugen Kühnemann, Goethe. Leipzig 1930. 2 Bde.

Friedrich Gundolf, Goethe. Berlin 1930.

Hermann August Korff, Geist der Goethezeit. Versuch einer ideellen Entwicklung der klassisch-romantischen Literatur-Geschichte. Leipzig 1940. 3 Teile.

Franz Schultz, Klassik und Romantik der Deutschen. Stuttgart 1936/1940. 2 Tle.

Kurt Hildebrandt, Goethe. Leipzig 1941.

Grete Schaeder, Gott und Welt. Drei Kapitel Goethescher Weltanschauung. Hameln 1947.

Wilhelm Flitner, Goethe im Spätwerk. Glaube, Weltsicht, Ethos. Hamburg 1947.

ZUM DRAMA GOETHES

C. Steinweg, Goethes Seelendramen und ihre französischen Vorlagen. Halle 1912.
Derselbe, Das Seelendrama in der Antike u. seine Weiterentwicklung bis auf Goethe u. Wagner. Halle 1924.
P. Merker, Von Goethes dramatischem Schaffen. Leipzig 1917.
Rich. M. Meyer, Goethes italienische Dramen. In: Goethe 10, 1924. S. 131—146.
Ch. Janentzky, Goethe und das Tragische. In: Logos, Bd. 16, S. 16—31. Tübingen 1927.
Erhart Kästner, Wahn und Wirklichkeit im Drama der Goethezeit. Eine dichtungs-geschichtliche Studie über die Formen der Wirklichkeitserfassung. Leipzig 1929. In: Von deutscher Poeterey. Bd. 4.
Friedrich Sengle, Goethes Verhältnis zum Drama. Berlin 1937. In: Neue deutsche Forschungen, Abt. Neuere deutsche Literaturgeschichte, Bd. 9.
Rob. Petsch, Die Grundlagen der dramatischen Dichtung Goethes. 1937. Dt. Vjs. Bd. 15, H. 11, S. 362—384.
Benno von Wiese, Die deutsche Tragödie von Lessing bis Hebbel. Hamburg 1948. Bd. 1.
Felix Braun, Goethes Dramen in Versen. 1948. In: Europäische Rundschau, Heft 17.
Hans-Ulrich Voser, Individualität und Tragik in Goethes Dramen. Zürich 1949.

ZU VERS UND SPRACHE

F. Zarncke, Über den fünffüßigen Jambus. Leipzig 1865.
Viktor Hehn, Einiges über Goethes Vers. In: GJb. 6, 1885, S. 207.
Hettich, Der fünffüßige Jambus in den Dramen Goethes. In: Beiträge zur neueren Literaturgeschichte, N. F. Heft 4. 1913.
A. Koch, Von Goethes Verskunst. Essen 1917.
A. Heusler, Dt. und antiker Vers. Straßburg 1917.
A. Heusler, Deutsche Versgeschichte. Teil 1—3. Bln. u. Lpz. 1925—29.
Ewald Boucke, Wort und Bedeutung in Goethes Sprache. Berlin 1901.

„IPHIGENIE AUF TAURIS" IM URTEIL GOETHES UND SEINER ZEITGENOSSEN

Am 14. Februar 1779 schreibt Goethe an Frau von Stein:

Den ganzen Tag brüt' ich über „Iphigenien", daß mir der Kopf ganz wüst ist, ob ich gleich zur schönen Vorbereitung letzte Nacht 10 Stunden geschlafen habe. So ganz ohne Sammlung, nur den einen Fuß im Stegriemen des Dichter-Hippogryphs, will's sehr schwer sein, etwas zu bringen, das nicht ganz mit Glanzleinwand-Lumpen gekleidet sei...

Goethe an Frau von Stein. Weimar, Gartenhäuschen, 22. Februar 1779.

Meine Seele löst sich nach und nach durch die lieblichen Töne aus den Banden der Protokolle und Acten. Ein Quatro neben in der grünen Stube, sitz' ich und rufe die fernen Gestalten leise herüber...

Goethes Tagebuch. Dornburg, 3. März 1779.

Auslesung. *(Rekruten.)* Nachher einsam im neuen Schlosse an „Iphigenie" geschrieben, so auch den 4. *(März).*

Goethe an Ch. v. Stein. Apolda, 6. März 1779.

Hier will das Drama gar nicht fort, es ist verflucht, der König von Tauris soll reden, als wenn kein Strumpfwürker in Apolde hungerte.

Goethe an Knebel. Weimar, 15. März 1779.

Hier sind die drei Acte (I—III) der „Iphigenia"; lies sie Herdern und Seckendorffen. Letzterem gib sie mit unter der Bedingung der Stille.

Goethes Tagebuch. Ilmenau, 19. März 1779.

Allein auf dem Schwalbenstein. Den vierten Act der „Iphigenie" geschrieben.

Goethes Tagebuch. Weimar, 28. März 1779.

Abends: „Iphigenie" geendigt.

Goethes Tagebuch. Weimar, 6. April 1779.

„Iphigenie" gespielt. Gar gute Wirkung davon, besonders auf reine Menschen.

Goethe an Charlotte von Stein. Weimar, 25. Juni 1786.

Heute mittag ißt Wieland mit mir, es wird über „Iphigenien" Gericht gehalten.

Goethe an Charlotte von Stein. Karlsbad, 30. August 1786.

An der „Iphigenie" ist viel geändert worden. Sie wird noch einmal abgeschrieben.

Goethe an Herder. Karlsbad, 1. September 1786.

Ich bin in große Noth geraten, die ich Dir sogleich anzeigen und klagen muß. Nach Deinem Abschied las ich noch in der „Elektra" des Sophokles. Die langen Jamben ohne Abschnitt und das sonderbare Wälzen und Rollen des Periods haben sich mir so eingeprägt, daß mir nun die kurzen Zeilen der „Iphigenie" ganz höckerig, übelklingend und unlesbar werden. Ich habe gleich angefangen die erste Scene umzuändern.

Goethe an den Herzog Karl August. Verona, 18. September 1786.

Ich bin fleißig und arbeite die „Iphigenie" durch, sie quillt auf, das stockende Sylbenmaß wird in fortgehende Harmonie verwandelt. Herder hat mir dazu mit wunderbarer Geduld die Ohren geräumt. Ich hoffe glücklich zu sein.

Goethes Tagebuch für Charlotte von Stein. Venedig, 30. September 1786.

...Wollte Gott, ich könnte meine „Iphigenie" noch ein halb Jahr in Händen behalten, man sollt' ihr das mittägige Klima noch mehr anspüren.

Goethes Tagebuch für Charlotte von Stein. Venedig, 7. Oktober 1786.

Gestern Nacht sah ich ,,Elektra" von Crebillon auf dem Theater St. Crisostomo; versteht sich übersetzt. Was mir das Stück abgeschmackt vorkam, und wie es mir fürchterliche Langeweile machte, kann ich nicht sagen... Indessen hab ich doch wieder gelernt. Der italienische, immer eilfsylbige Jamb hat große Unbequemlichkeiten in der Declamation, weil die letzte Sylbe immer kurz ist und also wider Willen des Declamators immer in die Höhe schlägt. Auch hab' ich mir überlegt, daß ich mit dieser Truppe und vor diesem Volke wohl meine ,,Iphigenie" spielen wollte, nur würd' ich eins und das Andre verändern, wie ich überhaupt hätte thun müssen, wenn ich sie auch unsern Theatern und unserm Publico hätte näher bringen wollen.

Goethes Tagebuch für Charlotte von Stein. Bologna, 19. Oktober 1786.

Im Palast Ranuzzi hab' ich eine St. Agatha von Raphael gefunden, die, wenn gleich nicht ganz wohl erhalten, ein kostbares Bild ist. Er hat ihr eine gesunde sichre Jungfräulichkeit gegeben ohne Reiz, doch ohne Kälte und Rohheit. Ich habe mir sie wohl gemerkt und werde diesem Ideal meine ,,Iphigenie" vorlesen und meine Heldin nichts sagen lassen, was diese Heilige nicht sagen könnte.

Goethe an Herder. Rom, 29. Dezember 1786.

Endlich kann ich Dir mit Freuden melden, daß meine ,,Iphigenie" fertig ist, daß zwei Abschriften davon auf meinem Tische liegen...

Goethe an Herder. Rom, 13. Januar 1787.

Hier, lieber Bruder, die ,,Iphigenia"... Möge es Dir nun harmonischer entgegenkommen. Lies es zuerst als ein ganz Neues, ohne Vergleichung, dann halt es mit dem Alten zusammen, wenn Du willst. Vorzüglich bitt' ich Dich, hier und da dem Wohlklange nachzuhelfen... Ich habe mich an dem Stücke so müde gearbeitet. Du verbesserst das mit einem Federzuge. Ich gebe Dir volle Macht und Gewalt. Einige halbe Verse habe ich gelassen, wo sie vielleicht gut tun, auch einige Veränderungen des Sylbenmaßes mit Fleiß angebracht. Nimm es nun hin und laß ihm Deine unermüdliche Gutheit heilsam werden. Lies es mit der Frauen, laß es Frau von Stein sehen, und gebt Euren Segen dazu. Auch wünscht' ich, daß es Wieland ansähe, der zuerst die schlotternde Prosa in einen gemeßnern Schritt richten wollte und mir die Unvollkommenheit des Werks nur desto lebendiger fühlen ließ... Ich bin selbst ein geplagter Fremdling, den nicht die Furien, den die Musen und Grazien und die ganze Macht der seligen Götter mit Erscheinungen überdecken.

Goethe an Schiller. Jena, 19. Januar 1802.

Hiebei kommt die Abschrift des Gräcisierenden Schauspiels („Iphigenie auf Tauris"). Ich bin neugierig, was Sie ihm abgewinnen werden. Ich habe hie und da hineingesehen, es ist ganz verteufelt human...

Schiller an Körner. Weimar, 21. Januar 1802.

Hier wollen wir im nächsten Monat Goethes „Iphigenia" auf's Theater bringen; bei diesem Anlaß habe ich sie auf's neue mit Aufmerksamkeit gelesen, weil Goethe die Nothwendigkeit fühlt, einiges darin zu verändern. Ich habe mich sehr gewundert, daß sie auf mich den günstigen Eindruck nicht mehr gemacht hat, wie sonst; ob es gleich immer ein seelenvolles Product bleibt. Sie ist aber so erstaunlich modern und ungriechisch, daß man nicht begreift, wie es möglich war, sie jemals einem griechischen Stück zu vergleichen. Sie ist ganz nur sittlich; aber die sinnliche Kraft, das Leben, die Bewegung und alles, was ein Werk zu einem echten dramatischen specificiert, geht ihr sehr ab. Goethe hat selbst mir schon längst zweideutig davon gesprochen... aber ich hielt es nur für eine Grille, wo nicht gar für Ziererei; bei näherem Ansehen aber hat es sich mir auch so bewährt...

Schiller an Goethe. Weimar, 22. Januar 1802.

Ich habe, wie Sie finden werden, weniger Verheerungen in dem Manuscript angerichtet, als ich selbst erwartet hatte vornehmen zu müssen; ich fand es von der Einen Seite nicht nöthig und von einer andern nicht wohl thunlich...

Das Historische und Mythische muß unangetastet bleiben, es ist ein unentbehrliches Gegengewicht des Moralischen, und was zur Phantasie spricht, darf am wenigsten vermindert werden.

Orest selbst ist das Bedenklichste im Ganzen; ohne Furien ist kein Orest, und jetzt da die Ursache seines Zustandes nicht in die Sinne fällt, da sie bloß im Gemüth ist, so ist sein Zustand eine zu lange und zu einförmige Qual, ohne Gegenstand; hier ist eine von den Gränzen des alten und neuen Trauerspiels. Möchte Ihnen etwas einfallen, diesem Mangel zu begegnen, was mir freilich bei der jetzigen Oekonomie des Stücks kaum möglich scheint; denn was ohne Götter und Geister daraus zu machen war, das ist schon geschehen. Auf jeden Fall aber empfehl' ich Ihnen die Orestischen Scenen zu verkürzen.

Ferner gebe ich Ihnen zu bedenken, ob es nicht rathsam sein möchte, zur Belebung des dramatischen Interesse, sich des Thoas und seiner Taurier, die sich zwei ganze Acte durch nicht rühren, etwas früher zu erinnern und beide Actionen, davon die eine jetzt zu lange ruht, in gleichem Feuer zu erhalten. Man hört zwar im zweiten und dritten Act von der Gefahr des Orest und Pylades, aber man sieht nichts davon, es ist nichts Sinnliches vorhanden, wodurch die drangvolle Situation zur Erscheinung käme.

Nach meinem Gefühle müßte in den zwei Acten, die sich jetzt nur mit Iphigenien und dem Bruder beschäftigen, noch ein Motiv ad extra eingemischt werden, damit auch die äußere Handlung stetig bliebe und die nachherige Erscheinung des Arkas mehr vorbereitet würde. Denn so wie er jetzt kommt, hat man ihn fast ganz aus den Gedanken verloren.

Es gehört nun freilich zu dem eigenen Charakter dieses Stücks, daß dasjenige, was man eigentlich Handlung nennt, hinter den Coulissen vorgeht, und das Sittliche, was im Herzen vorgeht, die Gesinnung, darin zur Handlung gemacht ist und gleichsam vor die Augen gebracht wird. Dieser Geist des Stücks muß erhalten werden, und das Sinnliche muß immer dem Sittlichen nachstehen; aber ich verlange auch nur soviel von jenem, als nöthig ist, um dieses ganz darzustellen.

„Iphigenia" hat mich übrigens, da ich sie jetzt wieder las, tief gerührt, wiewohl ich nicht läugnen will, daß etwas Stoffartiges dabei mit unterlaufen mochte. Seele möchte ich es nennen, was den eigentlichen Vorzug davon ausmacht...

Aus Goethes „Dichtung und Wahrheit", Teil 3, Buch 15. Weimar, 26. März 1813. (Bd. 10, S. 49f.)

...auch die Kühneren jenes Geschlechts, Tantalus, Ixion, Sisyphus, waren meine Heiligen. In die Gesellschaft der Götter aufgenommen, mochten sie sich nicht untergeordnet genug betragen, als übermüthige Gäste ihres wirthlichen Gönners Zorn verdient und sich eine traurige Verbannung zugezogen haben. Ich bemitleidete sie, ihr Zustand war von den Alten schon als wahrhaft tragisch anerkannt, und wenn ich sie als Glieder einer ungeheuren Opposition im Hintergrunde meiner „Iphigenie" zeigte, so bin ich ihnen wohl einen Theil der Wirkung schuldig, welche dieses Stück hervorzubringen das Glück hatte.

Aus Goethes „Italienische Reise". Rom, Weimar, April 2.Hälfte oder Jena, Juli 1. Hälfte 1816. (Zu 10. Januar 1787 in Rom.)

.... „Iphigenia" in Jamben zu übersetzen, hätte ich nie gewagt, wäre mir in Moritzens Prosodie nicht ein Leitstern erschienen. Der Umgang mit dem Verfasser, besonders während seines Krankenlagers, hat mich noch mehr darüber aufgeklärt, und ich ersuche die Freunde, darüber mit Wohlwollen nachzudenken.

Gedichte (Nachlaß): An Personen. Weimar, 31. März 1827.

> Was der Dichter diesem Bande
> Glaubend, hoffend anvertraut,
> Werd' im Kreise deutscher Lande
> Durch des Künstlers Wirken laut.
> So im Handeln, so im Sprechen
> Liebevoll verkünd' es weit:
> Alle menschliche Gebrechen
> Sühnet reine Menschlichkeit.

*Der Dichter widmete dieses Gedicht dem Orest-Darsteller Krüger und
schrieb es in ein Exemplar der „Iphigenie", einen Abdruck zur Feier des
7. November 1825.*

ANMERKUNGEN DES HERAUSGEBERS
ZU
„IPHIGENIE AUF TAURIS"

1. Äußere Entstehungsgeschichte.

Die Entstehungszeit der *Iphigenie* geht wie die des *Tasso* in die erste
Weimarer Zeit zurück. Eine erste Spur findet sich in einem Brief an
Frau v. Stein vom 14. Februar 1779. In den folgenden Monaten setzt
Goethe die Arbeit an dem Drama stetig fort, und auch amtliche Reisen
vermögen ihn nicht davon abzuhalten. In einem Brief vom 15. März
kann er Knebel die Vollendung der ersten 3 Akte mitteilen. Am 19.
schreibt er auf dem Schwalbenstein bei Ilmenau den vierten. In einer
Notiz vom 28. desselben Monats kündet der Dichter die Beendigung
der Arbeit an. Es kommt dann zu der berühmten Aufführung in Etters-
burg, in der Corona Schröter die Hauptrolle, Knebel den Thoas,
Goethe die Rolle des Orest und Prinz Konstantin die des Pylades
spielt.

Die erste Fassung der *Iphigenie* war in Prosa geschrieben. Schon
1780 finden sich gelegentlich in Briefen Bemerkungen, die von stilistischen Mängeln dieser Fassung sprechen und zugleich von der Notwendigkeit, dem Drama mehr *Harmonie im Stil* zu verschaffen. Wie
aus späteren Briefstellen hervorgeht, waren es vor allem Herder und
Wieland, die Goethe in diesem Wunsche bestärkten. Beide haben den
Dichter darauf hingewiesen, daß die Zwischenform einer „poetischen
Prosa" der inneren Verfassung des Dramas unangemessen sei. Und
so schickt sich Goethe an, allmählich *die schlotternde Prosa* der „Ur-
Iphigenie" in *einen gemeßenern Schritt* umzuwandeln.

Eine Zwischenstufe dieser Arbeit — die Prosa schon in Verse ab-
geteilt — ist uns in einer Abschrift Lavaters überliefert (vgl. dazu den
Anhang des 39. Bandes der Sophienausgabe oder die synoptische Zusammenstellung der verschiedenen Stufen bei Baechtold a. a. O.). In
Weimar sind allerdings die ersten Bemühungen um eine poetische Umgestaltung erfolglos geblieben. Erst in Italien wurde die Arbeit von
Erfolg gekrönt. Jetzt findet das Drama seine endgültige Form.
Die Art, wie die Schauspieler im Theater San Crisostomo in Venedig
die Iamben sprechen, macht dem Dichter Mut, in seiner Arbeit fort-
zufahren. In Rom hilft ihm die Kenntnis und die Einsicht in die Prosodie des Karl Philipp Moritz weiter. Aber das waren nur äußere Hilfen.

Der eigentliche Grund des Gelingens lag tiefer: er ist in der Begegnung mit der gelösteren Existenz des Südens, in der sich Bindung und Freiheit in einem selbstverständlichen Gleichgewicht durchdringen, zu suchen. Diese Gelöstheit und der Ausgleich, der dem Dichter in dem Menschentum des Südens begegnet, dann aber auch in der Plastik der Antike, in der Kunst der Renaissance und am vollkommensten im Wachstum der südlichen Natur, waren es, die den Dichter selbst zur Reife führten und ihm die Möglichkeit schenkten, in ähnlicher Weise dem Drama etwas von dieser Reife mitzuteilen. In diesem Sinn ist der Ausspruch zu verstehen, nach dem sich in dem Dichter erst in der Begegnung mit der „Agatha" des Raffael das endgültige Bild Iphigeniens gefestigt habe.

2. Die biographischen Voraussetzungen des Dramas.

In ungleich stärkerem Maße als für den *Tasso* läßt sich für die *Iphigenie* darlegen, wie die Problematik des Dramas nicht nur in einem Bildungserlebnis gegründet, sondern unmittelbar aus der Mitte der eigenen Lebenserfahrung des Dichters herausgewachsen ist, einer solchen allerdings, die nicht nur im partikulär-privaten Sinn verstanden werden darf, sondern zugleich die Aporien der zeitgeschichtlichen Situation miteinbegriff und nur von daher ihre Gewichtigkeit und Bedeutung bekam.

Zum mindesten von der Straßburger Zeit an war für Goethe, in offenbarer Nachfolge Herders, jener Gegensatz bedeutsam geworden, der sich in der *Iphigenie* noch einmal in dem von Orest und Pylades darstellt, der eines Daseins, das sich offen hält für die Forderung des Schicksals, und eines solchen, das wesenhaft untragisch ist und nicht mehr bereit, das Wagnis einer solchen Begegnung auf sich zu nehmen.

Wo Goethe auch auf dem Gebiet der pragmatischen Gattungen tätig war, vom *Götz* bis zu den *Wahlverwandtschaften* und den *Wanderjahren*, immer ist dem Geschehen ein bestimmter Menschentyp eingefügt, jener nämlich, in dem sich die Offenheit dem Schicksal gegenüber verschlossen hat zugunsten einer autonom-begrenzten Zwecksetzung. Wie Menschen dieser Art im Zusammenhang des Geschehens gewertet sind, ob im negativen oder im mehr positiven Sinn, ist dabei unerheblich. Wichtiger als die Wertsetzung ist die Tatsache, daß Goethe es für notwendig hielt, im Verlauf des Lebens immer wieder in der Gestaltenreihe von Pylades bis zu dem Hauptmann der *Wahlverwandtschaften* hin jene Lebensmöglichkeit zur Diskussion zu stellen, die zugunsten der Selbstmächtigkeit auf das Überschreiten der Grenze verzichtet. Indem er sich so in eine Haltung dieser Art einläßt, tritt er — und damit verliert das Interesse an diesem Menschentyp das Isoliert-Private — zugleich in die Auseinandersetzung mit dem Geist einer

Epoche, die ebenso entschlossen war, das Moment des Schicksals aus-
zuscheiden. Es ist jener Geist, der ihm besonders eindringlich im Staats-
gefüge des Absolutismus — von da die Bedeutung des Alba im *Egmont*
—, aber auch in dem Ereignis der Französischen Revolution begegnete und ins Bewußtsein trat. Diese wesenhaft untragische Lebensmöglichkeit stellt sich also in der *Iphigenie* — hier als Problem eines
Charakters — in dem dar, was die Grundentscheidung des Pylades
ausmacht.

Will man den Sinn jener Goetheschen Lebensepoche, die man als
die des Sturm und Drang zu bezeichnen gewohnt ist, in prägnanter
Weise zusammenfassen, so geht man nicht fehl, wenn man sie als
einen umfassenden Versuch versteht, gegenüber dieser flächigen Gestaltung des Lebens wieder die Dimensionen zurückzugewinnen, die
die Eindimensionalität nach der Höhe und nach der Tiefe hin überschreiten. So stellt Goethe schon im Straßburger Münster-Aufsatz
gegen die rationale Rechenschaftsablage der welschen Architektur das
Bildnertum Erwin von Steinbachs. Und am Ende des Aufsatzes findet
sich zum erstenmal jenes mythische Symbol, in dessen Zeichen dieses
Bildnertum ausgelegt wird, das des Prometheus, dem vergleichbar der
Künstler des Mittelalters *die Seligkeit der Götter auf die Erde* geleitet
habe. Gegen ein Schaffen, das des Bezugs zu den Mächten des Schöpfertums ermangelt, stellt Goethe ein solches, das sich wieder in unbedingter Ergriffenheit von diesen vollzieht und so die Zone des Schicksals berührt.

Es wäre verfehlt, diese Ergriffenheit nur als eine Auszeichnung
des Künstlers zu deuten. Sie ist darüber hinaus bedeutsam für das
Bild des Menschen im ganzen. So sind von daher die dramatischen
Pläne zu verstehen, in deren Mittelpunkt immer Gestalten stehen,
die Goethe geeignet schienen, ein Schöpfertum dieser Art zu repräsen-
tieren. Ob sich ihr Schaffen mehr im Religiösen oder im Politischen
vollzieht, ist demgegenüber gleichgültig. Das Entscheidende ist dieses:
daß Goethe bestrebt ist, gegen das autonome Verständnis des Menschen ein solches zu setzen, das sich offen hält für die Dimensionen,
in denen der Lebensvollzug den Charakter der Schicksalhaftigkeit anzunehmen beginnt.

Würde man sich indessen begnügen, die Problematik der Jugend-
epoche nur von diesem so charakterisierten Gegensatz her zu verstehen,
dann wäre die Deutung unvollständig. Dieser primäre Gegensatz von
Genialität und mechanischer Verfestigung im Nur-Diesseitigen kom-
pliziert sich dadurch, daß die Überzeugung von dem schöpferischen
Beruf des Menschen von Anfang an ihrer selbst nicht sehr sicher und
gewiß ist. Wenn Goethe daher im Alter die Genialität noch einmal
zum Problem wurde, wenn er sie nun, der subjektiven Sicht entkleidet,

in seiner Auffassung vom Dämonischen als Weltelement begreift, so kam ihm in diesem Zusammenhang noch einmal in besonders eindringlicher Weise zum Bewußtsein, wie zweideutig diese Gabe sei, in unheimlicher Weise spielend zwischen Schöpfertum und Zerstörung. Wenn dieses Bewußtsein in der frühen Epoche auch noch nicht in diesem Maße gefestigt ist wie in späteren Phasen des Lebens, im Grunde ist es hier schon vorbereitet und findet in mannigfaltiger Weise Ausdruck, vor allem in der eindringlichen Erfahrung, daß die Kehrseite des Unbedingten Schuld und Zerstörung ist; es ist die Erfahrung, die sich ihm vor allem in der Begegnung mit Friederike Brion geprägt hatte, die im Grunde aber sehr viel tiefer und hintergründiger ist und im Zusammenhang mit dem Straßburger Erlebnis höchstens aktualisiert wurde.

Hatte der Glaube an die schöpferische Mächtigkeit des Menschen in der Gestalt des Prometheus ein mythisches Symbol gefunden — auch die Erkenntnis der tragischen Zweideutigkeit der Genialität verdichtet sich in einem Symbol aus dem Umkreis des antiken Mythos und der antiken Sage, in dem des Tantalus und im besonderen in dem des Orestes. In welchem Maße sein eigenes Leben eine Affinität zu dem mythischen Schicksal der Tantaliden hatte, das wurde Goethe vor allem im Zusammenhang mit den Wetzlarer Erlebnissen bewußt. Die entscheidenden Belege dafür sind zwei Briefe. Der eine ist unter dem Datum des 25. September 1772 an Kestner gerichtet, der zweite — undatiert — an die Karschin. In dem ersten deutet der Dichter sein Lebensschicksal im Zeichen des Tantalus, der zweite berührt den Zusammenhang mit der Gestalt des Orestes.

Wie Goethe damals ins Bewußtsein kam, daß, indem der Mensch vom Wesen her hineingestellt ist in die Mitte zwischen Höhe und Tiefe, zwischen die unbedingte Forderung und die Welt des Bedingten, eine einseitige Hinwendung zur Lebenshöhe in eine elementare Lieblosigkeit umschlagen muß, so begriff er auch immer eindringlicher und tiefer die Gefahr, in die sein eigenes Leben hineinzugeraten im Begriffe war. Von dieser Voraussetzung her entdeckte er die Entsprechung zu dem Schicksal des Orestes, der, der eigenen anfänglichen Entscheidung vergleichbar, die Ordnung des Mütterlich-Bedingten verletzt und sich in hybrider Einseitigkeit für den Bereich des Vaters entschieden hatte.

Damit verbindet sich in der Übergangszeit von Frankfurt nach Weimar eine schwere Krise des Dichters im Verhältnis zu den Göttern. War anfangs die selbstverständliche Überzeugung leitend, die Götter hätten dem Menschen, ihm darin völlige Ebenbürtigkeit zugestehend, das Geschenk der Genialität und das Vermögen des unbedingten Handelns übermittelt, so beginnt nun der Zweifel diese Überzeugung zu

zersetzen. Der alsbald nach dem Wetzlarer Abschied einsetzende Briefwechsel mit Kestner ist ein entscheidendes Dokument dafür, wie tief
die Krise reicht. *Gott verzeihe es den Göttern, daß sie so mit uns spielen,*
heißt es vom 25. April 1775, und Belege dieser Art ließen sich vervielfachen. Was Goethe an der Güte des Schicksals und der Götter
verzweifeln läßt, das ist wiederum nichts anderes als jene Erfahrung
des Tantalus und des Orestes, nach der die Götter den Menschen in
den Bereich ihrer Unbedingtheit hineinziehen, um ihn dann um so
tiefer in Schuld und Not zu stürzen. In der Harfner-Gestalt des
Romans hat sie noch einmal einen späteren Niederschlag gefunden.
Da aber auch für die *Iphigenie* das Moment des religiösen Zweifels
und der religiösen Krise bestimmend ist, muß in diesem Zusammenhang ebenso darauf hingewiesen werden.

Steht der Briefwechsel mit Kestner im Zeichen der Krise, so sind
im Gegensatz dazu die Tagebücher der ersten Weimarer Jahre und
der Briefwechsel mit Frau v. Stein Ausdruck dessen, daß die Krise
nicht nur im Abklingen ist, sondern daß ihre Überwindung sich abzu-
zeichnen beginnt und so eine dritte Etappe in dieser Entwicklung einsetzt. Dem verzweifelten Ton der Briefe an Kestner stehen nun Wendungen gegenüber wie die vom 4. Dezember 1777: *Die Götter wissen
allein, was sie wollen, auch was sie mit uns wollen, ihr Wille geschehe.* Auch
diese Belege ließen sich in beliebiger Weise vervielfachen. Was immer
dafür ausschlaggebend ist, ist dieses: der dämonische Aspekt des Göttlichen weicht dem Glauben an die schlechthinige Güte des Schicksals
und der Götter.

Es ist ein langer Prozeß, der sich so anbahnt. Bestimmte Ereignisse
müssen als Marksteine dieser Wandlung gelten, vor allem die ungemein
aufschlußreichen Tagebücher der 2. Schweizerreise (vgl. dazu mein
Nachwort zu den Autobiographischen Schriften zum 12. Band der
Goethe-Ausgabe des Artemis Verlages). Nicht zu denken ist dieser
Wandel aber ohne die Begegnung mit Frau v. Stein. Sie war es vor
allem, die dem Dichter die Überzeugung nahebrachte, daß die Lebenshöhe sich durchaus mit der Demut vor dem Bedingten vereinen lasse.
So festigt die Begegnung mit ihr in Goethe die Vorstellung des menschlichen Maßes und in einem damit die Abkehr von der tragischen Auffassung der menschlichen Existenz. Darüber hinaus war sie es auch,
die kraft der Auszeichnung ihres Wesens zu heilen vermochte, was in
ihm noch von den Erfahrungen der Jugend her verstört war. In diesem
Sinn wurde sie zur vielgerühmten Besänftigerin, und wenn Goethe sein
eigenes Schicksal im Zeichen des Orestes verstand, so verbindet sich
ihm die Gestalt Charlottens mit der Iphigeniens.

Daß es im übrigen eine Frau war, die die Auszeichnung des Maßes
besaß und im besonderen um das rechte Bild des Menschen wußte,

das war alles, nur kein Zufall. Wenn es darauf ankam, den mütterlichen Kräften im Lebenszusammenhang wieder Geltung zu verschaffen, wenn es notwendig war, gegenüber dem Absolutheitsanspruch der Lebenshöhe sich der kreatürlichen Grenzen des Menschen wieder bewußt zu werden, dann konnte es nicht anders sein, als daß hier und auch in späteren Epochen nur der Lebensbereich der Frau eine Erneuerung dieser Art schenken und das Maß echten Menschentums nur von daher befestigt werden konnte. Drei Lebensmöglichkeiten waren es so, die sich dem Dichter in diesen Jahren anboten und zur Entscheidung aufforderten: die einer autonomen Schicksalslosigkeit, die der tragischen Unbedingtheit und die der Mitte und des Maßes. Alle drei werden bedeutsam in dem Spannungsgefüge der *Iphigenie*. Nach welcher Richtung die Entscheidung fallen sollte, auch das wird in dem Drama offenbar.

3. Das Problem des Tragischen in dem Drama Goethes.

Daß die Goethesche *Iphigenie* in vielfacher Weise mit der antiken Tragödie verbunden ist, und zwar nicht nur thematisch durch die Übernahme von Motiven aus dem griechischen Mythos, sondern auch in der Gesinnung und in der geistigen Spannung, ist oft betont worden, und so hat man auch nicht vergessen, auf die große Bedeutung der Euripideischen ,,Iphigenie auf Tauris" für die Entstehung des Goetheschen Dramas hinzuweisen. Während Euripides vor allem in motivischer Hinsicht und im Aufbau für die *Iphigenie* bedeutsam wurde, ist es Sophokles, der — Goethe hat ihn offenbar durch die Vermittlung Herders in jenen Jahren kennengelernt — die geistige Verwandtschaft zwischen dem antiken Drama und dem Goetheschen Drama zu offenbaren vermag. (Zum Verhältnis des Goetheschen Dramas zu dem der Antike im ganzen vor allem Karl Reinhardt a. a. O. S. 426.)

Was das Drama Goethes mit dem Drama der Antike, besonders mit dem des Sophokles verbindet, ist vor allem die Bedeutung des Religiösen. In beiden Fällen ist die Absicht leitend, gegenüber der Haltung der Profanität und dem Geist einer in sich selbst schwingenden Endlichkeit wieder auf den religiösen Bezug des Menschen hinzuweisen. Damit ist noch einmal das Problem des Tragischen im engeren Sinn berührt. Denn konstitutiv für das Wesen des Tragischen ist einmal die Begegnung mit den Göttern, dann allerdings auch die Erfahrung, daß der Mensch, obwohl sich sein Lebensgesetz nur in dieser Begegnung erfüllt, trotzdem durch eine tiefe Kluft von dem Bereiche des Göttlichen geschieden ist, eine Erfahrung, die nicht nur bezeichnend ist für den ,,Ödipus" des Sophokles, sondern auch für die Orestes-Gestalt Goethes.

Geht man davon aus, was Goethe und der Antike gemeinsam ist, so darf auch nicht vergessen werden, was beide trennt. Hier und dort ist die Tragik sehr verschieden geartet, und dieser Unterschied ist so, daß dabei die innerste Substanz des antiken Mythos angegriffen und umgeformt wird. Da er auch grundlegend für das Verständnis des Goetheschen Dramas ist, darf die Deutung daran nicht vorbeigehen. Was bestimmend ist für die Tragik im antiken Sinn, ist die ontische, in keiner Weise zu überwindende Geschiedenheit von Gott und Mensch, eine Geschiedenheit, die im übrigen das ganze griechische Denken beherrscht und in der Tragödie nur von einer bestimmten geschichtlichen Situation her neue Aktualität gewann. Die tragische Erfahrung, die für Goethe leitend ist, kennt diese Art der Geschiedenheit nicht. Gott und Mensch sind und bleiben hier im letzten verbunden, und was den Bereich des Menschen von dem Gottes in gewisser Weise scheidet, das ist der die Ordnung des Menschen bestimmende Charakter der Endlichkeit, dieses also, daß zum Menschen — gerade das ist sehr bedeutsam für das Verständnis des Goetheschen Dramas — die Zeitlichkeit gehört, dazu die kreatürliche Verbundenheit mit dem Nächsten, ein Umstand, der ebenso bedeutsam für die Thematik der *Iphigenie* erscheint. In die tragische Situation gerät der Mensch dann, wenn er diese Endlichkeit leugnet und ihre Grenzen überschreitet. Eine tragische Schuld dieser Art enthüllt indessen nicht die Zerfälltheit des Seins im ganzen, sondern ist begründet in der falschen Entscheidung des Menschen; sie hat nicht ontischen, sondern ethischen Charakter. Wobei dieser selbstverständlich nicht in bestimmten Handlungen offenbar werden muß; die Schuld kann durchaus eine solche unvordenklicher Art sein. Hat die Tragik im Goetheschen Sinn nicht den Charakter einer inneren Notwendigkeit, dann ist hier auch, anders als im antiken Drama, der Weg offen für eine Wiederherstellung der anfänglichen Verbundenheit und für die Überwindung der Schuld. Zum Wesen des Goetheschen wie des nachantiken Dramas überhaupt gehört die Möglichkeit der Gnade, auch dieses ein Gesichtspunkt, der in besonderer Weise für das Verständnis der *Iphigenie* wichtig ist.

Als thematische Mitte der *Iphigenie* gilt im Einverständnis mit der Deutung des Dichters das Problem der Humanität. Da auch dieses in den Zusammenhang der religiösen Thematik gehört, empfiehlt sich eine Erörterung an dieser Stelle. Die Humanität der Iphigenie wie die tragische Übersteigerung des Orestes ist bestimmt durch den Charakter der Frömmigkeit und ist so wesenhaft anders geartet als die unfromme Haltung des Pylades. Ebenso bedeutsam wie das, was Iphigenie und Orestes verbindet, ist aber auch das Trennende. Zur Bestimmung der Tragik wie der Humanität gehört, wie angedeutet, die Bezogenheit des Menschen zum Göttlichen: während aber die Tantaliden versuchen, diese in unbedingter Form zu verwirklichen, ist Iphigenie bereit, in die Endlichkeit hineinzugehen und im Gehorsam gegen den Willen der Götter im Feld des Bedingten auszuharren. Bestimmend für die Humanität, vor allem für diese Humanität im Goetheschen Sinn, ist so die Liebe — im Sinne des neutestamentlichen Begriffes der Agape — als das Vermögen, die Unbedingtheit des Göttlichen mit der Bedingtheit des Menschen zu versöhnen. So ist sie im Grunde nichts anderes als die Verwirklichung jener Ordnung, die dem Menschen im Ganzen der Schöpfung zukommt. Zur Humanität gehört wesenhaft die Mitte und das Maß, das zu verwirklichen in jenen Jahren dem Dichter so am Herzen lag.

Wie die Goethesche Tragik von der Antike grundlegend getrennt war, so gibt es in entsprechender Weise auch einen Unterschied in der antiken und Goetheschen Auffassung der Humanität. In beiden Fällen ist der Wille zur Versöhnung entscheidend. Wenn aber dieser in der Antike — auch in den Dialogen Platons — wiederum eine letzte Zerfällung des Seins nicht überwinden kann, ist die Humanität im Goetheschen Sinn darin vermögender. Von da aus ist die völlig unantike Atmosphäre der Innigkeit zu verstehen, die die Sprache des Goetheschen Dramas bis in alle Verästelungen hinein durchwirkt, einer Innigkeit, die sich nicht zufällig in Worten Ausdruck verschafft, die im letzten auf die Sprache der Mystik des Hochmittelalters zurückgehen. Und ebensowenig zufällig ist es, wenn die Bildvorstellung des Dramas — wie übrigens auch die der Mystik — an entscheidenden Stellen auf jenen Lebensbereich zurückgreift, in dem sich die Verbundenheit des Einzelnen mit dem Ganzen in besonderer Unmittelbarkeit darstellt, auf den Bereich des Organischen und des Vegetativen: schon für das Verständnis der *Iphigenie* ist die Analogie der menschlichen und der vegetativen Lebensstufe bedeutsam, jene, die später in der italienischen und nachitalienischen Zeit noch stärkeren Ausdruck gefunden hat. In denselben Zusammenhang gehört endlich die schon erwähnte Tatsache, daß es im besonderen die Frau ist, in der sich das Moment der Versöhnung am eindringlichsten darstellt, das heißt jenes Wesen im Umkreis des Menschen, das mit besonderer Nachdrücklichkeit auf die Verflochtenheit in den Zusammenhang des Kreatürlichen angewiesen ist.

4. Probleme der Gattungsform und der Sprache.

Wenn man die Möglichkeiten der Tragödie geschieden hat in solche, in denen die Tragik bis zum Ende hin vorgetrieben wird, und solche, die bestrebt sind, mit dem Moment des Tragischen auch das des Ausgleichs und der Versöhnung unmittelbar in das Drama miteinzubeziehen, dann stellt das Drama Goethes eine besonders konsequent durchgearbeitete Spielart des zweiten Typus dar. Indem die Gestalt der Iphigenie die Mittelpunktsstellung behauptet, ist, obwohl auch sie, besonders im 2. Teil des Dramas, in die Gefährdung hineingerissen wird, dennoch der Ausgleich von vornherein gesichert. Diese untragische Atmosphäre der „Gelassenheit" bestimmt so nicht nur den Gehalt, sondern auch die Form, und wenn Goethe von Anfang des Schaffens an eine poetische Umgestaltung des Dramas erstrebte, so ist die tiefste Ursache dafür darin zu sehen, daß er es für nötig hielt, diese Gelöstheit auch in der rhythmischen Fügung und dem damit eng verbundenen Ebenmaß der Satzgliederung zum Ausdruck zu bringen. (Zu Einzelheiten der Umgestaltung vergleiche den eingehenden Stilvergleich in dem Aufsatz von Petsch a. a. O. S. 180ff.) Wenn die *Iphigenie* der antiken Tragödie in dem verwandt ist, daß es in ihr, im Einklang mit dem Anliegen des Dramas im ganzen, in erster Linie nicht um Konflikte innermenschlicher Art geht, sondern um die Auseinandersetzung zwischen Mensch und Gott, so kommt diese Tatsache formal vor allem darin zum Ausdruck, daß „die *Iphigenie* als deutsches Drama einzig ist durch die Fülle ihrer zu den Göttern sich erhebenden Gebete" (Reinhardt a. a. O. S. 804ff.). Daß diese im Gegensatz zu den Chorgebeten des antiken Dramas von einem ganz anderen, wiederum unantiken Klang der Zuversicht und des Vertrauens getragen und bestimmt sind, läßt sich in jedem Zug belegen.

Die letzte Geborgenheit im Göttlichen schafft sich aber nicht nur darin Ausdruck, sondern wird vor allem auch in der Vorzugsstellung bestimmter Wörter offenbar, und zwar solcher, die, wie schon angedeutet wurde, vielfach ihre Herkunft aus der Mystik des Hochmittelalters nicht verleugnen können und für Goethe über den Umweg des Pietismus bedeutsam und vertraut wurden. (Vgl. dazu Burdach, „Faust und Moses", a. a. O. passim.) Eines der bedeutungsschwersten ist der Begriff des *Segens,* immer so gebraucht, daß die ursprüngliche numinose Mächtigkeit des Wortes noch spürbar wird, aber auch der Einschlag in das Ethisch-Humane nicht übersehen werden darf. Die Segenskraft geht von Mensch und Ding aus, sofern sie in Gehorsam verharren und nichts anderes erstreben als das, was ihnen von den Göttern in der Ordnung des Lebens zugewiesen ist. Wenn auch den Göttern die Fülle des Segens vorbehalten bleibt, so ist doch nicht minder dem kreatürlichen Bereich Teilnahme an dieser Fülle geschenkt. So ist es vor allem Iphigenie, die durch ihr Sein wie durch ihre Gesinnung segensmächtig im besonderen Sinn ist. Dank dieses Vorzugs ist es ihr möglich, sowohl Thoas und das Volk der Taurier umzuwandeln wie auch den Bruder zu entsühnen. Von den Mächten des Segens durchwaltet ist auch die Natur, die sich von daher nicht nur selbst immer wieder erneuert, sondern auch das Vermögen hat, dem Menschen diese Erneuerung zu schenken. Nicht nur Fluch, auch ursprüngliche Segenskraft ist dann — und hier unterscheidet sich Goethe wiederum in tiefgreifender Weise von den Voraussetzungen der antiken Sage — in den Ursprüngen des Geschlechtes angelegt, und nur die Überschreitung der zugeordneten Grenze war es, die den ursprünglichen Segen für eine bestimmte Zeit in Fluch verkehrte.

Ebenso bedeutungsvoll sind bestimmte Epitheta, die dank der Eindringlichkeit und Häufigkeit des Gebrauchs die Sprachgebung des Dramas in weitgehender Weise formen. Diese vor allem sind es, die auf das Sprachschöpfertum der Mystik zurückgreifen, indem schon hier mit der Absage an menschliche Eigenmächtigkeit auch das vorbehaltlose Einverständnis von Mensch und Gott bestimmend wurde. In diesem Sinn ist das am meisten bevorzugte Epitheton das Wort *rein*, zu verstehen vor allem als Eigenschaft der Heldin, und zwar im Sinne der Abwesenheit alles dessen, was den Wesensbezug des Menschen zu Gott hin zu stören vermöchte. So darf der Begriff der *Stille* nicht übersehen werden, auch dieser als Sammlung zum Eigentlichen hin zu deuten (dazu vor allem W. Rehm a. a. O. S. 229ff.), desgleichen die anderen Epitheta, von denen Wörter wie *fromm, gelassen* besonders wichtig sind. Daß in diesen geistesgeschichtlichen Zusammenhang auch das an einer bedeutungsvollen Stelle des Dramas erscheinende Wort *Bild* gehört, sei am Rande erwähnt. Eines der Kernworte des Dramas ist der Begriff des *Herzens*; und zwar erscheint es immer als jenes Organ, dem es eigen ist, den Willen Gottes in besonderer Innigkeit in das eigene Wesen mit hineinzunehmen.

Als metrische Form des Dramas wählte Goethe, darin in Nachfolge Shakespeares, jenen fünffüßigen iambischen Blankvers, den, abgesehen von anderen Versuchen, Lessing im „Nathan" zum erstenmal als das Maß des klassischen Dramas verwandt hat. Neben dem Blankvers erscheinen noch andere Metren, insbesondere für die Monologe. Über sie sei im folgenden ein kurzer Überblick gegeben. In dem Monolog der Iphigenie *I, 4* ist entsprechend dem erregten Charakter des Sprechens ein Versmaß eingeführt, das, mit wechselndem Ausgang aus Daktylen und Trochäen gemischt, insofern einheitlich gestaltet ist, als die Verse im allgemeinen an vier Hebungen festhalten. Ebenso erfolgt in dem Monolog des Orestes *III, 2* von 1281 an die Wahl eines neuen Versmaßes, auch hier in der Absicht, dem Wechsel der Stimmung in dieser Weise Ausdruck zu geben: Hatte das Gespräch in Blankversen begonnen, so werden diese abgelöst durch ein lebhafteres Metrum, in dem Iamben und Anapäste gemischt sind, wobei bei aller rhythmischen Differenzierung die regelmäßige Vierhebigkeit gewahrt bleibt. Wieder ist es am Anfang des *4. Aufzugs* ein daktylisch-trochäisches Maß in drei Hebungen, das den Blankvers ablöst (1369—1381). Ein eigenes Versmaß hat schließlich auch das Parzenlied *IV, 5* (1726ff.). Es sind Verse, für die mit dem

Auftakt Daktylen und Trochäen in zwei Hebungen bestimmend und die zugleich in Strophen gegliedert sind. Verskürzungen finden sich im Gegensatz zum *Tasso* sehr häufig. Sucht man über die metrische Gestaltung des Dramas im ganzen Klarheit zu gewinnen, so ist diese als Übergang von den freien Rhythmen zu einem einheitlichen Metrum zu verstehen. Während die Sprachgebung die Stileigentümlichkeiten der Geniezeit hinter sich gelassen hat — nur die zusammengesetzten Hauptworte wie *Gnadenblick, Jünglingstat* erinnern gelegentlich noch an diese —, läßt die metrische Form des Dramas im Gegensatz zum *Tasso*, der nur an wenigen Stellen Verskürzungen kennt, stärker den Übergang spüren.

5. Kommentar.

Bei der Analyse des Dramas ist zu unterscheiden zwischen der Vordergrundshandlung und dem inneren Geschehen. In der Vordergrundshandlung geht es vor allem um die Rückkehr Iphigeniens mit all dem, was an Hoffnungen und Bedingungen damit verbunden ist. Ziel des inneren Geschehens ist das, was bisher als die bevorzugte Thematik des Dramas entwickelt wurde, der Gewinn eines maßvollen Verhältnisses zum Göttlichen und in einem damit die Verwirklichung des rechten Menschenbildes.

Erster Aufzug

Von dem Anliegen der äußeren Handlung her gesehen, bringt der *erste Aufzug* das meiste der Vorgeschichte. In dem großen Gespräch mit Thoas spricht Iphigenie von dem Schicksal des Tantalidenhauses und zugleich damit von ihrem eigenen, vor allem von dem Plan des Vaters, sie als Opfer der Göttin Artemis darzubringen, und von ihrer wunderbaren Rettung. Was sich dann ereignete, wird in demselben Gespräch und ebenso in dem mit Arkas berührt: wie sie als Priesterin der Artemis in Taurien weilte, durch ihr Vorbild eine Wandlung von König und Volk bewirkte, wie man darauf verzichtet, die Fremden weiterhin als Blutopfer für die Göttin darzubringen, wie sie endlich dem König bei dem Verlust des eigenen Sohnes beisteht. Aber auch dieses wird in dem Akt deutlich: daß Iphigenie nicht gern in der Fremde weilt, gegen dieses Schicksal innerlich aufbegehrt und daß ihre Sehnsucht trotz der Gunst der Lage auf die Heimkehr gerichtet ist. Vor allem der große Monolog *I, 1* eröffnet den Blick in das Innere der Heldin. Wie fern sie indessen dieser Rückkehr ist und welche Widerstände sich gerade jetzt dagegen erheben, das zeigt eine Szene *I, 3*, in der deutlich wird, in welcher Weise der König sein Verhältnis zur Priesterin umzuwandeln gedenkt. Wie die Weigerung Iphigeniens, die Werbung

des Königs anzunehmen, dann alles zuschanden macht, was sie bisher
an segensreichem Einfluß geltend zu machen vermochte, auch das wird
im Verlauf dieser Szene offenbar: auf die Weigerung der Priesterin hin
gibt der König Befehl, die Blutopfer zu erneuern. Die beiden Fremd-
linge, die an die Küste geworfen wurden, sollen als erste zum Opfer
dargebracht werden. Das ist der Verlauf der „äußeren Handlung".

Das entscheidende Kennzeichen der „inneren Handlung" dagegen
ist darin zu sehen, daß sich das alles vor der Göttin abspielt und sich in
irgendeiner Weise vor ihr rechtfertigen muß. Nicht nur in dem Monolog der Iphigenie, sondern auch in dem Gespräch mit Arkas und
Thoas, immer ist der Wille der Göttin letzter Bezugspunkt. So mannig-
faltig und reich sich die Schicksale des Tantalidengeschlechtes und die
äußeren Ereignisse im Feld der unmittelbaren dramatischen Handlung
darstellen, innerlich ist alles durchaus einheitlich bestimmt, indem
jene Spannung, die die Deutung des Dramas leisten muß, jeden Zug
im Ganzen bestimmt, die Spannung nämlich von Unbedingtheit und
Bedingtheit, von göttlichem Willen und Gehorsam, von Aufbegehren
und der Bereitschaft, jene Geduld zu üben, die dem Menschen auferlegt ist. Indem die Menschen dem liebenden Walten der Götter mißtrauen, indem sie sich nicht in dieser Geduld üben, kommt es zu Konflikten und scheinbar ausweglosen Schwierigkeiten. Jeder muß seinen
Tribut zollen, die Tantaliden, indem sie die Grenzen des Menschlichen
überschreiten und den Fluch auf sich laden, Iphigenie selbst, indem sie
gegen die Verbannung in die Fremde und gegen das Fernsein von der
Heimat innerlich aufbegehrt, Thoas, der sich nicht bewußt ist, welche
Stellung die Götter ihm gegenüber der Priesterin zugedacht haben,
der aber auch nicht einsehen will, daß die Frömmigkeit den Göttern
gegenüber nicht im Frevel gegen den anderen Menschen begründet
sein kann. Sie alle stehen ausnahmslos in der Eigenmächtigkeit und
besitzen nicht jene Gelassenheit, die nötig ist, damit der Wille und die
liebende Sorge der Götter in dem Felde des Wirklichen mächtig zu
werden vermag. Erst der zweite Monolog der Iphigenie läßt etwas davon
spüren.

Erster Auftritt. Rahmen- und Einleitungsmonolog. Zur Form des
Monologs vgl. Petsch, Wesen und Formen des Dramas, Halle 1945,
S. 365 ff. Zu beachten ist der stark dramatische Charakter des Monologs,
indem von Anfang an der Gegensatz von menschlichem Eigenwillen
und Ergebung in den Willen der Götter jede Aussage formt; vgl. dazu
besonders 5, 23, 35—38. Iphigenie, der zugemutet ist, das auf sich zu
nehmen, was zur Existenz des Menschen gehört, die Heimatlosigkeit,
die Zeitlichkeit, das Wartenmüssen ohne Aussicht auf Erfüllung,
bäumt sich gegen diese Zumutung immer wieder auf. Charakteristisch
für die auf den Ausgleich der Widersprüche bezogene Atmosphäre

dieses Dramas ist am Ende der Übergang des Monologs in das Gebet an die Götter, 51ff.

Zweiter Auftritt. Mit dem Gespräch dieser Szene beginnt der äußere Konflikt Iphigenies und Thoas' sich zu schürzen: leidenschaftlich wird Iphigenie die Werbung des Thoas ablehnen. Noch bedeutsamer für das Verständnis des Ganzen ist das innere Geschehen, zu deuten wiederum im Sinne jenes Gegensatzes, der in diesem Drama alles Äußerlich-Pragmatische durchwirkt. Auch hier vermögen die Beteiligten nicht, jene Geduld und Gelassenheit aufzubringen, die nötig ist, um den Willen der Götter zu erkennen. Vgl. dazu vor allem den berechtigten Vorwurf des Arkas an Iphigenie, daß sie, indem sie sich den eigenen Sehnsüchten hingebe, nicht würdige, wie segensreich sich ihr Aufenthalt bei den Tauriern ausgewirkt habe. Diese Gelassenheit fehlt auch Thoas, der, indem er wie Iphigenie nichts anderes im Auge hat als die nächsten selbstgesetzten Zwecke, nicht einzusehen vermag, welches das Verhältnis ist, das ihm von den Göttern zu Iphigenie zubestimmt ist. So steht, sobald die kreatürliche Geduld fehlt und die Sicht zu den Göttern hin verstellt ist, im Raum des Wirklichen Wille gegen Willen.

Dritter Auftritt. Wichtige Momente in dem Dialog Thoas-Iphigenie: 1. die ausführliche Darstellung des Tantalidenschicksals 306ff., 2. der schwere Konflikt zwischen den beiden Gesprächspartnern, 3. der Entschluß des Thoas, frühere Blutopfer zu erneuern, und die Bestimmung der ersten Opfer.

Zu Punkt 1: Bezieht man das Schicksal des Tantalidenhauses, wie es in dieser Szene entwickelt wird, auf die Thematik des Dramas im ganzen, so wird gerade an dieser Stelle einsichtig, mit welcher Nachdrücklichkeit Goethe die der antiken Auffassung zugrunde liegende ontische Geschiedenheit der göttlichen oder menschlichen Sphäre in einen Konflikt ethischer Art umdeutet. Nicht ein vorgegebenes Schicksal seinshafter Art ist es, das diesen entbindet, sondern der falsche Anspruch und das falsche Tun. Ausgangspunkt bei Goethe ist nicht wie in der Antike die dämonische Ausschließlichkeit der Götter — auch ihre anfängliche Sympathie für Tantalus ändert an dieser nichts —, sondern die bei allem Unterschiede des Ranges im Grunde doch liebende Verbundenheit Gottes mit den Menschen, eine solche, der der Glaube an die göttliche Ebenbildlichkeit des Menschen zugrunde liegt (vgl. 310 ff.). Entscheidend für die Auffassung einer ursprünglichen Güte des Menschen 319 ff., 351 ff. Die Störung dieses Verhältnisses wird begründet in dem ungerechtfertigten Anspruch auf eine dem Menschen nicht zustehende Un-Endlichkeit, einem Anspruch, der, wenn er einmal erhoben ist, vor allem die Liebe und die Verantwortung dem anderen Menschen gegenüber verletzt. (Vgl. dazu die spätere Vision des Orestes 1269ff., wo die Entsühnung des Geschlechtes sich vor allem darin offenbart, daß die Liebe und die Verbundenheit wieder mächtig geworden ist.)

In diesem Sinn deutet Iphigenie vor allem das Schicksal der Tantaliden. Im übrigen ist fast jeder Vers dieser Partie von der ethischen Begründung des Geschlechterfluches beherrscht. Ein Anklang an die antike Auffassung 315 ff.

2. Zu dem Streitgespräch Iphigenie-Thoas: Im Vordergrund steht wieder das Problem der Auslegung des göttlichen Willens und der Wunsch, ihren *Segen* zu besitzen. (Vgl. dazu die Bedeutung dieses Wortes in dieser Szene 249, 283, 286, 287.) So liegen dem Gespräch folgende Fragen zugrunde: Welches ist der Wille der Götter, daß Iphigenie zurückkehrt oder daß sie als Königin in Tauris weilt? Erwarten sie vom Menschen fromme Ergebenheit oder blutige Opfer? Auch dieses alles nicht anders zu deuten denn als Abwandlung der inneren Thematik des Dramas.

332. *Rat, Mäßigung...* Was verletzt wird, das sind also jene Tugenden, die grundlegend sind für die kreatürliche Existenz des Menschen; z. B. die Tugend der Mäßigung, d. h. jene, die darum weiß, daß der Eigenwille des Menschen begrenzt wird durch die Forderung der Liebe, oder die Geduld, d. h. die Tugend, die mit der Zeitlichkeit des Menschen zusammenhängt.

336 ff. Önomaus hatte die Hand der Tochter dem versprochen, der ihn im Wagenkampf besiege. Um die Tochter zu gewinnen, besticht Pelops den Wagenlenker des Königs. Dieser nimmt den Pflock aus der Achse des Wagens, bei dem Wettkampf stürzt er um, und Önomaus wird von den Rossen zu Tode geschleift.

494. *Sie reden nur...* Bedeutsam, wie gerade an dieser Stelle der Begriff des *Herzens* in den Mittelpunkt tritt, und zwar als des Organs, das ebenso auf die unbedingten Werte bezogen ist, wie es zugleich auch eine besondere Nähe zur Kreatürlichkeit hat.

Vierter Auftritt. Monolog der Iphigenie. Wichtig als Wegmal der inneren Entwicklung Iphigeniens. Dazu der Monolog *I, 1* als Gegensatz: Hatte Iphigenie von Anfang an nur mühsam ihre Ungeduld gebändigt, so findet sie am Ende des Aktes die innere Sicherheit und das Vertrauen zu den Göttern zurück. Indem sie sich dem unmenschlichen und grausamen Willen des Thoas widersetzt, wird sie sich wieder bewußt, was Mensch und Gott verbindet und dieser von jenem fordert. Darum auch die Form des Gebetes als Ausdruck dieses Einverständnisses.

544. *Weise bist du...* Daß die Götter im Gegensatz zu den Menschen nicht die Zerstreuung der Zeit kennen, das ist eine Erfahrung, die bei Goethe in dieser Zeit oft anklingt. Vgl. dazu das Gedicht *Grenzen der Menschheit* (Bd. 1, S. 146).

Zweiter Aufzug

Erster Auftritt. Für den pragmatischen Nexus ist die Szene wichtig, weil hier die Fremden zum erstenmal in das Geschehen eintreten. Zu beachten ist in diesem Zusammenhang eine Äußerung, die sich erst am Ende in der vollen Tragweite enthüllt. Danach heißt es, daß ihre Fahrt nach Tauris in dem Gebot Apolls begründet ist, das Bild der Schwester heimzuführen. Dazu 610 ff., 722 f., 734 ff., später 838 ff.

Wenn in dem *ersten Aufzug* alle Beteiligten, so verschieden sie auch nach Stellung, Herkunft waren, doch darin auf gleicher Ebene standen, daß sie in ehrfürchtiger Scheu auf den Willen der Götter bezogen waren — auch Thoas, so verzerrt sich sein Verhältnis zu den Göttern im übrigen darstellt, ist fromm —, so stehen sich in dieser Szene zwei gegenüber, von denen der eine diese Scheu nicht besitzt. Das ist Pylades. Orestes ist schuldig geworden, weil er, nicht anders als seine Vorfahren von Tantalus bis zu Agamemnon hin, glaubte, die Forderung göttlicher Absolutheit im Hiesigen verwirklichen zu müssen. Es war also eine echte tragische Schuld, d. h. im letzten eine solche aus übergroßer Liebe. Pylades dagegen unterscheidet sich von dem Freund in allem. Zwar ist auch bei ihm nicht die Gottlosigkeit Voraussetzung seiner Existenz — auch er rechtfertigt in dieser Szene immer wieder sein Tun von den Göttern her —, aber er tut es, indem er göttlichen Willen und menschlichen Nutzen allzu voreilig und leichtfertig identifiziert, damit die menschliche Autonomie höchstens mit dem Schein der Frömmigkeit umkleidend. (730 ff., vgl. dazu auch 740 f.) Die leichte Gemütsart, die Orestes an ihm 647 rühmt, ist dabei weniger als ein selbstgenügsamer Vorzug denn als eine Art psychologische Motivierung dessen anzusehen, was die Grundentscheidung dieser Gestalt ausmacht. So kommt es auch nicht auf dieses psychologische Moment an, vielmehr auf diese Entscheidung für die Selbstmächtigkeit des Menschen, darauf, daß er das Recht des Lebens gegen den Anspruch der Toten abschirmt (690 ff.), daß er sich für die Klarheit des menschlichen Geistes entscheidet gegenüber der rätselhaften Vieldeutigkeit der göttlichen Forderung (730 ff.), daß er auf den Anspruch dessen pocht, was erreichbar ist, und dieses ausspielt gegen das Gesetz und die Forderung mythischen Heldentums (680 ff.). Zu ihm gehört der Geist der überlegenen Klugheit (758 ff., dazu vor allem 762 und 763 ff.), nicht der des Gehorsams und der Scheu. So steht hier, ähnlich wie in dem „Oedipus rex" des Sophokles der Held und Kreon sich gegenüberstehen, der Tragisch-Ausgesetzte gegen den, der dank der Gabe der rationalen Klarheit des Untergrunds ermangelt, und es ist in diesem Zusammenhang bedeutsam, wenn Orestes die Existenz des Freundes mit der jenes Helden in Zusammenhang bringt, der auch in der sophokleischen

Tragödie für die Autonomie steht (762) (dazu vgl. Reinhardt, „Sophokles", Frankfurt 1933, S. 106 ff.).

Zweiter Auftritt. Diese Szene ist als Glied der äußeren Handlung
wichtig, da hier einiges der Exposition nachgeholt und ergänzt wird.
Pylades berichtet auf die Frage Iphigeniens von dem Schicksal Trojas
und vor allem von dem Geschick Agamemnons. Im übrigen bleibt sich
Pylades auch in dieser Szene gleich. So ist es nicht zufällig, wenn er es
wieder ist, der sich in dem Gespräch mit Iphigenie wendig und listen-
reich in Lügen verstrickt, um seine Herkunft und die des Freundes zu
verhüllen. Da der Gegensatz von Wahrheit und Lüge für die *Iphigenie*
entscheidende Bedeutung in motivischer Hinsicht wie im Hinblick
auf die innere Thematik hat, kommt der Szene von daher eine besondere
Bedeutung zu (vgl. dazu die Einleitung zu *III*, *1* S. 422 f.). Bezeichnend
ist, daß Pylades sein Tun wiederum im Geiste jener Tugend rechtfertigt,
zu der vor allem die Fähigkeit der Anpassung an den Zufall der wech-
selnden Konstellationen gehört, der Tugend der Klugheit (925).

Dritter Aufzug

Erster Auftritt. Beginn der steigenden dramatischen Handlung im
inneren und äußeren Sinn. So muß das eigentliche Ereignis dieser
Szene, das Sich-Erkennen der Geschwister, verstanden werden im Sinne
eines höchst bedeutsamen Schrittes zur Lösung des Konfliktes: für
Iphigenie ist dieses Ereignis wichtig, weil sie dadurch in der Gewißheit befestigt wird, daß die Götter in Güte und Wohlwollen über dem
Geschick der Menschen walten, für Orestes, weil in ihm, bewirkt durch
die reine Nähe der Schwester, jener Heilungsprozeß eingeleitet wird,
der dann im vierten Akt zum guten Ende kommt.

Zu Punkt 1. Für Iphigeniens Entwicklung, aber auch für den Gehalt
des Dramas im ganzen sind vor allem V. 1094 ff. von großer Bedeutung.
Es ist jene Stelle, in der das — völlig unantike — Einverständnis und
die Verbundenheit des Menschen mit Gott mit besonders starker Eindringlichkeit zum Ausdruck kommt; zugleich nicht zufällig die Partie
des Dramas, in der sich vor allem die Atmosphäre der Innigkeit verdichtet. Daß die Möglichkeit der Huld und der Gnade sich in dem
Symbol der Frau darstellt — *So steigst du denn, Erfüllung, schönste
Tochter...* —, darf nicht übersehen werden.

Zu Punkt 2. Wenn in Orestes ein innerer Wandel zum Guten sich
vorzubereiten beginnt, dann wird das in der Tatsache spürbar, daß
er sich, anders als Pylades, weigert, die Lüge aufrechtzuerhalten.
Diese wird im Ganzen des Dramas weniger im Sinne einer formalen
Unrichtigkeit der Aussage abgelehnt denn vielmehr als ein des Menschen nicht würdiges Mittel, sich allzu billig aus dem Zusammenhang
von Schicksal und Schuld herauszunehmen. Wie die Wahrheit in der

Iphigenie und in den anderen Dichtungen und Äußerungen der frühen Weimarer Zeit gleichbedeutend ist mit der Anerkennung der kreatürlichen Bedingtheit des Menschen, so ist die Lüge der Versuch, sich dieser Bedingtheit zu entziehen und sich eigenmächtig in einer Zone der Schicksalslosigkeit anzusiedeln.

980. *Avernus*, nach römischer Vorstellung der Eingang zur Unterwelt.

1039. *Unsterbliche*... Anklang an die antike Vorstellung der Götter im Sinn des homerischen ζεῖα ζῶντες, davon wiederum geschieden durch die Innigkeit des Tones, die selbst dann besteht, wenn der Zweifel an den Göttern das Einverständnis ablöst (vgl. dazu, wie dieser sich in der vierfachen Frage 1039—1047 steigert und verdichtet).

1051 ff. Auch in den folgenden Worten des Orestes über die Erinnyen ist die unantike Voraussetzung des Ganzen greifbar: nicht Mächte seinshafter Art sind es, die wie in der Antike miteinander ringen und sich verbinden, um sich im letzten doch zu scheiden. Bei Goethe ist alles auf den Menschen, auf seine sittliche Gesinnung und seine Entscheidung bezogen. Vgl. dazu 1060 f., wo die Umdeutung der Seinsmächte im ethischen Sinn besonders offenbar ist; zu beachten ist vor allem das Wort von dem *Zweifel* und der *Reue* als den *Gefährten* der Erinnyen.

1105. *Denn ihr*... Der Gegensatz des zeitlos-ewigen Daseins der Götter und des menschlichen Daseins, das den Charakter der Zeitlichkeit hat. Wie die Zeit in dem Drama Goethes im Gegensatz zum Pessimismus, der die antike Zeitvorstellung bestimmt, zwar zu den spezifischen Eigenschaften der Endlichkeit gehört, wie damit aber auch die Möglichkeit des Schöpfertums und der Steigerung verbunden ist, das kommt an dieser Stelle besonders schön zum Ausdruck.

1108 ff. *Gelassen*... Für die Existenz der Götter charakteristisch ist das vorbehaltlose Einverständnis mit dem Seinsgrunde, so, wie es in der Gelassenheit zum Ausdruck kommt.

1110 ff. *aber eure Hand*... An dieser Stelle darf die Metaphorik des Vegetativen nicht übersehen werden. Sie ist nicht eine beliebige Form des Sagens, sondern höchst wichtiger Ausdruck für Goethes Vorstellung von der Zeit und dem menschlichen Dasein. Beides wurde von ihm immer stärker in Analogie zum vegetativen Wachstumsprozeß gesehen, indem gerade dieser für Goethe den Charakter der schlechthinigen Vorbildlichkeit hatte. Vgl. dazu die Absicht, später das eigene Leben in Entsprechung zur Metamorphose der Pflanzen darzustellen. (Dazu die Einleitung S. 414.)

1174 ff. *Laß! Hinweg!*... Wie die erste Begegnung mit Iphigenie erst den Beginn des Heilungsprozesses bedeutet, zeigt die folgende Partie der Szene bis zum Ende.

Zweiter Auftritt. Der Monolog ist das deutliche Symptom dafür, daß der Heilungsprozeß des Orestes inzwischen weiter fortgeschritten ist. Der Beginn der Umwandlung, die sich schon in der ersten Begegnung mit der Schwester anzubahnen begann, setzt sich so fort. Sie, die mit den Wurzeln ihres Seins in die Wahrheit des Anfangs hineingegeben ist, gewinnt Macht über den Bruder in dem Sinne, daß auch in ihm wieder die Quellkraft des Wesens frei wird und die Versehrtheit durch Fluch und Schuld geheilt zu werden vermag. Der Prozeß der Genesung wird im besonderen vollendet durch jenes Geschenk, das später auch Faust die Möglichkeit des Weiterlebens vermittelt, durch das des Genesungsschlafes (vgl. dazu Bd. 3, S. 532f.). Wie Egmont, Ottilie, Epimenides, dem Siebenschläfer des *Divan*-Gedichtes schenkt dieser Schlaf auch Orestes die Möglichkeit, in die Reinheit des Anfangs, seines eigenen und zugleich desjenigen des Geschlechtes, zurückzukehren, dorthin, wo das rechte Verhältnis zu den Göttern und damit die Ordnung des menschlichen Daseins noch sicherer Besitz war. Diese Ordnung aber kommt, wie vor allem V. 1271 ff. zeigen, in nichts anderem zum Ausdruck als in der Bereitschaft, liebend auch den anderen in seinem Wesen und in seiner Bedingtheit anzuerkennen. So findet Orestes alle in friedlichem Beisammensein im Gespräch, die sich im Leben, durch den falschen Anspruch der Unbedingtheit verlockt, in furchtbarer Weise bekämpft hatten (dazu *I, 3* S. 16f.). Nur einer ist noch davon ausgenommen, der Ahnherr des Geschlechtes, Tantalus selbst, offenbar ein Zeichen dafür, daß selbst in dieser Atmosphäre der Verbundenheit von Mensch und Gott ein Moment der Unberechenbarkeit nicht auszuschalten ist.

Dritter Auftritt. Vollendung des Heilungsprozesses und damit der erste Höhepunkt des Dramas (vgl. dazu vor allem 1341ff.). Wenn Pylades, indem sich seine Aufmerksamkeit ausschließlich dem durch List und Berechnung Erreichbaren zuwendet, nicht frei ist, auch nur von ferne zu ahnen, was dem Freunde in dieser Szene zuteil wird, bestätigt diese Beobachtung das Bild, das sich von ihm in der vorhergehenden Szene abzeichnete.

1343ff. *Ihr Götter...* Daß auch die Heilung des Orestes im Sinne einer vegetativen Erneuerung verstanden wird, ist wieder bezeichnend für die Goethesche Vorstellung des Menschen (vgl. vor allem 1351ff.).

Vierter Aufzug

Erster Auftritt. Mit dem dritten Akt ist die tragische Gefährdung des Orestes überwunden, mit dem vierten beginnt die Iphigeniens; denn eine solche besteht genau so wie die des Orestes. Denn nicht nur der Bruder, sondern auch Iphigenie selbst gehört dem Tantalidengeschlecht

an; in beiden sind die guten, aber auch die schlimmen titanischen Möglichkeiten des Geschlechtes angelegt. (Vgl. dazu die Deutung der *Iphigenie* in *Dichtung und Wahrheit* S. 406.) Und so bleibt es auch Iphigenie
nicht erspart, sich selbst überwinden zu müssen. Schon mit der ersten
Szene setzt der neue Aufstieg des Dramas ein. Bei aller Dankbarkeit dafür, daß die Götter ihr Pylades als Freund geschenkt haben, wird sich
Iphigenie im Laufe des Selbstgespräches immer mehr bewußt, wie
verhängnisvoll sein Rat war, verhängnisvoll deshalb, weil er sie in
ihrem innersten Wesen gefährdet. War die Auszeichnung dieses Wesens
in der Haltung des Gehorsams begründet, d. h. in ihrer Bereitschaft,
einmal das Recht des anderen Menschen anzuerkennen und dann in
der Bedingtheit der Zeit, der Unerfülltheit, der Heimatlosigkeit auszuharren, so bedeutet die ihr von Pylades zugemutete Lüge, daß sie
sich dieser Auszeichnung entfremdet und sich eigenmächtig aus dem
Schicksal und aus der die Existenz des Menschen bestimmenden Ungewißheit herausnimmt. In welcher Weise die Lüge besonders in diesem
Falle auch eine egoistische Mißachtung des anderen ihr schicksalhaft
zugeordneten Menschen bedeutet, das wird ihr später in dem Gespräch
mit Thoas in der ganzen Tragweite bewußt.

Zweiter Auftritt. In welchem Maße Iphigenie mit der Entscheidung
für den Plan des Pylades ihren Auftrag gefährden würde, das zeigt sich
über den Monolog *IV, 1* hinaus in ihrem Gespräch mit Arkas. Welche
Wirkung von ihr von Anfang an ausgegangen war, das ruft dieser ihr
noch einmal in eindringlicher Weise in die Erinnerung zurück (1465 ff.,
dazu 1475 ff.). Daß Iphigenie in der Wahrheit stand — und in der Wahrheit steht in diesem Drama nur der, der zugleich die Liebe besitzt —,
das hatte sie dazu befähigt, den segensvollen Einfluß auf die in Barbarei
und in Verdüsterung befangenen Taurier auszuüben und sie durch
Menschlichkeit zu erziehen. Wenn sie nun, ausschließlich auf die eigenen Nutzen und die eigene Rettung bedacht, das so gewonnene Vertrauen mißbrauchte, würde sie die Wirkung zerstören und damit den
ihr von den Göttern zugeordneten Auftrag mißachten.

Dritter Auftritt. Auch der Monolog, der diese Szene ausfüllt, würde
falsch gedeutet, wenn er in lyrischem Sinn verstanden würde. Es ist ein
echt dramatisches Geschehen, das sich in der Seele der Heldin abspielt,
ein Ringen zwischen den beiden Möglichkeiten der Entscheidung, in
denen sich die Handlung des Dramas immer neu zuspitzt. Auch hier liegt
für die Heldin noch die Versuchung nahe, sich selbst aus dem Kreis
des Schicksals herauszulösen und ihre und der Ihrigen Rettung ohne
Rücksicht auf den Willen der Götter und das Recht des anderen Menschen zu betreiben. Ebenso lebendig ist aber auch — besonders nach
dem vorangegangenen Gespräch mit Arkas — die Mahnung des Ge-
wissens, dem treu zu bleiben, was sie als Gesetz und Aufgabe ihrer

Existenz weiß, und in vorbildlicher Weise darzuleben, daß der Sinn des Menschentums sich nicht in egoistischer Selbstbehauptung erfüllt, sondern darin, daß das Herz sich offenhält für das Schicksal.

Vierter Auftritt. Derselbe Konflikt, nun aus dem Innern der Heldin nach außen verlagert und entfaltet in dem Gespräch mit Pylades: es ist der Konflikt zwischen der Haltung der Frömmigkeit und der nur in sich selbst schwingenden Endlichkeit, so wie sie von Pylades vertreten wird (vgl. dazu 1645 f.), besonders zugespitzt in den Stichomythien (1643 ff.), dann 1653 ff. Die Szene bereitet die endgültige Entscheidung der Heldin in dem Konflikt vor. Zugleich werden die tragischen Bedingungen dieser Entscheidung angedeutet: daß Iphigenie die Reinheit ihres Wesens auch dann bewähren muß, wenn von ihr nicht nur das Opfer des eigenen Lebensglücks, sondern auch das ihres Bruders und ihres ganzen Geschlechtes verlangt wird. Pylades hört aus der Situation, seiner der Höhe und der Tiefe ermangelnden Wesensart entsprechend, nur die Forderung, die Rettung des leiblichen Lebens mit äußerster Aktivität zu betreiben und dabei all das außer acht zu lassen, was über dieses vordergründige Interesse hinausgeht.

1648. *Allein mein eigen Herz . . .* Die Gewichtigkeit dieser Verse verdichtet sich auch hier in dem, was in dem Drama den Begriff des *Herzens* — eins der eigentlichsten Grundworte des Werkes — umschließt. Wieder verbindet sich mit diesem das Vermögen, die Einbegreifung des Unbedingten und des Bedingten, des Göttlichen und des Endlichen zu leisten, d. h. jenen schöpferischen Lebensakt, in dem erst der Mensch zu der Erfüllung seiner ihm zugeordneten Aufgabe kommt. Daß es das Herz — und das Gefühl als die Äußerung dieses Herzens — ist, auf das das Heil des Ganzen bezogen erscheint, vermag darüber hinaus zu zeigen, in welchem Maß alles, was in der überkommenen Sage noch gegenständlich-rituellen Charakter hat, verinnerlicht erscheint, diese Innerlichkeit auch in dem vorliegenden Zusammenhang zu verstehen in dem schon oft erörterten Sinn der Innigkeit.

Fünfter Auftritt. Wie in Akt III der Konflikt des Orestes an Schärfe zugenommen hatte, so in Akt IV jener, in den Iphigenie durch den Vorschlag des Pylades hineingeraten ist. Äußerste Zuspitzung in dem Monolog dieser Szene, in dem Iphigenie die Gefährdung ihres Wesens in Zusammenhang bringt mit dem Fluch ihres Geschlechtes. Die letzten Worte des Pylades 1680 ff. haben Iphigenie die Möglichkeit eines dämonischen Schicksals als einer letzten Macht der Welt nahegelegt. Damit wäre einmal die unheilvolle Entscheidung der Ahnen gerechtfertigt, darüber hinaus aber auch noch einmal in Frage gestellt, was bisher das Geschehene getragen und ihm die Sinnrichtung gegeben hat: der Glaube an die Güte der Götter, die Überzeugung von der schöpferischen Bedeutung der Humanität. All das spiegelt sich in diesem Monolog, der in dem Parzenlied 1726 ff. seinen Höhepunkt hat.

1694 ff. *Soll dieser Fluch*... Gegenüberstellung der beiden gegensätzlichen Richtungen des Dramas. Bewirkt der Segen Wiederherstellung der inneren Ordnung und des Maßes, so ist der Fluch die Folge der Verletzung dieses Maßes. Indem der Mensch sich über die Grenzen des Menschen hinauslocken läßt, stürzt er damit um so tiefer in das Grauen der Sinnlosigkeit.

1716 f. *Rettet mich*..., eine Aussage, die in der Wortwahl und im Gehalt ohne die Mystik nicht zu denken ist; denn die diesen Satz tragende Überzeugung von der Identität des „göttlichen Bildes" und der menschlichen Seele ist erst seit daher möglich. Daß auch hier die Gemeinschaft des Menschen mit Gott in der Imitatio der Liebe als der ausgezeichneten Bestimmung Goethes begründet ist, ergibt sich aus der geistigen Perspektive des Dramas.

1726 ff. Das Parzenlied. Das Verhältnis von Mensch und Gott scheint hier in der antiken Vorstellung einer ontischen Geschiedenheit gedacht (s. vor allem 1732 f. und 1754 ff.), so wie sie der Heldin in der Schicksalsdeutung des Pylades am Ende der letzten Szene nahegebracht worden ist.

Fünfter Aufzug

Erster Auftritt. Mit den inneren Widerständen Iphigeniens gegen die Flucht und den Raub des Bildes verbinden sich nun die äußeren; der Plan des Pylades ist entdeckt.

Zweiter Auftritt. Wie in Thoas der humane Glaube an die Güte des Menschen durch die Flucht zerstört würde, macht dieser Monolog offenbar. Vgl. dazu 1787 ff.

Dritter Auftritt. Die Szene bringt vor allem die Entscheidung Iphigeniens. Was im 4. Akt vorbereitet wurde, kommt hier zum Austrag: Gegen die Möglichkeit eines dämonischen Schicksals wagt Iphigenie den Glauben an die Güte und Liebe der Götter 1916 ff., und in dem Streit zwischen Egoismus und Rücksicht gegen den anderen Menschen entscheidet sie sich ebenso für die Wahrheit und die Liebe. Bei der Deutung der Szene ist vor allem zu beachten, unter welchen Bedingungen diese Entscheidung gefällt werden muß. Sie wird vollzogen in völliger Wehrlosigkeit, ohne irgendwelche Gewähr dafür, daß sie auf der anderen Seite Resonanz und Verständnis findet; für den im Umkreis einer vordergründigen Selbstbehauptung Befangenen also etwas Unmögliches und Unerlaubtes. In welcher Weise sich Iphigenie des Wagnischarakters ihrer Entscheidung bewußt wird, das zeigen besonders V. 1892 ff. Daß dieses Wagnis überhaupt möglich wird und gelingt, ist dem tiefsten Anliegen des Dramas entsprechend Gewähr dafür, daß

die Welt im letzten nicht im Endlichen befangen ist, sondern offen für
die Erfüllung im Wesen.

1863 ff. Wenn im folgenden die Entscheidung Iphigeniens von dem
spezifischen Auftrag gerechtfertigt wird, der der Frau zugeordnet ist,
dann geschieht auch diese Rechtfertigung durchaus im Geiste des
Werkes. Während der Mann immer in Gefahr ist, die Grenzen des Menschentums zu überschreiten, sei es in der tragischen Vermessenheit,
sei es in der Versuchung, einen Raum der Schicksalslosigkeit auszu-
sparen, hat die Frau die Aufgabe, dieser doppelten Versuchung gegenüber die Bedingtheit als das Wesensgesetz des Menschen in Erinnerung zu bringen.

1892 ff. *Hat denn...* Auch diese Stelle, die einen der entscheidenden
Höhepunkte des Dramas ausmacht, ist bestimmt durch den Gegensatz
des männlichen und des weiblichen Lebensgesetzes.

1936 ff. *Du glaubst, es höre...* Während für das Ganze des Goetheschen Dramas stärker das existentielle Moment der Humanität leitend
ist, lassen diese Verse anklingen, was im besonderen grundlegend war
für die Humanität des Lessingschen „Nathan": die Allgültigkeit der
Humanität.

Vierter und *fünfter Auftritt.* Die beiden folgenden Szenen treiben
die äußere Handlung weiter: die Absicht des Pylades ist vereitelt, der
Weg über die List und die Gewalt ist erschwert. Alles ist auf den
guten Willen und das Wohlwollen des Königs gestellt. Damit biegt
das Geschehen wieder in die innere Thematik des Dramas ein.

Sechster Auftritt. Im Mittelpunkt dieser Szene stehen zwei in sich
verbundene Ereignisse, 1. die Einsicht in den eigentlichen Sinn dessen,
was mit dem Gebot Apollos gemeint war (s. dazu 2107 ff.), 2. die Versöhnung des Thoas.

Das erste Ereignis erscheint als eine sehr glückliche, dem religiösen
Gehalt des Goetheschen Dramas durchaus angemessene Überwindung
der jeder inneren Notwendigkeit entbehrenden euripideischen Lösung
einer dea ex machina. Wenn zu den religiösen Voraussetzungen der
Goetheschen Humanität der Glaube gehört, daß Gott im Menschen
schöpferisch wird, einmal im künstlerischen, hier vor allem im ethischen Sinn, dann ist die Bedeutung dessen, was mit dem zweideutigen
Orakelspruch gemeint war, geklärt: das Bild der Schwester, das zu-
rückgeholt werden soll, ist einmal Iphigenie, d. h. dieser besondere
Mensch, darüber hinaus aber auch, indem Iphigeniens Existenz nach
dem Bild und Willen der Götter geformt ist, die Göttin selbst, die sich
in ihr leibhaft darstellt und im Umkreis des Hier und Jetzt gegenwärtig wird.

Damit ist auch die äußere Voraussetzung für die Versöhnung mit
Thoas geschaffen. Thoas verhärtet sich nicht länger im Unwillen,

sondern ist so frei, daß er das gütige Lebewohl am Ende aussprechen kann.

Für den Sachkommentar dieses wie auch der anderen Dramen wurde weithin auf den Kommentar der Jubiläumsausgabe und der Festausgabe zurückgegriffen.

BIBLIOGRAPHIE
ZU „IPHIGENIE AUF TAURIS"

Jacob Baechtold, Goethes Iphigenie auf Tauris in vierfacher Gestalt. Freiburg i. Br. und Tübingen 1883.

Iphigenie auf Tauris. Ein Schauspiel. In: Goethe's Schriften, 3. Band. Leipzig, Göschen 1787. (Erstdruck in Iamben.)

Iphigenie auf Tauris. Ein Schauspiel. In: Goethe's Werke, 6. Band. Tübingen, Cotta, 1807.

Iphigenie auf Tauris. Ein Schauspiel. In: Goethes Werke, 7. Band. Stuttgart und Tübingen, Cotta, 1816.

Hans Wahl, Ausgabe der Iphigenien-Handschrift von 1786/87. Faksimile. Insel-Verlag 1938.

Hans G. Gräf, Goethe über seine Dichtungen. 2. T. 3. Bd. S. 156—255.

Goethes Briefe an Charlotte von Stein. Neue, vollständige Ausgabe auf Grund der Handschriften im Goethe- u. Schiller-Archiv. Hrsg. v. Julius Petersen. Leipzig 1923. Bd. 1—4.

Hans Morsch, Vorgeschichte von Goethes Iphigenie. Dt. Vjs. 1891, Bd. 4.

H. Düntzer, Goethes „Iphigenie auf Tauris". In: Erläuterungen zu den deutschen Klassikern, 1. Abt., Bd. 14, Leipzig 1899.

Kuno Fischer, Goethes „Iphigenie". In: Goethe-Schriften, Heft 1, 3. Aufl. Heidelberg 1900.

H. Grimm, Goethes „Iphigenie". In: Fragmente, Bd. 1, S. 30ff. Berlin und Stuttgart 1900.

K. Burdach, Faust und Moses. In: Sitzungsberichte d. Kgl. Preußischen Akad. d. Wiss. 1912.

Camilla Lucerna, Der morphologische Grundriß und die religiöse Entwicklungsidee des Goetheschen Dramas „Iphigenie". In: GJb. Bd. 33, S. 97ff.

R. Petsch, Die Entsühnung des Orest. In: Humanistisches Gymnasium, Bd. 17, S. 59ff.

F. Désonay, Le personnage d'Iphigénie chez Goethe. Bruxelles 1933.

E. Lüdtke, Vom Wesen deutscher und französischer Klassik. Versuch einer Stildeutung von Goethes „Iphigenie" und Racines „Mithridate". Stettin 1933.

R. Petsch, Iphigenie. In: Goethe, 2. Bd. 1937, S. 163f.

Rudolf Alexander Schröder, Goethes Iphigenie. Zwei Theaterreden. In: Schriften, Aufsätze und Reden. Berlin 1939. Bd. 1, S. 189—205.

Joachim Müller, Goethes „Iphigenie". ZfDk 1940, Bd. 54, S. 273—284.

Max Kommerell, Goethes Ballade vom vertriebenen Grafen. In: N. Rundschau, Bd. 47, Heft 11, 1936, S. 1209 f.

Adolf Beck, Der Geist der Reinheit. Deutsches und Frühgriechisches in Goethes Humanitätsideal. In: Goethe 7, 1942, S. 160—169; Goethe 8, 1943, S. 19—57.

Ilse Appelbaum, Goethe's Iphigenie and Schiller's Braut von Messina. Cardiff 1948. In: Publications of the English Goethe Society XVII, S. 43—73.

Karl Reinhardt, Von Werken und Formen. Vorträge und Aufsätze. Godesberg 1948. Darin: Deutsches und antikes Drama. S. 406f.

S. auch:

Christoph Schrempf, Goethes Lebensanschauung, a. a. O. T. 22, S. 226—240.

Friedrich Gundolf, Goethe, a. a. O. S. 304 ff.

Eugen Kühnemann, Goethe, a. a. O. Bd. 2, S. 233, 272—279.

Kurt Hildebrandt, Goethe, a. a. O. S. 120—125, 158, 202, 454.

Franz Schultz, Klassik und Romantik der Deutschen, a. a. O. T. 1, S. 280 f.

H. A. Korff, Geist der Goethezeit. Bd. 2, S. 163—177.

Grete Schaeder, Gott und Welt, a. a. O. S. 128 f.

A. Koch, Von Goethes Verskunst, a. a. O. Darin: Über den Versbau in Goethes Iphigenie.

Helmut Eidam, Goethes Iphigenie im deutschen Urteil. Frankfurter Diss. Würzburg 1940.

Fritz Strich, Goethe und die Weltliteratur. Bern 1946.

ZUR TEXTGESTALT DER „IPHIGENIE"

Unsere Ausgabe bietet den Text der *Iphigenie* in der endgültigen Gestalt der fünffüßigen Iamben, die Goethe ihm nach seinem Übertritt nach Italien gegeben hat und in der das Drama seither gedruckt wurde. In dieser Form erschien es zum erstenmal 1787 bei Göschen unter dem Titel: *Iphigenie auf Tauris. Ein Schauspiel* in Goethe's *Schriften, dritter Band*. Dieser Erstdruck (S) geht vermutlich zurück auf eine nach Goethes eigenhändiger Niederschrift (H) noch während der Umarbeitung angefertigte Kopie für Herder, die, nachdem dieser seine Änderungen angebracht hatte, von Vogel nochmals abgeschrieben und als Druckvorlage an Göschen gegeben wurde. So ist nicht genau festzustellen, welche Änderungen Herder zugehören. Für die weiteren Drucke diente als Vorlage nicht dieser Erstdruck (S), sondern die vierbändige als „Ächte Ausgabe" bezeichnete, von Göschen unrechtmäßig edierte Ausgabe (S¹), die zahlreiche Fehler in den Text getragen hat. Die in den Drucken von 1807 (A), 1816 (B) und in der *Ausgabe letzter Hand* (C und C¹) 1828 festgestellten Varianten sind in dem Lesartenapparat der Weimarer Ausgabe (W) Bd. 10, S. 387 ff. aufgezeigt und im Text dieser Ausgabe zum großen Teil geklärt worden. Trotzdem blieben stellenweise Unklarheiten bestehen, die von den verschiedenen kritischen Ausgaben unterschiedlich gehandhabt wurden. Aus diesem Grunde erschien es gut, die Abweichungen der späteren Ausgaben untereinander und auch mit der *Ausgabe letzter Hand* zu vergleichen und alle Differenzen für dieses wie auch die anderen Dramen zu verzeichnen.

Die Texte der vorliegenden Ausgabe folgen im wesentlichen der Jubiläumsausgabe (J), ausgenommen *Elpenor*, und bedienen sich der modernen Orthographie und Interpunktion, soweit es nicht ratsamer erschien, in manchen Fällen um der Goetheschen Eigenart willen eine alte Schreibung — etwa die Zusammenschreibung bzw. getrennte Schreibung eines Wortes, die *immer Wachen* 1126 — beizubehalten.

34. *ernsten,* S, A, B, C, J, F (Festausgabe); *ernsten* W. — 54. *hieher* C, W, F; *hierher* J; Goethe hat beide Schreibweisen, s. *Elpenor* 319, 17. *hierher* H. — 99. *Gottgegebnen* Goethesche Drucke, W, J, F; *Gottergeb'nen* S¹, C. — 117. *edlen* C, W, J, F; *edeln* S, A; Goethe hat beide Schreibungen, s. auch 160, 475, 2041, 2060, 2145, 2149. — 137. *erleichtert?* C, W, J, F; *erleichtert.* H, S, A, B. — 255. *Abkunft* S; *Ankunft* Prosa, C, W, J, F. — 308. *d e n* (gesperrt) J, F; *Den* C, W, die Goethesche Form der Hervorhebung. — 339. *Önomaus' Erzeugte* J, F; *Önomaus Erzeugte* C, W; *des Önomaus Tochter* H, S, B. — 400. *ält'ster* J; *ältster* C, W, F; ursprünglich: *letzter.* — 583. *Hernieder träufelnd* J, F; *Herniedertäufelnd* C, W; *Herniedertäufend* H, S, A. — 740. *flichtst* J, F; *flicht'st* W; *flicht* H, S. — 743. *jener* (gesperrt) J, F; *Jener* Goethesche Drucke und W. — 766. *scheinet* H, S, A, J, F; *scheinen* C, W. — 791. *einem* (gesperrt) J, F; *Einem* C, W. — 1126. *immer Wachen* H, S, J; *Immerwachen* C, W, F. — 1285. *trägt* Goethesche Drucke, J, F; *träget* C, W. — 1315. *Kommt mit! Kommt mit!* Goethesche Drucke, H; *Komm mit! Komm mit!* C, W, J, F. — 1502. *Tag!* S, A, J; *Tag.* C, W, F. — 1702. *entsühnen.* H, S, J; *entsühnen!* C, W, F. — 1713. *Widerwillen* H, S, J; *Widerwille* C, W, F. — 1861. *er* J, F; *Er* C, W. — 1964. *freundlich* H, S, J; *freundlich!* C, W, F.

GOETHE ÜBER „NAUSIKAA"

Reisetagebuch für Charlotte von Stein. Giredo, 22. Oktober 1786.

Sagt' ich Dir schon, daß ich einen Plan zu einem Trauerspiel „Ulysses auf Phäa" gemacht habe? Ein sonderbarer Gedanke, der vielleicht glücken könnte.

Italienische Reise. Palermo, 3. April 1787. (Bd. 11, S. 231f.)

Mit keinen Worten ist die dunstige Klarheit auszudrücken, die um die Küsten schwebte, als wir am schönsten Nachmittage gegen Palermo anfuhren. Die Reinheit der Konturen, die Weichheit des Ganzen, das Auseinanderweichen der Töne, die Harmonie von Himmel, Meer und Erde. Wer es gesehen hat, der hat es auf sein ganzes Leben. Nun versteh' ich erst die Claude Lorrains und habe Hoffnung, auch dereinst in Norden aus meiner Seele Schattenbilder dieser glücklichen Wohnung hervorzubringen. Wäre nur alles Kleinliche so rein daraus weggewaschen als die Kleinheit der Strohdächer aus meinen Zeichenbegriffen. Wir wollen sehen, was diese Königin der Inseln tun kann.

... Verzeiht, wenn ich mit einer stumpfen Feder aus einer Tusch-Muschel, aus der mein Gefährte die Umrisse nachzieht, dieses hinkritzle. Es kommt doch wie ein Lispeln zu Euch hinüber, indes ich allen, die mich lieben, ein ander Denkmal *(Nausikaa)* dieser meiner glücklichen Stunden bereite. Was es wird, sag' ich nicht; wann Ihr es erhaltet, kann ich auch nicht sagen.

Daselbst. Palermo, 7. April 1787. (Bd· 11, S. 240f.)

In dem öffentlichen Garten, unmittelbar an der Reede, brachte ich im Stillen die vergnügtesten Stunden zu. Es ist der wunderbarste Ort von der Welt. Regelmäßig angelegt, scheint er uns doch feenhaft; vor nicht gar langer Zeit gepflanzt, versetzt er ins Altertum ...

... der Eindruck jenes Wundergartens war mir zu tief geblieben; die schwärzlichen Wellen am nördlichen Horizonte, ihr Anstreben an die Buchtkrümmungen, selbst der eigene Geruch des dünstenden Meeres, das alles rief mir die Insel der seligen Phäaken in die Sinne, so wie ins Gedächtnis. Ich eilte sogleich einen Homer zu kaufen, jenen Gesang mit großer Erbauung zu lesen und eine Übersetzung aus dem Stegreif Kniepen vorzutragen, der wohl verdiente, bei einem guten Glase Wein von seinen strengen heutigen Bemühungen behaglich auszuruhen.

Daselbst. Palermo, 16. April 1787. (Bd. 11, S. 266.)

Da wir uns nun selbst mit einer nahen Abreise aus diesem Paradies bedrohen müssen, so hoffte ich, heute noch im öffentlichen Garten ein vollkommenes Labsal zu finden, mein Pensum in der Odyssee zu lesen und auf einem Spaziergang nach dem Tale, am Fuße des Rosalienbergs, den Plan der „Nausikaa" weiter durchzudenken und zu versuchen, ob diesem Gegenstande eine dra-

matische Seite abzugewinnen sei. Dies alles ist, wo nicht mit
großem Glück, doch mit vielem Behagen geschehen. Ich verzeich-
nete den Plan und konnte nicht unterlassen, einige Stellen, die
mich besonders anzogen, zu entwerfen und auszuführen.

An Fritz von Stein. Palermo, 17. April 1787.

Ich wünschte Dir, daß Du die Blumen und Bäume sähest, und
wärest mit uns überrascht worden, als wir nach einer beschwerlichen Überfahrt am Ufer des Meeres die Gärten des Alkinous
fanden.

Italienische Reise. Palermo, 17. April 1787. (Bd. 11, S. 266 f.)

Es ist ein wahres Unglück, wenn man von vielerlei Geistern,
verfolgt und versucht wird! Heute früh ging ich mit dem festen
ruhigen Vorsatz, meine dichterischen Träume fortzusetzen, nach
dem öffentlichen Garten; allein eh' ich mich's versah, erhaschte
mich ein anderes Gespenst, das mir schon diese Tage nachge-
schlichen. Die vielen Pflanzen, die ich sonst nur in Kübeln und
Töpfen, ja die größte Zeit des Jahres nur hinter Glasfenstern zu
sehen gewohnt war, stehen hier froh und frisch unter freiem Himmel, und indem sie ihre Bestimmung vollkommen erfüllen, werden
sie uns deutlicher. Im Angesicht so vielerlei neuen und erneuten
Gebildes fiel mir die alte Grille wieder ein: ob ich nicht unter
dieser Schar die Urpflanze entdecken könnte? Eine solche muß
es denn doch geben! Woran würde ich sonst erkennen, daß dieses
oder jenes Gebilde eine Pflanze sei, wenn sie nicht alle nach
Einem Muster gebildet wären?

Ich bemühte mich zu untersuchen, worin denn die vielen ab-
weichenden Gestalten von einander unterschieden seien. Und
ich fand sie immer mehr ähnlich als verschieden, und wollte
ich meine botanische Terminologie anbringen, so ging das wohl,
aber es fruchtete nicht, es machte mich unruhig, ohne daß es mir
weiter half. Gestört war mein guter poetischer Vorsatz, der
Garten des Alcinous war verschwunden, ein Weltgarten hatte sich
aufgetan. Warum sind wir Neueren doch so zerstreut, warum
gereizt zu Forderungen, die wir nicht erreichen, noch erfüllen
können!

Daselbst. Unter Taormina, am Meer, 8. Mai 1787. (Bd. 11, S. 298 ff.)

In einem schlechten, verwahrlosten Bauergarten habe ich mich
auf Orangenäste gesetzt und mich in Grillen vertieft. Orangenäste, worauf der Reisende sitzt, klingt etwas wunderbar, wird
aber ganz natürlich, wenn man weiß, daß der Orangenbaum,
seiner Natur überlassen, sich bald über der Wurzel in Zweige
trennt, die mit der Zeit zu entschiedenen Ästen werden.

Und so saß ich, den Plan zu „Nausikaa" weiter denkend, eine
dramatische Konzentration der Odyssee. Ich halte sie nicht für
unmöglich, nur müßte man den Grundunterschied des Drama
und der Epopöe recht ins Auge fassen . . .

Aus der Erinnerung

War ich nun durch die Gegenwart und Tätigkeit eines geschickten Künstlers *(Kniep)* und durch eigne, obgleich nur einzelne und schwächere Bemühungen gewiß, daß mir von den interessantesten Gegenden und ihren Teilen feste, wohlgewählte Bilder, im Umriß und nach Belieben auch ausgeführt, bleiben würden, so gab ich um so mehr einem nach und nach auflebenden Drange nach: die gegenwärtige herrliche Umgebung, das Meer, die Inseln, die Häfen, durch poetische würdige Gestalten zu beleben und mir auf und aus diesem Lokal eine Komposition zu bilden, in einem Sinne und in einem Ton, wie ich sie noch nicht hervorgebracht. Die Klarheit des Himmels, der Hauch des Meeres, die Düfte, wodurch die Gebirge mit Himmel und Meer gleichsam in Ein Element aufgelöst wurden, alles dies gab Nahrung meinen Vorsätzen; und indem ich in jenem schönen öffentlichen Garten zwischen blühenden Hecken von Oleander, durch Lauben von fruchttragenden Orangen- und Zitronenbäumen wandelte und zwischen andern Bäumen und Sträuchen, die mir unbekannt waren, verweilte, fühlte ich den fremden Einfluß auf das allerangenehmste.

Ich hatte mir, überzeugt, daß es für mich keinen bessern Kommentar zur Odyssee geben könne, als eben gerade diese lebendige Umgebung, ein Exemplar verschafft und las es nach meiner Art mit unglaublichem Anteil. Doch wurde ich gar bald zu eigner Produktion angeregt, die, so seltsam sie auch im ersten Augenblicke schien, mir doch immer lieber ward und mich endlich ganz beschäftigte. Ich ergriff nämlich den Gedanken, den Gegenstand der Nausikaa als Tragödie zu behandeln.

Es ist mir selbst nicht möglich, abzusehen, was ich daraus würde gemacht haben, aber ich war über den Plan bald mit mir einig. Der Hauptsinn war der: in der Nausikaa eine treffliche, von vielen umworbene Jungfrau darzustellen, die, sich keiner Neigung bewußt, alle Freier bisher ablehnend behandelt, durch einen seltsamen Fremdling aber gerührt, aus ihrem Zustand heraustritt und durch eine voreilige Äußerung ihrer Neigung sich kompromittiert, was die Situation vollkommen tragisch macht. Diese einfache Fabel sollte durch den Reichtum der subordinierten Motive und besonders durch das Meer- und Inselhafte der eigentlichen Ausführung und des besondern Tons erfreulich werden.

Der erste Akt begann mit dem Ballspiel. Die unerwartete Bekanntschaft wird gemacht, und die Bedenklichkeit, den Fremden nicht selbst in die Stadt zu führen, wird schon ein Vorbote der Neigung.

Der zweite Akt exponierte das Haus des Alcinous, die Charaktere der Freier und endigte mit Eintritt des Ulysses.

Der dritte war ganz der Bedeutsamkeit des Abenteurers gewidmet, und ich hoffte, in der dialogierten Erzählung seiner

Abenteuer, die von den verschiedenen Zuhörern sehr verschieden aufgenommen werden, etwas Künstliches und Erfreuliches zu leisten. Während der Erzählung erhöhen sich die Leidenschaften, und der lebhafte Anteil Nausikaas an dem Fremdling wird durch Wirkung und Gegenwirkung endlich hervorgeschlagen.

Im vierten Akte betätigt Ulysses außer der Szene seine Tapferkeit, indessen die Frauen zurückbleiben und der Neigung, der Hoffnung und allen zarten Gefühlen Raum lassen. Bei den großen Vorteilen, welche der Fremdling davonträgt, hält sich Nausikaa noch weniger zusammen und kompromittiert sich unwiderruflich mit ihren Landsleuten. Ulyß, der halb schuldig, halb unschuldig dieses alles veranlaßt, muß sich zuletzt als einen Scheidenden erklären, und es bleibt dem guten Mädchen nichts übrig, als im fünften Akte den Tod zu suchen.

Es war in dieser Komposition nichts, was ich nicht aus eignen Erfahrungen nach der Natur hätte ausmalen können. Selbst auf der Reise, selbst in Gefahr, Neigungen zu erregen, die, wenn sie auch kein tragisches Ende nehmen, doch schmerzlich genug, gefährlich und schädlich werden können; selbst in dem Falle, in einer so großen Entfernung von der Heimat abgelegne Gegenstände, Reiseabenteuer, Lebensvorfälle zu Unterhaltung der Gesellschaft mit lebhaften Farben auszumalen, von der Jugend für einen Halbgott, von gesetztern Personen für einen Aufschneider gehalten zu werden, manche unverdiente Gunst, manches unerwartete Hindernis zu erfahren; das alles gab mir ein solches Attachement an diesen Plan, an diesen Vorsatz, daß ich darüber meinen Aufenthalt zu Palermo, ja den größten Teil meiner übrigen sizilianischen Reise verträumte. Weshalb ich denn auch von allen Unbequemlichkeiten wenig empfand, da ich mich auf dem überklassischen Boden in einer so poetischen Stimmung fühlte, in der ich das, was ich erfuhr, was ich sah, was ich bemerkte, was mir entgegen kam, alles auffassen und in einem erfreulichen Gefäß bewahren konnte.

Nach meiner löblichen oder unlöblichen Gewohnheit schrieb ich wenig oder nichts davon auf, arbeitete aber den größten Teil bis aufs letzte Detail im Geiste durch, wo es denn, durch nachfolgende Zerstreuungen zurückgedrängt, liegen geblieben, bis ich gegenwärtig nur eine flüchtige Erinnerung davon zurückrufe.

Goethe an Boisserée. Jena, 4. Dezember 1817.

... mich freut gar sehr, daß Sie den Stoff der ,,Nausikaa'' gleich als tragisch erkannt; Ihnen traut' ich's zu, und es betrübt mich aufs neue, daß ich die Arbeit damals nicht verfolgt. Ich brauche Ihnen nicht zu sagen, welche rührende, herzergreifende Motive in dem Stoff liegen, die, wenn ich sie, wie ich in ,,Iphigenie'', besonders aber in ,,Tasso'' tat, bis in die feinsten Gefäße verfolgt hätte, gewiß wirksam geblieben wären.

ANMERKUNGEN DES HERAUSGEBERS
ZU
„NAUSIKAA"

1. Die äußere Entstehung.

Bei der Klärung der Entstehungsgeschichte des *Nausikaa*-Fragmentes bereitet die Existenz eines für die *Italienische Reise* dreißig Jahre später *aus der Erinnerung* niedergeschriebenen dramatischen Entwurfs erhebliche Schwierigkeiten. In diesem sind so tiefgreifende Differenzen gegenüber dem anfänglichen Plan enthalten, daß die Forschung — Suphan, Pniower, Max Morris — zunächst die Unzuverlässigkeit dieses Entwurfs in Erwägung zog. Erst Kettner hat mit guten Gründen gezeigt, daß es nicht angemessen ist, diese spätere Skizze einfachhin als einen Gedächtnisfehler des Dichters anzusehen.

Demgegenüber ist die Entstehung des ersten Planes leicht zu überschauen, und auch die Deutung ist nicht sehr schwierig. Die erste Spur eines Nausikaa-Dramas findet sich in einer Notiz aus einem italienischen Reisebericht für Charlotte v. Stein, datiert vom 22. Oktober 1786. In dieser Notiz erscheint als der in Aussicht genommene Titel *Ulysses auf Phäa*. Zur Ausführung kam der Plan erst auf Sizilien. Es war vor allem die paradiesische Atmosphäre dieser südlichen Insel mit ihrer reichen Vegetation, der Klarheit der Luft und der Reinheit der Konturen, die in Goethe die ursprünglichen Absichten wieder aufleben ließ. Die Arbeit läßt sich leicht verfolgen, weil jenes kleine Oktavheft erhalten ist, in dem mit einem Überblick über finanzielle Aufwendungen und mit flüchtigen Reisenotizen die Anfangsszenen des Dramas und einige andere Dialogfragmente aus dem 2., 3. und 5. Akt notiert sind; zu diesem kommen ein paar ausgerissene Blätter aus einem zweiten Heft mit einer Abschrift von *I, 3*, schließlich das für die Einsicht in den Entstehungsprozeß noch bedeutsamere Quartheft, in dem der Dichter auf der Vorderseite der Blätter das Szenar je eines Aktes notiert und auf der Rückseite die dazu gehörenden Dialogfragmente aus dem Oktavheft abgeschrieben hatte. Dieser dramatische Plan war entstanden, bevor sich Goethe ein Exemplar der Odyssee beschafft hatte. So ist es zu verstehen, daß in dem Szenar als Name der Heldin statt Nausikaa noch Arete erscheint, ein Name, den in der „Odyssee" in Wirklichkeit die Mutter Nausikaas trägt. Goethe hatte also vor der erneuten Lektüre der Odyssee die Worte verwechselt. Ebenso hatte er auf Grund eines ähnlichen Irrtums dem Bruder den Namen Neoros zugedacht.

Inzwischen hatte sich Goethe am 15. April 1787 den Homer beschafft. Wie die handschriftlichen Pläne der Entstehung ist auch dieses Exemplar noch erhalten und zeigt zahlreiche angestrichene Stellen, vor allem im 6. bis 13. Buch. Das Ergebnis der Lektüre sind einige Nachträge, die Goethe auf eingelegten Blättern dem Quarthefte beifügte (dazu Kettner a. a. O. S. 71). Diese bestehen aus dem Entwurf eines neuen Anfangs und eines neuen Schlusses von Szene 2. Unter den Nachträgen finden sich unter anderem auch die beiden berühmten Verse, die die Atmosphäre des Südens in so einzigartiger Weise wiedergeben. Auf einer später entstandenen Abschrift von Szene 3 taucht zum erstenmal der Name Nausikaa auf.

2. Die inneren Wandlungen in der Entwicklung des ursprünglichen Planes.

Versucht man den Handlungszusammenhang des ersten Entwurfes nach dem Szenar und den ausgeführten Versen zu rekonstruieren, dann ergibt sich folgendes: Akt I: Ballspiel der Gespielinnen Nausikaas (hier aber noch Aretes); Erscheinung des Ulysses; Monolog, in dem der Held sich der Ausweglosigkeit seiner Lage bewußt wird. Diese Szene wird abgelöst durch einen Dialog Aretes mit ihrer Vertrauten Xante. Die beiden Verse, die von diesem Szenar erhalten sind, zeigen, wie sorgfältig vor allem die innere Verfassung Aretes herausgearbeitet wird. Schon in Szene 1 hatten beiläufige Bemerkungen ihrer Gespielinnen Bezug darauf gehabt. Es folgt das erste Zusammentreffen Aretes mit Ulysses. Von diesem Gespräch sind wieder einige Verse überliefert. In ihnen breitet Arete, um den Fremden zum Bleiben zu ermutigen, den Reiz der heimatlichen Landschaft aus. Bedeutsam in dem Szenar ist vor allem die kurze Bemerkung *Angesehen*, Hinweis darauf, wie sehr die Heldin schon vom ersten Moment an von dem Fremden angezogen ist. Der erste Akt wird beschlossen mit einem Monolog des Ulysses, in dessen Skizzierung das Wort *unverheurathet* wichtig ist, und zwar weil es andeutet, in welcher Weise sich Goethe in diesem Entwurf die Schuld des Helden gedacht hat. Seiner Wesensart entsprechend will er listig die eheliche Bindung verschweigen (dazu vor allem Kettner a. a. O. S. 161ff.).

Schauplatz des 2. Aktes ist der Garten des Alkinous. In der 1. Szene ist Alkinous bemüht, die Schäden des vergangenen Sturmes zu beseitigen. In der 2. Szene tritt der Sohn hinzu, um Nachrichten über diesen zu bringen; in der 3. Szene erscheint Arete, dem Vater von häuslichen Sorgen und Arbeiten zu berichten. Diese 3 Szenen waren einheitlich gestaltet, indem der Dichter sorgfältig bemüht war, in allem eine Atmosphäre der Geborgenheit und der Geschlossenheit spürbar zu machen. Zu den dreien tritt dann Ulysses, sich wiederum mit einer neuen Lüge einführend: statt seinen Namen zu nennen, gibt er sich als Gefährten des Ulysses aus. In dieser Szene sollte es vor allem um die Heimkehr des Helden gehen. Anschließend kommt es zu einem freundschaftlichen Gespräch zwischen Ulysses und Neoros.

Mit diesen beiden Akten war der Absicht des Dichters zufolge die Exposition abgeschlossen. Mit dem 3. Akt kommt die eigentliche Tragödie in Gang. Arete spricht Xante (in den ausgeführten Versen Tyche) gegenüber offen von ihrer Leidenschaft. Das Lob des Ulysses aus dem Munde des Bruders in der folgenden Szene ist geeignet, diese noch zu steigern. Auch hier hält Arete nicht mit dem zurück, was in ihrem Herzen vorgeht. Mit Szene 3 beginnt die Tragödie im engsten Sinn. Das Szenar deutet sie mit folgender Wendung an: *Und er soll scheiden.* Nächste Szene: Gespräch zwischen Ulysses und Arete: *Frage, ob unverheuratet.* Wieder eine Andeutung der Schuld: Ulysses beantwortet diese Frage mit einer neuen Lüge. Noch einmal erfolgt von seiten Aretes der Preis des Landes; zugleich gibt sie ihm damit zu verstehen, *daß er bleiben könne.*

Der vierte Akt ist am knappsten gezeichnet. An seinem Anfang steht zunächst eine Beratung der Ältesten, in der es sich um die Heimkehr des Helden handelt. Arete tritt hinzu. Offenbar gibt im folgenden Ulysses seine Verstellung auf und nennt seinen wahren Namen. Daß auch seine näheren Lebensumstände damit offenbar werden, muß vorausgesetzt werden. Der 5. Akt setzt die Enthüllung voraus. Er beginnt mit einem Monolog Aretes, in dem die furchtbare Not ihres Herzens angesichts der Unerfüllbarkeit ihrer Liebe und auch angesichts des Trugs des Fremden spürbar wird. Noch einmal bietet sich als *erregendes Moment* die Möglichkeit eines Umschlags zum Guten. Ulysses spricht mit Alkinous von einer möglichen Verbindung zwischen Arete und seinem Sohn Telemachos. Indessen scheitert dieser Kompromiß an der adeligen Unbedingtheit der Heldin.

Versucht man den Konflikt der *Nausikaa,* soweit er in dem Entwurf greifbar ist, näher zu bestimmen, dann muß es wohl in folgender Richtung geschehen: Wie schon bei der Analyse des Szenars in den ausgeführten Partien angedeutet wurde, geht es in der *Nausikaa* um letzte Gegensätze des Seins, vor allem um den der Selbstbewährung und des Über-sich-hinaus-gehen-Müssens, motivisch sich darstellend vor allem in der Spannung der Geschlechter, dazu in dem Gegensatz der inselhaft geschlossenen Welt des Alkinous und der Weite des Meeres, vielleicht auch in dem eines Daseins, das in paradiesisch-naturhafter Vollendung geborgen ist — von daher das wichtige Motiv des Gartens —, und eines solchen, das um die Spannungen und Widersprüche des Geistes weiß, schließlich in jenem Gegensatz, der in Gedichten wie *Der Wandrer,* in der Ballade von dem *Wanderer und der Pächterin,* aber auch an anderen Stellen gestaltet wurde, in dem des Bleibens und des Wanderns.

Soll etwas über die besondere Form der Tragik ausgesagt werden, so empfiehlt es sich wiederum, von dem Unterschied auszugehen, der die Goethesche Dramatik von der antiken trennt. Auch hier unterscheidet sich Goethe von der antiken Tragödie durch das Moment der Innerlichkeit, sich verdichtend vor allem in den großen Monologen des Ulysses und noch mehr in denen der Arete, dann auch in ihren Gesprächen mit der Vertrauten. Aber vielleicht genügt auch im Zusammenhang dieses Fragmentes der Begriff der Innerlichkeit als solcher nicht. Das Moment der Innerlichkeit ist auch der „Odyssee" — im Gegensatz zur „Ilias" — nicht ganz fremd. Was die ausgeführten Partien der *Nausikaa* auszeichnet, das ist wieder jene besondere Spielart der Innerlichkeit, wie sie schon in der *Iphigenie* spürbar wurde, die nämlich, deren nähere Bestimmung die Innigkeit ist. Diese allerdings ist der Antike im tiefsten fremd, da sie nur als Ausdruck eines Vermögens verstanden werden kann, die letzten Gegensätze des Seins zu versöhnen und zur Einheit zu verbinden.

Um diese Einbegreifung, aber auch um die Schwierigkeiten, die ihr in dieser Verfassung der Endlichkeit im Wege stehen, geht es in dem vorliegenden Dramenentwurf; nicht anders als in der *Iphigenie*, im *Tasso* und in der *Natürlichen Tochter*. Daß diese Sehnsucht im Hier und Jetzt nicht zu erfüllen ist, macht die Tragik aus. Wiederum handelt es sich nicht um eine Zerfällung, die im Grunde des Seins angelegt ist, sondern um eine solche, die in einer Verschuldung des Menschen bedingt ist. Diese ist in dem Entwurf gegenüber der *Iphigenie* allgemeiner gefaßt: Sie resultiert nicht aus bestimmten Handlungen, vielmehr prägt sie die Signatur der Endlichkeit vor jedem Handeln, und wird doch für alle zum Schicksal, die in dieses eintreten. Wie abgründig diese Schuld ist, das wird vor allem spürbar in einer — wiederum völlig unantiken — Schwermut, in jener Gestimmtheit also, die, obwohl bezogen auf die letzte Erfüllung, doch die Unerfülltheit der gegenwärtigen Situation in schmerzlicher Weise offenbar macht. Gerade diese ist es, die die Atmosphäre der *Nausikaa*, anders als die der *Iphigenie*, in charakteristischer Weise prägt. Sie wird sich später wieder im Umkreis der Prinzessin des *Tasso* entfalten.

Wenn die Annahme zu Recht besteht, daß auf diese Weise in der *Nausikaa* eine Vertiefung und Objektivierung der Schuld gegeben ist, dann wird vielleicht auch erklärbar, was dem Dichter an dem ersten Entwurf noch so unzureichend erschien, daß er später in der *Italienischen Reise* einen neuen vorlegte. Als unzureichend und überflüssig stellte sich vor allem im Szenar die Lüge des Ulysses dar. Diese Verfehlung kann den Charakter der Zufälligkeit nicht verleugnen. Wenn nach dem ersten Entwurf die Schuld zur Endlichkeit im Ganzen gehört, dann bedarf es nicht mehr einer einzelnen verfehlten Handlung, um

sie zu begründen. Von da aus wird es verständlich, wenn Kettner annimmt, daß der aus der Erinnerung niedergeschriebene Plan der *Italienischen Reise* Wandlungen des Dichters bewahrt habe, die darauf
zielen, den Nausikaa-Stoff im Sinne einer der Gesetzlichkeit des Seins
angemesseneren Deutung umzugestalten. Darauf deutet der Satz, nach
dem Ulysses *halb schuldig, halb unschuldig* das Schicksal der Heldin bewirkt.

In diesem zweiten Entwurf bedarf es auch nicht mehr der Enttäuschung über den Trug des Ulysses, um den Tod Nausikaas zu motivieren.
Dazu genügt über alles Zufällige hinaus die Tatsache, daß sie, indem
sie aus der ihr auferlegten Zurückhaltung heraustritt, nicht nur gegen
das Gesetz ihrer ständischen Existenz, sondern auch gegen das der
Endlichkeit verstößt. Die Scham, die sie dort in den Tod treibt, hat
ihre Wurzel in dem Wissen, daß zu dieser der Verzicht gehört, daß
also der schuldig wird, der diesen nicht wahr haben will und eine im
Hier und Jetzt nicht mögliche Vereinigung mit der gegensätzlichen
Welt des anderen erstrebt. Wenn eine Deutung dieser Art zu Recht besteht, dann wäre Nausikaa eine Schwester der Iphigenie und noch mehr
die der Prinzessin des *Tasso* geworden. Vielleicht hat Goethe dieser
später anvertraut, was ursprünglich der Nausikaa zugedacht war.
Beide sind tragische Gestalten, ob die Grenzen faktisch überschritten
werden oder ob, wie im Falle der Prinzessin, ein schmerzhaftes Wissen
um das Faktum dieser Grenzen das Dasein in Not bringt.

3. Kommentar.

94—96. Dann schweigen sie... Worte Nausikaas als erstes Bekenntnis
der aufkeimenden Liebe.

97ff. Und wie der arme... Worte des Ulysses aus dem Monolog
I, 2. Anregung zu diesem Vergleich gab der Text der Odyssee.

102ff. In meines Vaters... Teil aus dem ersten Gespräch Ulysses-
Nausikaa; Worte der Nausikaa, mit denen sie den Helden in ihre Welt
hinüberziehen möchte, in die Welt des Bleibenden und in die einer
gartenhaften Vollkommenheit und Geschlossenheit.

120ff. Du bist nicht einer... Diese Verse sind nach der Homer-Lek-
türe hinzugedichtet und finden sich auf einem der losen Blätter, die
nachträglich in das Quartheft hineingelegt wurden. Wohin auch diese
Worte in der *Nausikaa* gehören, sie stehen in betontem Gegensatz
zu der verstellt-trügerischen Haltung, in die sich Ulysses hineinbegeben
hat.

129f. Ein weißer Glanz... Verse, in denen sich die Vollkommenheit
des südlichen Landes in unvergleichlicher Weise verdichtete.

131ff. *Und nur*... Offenbar aus dem Gespräch Ulysses-Nausikaa *III, 4*; Worte des Helden an Nausikaa zum Preis ihres Landes.

134ff. *Er ist wohl jung*... Aus einem Gespräch Nausikaas mit ihrer Vertrauten; im Szenar *III, 1*; Worte der Vertrauten, in denen sich eine scherzhafte Wendung des Gespräches ankündigt.

137f. *Du gäbst ihm*... Aus demselben szenischen Zusammenhang.

139ff. *Der Mann*... Worte des Alkinous an Ulysses, Entwurf zu *V, 4*. Sie stehen wohl im Zusammenhang mit dem Vorschlag des Ulysses, Nausikaa mit Telemachos zu vermählen.

154ff. *Ein gottgesendet Übel*... gehören zur Schlußszene des geplanten Dramas.

BIBLIOGRAPHIE ZU „NAUSIKAA"

Erstdruck: Nausikaa. Ein Trauerspiel. Ausgabe letzter Hand. Tübingen 1827, Cotta. 4. Band.

Hans G. Gräf, Goethe über seine Dichtungen. 2. T., 3. Bd., S. 562—574.

Wilhelm Scherer, Goethes Nausikaa. In: Westermanns Monatshefte, Bd. 46, 1879, S. 177—234.

W. v. Biedermann, Nausikaa. In: Goetheforschungen, 1879, S. 124—144.

Max Morris, Nausikaa. In: GJb. XXV, 1904, S. 89—115.

Gustav Kettner, Goethes Nausikaa. Berlin 1912.

Rudolf Bach, Nausikaa. Die Geschichte eines Fragments. In: Goethe, Bd. 5, 1940, S. 3—23.

Hermann Augustin, Goethes und Stifters Nausikaa-Tragödie. Basel 1941.

E. Horner, Nausikaa-Dramen. In: Bühne und Welt, Bd. 13, S. 379—387.

S. auch:

Eugen Kühnemann, Goethe, a. a. O. 2. Bd., S. 269.

Kurt Hildebrandt, Goethe, a. a. O. S. 167.

Fritz Strich, Goethe und die Weltliteratur. Bern 1946.

ZUR TEXTGESCHICHTE DER „NAUSIKAA"

Das Fragment erscheint zum erstenmal im 4. Band der *Ausgabe letzter Hand* 1827. Als Druckvorlage diente wahrscheinlich die von Kräuter geschriebene und vom Korrektor Göttling verbesserte Handschrift H⁵ (Weimarer Ausg.: H¹), die die beiden ersten Auftritte enthielt. H¹ (W.: H³) hat Skizzen von der sizilischen Reise und verstreute Niederschriften, H³ (W.: H⁴) bietet 34 Verse des *dritten Auftritts* aus dem *1. Aufzug*, während H² (W.: H⁵), da sie weitere Ausführungen von Entwürfen aus H¹ und eine frühere Fassung der beiden gedruckten Auftritte enthält, für die Paralipomena von Wichtigkeit ist. Letztere erschienen zum erstenmal vollständig abgedruckt im Lesartenapparat der Weimarer Ausgabe.

15. *Kommt mit!* J; *Komm mit!* C, W, F. — 32. *Verlaßnen* J; *Verlaßnem* C, W, F. — 33. *finden* C, W, J, F; bei Goethe ursprünglich ein Fragezeichen, das Göttling änderte. — 34. *Rohen, Ungezähmten* J; *rohen, ungezähmten* C, W, F. — 37. *Bedürfnis o ihr* C, W, F; *Bedürfnis! o ihr* J.

GOETHE UND SEINE ZEITGENOSSEN ÜBER „TORQUATO TASSO"

Goethes Tagebuch. Weimar, den 30. März 1780.
... Gute Erfindung „Tasso".

Im Oktober beginnt Goethe am „Tasso" zu schreiben, und von da an finden sich den ganzen November und Dezember hindurch Briefnotizen an Frau von Stein, die vom Fortgang der Arbeit sprechen; auch zu Beginn des Jahres 1781 erwähnt er die Beschäftigung mit dem Drama.

Goethe an Charlotte von Stein. Weimar, den 20. April 1781.
Von mir sag' ich Dir nichts, noch vom Morgen. Ich habe gleich am „Tasso" schreibend Dich angebetet. Meine ganze Seele ist bei Dir... Heut will ich fleißig sein.

Auch die folgenden Sommermonate bringen Tagebuchnotizen und Briefstellen, die im Zeichen des „Tasso" stehen.

Goethe an Knebel. Rom, den 19. Februar 1787.
Nun wird an „Tasso" gearbeitet, der geendigt werden soll.

Goethes Italienische Reise, auf der Seefahrt von Neapel nach Palermo. 30. März 1787. (Bd. 11, S. 226.)
... Die zwei ersten Akte des „Tasso", in poetischer Prosa geschrieben, hatte ich von allen Papieren allein mit über See genommen. Diese beiden Akte, in Absicht auf Plan und Gang ungefähr den gegenwärtigen gleich, aber schon vor zehn Jahren geschrieben, hatten etwas Weichliches, Nebelhaftes, welches sich bald verlor, als ich nach neueren Ansichten die Form vorwalten und den Rhythmus eintreten ließ.

Daselbst. 31. März 1787. (Bd. 11, S. 226.)
... Das Meer fing an, höher zu gehen, und im Schiffe war fast alles krank.
Ich blieb in meiner gewohnten Lage, das ganze Stück ward um und um, durch und durch gedacht.

Daselbst. 1. April 1787. (Bd. 11, S. 227f.)
... Ich wagte mich manchmal aufs Verdeck, doch ließ ich meinen dichterischen Vorsatz nicht aus dem Sinne, und ich war des ganzen Stücks so ziemlich Herr geworden.

Daselbst. 2. April 1787. (Bd. 11, S. 228.)
... früh 8 Uhr fanden wir uns Palermo gegenüber. Dieser Morgen erschien für mich höchst erfreulich. Der Plan meines Dramas war diese Tage daher, im Walfischbauch, ziemlich gediehen.

Zweiter römischer Aufenthalt. 1. Februar 1788. (Bd. 11, S. 516.)

Dann geht eine neue Not an, worin mir niemand raten noch helfen kann. ,,Tasso" muß umgearbeitet werden, was da steht, ist zu nichts zu brauchen, ich kann weder so endigen noch alles wegwerfen. Solche Mühe hat Gott den Menschen gegeben!

Goethe an den Herzog Karl August. Rom, 28. März 1788.

Ich lese jetzt das Leben des Tasso, das Abbate Serassi und zwar recht gut geschrieben hat. Meine Absicht ist, meinen Geist mit dem Charakter und den Schicksalen dieses Dichters zu füllen, um auf der Reise etwas zu haben, das mich beschäftigt. Ich wünsche, das angefangne Stück, wo nicht zu endigen, doch weit zu führen, eh' ich zurückkomme. Hätte ich es nicht angefangen, so würde ich es jetzt nicht wählen, und ich erinnre mich wohl noch, daß Sie mir davon abrieten. Indessen wie der Reiz, der mich zu diesem Gegenstande führte, aus dem Innersten meiner Natur entstand, so schließt sich auch jetzt die Arbeit, die ich unternehme, um es zu endigen, ganz sonderbar ans Ende meiner Italienischen Laufbahn, und ich kann nicht wünschen, daß es anders sein möge. Wir wollen sehen, was es wird.

Goethe im Gespräch mit Herders Frau. Weimar, 6. Oktober 1788.

Goethe kam ... und hat mir ... aus dem ,,Tasso" einige Stellen gelesen. Es ist eine vortreffliche Arbeit, eine vortreffliche, würdige Sprache, ein herrlicher Geist, der die Charaktere so präzis darstellt. Ich habe nur noch wenig gehört, es gefiel mir aber sehr, und es freute ihn. Er sagte, die Iamben seien noch besser als in der ,,Iphigenia".

Goethe an Knebel. Weimar, 15. Februar 1789.

Heut früh ist die erste Szene des ,,Tasso" fertig geworden. Ich gehe an Hof und lese sie Euch diesen Nachmittag bei Frau von Stein, wenn nichts hindert...

Caroline Herder an ihren Mann. Weimar, Mitte März 1789.

... Von diesem Stück sagte er mir im Vertrauen den eigentlichen Sinn. Es ist die Disproportion des Talents mit dem Leben. Er freut sich recht über mich, daß ich es selbst so gut empfinde. Der Augenblick, da der zarte Dichter bekränzt wird, ist mir recht rührend gewesen; nun ist er eingeweiht zum Leben, Lieben und Leiden! —

Die gute Kalbin *(Charlotte v. Kalb)* ... Sie nimmt Goethens ,,Tasso" gar zu speziell auf Goethe, die Herzogin, den Herzog und die Steinin; ich habe sie aber ein wenig darüber berichtigt. Das will ja auch Goethe durchaus nicht so gedeutet haben. Der Dichter schildert einen ganzen Charakter, wie er ihm in seiner Seele erschienen ist; einen solchen ganzen Charakter besitzt ja aber ein einzelner Mensch nicht allein. So ist es mit dem Dichter-

talent selbst, so mit der Kunst zu leben, die er durch den Herzog
oder Antonio darstellt. Daß er Züge von seinen Freunden, von
den Lebenden um sich her nimmt, ist ja recht und notwendig;
dadurch werden seine Menschen wahr, ohne daß sie eben ein
ganzer Charakter lebend sein können oder dürfen...

Goethe an J. F. Reichardt. Weimar, 15. Juni 1789.

„Tasso" ist nun in der letzten Revision und geht sogleich in
den Druck über. Ich freue mich, daß er Ihnen und Ihrer Gattin
ein paar gute Stunden machen wird.

*Ursprünglicher Schluß der Italienischen Reise. Weimar, 31. August
1817. (Zum April 1788. Bd. 11, S. 677f.)*

Bei meinem Abschied aus Rom empfand ich Schmerzen einer
eigenen Art... Den größten Teil meines Aufenthalts in Florenz
verbrachte ich in den dortigen Lust- und Prachtgärten. Dort
schrieb ich die Stellen, die mir noch jetzt jene Zeit, jene Gefühle
unmittelbar zurückrufen. Dem Zustand dieser Lage ist allerdings
jene Ausführlichkeit zuzuschreiben, womit das Stück teilweis
behandelt ist und wodurch seine Erscheinung auf dem Theater
beinah unmöglich ward. Wie mit Ovid dem Lokal nach, so konnte
ich mich mit Tasso dem Schicksale nach vergleichen. Der
schmerzliche Zug einer leidenschaftlichen Seele, die unwiderstehlich zu einer unwiderruflichen Verbannung hingezogen wird,
geht durch das ganze Stück. Diese Stimmung verließ mich nicht
auf der Reise trotz aller Zerstreuung und Ablenkung, und, sonderbar genug, als wenn harmonische Umgebungen mich immer be-
günstigen sollten, schloß sich nach meiner Rückkehr das Ganze
bei einem zufälligen Aufenthalte zu Belvedere, wo so viele Er-
innerungen bedeutender Momente mich umschwebten.

Ampère in Le Globe. 20. Mai 1826.

... il me semble que c'est lui qui parle par la bouche du Tasse;
et dans cette poésie si harmonieuse, si délicate, il y a du „Werther".

*Goethe bemerkt zu dieser Äußerung in einem Gespräch mit Eckermann
am 3. Mai 1827:*

Wie richtig hat er *(Ampère)* bemerkt, daß ich in den ersten
zehn Jahren meines weimarischen Dienst- und Hoflebens so gut
wie gar nichts gemacht, daß die Verzweiflung mich nach Italien
getrieben, und daß ich dort, mit neuer Lust zum Schaffen, die
Geschichte des Tasso ergriffen, um mich in Behandlung dieses
angemessenen Stoffes von demjenigen frei zu machen, was mir
noch immer aus meinen weimarischen Eindrücken und Erinne-
rungen Schmerzliches und Lästiges anklebte. Sehr treffend nennt
er daher auch den „Tasso" einen gesteigerten „Werther".

ANMERKUNGEN DES HERAUSGEBERS
ZU
„TORQUATO TASSO"

1. Entstehungsgeschichte.

Die Arbeit am *Tasso* vollzog sich in zwei Etappen. Der Ur-*Tasso* entstand in der Zeit vor der italienischen Reise, und zwar in den Jahren 1780 und 1781. Während der Reise reifte dann, wie im Falle der *Iphigenie*, der Plan einer Umformung und Erweiterung. Die Arbeit an der endgültigen Fassung begann mit dem Jahre 1788 und zog sich bis 1789 hin. Tagebuchnotizen, Stellen aus den Briefen jener Jahre und endlich die Kenntnis der Handschriften, die aus der Hand von Schreibern stammen und von Goethe überarbeitet sind, gestatten uns, die Arbeit genauer zu verfolgen.

Die Quelle des nicht erhaltenen Ur-*Tasso* war im wesentlichen eine Biographie des italienischen Dichters aus der Feder des Giovanni Battista Manso, ein Werk, das, ohne jede Kritik niedergeschrieben, die Grundlage der sogenannten Tasso-Legende bildet. In deren Mittelpunkt steht die frei erfundene Liebesgeschichte des Dichters mit der Prinzessin Leonore. Da das Liebesmotiv auch die Thematik des Ur-*Tasso* im wesentlichen bestimmt hatte, genügte Goethe damals diese Quelle. Wenn wir uns an die Notizen der Reise und der Tagebücher halten dürfen, dann enthielt dieser die zwei ersten Akte der endgültigen Fassung, jene Szenen ausgenommen, in denen Antonio auftritt.

Die erste Spur des Plans findet sich in einer Tagebuchnotiz vom 30. März 1780: *Gute Erfindung: Tasso.* Die eigentliche Arbeit scheint Goethe erst später aufgenommen zu haben. Wieder gibt das Tagebuch Rechenschaft darüber. Unter dem 14. Oktober findet sich die Notiz: *Tasso angefangen zu schreiben.* Über die weitere Arbeit geben die Briefe Auskunft. Danach hat Goethe in Gegenwart Knebels am Abend des 10. November die erste vollendete Szene des Dramas vorgelegt. Dieselben Briefe unterrichten von der weiteren Arbeit. Sie gedieh vor allem in diesem Monat November so weit, daß Goethe den ersten Akt vollenden und schon den zweiten beginnen konnte. Dann kam die Arbeit ins Stocken. Eine Briefstelle vom letzten Tag des Jahres spricht von dem unvollendeten Drama. Erst im Frühjahr 1781 holt es Goethe wieder hervor. Die Briefe des März und April geben die erwünschte Auskunft darüber, wie die Arbeit sich entwickelte. Offenbar kam sie im Mai des Jahres zu einem vorläufigen Ende.

Die zweite Phase des Schaffens an dem Werk setzt in Italien ein. Zunächst traten *Iphigenie* und *Egmont* in den Vordergrund. Erst eine Tagebuchnotiz, niedergeschrieben auf der Seereise nach Palermo, spricht von dem Plan einer Umarbeitung auch dieses Dramas. Das

Datum des 30. März 1787 enthält ein bedeutsames Wort über die Notwendigkeit vor allem einer stilistischen Neufassung. Das *Weichliche*, *Nebelhafte*, so meinte der Dichter, müsse verschwinden. Während in Sizilien der Entwurf der *Nausikaa* die erste Stelle einnahm, besinnt sich der Dichter erst am Ende der italienischen Reise wieder auf den Plan einer Umarbeitung des *Tasso*. Wie weit diese in die Substanz des zweiaktigen Dramas eingreifen mußte, zeigt die wichtige Notiz vom 1. Februar 1788: *Tasso muß umgearbeitet werden, was da steht, ist zu nichts zu brauchen.* Die endgültige Gestalt des Dramas entsteht zwischen 1788 und 1789.

Wenn für den Ur-*Tasso* die sogenannte Tasso-Legende des Manso die Grundlage bildet, so tritt bei der Vollendung der endgültigen Fassung an die Seite dieser Biographie eine zweite, ausführlichere und weniger legendäre: die Tasso-Biographie des Abbate Pierantonio Serassi, erschienen in Rom 1785. Eine Briefstelle an den Herzog vom 28. März 1788 weist darauf hin, daß der Dichter im Zusammenhang mit der Arbeit an dem Drama diese Biographie eingehend studiert. War das Tasso-Buch des Manso für Goethe bedeutsam, weil in seinem Mittelpunkt die legendäre Liebe Tassos zur Prinzessin stand, so wurde die Biographie des Serassi wichtig, weil sie Goethe über Tassos Spannungen mit den politischen Machthabern genauer unterrichtete. Vor allem eine Gestalt lernte Goethe aus der Biographie Serassis kennen, das ist Antonio Montecatino, der nach Ausweis der Handschriften andere mögliche Rivalen des Tasso ablöst. Diese Einbeziehung Antonios bedeutet natürlich nicht nur eine äußere Erweiterung des Personenbestandes, sondern zeigt an, nach welcher Richtung sich das Interesse Goethes in dem Drama verlagert hatte: mit dem Liebesmotiv verbindet sich jenes, das den Gegensatz des Dichters und des Staatsmannes zum Kern hat. Der vollendete *Tasso* stellt ein Geflecht aus beiden Motiven dar. Hatte Charlotte v. Stein die Arbeit am Ur-*Tasso* begleitet, so ist der Herzog nun jener, der regen Anteil an der Neufassung und Erweiterung des Dramas nimmt. Der Herbst 1788 und das Frühjahr 1789 sehen den Dichter am Werk. Am 19. Februar 1789 heißt es in einem Brief an den Herzog: *Tasso wächst wie ein Orangenbaum sehr langsam. Daß er nur auch wohlschmeckende Früchte bringe.* April, Mai, Juni 1789 bringen die Vollendung. Das Werk erschien dann im 6. Band der Gesamtausgabe.

2. Thematik und Gehalt des Dramas.

Während für die Entstehung der *Iphigenie* die biographischen Voraussetzungen höchst wichtig sind, ist es schwierig, diese für den *Tasso* in schlüssiger Weise zu rekonstruieren. So muß die Deutung ohne eine solche Stütze und Korrektur ans Werk gehen. Bei der Analyse der

Iphigenie wurde darauf hingewiesen, daß eine ähnliche Konstellation in zeitlich-epochalem Sinn sowohl bei der Entstehung der antiken Tragödie wie auch bei dem Drama Goethes gegeben ist. Da für den *Tasso* dieselbe Voraussetzung gilt, ist es nötig, noch einmal daran zu erinnern. Auch in diesem Falle ist die Tatsache von Bedeutung, daß das Drama eine geschichtliche Situation gestaltet, dadurch bestimmt, daß der Mensch mit besonderer Nachdrücklichkeit versucht, sein Dasein von der Dimension der Höhe und der Tiefe abzuschirmen, um es aus seiner immanenten Gesetzlichkeit heraus zu behaupten und zu formen. Und auch das war schon in der *Iphigenie* von Bedeutung: Gegen diesen Geist einer radikalen Endlichkeit stellt sich sowohl die antike wie auch die Goethesche Tragödie insofern in Gegensatz, als beide wieder an jene Lebensmöglichkeiten erinnern, denen gegenüber der Geist der Endlichkeit als fragwürdig gelten muß. Beide greifen in dieser Absicht auf die Substanz und die Normen einer Zeit zurück, in der die Offenheit nach der Höhe und Tiefe hin in der Ordnung des Lebens noch selbstverständlich war. Indem sie sich aber auf die Geltung dieser Normen in einer geschichtlichen Stunde beziehen, die entschlossen ist, diese zu bestreiten, bekommt ihr Anliegen den Charakter der Tragik, falls die Annahme zu Recht besteht, daß zum Gesetz des Tragischen die Ortlosigkeit des Wesens in einer dem Wesen entfremdeten Wirklichkeit gehört.

Von dieser Voraussetzung her ist es auch nötig an den *Tasso* heranzugehen und ihn im Sinne eines solchen Konfliktes zu deuten. So begriffen, ist es kaum möglich, die Sphäre des Staates und der Gesellschaft in diesem Drama, jene also, die vor allem durch Antonio, durch den Herzog und in gewisser Weise auch durch Leonore Sanvitale repräsentiert wird, im Sinne einer legitimen Gegenmöglichkeit zu verstehen, einer solchen, die an geistigem Rang dem des Helden ebenbürtig ist. In ihr stellt sich vielmehr, wie schon in der Gestalt des Pylades in der *Iphigenie*, jene Welt dar, die zugleich des Untergrundes wie des Bezuges zur Höhe ermangelt, indem für sie ausschließlich das Moment der Herrschaftlichkeit, der rationalen Klarheit und Überschau maßgebend ist.

Ihnen steht Tasso gegenüber, und zwar als einer, der, in die Zone des Schicksals hineingestellt, in dieser zweckbestimmten Ordnung und im Kreise dieser in ihren eigenen Formen schwingenden Welt nicht aufzugehen vermag. Daran ist vor allem bei der Deutung festzuhalten. Auch wenn Goethe selbst in unverbindlich allgemeiner Form von der Disproportionalität des Talentes zum Leben als dem Thema des Dramas sprach, wird man dem Werk kaum gerecht, wenn man ausschließlich von der Problematik des Künstlers als eines solchen ausgeht und diese am Ende noch rein psychologisch versteht. Um die Disproportionalität des Künstlers dem Leben gegenüber geht es in dem Drama nur deshalb, weil diese geeignet ist, in einer besonders deutlichen Weise die Aporie der geschichtlichen Situation im ganzen transparent zu machen. Was Tasso zur tragischen Gestalt macht, ist also nicht das, was man die „morbidezza" nannte — aus so zufälligen psychologischen Bestimmungen erwächst keine Tragik —, sondern vielmehr jener Umstand, daß er wie keiner um ihn herum um den unabdingbaren Anspruch des Wesens und zugleich um die beklemmende Ohnmacht dieses Anspruchs weiß, indessen nicht willens ist, damit vorliebzunehmen. Diese Differenz und die Entfremdung von Wesen und Wirklichkeit ist es, die die Voraussetzung des Geschehens bildet, und sie greift so tief und ist so umfassend, daß der Riß nicht nur Menschen hohen und niedrigen Ranges scheidet, sondern mitten durch die eigene Existenz des Helden geht, indem dieser die Forderung des Unbedingten zwar zu vernehmen, aber nicht mehr im eigenen Daseinsbestand in gültig-vorbildlicher Weise zu verwirklichen vermag. Von da aus ist in der Existenz Tassos, ähnlich wie bei der Gestalt Hamlets, die innere Unsicherheit mit all den Schwierigkeiten zu verstehen, bei denen eine sich im Vordergründig-Partikulären erschöpfende rein psychologische Analyse einzusetzen pflegt.

Deutet man so das Drama von den geschichtlichen Voraussetzungen her, so ist für das Verständnis vor allem *I, 3* wichtig, indem hier das eigentliche Anliegen des Werkes und damit auch das der Situation der Zeit in besonders aufschlußreicher Weise zu Worte kommt. In dieser — so muß aus der Szene gefolgert werden — ist das Wort und die Existenz des Dichters der Wirklichkeit gegenüber isoliert, und andererseits hat der Bereich der Tat den Bezug zum Sinn verloren. Wenn Tasso nicht müde wird, voller Sehnsucht die vergangene Zeit zu umwerben, so deshalb, weil in dieser, anders als in der Gegenwart, Wesen und Wirklichkeit, Dichter und Held, Weisheit und Tat wie durch einen Magneten aneinander gebunden und aufeinander bezogen waren.

In denselben thematischen Umkreis ist auch der zweite Motivkomplex des Dramas einzuordnen, jener, der offenbar den ursprünglichen Kern des Ganzen bildete und im Einklang mit den biographischen Voraussetzungen Goethes die Thematik des Ur-*Tasso* bestimmte, die Begegnung Tassos mit der Prinzessin. Will man diesen in seiner Bedeutung innerhalb der geistigen Ökonomie des Werkes erfassen, so sind vor allem jene Elemente hervorzuheben, die auf die Verwandtschaft mit dem Geist der platonischen Philosophie hinweisen. Auf sie ist auch von der Forschung aufmerksam gemacht worden, und es ist nicht etwas Beiläufiges gesagt, wenn Leonore Sanvitale am Ende von *I, 1* die Prinzessin eine Schülerin Platos nennt. Wichtig für diesen Zusammenhang ist vor allem die metaphysische Deutung der Schönheit und des Eros. Wenn Tasso so von der ersten Begegnung an von der Schönheit der

Prinzessin ergriffen ist, dann aus dem Grunde, weil in dieser die Existenz in demselben Maße von dem Wesen geformt ist, wie es die geschichtliche Wirklichkeit an dieser Formung fehlen läßt. So scheint es, daß sich in ihr eine Auszeichnung des Seins bewahrt hat, wie sie in der heillosen Verfassung der Weltstunde verlorengegangen ist.

Die Versöhnung von Sinn und Wirklichkeit, dieses, daß die Schönheit zu überwinden vermöge, was in der Unerfülltheit der Gegenwart an Trennungen vorgegeben ist, das jedenfalls ist immer das Ziel des Geschehens. Ob Tasso den Ausgleich zu verwirklichen hofft, wenn er als ebenbürtiger Partner im Bereich des Staates und der geschichtlichen Entscheidungen zugelassen ist oder indem er der Teilnahme an dem heilen Sein dieser Frau gewürdigt wird, diese Fragen sind gegenüber dem, was als das eigentliche Anliegen des Dramas angesehen werden muß, zweitrangiger Art.

Indessen ist die Bedeutung der Prinzessin mit dem Hinweis auf den Vorzug der Schönheit nicht hinreichend geklärt. Zu ihr gehört nicht nur — sich offenbarend in dieser Auszeichnung — die Hinordnung auf die letzten Werte; für sie bestimmend ist auch das Wissen, daß die gegenwärtige Weltstunde der Verwirklichung dieser Werte nicht günstig ist. Damit wird auch für den zweiten Motivkreis jene Auffassung vom Ablauf der Zeiten bedeutsam, wie sie schon bei der Deutung des ersten anklang. Die Prinzessin und Tasso sind im tiefsten verbunden, indem für beide der Eros — als Sehnsucht, die Armut der Gegenwart mit dem Reichtum des Wesens wieder zu versöhnen — das Lebenselement ist. Und doch scheidet sich die Prinzessin von Tasso, weil sie, im Gegensatz zu ihm, um die Unversöhntheit als das Gesetz dieser Stunde weiß. Während Tasso die Erfüllung erzwingen will, lebt die Prinzessin ganz aus dem Verzicht, und das in dem Drama so wichtige Motiv der Entsagung ist nicht anders zu deuten denn als Gehorsam diesem Gesetz gegenüber.

Wenn für die Prinzessin dieser bedeutsam ist, so wurde er ihr einmal durch persönliche Erlebnisse nahegelegt, durch frühe Krankheit und durch die Erinnerung an das leidvolle Schicksal der Mutter. Aber es ist offenbar, daß Erfahrungen dieser Art für sich allein nicht ausreichen, jenes Ausmaß der Resignation und der Verhaltenheit wirklich werden zu lassen, das für ihre Existenz entscheidend ist; Aussagen der ersten Szene des 2. Aktes machen es vielmehr wahrscheinlich, daß das persönliche Schicksal nur Einübung in ein allgemeineres und umfassenderes war: Geleitet durch das eigene, erkennt die Prinzessin die schicksalhafte Bestimmtheit der Zeit, in die sie wie Tasso hineingestellt ist. Wenn dieser die Entfremdung darin erfahren hat, daß die Wirklichkeit und die Sphäre des Handelns sich von der Sinnforderung abgelöst haben, so sieht die Prinzessin die Folgen mehr im Umkreis des persönlichen Verhaltens: sie sieht, daß nicht mehr die unmittelbare Einheit

von Norm und Neigung das Leben der Menschen fügt und ihm Anmut verleiht, sondern daß das rechte Verhalten angesichts der Ge-
brochenheit dieser Zeit den Umweg über die objektiv institutionellen
Normen suchen und sich mittelbar an ihnen orientieren muß.

Daß die Prinzessin so mit Tasso im letzten verbunden ist, indem
auch sie, anders als ihre Umgebung, leidvolle Einsicht in die Unerfülltheit der Zeit hat, das klingt in dem Gespräch der beiden mehr als
einmal an. So fremd und unverstanden sie sich indessen in der Welt des
Hofes und gegenüber Leonore Sanvitale fühlt, es gibt etwas Gemein-
sames, was die Prinzessin auch mit dieser Welt verbindet, das ist das
Wissen um die Geltung der Sitte und der diese höfische Welt bestimmenden Normen und Gesetze. Die Auslegung ist allerdings jeweils eine
verschiedene: Antonio versteht sie als Möglichkeit, diese gesellschaft-
liche Welt in sich selbst zu versiegeln, die Prinzessin spürt die Vorläufigkeit dieser Normen und dieses, daß sie nur für diese Weltstunde ihre
Geltung haben. Welches aber auch die Auslegung in diesem oder jenem
Falle ist, keiner, weder der Herzog und Antonio noch die Prinzessin
zweifeln an ihrer faktischen Gültigkeit.

Wenn man abschließend noch einmal von Tassos Schuld sprechen
will, dann besteht sie, wie es oben berührt wurde, vor allem darin, daß
er im Gegensatz zur Prinzessin die Ordnung dieser Stunde mißversteht,
d. h. daß er die mythische Einheit von Geist und Tat wiederherstellen
möchte in einer Zeit, die wesenhaft im Zeichen der Getrenntheit steht.

Das Schicksal des Tasso ist mit dem des Orestes insofern verwandt,
als beide bestrebt sind, in einer Welt, die im Zeichen einer allseitigen
Bedingtheit steht, eine Erfüllung zu erzwingen, die unbedingter Art
ist. Während in der *Iphigenie* diese Verfehlung eine solche ist, die mehr
gegen das Gesetz des kreatürlichen Daseins im allgemeinen verstößt,
spielt im *Tasso* und später in noch prägnanterem Sinn in der *Natürlichen Tochter* jene Vorstellung vom Ablauf der Zeiten eine Rolle, wie
sie für die Interpretation des Dramas grundlegend sein muß. Nicht
in dem Maße reflektiert wie in dem späteren Drama, aber doch in allem
vorausgesetzt, ist auch im *Tasso* diese so geartet, daß drei Phasen des
Ablaufs angenommen werden, eine Zeit der mythischen Einheit, eine
Zwischenzeit der Trennung und — wenigstens am Rande angedeutet —
die Erwartung und die Hoffnung auf eine solche, in der die Wiederherstellung der mythischen Einheit und Erfülltheit erfolgt. Dieser
Rhythmus ist dem Verfügen des Menschen entzogen. Der Mensch
tritt in ihn ein und hat ihn anzuerkennen. Tragische Schuld ist also
Verstoß gegen dieses rhythmische Gesetz des Ablaufs. Der Einschlag
des Geschichtlichen, der in der *Iphigenie* nur am Rande anklingt, ist
die prägnantere Deutung der Schuld, wie sie für den *Tasso* im Gegensatz
zu dem ersten Drama charakteristisch ist.

3. Die dramatische Form und die Sprache.

Der *Tasso* trägt unverkennbar die Züge der christlich-abendländischen Ära, indem er voraussetzt, daß in der dargelegten Weise die Signatur einer bestimmten Zeit dem Menschen zum Schicksal wird. Nur von da aus ist wiederum das Moment der Innerlichkeit mit dem Leid über die Trennungen, das Gewicht der Erinnerung, der Erwartung, der Hoffnung zu verstehen, wie es immer als bestimmend auch für das Verständnis dieses Dramas erkannt worden ist. Ebenso wichtig für die Deutung ist aber auch die andere Tatsache, daß Goethe, um eine Problematik dieser Art zu gestalten, auf eine dramatische Form zurückgegriffen hat, die über den Umweg der französischen Tragödie — dazu vor allem die Arbeiten von Merian-Genast a. a. O. — auf das antike Drama zurückgeht. So hat die Forschung, was den Aufbau des Dramas betrifft, mit Recht auf überraschende Übereinstimmungen mit dem Drama des Sophokles, vor allem mit dem „Oedipus rex" hingewiesen (vgl. dazu Karl Reinhardt a. a. O. S. 448 ff.). Diese Hinweise sind richtig, sofern man in das Verständnis mit hineinnimmt, daß die tragische Ausweglosigkeit im *Tasso* nicht wie bei Sophokles metaphysischen Charakter hat und endgültiger Art ist, sondern geschichtlich bedingt ist. Aber immerhin ist im Tasso im Rahmen des in der Neuzeit Möglichen eben diese Ausweglosigkeit weit über die *Iphigenie* hinaus vorgetrieben, und diese Tatsache eröffnet die Möglichkeit, auf die antike Tragödie zurückzugreifen und ihre Technik als eine angemessene Gestaltungsweise für die im Grunde moderne Problematik zu benutzen.

Der dramatischen Form der Tragödie des Sophokles verwandt ist vor allem die analytische Form dieses Goetheschen Dramas. Wie im „Ödipus" geht es auch im *Tasso* um die Enthüllung und Zerstörung eines falschen Scheins, eines, der von vornherein zu der Verfassung des Helden gehört, dann aber eines solchen, den er in seiner immer stärker werdenden Verwirrung erdichtet. Wie im „Ödipus" ist, von da aus gesehen, das Leiden gewichtiger als das Tun, „die unerbittliche Erkenntnis, die sich entschleiert", bedeutsamer als die „geschichtliche Dynamik" (Benno v. Wiese a. a. O. S. 139). Wie in der griechischen Tragödie stehen sich so Anfang und Ende des Dramas wie Bild und Gegenbild gegenüber; wie im „Ödipus" „im Anfang der Gepriesene, der Retter aller, am Ende der Ausgestoßene von allen", so steht im *Tasso* am Eingang des Dramas der, der den Kranz als Zeichen höchster Erfüllung empfängt, und am Ende jener, der durch die Verbannung zur tiefsten Zerstörung verurteilt ist (Reinhardt a. a. O. S. 425). In einem unterscheidet sich die Enthüllung allerdings wieder: im „Ödipus" betrifft sie ein Schicksal seinshafter Art, im *Tasso* die Verfehlung gegen die Ordnung der Zeit. Von der Gemeinsamkeit des Gehaltes her hat man die Analogie zwischen dem antiken und dem deutschen Drama bis in die Führung des Dialogs hinein nachweisen können. Auch bei Goethe gibt es in diesem die jähe Wendung, wo der Schein des Einverständnisses zerstört wird und der Fremdheit und dem Gegensatz Platz macht. S. dazu vor allem *II, 3*. Wie bei Sophokles ist auch der Dialog bei Goethe geschmeidig genug, in einem den Schein der Verbundenheit wie zugleich den unversöhnbaren Gegensatz zu gestalten. Dieselbe Stilfigur der Wortwiederholung, einmal dem Sprechenden eine willkommene Brücke des Gesprächs und damit Ausdruck des Verstehens und einer gemeinsamen Welt, dieselbe Wortwiederholung wird später unversehens zum Mittel, das Fragwürdige dieser Verbundenheit zu offenbaren.

Das Spiel mit den verschiedenen Nuancen der Worte ist überhaupt eines der wichtigsten sprachlichen Mittel, um die für das Drama so bedeutsame Zweideutigkeit von Schein zud Sein zu gestalten. Die Sprache des *Tasso* besitzt wie die der *Iphigenie* die Tugend der Sparsamkeit. Das Drama kommt mit wenigen tragenden Begriffen aus. Es sind Worte wie *Glück, Freiheit, Maß, Bildung, Klugheit, Erfahrung*. Aber kaum eines ist von dem Mißbrauch und der Umkehrung des Sinnes ausgenommen. Wie gefährlich schwankend ist vor allem der Begriff des *Glückes*; von Tasso von Anfang schon in der Bekränzungsszene in diesem seinem gefährlichen Charakter geahnt, bald Zeichen der Daseinserfüllung und der möglichen Versöhnung der feindlichen Lebenspole, dann wieder nach dem Sturz von der Höhe als Inbegriff der Unzuverlässigkeit durchschaut und mißachtet. Aber das ist nur der größte Gegensatz beim Gebrauch dieses Wortes. Dazwischen liegen viele Nuancen; von der Prinzessin wird es anders gebraucht als von Antonio, aber immer ist es so, daß in dieser vielfältigen Auslegung die diese geschichtliche Wirklichkeit bestimmende Zweideutigkeit von Sein und Schein dabei anklingt. Auch andere Worte haben diese mangelnde Bestimmtheit: so der Begriff der *Freiheit* oder der Begriff der *Bildung*, auch dieser letztere schillernd zwischen der Möglichkeit des Wesensbezugs und der Deutung im Sinn der Gesellschaft. Wie anders klingt gerade dieses Wort im Munde der Prinzessin, wie anders, wenn es vom Herzog oder von Leonore Sanvitale gebraucht wird! Auch mit dem Begriff des *Maßes* verbindet sich die Gefahr der Doppeldeutigkeit. Ob ihn die Prinzessin gebraucht, ob Tasso oder Antonio, der Inhalt ist jeweils abgründig verschieden. Eindeutig sind vor allem jene Worte, die für die zweckbestimmte Welt des Antonio, des Herzogs, Leonore Sanvitales stehen; es sind vorzüglich diese drei: *Erfahrung, Nutzen, Klugheit*. Hier ist keine Täuschung möglich, die Haltung, die sich damit verbindet, ist die der Nüchternheit und der Selbstbehauptung. Das Rätsel und die

Zweideutigkeit beginnen da, wo über diese Selbstbehauptung hinaus das Unbedingte in das Geschehen hineinspielt. In diesem Falle beginnen die Konturen fließend zu werden, und das ist vor allem entscheidend für die erstgenannten Begriffe.

Die metrische Gestaltung des Dramas ist gegenüber der *Iphigenie* einheitlicher, da für den *Tasso* durchgängig der Blankvers als das entscheidende Maß gewählt ist. Auch die Behandlung dieses Verses hat gegenüber dem ersten klassischen Drama an Regelmäßigkeit gewonnen, sowohl die Verskürzungen wie die Erweiterungen um eine Hebung sind seltener geworden.

4. Kommentar.

Erster Aufzug

Erster Auftritt. Für die äußere Handlung ist in dieser Szene nur der Hinweis auf die bevorstehende Abreise Leonores wichtig, da diese später eine der Voraussetzungen für ihre arglistigen Pläne bildet. So wenig diese Szene indessen für die äußere Handlung hergibt, um so wichtiger ist sie für die Entfaltung der inneren Gegensätze, insofern sich hier bereits der verschiedene Charakter der beiden Frauen in prägnanter Weise zu erkennen gibt. Schon das ist aufschlußreich: die Prinzessin bekränzt die Herme des Virgil, Leonore die des Ariost; die erste entscheidet sich für den Poeta vates, die andere für jenen Dichter, der, fern davon, mahnend und deutend in das geschichtliche Leben eingreifen zu wollen, diese Wirklichkeit ihrer eigenen Gesetzlichkeit überläßt, um sie dafür mit Träumen arabeskenhaft zu umgaukeln. Dieselbe Gegensätzlichkeit der Charaktere und der Entscheidungen zeichnet sich in ihrer verschiedenen Einstellung Tasso gegenüber ab; Leonore versteht ihn etwa nach der Weise des Ariost, so, daß sie meint, ihn und seine Sehnsüchte in eine irreale Sphäre verweisen zu können. So geringfügig der Hinweis der Prinzessin in diesem Zusammenhange zu sein scheint, er unterscheidet sich von dem der Freundin in charakteristischer Weise: die Prinzessin spürt, wie irrtümlich diese Annahme und wie nachdrücklich Tasso auf die konkrete Wirklichkeit bezogen ist. Und ein Drittes ist für das Verständnis dieser Szenen im Ganzen des Dramas wichtig: der Hinweis auf die verschiedene Gemütsart der beiden Frauen. Während die Prinzessin, in der Tiefe und im Wesen gesammelt, um die Verantwortung und den Ernst des Wortes weiß und es mit höchster Behutsamkeit und Sparsamkeit gebraucht, ist Leonore in ihrer lebhafteren und leichteren Art mehr von der heiterbunten Oberfläche des Lebens angezogen. In dieser Weise wird, vorweggenommen in der verschiedenen Art dieser beiden Frauen, schon der Konflikt und die doppelte Entscheidungsmöglichkeit des Dramas spürbar. Schon hier steht hinter allem die Frage nach der Bedeutung und Rolle des Geistes im Feld der geschichtlichen Wirklichkeit. Ist dieser zu verstehen als ein schönes, aber im Grunde überflüssiges Zierwerk oder als letzter Sinnbezug eben dieser Wirklichkeit? Erschöpft sich der Sinn des Seins im Bedingten, oder kann es sich nur darin erfüllen, daß es sich für absolute Möglichkeiten offenhält?

9. *Dieser, bunt von Blumen...* Die Szene der Bekränzung fand Goethe auf dem Titelblatt der ihm von früher Jugend an vertrauten Koppeschen Übersetzung des „Befreiten Jerusalem" vorgebildet.

55. Anspielung auf die große Vergangenheit der Este: Der Großvater des jetzt regierenden Herzogs, Herkules von Este, hatte Bojardo in seinem Hof aufgenommen, der Sohn, der Kardinal Hippolyt, Ariosto.

64ff. Bedeutsame Hinweise auf die geistige Atmosphäre der italienischen Renaissance.

68. *Herkules von Este.* S. zu 55.

69. *Hippolyt von Este.* S. auch zu 55.

102. Anspielung auf Lukretia, die Schwester der Leonore, vermählt mit dem Erbprinzen von Urbino. Zu ihrem Lebensschicksal vgl. zu 1787ff.

144. *Die Myrte.* Der Baum, der der Venus heilig war.

165. *gemein* im Sinne des Alltäglichen.

222. *Du, Schülerin des Plato!* Hinweis auf die Bedeutung Platos in der italienischen Renaissance, begründet durch die Akademie von Florenz, in deren Nachfolge der antike Philosoph auch für die Akademie von Ferrara bedeutsam wurde. Darüber hinaus ist diese Stelle wichtig, weil sie darauf hinweist, wie eine innere Verwandtschaft zwischen dem Geist dieses Dramas und dem Geist des antiken Philosophen besteht, vor allem in der Weise, wie Grundbegriffe der platonischen Dialoge, wie Eros, Schönheit, der Bezug zu den Ideen, die Erinnerung, bedeutsam werden. Vgl. dazu Einleitung S. 447f.

Zweiter Auftritt. Auch diese Szene ist von jener Spannung durchwaltet, die das ganze Drama formt. Welches die Forderung des Herzogs an Tasso ist, das wird in verhältnismäßig eindeutiger Weise ausgesprochen: Tassos Gedicht soll den Glanz und das Ansehen des fürstlichen Hofes erhöhen. Wie auch das Verhältnis von Herrschaft und Dienst in dem vorliegenden Zusammenhang zu verstehen ist, es wird kein Zweifel darüber gelassen, daß der Herzog für eine Welt steht, die schlechthin unbedürftig und ihrer selbst sicher ist. Von einer Partnerschaft im Sinne der Ebenbürtigkeit kann keine Rede sein: nicht der Dichter ist der Fordernde, sondern der Hof und der Staat. Von da aus ist der Unwille des Herzogs über Tassos Hang zur Einsamkeit zu verstehen: das Maß seines Lebens — so meint Alfons — empfange der

Mensch nicht von der Sehnsucht des Herzens, sondern von den Normer der Gesellschaft. Während Leonore Sanvitale diese Worte in jeden Weise bestätigt, versucht die Prinzessin um Verständnis für Tasso zu werben, vor allem dafür, daß sein Dichtertum anderen Mächten verpflichtet ist und das Gelingen in diesem Falle mehr ein Ereignis gnadenhafter Art ist, als daß es im Belieben des Menschen stünde. Auf der anderen Seite ist sie viel zu sehr in die Ohnmacht des Geistes gegenüber dieser Wirklichkeit eingeweiht, als daß sie in dem Gespräch Alfons und Leonore gegenüber in überzeugender Weise den Gegenpart halten könnte.

355. *Consandoli.* Lustschloß bei Ferrara.

Dritter Auftritt. Die Szene, in der Tasso das vollendete Gedicht dem Fürsten widmet und die dann in dem Akt der Bekränzung gipfelt, entfaltet sich wiederum in allen Zügen aus dem zentralen Motiv des Dramas, dem der notwendigen Partnerschaft von Dichter und Held, jenem also, in dem sich das tiefste Anliegen des Werkes, das von der Versöhnung von Wesen und Wirklichkeit, von Geist und Tat, zusammenzieht. Vom Herzog wird es 460f. angeschlagen, in der Bekränzung des Dichters durch den Fürsten scheinbar verwirklicht, in der Traumvision Tassos (532ff.) am eindringlichsten entfaltet. Zugleich damit klingt zum erstenmal das Moment der Zeit an, und zwar in dem entscheidenden Gegensatz einer mythischen Vergangenheit und einer Gegenwart, die diese Einheit und die Möglichkeit der Versöhnung nicht wahrhaben will. So ist diese Szene der erste Gipfel des dramatischen Geschehens als Entfaltung jenes verhängnisvollen Scheins, der sich später unbarmherzig als solcher enthüllt. Denn daß diese Bekränzung im Grunde nur eine höfische Geste ist, das hat die vorangegangene Szene in wünschenswerter Deutlichkeit geklärt. Wenn Tasso darin, seiner tiefsten Sehnsucht gemäß, mehr sieht als die zu nichts verpflichtende Geste, so spürt er aber auch schon hier, mehr in ahnendem Gefühl als in hellem Wissen, die Gefahr, die damit verbunden sein könnte. Vgl. dazu 488ff.

411ff. Anspielung auf das Schicksal des Vaters Bernardo. Dieser stand als Hofdichter im Dienst eines neapolitanischen Adligen. Er verfiel der Ächtung und mußte außer Landes gehen, während die Mutter mit Torquato und Cornelia in Armut in Sorrent zurückbleiben mußte.

Vierter Auftritt. Wenn schon den Worten des Herzogs in I, 2 zu entnehmen war, in welchem Maße sich Tasso über die Möglichkeit einer echten Partnerschaft von Dichter und Helden täuscht, um wieviel mehr vermag das Gespräch mit Antonio die abgründige Fremdheit beider zu gestalten! Die neue Szene fügt sich thematisch sehr konsequent in den Zusammenhang der vorausgehenden, und zwar im Sinne des Kontrastes. Hatte sich dort so etwas wie der Schein einer Versöhnung zwi-

schen der Forderung des Geistes und der geschichtlichen Welt ausgebreitet, so wird dieser jetzt grausam zerstört, auch wenn sich die
Beteiligten zunächst noch nicht über die Tragweite des in dem Gespräch Erörterten klar werden. Für das Verständnis des Geschehens
müssen gewisse psychologische Konstellationen vorausgesetzt werden:
der Unwille des Antonio über die Bekränzung des Tasso, der Ärger
darüber, daß, wie er fürchtet, seine Verdienste nicht in der gebührenden
Weise gewürdigt werden. Aber das ist nur eine vordergründige Sicht
der Spannung. Sie ist damit nicht in angemessener Weise gedeutet, da
sie im Grunde viel tieferer und grundsätzlicher Art ist.

Für das Verständnis des Gesprächs sind folgende Gesichtspunkte
wichtig: 1. Aus den verschiedenen Erörterungen vor allem des Antonio,
aber auch des Herzogs wird erst deutlich, in welchem Maß der Bereich
der Tat und der politischen Entscheidung autonom geworden ist.
2. Deutlich wird damit auch, welche Rolle dem Geist in dieser so gearteten Wirklichkeit zugedacht ist, eine Rolle, die von Antonio ausschließlich im Sinne des Dienstes und des Nutzens verstanden wird.
Dazu einige Hinweise. Zu Punkt 1: In welcher Weise sich die Selbstgenügsamkeit der Wirklichkeit darstellt, das wird am Beispiel des päpst-
lichen Staates erörtert. (Vgl. dazu das Gespräch Antonios und des Herzogs.) Für das Verständnis der Verse sind Worte entscheidend, die schon
in der *Iphigenie* im Sinne der Autonomie des Menschen gebraucht wurden. Es handelt sich um jenes Bedeutungsfeld, das besetzt ist mit Begriffen wie *erfahren, tätig, klug, abgemessen, Dienst, Zweck, Vorteil, Nutzen*. Zu
Punkt 2: Was für den Geist in dieser selbstgenügsamen und in sich geschlossenen Welt noch übrigbleibt, das wird von Antonio in unmiß-
verständlicher Weise ausgesprochen. Vgl. dazu vor allem 665 ff. Der
Geist hat die Pflicht, dem Staat zu *nutzen*, zu *dienen*, die Welt der
Mächtigen zu *verherrlichen*. Der Geist wird geschätzt, sofern er *ziert*,
d. h. sofern er sich damit begnügt, Bestehendes nachträglich zu be-
stätigen und zu verbrämen. Wie das im einzelnen gemeint ist, wird von
Antonio in dem Preis des Ariost 709 ff. näher bestimmt.

583. Petsch umschreibt den Sinn dieser Stelle mit folgenden Worten:
„Du kannst den Weg zu mir in Wahrheit dann finden, wenn du...“

603. *Gregor*. Gemeint Papst Gregor XIII.

Zweiter Aufzug

Erster Auftritt. Mit dieser Szene entfaltet sich, sorgfältig mit dem
ersten verbunden, der zweite Motivzusammenhang des Dramas. Wie
dieser bestimmt ist durch den platonischen Gedanken von der heilenden
und verwandelnden Macht der Schönheit, das wurde schon in der Einleitung ausgeführt. Vgl. S. 447 f. Es darf allerdings auch nicht übersehen
werden, in welchem Maße diese antiken Vorstellungen der Schönheit

und des Eros modifiziert sind im Sinne der christlichen Vorstellung der Agape, und zwar in einer auffallenden Übereinstimmung mit der Minnedichtung des Hochmittelalters. In der Schönheit der geliebten Frau leuchtet die Idee der Schönheit und der harmonischen Ganzheit auf und wendet sich fordernd an den Liebenden. Im Lichte dieser Schönheit wird das Fragmentarische und Unerfüllte nicht nur der eigenen Existenz, sondern des Weltzusammenhanges gespürt. Diese Begegnung aber gebiert den leidenschaftlichen Wunsch, in tätigem Heldentum diese zerfallene Welt im Sinne der Harmonie umzugestalten und zu verwandeln. So verbindet sich auch hier, das Grundproblem der Tragödie von einer anderen Seite her abwandelnd, Eros und Heldentum, der Bereich des Geistes und der der Tat, und wiederum tritt vor den Menschen die Forderung, beides zu versöhnen.

So beseligend für Tasso die Begegnung mit der Prinzessin ist, ebenso schmerzlich kommt ihm nach dem ersten Gespräch mit Antonio zum Bewußtsein, was alles dieser Sehnsucht entgegensteht. Die Schilderung des Antonio, vor allem sein Bericht vom Wirken des Papstes, hat ihn angezogen, ihm aber auch gezeigt, wie fremd er in dieser Welt ist (vgl. dazu 788ff., dann 797ff., dazu auch die Antwort der Prinzessin, die das Motiv der Partnerschaft ausdrücklich aufnimmt, 801ff., dazu auch 941ff.). In dieser Weise stehen sich in der Szene Sehnsucht und geschichtliche Realität wie Thesis und Antithesis gegenüber. Eine Synthesis im Gegensatz zu dieser Unversöhntheit zu ermöglichen, ist Wille und Aufgabe der Prinzessin. Die Erinnerung an die *goldne Zeit* 975ff. gibt das Stichwort dazu. Wieder klingt in nachdrücklicher Form die Bedeutung der Zeit an. Was auch hier Tasso nicht losläßt, das ist wie in *I, 3* die Besinnung auf eine v e r g a n g e n e Zeit, eine solche, deren Auszeichnung die mythische Einheit war, hier sich offenbarend in der Gebärde der vertrauenden Hingabe an das Leben (vgl. dazu 979ff.). Auch die Prinzessin lebt aus der Erinnerung an diese Vergangenheit, aber sie weiß, daß der g e g e n w ä r t i g e Weltzustand nicht im Zeichen dieser Einheit steht. Wenn die mythische Ungebrochenheit und Getragenheit sich 994 in dem Satz des Tasso *Erlaubt ist, was gefällt* verdichtet, so stellt sie, die um die Getrenntheit von Norm und Existenz in dieser Wirklichkeit weiß, mahnend das Wort gegenüber *Erlaubt ist, was sich ziemt* 1006. Daß es dann die Prinzessin ist, die eine Versöhnung Tasso-Antonio betreibt und zugleich in mangelndem Wissen um die tragische Gefährdung Tassos ihm in andeutenden Worten von ihrer Liebe spricht, ist Zeichen dafür, daß auch sie vor Irrtum nicht geschützt ist.

928ff. Auch die folgenden Verse nehmen das Grundmotiv wieder auf: Tasso geht es darum, daß ein Verhältnis zwischen ihm und dem Herzog besteht, das der Würde des Fürsten, aber auch dem Anspruch, dem er sich in unbedingter Weise verpflichtet weiß, angemessen ist. Wie fern die tatsächliche Situation der Verwirklichung ist, zeigen V. 935f.

947ff. *Die Grazien sind leider ausgeblieben...* Charakteristisch für die Verfassung des Antonio: das Moment der Herrschaftlichkeit, das für diese bestimmend ist, löst den Menschen aus dem Lebensgrund, eine Loslösung, die sich dann unerbittlich in der Abwesenheit der Huld und der Grazie offenbart. Daß Antonio selbst um diese Grenze seiner Existenz weiß, wird sich später zeigen. S. dazu 2318f.

975. *Die goldne Zeit.* Ursprünglich antikes Motiv. Indem es in dem Drama Goethes aber in eine ganz andere Struktur der Zeit — jene, die im wesentlichen auf die Zukunft bezogen ist — eintritt, wandelt es sich in seiner Grundbedeutung.

978ff. Die folgenden Verse übernehmen Motive und Formulierungen aus Tassos „Aminta" und aus dem „Pastor fido" von Tassos Gegner Guarini.

1013ff. Um Tasso zur Entsagung zu bewegen, deutet die Prinzessin in diesen Versen die eigentliche Alternative des Gesprächs — Erneuerung der mythischen Vergangenheit in der Gegenwart oderVerzicht auf absolute Lösungen — von der verschiedenen Bedingtheit der Geschlechter her. Während der Mann in Gefahr sei — damit werden Probleme der *Iphigenie* wiederaufgenommen —, über die Schranken der Bedürftigkeit hinwegzuleben, stehe die Frau der Vergänglichkeit zu nahe, als daß sie diese vergessen könne. Das ist eine Deutung, die nur aus der besonderen Konstellation des Gesprächs zu verstehen ist. In Wirklichkeit geht es auch hier nicht um eine verschiedene psychologische Bedingtheit, sondern um die Problematik der geschichtlichen Situation.

1090. *Und wenn Armide...* Im Folgenden zahlreiche Hinweise auf Gestalten und Episoden aus Tassos Gedicht. Hier eine Anspielung auf die Liebe der Zauberin Armide zu Rinaldo. Da sie sich in ihrer Liebe verschmäht sieht, will sie sich töten. Rinaldo verhindert diese Absicht, und es kommt zur Aussöhnung.

1100. *Tancredens Heldenliebe...* Tancred und Chlorinde kämpfen unbekannt miteinander. Tancred erkennt Chlorinde erst, nachdem er sie im Kampfe tödlich verwundet hat.

1101. *Erminiens stille...* Erminie will Tancred auf wunderbare Weise heilen.

1102. *Sophroniens Großheit und Olindens Not.* Sophronie will sich für die Christen opfern; Olinde leidet um Sophroniens willen.

Zweiter Auftritt. Der folgende Monolog Tassos steht noch ganz im Zeichen des Liebesbekenntnisses der Prinzessin. Wenn die vorausgegangene Szene nur am Rande angedeutet hatte, welches der Existenzsinn

dieser Liebe für Tasso ist, dann wird dieser im zweiten Teil des Monologs in immer neuen Ansätzen berührt. Vgl. vor allem 1154ff. Aber noch
ein Zweites muß zum Verständnis dieser Szene beachtet werden: hatte
sich Tasso in I, 3 mühsam der Grenze ferngehalten, wo die Gefahr der
„Unzeitigkeit" und der Hybris bedenklich in der Nähe lag, so läßt er
sich jetzt ohne Widerstand in diese Zone hineinlocken. So ist vor allem
der Beginn des Monologs zu verstehen.

Dritter Auftritt. In dem Rausch und in dem Übermaß des Glücks-
gefühls begegnet Tasso dem Antonio zum zweitenmal, und wenn schon
die erste Begegnung in unliebsamer Weise den trügerischen Schein
einer möglichen Erfüllung bedroht hatte, so ist die zweite noch geeig-
neter, Tasso aus dem Traum herauszuweisen und ihm in die Erinnerung
zu rufen, wie wenig ein Weg von der Gegenseite zu seiner eigenen
Existenz hinüberführt. Die zweite Begegnung ist wieder psychologisch
sorgfältig vorbereitet und motiviert. Aber auch hier ist diese Motivation nicht anders zu verstehen denn als Mittel, letzte Gegensätze dadurch zum Austrag zu bringen. Zum Psychologischen gehört u. a. der
Stolz Antonios über seine diplomatischen Erfolge und die Enttäuschung darüber, den Ehrenplatz, auf den er allen Anspruch zu haben
vermeint, mit einem anderen teilen zu müssen, dazu aber auch der allzu rasche und selbstverständliche Anspruch Tassos auf seine Freundschaft, bedingt durch die letzte Wendung des Gespräches II, 1, und noch
manches andere. Aber noch einmal: Das Geschehen erschöpft sich nicht
im Partikulären dieser psychologischen Motivation, sondern reicht in
jene tragische Tiefe und Unversöhnbarkeit, die das Werk im ganzen
bestimmt. In dem Gegensatz Tasso-Antonio bekommt diese Unversöhnbarkeit ihre letzte Schärfe, insofern der eine am leidenschaftlichsten
gegen die Entfremdung aufbegehrt, während sich der andere am ent-
schiedensten von allen Gestalten des Dramas mit der Tatsache einer
autonom gewordenen Welt identifiziert. Daß dieser Wille zur Autonomie in seiner letzten Entschlossenheit offenbar wird, das ist der eigentliche Sinn dieser Szene, die nur von daher gedeutet werden darf.

1365. *Unsittlich,* soviel wie ohne Zucht.

1377. *frech* in dem alten Sinn von „kühn".

Vierter Auftritt. Die Interpretation dieser Szene darf nicht dabei
stehenbleiben, dem unmittelbaren Anlaß des Streites nachzugehen. Im
Grunde geht es nicht darum, ob die Strafe, die der Herzog ausspricht,
berechtigt ist oder nicht. Ebensowenig geht es darum, wer bei dem Ausbruch des Konfliktes formell der schuldige Teil war. Das sind alles nur
Fragen vordergründiger Art. Das Ganze muß auch hier von einer tieferen Ebene her gedeutet werden, von jener, auf der allein Tragik möglich
ist. Wenn man so die Deutung versucht, dann ist auch Tassos Erre-
gung und die furchtbare Enttäuschung am Ende (vgl. dazu vor allem

1568ff.) nicht Ausdruck der persönlichen Empfindlichkeit und eines oberflächlichen Geltungsdranges: es geht überhaupt nicht um die Person Tassos, sondern um die Forderung des Geistes, der er sich verpflichtet weiß. Von daher verstanden, bedeutet für ihn die kalte Abweisung, die er von seiten Antonios erfahren hat, desgleichen die Strafe, die der Herzog ausspricht, den Zusammenbruch des Lebenssinnes überhaupt. Denn beides hat ihm die Augen darüber geöffnet, daß die ersehnte Partnerschaft in dieser Verfassung der Welt nicht möglich ist. Weder Antonio noch auch in gewisser Weise der Herzog vermögen, indem sie beide außerhalb des Schicksals stehen, das Leid Tassos in seiner abgründigen Tiefe zu ermessen. Für sie ist auch das Niederlegen des Kranzes eine leere Geste, während es für Tasso Inbegriff des Scheiterns im letzten Sinne ist.

Fünfter Auftritt. Die Worte, die der Herzog in dieser Szene an Antonio richtet, sind getragen von der Sorge um die Beilegung des Konfliktes. Aber so sehr auch der Herzog der Versöhnung zugeneigt ist, diese geht — wiederum bezeichnend für das Ausmaß der Selbstgenügsamkeit auf der anderen Seite — nicht so weit, daß er den Anspruch Tassos auch nur von ferne ernst nähme. Ja, die Fremdheit, die zwischen Tasso und ihm besteht, greift noch tiefer; sein Anspruch wird überhaupt nicht geahnt, es sei denn in einer kurzen Bemerkung des Herzogs 1606. Und so soll sich auch die Versöhnung eben auf diese Weise vollziehen: Antonio möge sich — das ist der Wunsch des Herzogs — mit Tasso versöhnen, wie ein Erwachsener einem ungezogenen Kind nachgibt. Dieser Vergleich taucht in den Worten Antonios auf und ist symptomatisch für das wahre Verhältnis.

Dritter Aufzug

Erster und *zweiter Auftritt.* Die Szene, in der die Leonore Sanvitale ihre Intrigen zu knüpfen beginnt, ist nicht so sehr für Leonore aufschlußreich wie vielmehr für die Prinzessin. Angesichts der drohenden Gefahr, den Freund verlieren zu müssen, durchbricht sie in diesem Gespräch die höfische Verhaltenheit und Beherrschtheit, die bisher ihre Haltung und ihre Worte bestimmt hatte. So wird es auch gerade in dieser Szene deutlich, in welchem Maße sie an die Seite Tassos gehört. Wenn irgend etwas aus seinem Geist gesprochen ist, so sind es die Worte von der verzehrenden Gefahr des Schönen, 1840ff. An keiner anderen Stelle des Dramas kommt das Moment der Tragik so unverdeckt in das Wort. Diese Worte machen auch offenbar, wie wenig der Verzicht der Prinzessin selbstverständlich und wie schwer er bezahlt ist. Vergleicht man dieses Gespräch mit *II, 1,* dann ergibt sich auch daraus, wie nötig es ist, die dort an Tasso gerichteten Mahnungen aus erzieherischer Absicht zu deuten, statt sie wörtlich zu nehmen. Warum

gerade die Prinzessin genötigt war, sich in ein Dasein dieser Art ein-
zuüben, auch das wird in diesem Gespräch noch einmal berührt. (Vgl.
dazu 1782ff. und 1800ff.) Wobei auch hier das Persönlich-Biographi-
sche nicht anders denn als eine Aktualisierung dessen verstanden werden muß, was im Grunde das Gesetz der Zeit im ganzen ausmacht.

1787ff. Lukretias Ehe mit dem weit jüngeren Erbprinzen von Urbino war, wie diese Verse andeuten, unglücklich, und so kehrte sie nach
kurzer Zeit wieder nach Ferrara zurück.

1792ff. Renata, die Mutter der Prinzessin und Lukretias, eine Tochter Ludwigs XII. von Frankreich, war in Freundschaft mit Calvin verbunden. Dieser weilte einige Monate an dem Hof von Ferrara, und die
Herzogin wandte sich damals seinem Glauben zu. Nach der Entdeckung
des Übertritts wurde ihr die Erziehung der Töchter entzogen. Ihr Sohn
mußte nach dem Regierungsantritt der Inquisition nachgeben und die
Mutter verbannen. Sie starb in ihrer Heimat.

Dritter Auftritt. In diesem Monolog tritt Leonore Sanvitale zum
erstenmal in den Vordergrund, so daß sich ihre Umrisse schärfer ab-
zuzeichnen beginnen und ihr Standort einigermaßen eindeutig wird.
Schon das Gespräch mit der Prinzessin *III, 2* und die dort geäußerte
Absicht, Tasso aus Ferrara zu entfernen und ihn für sich zu gewinnen,
ließen vermuten, daß im Grunde ihre Pläne nicht so sehr von der Güte
und von einem echten Wohlwollen denn vielmehr von der rücksichtslosen Selbstigkeit bestimmt sind. Auch bei ihr sind wie bei Antonio
starke Sympathien für den Bereich des Geistes und der Kunst vorhanden, und so geschieht es nicht von ungefähr, daß sie Tasso umwirbt und
ihn um jeden Preis in ihren Lebenskreis hinüberziehen möchte. Aber
wie diese Sympathien bestehen, ebenso unverkennbar sind die Grenzen,
die ihnen gezogen sind. Nirgends tritt ins Bewußtsein, weder Leonorens noch Antonios, daß der Geist Schicksal bedeutet, Forderungs-
charakter hat und, so verstanden, dieses in die Unbedürftigkeit des
eigenen Selbst eingeschlossene Daseinsverständnis sprengen muß. Im
Gegenteil, auch die Worte Leonorens sind, ähnlich wie die Antonios in
I, 4, eindeutig: die Kunst hat nicht zu fordern, sondern zu dienen;
ihre Aufgabe ist es, diesem der Vergänglichkeit verfallenen Dasein
einen Schein der Unvergänglichkeit zu schenken, 1947ff. Wenn sich
in diesem Monolog im Anfang auch angesichts der Lieblosigkeit der
Freundin gegenüber das Gewissen Leonorens regt, diese Regung ist
nicht so tiefgreifend, daß der Egoismus dadurch gebrochen würde. Dieser bestimmt ihre Entscheidungen: Sobald der Machtanspruch des
eigenen Ich auf dem Spiel steht, hören Freundschaft und menschliche
Verbundenheit auf.

1937. *Laura,* der Name der von Petrarca in seinen Canzonieren be-
sungenen Geliebten.

1940. *Die unbekannte Schöne.* Petrarca selbst hat den Namen seiner Geliebten nicht genannt.

Vierter Auftritt. Sieht man von den psychologischen und pragmatischen Umständen ab, davon etwa, daß Antonios Groll im Abklingen ist und sich eine äußere Versöhnung anzubahnen scheint, so geht es auch in dem Gespräch Leonores und ihres Partners um nichts anderes als um die Rolle des Geistes und der Kunst in dieser so gearteten Wirklichkeit. Schärfer als in dieser Szene wird im ganzen Drama die Auffassung von der schlechthinigen Unwirklichkeit des Geistes nicht formuliert. So spricht Leonore, die Bekränzung Tassos abwertend, als von einem *Phantom von Gunst und Ehre* (vgl. dazu 2021ff. und 2042ff.). Auch Antonio ist weit entfernt, die Forderung Tassos anzuerkennen. Aber er kennt ihn besser als Leonore und auch als der Herzog. Die Verse 2116ff. greifen, indem sie seinen Anspruch auf Ganzheit unerbittlich ans Licht heben, in die Mitte seiner Existenz und machen zugleich auch offenbar, daß sich Antonio durch diesen Anspruch in dem Kern seines eigenen Lebens, in dem entschlossenen Bekenntnis zur Autonomie, bedroht weiß. So zeigt es sich besonders in dieser Szene, in welchem Umfang es sich hier um einen Gegensatz handelt, bestimmt durch eine Gegnerschaft aus dem Grunde des Wesens. An dieser Unversöhnbarkeit in den letzten Entscheidungen ändert auch Antonios Bereitschaft zu einer im Grunde konventionell gemeinten Versöhnung nicht das geringste.

2127ff. Diese Verse zeigen, wie das Problem des *Tasso* mit dem des *Faust* verwandt ist. Auch hier geht es, wie Schiller in seiner Deutung formuliert hat, um das Problem der Duplizität, in der Sprache des Idealismus das Wort für das, was Hegel die Entfremdung nennt.

Fünfter Auftritt. Der kurze Monolog Leonores zeigt zunächst einmal, wie sie gegen alle Widerstände ihre eigensüchtigen Pläne zu verfolgen willens ist. Auch die Bereitschaft Antonios, mit Tasso wieder in ein erträgliches Verhältnis zu kommen, macht sie nicht anderen Sinnes. Auf die tieferen Schichten des Dramas hin bezogen, verdeutlicht der Monolog wie schon das Gespräch Leonores mit der Prinzessin, in wie geringem Maße eine echte Verbundenheit in dieser dem Wesensbezug entfremdeten Welt noch möglich ist. Es gibt zwar auf bestimmte Strecken hin Zweckbündnisse; diese lösen sich aber in dem Augenblick auf, wo das Interesse des Ich vordringlich wird.

Vierter Aufzug

Erster Auftritt. Das Selbstgespräch Tassos, das den Akt einleitet, hat in allem den Charakter des Übergangsmonologs. Er zieht das Fazit aus dem bisherigen Geschehen, überprüft noch einmal die Situation und leitet zum Gipfel der späteren Handlung, zu der Wiederbegegnung

Tassos mit der Prinzessin im 5. Akt, hin. Entsprechend der das Geflecht der Handlung formenden doppelten Motivgruppe enthält das
Drama zwei Höhepunkte: die Begegnung mit Antonio *II, 3* und die
mit der Prinzessin am Ende des *fünften Aufzugs.* Beide sind so zu verstehen, daß der Schein, in den sich der Held begeben hat — der einer
möglichen Partnerschaft von Dichter und Täter und der einer Verbundenheit mit der Prinzessin —, jäh zerrissen und in dieser Enttäuschung nicht nur die tragische Sinnlosigkeit der eigenen Existenz, sondern darüber hinaus auch die Unversöhnbarkeit als Bestimmung des gegenwärtigen Weltzustandes im ganzen offenbar wird. Der Monolog
stellt eine Brücke zwischen beiden Kreisen der Handlung her. Voraussetzung für das Verständnis ist, daß Tasso zwar über die Abweisung
von seiten Antonios und die Bestrafung durch den Fürsten im tiefsten
getroffen, sich aber noch nicht vollends darüber klar ist, daß diese
Zerwürfnisse über alles Zufällige hinaus Ausdruck eines umfassenden
geschichtlichen Gesetzes sind. Indem Tasso noch nicht zu dieser Erkenntnis gelangt ist, ist die Voraussetzung dafür geschaffen, daß er
sich im folgenden in den zweiten Schein flüchten kann: Ist ihm die
Einung mit der Welt der Tat und des Heldentums versperrt, so könnte
ihn die Liebe der Prinzessin von jener Isoliertheit erlösen, die das tiefste
Leid seines Lebens ausmacht. (Vgl. dazu 2212ff.)

   Zweiter Auftritt. In der pragmatischen Fügung des Dramas hat die
Szene *IV, 2,* vor allem der letzte Teil, den Zweck, die Intrigen Leonores
vorzutreiben, die, indem sie die Enttäuschung Tassos geschickt benutzt,
ihn für sich zu gewinnen hofft. Die Bedeutung dieser Szene ist damit
aber noch nicht in adäquater Weise erfaßt. Denn über den äußeren
Anlaß hinaus trägt das Gespräch einmal dazu bei, die Einsicht in die
tragische Unversöhnbarkeit des Ganzen weiter zu vertiefen, dann dazu,
den Zusammenbruch des Helden in entscheidender Weise zu beschleunigen, und zwar deshalb, weil die Worte Leonores auf Tasso eine
Wirkung ausüben, die von ihr nicht beabsichtigt war und auch nicht
vorausgesehen werden konnte.

   Dazu einige Einzelheiten: Zu Punkt 1: Zu Anfang und in der Mitte
des Gesprächs (2287ff. und vor allem 2366ff.) macht Tasso, das Thema
abschließend, einige grundsätzliche Bemerkungen über sein Verhältnis
zu Antonio und seine Stellung am Hof. In manchem muten diese Worte
wie eine Umkehrung dessen an, was in *III, 4* Antonio über Tasso sagt.
Nach dem, was vorgefallen ist, sind die Illusionen Tassos in dieser Be-
ziehung gründlich zerstört: Nun ist er sich darüber klar, daß er in
dieser Welt des Staates und des Hofes, in der es allein um Selbstbehauptung und Macht geht, überflüssig und unnütz ist. Weder als Menschen noch in seinem Amt als Dichter nimmt ihn der Herzog ernst.
(Vgl. die in diesem Zusammenhang sehr bedeutsamen Verse 2366ff.)

Auf diese Weise wird hier noch einmal das Motiv der „Partnerschaft von Dichter und Held" aufgegriffen und die Unmöglichkeit der Partnerschaft in dieser Stunde ausgesprochen. Auch mit Antonio ist eine Versöhnung nicht möglich. In diesem Falle ist die Kluft noch größer. Was sich schon aus *III, 4* ergab, das wird hier von Tasso noch einmal bestätigt. Während der Herzog gleichsam naiv in der Unbedürftigkeit der autonomen Daseinsordnung steht, spürt nicht nur Tasso, sondern auch Antonio das Unzulängliche und den Mangel dieser Ordnung. Tasso von seiner Seite her erlebt diesen als Raumnot des Geistes im Felde des Wirklichen, Antonio dagegen, wenn wir den Worten Tassos glauben dürfen, ebenso beunruhigt, als Verlust der Leichtigkeit und der Anmut, als Abwesenheit der Huld im Ganzen des Daseins. (Vgl. dazu vor allem 2318ff., s. dazu auch die Anmerkung zu 947ff.) Und so drängt der eine hinüber in das Feld des anderen, Tasso in das des Staatsmanns und Antonio, des ergänzenden Pols ebenso bedürftig, hinüber in das Tassos, ohne daß dieses Hinüberdrängen irgend etwas an der Grundentscheidung seines Lebens, an der Entscheidung für die Endlichkeit, ändert; wenn Tassos Existenz den Charakter der tragischen Unbedingtheit hat, so ist Antonio nicht entschlossen, um jener Unruhe willen, die auch sein Leben bestimmt, die Grundlage seiner Existenz zu gefährden. Sein Interesse für die Kunst hat in Theorie und Praxis darum den Charakter der Unverbindlichkeit und Überflüssigkeit.

Zu Punkt 2: Wichtig ist die Szene auch in Bezug auf den zweiten Motivkreis des Dramas: Leonores Worte beginnen das Mißtrauen Tassos gegen die Prinzessin auf den Plan zu rufen. Wie verhängnisvoll sich diese Worte auf Tasso auswirken, zeigt der folgende Monolog.

Dritter Auftritt. So übersteigert und die Schranken der geschichtlichen Situation weit überfliegend die Hoffnungen Tassos am Anfang des Dramas waren, so maßlos und übersteigert ist nun das Mißtrauen und der Argwohn. Statt die Erkenntnis der Unversöhnbarkeit als der grundsätzlichen Befindlichkeit der Zeit zu vollziehen, dichtet nun Tasso seinen Partnern Vernichtungspläne an, die in demselben Umfang an der Realität vorbeigreifen wie die Erwartungen; auch dieses alles nicht als Ausdruck der unglücklichen Gemütsart eines beliebigen Menschen zu verstehen, sondern wiederum als Folge jener Entfremdung, die das Gesetz der geschichtlichen Situation ausmacht. Anlaß zu diesem abgründigen Mißtrauen wird für Tasso der Vorschlag Leonores, nach dem ihm empfohlen wird, sich von Ferrara zu entfernen. Indem Tasso dahinter ruchlose Absichten wittert, gerät er immer mehr in die Irrealität des Wahns. Der Monolog offenbart in allen Phasen, wie Tasso die Fühlung mit den Gegebenheiten verliert. Am Ende wird auch die Prinzessin mit in diese Überlegungen einbezogen und so die Katastrophe *V, 4* psychologisch vorbereitet.

Vierter und *fünfter Auftritt.* Das folgende Gespräch ist eingespannt in die beiden Monologe Tassos. Es kann nur in sehr beschränktem Umfang für die Deutung der tieferen Spannung dieses Dramas herangezogen werden. Antonios gelöstere Haltung muß nicht als Heuchelei gewertet werden. Er zeigt den besten Willen, Tasso entgegenzukommen und das Geschehene wiedergutzumachen. An seiner grundsätzlichen Einstellung wird indessen nicht das geringste geändert. Die Versöhnung, die er im Sinn hat, bleibt auf der Ebene der Konvention und soll sich um der Rücksichten willen vollziehen, die eine Verständigung unter denen, die zusammenleben, eben unumgänglich machen. (Vgl. dazu 2557ff.) Tasso dagegen ist schon so weit in den von ihm willkürlich erzeugten Schein und in die Isoliertheit seiner Wahnvorstellung geraten, daß er jedes zu Antonio hin gesprochene Wort mehr oder minder als Verstellung auffaßt.

2576ff. geht auf eine Episode aus der griechischen Sage zurück. König Telephos, der von der Lanze des Achill verwundet wurde, kann nur durch die Berührung mit eben dieser Lanze geheilt werden.

2657f. Namen italienischer Dichter, die Goethe von Serassi her vertraut waren.

Fünfter Aufzug

Überblickt man den 5. Akt im ganzen, so ergibt sich in den sich innerlich und äußerlich wandelnden Konstellationen der Monologe und Gespräche zum mindesten eine Konstante: das ist die Zunahme jener Fremdheit, in die Tasso sich immer mehr verliert. Es gibt in dem Goetheschen Drama, das darin in gewisser Weise dem „Oedipus rex" des Sophokles ähnlich ist (s. dazu Karl Reinhardt a. a. O. S. 445, auch das Ödipus-Kapitel des Sophokles-Buches desselben Gelehrten), eine doppelte Form, in der diese Fremdheit verstanden werden muß: Einmal gehört sie zum geschichtlichen Schicksal und zu den Voraussetzungen von Tassos Existenz. Diese Weise der Entfremdung wird aber dann ergänzt durch eine solche, die keinen Grund mehr in der Realität hat, sondern ein willkürliches Erzeugnis Tassos ist; statt die Getrenntheit als Zeichen der Zeit zu verstehen und dieses Schicksal anzunehmen, wehrt er sich einmal dagegen, erfindet aber, damit nicht genug, einen Zustand der Bedrohung, wobei dieser Schein ihm die Möglichkeit gibt, sich in der falschen Haltung der geschichtlichen Situation gegenüber zu behaupten.

Von daher ist auch der Monolog *IV, 5* zu verstehen: Daß ein tieferes Verständnis zwischen Tasso und Antonio ausgeschlossen ist, das zeigen die ersten 4 Akte so deutlich, daß darüber kein Irrtum möglich ist. Über diese faktische Geschiedenheit hinaus dichtet Tasso in dem Monolog dem Gegner Pläne an, ohne daß dafür auch nur der Schein einer Begründung beigebracht werden kann (vgl. dazu 2748ff.). Aber nicht nur Antonio wird in den Kreis dieser Wahnvorstellungen hineingezogen, sondern auch der Herzog und die Prinzessin. Gerade das ist das Entscheidende dieses Monologs, daß auch das Verhältnis zu der Prinzessin gewandelt ist. Der Argwohn auch ihr gegenüber ist es, der vor allem den Inhalt der zweiten Hälfte des Monologs bildet. Nach Monolog *IV, 1* war sie es, deren Liebe Tasso den einzigen Halt bot; jetzt scheint ihm auch diese fragwürdig. Muß Tasso darauf verzichten, in der Liebe der Prinzessin eine Möglichkeit der Lösung aus dem Zustand der Trennung zu finden, dann wird die Tragik des Dramas allumfassend und endgültig unheilbar sein.

Erster Auftritt. Das den letzten Akt einleitende Gespräch des Herzogs und Antonios läßt noch einmal das entscheidende Thema der Tragödie, gleichsam a contrario, sich entfalten, das nämlich von der Stellung des Dichters in Staat und Gesellschaft. Schon die Atmosphäre, in der das Gespräch sich vollzieht, ist kennzeichnend für den Geist: Voraussetzung jedes Wortes ist auch hier die absolute Unbedürftigkeit jener Welt, für die der Herzog und Antonio stehen. Sie hat sich im Umkreis ihrer eigensten Interessen in solchem Maße eingerichtet, daß sie von keiner Instanz mehr erreichbar ist, die eine autonome Ordnung dieser Art in Frage stellen könnte. Zwar möchte sie die Kunst nicht entbehren — so wie auch der Herzog hier höchsten Wert auf die Zugehörigkeit Tassos zu seinem Hofe legt (vgl. dazu 2846ff.) —, aber nicht, um dem Geist irgendwelche Vollmacht zuzugestehen, sondern allein, um sich einen Schein der Transzendenz zu erborgen und damit die radikale Diesseitigkeit zu verbergen. Die Worte des Herzogs in der Mitte der Szene 2935ff. sind in diesem Sinn unmißverständlich. Darin verstehen sich die Partner dieses Gespräches vollkommen. Und wenn Antonio sich noch einmal der Person Tassos zuwendet, ist er weit entfernt, ihm wirkliches Verständnis entgegenzubringen.

Auf der anderen Seite wird im Lichte dieses Gesprächs aber auch offenbar, wie fragwürdig die Auswirkungen sind, wenn die Wesensforderung auf eine Zeit stößt, die, im ganzen dem Wesen entfremdet, dieser Forderung nicht mehr gewachsen ist, fragwürdig vor allem auch bei jenen, die sich ihr öffnen und bereit sind, sie in ihr Leben hineinzunehmen. Auch sie vermögen nicht mehr in dem Maße in Würde den Anspruch zu verwirklichen, wie es in Zeiten möglich war, in denen die Verwirklichung noch institutionell und durch die Formung einer langen Tradition gesichert war. Von dieser geschichtlichen Voraussetzung her sind die pathologischen Züge Tassos zu verstehen, auf die Antonio gerade in dieser Szene ungeduldig und im letzten ohne Verständnis hinweist (vgl. dazu 2884ff., dazu auch die Einleitung S. 447).

2842. *Der kluge Medicis.* Gemeint ist Kardinal Fernando dei Medici, Bruder des Großherzogs von Toskana.

Zweiter Auftritt. Tasso tritt nun hinzu, um den Abschied des Herzogs zu erbitten. Auch für die Deutung dieser Szene muß, wie es der folgende Monolog offenbar macht, die wahnhafte Verfassung vorausgesetzt werden, in die sich Tasso seit der Bestrafung durch den Herzog hineingesteigert hat. Da er überall Ränke und Verfolgung wittert, glaubt er sich auch seinerseits nur durch Verstellung schützen zu können (dazu 3098ff.). Nur an einer einzigen Stelle wirft er den angenommenen Schein ab, da, wo er am Ende des Gesprächs unmittelbar von dem schicksalhaften Charakter seiner Existenz spricht. Es ist zugleich die Stelle, die darüber hinaus als eine der ganz wenigen des Dramas etwas von dem berührt, was über die tragische Aporie hinausweist: das von Goethe geliebte Bild der Metamorphose zeigt an, daß selbst Zerstörungen von dem Ausmaße, wie sie diese Tragödie gestaltet, nicht in endgültigem Sinn zu verstehen sind, sondern vielmehr im Sinn der Krise einer bestehenden Ordnung und als Übergang zu einem erfüllteren Dasein. Gerade hier wird offenbar, wie auch das Geschehen dieses Dramas im letzten auf die Zukunft bezogen ist.

Die Worte des Herzogs sind in diesem Gespräch, verglichen mit der vorausgehenden Szene, warm und voller Anteilnahme. Wäre es möglich, Verse wie 3072ff. aus dem Gesamtzusammenhang des Dramas zu lösen, dann müßten sie als Ausdruck einer echten Menschlichkeit verstanden werden. An dieser Stelle wie auch an anderen ähnlicher Art wird offenbar, daß auch innerhalb dieses zu einer radikalen Endlichkeit bereiten Daseins nicht nur eine reiche und differenzierte Kultur, sondern auch in bestimmten Grenzen menschliche Verbundenheit und Sorge um den andern möglich ist. Wenn demgegenüber im Ganzen des Dramas das andere, die Härte und die Abwehr, stärker erscheint, so nur deshalb, weil jene, die für diese Endlichkeit einstehen, angesichts des Anspruchs Tassos entweder die Kritik an den Grundlagen ihres Daseins spüren oder nicht fähig sind, das Rätsel zu lösen, das ihnen diese fremde Existenz aufgibt.

Dritter Auftritt. Noch einmal flüchtet Tasso in das Gehäuse des Scheins und der Verstellung; dann aber wird er sich durch die Ankunft der Prinzessin bewußt, wie unmöglich es ihm ist, auch ihr gegenüber die wahre Gesinnung zu verbergen. Mit dem Dasein dieser Frau verbindet sich für ihn in solchem Maße die Möglichkeit einer Versöhnung von Wesen und Wirklichkeit, daß sich in ihrer Nähe noch einmal die gewaltsam zurückgestauten Sehnsüchte regen müssen und der Wunsch lebendig wird, durch die Teilnahme an ihrer Existenz auch selbst in diese Versöhnung aufgenommen zu werden. So wird psychologisch sehr sorgfältig jene Begegnung vorbereitet, in der in dieser nachdrück-

lichen Form offenbar wird, wie weit Tasso die Tatsache vergessen hat,
daß diese Weltstunde im Zeichen der Unversöhntheit steht, und es
kommt zu jenem Ereignis, das noch verhängnisvoller als die Begegnung
mit Antonio die tragische Ausweglosigkeit zeigt, die Tassos Existenz
über alles menschliche Verfügen hinaus bestimmt.

Vierter Auftritt. Tassos tragische Schuld besteht — diese Annahme
bestätigt sich wieder bei der Analyse des Dramas — vor allem darin,
daß er das Zeitgesetz der Vorläufigkeit nicht anzuerkennen willens ist.
Dieser Umstand ist die Voraussetzung für alles, was die Existenz Tassos fragwürdig macht, für das vom Herzog gerügte Übermaß der Innerlichkeit, für die Überheblichkeit, die ihm Antonio vorwirft, vor
allem für die hybride Maßlosigkeit, die in dieser Szene sein endgültiges
Schicksal beschleunigt. Maßlos ist die Art und Weise, wie sich Tasso
zunächst in das Leid und in das Unglück hineinsteigert, wie er ohne
Hemmung das Bild des völlig Gescheiterten entwirft (vgl. 3141ff.),
maßlos aber auch der Umschlag in den Rausch des Glückes am Ende
der Szene vor dem Zusammenbruch (vgl. 3246ff.); auch all dieses nicht
zu verstehen im Sinne von zufälligen psychologischen Konstellationen,
sondern als Auswirkung jener tragischen Ortlosigkeit, als eigentlicher
Prämisse des Dramas.

Fünfter Auftritt. Die letzte Szene gliedert sich in zwei fast gleiche
Hälften; die erste gehört noch einmal dem Motivfeld des Wahns an,
in der zweiten gelingt es Tasso, sich von diesem zu lösen, und es beginnt das letzte entscheidende Gespräch mit Antonio, jenes, dessen
Verständnis der Forschung manches Rätsel aufgegeben hat.

Der erste Teil der Szene macht einer richtigen Deutung keine
Schwierigkeit: Tasso flüchtet sich nach der Katastrophe der letzten
Szene, um jede Fühlung mit der Wirklichkeit gebracht, noch einmal
in den irrealen Raum seiner selbstgeschaffenen Wahngebilde. In einem
Paroxysmus des Hasses tobt er blind gegen die, deren Gunst von Anfang an eine so entscheidende Bedeutung für sein Leben hatte. In dieser
Weise stellt die erste Partie der Szene eine letzte Steigerung des Wahns
dar und schließt den für die Entwicklung der inneren Handlung so be-
deutenden Motivkreis ab.

Weniger schlüssig ist der Sinn der zweiten Hälfte der Szene. Wie
man diese auch im einzelnen deutet, zunächst muß darauf hingewiesen
werden, daß es ein anderer Tasso ist, der im Gegensatz zum Beginn
der Szene dasteht; jedenfalls zum erstenmal nicht mehr in dem Schein
befangen, dafür besonnener und frei für eine Erkenntnis, die zwar von
sich aus die Ausweglosigkeit der geschichtlichen Situation nicht aufzuheben vermag, aber doch die Möglichkeit schenkt, selbst in der Zerstörung einen geheimen Sinnbezug zu entdecken, der diese übergreift
und sie als vorläufig ausweist. So sind auch die Verse 3429ff. zu deuten,

in denen Tasso sich wieder auf sein eigentliches Vorrecht besinnt, auf das Geschenk des Wortes, das in sich das Vermögen hat, in paradoxer Weise Sinn und Sinnlosigkeit zu einen und in der Hoffnungslosigkeit zugleich die Hoffnung spürbar werden zu lassen. Es sind jene, die Goethe so bedeutsam waren, daß er sich im Alter in einer ähnlich ausweglos gewordenen Lage auf sie zurückbesann. Ordnet man sie in den Zusammenhang des dramatischen Geschehens ein, so stellen sie den Endpunkt einer inneren Entwicklung dar, gegen die sich Tasso mit allen Kräften gewehrt hat. Mit ihnen geht er aus dem Unmaß in die der Situation des Menschen angemessenen Grenzen zurück und gewinnt Einsicht in den Sinn seines Schicksals.

Aber damit ist der Sinn der Szene nicht erschöpft. Indem sich die Sphäre des Wortes und die der Existenz nicht decken, muß das Ganze von zwei Ebenen her gedeutet werden. In dem Wort ist — wenn auch nur in paradoxer Weise — die Sinnlosigkeit aufgehoben; im Leben bleibt sie nach wie vor noch bestehen. Daß beide sich nicht mehr zu durchdringen vermögen, auch das gehört zur Aporie der geschichtlichen Stunde, und so muß auch der Interpret beides — eben als Ausdruck dieser Aporie — bestehen lassen: daß sich Tasso 3429ff. seiner Vollmacht erinnert und zugleich am Ende 3445 in höchster Verzweiflung seine völlige Ohnmacht eingesteht.

Aber nicht nur die Weise, wie Tasso von sich selbst spricht, sondern auch sein Verhältnis zu Antonio muß in dieser doppelten Form verstanden werden: Einmal sichert Tasso ihm gegenüber die Würde und das Eigenrecht seiner Existenz (3436ff.); dann aber sucht er bei ihm Schutz und Hilfe gegen die Not und immer wieder aufbrechende Ratlosigkeit, die ihn zu zerstören droht (3446f.). In der Erkenntnis und im Wort hat Tasso den Grund des Seins wiederentdeckt und ist in ihn hineingenommen worden. Aber dieses Wort ist ohnmächtig und bleibt ohne Wirkung auf die tatsächliche Situation.

Und in dieser Ohnmacht klammert sich Tasso an Antonio, der ihm in gütiger Hilfsbereitschaft entgegenkommt (3377ff. und 3403f.). Aber so wenig wie die Worte des Herzogs in *V, 2* vom Ganzen des Dramas abgelöst werden dürfen, so wenig dürfen diese Worte Antonios isoliert werden. Die Welt, der sich Tasso gegenüber findet, ist nicht die eisig kalte Welt des Alba im *Egmont,* sie ist duldsamer, humaner, aber nur da, wo sie nicht in den Grundlagen ihrer Existenz angegriffen ist. Wo dieser Angriff geschieht, da ist sie ebenso entschlossen zur Abwehr und zur Verteidigung, wie es immer der Fall ist, wenn sich Menschen in sich verschließen und nur aus der eigenen Gesetzlichkeit heraus die Welt zu ordnen willens sind. Daß sich auch mit diesem Entgegenkommen Antonios nicht das geringste an der Verfassung der Zeit und auch an der Grundentscheidung seines Lebens ändert, das darf auch bei der Interpretation der letzten Szene nicht vergessen werden.

BIBLIOGRAPHIE ZU „TORQUATO TASSO"

Erstdruck: Torquato Tasso. Ein Schauspiel von Goethe. Leipzig 1790, bei Göschen. Davon 3 Einzeldrucke als „Ächte Ausgabe" bezeichnet, hrsg. v. Göschen.

Torquato Tasso. Ein Schauspiel. In: Goethes Werke, 6. Band. Tübingen 1807, bei Cotta.

Torquato Tasso. Ein Schauspiel. In: Goethes Werke, 7. Band. Tübingen 1816, bei Cotta.

Benno von Wiese, Nachwort zu: Goethe-Jubiläumsdrucke 1949, Bd. 6, hrsg. v. A. Henkel, Krefeld.

Eduard Scheidemantel, Zur Entstehungsgeschichte von Goethes „Torquato Tasso". Weimar 1896.

Eduard Scheidemantel, Neues zur Entstehungsgeschichte von Goethes Torquato Tasso. Weimar 1897. In: GJb. Bd. 18, S. 165 f.

Hans Rueff, Zur Entstehungsgeschichte von Goethes Torquato Tasso. Marburg 1910. In: Beitr. z. Literaturwissenschaft, Nr. 18.

K. Beik, Zur Entstehungsgeschichte von Goethes Torquato Tasso. Leipzig 1918.

Lieselotte Blumenthal, Die Tasso-Handschriften. In: Goethe. Neue Folge des Jb. d. GG., 1950, 12. Bd., S. 89—125.

Kuno Fischer, Goethe-Schriften. Tasso: 1. Reihe, Bd. 3. 2. Aufl. Heidelberg 1896.

H. Fischer, Goethes Tasso und seine Quellen. Heidelberg 1914. In: GRM Jg. 6, S. 526ff.

Gg. v. Lukács, Zur Soziologie des modernen Dramas. In: Archiv für Sozialwiss. u. Sozialpolitik. Tübingen 1914. Bd. 38. S. 303—345 und S. 662—706.

W. Linden, Die Lebensprobleme in Goethes Tasso. In: ZfDk 1927, Bd. 41. S. 337 ff.

E. Castle, Tasso-Probleme. In: Goethes Geist. Weimar u. Leipzig 1926.

W. Fielitz, Das Ziel der Handlung in Goethes Tasso. Breslau 1903.

Wilh. Creizenach, Tasso und Antonio. Ffm. 1904. In: GJb. Bd. 25, S. 101.

Alb. Köster, Torquato Tasso, ein Schauspiel von Goethe. Berlin 1894.

H. Düntzer, Der Ausgang von Goethes Tasso. Halle 1896. In: Zs. f. dt. Phil. Bd. 28, S. 56—71.

Gustav Roethe, Der Ausgang des Tasso. Leipzig 1921. In: Funde und Forschungen. Festgabe für J. Wahle. S. 92 ff.

Hugo von Hofmannsthal, Tasso. In: Ges. Werke, 3. Bd. S. 265 f.

Karl Reinhardt, Von Werken und Formen. Godesberg 1948. Darin: Die klassische Philologie und das Klassische. S. 444f.

Elis. Wilkinson, „Tasso — ein gesteigerter Werther" in the light of Goethe's principle of „Steigerung". In: The Modern Language Review, Bd. 44, 1949. S. 305—328. In deutscher Übersetzung von E. Grumach in: Goethe (Jahrbuch) 13, 1951, S. 28—58.

Elis. Wilkinson, Goethe's Tasso, the tragedy of creative artist. Publ. of the English Goethe Society, Bd. 15, 1946, S. 96—127.

S. auch:

Christoph Schrempf, Goethes Lebensanschauung, a. a. O. 2. T., S. 240—274.

Friedrich Gundolf, Goethe, a. a. O. S. 323f.

Eugen Kühnemann, Goethe, a. a. O. Bd. 2, S. 284—295.

Franz Schultz, Klassik und Romantik der Deutschen, a. a. O., T. 1, S. 296f.

Hermann August Korff, Geist der Goethezeit, a. a. O. Bd. 2, S. 178—192.

Kurt Hildebrandt, Goethe, a. a. O. S. 132—141.

Grete Schaeder, Gott und Welt. Hameln 1947.

J. Geisel, Tasso und sein Gefolge. Diss. Berlin 1911.

W. Gaede, Goethes Torquato Tasso im Urteil von Mit- und Nachwelt. Diss. München 1931.

G. Schroeder, Über Goethes Tasso in der Kritik. Kattowitz 1903.

Fritz Strich, Goethe und die Weltliteratur. Bern 1946.

Ernst Merian-Genast, Das Problem der Form in der französischen und deutschen Klassik. In: GRM Jg. XXVII, 1939, S. 100—119.

ZUR TEXTGESCHICHTE DES „TORQUATO TASSO"

Das Drama erschien erstmals 1790 bei Göschen in Leipzig und trug den Titel: *Torquato Tasso. Ein Schauspiel* in Goethe's *Schriften. Sechster Band.* Der Text geht von zwei Handschriften des Werkes aus, die beide aus der letzten Phase der Entstehungszeit stammen (H und H[1]) und beide von Vogel abgeschrieben und von Goethe einer gründlichen Korrektur unterzogen wurden, die der sprachlichen Verfeinerung und Vereinfachung und der Berichtigung der Orthographie und Interpunktion diente. Es handelt sich bei den beiden Handschriften um die wohl nach Diktat verfaßte erste Reinschrift (H[1]) und die Druckvorlage (H[2]). Goethe benutzte zu seinen Korrekturen bald die eine, bald die andere der beiden Handschriften, so daß sich in jeder Seiten befinden, die keine Korrekturzeichen tragen. In einer kürzlich erschienenen eingehenden Untersuchung über die *Tasso*-Handschriften stellt L. Blumenthal (a. a. O. S. 89f.) fest, daß man — wahrscheinlich der Buchbinder — die korrigierten Teile willkürlich zusammengestellt hat, um sie (H[2]) bei Göschen als Druckvorlage vorzulegen. In dieser Vorlage finden sich Interpunktionskorrekturen von unbekannter Handschrift, die Goethes Zeichensetzung eigenmächtig ändern, so daß keine der späteren Ausgaben die ursprüngliche Fassung Goethes abdruckte. Auch die vorliegende Ausgabe konnte sich die für die Goethe-Akademie-Ausgabe vorgenommene Untersuchung nicht zunutze machen und folgt der bisher üblichen Zeichensetzung. Der oben erwähnte Erstdruck (S) erschien im gleichen Jahr selbständig in der vierbändigen „Ächten Ausgabe" des Göschen-Verlages (E[1]), auf die sich der Zweitdruck von 1808 (A), der Druck von 1816 (B) und die beiden Ausgaben letzter Hand 1827/28 (C und C[1]) stützen. Zahlreiche Varianten waren die Folge der fehlerhaften Vorlage und der Nachlässigkeit des Korrektors. S. dazu Lesartenapparat der Weimarer Ausgabe, 10. Bd., S. 430.

1. *lächelnd* C, W, J, F; *lächelnd* H, S. Diese Umstellung *-len* zu *-eln* oder *-ren* zu *-ern* findet sich häufig in Goethes Schriften. S. auch 706 und Stellen in anderen Textvergleichen; 403 *innren* H, S, J, *innern* C, W, F; 412 *teuren* H, S, A, J, *teuern* C, W, F. — 661. *einer* (gesperrt) J, F; *einer* (nicht gesperrt) C; *Einer* W. — 731. *wohlgestimmter* H, J; *wohl gestimmter* C, W, F. — 979. *geflohn* H, S, A, J; *geflohen* C, W, F. Die Festausgabe bevorzugt gegenüber der Jubiläumsausgabe die volle Form. — 1029. *bliebe* H, S, J, F; *bleibe* C, W. — 1193. *Freuden* H, S, J; *Freude* C, W, F. — 1235. *insgeheim* J; *in geheim* Goethes Handschrift; *ingeheim* S, J, W, F. — 2402. *Ach* H, S, A, J, F; *Auch* C, W. — 2763. *düstern* H[1], J, F; *düsterm* C, W. — 2826. *ehe nun* B, C, J; *eh nun die* W, F. — 2830. *das zweite Mal* J; *das zweitemal* C, W, F. — 2872, 2873. *den einen, der eine* C, J, F; *den Einen, der Eine* W. — 3065. *der Fleiß* H, S, J; *mein Fleiß* C, W, F. — 3254. *Verwirrung* B, C, C[1]; *Verirrung* Prosa, W, J, F. — 3340. *eine* (gesperrt) B, C, J, F; *Eine* W.

GOETHE ÜBER „DIE AUFGEREGTEN"

Gespräch mit Eckermann. Weimar, 4. Januar 1824.

„Kennen Sie meine ‚Aufgeregten'?... Ich schrieb es zur Zeit der französischen Revolution", fuhr Goethe fort, „und man kann es gewissermaßen als mein politisches Glaubensbekenntnis jener Zeit ansehen. Als Repräsentanten des Adels hatte ich die Gräfin hingestellt und mit den Worten, die ich ihr in den Mund gelegt, ausgesprochen, wie der Adel eigentlich denken soll. Die Gräfin kommt soeben aus Paris zurück, sie ist dort Zeuge der revolutionären Vorgänge gewesen und hat daraus für sich selbst keine schlechte Lehre gezogen. Sie hat sich überzeugt, daß das Volk wohl zu drücken, aber nicht zu unterdrücken ist und daß die

revolutionären Aufstände der unteren Klassen eine Folge der Ungerechtigkeit der Großen sind. Jede Handlung, die mir unbillig
scheint, sagt sie, will ich künftig streng vermeiden, auch werde
ich über solche Handlungen anderer in der Gesellschaft und bei
Hofe meine Meinung laut sagen. Zu keiner Ungerechtigkeit will
ich mehr schweigen, und wenn ich auch unter dem Namen
einer Demokratin verschrieen werden sollte!

Ich dächte", fuhr Goethe fort, „diese Gesinnung wäre durchaus respektabel. Sie war damals die meinige und ist es noch jetzt.
Zum Lohne dafür aber belegte man mich mit allerlei Titeln, die
ich nicht wiederholen mag."

„Man braucht nur den ‚Egmont' zu lesen", versetzte ich,
„um zu erfahren, wie Sie denken. Ich kenne kein deutsches Stück,
wo der Freiheit des Volkes mehr das Wort geredet würde als in
diesem."

„Man beliebt einmal", erwiderte Goethe, „mich nicht so sehen
zu wollen wie ich bin, und wendet die Blicke von allem hinweg,
was mich in meinem wahren Lichte zeigen könnte. Dagegen hat
Schiller, der, unter uns, weit mehr ein Aristokrat war als ich, der
aber weit mehr bedachte, was er sagte, als ich, das merkwürdige
Glück, als besonderer Freund des Volkes zu gelten. Ich gönne
es ihm von Herzen und tröste mich damit, daß es anderen vor
mir nicht besser gegangen.

Es ist wahr, ich konnte kein Freund der französischen Revolution sein, denn ihre Greuel standen mir zu nahe und empörten
mich täglich und stündlich, während ihre wohltätigen Folgen
damals noch nicht zu ersehen waren. Auch konnte ich nicht gleichgültig dabei sein, daß man in Deutschland künstlicher Weise
ähnliche Szenen herbeizuführen trachtete, die in Frankreich
Folge einer großen Notwendigkeit waren.

Ebensowenig aber war ich ein Freund herrischer Willkür. Auch
war ich vollkommen überzeugt, daß irgendeine große Revolution
nie Schuld des Volkes ist, sondern der Regierung. Revolutionen
sind ganz unmöglich, sobald die Regierungen fortwährend gerecht und fortwährend wach sind, so daß sie ihnen durch zeit-
gemäße Verbesserungen entgegenkommen und sich nicht so
lange sträuben, bis das Notwendige von unten her erzwungen
wird.

Weil ich nun aber die Revolution haßte, nannte man mich
einen Freund des Bestehenden. Das ist aber ein sehr zwei-
deutiger Titel, den ich mir verbitten möchte. Wenn das Bestehende
alles vortrefflich, gut und gerecht wäre, so hätte ich gar nichts
dawider. Da aber neben vielem Guten zugleich viel Schlechtes,
Ungerechtes und Unvollkommnes besteht, so heißt ein Freund
des Bestehenden oft nicht viel weniger als ein Freund des Ver-
alteten und Schlechten."

ANMERKUNGEN DES HERAUSGEBERS
ZU
„DIE AUFGEREGTEN"

1. Entstehung.

Bei der Entstehung der *Aufgeregten*, wie auch bei der der anderen Stücke, die im thematischen und gattungsmäßigen Umkreis dieser Komödie stehen, vor allem bei der des *Bürgergenerals*, haben zwei Ereignisse Pate gestanden, einmal die Übernahme des Weimarer Theaters im Mai 1791 und die damit verbundene Sorge für ein vertretbares Repertoire, dann der Ausbruch der Französischen Revolution, die beginnenden Unruhen in Deutschland und die Notwendigkeit, mit den geschichtlichen Schwierigkeiten in produktiver Weise fertig werden zu müssen. Daß dieses in den ersten beiden Stücken, vor allem in dem mit dem Ereignis der Halsbandaffäre verbundenen *Großkophta* und in dem schon genannten *Bürgergeneral*, nicht gelang, hat seinen Grund darin, daß hier ausschließlich das negativ-kritische Moment in der Form der Satire und der Komik die Gestaltung bestimmte. Davon heben sich die *Aufgeregten* an einem entscheidenden Punkt ab, indem hier nicht nur die Wirrnis sichtbar wird, sondern zugleich auch jene Ordnung, der Goethe typischen Charakter zusprach und die er auch für imstande hielt, die politischen Unruhen jener Jahrzehnte zu bewältigen und zu überdauern.

Wenn eine Briefnotiz an Reichardt vom Juli 1792 in diesem Sinn gedeutet werden darf, dann hat die Arbeit an diesem Stück offenbar schon bald nach der Übernahme des Theaters begonnen. Vollendet wurde es nicht, auch dann nicht, als Goethe das Manuskript bei Gelegenheit der verschiedenen Editionen seines Werkes wieder hervorholte. So wurde es im zehnten Band der Cotta-Ausgabe 1817 als Fragment gedruckt. Lange Zeit hatte Goethe daran gedacht, den Namen der Hauptperson der Komödie als Titel zu wählen. So findet sich noch eine Tagebuchnotiz vom 17. Juli 1814, in der das Stück unter dem Namen *Breme von Bremefeld* erwähnt wird. Erst im Zusammenhang mit der Drucklegung entschloß sich Goethe zu dem Titel, unter dem uns das Drama heute vertraut ist.

2. Das Werk.

Die Handlung der Komödie entwickelt sich aus einem nicht recht keimkräftigen Motivkern, dem Motiv eines Prozesses, der um der Verteilung irgendwelcher Rechte willen zwischen einer Gutsherrschaft und den dieser Herrschaft unterstellten Dörfern ausgetragen wird und von Generation zu Generation Spannungen erzeugt. Mit diesem verbinden sich einige Seitenmotive, deren Bedeutung in der Ökonomie des

Ganzen in Anbetracht der fragmentarischen Fassung nicht mehr einsichtig ist. Bedeutsam wird der Prozeß wieder, nachdem die Beteiligten
durch den Ausbruch der Französischen Revolution Auftrieb erhalten
haben. Das etwa ist die Situation zu Beginn des dramatischen Geschehens. Die Ereignisse von früher verbinden sich mit den neuen, um eine
allgemeine Atmosphäre der „Aufregung" zu erzeugen. Träger des
Widerstandes gegen die Herrschaft ist jener, dessen Name ursprünglich
den Titel des Stückes hergeben sollte, der Chirurgus und Barbier
Breme von Bremefeld, eine Gestalt, die Goethe einer Holberg-Komö-
die entnommen hatte. Gegenspielerin der Revolutionäre wird die
Gräfin. Sie, die gerade von einer längeren Reise nach Frankreich zu-
rückkommt, hat in Paris unmittelbar Einsicht in die Zeitereignisse
gewonnen und ist so in der Lage, den Streit in überlegener Weise
zu schlichten. Wenn sich die *Aufgeregten* an einer bestimmten Stelle,
indem sie das Negative der Kritik mit dem Positiven verbinden, über
die ersten Revolutionskomödien hinausheben, so muß in diesem Zusammenhang vor allem auf die Bedeutung der Gräfin hingewiesen
werden. Sie ist es, die über alles Nur-Reaktionäre hinaus die Möglichkeit einer echten und positiven Ordnung vertritt. In einem Gespräch
mit Eckermann vom 4. Januar 1824 hat Goethe in einer ausführlichen
Rechenschaftsablage über seine Stellung der Revolution gegenüber
ausgesprochen, welche zentrale Rolle der Gräfin in der Komödie zugedacht war. Wichtig für ihre Entscheidung sind vor allem die Gespräche mit dem Hofrat *III, 1* und *IV, 7*. In diesen wird zwar als selbstverständlich vorausgesetzt, daß die ständische Ordnung des Ancien
Régime eine solche überzeitlich-typischer Art sei, aber mit dieser Voraussetzung verbindet sich auch die Überzeugung, daß ständische Pri-
vilegien nicht nur Rechte, sondern auch Pflichten umfassen. In diesem
Sinn scheut sich die Gräfin nicht nur nicht, herbe Kritik an ihren
Standesgenossen zu üben, sie ist darüber hinaus besten Willens, ihrerseits jedes soziale Unrecht zu vermeiden. So bittet sie den Hofrat, ihr
beizustehen und auch den unglücklichen Prozeß unverzüglich zum gerechten Ende zu führen.

Das Stück ist als Komödie konzipiert. Die Atmosphäre des Komischen verdichtet sich in dem Titelhelden. Wenn echte Komik —
dem Tragischen in der Weise der Umkehrung darin verwandt — in
der Störung des Gleichgewichts von Schein und Sein begründet ist,
wenn sich die Wirkung des Komischen vor allem in dem Moment
darstellt, wo sich der angemaßte Schein als nichtig auflöst, so ist die
Gestalt des Breme von Bremefeld mit allen Zügen des Komischen
konzipiert. Der falsche Schein ist vor allem in dem Bemühen offenbar,
mit dem Breme seine nichtige Person mit allen möglichen Rollen auszu-
statten nicht müde wird. Das beginnt *I, 4* mit dem fragwürdigen Ver-

such, sich mit einer höchst gewichtigen Herkunft zu versehen; das wird *I, 6* fortgesetzt mit der Erzählung von seiner Auszeichnung durch Friedrich den Großen; das findet schließlich den Höhepunkt in der Gleichsetzung der recht beschränkten dörflichen Verschwörung mit der Schwurszene auf dem Rütli. Wo Breme erscheint und redet, da ist jedes Wort in dieser Weise durch Übertreibung und Anmaßung bestimmt.

Besteht im Formalen jede Voraussetzung des Komischen, so fehlt die eigentliche Substanz. Auch im „Zerbrochenen Krug" Kleists erfolgt die Entlarvung eines falschen Scheins; aber diese mündet nicht in die Nichtigkeit und in die Leere, vielmehr offenbart sich am Ende eine, wenn auch ungeformte, so doch ihrer selbst gewisse und ungebrochene Vitalität. Dieser echte Grund fehlt in den *Aufgeregten.* Hier bleibt am Ende nichts übrig als die Leere! Die Komödie scheitert an der Substanzlosigkeit der Hauptgestalt.

Versucht man herauszustellen, welches die geschichtliche Entscheidung ist, die dem Stücke zugrunde liegt, dann ist vor allem auf das Moment des Konservativen hinzuweisen. Wird demgegenüber Zeit und Geschichte überflüssig? Die Frage läßt sich nicht einfach beantworten. Die Gräfin — ihre Haltung deckt sich im wesentlichen mit der des Dichters — ist der Überzeugung, daß eine Ordnung existiert, die in ihrer Struktur von den Wandlungen der Zeit unberührt bleibt. Was sich wandle, das sei nur die Art und Weise, wie die Menschen diese Ordnung verwirklichen und erfüllen. Darin wird ein bestimmter geschichtlicher Fortschritt offenbar, und zwar ein solcher, der durch einen Gewinn an Humanität ausgezeichnet ist. Diese Tugend der Humanität ist es auch, die den menschlichen Rang und den Vorzug der Gräfin ausmacht. So weiß sie mit der Verpflichtung dem eigenen Stand gegenüber — diese konservative Komponente in Goethes Vorstellung der Humanität muß immer beachtet werden — zugleich die Sorge und die Sympathie für die anderen zu verbinden. Humanität stellt, bei Goethe wenigstens, in irgendeiner Weise die Möglichkeit der Einbegreifung dar. Wenn diese in der *Iphigenie* in metaphysischem Sinn verstanden wurde — als Verschränkung der Dimensionen der Höhe und Tiefe—, so wird sie in dem Revolutionsdrama mehr in ihren geschichtlichen Möglichkeiten gestaltet, darin, daß der Adel um die Not des Volkes weiß und umgekehrt der Bürger Einsicht hat in die unverrückbare hierarchische Struktur des Ganzen; auch dieses — nur ins Soziologische übersetzt — nicht anders zu verstehen denn im Sinn einer Einbegreifung von Höhe und Tiefe.

Was den *Aufgeregten* gegenüber den großen Dramendichtungen Goethes, vor allem gegenüber der *Natürlichen Tochter* fehlt und den minderen Rang dieser Dichtung ausmacht, das ist der existentielle

Ernst der Zeit. Auch die Komödie ist nicht in dem Maße konservativ, daß diese als schöpferische Macht überflüssig wird. Die Zeit — so wurde deutlich — schafft Wandlungen im produktiven Sinn. Aber sie geschehen allzu selbstverständlich; die Menschen vermögen sie in einer Souveränität zu dirigieren, die diesem Ernst der Zeit und der Existenz unangemessen ist. Daß Geschichte Schicksal bedeutet, daß mit ihr die Gefahr des Scheiterns, des Versinkens in der Sinnlosigkeit verbunden ist, also all das, was die Spannungen der großen Dramendichtungen ausmacht, das wird hier vermißt, und das war auch wohl der tiefste Grund für die Tatsache, daß die Komödie unvollendet blieb und mit der Konzeption der *Natürlichen Tochter* in den Hintergrund trat.

3. Kommentar.

178, 32. *Wetzlar* als Sitz des Kammergerichtes.

179, 21. *Rezeß*, Begriff des römischen Rechtes = Vergleich.

180, 1. *Konvenienzen* = Zugeständnisse.

183, 17. *Revers* = Vertrag.

183, 29f. *Langweiligkeit* im Sinne von Langwierigkeit.

185, 15. *einigen Augenblick* = einen kurzen Augenblick.

192, 28. *pudeln* = versagen.

195, 21. *sich formalisieren* = sich aufregen.

198, 24. *im Karrn.* Gemeint ist der Karren, der in den Wirren der französischen Revolution die zum Tode Verurteilten zum Schafott brachte.

198, 35. *Lektüre* im Sinne von Belesenheit.

203, 14f. *mein Leben und Meinungen.* Anspielung auf den berühmten Roman Nicolais „Das Leben und die Meinungen des Herrn Sebaldus Nothanker", erschienen 1783.

203, 27. *raufen* = rupfen.

207, 28 ff. Anspielung auf Sueton, Kap. 65, in dem erzählt wird, wie Kaiser Augustus seine Tochter wegen ihres ausschweifenden Lebens auf eine einsame Insel verbannen muß. Gleichsetzungen dieser Art machen die Komik der Hauptgestalt aus. S. Einleitung S. 473f.

211, 13. *ich steche.* Bei Gewehren alter Bauart wurde die Zündung nicht durch den Hahn, sondern durch die Tupfnadel herbeigeführt; *stechen* heißt die Nadel in Bewegung setzen.

BIBLIOGRAPHIE ZU „DIE AUFGEREGTEN"
GOETHE UND DIE FRANZÖSISCHE REVOLUTION

R. Fester, Goethe und die französische Revolution. In: Dt. Rundschau 1912, Nr. 152, S. 394 ff.

P. Müllensiefen, Die französische Revolution und Napoleon in Goethes Weltanschauung. In: Jb. GG., Bd. 16, 1930, S. 73—108.

G. Gaiser, Goethe und die Revolution. Jb. f. Wissenschaft und Jugendbildung, Bd. 6,
1930, S. 90 ff. [168.

Joh. Hoffmeister, Goethe und die französische Revolution. In: Goethe 6, 1941, S. 138 bis
Ernst Beutler, Goethe und die französische Revolution. In: PrJb. 235, S. 18—28.

DIE AUFGEREGTEN

Erstdruck: Die Aufgeregten. Politisches Drama in fünf Akten. In: Goethe's Werke,
10. Band, Tübingen, Cotta, 1817.

Die Aufgeregten. Politisches Drama in fünf Akten. In: Goethe's Werke, Ergänzungsband, Tübingen, Cotta, 1817.

Erich Schmidt, Charakteristiken. 2. Reihe. Berlin 1901, S. 167 ff.

Gustav Roethe, Goethe. Berlin 1932. Darin: Das Mädchen von Oberkirch. 1895.
S. 137—162.

Franz Schultz, Klassik und Romantik der Deutschen. Stuttgart 1936—40. T. 2, S. 245 f.

Arnold Bergsträsser, Goethe's Image of Man and Society. Chicago 1949. Darin: 9. The
Archetype of Society. S. 189—204.

TEXTGESCHICHTE DER „AUFGEREGTEN"

Das Fragment wurde zum erstenmal abgedruckt im 10. Band der Cotta-Ausgabe
1817 (B). Der Titel lautete: *Die Aufgeregten. Politisches Drama in fünf Akten.* Im gleichen
Jahr folgte noch ein Zweitdruck bei Cotta und im Jahre 1828 die *Ausgabe letzter Hand,*
die sich in Titel und Text auf den Erstdruck stützte. Druckvorlage für diese Ausgabe
war eine nicht bekannte Abschrift der Handschrift H². Letztere weist die Schrift zweier
Schreiber auf und wurde wahrscheinlich von Goethe in Anlehnung an H¹, das Riemer
korrigiert hatte, unter Umgestaltung verschiedener Stellen diktiert. Der Lesartenapparat der Weimarer Ausgabe a. a. O. S. 392 bietet alle Varianten der beiden Handschriften
und der Drucke und kennzeichnet sowohl die zahlreichen von Goethe angebrachten
Veränderungen als auch die Besserungen Riemers. Im folgenden sollen alle die Stellen
verzeichnet werden, in denen sich unsere Ausgabe von der *Ausgabe letzter Hand* und
den späteren Drucken unterscheidet.

Erster Aufzug. 170,18. *noch* H¹, H², J, Wl; *auch* C, W. — 174,32. *Sprich, meine Tochter,
sag, was ist geschehen?* H¹, H²; *Rede, mein Kind, rede.* C, W, J, F. — 177,4. *konnten* H¹;
könnten C, W, J, F. — 182,8. *Burgemeister* H¹, H², J; *Burgermeister* C, W, F. — 182,30.
laute H¹, J; *lauter* H², C, W.

Zweiter Aufzug. 186,10. *Kind* H¹, H², B¹, J; *gute Kind* C, W. — 187,9 f. *an dem Wege*
H¹, H², J; *an dem Wagen* C, W. — 188,23. *Wegebesserung* H¹, H², B, B¹, J; *Wegbesserung*
C, W. — 190,1 f. *Schwerlich kann Ihnen der Aufenthalt hier* H²; *Überhaupt aber kann Ihnen
schwerlich der Aufenthalt hier* von Riemer geändert, so in C, W, J. — 193,9. *ehester Tage*
H², B¹, J; *ebesten Tags* C, W. — 193,13. *auftrocknet* H² von Goethe geändert, J; *aufge-
trocknet* H¹, C, W.

Dritter Aufzug. 194,15. *unangenehmen* H¹, J; *widerlichen* C, W. — 195,34. *frühern* C,
W; *frühen* H², B, B¹, J. — 196,26. *Geschichten* H², B, C, J; *Geschichtchen* W.

Vierter Aufzug. 197,31 f. *unsere junge gnädige* H¹, H²; *unsere gnädige* C, W, J. —
199,25—27. *Wir haben Sie verachtet, wir haben Sie beleidigt gesehen, wir haben Ihren
edlen Zorn gesehen; aber einen edlen Zorn ohne Wirkung* H¹; *Wir sahen Sie verachtet, wir
sahen Sie beleidigt; aber wir haben zugleich Ihren edlen Zorn gesehen, einen edlen Zorn, aber
ohne Wirkung.* H², C, W, J, F. — 200,36 f. fehlen in H², C, W. — 202,27. *heute nacht*
(*Nacht*) H¹, H², B¹, J; *diese Nacht* C, W. — 205,15. *vortrefflichen* H¹, H², B¹, J; *treff-
lichen* C, W. — 206, 4. *Was soll* H², J; *Wie soll* C, W. — 207,11 f. *in das* H¹, H², B¹, J; *in
dem* C, W. — 208,12. *regnicht* H¹, C, W, F, Wl, zu Goethes Zeit und auch in seinem
eigenen Sprachgebrauch gebräuchlich; *regnerich* H². — 208, 14, 16. *Ahnung* C, W, J,
F, Wl; *Ahndung* H²; beide Schreibweisen sind bei Goethe vorhanden, der Dichter
ändert sie bei der Edition der *Ausgabe letzter Hand.*

GOETHE ÜBER „DIE NATÜRLICHE TOCHTER"

Tagebuch. 18. November 1799.

Abend bei Schiller, Mémoires de Stephanie de Bourbon-Conti, Charakter der Franzosen.

Goethe an Schiller. 19. November 1799.

...schicken *(Sie)* mir den zweiten Teil der Prinzeß Conti, wenn Sie ihn gelesen haben.

Im Oktober, November und Dezember 1801 und im Januar des folgenden Jahres finden sich laufend kleine Tagebuchnotizen über die Arbeit an der „Natürlichen Tochter", etwa: Früh „Natürliche Tochter".

Goethe an Zelter. Weimar, 8. August 1804.

Leider steht es mit der Fortsetzung der „Natürlichen Tochter" noch im weiten Felde. Ja ich bin sogar manchmal versucht, den ersten Teil zu eigentlich theatralischen Zwecken zu zerstören und aus dem Ganzen der erst intendierten 3 Teile ein einziges Stück zu machen. Freilich würden die Situationen, die nach der ersten Anlage vielleicht zu sehr ausgeführt sind, nunmehr allzu skizzenhaft erscheinen.

Goethe im Gespräch mit Riemer. Weimar, 4. April 1814.

Merkwürdige Äußerung Goethes über sich selbst, bei Gelegenheit des „Meister". „Daß nur die Jugend die Varietät und Spezifikation, das Alter aber die G e n e r a, ja die F a m i l i a s habe."...

Goethe sei in seiner „Natürlichen Tochter", in der „P a n d o r a" ins Generische gegangen; im „Meister" sei noch die Varietät. „Das Naturgemäße daran! Die Natur sei streng in G e n e r i b u s und F a m i l i i s, und nur in der S p e c i e s erlaube sie sich Varietäten. Daß es gelben und weißen C r o c u s gebe, das sei eben ihr Spaß. Oben und höher hinaus müsse sie's wohl bleiben lassen."

Dies ist dasselbe, was er anderswo so ausdrückte, daß die höheren Organisationen weniger Freiheit hätten, sondern viel bedingter und eingeschränkter wären. Die Vernunft lasse die wenigste Freiheit zu und sei despotisch.

Tag- und Jahreshefte. Ende Juni 1823 (Bd. 10, S. 449,16—21.)

Die Memoiren der Stephanie von Bourbon-Conti erregen in mir die Konzeption der „Natürlichen Tochter". In dem Plane bereitete ich mir ein Gefäß, worin ich alles, was ich so manches Jahr über die französische Revolution und deren Folgen geschrieben und gedacht, mit geziemendem Ernste niederzulegen hoffte.

ANMERKUNGEN DES HERAUSGEBERS
ZU

„DIE NATÜRLICHE TOCHTER"

1. Die Quelle.

So wenig es möglich war, bei der Entstehungsgeschichte des *Tasso* an der Quellenfrage vorbeizugehen, so wenig läßt sich diese bei der *Natürlichen Tochter* übersehen. In beiden Fällen hat sich Goethe in der Gestaltung des „pragmatischen" Nexus, bei der Motivierung, bei der Auswahl der in die Handlung eingreifenden Personen, ja selbst bei der Charakterisierung dieser Personen an der Quelle orientiert. Für das letztere Drama hat er ein Memoirenwerk zu Rate gezogen, dessen Edition nur kurze Zeit zurücklag, die „Mémoires historiques de Stéphanie de Bourbon-Conti, écrits par elle-même". Die Erzählerin dieses Werkes — die Heldin der Tragödie — ist wie in dem Drama Goethes die „natürliche Tochter" eines Verwandten des Königshauses, des Prinzen Louis-François de Bourbon-Conti, und — dieser Umstand kehrt in der Dichtung in ähnlicher Weise wieder — einer Dame aus dem französischen Hochadel. Auch andere Motive aus der Quelle finden sich bei Goethe: die politische Stellung des Vaters, sein Vorbehalt gegenüber der Schwäche des Königs, das zeitweilige Zerwürfnis mit diesem, die Existenz des Sohnes, dessen schlimme sittliche Verfassung, das gespannte Verhältnis zwischen Vater und Sohn, die Absicht des Vaters, die Tochter zu legitimieren, und anderes. Auch die Umstände, unter denen der Plan der Legitimation vorbereitet wurde, stimmen bis in Einzelheiten mit der Quelle überein: die Notwendigkeit, diese angesichts der feindseligen Gesinnung des Sohnes mit Vorsicht und im Geheimen betreiben zu müssen, das Motiv des Kästchens mit dem für den Akt der présentation bestimmten Schmuck, ebenso die gerade in diesem Zusammenhang Stéphanie besonders eingeschärfte Pflicht zur äußersten Verschwiegenheit, die Verletzung des Geheimnisses von seiten der Heldin, die verhängnisvolle Gestalt der Hofmeisterin und ihres Verlobten Jacques — des Goetheschen Sekretärs —, die merkwürdig undurchsichtige Rolle, die die Hofmeisterin bei der Entführung Stéphanies spielt — „elle obéissait elle-même à d'ordres supérieurs", erzählt Stéphanie von ihr bei dieser Gelegenheit —, die Verknüpfung der Familientragödie mit der politischen, endlich, in Umrissen wenigstens, die Gestalt des Goetheschen Gerichtsrates — in den Memoiren handelt es sich um den procureur Billet —, alles, was späterhin den pragmatischen Nexus des Dramas ausmacht, ist so in der Quelle schon vorgebildet. Nicht zu vergessen die Vorspiegelung eines Unfalls, der den Tod der Heldin zur Folge haben soll, die Trauer des

Vaters; auch dieses und noch manches andere hat Goethe dem ersten
Bande der Memoiren entnommen.

Auch den zweiten hat der Dichter mit starkem Interesse gelesen. Er
enthält unter anderem die Geschichte der Ehe Stéphanies, den Aufenthalt in einem verfallenen Landhaus, die Sorge um die Wiederherstellung des Gutes. Wichtig wurde im folgenden auch der Ausbruch
der Revolution, dabei vor allem die leidenschaftliche Teilnahme der
Heldin an dem Schicksal des Königs und die spätere Audienz Stéphanies beim König, um das Wichtigste aus diesem Band herauszu-
greifen.

2. Die Entstehung des Dramas.

Goethe hat das Memoirenwerk anläßlich eines Besuches bei Schiller
1799 kennengelernt und machte sich alsbald an die Lektüre. Noch
während er mit dieser beschäftigt war, formte sich in ihm der Plan, den
Stoff dramatisch zu bearbeiten. In den *Tag- und Jahresheften* zum Jahre
1799 wird dafür folgende Begründung gegeben: *In dem Plane bereitete
ich mir ein Gefäß, worin ich alles, was ich so manches Jahr über die französische Revolution und deren Folgen geschrieben und gedacht, mit geziemendem Ernste niederzulegen hoffte.* Schon am Ende des Jahres
erscheint dann in den Tagebuchnotizen der Titel des Dramas,
auch dieser wörtlich den Memoiren entnommen, in denen Stéphanie
schon als die „fille naturelle" erscheint. In den *Tag- und Jahresheften*
zu dem Jahre 1801 wird von einem ausgeführten Schema des Dramas, das schon *seit einigen Jahren* unter den Papieren vorliege, gesprochen. Auch die Tagebücher zum Jahre 1801 geben Aufschluß über
die fortschreitende Arbeit. Es folgt dann eine Unterbrechung, bedingt
durch eine schwere Erkrankung, und erst im Oktober scheint sich Goethe wieder intensiver dem Drama gewidmet zu haben. Vorausgegangen
ist die Aufteilung des Stoffes für die Form einer Trilogie, ein Entschluß, der in seiner Entstehung in den Aufzeichnungen der Tagebücher nicht zu kontrollieren ist. Vollendet wurde in diesem Jahre 1801
laut Tagebuchnotiz der erste Akt. Das folgende Jahr wird besonders in
der ersten Hälfte für die Arbeit an dem Drama wichtig. Briefstellen an
Schiller und an Christiane geben Auskunft darüber. In einer Tagebuchaufzeichnung vom 1. August taucht zum erstenmal Eugenie als der
Name der Heldin auf, ein Umstand, der besonders wichtig ist, weil er
zeigt, in welche Richtung das Interesse des Dichters geht. Am 2. Januar
des Jahres 1803 meldet Goethe die Vollendung des vierten Aktes.
Mitte März war das Drama fertig. Mit dem Abschluß des ersten Teiles
der geplanten Trilogie stockt die Arbeit gründlich. In einem Brief an
Zelter vom 8. August 1804 äußert Goethe beiläufig die Absicht, das
vollendete Stück der Trilogie wieder zu zerstören *und aus dem Ganzen*

der zuerst intendierten drei Teile ein einziges Stück zu machen. Diese
Überlegungen führen zu einer mittleren Lösung: Das vorliegende
Stück sollte bestehen bleiben, dafür wollte der Dichter den Rest in einem
fünfaktigen Drama zusammenziehen. Von diesem Plan liegt als *Schema
der Fortsetzung* vor: 1. das Szenar des fünfaktigen Dramas, 2. eine
schematische Darstellung der geschichtlichen Hintergründe und der
geschichtlichen Entwicklung, 3. ausgeführte Szenenskizzen von Akt I
Szene 1—3, Akt II Szene 1—5, Akt IV Szene 1—5. Warum es Goethe
nicht gelungen ist, den Plan zu verwirklichen, darüber lassen sich nur
Vermutungen äußern. Wenn er darüber spricht (vgl. die dazu 1825
niedergeschriebene Notiz in den *Tag- und Jahresheften* zu 1803), hat
er die Neigung, das Mißlingen zu mystifizieren. Dem wirklichen
Grunde kommt eine Briefstelle an Zelter vom 4. September 1831
näher. Zelter hat den Dichter zur Vollendung aufgefordert, und dieser
antwortet ihm: *An die Natürliche Tochter darf ich gar nicht denken, wie
wollte ich mir das Ungeheure, das da gerade bevorsteht, wieder gerade ins
Gedächtnis zurückrufen.* Wo Goethe das *Ungeheure* und das Dämonische
in die Gestaltung miteinbezieht oder sich auch nur theoretisch darüber
äußert, da geschieht es immer so, daß er zugleich die Kräfte des Sittlichen aufruft, und zwar in der Hoffnung, das Unmaß, wenn auch nicht
ethisch bewältigen, so doch in der damit verbundenen Gefährdung
einschränken und sich davon abschließen zu können. Das war in dem
Falle, da es sich um die geplante Fortsetzung handelte, bei dem Ausmaß und der Größe des Geschehens nicht mehr möglich, und man kann
vermuten, daß das zweite Drama an diesem Faktum gescheitert ist.

3. Das Werk.

Die Chancen, die der in der genannten Quelle vorliegende Stoff für
die Gestaltung des geplanten Dramas gewährte, sind im wesentlichen
diese: 1. An sich geht es, wenigstens dem vordergründigen Geschehen
nach, um eine Familientragödie. Aber sie war durch viele Fäden mit den
geschichtlichen Ereignissen des Zusammenbruchs der Monarchie und
des Beginns der Revolution verbunden. So ließ sich privates Geschehen
ohne Mühe transparent machen für Spannungen allgemeiner Art.
2. Was Goethe im besonderen anzog, das war die Gestalt und das
Schicksal der Heldin. So unreif und problematisch sie in den Memoiren
erscheint, es war auch in diesem Falle verhältnismäßig leicht, das Be-
dingt-Zufällige in Gesetzlich-Allgemeines zu verwandeln. Darüber
hinaus bot sich aus der Quelle besonders die Möglichkeit an, Eugenie
als Mittelpunktsgestalt der Trilogie zu gewinnen. Denn so wie Goethe
bestrebt war, Iphigenie und die Prinzessin in den Mittelpunkt jener
Dramen zu rücken, die vor der Revolution vollendet waren, so kam es
ihm auch darauf an, Eugenie diese Stelle in dem Revolutionsdrama zu

sichern. Das ist das zweite bedeutsame Moment. Dazu ist einiges hinzu-
zufügen.

Daß die *Natürliche Tochter* Goethes Auseinandersetzung mit der
französischen Revolution abschließen, daß die Sinndeutung dieses
Ereignisses in dieser Tragödie eine endgültige Klärung und eine
symbolmächtige Gestaltung finden sollte, das zeigt schon ein flüchtiger
Vergleich mit den vorausgehenden Revolutionsdramen. Welcher Art
diese Deutung ist, läßt sich aus dem vollendeten Drama leicht erschließen. Vorausgesetzt ist, wie schon in den *Aufgeregten,* die Vorstellung einer Ordnung gestuft-hierarchischer Art, einer solchen, für
deren Struktur sich in dem Drama immer wieder das Bild des Organismus darbietet. Damit eine solche ihr eigentümliches Leben entfalten
kann, dazu ist vor allem eins nötig: daß das Telos des Ganzen — Goethe
gebraucht diesen Begriff später in seiner Vorstellung der En-tele-
chie —, also jene Instanz, in der sich der Sinnbezug dieses Lebensgefüges darstellt, auch die Energie besitzt, um den Zusammenhang
des Ganzen gewährleisten zu können. Versagt diese — und das geschieht in diesem Drama in beklemmender Weise —, dann zerfällt
das Gefüge, indem die Glieder den Bezug zum Ganzen verlieren und
den Lebenssinn nur mehr in der Behauptung ihrer besonderen, vom
Ganzen abgelösten Existenz zu erblicken vermögen.

Genau das ist die Voraussetzung jener Krise, um die es in der *Natürlichen Tochter* geht. Wie sorgfältig Goethe die Möglichkeiten dieser
Krise durchdacht hat, das zeigt das sogenannte Generalschema, in dem
er in vierfacher Abstufung die Konsequenzen einer Auflösung des
staatlichen und gesellschaftlichen Organismus darlegt. Wenn man bei
dem ausgeführten Drama bleibt — und diese Beschränkung ist wohl
aus grundsätzlichen Erwägungen heraus nötig (vgl. dazu Kurt May
a. a. O. S. 157 ff.) —, so gestaltet der ausgeführte erste Teil der geplanten Trilogie das erste Stadium des Prozesses: die Fronde des Adels
gegen den König (vgl. dazu das genannte Generalschema Gen I und
Gen II). Vertreten wird in dem Drama der frondierende Adel vor allem
durch den Sohn des Herzogs. Dazu kommt der Sekretär, einmal als
willfähriges Instrument des Sohnes, dann aber auch in grundsätzlichen
Überlegungen, die eine tiefe Einsicht in die Situation der allseitigen
Auflösung und Bindungslosigkeit verraten (vgl. dazu *II, 1*). Will man
diese in prägnanter Weise benennen, dann bietet sich am ehesten der
Begriff des Nominalismus als der Name jener Weltdeutung an, in der
die letzten Sinnbezüge ihre „Realität“, ihre Überzeugungskraft und
Energien verloren haben, in der das Besondere wichtiger erscheint als
das Allgemeine und so gegen diese aufbegehrt. Daß die Fronde des
Adels der Beginn der Auflösung ist und die Erhebung der Masse gegen
den Adel nur eine Frage der Zeit darstellt, deutet das Generalschema an.

In welchem Umfang das hierarchische Element jene Ordnung, die nun in eine Krise hineingeraten ist, geprägt hatte, das zu zeigen, ist der Dichter in sorgfältiger Weise bemüht. So ist das Ganze bestimmt durch eine Form der Herrschaft, in der das Königtum im charismatischen Sinn verstanden war und auch die Auswahl der an der Herrschaft Beteiligten von dieser Voraussetzung her geschah. Es handelt sich also um eine Ordnung, die sowohl geformt ist von der Höhe und von dem aristokratischen Prinzip der Kostbarkeit als auch von der Opferbereitschaft jener, die die Pflicht des Dienens haben, einer Bereitschaft, in der in entsprechender Weise die Anerkennung der aristokratischen Ordnung von unten her zum Ausdruck kommt (vgl. dazu besonders I, 5, 6 und II, 4). In welchem Zustand der Schwäche und der Unsicherheit sich aber diese befindet, das sieht vor allem der Herzog, der in entscheidenden Gesprächen die Bedeutung der Krise betont und keineswegs gewillt ist, angesichts dieses Zustandes seine schweren Sorgen zu verbergen.

Als dritter Bereich erscheint die Welt des Bürgers, in dem Drama eingeführt durch den Gerichtsrat. Geht man den Worten dieses Mannes im vierten Akte nach, so stellt sich dieser Stand als herausgenommen und relativ unberührt von dem Bereich der Geschichte im engeren Sinn dar. Während es in diesem um das Schicksal der Lebenshöhe geht, ist es dem Bürgertum offenbar im ganzen aufgegeben, für den einfachen Ausgleich des Lebens zu sorgen. So wie es auch in Goethes Vorstellung des Organismus neben der Steigerung immer eine Lebenssphäre gibt, die, außerhalb dieser stehend, vor allem die Sorge für die Kontinuität des anspruchslosen Lebensvorgangs zu tragen hat, indem das Wagnis der Steigerung nur auf der Basis einer verläßlichen, jeder Verschwendung abholden Gesetzlichkeit möglich erscheint. Das etwa sind die geschichtlichen Voraussetzungen des Dramas.

Warum wurde in diesem Zusammenhang die Gestalt der Eugenie für Goethe wichtig? Um diese Frage in angemessener Weise beantworten zu können, ist mit dem Hinweis auf die Bedeutung des hierarchischen Elementes auch eine Klärung dessen nötig, was dem Drama als Auffassung vom Rhythmus der Geschichte zugrunde liegt. Damit wird manches wiederaufgenommen, was schon die Analyse des *Tasso* in entscheidender Weise bestimmt hatte. Dem Bilde der politischen Ordnung lag die Vorstellung des Organismus zugrunde, d. h. jenes Lebensgefüges, in dem alles Gliedhafte im Bezug zur Höhe steht. Nun kommt hinzu, daß dieser Organismus Zeiten hat, in denen sich das ihm eigentümliche Leben ohne Störung zu entfalten vermag, dann aber auch Zeiten, da die gestalthaften Energien versagen. In dieser Auffassung berührt sich Goethe mit ähnlichen Vorstellungen vom geschichtlichen Ablauf; vor allem mit Hölderlins Auffassung der eigenen Zeit als jener die im Zeichen der Götterferne steht, aber darüber hinaus mit analogen Erfahrungen Kleists, Schillers, der romantischen Dichter und Denker. Daß diese Geschichtsauffassung im letzten auf das Dreistadiengesetz des Joachim de Floris zurückgeht, das hat vor allem Lessing in seiner „Erziehung des Menschengeschlechts" betont. So sehr sich diese geschichtlichen Überlegungen im einzelnen unterscheiden, in einem stimmen sie überein: in der Deutung der Gegenwart als einer geschichtlichen Phase der Bildlosigkeit, einer Epoche also, da das Wesen in die Verborgenheit tritt und es für den Menschen nötig wird, indem er das Gesetz der Bildlosigkeit annimmt, in dieser „Zwischenzeit" — auch hier muß der schon von *Tasso* her vertraute Begriff in die Deutung eingeführt werden — auszuharren bis zu der Stunde einer neuen Erfüllung.

Was nun Goethes Auffassung der Zeit etwa von der Hölderlins unterscheidet, das ist die konsequente und fast ausschließliche Deutung der Geschichte vom Organischen her. Auch in Hölderlins „Brot und Wein" finden sich Hinweise auf die Bedeutung des vegetativen Reifeprozesses für den Gang der geschichtlichen Zeit; aber dieser ist hier nur von sekundärer Bedeutung. Bei Goethe hat die Kategorie des Organischen auch für das Verständnis geschichtlicher Vorgänge Priorität. Dieses ist für ihn im wesentlichen Entfaltung und Verfall des Organismus. Verfall des Organismus, das ist aber nicht Zerstörung schlechthin, sondern innere Sammlung der Kräfte. Auch wenn äußerlich jede Kontinuität unterbrochen scheint, in Wirklichkeit handelt es sich dabei nur um eine „Systole" der Kräfte.

Von da aus ist — um auf die anfängliche Frage zurückzukommen — vor allem die Bedeutung Eugeniens zu verstehen. Sie ist jenes Wesen, in dem sich gleichsam die Kräfte des Organismus sammeln; ihr ist es aufgegeben, die Gestaltenergien zu bewahren, damit aus ihnen in einer günstigen Stunde die Erfüllung aufzublühen vermag. Eugenie ist es, die die Erinnerung an das Telos des Ganzen durch die Zeit des Vergessens hindurchträgt. In diesem Sinn steht sie im Zusammenhang mit Gestalten wie Iphigenie, in der sich die Segenskraft des Tantalidengeschlechts bewahrt, aber auch mit der Prinzessin des *Tasso*, die ebenso wie Eugenie um die Verborgenheit als das Gesetz dieser Stunde weiß. Und so ist es auch kein Zufall, wenn es vor allem Frauen sind, denen diese Rolle der Bewahrung anvertraut ist, Wesen also, die der Sphäre des Organischen in besonderer Weise nahestehen und denen die Tugend des Verzichtes und der Geduld als besondere Mitgift geschenkt ist.

4. Das Problem des Tragischen in der *Natürlichen Tochter*.

Von entscheidender Bedeutung für die Gestaltung des Dramas war ein Motiv, das im Schaffen Goethes von der ersten Weimarer Zeit an des öfteren eine Rolle gespielt hat; Kommerell nennt es das vom „edlen Blut im Exil". Es ist ein Motiv, das, im Grunde wohl gnostischer Herkunft, in diesem Zusammenhang von der Märchenforschung gelegentlich das von der „verzauberten oder gefangenen Braut" genannt wurde. Es bestimmt das Schicksal der Mignon, wie später das der Ottilie der *Wahlverwandtschaften*. Es ist deutlich spürbar im Schicksal der Prinzessin des *Tasso*. Kommerell vermochte es auch als den Handlungskeim der Ballade vom vertriebenen und zurückkehrenden Grafen aufzuzeigen. Dieses Motiv vom edlen Blut im „Exil" bestimmt also auch das Schema der *Natürlichen Tochter*. Wobei hinzunehmen ist, daß in der Gestaltung Goethes der asketisch-pessimistische Ansatz der gnostischen Fassung in einer Weise umgewandelt wurde, wie es der optimistisch-monistischen Weltdeutung des christlich-abendländischen Kulturkreises entsprach: das Wesen, das hinabgeschickt wird, die Welt zu erlösen, scheitert nicht an der schlechthinigen Unerlösbarkeit der Tiefe und des zeitlichen Daseins, sondern vermag Erlösung zu bringen, insofern im Umkreis des abendländischen Denkens und Dichtens auch die Endlichkeit und die Zeit auf die Sinnenmitte bezogen und über die tragischen Zerfällungen des Ganzen hinaus für die Erneuerung offen ist.

Von diesem motivischen Interesse her wird einsichtig, was Goethe vor allem an der Heldin dieser Memoiren angezogen hat. Wenn dieser Umstand bisher nur angedeutet werden konnte, so läßt er sich nun genauer bestimmen. Nicht die Heldin als solche ist es, die den Dichter interessiert, sondern vielmehr das ihr zugeordnete Schicksal der Verborgenheit. Die Herkunft aus höchstem Adel in einem mit der Illegitimität der Geburt: das war ohne Zweifel die eigentliche Konzeptionsstelle des Dramas. In dem Schicksal der Erzählerin spürte der Dichter durch alles Fragwürdige hindurch etwas von dem Märchenmotiv der verzauberten Braut. Dieses war zugleich geeignet, das Problem des triadischen Zeitablaufs, vor allem das Problem der Zwischenzeit, in der das Edle in die Verborgenheit treten muß, einer angemessenen Gestaltung nahezubringen.

Von diesem Motivzusammenhang her muß auch das Problem der Tragik in der *Natürlichen Tochter* verstanden werden. Das, was Eugenie aufgegeben ist, ist nicht selbstverständlich, und an diesem Punkte — das sei am Rande vermerkt — reicht auch die Analogie zum Organischen nicht mehr aus. Eugenie ist ein Wesen von höchstem Adel, von Anlage und Entscheidung her auf die unbedingten Werte hingeordnet, nicht geschwächt und auf den Verzicht in dem Maße angewiesen wie die Prinzessin. Die Zumutung, in die Entsagung, in die Verborgenheit eintreten zu müssen, ist darum für sie noch weniger als für jene selbstverständlich. Bis sie bereit zur Entsagung ist, muß sie durch die äußerste

Gefährdung hindurch, und vor allem dieser Weg von der Gefährdung zum Verzicht ist es, der die innere Bewegung des vollendeten Dramas ausmacht. In diesem gerät Eugenie immer mehr an die tiefe Unversöhnbarkeit von Wesen und Endlichkeit, an die Unmöglichkeit, den Anspruch der Höhe zu verwirklichen angesichts einer Wirklichkeit, die dem feindlich und im letzten fremd geworden ist.

Daß es sich auch in der *Natürlichen Tochter* nicht um eine Tragik absoluter Art handelt, ebensowenig wie im *Tasso*, das wurde schon berührt, als von der inneren Umgestaltung des Kernmotivs die Rede war. Die gnostische Fassung setzte absolute Tragik voraus; in der tragischen Schuld Eugeniens — und eine solche gibt es natürlich trotz gegensätzlicher Äußerungen des Dichters selbst — enthüllt sich nicht wie in der antiken Tragödie die Tatsache, daß eine sinngebende Mitte im Ganzen nicht existiert, sondern diese Schuld ist wiederum nur relativer Art: es ist der Verstoß gegen das Gesetz dieser Stunde, der Versuch, die Erfüllung zu erzwingen in einer Zeit, zu deren Bestimmung die Unerfülltheit und die Verborgenheit des Wesens gehört.

5. Die Form.

Versuchte man, die *Natürliche Tochter* allein von dem Geflecht der Handlung her zu verstehen, so wäre es unmöglich, von daher dem Rang des Dramas gerecht zu werden. Wie brüchig und unzureichend sich die pragmatische und psychologische Motivation darstellt, das hat Kettner in einer scharfsinnigen Analyse des Dramas gezeigt. Von allem anderen abgesehen, offenbart sich dieser Mangel besonders im letzten Teil des Dramas, in jenem Zusammenhang, da der König gegen anfängliche Versprechen und Sympathien die Heldin mit Hilfe der lettre de cachet auf die ferne Insel verbannt und sie so dem sicheren Tode überantwortet. Dieser Umschlag in der Gesinnung des Königs wird nur ganz knapp in wenigen Worten der Hofmeisterin angedeutet, ohne daß psychologisch auch nur von ferne deutlich wird, wie einmal der gutgesinnte Monarch des ersten Aktes sich kurze Zeit später zu einer rücksichtslosen Handlung dieser Art entschließen, zweitens wie sich revolutionäre Vorgänge von so verwickelter und weittragender Bedeutung in einem Zeitraum von wenigen Tagen ereignen konnten, drittens inwiefern es nötig war, daß der Entschluß des Königs diese grausame Form annahm.

Was also den „Nexus" des Dramas betrifft, so können Mängel in dieser Hinsicht nicht geleugnet werden. Daß man darum bei dem Verständnis einen anderen Ansatzpunkt gewinnen muß, das hat Staiger in dem Goethekapitel seines Werkes „Zeit als Einbildungskraft des Dichters" a. a. O. S. 101 ff. entwickelt. Danach darf sich die Interpretation nicht in der Nachlässigkeit der Motivation verfangen. Das Pragmatische ist in diesem Drama nur Gerüst, um ein Geschehen zu entwickeln, das weniger in dem Zufällig-Ereignishaften bedeutsam wird als vielmehr durch die Symbolmächtigkeit, die den Gestalten, den Dingen, den Konflikten erst Gewichtigkeit und Bedeutungsfülle sichert. So können pragmatisch geringfügige Geschehnisse wie der Vorgang des Sich-schmückens von magischer Schicksalsträchtigkeit werden, ohne daß der Symbolsinn des Geschehens im unmittelbar-pragmatischen Zusammenhang genügend gestützt wäre. So muß auch bei dem Verständnis der einzelnen Akte immer vorausgesetzt werden, daß es nicht um das Schicksal dieses einmaligen Wesens geht, sondern um jenen mythischen Bezug, der sich mit dem Schicksal Eugeniens verbindet. In diesem Sinn konnte auch Goethe von Eigennamen absehen und an ihre Stelle die allgemeine Funktion setzen, wenn er es nicht vorzog, einen Namen von so hoher Sinnbildlichkeit zu wählen, wie jener ausgezeichnet ist, den die Heldin trägt. Auf diese Funktionen, auf die des Königs, die des Herzogs, des Grafen, des Sekretärs usf. kam es an. Auch der *Tasso* war bestrebt, das Zufällige ins Allgemeine auszuweiten. Aber zwischen diesem Drama und der *Natürlichen Tochter* ist in der Formtendenz ein spürbarer Einschnitt. Im *Tasso* geht die Neigung zur symbolischen Überhöhung der Personen nie so weit, daß ihr zuliebe die Besonderheit der Individualität, die Sorgfalt der psychologischen Motivation und der pragmatischen Verknüpfung geopfert wird. Daß das in der *Natürlichen Tochter* sehr oft angenommen werden muß, läßt sich bei der Bestimmung der formalen Struktur nicht übersehen.

Wenn bei der Analyse des Gehaltes zwei Momente wichtig waren — 1. die Bedeutung des geschichtlichen Geschehens im allgemeinen, d. h. der Anspruch und der Verfall einer hierarchisch-organischen Ordnung, 2. das Schicksal Eugeniens, dieses zu verstehen im Sinne des Märchenmotivs vom edlen Blut im Exil —, so werden die beiden Motivzusammenhänge nicht nur dem Gehalt nach, sondern auch in sorgfältig durchgearbeiteten Symbolen und zugleich in der Metaphorik der Sprache sichtbar gemacht. In dieser Weise stehen für den ersten Bedeutungskreis durchweg Bilder aus organischen Lebensordnungen, besonders das Bild des Leibes, aber auch das der sozialen Ordnung, vor allem das der Stadt. Wie diese Ordnungen aus der Spannung von Formenergie und Element leben, wie diese Spannung aber immer wieder in Gefahr ist, zu zerreißen, wie es möglich wird, daß die Gestaltkraft versagt und das Element gegen den Anspruch der Form aufbegehrt, auch das kommt darin zum Ausdruck. Damit verbinden sich andere Bilder, in denen sich dieselbe Gefahr der Zerstörung in anderer Weise darbietet, in der etwa, daß ein geformtes Gebilde sich behaupten muß gegen das Chaos, das weniger von innen als von außen her das Gefüge bedroht, so wenn die Stadt gefährdet wird durch das heranbrandende Element oder wenn das Schiff in dem Sturm des Meeres unterzugehen droht. Aber ob die Gefahr von innen her die Ordnung zu zersetzen droht oder die Zerstörung von außen kommt, immer geht es darum, daß der Streit ausgetragen wird zwischen Gestalt und Element, zwischen Form und Chaos. Bekanntes Beispiel für das erstere ist die Klage des Vaters über den Tod der Tochter, darüber, daß das *Götterbild des Leibes* nun durch die Eigenmächtigkeit der aus dem Gehorsam entlassenen Elemente zerstört wird, eine Stelle, deren Pathos über den beschränkten Anlaß der Klage hinausweist und in der die Möglichkeit der organischen Auflösung überhaupt anklingt. Aber auch sonst erscheint dieses Symbol des in seinem Bestand gefährdeten Organismus in dem Drama. So in den Worten des Königs am Ende der Szene *I, 5*, in dem von 361 an zunächst die Vorstellung der organischen Auflösung anklingt, um dann von 372 an in das Bild des den Elementen preisgegebenen Schiffes überzugehen; so in ähnlicher Weise in den Worten des Herzogs *III, 2*, 1317 ff. So am Ende derselben Szene 1386 ff., da, wo der Herzog sich erinnert, wie Eugenie als Reiterin mühelos das ungebärdige Tier zu bändigen wußte oder als Schwimmerin die Kraft aufbrachte, über das Element *göttlich* zu gebieten, eine Stelle, die, wie schon die Gewichtigkeit der Wortwahl offenbart, in ihrer Bedeutung wiederum weit über die beschränkte Situation hinausgeht. Das Bild des in seinem Bestand bedrohten Organismus erscheint noch einmal in *III, 4* 1491 ff., dann auch am Ende von *V, 7* 2786 ff., wo sich der Zusammenbruch und das Ende einer sozialen politischen Ordnung darbietet, auch hier in der Weise, daß sich begrenzt-einmaliges Geschehen zu einer apokalyptischen Allgemeinheit und Allgültigkeit ausweitet. So ist es auch in dem Monolog Eugeniens *V, 8* 2825 ff. Hier finden sich Verse, die zuerst nur das drohende Ende des eigenen Vaterlandes zu berühren scheinen, dann aber die Aussage so allgemein fassen, daß sie über den anfänglichen Anlaß hinaus von der Schwächung jener Liebeskräfte sprechen, die bisher die gefügten Elemente zum Organismus zusammengebunden haben.

Für den zweiten Motivzusammenhang steht vor allem das Bild des Sturzes von der Höhe in die Tiefe, ein Bild, das sich einmal in symbolmächtigen Episoden darbietet, dann aber auch in der Form, daß die Sprache von daher in einer sorgfältigen metaphorischen Gestaltung durchgearbeitet erscheint. Auf die symbolische Bedeutung der ersten Episode, des Sturzes Eugeniens von der Höhe *I, 3*, hat Staiger hingewiesen. Wie stark der Hinweischarakter dieser Episode ist, das ist über das von ihm Gesagte hinaus im besonderen von dem das Ganze des Dramas bestimmenden mythischen Schema her zu verstehen, in dem es auch um die Notwendigkeit geht, daß ein Wesen von der Höhe in die Tiefe hinabgelangt, um dort bis zur Zeit der Auferstehung auszuharren.

Beides ist dabei wichtig, Sturz und Auferstehung, tragische Gefährdung und der Ausblick auf die Überwindung dieser Gefährdung. So
ist es auch kein Zufall, daß dasselbe Bild des Sturzes von der Höhe
wieder in den Worten erscheint, in denen der Weltgeistliche dem Vater
den Tod der Tochter vorspiegelt.

Dieses Symbol formt aber nicht nur das Geschehen: auch die
Metaphorik der Sprache ist von diesem Bildzusammenhang her zu
verstehen. So erscheint mit Vorliebe die Metapher des Sturzes, wenn
angedeutet wird, daß die alte Ordnung der Zerstörung anheimfallen
wird (so 387 f.), oder sie stellt sich ein, wenn es um die Möglichkeit der
Entsagung geht, etwa in den Worten des Herzogs 461 ff., desgleichen,
wenn die Hofmeisterin von dem kommenden Geschehen spricht, 721 f.,
oder wenn der Sekretär in derselben Szene das Schicksal Eugeniens berührt, 824 ff.; schließlich wenn Eugenie sich im vierten Akt ihres
Schicksals bewußt wird, 1876 ff.

Wie sich endlich auch der Dialog dauernd in ähnlichem Übergang
vom Individuellen ins Generelle befindet, wie die Sprache durchsetzt
ist von Aussagen gnomischen Charakters, wie alles Gegenständliche
vor der Bedeutung zurücktritt — vgl. dazu die für den Stil des Dramas
so eminent charakteristischen Wendungen *der Perlen sanftes Licht, der
Juwelen leuchtende Gewalt* (1062 f.), *des Silbers und der Farben Blitz* (1048),
der Gnade Sonnenblick (1049) —, all das ist in den Arbeiten von Staiger
und vor allem von Kurt May a. a. O. S. 158 f. im einzelnen dargelegt
worden.

6. Interpretation und Anmerkungen.

Erster Aufzug

Erster Auftritt. Die erste Szene leitet als ein wichtiges Stück der
Exposition das Drama so ein, daß nicht nur die Mittelpunktsgestalt in
deutlichen Umrissen sichtbar, sondern auch das Ereignis ihrer geplanten Legitimation zusammen mit einer Andeutung der Widerstände, die
dieser entgegenstehen, in dieses Gespräch von König und Herzog einbezogen wird. Daß Eugenie ausgezeichnet ist durch einen Adel nicht
nur des Geblütes, sondern auch der Gesinnung, das mit Sorgfalt darzustellen, ist der Dichter in besonderem Maße bemüht. Damit verbindet sich, angeschlagen in dem Motiv der Illegitimität, die Tatsache,
daß diese Vorzüge Eugeniens sich nicht sichtbar zu entfalten vermögen.
Wie in den Zügen eines individuell besonderen Schicksals von vornherein zugleich mythisches Schicksal transparent wird, jenes, das das
Schema des ganzen Dramas ausmacht, das wird besonders deutlich,
wenn der Herzog die Existenz Eugeniens mit dem kostbaren Stein
vergleicht, der, wie es so oft im Märchen der Fall sei, in dem Dunkel
der Tiefe geheimnisvolles Licht verbreite.

8 ff. In diesen Versen muß man den ersten Hinweis auf das in diesem Drama gültige Bild einer feudal-hierarchischen Ordnung erblicken.

55 ff. Die Gestalt des Sohnes erscheint am Rande und mit ihm nicht nur jene, die die bestehende politische Ordnung gefährden, sondern auch alles, was der günstigen Wendung im Schicksal Eugeniens entgegensteht.

64 ff. Vgl. oben: das Märchenmotiv des in der Tiefe leuchtenden Steines.

82 ff. Daß die Mutter Eugeniens aus hohem Adel stammt, wird nicht nur beiläufig erwähnt, sondern ist auch in dem Sinne wichtig, daß Eugeniens Adel vom Geblüt her in keiner Weise geschmälert ist.

110 ff. *Manches hat Natur . . .*, zu verstehen als gewichtiger Hinweis auf die inneren und äußeren Vorzüge Eugeniens, zugleich Exponierung des folgenden Sturzes.

143 ff. Die Verse zeigen, in welchem Maße der Bezug zur Höhe das Wesen von Eugeniens Existenz ausmacht.

Zweiter Auftritt. Mit dieser Szene beginnt das Motiv des Sturzes sich zu entfalten, jenes Ereignisses, dessen Symbolsinn im Zusammenhang mit dem mythischen Schema des Dramas eingangs entwickelt wurde.

Dritter Auftritt. 169 ff. Wenn hier so eindringlich von der Jagdleidenschaft Eugeniens und ihrem kühnen Versuch, die Höhe um jeden Preis zu erklimmen, berichtet wird, so deshalb, weil jeder Zug des Geschehens in symbolischer Weise auf den Sinnzusammenhang des Ganzen deutet. Dieser wird besonders spürbar in einem Begriffe wie *Frevel,* ein Wort, das durch die Entsprechung zu dem griechischen Begriff der Hybris für die tragische Atmosphäre des Ganzen besonders bedeutsam ist; desgleichen in dem für die Wortwahl des Goetheschen Dramas besonders wichtigen Begriff des *Glückes,* mit dem sich auch hier, ähnlich wie im *Tasso,* die Vorstellung der Wesenserfüllung verbindet.

189. *Ein offenbar Geheimnis.* Die in der Sprache des Dichters beliebte Stilfigur des Oxymoron, eine jener Stilfiguren, die die Goethes Existenz im ganzen bestimmende Verschränkung von Erfüllung und Verzicht, von Offenheit und Verborgenheit zum Ausdruck bringen. (Dazu Ewald Boucke, Wort und Bedeutung in Goethes Sprache, Berlin 1901 passim.)

Vierter Auftritt. 235 ff. Auch an dieser Stelle, die noch einmal das Motiv des Falles aufnimmt, dürfen Wörter wie „Vermessenheit" und „Verwegenheit" nicht übersehen werden. Es ist in dem Drama immer so, daß die Aussage an Bestimmtem ansetzt, aber nicht um sich darin zu erschöpfen, sondern in der Absicht, alsbald aus dem Besonderen ins Typische hinüberzuleiten: in dem einmaligen Schicksal und in Situationen, die die Prägung des Unscheinbar-Zufälligen tragen, wird die tragische Gefährdung des Menschen in dieser Weltzeit überhaupt offenbar.

243 f. Wiederum Worte, deren Pathos über den beschränkten Anlaß der Aussage hinausweist; auch hier der Begriff des *Glücks* in der prägnanten Bedeutung, wie er oft in diesem Drama erscheint. Bedeutsam ist, wie sich in dieser Episode Fall und Auferstehen, Leid und Glück verbinden und damit schon an dieser Stelle vorweggenommen wird, was sich in dem letzten Stück der geplanten Trilogie ereignen sollte. *Fünfter Auftritt.* 252 ff. Mit diesen Worten des Herzogs kommt die eigentliche Tragödie in Gang.

265 ff. Die folgenden Verse sind wichtig für das Verständnis des ersten Teiles des Dramas, und zwar in seiner Gesamtheit. Wie in Szene *I, 3* des *Tasso* öffnet sich auch für Eugenie verlockend der Raum der Erfüllung; wie Tasso geht auch sie nur zögernd hinein, indem ihr die Unangemessenheit der Erfüllung in dieser Stunde ins Gefühl kommt. Die tragische Spannung verdichtet sich in den gegensätzlichen Metaphern von Dunkel und Licht. Wie hintergründig das Moment der Verborgenheit zu verstehen ist, das wird mit der Wendung vom *geheimnisvollen, verborgnen Zustand* angedeutet.

275 ff. Vorläufiger Akt der Legitimation, dem aber die Bestätigung in der Öffentlichkeit folgen muß.

285 ff. Worte, die für die auf die Lebenshöhe bezogene Gesinnung Eugeniens höchst offenbarend sind, darüber hinaus aber noch einmal zu zeigen vermögen, wie die geistige Perspektive des Dramas ganz auf eine politische Ordnung ausgeprägt hierarchischer Art bezogen ist.

310 ff. Die Verse deuten an, in welchem Maß die bestehende Ordnung gefährdet ist; zugleich berühren sie die Spannung, die zwischen dem Herzog und dem König spielte.

321 ff. Verse, die auf die bevorstehende Umwälzung hinweisen.

344 f. Die Gebärde des Kniens und die damit verbundenen Aussagen sind wichtig für das Verständnis weniger des vollendeten Dramas als vielmehr der geplanten Fortsetzung: in beiden wird das Motiv des Opfers, gleichsam das Gegenthema zu dem der tragischen Grenzüberschreitung, vorweggenommen. Daß mit der Gebärde des Kniens zugleich der Symbolkreis des In-die-Tiefe-Hinabgelangens, der Verborgenheit und der Niedrigkeit berührt wird, auch daran muß erinnert werden.

358 ff. Die Verse berühren inhaltlich das bevorstehende Ereignis der Revolution. Vom Sprachlichen her gesehen wird an ihnen offenbar, wie das Drama mit wenigen Bildern und Metaphern arbeitet: So erscheint mit der Polarität der Höhe und der Niedrigkeit wieder die Möglichkeit, daß das Hohe erniedrigt wird, verbunden damit zugleich das Bild von der Unbotmäßigkeit der Elemente.

387 f. Noch einmal die Metapher des Fallens und Stürzens.

405 ff. Mit dem Gebot der *Verschwiegenheit*, einem Motiv, das im Folgenden große Bedeutung bekommt, klingt an, wie nicht nur die bestehende Ordnung des Staates gefährdet, sondern wie wenig selbstverständlich auch das Glück der Heldin ist. Wieder stellt sich die Gefährdung in dem Bild des elementaren Chaos dar.

417 ff. Die Verse dürfen nicht übersehen werden, weil in ihnen zum erstenmal die Ursache der beginnenden Unordnung erscheint: das Versagen der Instanz, die den Sinnbezug des Ganzen trägt und gewährleistet.

Sechster Auftritt. Zur Form des Dialogs in dieser Szene, vor allem zu den Stichomythien vgl. Staiger a. a. O. S. 128.

427. Die Verse des Anfangs greifen das am Ende der vorigen Szene angeschlagene Motiv vom Versagen des Königs auf. Damit wird von neuem das Problem einer Zeit berührt, in der die Bildkräfte nicht mehr stark genug sind, das Ganze zu durchformen, das der „Zwischenzeit". Auch die politische Stellung des Herzogs erfährt hier eine weitere Klärung: daß er nämlich überzeugter Anhänger der alten Ordnung ist und unter diesem Versagen leidet.

454 f. Mit welcher Sorgfalt Goethe die Episode des Sturzes und zugleich die symbolische Mächtigkeit dieses Geschehens entfaltet, wie vor allem die Metaphorik der Sprache von daher instrumentiert ist, das läßt sich an dieser Stelle besonders klar nachweisen.

515 ff. Mit der folgenden Wendung des Gesprächs entfaltet sich das für den pragmatischen Nexus, noch mehr aber für die innere Bewegung des Dramas wichtige Motiv des Sich-Schmückens, eine Entfaltung, die ihren Höhepunkt in *II, 5* erreicht, auch dies ein Motiv, mit dem das tragische Widerspiel von Erscheinen und Vergehenmüssen eindringlich verbunden ist.

539 ff. Das vom König ausgesprochene Gebot des Schweigens wird aufgenommen und der Heldin noch einmal eingeschärft.

548 ff. Wieder erscheint am Rand die Gegenwelt, sich darstellend in den Machenschaften des Sohnes.

566 ff. Welche Bedeutung das Ereignis vom Fall und der Rettung weit über das Einmalige des Geschehens hinaus hat, das zeigt auch die Stelle, in der der Symbolsinn des Ganzen besonders eindringlich offenbar wird.

Zweiter Aufzug

Erster Auftritt. Beginn der Gegenhandlung: mit dem Sekretär tritt zum erstenmal direkt die Gegenwelt in den Raum des dramatischen Geschehens. Diese ist ohne das für die geschichtliche Situation so entscheidende Moment der Auflösung nicht zu denken. Alles, was der

Sekretär vorbringt, hat die Entmächtigung jener Mitte zur Voraussetzung, von der bisher das Schöpfertum der gestalthaften Einbegreifung abhing. Aus seinen Worten wird aber auch deutlich, wie deren
Versagen nun die Glieder dem Zufall ihrer Einzelexistenz und der
Ordnungslosigkeit des bezugslosen Machttriebes überantwortet.

669 ff. Für das Zukunftsbild, das der Sekretär entwirft, ist charakteristisch, was Hegel das Moment des Partikulären nannte, d. h. der
völlige Privatcharakter dieses Lebens, und zwar im ursprünglichen Sinn
dieses Wortes, in dem der Mangel an Öffentlichkeit und der Verzicht
auf die Teilnahme am Ganzen den Inhalt ausmacht. Daß dazu auch der
Wunsch gehört, diese private Sphäre gegen den Bereich des Lebens
abzudichten, in dem der Mensch dem Schicksal begegnet, ergibt sich
ebenso aus den Worten des Sekretärs.

706. Zu dem Zerfall der Ordnung gehört mit der Entfremdung von
Glied und Gesamtordnung auch die von Sinn und Macht. Diese Macht,
die nun aus den Sinnbezügen entlassen ist, entartet zur brutalen Gewalt.

721 f. *da du mich*... Das Bild des Abgrunds und des Falles!

734 ff. Die folgenden Verse vervollständigen die Exposition; sie
sprechen von dem Lebenslauf Eugeniens bis zu dem Moment, da die
dramatische Handlung einsetzt.

759 ff. *Blicke nur hinaus*... Wichtige Stelle, in der noch einmal die
Konsequenzen der nominalistischen Auflösung im einzelnen entwickelt
werden: der Zerfall des gesellschaftlichen Zusammenhangs, der Egoismus der Stände, die Zerstörung des Sippenverbandes, die unbegrenzte
Gier nach Macht und Reichtum von seiten des sich aus den Ordnungen
lösenden Einzelnen.

796 f. Wieder das Motiv der Verborgenheit.

808. *nach den Inseln*. Das Schicksal, das Eugenie zugedacht ist,
kommt zum erstenmal ins Wort.

824 ff. Metapher des Falles.

841 ff. An dieser Stelle zeigt es sich, in welcher Weise das Motiv des
Schmuckes auch im pragmatischen Nexus des Dramas eine gewisse
Rolle spielt.

850 ff. Die Frage der Hofmeisterin und die Antwort des Sekretärs
müssen als Versuch gewertet werden, der Situation der nominalistischen
Zerfällung so etwas wie eine metaphysische Begründung zu geben. Bei
dem Verständnis der Stelle ist vor allem in 859 die prägnante Bedeutung
des Wortes *Verstand* — als des Organs einer rein technisch-formalen
Daseinsbewältigung — mit in das Verständnis einzubeziehen.

Zweiter Auftritt. 893 ff. Verse, in denen die Notwendigkeit des Ver-
zichts mit Nachdruck vorweggenommen wird. Auch hier der Begriff
des *Glückes* als das in dem Drama bevorzugte Wort für die Wesenserfüllung.

Dritter Auftritt. Die Szene ist durchstimmt von der Beglückung Eugeniens nach der Begegnung mit dem König. So erscheint auch in vielfacher Wiederholung der Begriff des *Glückes* als das eigentliche Leitwort dieser Szene 909, 914, 916, 917, 938, dazu andere Begriffe, die demselben Bedeutungsfeld angehören, so *Freude, Lebensfülle, Entzücken.* Aber auch die Gegenmöglichkeit ist gegenwärtig, und sie verdichtet sich vor allem in dem Begriff der *Sorge* 919 als dem äußersten Gegensatz des glückhaft erfüllten Zustandes. Dieser Gegensatz bleibt im übrigen nicht abstrakt, sondern ist psychologisch sorgfältig begründet: Eugenie kommt von der Begegnung mit dem König, die Hofmeisterin von dem unheilvollen Gespräch mit dem Sekretär.

Vierter Auftritt. Der Beziehungsreichtum dieser Szene enthüllt sich nicht in dem vollendeten Drama, sondern wäre erst in der entscheidenden Wiederbegegnung mit dem König offenbar geworden (siehe *Schema der Fortsetzung, 3. Aufzug*). Bedeutsam dafür ist, daß diese in demselben Raum stattfinden sollte, in den auch die vierte Szene des vollendeten Dramas verlegt ist, in einem Gemach des herzoglichen Palastes, das Jahre später dem König als Gefängnis angewiesen wird. So hätte zu dieser Begegnung auch gehört, daß das Sonett, das Eugenie hier in dem Wandschrank verbirgt, wieder hervorgeholt würde, und das heißt nichts anderes, als daß jener Entschluß zum Opfer, der seinen Inhalt ausmacht, nun in entscheidender Stunde verwirklicht werden muß.

945. *neugeboren durch sein Wort*... Eine Variation des für Goethes Denken so entscheidenden Motivs der Wiedergeburt.

947 ff. Der Sinn des Gedichtes zieht sich im letzten Vers des ersten Quartetts und im letzten Vers des zweiten Terzetts zusammen, also zu Anfang und zu Ende des Gedichtes, so, daß auch alles übrige von daher seine Sinngebung erhält. Jener greift auf die für das Drama so entscheidende Gebärde des Niederkniens zurück — es ist die Gebärde, die im Bereich des Religiösen wie in dem einer hierarchisch-politischen Ordnung Verzicht auf die Selbstbehauptung im Endlichen und im Relativen ausdrückt —; dieser nimmt in Aussicht, was an existentiellen Konsequenzen darin eingeschlossen ist, d. h. die Bereitschaft, sich als Opfer darzubieten.

Fünfter Auftritt. Die 5. Szene stellt einen der großen Höhepunkte des Dramas dar, und zwar nicht aus Gründen der pragmatischen Wichtigkeit, sondern weil hier Ereignis wird, was das Drama im eigentlichen zur Tragödie macht, das Überschreiten der Grenze und die Tatsache, daß die Heldin damit schuldig wird. Auch hier bleibt das Überpersönlich-Tragische in sorgfältigem Übergang mit dem Konkreten verbunden. Eugenie verstößt gegen das Gebot, durch das ihr sowohl von dem König wie auch von dem Vater aufgetragen war, das Geheimnis zu wahren. Aber die Verfehlung bleibt nicht auf diesen Anlaß beschränkt

— damit setzt der Übergang ins Typisch-Allgemeine ein —, sondern in ihr wird eine umfassendere Verfehlung und Schuld offenbar, der Verstoß gegen die Ordnung der Zeit, die Entscheidung für die Offenheit in einer Stunde, zu deren Gesetz die Verborgenheit gehört.

Um die Hintergründigkeit des Geschehens in vollem Unfang zu verstehen, muß man auch in die Deutung miteinbeziehen, in welchem Maße Goethe das Vermögen besitzt, die Mächtigkeit der Dinge, eine solche fast magischer Art, sich entfalten zu lassen, und zwar in einer Weise, die an den antiken Dramatiker denken läßt, in dessen Werk die Magie des Dinges noch entscheidende Bedeutung hatte, an Aischylos. Zu erinnern wäre in diesem Zusammenhang daran, wie Agamemnon in der „Orestie" schuldig wird, indem er allein durch Überschreiten des roten Teppichs in die Zone der Schuld gerät. Ähnlich ist auch in dem Drama Goethes der Akt des Sichschmückens zu deuten. Auch hier wird der archaische Gehalt dieses Vorgangs deutlich spürbar, und zwar in der doppelten Sinnrichtung, die für diesen maßgebend war, im Sinn der Erhöhung — als Teilnahme an der Kostbarkeit der Dinge und der Farben —, dann in dem der Offenbarung und der Sichtbarkeit. Von dieser Voraussetzung her wird auch einsichtig, warum Goethe gerade diesem Vorgang solch eine entscheidende Stelle in dem Drama eingeräumt hat. In ihm ließ sich in besonders greifbarer Weise deutlich machen, was die Schuld Eugeniens vor allem ausmacht: einmal das eigenmächtige Streben nach Erhöhung und dann das Hinübertreten aus der Verborgenheit in die Offenheit der Erscheinung.

Will man die innere Bewegung dieser Szene verstehen, so darf nicht überhört werden, wie der Dialog bis in die Wortwahl aus diesem Widerspiel von Verbergung und Entdeckung lebt. Der Begriff des Verbergens und der Verborgenheit allein erscheint viermal an entscheidenden Stellen. Ebenso wichtig sind die Gegensätze von Wesen und Schein, von Wagnis und Gefahr, von Glück und Versagung, von Maß und Unmaß.

Im übrigen stehen sich auch hier zwei Menschen gegenüber, von denen der eine im Taumel des Glückes und der Erfüllung jede Grenze vergessen hat, während der andere, in das Schicksal tiefer eingeweiht, um die tragische Ironie des Ganzen weiß.

1021. *Unzeitig.* An dieser Stelle wird — an Konkretes anknüpfend und zugleich Typisches aussprechend — ausgesagt, was sonst als verschwiegene Voraussetzung des Ganzen zu beachten ist, die Bedeutung der Zeit für das tragische Geschehen.

Dritter Aufzug

Erster Auftritt. Zwischen dem 2. und dem 3. Akt des Dramas ist ein spürbarer Einschnitt. Ging es in den ersten beiden Akten um die tragische Überschreitung der Grenze, so setzt das Geschehen zu Anfang des 3. Aktes schon den Sturz Eugeniens voraus. Dieser vorgespiegelte Unglücksfall ist bereits der Inhalt der Szene des Gesprächs zwischen dem Sekretär und dem Weltgeistlichen, auch er ein Glied der Verschwörergruppe, nun auf Verlangen des Sekretärs herbeigekommen, dem Vater über das Leid hinwegzuhelfen. Auch hier ist es bezeichnenderweise ein Sturz, der Eugeniens angeblichen Tod herbeigeführt haben soll. Indem das erste Motiv noch einmal aufgegriffen wird, gewinnt es an Dichte und Hinweischarakter.

1199 ff. Die Verse dürfen nicht aus dem Sinnzusammenhang des Ganzen gelöst werden. Was der Weltgeistliche hier von sich bekennt, das ist ebensowenig zufällig wie die Aussagen des Sekretärs in *II, 1*. Wenn der Weltgeistliche über seine soziale Stellung hinausstrebt, so muß das ebenso als Zeichen der Zeit gewertet werden wie die Fronde des Adels und später der Aufstand der Masse. Durch die Schwächung der Mitte ist die Auflösung allgemein geworden. Auch der Priester hat den Bezug zum Ganzen verloren.

1259 f. Eine der exponiertesten Aussagen über die Größe der Gefahr in dieser Situation der Krise.

Zweiter und *dritter Auftritt*. Sieht man davon ab, was die 2. Szene für den Zuschauer an Peinlichem enthält — schließlich ist es die leidenschaftliche Totenklage eines Vaters um sein in Wirklichkeit lebendes Kind —, so bezieht auch sie ihre Dichte und Substanz nicht nur aus einem ephemeren Ereignis. In der Verzweiflung des Herzogs bricht die einer ganzen Zeit auf, einer solchen, der angesichts der Zerstörung der Bildkräfte der Lebenssinn zerbrochen ist und die auch keine Energien mehr besitzt, sich gegen eine letzte Mutlosigkeit zu wehren.

1301 ff. Mit dieser Stelle ist zusammenzunehmen etwa das Verhältnis des Nereus zu Galatea im letzten Teil der *Klassischen Walpurgisnacht* (Karl Reinhardt a. a. O. S. 156, dazu auch Bd. 3 unserer Ausgabe, S. 578). Was den Herzog bewegt, das ist die Not des Vaters um den Tod seines Kindes; es ist aber auch die Verzweiflung des adligen Mannes angesichts des Zusammenbruches einer letzten Hoffnung, eines Mannes, der leidvoll den Niedergang einer gesellschaftlichen Ordnung erleben mußte und dem die Schönheit und die adlige Gesinnung des Kindes die einzige Bürgschaft eines erneuten Aufstiegs und einer besseren Zukunft war.

1317 ff. *So strömt, ihr Klagen...* Das Gefühl der absoluten Sinnlosigkeit, vor dem sich der Herzog bisher bewahrt hatte, bricht nun ungehemmt durch.

1336 ff. Das Typische in dem ursprünglichen Sinn des Wortes als Durchschlagen des Exemplarischen durch das Zufällig-Vereinzelte bestimmt wieder die Aussage. Wenn der Herzog sich das Vergangene ins

Gedächtnis zurückruft, spürt man schon an der Wortwahl, daß es sich dabei nicht um eine beliebige Verfehlung handelte, sondern daß das Tun Eugeniens immer irgendwie ein solches grundsätzlicher Art war, so, daß schon in der Leidenschaft des Jagens und Reitens zum Ausdruck kam, in welchem Maß zu dieser Existenz die Versuchung der Unbedingtheit gehört. Alle Begriffe, die der Herzog gebraucht, *Verwegenheit, Übermut, tollkühn Wagnis,* stehen im Umkreis dieser verbotenen Unbedingtheit, ein Wort, das übrigens selbst hier erscheint, wenn der Vater tadelnd von der Anmaßung der *unbedingten Freiheit* spricht.

1386 ff. Das Bild des ungebändigten Elementes, das die Tatkraft und die Energie des Menschen hervorlockt.

Vierter Auftritt. Auch diese Szene enthält ein Moment der Peinlichkeit. Es fällt allerdings wenig ins Gewicht, da das Symbolische wieder so stark im Vordergrund steht, daß die pragmatischen Voraussetzungen darüber in Vergessenheit geraten.

1489 ff. Wichtige Stelle im Zusammenhang mit dem Symbolfeld des Elementaren.

1503 ff. Wenn der Weltgeistliche darauf hinweist, in welchem Ausmaß der Leib Eugeniens zerstört ist, dann deshalb, weil der Sprechende die Absicht hat, dem Vater das Wiedersehen mit der toten Tochter zu verleiden. Wichtiger ist indessen auch hier das andere: Wenn die Zerstörung eines gestalthaften Gebildes mit höchster Eindringlichkeit dargestellt wird, so berührt die Darstellung über das Einmalige hinaus die Möglichkeit der Zerstörung einer gestalthaften Lebensordnung im allgemeinen.

1655. *Mir aber auch Verzeihung...* Die Familientragödie weitet sich in die geschichtliche Tragödie.

Vierter Aufzug

Erster Auftritt. Die erste Szene des neuen Aktes ist für den pragmatischen Nexus wichtig, da hier eine Motivation für die Verbannung Eugeniens gesucht wird. Vgl. dazu Einleitung S. 485. Neu ist die Gestalt des Gerichtsrates. In ihm verkörpert sich jener Bereich im Ganzen des gesellschaftlichen Aufbaus, der, verhältnismäßig unberührt von Krisen geschichtlicher Art, eine gewisse Kontinuität des Lebens im ganzen verbürgt (daß auch der Gerichtsrat sich später in die allgemeine Wirrnis hineinziehen läßt, geht aus der Skizze der Szene *II, 4* im *Schema der Fortsetzung* hervor, kann aber nicht in das Verständnis des vollendeten Dramas einbezogen werden). Berührt wurde schon von seiten der Hofmeisterin in dieser ersten Szene die Möglichkeit, daß sich Eugenie mit dem Manne niederen Standes verbindet. Daß sich die Frau aus dem Adel dem Manne bürgerlicher Herkunft in der Ehe verbindet, ist ein Motiv, das bei Goethe in erstaunlicher Häufigkeit auftaucht, im *Wilhelm Meister* in der Ehe Wilhelms und Nataliens, in der schon genannten *Ballade*, in dem Gedicht *Der Wanderer und die Pächterin* und an anderen Stellen. Nun wird es in der *Natürlichen Tochter* in entscheidender Weise wiederaufgenommen und in die Gestaltung einbezogen, auch dieses zu verstehen im Sinne des Märchenmotivs vom edlen Blut im Exil wie im Sinne der Problematik dieser geschichtlichen Situation.

1774 ff. Die entscheidende Stelle für den Versuch, die Verbannung Eugeniens zu begründen.

1798. *Sorge, Furcht . . .* Aussagen, die von der geschichtlichen Voraussetzung des Ganzen her zu deuten sind: Sorge und Furcht als Symptome eines Lebenszustandes der Auflösung und damit der Ratlosigkeit und Ungesichertheit.

1802. In dieser Weise wird das Wesen und die Stellung des Bürgertums umrissen im Sinne einer gesellschaftlichen Ordnung, die sich außerhalb der Zone des Wagnisses und des geschichtlichen Handelns weiß.

1808. *Entsagte sie . . .* Das Motiv der Entsagung! Wie immer bei Goethe zu deuten aus der meist unreflektierten, aber trotzdem immer als Voraussetzung zu beachtenden Problematik der Zwischenzeit (vgl. dazu Flitners Deutung der *Wanderjahre* in seiner Arbeit „Der späte Goethe", S. 219 ff.).

Zweiter Auftritt. 1876 ff. Einbeziehung des Motivs des *Sturzes*: über das Faktisch-Einmalige hinaus wieder in seiner Symbolmächtigkeit entfaltet.

1905 ff. Für die Rede des Gerichtsrates und die Antwort Eugeniens ist die Metapher von Höhe und Tiefe, von Aufstieg und Fall entscheidend. In der Antwort Eugeniens ist noch einmal die tragische Verfehlung mit äußerster Prägnanz umrissen (vgl. dazu die entscheidenden Begriffe wie *zudringlich, Versuchung, verwirrte, der Freuden Übermaß, übereilt*; zu dem Problem der Goetheschen Erfahrung des Tragischen vgl. Hankamer, Das Spiel der Mächte, S. 293 ff.).

1929 ff. Das Motiv der beginnenden Revolution.

1945 ff. Entscheidend der Gegensatz von Weite und Enge, von Ausdehnung und Einschränkung; zu deuten im Zusammenhang mit der Spannung des Ganzen und als Abwandlung des Gegensatzes, der das Drama in allen Bezügen durchwaltet.

2009 ff. Zweite Aussage, um das Gesetz der bürgerlichen Welt im Zusammenhang der dem Drama zugrunde liegenden Deutung der Geschichte zu umreißen.

2027 ff. Ein Moment der Retardation in dem tragischen Gefälle des dramatischen Geschehens.

2083 ff. Dritter Hinweis auf das Gesetz des bürgerlichen Lebensbereiches. Dazu wird hier zum erstenmal ausdrücklich gesagt, was Eugenie vom Schicksal zugewiesen ist, die Verbindung mit dem Mann niedrigen Standes, der Eintritt in die Verborgenheit und Unscheinbarkeit als einzige Möglichkeit, die Bildkräfte in der Zeit der Bildlosigkeit für den neuen Kairos zu bewahren.

2189 ff. Es darf nicht übersehen werden, wie das Motiv der Bürgerlichkeit in dieser Szene immer wieder aufgegriffen wird, so, daß das Gesetz dieser Lebensordnung sich in allen Möglichkeiten entfaltet.

Dritter Auftritt. 2250. Wie wenig Eugenie noch bereit ist, in das Schicksal der Verborgenheit und Niedrigkeit einzuwilligen, das zeigen die folgenden Verse.

Vierter Auftritt. 2278. In welchem Umfang die Existenz Eugeniens auf die adlige Unbedingtheit bezogen ist, das wird in der vorhergehenden und in dieser Szene noch einmal berührt, nicht umsonst unmittelbar vor der Stunde, da sie in den vorläufigen Verzicht auf die Erfüllung einwilligen muß.

2285. *still entsagend.* Noch einmal das entscheidende Wort für den Verzicht, einen solchen, der für die Existenz des Bürgers konstitutiv ist, für die Eugeniens dagegen im Sinne der Vorläufigkeit verstanden werden muß.

2292. *Verwirrender...* Daß der Eintritt in die Verborgenheit nicht nur die Chance der vegetativen Bewahrung, sondern auch die Möglichkeit des Wesensverlustes in sich schließt, das wird bei dieser Gelegenheit ausgesprochen.

Fünfter Aufzug

Erster bis *fünfter Auftritt.* In dem Gespräch zwischen Eugenie und der Hofmeisterin, das den letzten Akt eröffnet, zeigt es sich, welche Rolle in dem Spannungsfeld des Dramas dieser zugeordnet ist. Ihre Gestalt ist von dem Dichter psychologisch verhältnismäßig sorgfältig herausgearbeitet. Die eigentliche Bedeutung ist auch in diesem Falle nicht von daher zu verstehen, sondern liegt tiefer: Indem die Hofmeisterin in dem äußeren Handlungszusammenhang von der Gegenseite in Anspruch genommen ist, tritt sie Eugenie als Warnerin gegenüber, eine Rolle, die sie über das Pragmatische hinaus befähigt, zu vertreten, was sich als Gegenmöglichkeit gegen die tragische Verletzung der Grenze darbietet, die der Entsagung, der Bescheidung, des Eintritts in die Verborgenheit.

Wenn sich im folgenden Eugenie hilfesuchend an die verschiedenen Vertreter der Stände wendet, an die des Volkes, des Beamtentums, an die Vertreter der Kirche, dann offenbart das Mißlingen dieser Versuche einmal, in welchem Maße zum Gesetz der tragischen Erfahrung die Ver-

einzelung und der Verlust der schützenden Ordnung gehört, dann
müssen aber auch die folgenden Szenen im Zusammenhang mit dem
Versuch gedeutet werden, privates Geschehen ins Geschichtliche auszuweiten und an dem Schicksal eines Einzelnen die Verfassung der
gesellschaftlichen Ordnung im ganzen aufzuzeigen.

Sechster Auftritt. Wenn es auch nicht möglich ist, die Worte dieses
Selbstgesprächs im Sinne dessen zu deuten, was man in der Gattungs-
theorie des Dramas den Entscheidungsmonolog nennt, so bereitet die
Szene doch zum mindesten die Entscheidung, auf die das Geschehen
von vornherein zustrebt, vor, die für den Verzicht und die Entsagung.
In äußerster Schärfe treten Eugenie noch einmal die beiden Möglichkeiten vor die Seele: die Erfüllung im Sinn der Zulassung und der Er-
kennung durch den Bereich der Lebenshöhe und die andere, in die Verborgenheit eintreten zu müssen (vgl. dazu besonders 2624 ff. und
2659 ff.). Die letzten Verse des Monologs sind wohl schon als Bereitschaft zu verstehen, dem Wink der wirkenden Mächte zu gehorchen,
auch wenn dieser Verzicht bedeutet. (Dazu 2671 ff.)

Siebenter Auftritt. In dem Gespräch mit dem Mönch spürt man
von neuem die Nähe der nicht mehr aufschiebbaren Entscheidung.
Noch einmal versucht Eugenie, dieser auszuweichen, gewinnt dann aber
immer mehr Einsicht in die Tatsache, daß jeder Schritt des Ausweichens
die Unausweichlichkeit und damit auch die Einsamkeit des Sich-ent-
scheiden-Müssens um so eindringlicher macht. Wenn sie sich an den
Mönch wendet, dann noch in der stillen Hoffnung, daß er ihr vielleicht
die Last der Stunde abnehmen könne. Aber gerade dann, wenn der
Mönch bereit ist, einen Rat zu geben, zeigt das Abwegige dieses Rates,
wie wenig in einer tragisch so zugespitzten Situation eine echte Kom-
munikation zwischen Menschen möglich ist.

2751 ff. *Wenn du nun...* Der Gedanke des Opfers klingt wenigstens
indirekt an.

2770 ff. Übergang ins Geschichtliche.

2782 ff. Mit der Frage Eugeniens und der Antwort des Mönchs weitet sich das vorher Gesagte aus zu einer Vision der allgemeinen Auflösung.

2805 ff. Verse von besonders starkem Symbolcharakter.

Achter Auftritt. Monolog Eugeniens als letztes Glied einer „Mono-
logkette", in der sich die innere Wandlung Eugeniens mit äußerster
Prägnanz ausdrückt (vgl. dazu *II, 4; V, 6*). Das letzte Glied der Kette
bringt endgültig die Entscheidung.

2821 ff. Wenn Eugenie selbst bisher nur von ferne Ahnung von der
Gefahr der geschichtlichen Situation hatte, so tritt diese nun ins helle
Bewußtsein. Die Überlegungen gipfeln auch an dieser Stelle in dem
scharf umrissenen Bild eines sich auflösenden Organismus, in dem die

32*

500 ANMERKUNGEN

Elemente mit Erfolg gegen die Herrschaft der Form aufbegehren (vgl. dazu auch 2826 ff.).

2839 ff. Die Entscheidung zum Verzicht! Eugenie wird sich bewußt, daß es für sie vor allem darauf ankommt, im Vaterland zu bleiben. Würde sie sich entfernen, dann bedeutete dieses — wenn man in dem Bildzusammenhang des Dramas bleibt —, daß nicht nur das Wachstum gefährdet, sondern auch die Wurzelkräfte ausgerottet würden.

2852f. *Im Verborgnen...* Eine zentrale Stelle des Werkes, schon daraus ersichtlich, daß eines der entscheidenden Grundworte des Dramas erscheint, das der Verborgenheit, dann aber auch das Märchenmotiv des der Tiefe anvertrauten Schatzes oder *Talismans* anklingt.

2859. *Zu rechter Zeit.* Bedeutung der Zeit! Die *rechte Zeit* im Sinne des καιρός.

2863f. Genaue Formulierung dessen, was Eugenie als besonderes geschichtliches Schicksal aufgespart ist.

Neunter Auftritt. 2887 ff. Das Motiv der *Entsagung* in der besonderen Abwandlung dieser Situation.

2899f. Wie Eugenie im hellen Wissen um den Sinn ihrer Entscheidung in ihr Schicksal eintritt, das vermögen diese beiden Verse zu zeigen.

2903. Auch dieses Nebenmotiv ist selbstverständlich nicht isoliert, sondern aus dem Symbolzusammenhang des Ganzen zu deuten.

2913f. *mich, in Hoffnung...* Eine für den Umkreis des Bedeutungsfeldes von Fall und *Auferstehung* wichtige Aussage. Im Ganzen des Dramas eine der eindringlichsten Formulierungen dieses Grundmotivs.

2925. Die Stelle steht in Zusammenhang mit der Schuld, einer Schuld, zu der ja die Übertretung des Schweigegebotes gehört.

BIBLIOGRAPHIE ZU
„DIE NATÜRLICHE TOCHTER"

Erstdruck: Die Natürliche Tochter. Trauerspiel von Goethe. Tübingen, Cotta. Taschenbuch auf das Jahr 1804.
Die Natürliche Tochter. Trauerspiel. In: Goethe's Werke, 6. Band. Tübingen, Cotta, 1807.
Die Natürliche Tochter. Trauerspiel. In: Goethe's Werke, 7. Band. Tübingen, Cotta, 1816.
Fr. Schnapp, Die Berliner Handschrift der Natürlichen Tochter. In: Jb. GGes. Bd. 11, 1925, S. 173—181.
Michel Bréal, Une héroïne de Goethe. Les personnages originaux de „Fille naturelle". In: La Revue de Paris 15, 1898.
E. Kroll, Französische Forschungen über die Quellen zu Goethes Natürliche Tochter. Breslau 1899.
M. Morris, Die Paralipomena zur N. T. In: Goethe-Studien, 2. Aufl., Bln. 1902, Bd. 2, S. 273 ff.

Melitta Gerhard, Goethes Erlebnis der französischen Revolution im Spiegel der Natürlichen Tochter. Halle 1923. Dt. Vjs. Bd. 1, S. 281ff.

August Sauer, Die „Natürliche Tochter" und die Helenadichtung. In: Funde und Forschungen. Festgabe für Wahle. 1921. S. 110ff.

Kurt May, Goethes Natürliche Tochter. Göttingen 1939. In: Goethe 4, S. 147ff.

Robert Petsch, Festausgabe Bd. 7. Einleitung S. 556f.

Rudolf Alexander Schroeder, Goethes Natürliche Tochter. In: Goethe-Kalender 1938, S. 63—100.

E. Staiger, Die Zeit als Einbildungskraft des Dichters. Zürich/Leipzig 1939. S. 101f. S. auch:

Eugen Kühnemann, Goethe, a. a. O. S. 412—415.

Max Kommerell, Goethes Ballade vom vertriebenen Grafen. In: N. Rundschau 47, H. 11, 1936, S. 1209f.

Franz Schultz, Klassik und Romantik der Deutschen, a. a. O. T. 2, S. 247—252.

Kurt Hildebrandt, Goethe, a. a. O. S. 193—200.

Arnold Bergsträsser, Goethe's Image of Man and Society. Chicago 1949. S. 197f.

A. Fries und F. Kern, Über die Sprache Goethes in der „Natürlichen Tochter". In: Kleine Schriften von F. Kern, Bd. 2. Berlin 1898.

A. Fries, Goethes Natürliche Tochter. In: Studien zu Goethes Stil und Metrik I. Berlin 1912.

Fritz Strich, Goethe und die Weltliteratur. Bern 1946.

ZUR TEXTGESCHICHTE DER „NATÜRLICHEN TOCHTER"

Der Erstdruck der *Natürlichen Tochter* (E) erschien im Taschenbuch auf das Jahr 1804 unter dem Titel: *Die natürliche Tochter. Trauerspiel von Goethe.* Ihm folgten als weitere Drucke A (1806), B (1816) und die *Ausgabe letzter Hand* (C und C¹). Eine Handschrift, die über Goethes Korrekturen Aufschluß geben könnte, ist nicht vorhanden. Aus einem Briefwechsel mit dem Korrektor Göttling geht nur hervor, daß Goethe die von diesem angeführten starken Formen wie 32 *Entferntes*, 142 *Verdroßnes*, 1118 *eitles* usw. nicht gebilligt hat.

Das *Schema der Fortsetzung* (Q) wurde zum erstenmal gedruckt 1836/37 in: Goethe's poetische und prosaische Werke in zwei Bänden und später im 7. Band der Cottaschen Buchhandlung bei Goethes Nachgelassenen Werken. In dieser Ausgabe findet es sich am Ende der Textgeschichte.

322. *unsers* C, W, F; *unsres* E, A, J; Goethe hat beide Formen. — 326. *ahnest* W, J, F; *ahndest* E, ebenso 668 *ahnd'*, 850 *Ahndung*, 901 *ahndungsvoll*, 998 *ahndungsvoller*, 1008 *Ahndest*, 1250 *Ahndung*, 1251 *ahndest*, 1348/49, 1465 *Ahndung*, 2238 *ahnd'*, 2382 *ahndetest*, 2669 *ahndungsvolles*, 2714 *Ahndung*, diese Schreibung gebrauchte Goethe ursprünglich fast immer, ändert sie aber vielfach in der *Ausgabe letzter Hand*, s. z. B. *Iphigenie* 1481 und *Tasso* 1141, Goethe kennt aber auch die Schreibweise ohne *d*, vgl. etwa *Dichtung und Wahrheit IV*; schon im mhd. Sprachgebrauch existieren beide Schreibungen: ânen und anden. — 876. *Von* E, J; *Vor* C, W, F. — 1294. *ergetzen* W, F; *ergötzen* E, J; beide Schreibungen in Goethes Sprachgebrauch. — 1713. *dunkeln* C, W, F; *dunklen* E, A, B, J; Goethe kennt beide Schreibweisen der Endung: *-len* und *-eln*, s. auch die Infinitivendung: 712 *wandlen* E, 776 *handlen*, oder 757 *Mauren, Mauern*, 1872 *bedauren* zu *bedauern* u. a. — 1903. *traulich* E, J, F; *treulich* C, W. — 2017. *ist das* E, A, J, F; *das ist* C, W. — 2617. *Schreckensworts* J, F; *Schreckenworts* E, C, W. — 2681. *flieht* C, J, F; *fliegt* W, wahrscheinlich Druckfehler.

Von der Fortsetzung der *Natürlichen Tochter* besitzen wir drei Schemata, die von Goethe in einem blauen Umschlag mit der eigenhändigen Aufschrift: *Eugenia Schema der Fortsetzung* aufbewahrt wurden. Die beiden ersten stehen wohl in einem Zusammenhang. Goethe hat sie (1799) einem Schreiber diktiert und später in beiden Änderungen angebracht. Die Personen tragen hier noch die Namen *Parlamentsrath* und *Stefanie*.

Wir bringen die drei Schemata in der Reihenfolge, wie sie die Festausgabe druckt.

1.

Erster Aufzug.

Zimmer des Herzogs.

1. Secretair. Hofmeisterin. 2. Vorige. Herzog. 3. Herzog. Graf.

Zweyter Aufzug.

Vor einer angenehmen ländlichen Wohnung.

1. Parlamentsrath. 2. Parlamentsrath. Stefanie. 3. Parlamentsrath. Soldat. Sachwalter. Handwerker. 4. Parlamentsrath. Stefanie. 5. Stefanie.

Dritter Aufzug.

Platz in einer Hauptstadt.

1. Weltgeistlicher. 2. Weltgeistlicher. Hofmeisterin. Secretair. 3. Die Vorigen. Handwerker. 4. Die Vorigen. Herzog. Volk. 5. Die Vorigen. Stefanie.

Zimmer des ersten Acts.

6. König. 7. König. Stefanie. 8. Stefanie. Wache.

Vierter Aufzug.

Gefängniß.

1. Graf. 2. Graf. Gouverneur. Äbtissin. 3. Vorige. Weltgeistlicher. Mönch. 4. Vorige. Hofmeisterin. Secretair. 5. Vorige. Stefanie. 6. Vorige. Handwerker.

Fünfter Aufzug.

1. Handwerker. Sachwalter. 2. Handwerker. Parlamentsrath. 3. Parlamentsrath. Stefanie. 4. Stefanie. Handwerker. Sachwalter. 5. Vorige ohne Stefanie. 6. Vorige. Soldat. 7. Soldat. Parlamentsrath. Handwerker.

2.

I. *1.*   *Hofmeisterin. Secretair.*

   S. Glückliches Gelingen ihres Unternehmens.

   H. Vorsicht daß Stefanie keinen Brief wegbringen konnte.

      Eugen. Versprechen sich verborgen zu halten.

      Flüchtige Schilderung des Zustandes.

   S. Vorsicht daß an den Herzog kein Brief gelangen konnte.

      Schilderung des Zustandes.

      Politische Lage.

   H. Warum der Secretair noch keine Beförderung habe.

   S. Aussichten wenn er noch in der Nähe des Herzogs bleibe.

   H. Heirath.

   S. Lehnt eine Verbindung noch ab, wegen der wichtig bevorstehenden Epoche.

I. *2.*   *Herzog. Die Vorigen.*

  Hz. Edler gerührter Empfang.

      Dank für ihre Bemühungen um Stefanien.

   H. Trauer.

  Hz. Ruf sie lebe noch schnell verklungen.

   H. Wunsch.

  Hz. Geschenk des ganzen Trousseaus und des Eingerichteten.

   H. Danck.

I. *3.*   *Herzog. Graf.*

   G. Botschaft vom Könige.

      Vorwürfe gegen den Herzog.

  Hz. Vorwürfe gegen den König.

   G. Vertheidigung des Königs durch Schilderung desselben von der Seite eines Freundes.

  Hz. Vorwurf dem Günstling.

   G. Zu Gunsten der Günstlingschaft.

  Hz. Allgemeinere Ansicht.

   G. Entschiedene Frage.

Hz. *Unentschiedene Antwort.*
G. *Und dazu ab.*
Hz. *Wunsch in dieser Lage Stefanien noch zu besitzen.*
    Trost, daß sie eine so gefährliche Epoche nicht erlebt habe.

II. 1.   *Parlamentsrath.*
    Freude an der Einrichtung des Landsitzes.
    Wunsch der Liebe Stefaniens.
    Wunsch eines friedlichen Genusses.
    Furcht vor der drohenden Zeit.
    Verbergen vor Steffanien.

II. 2.   *Gerichtsrath. Eugenie.*
E. *Ein freundliches Willkommen.*
    Freude an der hergestellten Umgebung.
G. *Danck für ihre Sorgfalt.*
    Schilderung ihrer Verbesserungen.
E. *Alles für ihn und seine Gäste bereit.*
G. *Danck für ihre Willfährigkeit.*
E. *Danck für sein gehaltnes Wort.*
G. *Er rechnet sich die Entsagung hoch an.*
E. *Frage nach öffentlichen Zuständen.*
G. *Schilderung in's Beste.*
    Hoffnungen, wie zu Anfang der Revol.
E. *Hypochondrische Ansicht von ihrer Seite.*
G. *Zu verscheuchen.*
E. *Annäherung.*
G. *Überredung der Liebe.*
E. *Nachgiebigkeit.*
G. *Störende Ankunft der Gäste.*

II. 3.   *Parlamentsrath. Sachwalter. Soldat.*
                       Handwerker.
P. *Einladung ins Haus.*
S. *Unter freiem Himmel wird ein solcher Bund am besten geschlossen.*
    Erinnerung an die drei Tellen.
P. *Darstellung der Auflösung im Moment.*
    Patriotisches Zusammenhalten durch Föderalism.
Sw. *Egoistisches Ansichreißen der Vortheile bisheriger Besitzer.*
S. *Streben nach der Einheit und einem obern Verbindungspunkt.*
H. *Gewaltsames Nivelliren.*
    Zerstörung der einen Parthei.

             (Streit und Auflösung der Versammlung.)

II. 4.   *Gerichtsrath. Eugenie.*
G. *Gäste entfernten sich.*
E. *Es schien im Streit.*
G. *Ungebändigte Naturen.*
E. *Vermuthlich schwer zu vereinigende Partheien.*
G. *Allgemeine Schilderung.*
    Hoffnung einer Vereinigung.
E. *Anmuth des geschaffnen Besitzes. Verewigung.*
G. *fehlt die Neigung.*
E. *Annäherung.*
G. *Immer ferner bis zur Umarmung.*
E. *Gefühl ihres Hingebens.*
G. *Wunsch ihrer würdig zu seyn.*
    Enthusiastischer Blick in eine neue Carriere.

E. Entsetzen über die Entdeckung.
G. Nähere Erklärung in Absicht sie zu besänftigen.
E. Größerer Abscheu.
  Anerbieten ihrer Neigung unter Bedingung
  bezüglich auf den Kuß.
G. Streit zwischen Parthei und Liebe.
E. Argumente mit Passion.
G. Schmerzliche Entfernung.
II. 5.   *Stefanie.*
  Gefühl ihres Zustandes.
  Entschluß.
IV. 1.   *Graf.*
  Übersicht über den Zustand.
  Tritt aus der Höhe des Lebens in die Tiefe der Gefangenschaft.
  Sorge für den König.
IV. 2.   *Graf. Gouverneur. Äbtissin.*
  Im ganzen eine Conversation zu erfinden, wo durch die Erinnerung dessen was
  man gewesen das gegenwärtige Übel aufgehoben wird.
  Familien- und Namenserinnerung auch Beschreibung wohlhabender brillanter
  Zustände.
  Die Vorzüge eines egoistischen sogenannten guten Lebens.
IV. 3.   *Die Vorigen. Weltgeistlicher. Mönch.*
W. Verzweiflung über den Verlust seines Zustandes und Furcht vor der Zukunft.
M. deutet weiter hinaus.
IV. 4.   *Die Vorigen. Hofmeisterin. Secretair.*
W. fällt sie an, als Schuld an seinem Unglück daß sie ihn durch ein Verbrechen ge-
  hoben. Wunsch nach Niedrigkeit. Bekenntniß des Verbrechen an Stefanien.
  Die übrigen nehmen Theil, Erinnerung eines jeden der sie kannte.
IV. 5.   *Die Vorigen. Stefanie.*
  Begeisterte Rede des Mönchs.

                                    3.
I. Gen. Absoluter Despotism. ohne eigentlich Oberhaupt. In der Ramification von oben.
  Furcht für nichts. Intrigue und Gewalt. Sucht nach Genuß. Verlieren nach unten.
  Nach seinem Sinne leben ist gemein,
  Der Edle strebt nach Ordnung und Gesetz.
II. Gen. Untergeordneter Despotismus. Furcht nach oben. Ganglien der Statthalterschaf-
  ten. Familienwesen. Sucht nach Besitz.
III. Gen. Realismus des Besitzes. Grund und Boden. Druck daher. Dunkler aufdämmernder
  Zustand. Gährung von unten. Pfiff des Advokaten. Strebende Soldaten. Aus-
  übung der Roheit ins Ganze. Conflikt.
IV. Gen. Aufgelöste Bande. der letzten Form. Die Masse wird absolut. Vertreibt die
  Schwankenden. Erdrückt die Widerstrebenden. Erniedrigt das Hohe. Erhöhet
  das Niedrige. Um es wieder zu erniedrigen.
V. Gen.

GOETHE ÜBER „PALÄOPHRON UND NEOTERPE"

Goethe im Gespräch mit Luise v. Göchhausen, Heinr. v. Wolfkeel,
K. F. M. P. v. Brühl, K. W. v. Fritsch und J. C. R. Ridel. Weimar,
Ende Oktober 1800.

Eine ganz eigentümliche Bewandtnis hatte es mit der Aufführung von „Paläophron und Neoterpe" am Geburtsfeste der
Herzogin Amalia, 24. Oktober 1800.

Ganz kurz vorher war die „stolze Vasthi" im Salon der Herzogin wiederholt gegeben worden, und alle Teilnehmenden spielten so allerliebst, daß Goethe, von dem heitern Eindrucke hingerissen, ihnen alsobald gelobte, schnell noch ein neues Stück zu dichten, mit dem sie am Geburtstage die geliebte Fürstin überraschen sollten. Aber bis dahin waren nur noch ganz wenige Tage. Um nun die bei so knapper Frist allerdings schwierige Aufgabe möglichst rasch zu lösen und sowohl sich als die Spielenden in begeisterte Stimmung zu versetzen, ergriff Goethe folgendes heroische Mittel. Er lud sich bei den Hofdamen zum Frühstück, und zwar auf Punsch, ein, versammelte die Personen, denen er Rollen zudachte, um sich und diktierte nun der Fräulein von Göchhausen die verschiedenen Rollen in die Feder, während er selbst im Zimmer gravitätisch auf und ab schritt.

Sobald eine Rolle bis auf einen gewissen Punkt diktiert war, mußte sie sofort memoriert — und, sobald die entsprechende zweite Rolle auf das Papier gebracht war, gleich mit dieser zusammen probiert werden, wobei Goethe aufs lebhafteste antrieb, vorspielte und einwirkte. So geschah es denn, daß in zweien Vormittagen *(Oktober 28 und 29, oder 29 und 30)*, das Stück fertig wurde und, nach einer Hauptprobe am dritten Tage *(Oktober 30 und 31)*, wirklich am 24. *(vielmehr 31.)* Oktober aufs trefflichste und zu höchster Freude der Herzogin gespielt werden konnte.

. . . aber beinahe wäre noch im letzten Momente alles an Gelbschnabelchen und Naseweis gescheitert, indem die dazu angelernten Kinder sich die häßlichen Nasenmasken durchaus nicht anhängen lassen wollten, so daß Goethe sich genötiget sah, noch in größter Hast ein paar Kinder vom Theater aufzutreiben und einzuexerzieren, die denn doch glücklicherweise sich ihrer Rollen ganz leidlich entledigten.

Gespräch mit Friedrich Schlegel. Jena, Mitte November 1800.

Goethe ist wieder hier und hat mir eine Kleinigkeit, die er zum Geburtstag der alten Herzogin gemacht, „Alte und neue Zeit", gezeigt. Er hat mich über die griechischen Namen konsultiert und schien mit denen, die ich ihm vorschlug, „Paläophron und Neoterpe", zufrieden.

Goethe an Boisserée. Weimar, 27. September 1816.

„Paläophron und Neoterpe" lösen den Konflikt des Alten und Neuen auf eine heitere Weise, die freilich in dieser zerspalteten Welt nicht dankbar ist . . .

ANMERKUNGEN DES HERAUSGEBERS
ZU
„PALÄOPHRON UND NEOTERPE"

1. Entstehung.

Über die Entstehung und zugleich die erste Aufführung dieses Festspiels sind wir durch den Bericht eines Teilnehmers orientiert (vgl. S. 504f.). Danach hatte sowohl die Art, wie Goethe das Spiel dichtete, wie auch die Einstudierung der Rollen etwas Stegreifartiges. Das Stück sollte nämlich am 31. Oktober 1800 zu Ehren von Anna Amalia in ihrem Palais aufgeführt werden, und von dem Tag, da sich in dem Dichter der Plan des Festspiels formte, bis zu diesem 31. Oktober blieb keine ganze Woche. Indessen gelang das Experiment in ausgezeichneter Weise. Das Spiel wurde einige Jahre später, am 1. Januar 1803, zusammen mit „Wallensteins Lager", bereichert um einen neuen Schluß, wiederholt und dann noch einmal am 3. Februar 1819 in Goethes Haus aufgeführt, bei dieser dritten Gelegenheit anläßlich des Geburtstages der Enkelin Karl Augusts, der Prinzessin Marie von Sachsen-Weimar. Der erste Druck erfolgte in Seckendorffs Neujahrstaschenbuch auf das Jahr 1800.

2. Die Form des Spiels.

Wenn Goethe als bestimmend für die Reifezeit den Verzicht des Besonderen zugunsten des Generischen ansah, so darf diese Aussage auch als Hinweis für das Verständnis der Form von *Paläophron und Neoterpe* genommen werden, selbst wenn sich der Dichter mit diesem Satz ausdrücklich nur auf *Die Natürliche Tochter* und *Pandora* bezog. Strebte die Dichtung Goethes in der italienischen Zeit noch das Gleichgewicht von Typus und Metamorphose an, so tritt gemäß dieser Äußerung mit dem Revolutionsdrama, aber noch mehr in Spielen wie *Paläophron und Neoterpe* die Besonderung vor dem Allgemeinen zurück, ein Zurücktreten, das in der künstlerischen Vorliebe für die Allegorie den stärksten Ausdruck findet.

Mit dieser Wendung zum Allegorischen und Dekorativen hängt es wohl auch zusammen, daß Goethe, äußerlich genötigt durch die Bedürfnisse des höfischen Lebens, innerlich bestimmt von dieser Vorliebe für das Generische, das Vermögen hatte, das barocke Fest- und Widmungsspiel zu erneuern und noch einmal mit Leben zu füllen. Von da aus, von der Tradition der höfischen Kunst des Barock her und im Zusammenhang mit eigenen künstlerischen Entwicklungstendenzen, ist die Form von *Paläophron und Neoterpe* zu erklären. Zu ihrem Verständnis hat Gundolf in dem *Pandora*-Kapitel seines Goethebuches Entscheidendes gesagt, darüber vor allem, wie das dichterische Wort in Werken

dieser Art „seiner seelisch-kosmischen Autonomie" beraubt wird und
wie die Vorbemerkung des Dichters zu diesem Spiel ausdrücklich andeutet, dienend in den Zusammenhang des Gesamtkunstwerkes tritt,
an dem Architektur und bildnerische Tätigkeit, Musik und Tanz in
gleicher Weise beteiligt sind.

Daß sich Goethe in dieser Wendung auch durch die Kunst der Griechen bestätigt glaubt, darauf verweist vor allem das antike Metrum —
wie in der *Pandora* hat sich Goethe auch in *Paläophron und Neoterpe*
für den iambischen Trimeter im Wechsel mit kürzeren vierhebigen
iambischen Versformen entschieden —, dann aber auch die Wahl der
antiken Namen *Paläophron* und *Neoterpe*, eine Wahl, die (vgl. S. 505)
auf einen Vorschlag von Friedrich Schlegel zurückgeht.

3. Der Gehalt.

Für das Verständnis des Gehaltes ist die Tatsache nicht gleichgültig,
daß das Festspiel in der Zeit der Jahrhundertwende entstanden ist. Wenn
damit die Problematik der Zeit im ganzen Aufmerksamkeit erheischt,
ist es nicht überraschend, daß Goethe diese auch als das durchgängige
Thema des Spiels erwählt. So sehr die Form des Stückes in manchen
Zügen auf die Antike zurückverweist, die Art, wie die Thematik der Zeit
gedeutet wird, läßt sich nicht nur von daher erklären. Ihre Spannung
— um mit dieser allgemeinen Feststellung zu beginnen — ist nach der
Meinung des Dichters dieses Spiels nur zu lösen, wenn es möglich wird,
ein Gleichgewicht zwischen der Vergangenheit und der Zukunft, dem
Alten und dem Neuen — in dem Stück verkörpert in Paläophron und
Neoterpe — zu schaffen, negativ ausgedrückt, wenn es gelingt, den
einseitigen Anspruch des einen wie des anderen — und dieser Anspruch
bietet sich in dem Spiel in den Begleitern der beiden Hauptpersonen
dar — einzuschränken und auf das rechte Maß zurückzuführen. Das
ist kein antikes Problem: Die Antike, vor allem die Griechen hatten,
allzu einseitig auf den Verfallscharakter der Zeit bezogen, kein Verhältnis zu ihren schöpferischen Möglichkeiten. Darum hatten auch in
der griechischen und der lateinischen Sprache die Worte für das Bedeutungsfeld des Neuen im allgemeinen pejorativen Charakter. Das
Spiel Goethes steht schon darin in einem anderen geistigen Zusammenhang, daß das Neue nicht nur den Verfall der Zeit offenbart, sondern
darin ihr eigentliches Schöpfertum zum Ausdruck kommt.

So sehr Goethe mit dieser Deutung der Zeit dem Kulturkreis verpflichtet ist, in den er mit seinem Schaffen hineingehört, man muß
sich aber auch hüten, das Gewicht des Neuen zu überschätzen: in dem
Spiel ist keineswegs die Neigung waltend, ihm absolute Geltung zuzu-
billigen. Im Gegenteil, wenn Goethe das Verhältnis des Alten und
Neuen im Sinne eines polar verstandenen Gleichgewichts deutet, so

wird auch hier die spezifische Einstellung zu dem Bereich der Geschichte, wie sie für Goethes Reifezeit immer entscheidend ist, offenbar. Es ist eine Einstellung, die sich durch ihren konservativen Einschlag von der eschatologisch erregten Atmosphäre dieses Jahrhunderts in nachdrücklicher Weise unterscheidet. Wie Goethe das Verhältnis dieser beiden Dimensionen der Zeit versteht, das läßt sich vor allem den Stichomythien des letzten Teils entnehmen: die Zeit wird im Einklang mit Goethes Neigung seit der Straßburger Zeit im wesentlichen in Kategorien des Organischen gedeutet: als Reifeprozeß, in dem allerdings die Steigerung — diese als das Moment des Gnadenhaft-Spontanen — nicht übersehen werden darf. Indessen ist selbst für diese Steigerung eine letzte Identität des Alten und des Neuen, des Gesetzlichen und Spontanen maßgebend, eine Identität, in der am Ende bei allen reichen Entfaltungsmöglichkeiten der Metamorphosen das Gesetzlich-Typische doch wieder ebenso maßgebend ist wie die Varietät, das *alte Wahre* ebenso bestimmend wie das Neue. Daß damit das Problem des geschichtlichen Übergangs gerade dieser Jahrhundertwende, einer Wende in der Geschichte des Abendlandes, wie sie tiefgreifender nicht gedacht werden kann, nicht zu lösen war, dessen war sich auch Goethe bewußt. Am 27. September 1816 schrieb er in diesem Sinn an Sulpiz Boisserée: „*Paläophron und Neoterpe*" *lösen den Konflikt des Alten und Neuen auf eine heitere Weise, die freilich in dieser zerspalteten Welt nicht denkbar ist.* Die Zerspaltung dieses Weltzustandes, diese kommt in der *Natürlichen Tochter* stärker zum Ausdruck; aber selbst hier bleibt bei allem Wissen um das Element der Sinnwidrigkeit in der Zeit doch ein konservativer Optimismus bestimmend, ein Optimismus, den Goethe eigentlich nie aufgegeben hat. Insofern darf gesagt werden, daß sich auch dieses Spiel von *Paläophron und Neoterpe* ohne Widerspruch in das Gesamtwerk des Dichters einreiht und als maßgebend für Goethes Verhältnis zu Zeit und Geschichte angesehen werden darf.

4. Kommentar.

111f. Paläophron empfindet die Wirkung der Nähe Neoterpens in demselben Maße erquickend und verjüngend, wie der Trank verjüngt hat, den Hebe den Göttern anbietet.

BIBLIOGRAPHIE ZU „PALÄOPHRON UND NEOTERPE"

Erstdruck: Paläofron und Neoterpe. Ein Festspiel zur Feier des 24. Oktobers 1800. von Goethe im Neujahrstaschenbuch von Weimar auf das Jahr 1801. Herausgegeben von Seckendorff Weimar, gedruckt und vorgelegt bey den Gebrüdern Gädicke. 1801.
Palaeophron und Neoterpe. In: Goethe's Werke, 9. Bd. Tübingen, Cotta, 1808. (Schluß I.

Palaeophron und Neoterpe. In: Goethe's Werke, Bd. 5. Tübingen, Cotta, 1816. (Schluß I.)

Hans G. Gräf, Goethe über seine Dichtungen. Frankfurt a. M. 1908. 2. T., 4. Bd., S. 1—20.

Otto Pniower, Jubiläumsausgabe, 9. Band, S. 405—409.

Robert Petsch, Festausgabe, 8. Band, S. 271—277.

Franz Schultz, Klassik und Romantik der Deutschen. Stuttgart 1936/40. T. 2, S. 18.

ZUR TEXTGESCHICHTE VON „PALÄOPHRON UND NEOTERPE"

Paläophron und Neoterpe. Ein Festspiel zur Feier des 24. Oktobers 1800 von Göthe.
Mit diesem Titel erschien der Erstdruck (J) im „Neujahrs Taschenbuch von Weimar auf das Jahr 1801", und zwar in der Form, in der das Festspiel zum Geburtstag der Herzogin Anna Amalia 1800 aufgeführt wurde, und mit der Vorbemerkung, die der Herzogin das Spiel widmen sollte. Der 1808 erschienene Zweitdruck A bringt nicht den diesem Druckmanuskript beigegebenen ins Allgemeine gewendeten Schluß II, sondern nach Goethes Anordnung wiederum den ursprünglichen Schluß, der auch dem dritten Druck B von 1816 eigen ist. Die *Ausgabe letzter Hand* nimmt zum erstenmal den III. Schluß des Festspiels auf, der zur Geburtstagsfeier der Prinzessin Marie neu hinzugekommen war. Schluß II erschien zum erstenmal in der Weimarer Ausgabe 1894, wo in Bd. 13,1 nacheinander Schluß I S. 1—16, Schluß II S. 17—20 und Schluß III S. 21f. abgedruckt sind.

Druck A beruht auf der von Riemer redigierten Handschrift H², einer Abschrift des Erstdruckes. Sie weist zahlreiche Korrekturen von Riemer auf, auch solche des Korrektors Göttling. Im Lesartenapparat der Weimarer Ausgabe (a. a. O. S. 141—150) sind diese Varianten wie auch die Änderungen des Grafen Brühl in der Rollenhandschrift (H¹) verglichen. Riemers Verbesserungen gelten, wie auch im *Elpenor*, vorwiegend der Versform. In einer gründlichen Untersuchung der *Elpenor*-Handschriften hat Ida Hakemeyer nachgewiesen, daß „Riemers Redaktion weit über das metrisch Notwendige hinausgreift" (a. a. O. S. 143), und hat diese Überschreitungen bereits auch für dieses Festspiel ausgesprochen. Da die angekündigte Untersuchung für dieses Drama noch nicht vorliegt, ist es hier nur möglich, die auf Grund des Lesartenapparates erkennbaren Textänderungen zu korrigieren. Sie sind kenntlich gemacht und begründet durch die jeweilige Bemerkung: „1 Fuß zuviel" oder „1 Fuß zuwenig", wobei Riemer im einen Falle einen Kürzungsvorschlag macht, im anderen hinzufügt. Auch hier spürt man, wenn auch in weit geringerem Umfang als im *Elpenor*, wie verstandesmäßig Riemer vorgegangen ist. Goethe, dem die Korrektur noch einmal vorgelegen hat, akzeptierte denn auch nicht alle Vorschläge seines Korrektors:

25/26. Riemer: „1 Fuß zu wenig", Vorschlag: *vieles.* — 26/27. *Darum so.* — 119/121. „1 Fuß zu wenig", Vorschlag: *jeder Zeit* oder *immerdar.* — 151/153. „1 Fuß fehlt", Vorschlag: *prächt'gen.* — 207/209. Riemer schlägt wegen des Reims *hier* anstatt *nur* vor. Diese Stellen ließ Goethe nicht gelten, wohl aber die im folgenden angeführten: 9. *manche Leute* H¹—C¹; *manche* W, J, F. — 11. *Auch manchmal heiß ich ihnen Genius der Zeit:* diese Zeile wurde vom Grafen Brühl in H¹ eingeschoben, so in C, W, J, F. — 28. *Kniet nieder gleichfalls, ein gleich Geschick:* ursprüngliche Form. Von Brühl geändert und mit Zusätzen zu zwei Zeilen ausgedehnt: *Kniet nieder gleichfalls, allerliebste Kinder ihr, Die ihr, zu mir gesellt, ein gleich Geschick;* so auch in C,W, J, F. — 37/39. *zu geben willig ist:* ursprüngliche Form; *ergeben will:* Kürzung von Riemer, so in W, J; *begeben will:* B, C, F. — 44/46. *Und einem jeden* H¹, H², E; *Und jedem* Kürzung von Riemer: C, W, J, F. — 45/47. *Erfahret, welch ein* H¹, H², E; *Erfahrt, welch* Kürzung von Riemer: C, W, J, F. — 47/49. *als ein Oheim immer Vaterrecht* H¹, H², E; *stets als Oheim Vaterrecht* Kürzung von Riemer: C, W, J, F. 58 f./60 f. — 52/54. *und jeder will* H¹, H², E;

und will Kürzung von Riemer: C, W, J, F. — 58 f./60 f. *Neuen...Jungen* F; *neuen...*
jungen C, W, J. — 63/65. *es hoffentlich zufrieden an* H¹, H², E; *es, wie ich hoffe, doch*
zufrieden an Zufügung von Riemer: C, W, J, F. — 88/90. *Eurentwillen* H¹, H², E, J;
Euretwillen C, W, F. — 111/113. *sehen, die der Hebe gleich* H¹, H², E; *sehn, die Heben*
gleich C, W, J, F. — 157/159. *tiefbegründeten* C, W, J; *tiefgegründeten* E; *tief begründeten* F.
— 183/185. *Trümmern* C, W, J; *Trümmer* F. — 190/192. *stickt*: diese Form wird von
Goethe ausdrücklich beibehalten. — 229/231. *Den* J; *Der* C, W, F. — 259/261. *Sie*
C, W, J; *sie* F. — 261/263. *Ihr* C, W, J; *ihr* F. — 263/265. *Dir* C, W, J; *dir* F.

GOETHE UND SEINE ZEITGENOSSEN ZU
„ELPENOR"

Tagebuch. Weimar, 11. August 1781.
„Elpenor" angefangen.

Goethe an Knebel. Weimar, 3. März 1783.
  Ich hatte gehofft, das Stück, dessen Anfang Du kennst, auch
noch bis zum Ausgange der Herzogin fertig zu schreiben, es ist
aber unmöglich. Der alte Plan war fehlerhaft, und ich mußte es
von vorne an neu umarbeiten. Ich fahre sachte dran fort und ich
denke, es wird ja nicht zu spät kommen.

Goethe an Charlotte von Stein. Weimar, 5. März 1783.
  Mit Freuden meld' ich, daß meine zwei ersten Akte fertig
sind, mich verlangt, Dir zu lesen, was Du noch nicht gehört hast.

Goethe an Schiller. Weimar, 24. Juni 1798.
  ... In das andere beiliegende Manuskript mochte ich gar
nicht hineinsehen, es mag ein Beispiel eines unglaublichen Ver-
greifens im Stoffe, und weiß Gott für was noch anders ein war-
nendes Beispiel sein. Ich bin recht neugierig, was Sie diesem unglücklichen Produkt für eine Nativität stellen.

Schiller erwidert am 25. Juni 1798:
  ... das Drama folgt zurück, ich habe es gleich gelesen und
bin in der Tat geneigt, günstiger davon zu denken, als Sie zu
denken scheinen. Es erinnert an eine gute Schule, ob es gleich
nur ein dilettantisches Produkt ist, und kein Kunsturteil zuläßt.
Es zeugt von einer sittlich gebildeten Seele, einem schönen und
gemäßigten Sinn und von einer Vertrautheit mit guten Mustern.
Wenn es nicht von weiblicher Hand ist, so erinnert es doch an
eine gewisse Weiblichkeit der Empfindung, auch insofern ein
Mann diese haben kann. Wenn es von vielen Longueurs und Ab-
schweifungen, auch von einigen, zum Teil schon angestrichenen,
gesuchten Redensarten befreit sein wird, und wenn besonders
der letzte Monolog, der einen unnatürlichen Sprung enthält,
verbessert sein wird, so läßt es sich gewiß mit Interesse lesen.

ELPENOR 511

Goethe dankt Schiller einige Tage darauf für sein unbefangenes Urteil und sagt, daß das Drama von ihm stammt; 28. Juni 1798:

Es können ohngefähr 16 Jahre sein, daß ich diese beiden Akte schrieb, nahm sie aber bald in Aversion und habe sie seit 10 Jahren gewiß nicht wieder angesehen. Ich freue mich über Ihre Klarheit und Gerechtigkeit, wie so oft schon, also auch in diesem Falle. Sie beschreiben recht eigentlich den Zustand, in dem ich mich befinden mochte, und die Ursache, warum das Produkt mir zuwider war, läßt mich nun auch denken.

Gespräch mit Riemer. Weimar, zwischen März und September 1806.

Das Stück war ursprünglich in der sogenannten poetischen, das heißt rhythmischen Prosa, wie auch die erste „Iphigenia", und zwar in fortlaufendem Kontext geschrieben; als aber Goethe die Ausgabe in 8. besorgte und mir das Manuskript zur Durchsicht gab, bewog ich ihn, den größtenteils schon jambisch hinschreitenden Text vollends in Verse abzuteilen. Er überließ jedoch, da er fast kein Interesse mehr daran hatte, die Arbeit mir, der sie, als seine erste der Art, noch furchtsam und vielleicht zu ängstlich gewissenhaft ausführte, in der Meinung, es sei so wenig als möglich durch Zusätze oder Weglassung daran zu ändern; daher denn hie und da Verse mit zu viel oder zu wenig oder gar keinen Füßen unterlaufen. Goethe war indes damit zufrieden, und so ward das Manuskript zum Druck abgesendet.

Goethe an Zelter. Weimar, 7. Mai 1807.

... Doch ist vielleicht bei dem Beifall, den Sie meinem Fragmente schenken, Ihre Neigung zu mir und meinem Wesen als mitwirkend anzusehen; denn ich gestehe gern, daß ich diese Arbeit selbst nicht mehr beurteilen kann. Wenn etwas ins Stocken gerät, so weiß man immer nicht, ob die Schuld an uns oder an der Sache liegt. Gewöhnlich aber wirft man eine Abneigung auf etwas, das man nicht vollenden kann, als auf ein Ding, das uns widerstrebt und das wir nicht Herr werden können.

ANMERKUNGEN DES HERAUSGEBERS
zu
„ELPENOR"

1. Entstehung.

Die Konzeption eines Elpenor-Dramas kann bis in die frühe Weimarer Zeit zurückverfolgt werden. Eine Tagebuchaufzeichnung vom 11. August 1781 ist dafür der erste Beleg; in demselben Monat findet sich noch eine zweite; damit hört die Spur zunächst auf. Wie weit sich Hinweise späterer Jahre auf *Elpenor* beziehen (1782/83), läßt sich nicht genau ausmachen. Erst viele Jahre später, in einem Brief an Schiller

vom 24. Juni 1798, ist wieder die Rede von diesem Stück, und zwar so,
daß sich der Verfasser lebhaft von ihm distanziert. Es folgt ein Antwortschreiben Schillers, das das Fragment wesentlich günstiger beurteilt
(vgl. dazu S. 510). Als Goethe 1806 seine gedruckten und ungedruckten
Werke für die Cotta-Ausgabe durchsah, wurde er noch einmal auf den
Elpenor aufmerksam. Ein erster Druck war schon für die Ausgabe bei
Göschen 1787/90 vorgesehen gewesen. Indessen war es bei dieser Absicht geblieben. Erst 1806 wurde das Drama in der Veröffentlichung
der Cotta-Ausgabe der Allgemeinheit bekannt, nachdem es in dem
Weimarer Kreis schon in einer durch Vogel mundierten Reinschrift zir-
kuliert war.

2. Die ursprüngliche Gestalt und die Versbearbeitung durch Riemer.

Dank der Uninteressiertheit des Dichters diesem dramatischen Versuch gegenüber hat er erst von fremder Hand die Gestalt gefunden, in
der er bis heute in den Ausgaben ediert wurde: bekannt wurde *Elpenor*
in einer Versbearbeitung Riemers. Erst durch die sorgfältige Arbeit
Ida Hakemeyers (a. a. O. S. 108 ff.) darf die ursprüngliche Fassung
Goethes als gesichert angesehen werden. An sich war das Fragment
wie schon die Ur-*Iphigenie* in einer Form erschienen, die man nach
Heuslers Vorschlag als gehobene Prosa anzusprechen gewohnt ist. Dieser Umstand hatte schon Herder bewogen, bei der Lektüre in der von
Vogel mundierten Reinschrift durch perpendikulare Bleistiftstriche
eine mögliche Einteilung in Verse anzudeuten. Darauf kam Riemer zurück, und er benutzte dabei diese von Herder korrigierte Reinschrift
als Grundlage für seine Bearbeitung.

Wie es zu dieser kam, davon spricht Riemer selbst in seinen Mit-
teilungen 1841, 2. Band, S. 624—626: „Das Stück", so heißt es da, „war
ursprünglich in der sogenannten poetischen, d. h. rhythmischen Prosa,
wie auch die erste Iphigenia, und zwar in fortlaufendem Kontext geschrieben; als aber Goethe die Ausgabe in 8 besorgte, und mir das
Manuskript zur Durchsicht gab, bewog ich ihn, den größtenteils schon
jambisch hinschreitenden Text vollends in Verse abzuteilen. Er überließ jedoch, da er fast kein Interesse mehr daran hatte, die Arbeit mir . . . "
In welcher Weise diese Umarbeitung Riemers das Werk bis zur Ent-
stellung verändert hat, das hat die mit feinstem Gefühl für sprachliche
Nuancen angelegte Untersuchung Ida Hakemeyers gezeigt (a. a. O.
S. 116 ff.). Wie diese herausarbeitet, ging die Grundtendenz der Riemerschen Überarbeitung auf eine rhetorisch-sentenziöse Allgemeinheit der
Aussage, der gegenüber die Differenziertheit der Goetheschen Sprachgebung rücksichtslos geopfert wird. (Eine Fülle von Belegen dazu in
der genannten Arbeit, und zwar in der Textanalyse S. 115 ff.) Dabei

blieb es also. 1807 äußert sich Goethe noch einmal über das Fragment, und zwar in einem Antwortschreiben auf einen Brief Zelters, der nach dem Druck einiges sehr Einsichtige zu *Elpenor* gesagt hatte.

3. Das Werk.

Es ist kaum möglich, von der Basis der vollendeten zwei Akte her die Fortsetzung genau zu erschließen. Eines wird aus dem, was vorliegt, deutlich: daß es sich um einen Konflikt handelt, wie er für diese Jahre des sich formenden Humanitätsideals charakteristisch ist. Es ist der Konflikt zwischen einem Handeln, das die Qualität adliger Unbedingtheit hat, und der sich immer nachdrücklicher abzeichnenden Notwendigkeit, der Bedingtheit der menschlichen Existenz gerecht zu werden, diese auch hier verstanden im Sinne der Verschränkung, der Lebenshöhe und der Kreatürlichkeit, mit anderen Worten als Verzicht auf absolute Lösungen. In welchem Maß dieses zum Wesen der Goetheschen Humanität gehört, das wurde schon bei der Analyse der *Iphigenie* deutlich. Daß der Bezug zum humanen Ausgleich auch dann die Grundlage des Ganzen gebildet hätte, wenn das Fragment, wie es den Anschein hat, einen tragischen Ausgang gehabt hätte, bedarf keiner Begründung. Dann hätte das Drama wie der *Tasso* vor allem zur Darstellung gebracht, welche Werte bei einer Bescheidung im Sinne dieser Humanität nicht mehr einzubegreifen waren.

Von diesem Konflikt her wird vor allem die sehr sorgfältige Charakterisierung der Elpenor-Gestalt verständlich. Wo er direkt oder indirekt in Erscheinung tritt, in dem Gespräch Evadnes und der Jungfrauen, in dem folgenden Gespräch Elpenors mit Evadne, noch deutlicher in dem mit Antiope und später mit Polymetis, zeigt es sich, daß seine Existenz so geartet ist, daß sie in jedem Zug, in dem Geblüt und in der Gesinnung, auf die unbedingten Werte bezogen ist. Wie ihm dann diese Art zum Schicksal werden soll, das zeichnet sich in der großen Szene *I, 4* ab, wo ihm Antiope den Schwur abnötigt, für sie um jeden Preis die Rache zu übernehmen. Daß von da aus das Geschehen in ein tragisches Gefälle hineingerissen werden mußte, das offenbart sich einmal in der hemmungslosen Leidenschaft, in der Antiope ihre Forderung bis zum Äußersten steigert, dann aber auch in dem am Ende geäußerten Entschluß des Polymetis, die Missetat des Lykus zu enthüllen. So scheint alles dem tragischen Ende zuzustreben. Elpenor, seinem Wesen nach einer Versöhnung vorläufiger Art fremd, hätte zerbrechen müssen angesichts der Unmöglichkeit, ohne Verletzung der Ordnung des Humanen dem Anspruch des Unbedingten treu zu bleiben.

In diesem Sinn gehört auch der *Elpenor* mit den beiden vollendeten Akten an jene Stelle, wo in dem Leben des Dichters die Entscheidung ausgetragen werden mußte zwischen den titanisch-absoluten Möglich keiten der Lebensgestaltung und der Bereitschaft, in die *Grenzen der Menschheit* einzutreten. Daß eine Entscheidung dieser Art sich in ihrer Bedeutung nicht in dem privaten Lebensgesetz dieses Menschen erschöpft, sondern zugleich auch stellvertretend für eine Zeit vollzogen wurde—vom Soziologischen her gesehen, etwa als Entscheidung gegen die Welt einer adlig-feudalen Ordnung für die Bürgerlichkeit —, sei beiläufig erwähnt.

BIBLIOGRAPHIE ZU „ELPENOR"

Erstdruck: Elpenor. Ein Trauerspiel. Fragment. In: Goethes Werke, 4. Band. Tübingen, Cotta, 1806.

Elpenor. Ein Schauspiel. In: Goethe's Werke, 6. Band. Tübingen, Cotta, 1807.

Elpenor. Hrsg. und krit. eingeleitet von Ida Hakemeyer. Hannover 1949.

Bernhard Seuffert, Zu von Biedermanns neuen Goethe-Forschungen. Archiv für Literaturgeschichte 14, 1886.

Woldemar Frhr. von Biedermann, Die chinesische Quelle von Goethes Elpenor. Zeitschrift für vergleichende Literaturgeschichte, N. F. 1, 1888.

Derselbe, Goethe und das Schrifttum Chinas. Zeitschrift für vergleichende Literaturgeschichte, N. F. 7, 1894.

Derselbe, Das Entstehen von Goethes Elpenor-Dichtung. Zeitschrift für vergleichende Literaturgeschichte, 1896.

Derselbe, Elpenor. In: Goethe-Forschungen, 1897, S. 94f.

Maria Peters, Goethes Elpenor. Eine quellenkritische Untersuchung. Münster 1914.

G. Ellinger, Über Goethes Elpenor. Goethe 6, 1885.

G. Kettner, Goethes Elpenor. In: PrJb. 67, 1891, S. 149ff.

A. Köster, Über Goethes Elpenor. Herrigs Archiv, Bd. 101, 1898, S. 257ff.

B. Suphan, Über die älteste d. h. rein Goethesche Gestalt von Elpenor. GJb. 13, 1892.

R. Weißenfels, Goethes Drama Elpenor. Jahresberichte f. neuere deutsche Literatur 9, IV, S. 44f.

Ludw. Geiger, Über Goethes Elpenor. In: Allgem. Ztg. Beil. Nr. 211, 1880.

Fr. Zarncke, Über Goethes Elpenor. Kleine Schriften, Bd. 1, 1880.

B. Seuffert, Merope und Elpenor. Dt. Vjs. 1891, 4.

R. Schlösser, Studien zu Goethes Elpenor. Euphorion 2, 1895.

R. Petsch, Neues über Goethes Elpenor. In: PrJb. 161, 1915, S. 347ff.

    S. auch:

Eugen Kühnemann, Goethe. Leipzig 1930. 2. T., S. 227.

Ida Hakemeyer, Goethes Elpenor, nach den Handschriften kritisch herausgegeben. Hannover 1949.

TEXTGESCHICHTE ZU „ELPENOR"

Unsere Ausgabe druckt das *Elpenor*-Fragment nicht wie üblich in der von Riemer bearbeiteten Versform, in der es 1806 als Erstdruck erschien, sondern folgt der ursprünglich vom Dichter an Vogel diktierten Reinschrift H, in der Herder kleine Korrekturen angebracht und durch Striche die Verseinteilung angedeutet hatte. Nach dieser Vorlage H hatte Riemer eine neue Handschrift H[1] in der auf Goethes Veranlassung von ihm besorgten Versform angefertigt, die als Druckhandschrift an die Druckerei gegeben wurde und seit dieser Zeit für alle späteren Drucke maßgebend war. Die ursprüngliche Fassung H erschien zum erstenmal im Druck in der kritischen Untersuchung von Ida Hakemeyer. Unsere Ausgabe stützt sich auf diese Ausgabe und führt alle Varianten von H[1] und den ihr folgenden Ausgaben an. Da letztere im wesentlichen dem Druck A folgen, der von Goethe nach der Vorlage einer Abschrift von H[1] bearbeitet und mehrfachen metrischen Änderungen unterzogen worden war, so werden bei diesem Vergleich der Textstellen auch die Änderungen ersichtlich, die Goethe an der Riemerschen Versbearbeitung vorgenommen hatte.

Einen eingehenden kritischen Vergleich und eine Wertung der Riemerschen Arbeit gibt, wie schon oben mehrfach erwähnt wurde, Ida Hakemeyer (a. a. O. S. 115ff.) mit zahlreichen Hinweisen in überzeugender Weise. Aus dem Vergleich der geänderten Versstellen wird leicht ersichtlich, wie Riemers rationale Versbearbeitung die frische, ursprüngliche und lebensunmittelbare Sprache der Prosafassung zugunsten des Blankverses zwar geglättet, dabei aber steif, „sententiös verallgemeinernd" und unnatürlich gemacht hat.

Wie hier der Verstand in ein dichterisches Gebilde eingreift, zeigen vor allem die Stellen, in denen oft nur durch Einfügung von Flickwörtern, durch Aufzählungen, Umstellungen usw. gebildete rationale Formen die lebendige Gestaltung der ersten Fassung entstellt haben; Riemer schafft, stellenweise ganz bewußt, Antithesen (s. Vers 61/62, 82/83, 85, 97, 318, 426—465), Chiasmen (s. Vers 5/6, 26/28, 54/55, 112/113, Verse 284—286 u. a.), Parallelismen (s. Vers 20, 140/141/143, 933, 1013/1014), Symmetrie (s. Vers 367/369—370/372, 376), Tektonik, Triadenbau (s. Vers 363ff., 430—440, 486ff.).

Zur besseren Orientierung folgt den Seiten- und Zeilenzahl der Prosafassung jeweils die Verszahl der anderen Ausgaben.

309,5ff./4ff. *Gebt nicht zu viele Sorgfalt euren Kleidern und Haaren! Es ist noch immer Zeit, wenn das Geschäfte vollbracht ist, sich zu schmücken. Der frühe Morgen heißt uns rege zur Arbeit sein* H; *Kleidern, Gewand und Haaren gebt nicht zu viele Sorgfalt. Wenn das Geschäft vollbracht ist, kommt die Zeit des Schmucks* (dahinter mit Bleistift *zum Schmuck*). *Zur Arbeit heißt der Morgen rege sein* H[1]; *Gewand und Haaren gebt nicht zu viel Sorgfalt! Ist das Geschäft vollbracht, kommt Zeit zum Schmuck* ... C, W, J, F. — 309,11f./9. *du siehest uns bereit, zu tun, was du gebietest* H; *du siehest uns bereit, was du befiehlst, zu tun* H[1], C, W, J, F. — 309,14/12. *ruf ich euch* H; *ruf ich euch auf* H[1], C, W, J, F. — 309, 20/19. *ihren teuren Pflegbefohlnen* H; *den teuern Pfleg* (*befohlnen* durchgestrichen) *ling* H[1], C, W, J, F. — 309,21/20. *künftigen* H; *künft'gen* H[1], C, W, J, F; solche Silbenverkürzungen zugunsten des Verses finden sich in H[1] oft und wurden von späteren Drucken auch übernommen. — 310, 3/24. *frohe Gesellschaft* H; *frohe Gegenwart* H[1]; *erheiternde Gesellschaft* C, W, J, F. — 310, 4/26f. *Und wie Larven der Unterwelt vorzüglich Einsamen erscheinen, so rührt der Trauer kalte Schattenhand den Verlaßnen ängstlich* H; *Wie Larven aus der Unterwelt vor andern dem Einsamen erscheinen, rührt Verlassene ängstlich der Trauer kalte Schattenhand* H[1], C, W, J, F *(Verlaßne* J; *Verlass'ne* W). — 310, 7/29. *wieder?* H; *wieder!* H[1], C, W, J, F. — 310,13/37. *tritt* H; *schreitet* H[1], C, W, J, F. — 310,13/38f. *vor seinem Volke aus der beschränkten Kindheit niederem Kreise* H; *vor alles Volkes sehnsuchtsvollen Augen aus der beschränkten Kindheit niedrem Kreis* H[1], C, W, J, F. — 310,16/42. *die edle Sorgfalt* H, H[1]; *die Sorg'* C, W, F; *die edle Sorg'* J. — 310,19/45. *als die Natur* H, H[1]; *als Natur* C, W, J, F. — 310,21/47. *schöne* H; *schönen* H[1], C, W, J, F. — 310,23/49. *entführte* H; *entführend floh* H[1], C, W, J, F. — 310,23/50. *zurückließ* H; *zurücke ließ* H[1], C, W, J, F. — 310,24f./52. *heftig nicht erneuern* H; *heftig klagend nicht erneuern* H[1]; *heftig klagend nicht erneuen* C, W, J, F. — 310,25f./54. *den Reichtum in dem nahverwandten Knaben* H; *Im nahverwandten Knaben großen Reichtum* H[1], C, W, J, F. — 310,27/55. *Nennst du den* H; *Den nennst du* H[1], C, W, J, F. — 310,29f./57f. *ihr ist ein herrlicher Ersatz in Lykus' Sohn gegeben worden* H; *Ihr ward ein herrlicher Ersatz In Lykus' Sohn* H[1]; *... Sohne* C, W, J, F. — 310,32/61. *Herzlich gönnt sie einem Vielverwandten* H; *Dem Vielverwandten gönnt sie herzlich nun* H[1], C, W, J, F. — 310,35/66. *allem* C, F; *allen* H, H[1], W, J. — 310,37/68. *einer* H; *Einer* H[1], C, W, J, F; *einer* (gesperrt) J, F. — 310,38f./70. *womit ihr Geist das Übel lindernd preisen möchte* H; *Womit sie lindernd gern das Übel priese* H[1], C, W, J, F. — 311,1f./72. *und hell ihr Auge* H; *das Auge hell* H[1], C, W, J, F. — 311,6/76. *ist und den der Übermut nicht härtet* H; *ist, nicht hart im Übermut* H[1], C, W, J, F. — 311,7/77. *unsere* H; *unsre* H[1], C, W, J, F. — 311,8—11/78

Wie ich sie fröhlich sah und fröhlicher den Knaben, der goldnen Sonne Morgenstrahlen auf ihren Angesichtern, da schwang sich eine Freude mir durchs Herz, die alles Traurige der alten Tage leicht überstimmte H; *Ich sah sie fröhlich, fröhlicher den Knaben, Der Morgensonne Gold auf ihrem Antlitz; Da schwang sich eine Freude mir durch's Herz, Die Nacht der alten Tage zu erhellen* H¹, C, W, J, F. — 311,12/82. *Laßt* H; *Laß* H¹, C, W, J, F. — 311,13f./ 84f. *heute mehr als andre Tage erfordert wird, laßt sie am besten durch den* H; *heut' mehr gefordert wird als andern Tages, Laßt eure Lust in eurem* H¹, C, W, J, F. — 311,16/88. *andre* H; *andern* H¹, C, W, J, F. — 311,18/90. *denn sie* H; *sie* H¹, C, W, J, F. — 311,19/ 93. *sich heute* H; *Heute sich* H¹; *Heut'* C, W, J, F; solche Umstellungen zugunsten der Versform finden sich in der Riemerschen Fassung häufig: etwa 311,20/94f., 312,3/116, 312,4/117, 312,22/138 u. a. m. — 311,23/97. *Säle* H; *Säle selbst* H¹, C, W, J, F. — 311,24 bis 26/99f. *die Sessel und Tafeln, verwendet die geringere und köstliche mit kluger Wahl* H; in unserem Druck *das Geringere und Köstliche*; *Sitze, Tafeln, Gering und Köstliches verteilt mit kluger Wahl* H¹, J, F; *Gering- und köstliches* C, W. — 311,27/102. *künstlich getriebenen* H, H¹; *kunstgetriebenen* C, W, J, F. — 311,29/105. *das ist der Fürstin Wille* H; *denn so will's die Fürstin, und ich sorgte so* H¹, C, W, J, F. — 311,30/106. *gereicht* H, H¹; *dargeboten* C, W, J, F. — 311,31f./108f. *seh ich, haben auch von ihren Vorgesetzten schon Befehl erhalten, und Pferde, Waffen und Wagen* H; *seh' ich, haben auch Befehl; Denn Pferde, Waffen, Wagen* H¹, C, W, J, F. — 311,36/113ff. *Er naht sich, wie der Stern des Morgens funkelnd, schnell, ihn, der balde Tausenden ein neues Licht des Glücks aufgehend erscheint* H; *Dem Morgenstern vergleichbar naht er, funkelnd, schnell. Laßt mich ihn segnen, ihn, der Tausenden Ein neues Licht des Glücks aufgehend scheint* H¹, C, W, J, F. — 312,4f./ 118. *zum Anfang dieses Tages mir geschenkt ward* H; *der Aufgang dieses Tags mir brachte* H¹, C, W, J, F. — 312,6/119. *heute* H; *heut* H¹, C, W, J, F. — 312,8/122. *von den Barbaren* H; *von Barbaren* H¹, C, W, J, F. — 312,9/124. *Waffen* H; *Waffen wohl* H¹, C, W, J, F. — 312,10/125. *aufgehängt sind* H, H¹; *hangen* C, W, J, F. — 312,14/132. *ist der alte Wunsch mir* H; *wurde mir der alte Wunsch* H¹, C, W, J, F. — 312,16/134. *bald mein Vater kommt, mich nach der Stadt zu holen* H; *ich den Vater nach der Stadt begleite* H¹, C, W, J, F. — 312,17/135. *schönes, würdiges Geschenk, mein Prinz,* H; *würdiges Geschenk! H¹, C, W, J, F. — 312,23/139. Es denkt die teure Pflegemutter ebenso H; So denkt die teure Pflegemutter auch H¹, C, W, J, F. — 312,23—25/140. Und wenn sie dir vertraut, daß du mit männlicher Kraft dereinst die straffe Senne spannst H; Vertraut sie dir, daß du mit Manneskraft dereinst die straffe Senne spannen wirst H¹, C, W, J, F. — 312,35/154. und unserer gedenken* H; *Und unser gedenken* H¹; *Unser auch gedenken* C, W, J, F. — 312,3/158. *schon* H¹, C, W, J, F; *schön* H. — 313,3f./161. *ein Knabe wird am besten von Männern erzogen* H; *Den Knaben ziehn am besten Männer* C, W, J, F. — 313,6/163. *zurückeführt* H; *zurückführt* H¹, C, W, J, F. — 313,7/164. *Nicht eh, als bis* H; *Als bis* H¹; *Eher nicht, Als bis* C, W, J, F. — 313,9/166. *Ich habe fast gar nicht geschlafen* H; *Geschlafen hab' ich nicht, geschlummert nur* H¹, C, W, J, F. — 313,14f./171. *daß mir Geschenke bereitet sind* H; *Geschenke sind bereitet* H¹, C, W, J, F. — 313,15/172. *vor* H, H¹, J, F; *von* C, W (Druckfehler). — 313,16/173. *wohl die Boten bringen werden* H; *bringen wohl die Boten* H¹, C, W, J, F. — 313,17/174. *Kleider, wie* H; *Kleider, das vermut ich wohl, wie* Einschub von Riemer H¹, C, W, J, F. — 313, 22/180. *köstlicher* H, H¹; *reicher* C, W, J, F. — 313,25/ 183. *doch rätst* H; *Doch rätest* H¹, C, W, J, F. — 313,29/188. *alter wohlbedächtiger Diener* H; *alter Diener* H¹, C, W, J, F. — 313,32/192. *und doch sah ich* H; *doch ich merkt' es* H¹, C, W, J, F. — 313,33/194. *zugeritten* H; *geritten* H¹, C, W, J, F. — 313,38f./200ff. *Ich hoffe, man ist auf dein Vergnügen und auf deine Sicherheit* H; *Auf dein Vergnügen, hoff' ich, und zugleich Auf deine Sicherheit* H¹, C, W, J, F. — 314,4/205. *ich bisher auf* H; *ich auf* H¹, C, W, J, F. — 314,7/210. *Schärfe zurück* H; *Schärfe schartig sitzen* H¹, C, W, J, F. — 314,7f./211. *Sein Griff ist köstlich mit einem goldnen* H; *Sein Griff ist mit goldnem* H¹; *Sein Griff mit goldnem* C, W, J, F. — 314,11/215. *dienstbar ihn an* H; *Dienstbar an* H¹, C, W, J, F. — 314,12f./216. *so will ich's gleich im nächsten Wald versuchen und Bäume spalten und zu Stücken hauen* H; *Im nahen Wald versuch' ich schnell die Klinge, Dort will ich Bäume spaltend niederhaun* H¹, C, W, J, F. — 314,15f./219. *mög dir die Grazie auch einen Funken jenes Feuers in den Busen legen* H; *verleihe dir die Grazie des Feuers einen*

Funken In deinen Busen H¹, C, W, J, F; C, W, J, F drucken *Brust* statt *Busen.* — 314,17/
223. *ewigreine* H; *ewig reine* H¹, C, W, J, F. — 314,23/229. *hingeflogen* H; *hingeflohn* H¹,
C, W, J, F. — 314,28/235. *zu* H; *rein zu* H¹, C, W, J, F. — 314,32f./240. *geb' ich dir an
diesem Tage nicht auf lange Zeit:* in H ursprünglich *nicht*, wahrscheinlich auf *Lehre* bezogen (s. Ida Hakemeyer, a. a. O. S. 115f.); *geb' ich dir an diesem Tage mit* H¹; *geb' ich
dir an diesem Tage zum Geleit* C, W, J, F. — 314,34/242. *und nun betrittst du einen* H;
Und nun beschreitest du den H¹, C, W, J, F. — 314,35/243. *Erfahrnen* H; *Erfahrenen* H¹,
C, W, J, F. — 314,35f./244. *Es würde dir nicht nützen, dich* H; *Nicht nützen wird es, würde*
H¹, C, W, J, F. — 314,36/245. *Ausgang* H; *Austritt* H¹, C, W, J, F. — 315,2f./250.
verständige und wohlgesinnte H; *Verständige und Wohlgesinnte zu* H¹, C, W, J, F. — 315,3
f./252. *durch Torheit noch durch Übermut das Glück nicht* H; *nicht durch Torheit, noch
durch Übermut das Glück* H¹; *nicht das Glück durch Torheit, Übermut* C, W, J, F. — 315,5/
254. *fordert es* H; *fordert's* H¹, C, W, J, F. — 315,8f./258. *wenn du auch gleich nicht stets
mit einer Antwort ihr bereit warst* H; *Wenn du auch nicht bereit antwortetest* H¹, C, W, J, F.
— 315,10/259. *vieles und zu* H; *vieles, lernt zu* H¹, C, W, J, F. — 315,12f./261. *weise
geworden als* H; *weise, Als* H¹, C, W, J, F. — 315,14/263. *hieltest* H; *bedünktest* (dahinter
mit Bleistift verbessert *bedingtest*) H¹, C, W, F; *bedingtest* J. — 315,16/265. *sich* H; *je
sich selbst* H¹, C, W, J, F. — 315,16/265. *weniger andern zu gebieten* H; *weniger andern gebieten* H¹; *wen'ger anderen gebieten* C, W, J, F. — 315,21/271. *von den Taten* H; *Von
Taten* H¹, C, W, J, F. — 315,23/274. *im Innersten* H; *in meinem Innersten* H¹, C, W, J,
F. — 315,26/277. *dir bestimmt* H; *erreichbar* H¹, C, W, J, F. — 315,32/283. *erneun* H;
erneuen H¹, C, W, J, F. — 315,34f./285. *Du wirst viel wiederfinden, und du weißt noch
nicht, was alles du* H; *Dem schönsten Willkomm gehst du heut entgegen, Erfährest erst, was
du* H¹, C, W, J, F. — 316,1/287. *Hast du für mich, o Königin, noch irgendeinen* H; *Hast
du noch irgend einen* H¹, C, W, J, F. — 316,3/289. *Ich sage dir heut nichts, Evadne* H; *Ich
sage nichts, Evadne, heute nicht* H¹, C, W, J, F. — 316,12/298. *lernest* H; *lernst* H¹, C, W,
J, F. — 316,14/300. *geneigt war*, H; *geneigt*. H¹; *geneigt*, C, W, J, F. — 316,15/302. *mir
deiner ersten Jahre schönen Anblick, süßen* H; *Der holden Jugend süßen* H¹, C, W, J, F. —
316,16/303. *gar* H; *so* H¹, C, W, J, F. — 316,18/304. *dir* H; *habe dir* H¹, C, W, J, F. —
316,19/305. *sehr* H; *heiß* H¹, C, W, J, F. — 316,21/307. *Nur wenig älter* H; *Um wenig
älter nur* H¹, C, W, J, F. — 316,27/315. *Sie sind sonst oft ins Feld gezogen* H; *Sonst zogen
sie so oft ins Feld* H¹, C, W, J, F. — 316,27/315. *warum* H; *Warum denn* H¹, C, W, J, F. —
316,29/318. *kriegt, damit der Alte* H; *kämpft, damit der Greis* H¹, C, W, J, F. — 316,30/
320. *die Feinde* H; *den Feind* H¹, C, W, J, F. — 316,32/322. *und tückisch* H¹; *und tückisch* H¹,
C, W, J, F. — 316,34/326. *teuren* H; *teuern* H¹, C, W, J, F. — 316,35/327. *sichrer* H;
sicherer H¹, C, W, J, F. — 317,2/330. *Stammeln* C, W, J, F; *Stammlen* H, H¹; s. auch
Strauchlen in derselben Zeile. — 317,7/336. *glänzend, entzünden kann* H; *glänzend kann
entzünden* H¹, C, W, J, F. — 317,11/341. *ihn* H; *ihm* H¹, C, W, J, F. — 317,12/343. *von
meinem Herzen* H; *vom Herzen* H¹, C, W, J, F. — 317,17/348. *zugrunde gerichtet* H; *zerstört* H¹, C, W, J, F. — 317,22/254. *sehn* H; *sehen* H¹, C, W, J, F. — 317,24/357. *sollten*
H; *sollte* H¹, C, W, J, F. — 317,31/367. *Es* H; *Dort* H¹, C, W, J, F. — 317,36/373.
Honig wie er H; *Honig der* H¹, C, W, J, F. — 317,38f./376f. *der dritte hieb sich Zweige, den
geplagten Tieren die Bremsen abzuwehren* H; *Der dritte hieb der Zweige kühlenden Wedel*
H¹, C, W, J, F. — 318,1/377. *schrein* H; *schreien* H¹, C, W, J, F. — 318,1/378. *der nahe
weilt, eilt hin, und* H; *Der nahe eilt und* H¹, C, W, J, F. — 318,2/380. *wohlbewehrte* H,
H¹, C, W, J; *wohl bewehrten* F. — 318,7/387. *des Knabens* H, H¹; *meines Knabens* C, W,
J, F. — 318,9/390. *unauflöslichen* H, H¹; *unauflösbarn* C, W, J, F. — 318,10/391. *andere*
H; *andre* H¹, C, W, J, F. — 318,12f./394. *bis zuletzt . . . ohnmächtig ich* H; *Bis ich zuletzt
ohnmächtig* H¹, C, W, J, F. — 318,18f./402f. *Es ballt sich vor der Erzählung die Faust* H;
Mir ballt . . . H¹; *Es ballt die Faust sich mir* C, W, J, F. — 318,19/404. *und ich höre* H;
Ich hör' C, W, J, F. — 318,21/405. *dahin* H; *zur Stelle* H¹, C, W, J, F. — 318,22/407.
Jason H, H¹, C, W, J, F. — 318,26/411. *übrig bleibt* H, H¹, C, W, J, F. — 318,27f./413. *führten die Sterbende zurück* H (*Sterbenden: n* ist Druckfehler); *führten sorgsam die Sterbende
zurück* H¹, C, W, J, F. — 318,29/415. *Grauen* H; *Graun* H¹, W; *Gram* C, J, F. — 318,30/
416. *an meinem Herde* H; *am Herd* H¹, C, W, J, F. — 318,31/417. *Feinde* H, H¹, W;

Feind C, J, F. — 318,32/419. *verstummet* H, H¹; *verstummt* C, W, J, F. — 318,33/420. *Feind, ob ein Verräter, wer* H; *Verräter, ob ein Feind* H¹; *Erfuhrst du nie, ob ein Verräter, Ein Feind, wer diese Tat verübt* C, W, J, F. — 318,35/422. *Überall versandte... Boten hin* H, H¹; *Nach allen Seiten sandte... Boten* C, W, J, F. — 318,36f./424. *scharf untersuchen; doch nichts um nichts* H, H¹ (in H¹ *und* statt *um*); *Scharf untersuchen samt den Bergen, doch umsonst* C, W, J, F. — 319,1f./430. *Donner an, ich rief der* H; *Donner, rief die* H¹, C, W, J, F. — 319,2/430. *und den Gefahren* H; *Rief den Gefahren* H¹; *Rief die Gefahren an, die leis* C, W, J, F. — 319,7/438. *zurückkehrt* H; *zurück kehrt* H¹; *zurückekehrt* C, W, J, F. — 319,8/439. *betritt* H, H¹; *tritt* C, W, J, F. — 440. *Da starre sie ihm entgegen und ergreif' ihn* H¹; fehlt in H und also auch in dieser Ausgabe; *starr'... ergreif' ...* C, W, J, F. — 319,17/451. *hierher* H; *hieher* H¹, C, W, J, F. — 319,18/452. *lebte still, bis... bei ihr* H, H¹; *still bei ihr, bis...* H¹, C, W, J, F. — 319,20/454. *forschte* H; *forscht'* H¹, C, W, J, F. — 319,23/458. *doch zuletzt* H; *endlich doch* H¹, C, W, J, F. — 319,25f./459. *so lügenhaft gefunden als die Ersten* H; *So wie die ersten lügenhaft erfunden* H¹, C, W, J, F. — 319,25/460. *und sie kamen von nah und fern* H; *viele kamen* H¹, C, W, J, F. — 319,26/463. *dem Verlangen nach* H; *Und dem Verlangen* H¹, C, W, J, F. — 319,28/465. *und* H; *allein* H¹, C, W, J, F. — 319,29f./467f. *Da kam ich, mit deinem Vater mich zu beraten, in* H; *Mit deinem Vater mich zu beraten, kam ich in* H¹, C, W, J, F. — 319,35/474. *mit dem* H; *womit* H¹, C, W, J, F. — 319,36/475. *Kleides zu betrachten* H, H¹; *Kleids zu schaun* C, W, J, F. — 319,37/476. *da* H, H¹; *als* C, W, J, F. — 319,39/479. *sehen* H; *sehn* H¹, C, W, J, F. — 320,2/481. *hielt* C, W, J, F; *hielte* H, H¹. — 320,3/482. *oft* H; fehlt in H¹, C, W, J, F. — 320,5/485. *alten Stuhl ans Feuer* H, H¹; *altem Stuhl am Herd* C, W, J, F. — 320,6/486. *und* H; *ihn* H¹, C, W, J, F. — 320,9/492. *er,* H, H¹; *er!* C, W, J, F. — 320,13/494. *Gebirges* H; *Gebirge* H¹, C, W, J, F. — 320,17/498. *erkanntest* H, H¹; *kanntest* C, W, J, F. — 320,18/499. *Wärterin* H, H¹; *Wärt'rin* C, W, J, F; *Wärtrin* F. — 320,24f./507f. *viel versucht ich und lang, versprach* H; *... und lange ...* H¹; *viel Versucht' ich lange, ich versprach* C, W, J, F. — 320,27/510. *ernstern* H, J; *ernsten* H¹; *ernsten* C, W, F. — 320,29 bis 31. *Von meinen Kindern... verwirren* H; dieses Stück fehlt zwischen 513 und 514 in H¹, C, W, J, F. — 320,33/516. *er sann* H; *sann* H¹, C, W, J, F. — 320,36/520. *denn der Ehrgeiz* H; *Denn Ehrgeiz* H¹, C, W, J, F. — 320,39/523. *edler* H, H¹; *Edler* C, W, J, F. — 321,2f./526. *Linderung* H; *Lindrung* H¹, C, W, J, F. — 321,4/528. *mich an dich gebunden, doch auch die Hoffnung* H; *doch auch die Hoffnung fest gebunden* H¹, J; *... festgebunden* C, W, F. — 321,5/529. *Möcht* H, H¹; *O möcht'* C, W, J, F. — 321,7f./532. *vom blütevollen Baum* H; *... Baume* H¹; *Vom Blütenbaum* C, W, J, F. — 321,10/535. *unmäßige Begierde* H, H¹; *ungemessene Begier* C, W, J, F. — 321,14/539. *und ich spähte* H; *und erspähte* H¹, C, W, J, F. — 321,19/546. *Rache ungezähmt auf* H, H¹; *Rache, ungezähmt, auf* C, W, J, F. — 321,22/549. *der stillen Götter* H; *der Götter* H¹, C, W, J, F. — 321,23/550. *haben dir die Traurigen gegönnt* H, H¹; *gönnten dir die Traurigen* C, W, J, F. — 321,23/550. *ruhen* H; *ruhn* H¹, C, W, J, F. — 321,28/557. *langbewahrten* H; *lang bewahrten* H¹, C, W, J, F. — 321,29f./560. *frischgenährte* H; *frisch genährte* H¹, C, W, J, F. — 321,36/571. *Rachel* H¹, C, W, J, F; *Rache.* H. — 321,37/572. *ich!* H¹, C; *ich,* H. — 321,38/573. *wider* J, F; *wieder* C, W. — 321,38f./574. *zerstreut* H; *zerstreuet* H¹, C, W, J, F. — 322,5,6/58af. *den Tempel ... dem Tempel* H; *die Tempel ... den Templen* H¹, C, W, J, F. — 322,7f./587. *Und der Morgenlüfte Kinderstammeln* H (s. o. *Stammeln,* beide Formen im Goetheschen Sprachgebrauch); *Süßer Morgenlüfte Kinderstammeln* H¹, C, W, J, F. — 3 22,9f./590. *sieh ihm aufs Haupt und schlägt* H; *sieh aufs Haupt ihm, schlägt* H¹, C, W, J, F. — 322,12/594. *seinem starren Anblick* H; *seinen starren Blicken* H¹, C, W, J, F. — 322,32/626. *Dunkeln* H, C, W, F; *Dunklen* H¹, J. — 322,38/635. *willig locker* H; *willig* H¹, C, W, J, F. — 322,39/637. *gegossen* H; *gegossenes* H¹; *gegoßnes* C, W, J, F. — 323,3/642. *geliebten* H¹, C, W, J, F; *Geliebten* H. — 323,4f./644. *Ergreif ihn! — Schwöre,* H; *Berühr ihn, schwöre* H¹, C, W, F; *Berühr ihn! — Schwöre* J. — 323,5/644. *erfüllen!* H¹, C, W, J, F; *erfüllen.* H. — 323,25/671. *Stirne* H; *Stirn* H¹, C, W, J, F. — 323,28/675. *begehen* H; *begehn* H, H¹, C, W, J, F. — 323,32/677. *mich dir mit frohem, freudigem Mute* H; *mich mit... freud'gem Mute dir* H¹, C, W, J, F. — 324,6/684. *willkommner, reiner Strahl die einzige* H; *Reiner, willkommener Strahl die einz'ge* H¹, C, W, J, F. — 324,7/685. *mir* H, H¹; *ein*

C, W, J, F. — 324,7/685. *Glückes* H; *Glücks* H¹, C, W, J, F. — 324,9f./690. *meine Schmer-zen* H; *meinen Schmerz* H¹, C, W, J, F. — 324,10/691. *stehe* H; *steh* H¹, C, W, J, F. — 324,11/694. *Flecken hinterlassende* J; *fleckenhinterlassende* H, H¹, C, W, F. — 324,13/696. *die* H; *nun die* H¹, C, W, J, F. — 324,14/698. *durchgelockerte* H; *durch aufgelockerte* H¹, C, W, J, F. — 324,17f./701f. *Sollt' er wohl noch unter den Lebendigen wandeln, den ich als abgeschieden betrauern muß?* H, ursprünglich: *betrauren*, Goethe gebraucht beide Formen, s. etwa *Mauren*; *Ob er noch wandelt unter den Lebendigen, Den ich als abgeschieden lang betraure*, H¹, C, W, J, F. — 324,19/703. *erschien' er uns wieder!* H; *wenn er uns er-schiene* H¹, von Riemer hinter der alten Fassung vorgeschlagen, so auch C, W, J, F. — 324,20/704. *Sage, gestehe, kannst du versprechen?* H, H¹; *Sag' an, gesteh'!* C, W, J, F. — 324,21f./705f. *Hälfte, die ihm gebührt, gerne zurück* H, H¹, (*gebühret* H¹); *Hälfte gern, die ihm gebührt, zurück* C, W, J, F. — 324,23/707. *Gerne von allem* H, H¹; *Von allem gern* C, W, J, F. — 324,25f./709. *schwör' es zu deinen heiligen Händen* H; *schwör's zu deinen geweihten, heil'gen Händen* H¹, C, W, J, F. — 324,27f./711. *Versprechen und* H; *Dein Versprechen und* H¹; *dein Versprechen, deinen* C, W, J, F. — 324,31/715. *Merke dir indes* H; *Doch merke dir* H¹, C, W, J, F. — 324,32f./716f. *als mir ihn die Räuber aus den Armen rissen, hing ihm an dem Hals* H; *Als ihn die Räuber mir entrissen, Hing an seinem Halse ihm* H¹, C, W, J, F, *ihm* fehlt in C, W, J, F. — 324,34f./719. *an der ... wohl gegraben* H; *Und an der... wohlgegraben* H¹, C, W, J, F. — 324,37/721. *Doch ein* H; *Noch ein* H¹; *ein ander... noch kann ich* C, W, J, F. — 324,38/724. *schwerer* H, H¹; *Das schwerer* C, W, J, F. — 325,6f./731. *mit scharfem Sinne der angebornen Seele Tugend* H; *scharfen Sinnes Der angebornen Tugend sichres Zeichen* H¹, C, W, J, F. — 325,10/736. *Deines Le-bens* H; *Deines Wandels* H¹, C, W, J, F. — 325,20/751. *dem Freunde* H; *dem Freunde zu* H¹, C, W, J, F. — 325,22/754. *langerwartend* H; *lang erwartend* H¹, C, W, J, F. — 325,25/758. *die Schmerzen der Zukunft* H; *der Zukunft Schmerzen* H¹, C, W, J, F. — 325,26f./760. *Es säumen die Boten... nicht* H; *Die Boten ... säumen nicht* H¹, C, W, J, F. — 325,29/763. *sie zu uns bringen* H; *sie bringen* H¹, C, W, J, F. — 326,2/771. *zu der* H; *zur* H¹, C, W, J, F. — 326,6f./779f. *Es sollt ein König niemand seiner kühnen Taten mitschuldig machen* H; *Ein König sollte seiner kühnen Taten Mitschuldig niemand machen* H¹, C, W, J, F. — 326,19/797. *Reuter* H, H¹; *Reiter* C, W, J, F. — 326,24f./806. *sanften und gewal-tigen* H; *sanften, den gewalt'gen* H¹, C, W, J, F. — 326,31/816. *deiner Reife Zeit* H; *deine Reifezeit* H¹, C, W, J, F. — 326,32/817. *dann* H; *da* H¹, C, W, J, F. — 327,3/821. *der du mir von altersher* H; *... von Alters her* H¹; *der du von Alters her* C, W, J, F. — 327,4f./823. *bekannt bist, willkommen* H; *Genug bekannt bist, hochwillkommen* H¹, C, W, J, F. — 327,7/826. *der* H; *dieser* H¹, C, W, J, F. — 327,10/830. *muß mich fragen, ist er's* H; *muß fragen, ist er's* H¹, W, J, F; *ist er's* fehlt in C, wahrscheinlich durch Versehen. — 327,16/838. *die* H; *dir* H¹, C, W, J, F. — 327,17/839. *deiner* H; *Und die sind deiner* H¹, C, W, J, F. — 327,20/842. *Ebne* H, H¹; *Ebene* C, W, J, F. — 327,22/845. *dies* H; *es* H¹, C, W, J, F. — 328,2/864. *als noch dein Vater unschlüssig war* H; *Unschlüssig war noch dein Vater* H¹, C, W, J, F. — 328,5/867. *sind ihm mehr* H; *send' ihm viel* H¹, C, W, J, F. — 328,5f. *wenn sie auch noch so groß sind* fehlt in H¹, C, W, J, F. — 328,11/875. *daß du so für mich* H; *Daß du für mich nach meinem Wunsch* H¹, C, W, J, F. — 328,12f./876. *wird die Gelegenheit nicht fehlen* H; *liegt in deiner Hand* H¹, C, W, J, F. — 328,21/883. *gerne weidet* H; *weiden mag* H¹, C, W, J, F. — 328,25/886. *-gehn* H; *-gehen* H¹, C, W, J, F. — 328,27/889. *sind dir ein Vorbild* H; *sind Ein Vorbild* H¹, C, W, J, F. — 328,35/900. *O möge dir ihr Auge* H; *O daß ihr Blick dir* H¹, C, W, J, F. — 328,36/901. *Solch* H; *denn solch* H¹, C, W, J, F. — 328,37f./903. *Was alles nur der Greis von guten alten Zeiten gern erzählet* H; *Was gern der Greis von guter alter Zeit erzählt* H¹, C, W, J, F. — 329,1/906. *übers* H; *ob jenem* H¹, C, W, J, F. — 329,4/909. *Gerne* H; *Gern* H¹, C, W, J, F. — 329,13f./322. *den einmal nur im Leben die Götter* H; *den einmal nur die Götter im Leben* H¹; *Den uns die Götter einmal nur im Leben* C, W, J, F. — 329,15f./922. *schließt die Men-schen Seele sich zusammen auf* H, H¹; *öffnet sich der Menschen Herz zusammen* C, W, J, F. — 329,17/925. *eh* H; *eh'r* H¹, C, W, J, F. — 329,19/928. *seht* H; *sieh* H¹, C, W, J, F. — 329,20/929. *Niedrigen wie seinesgleichen an* H, H¹; *Niedern an, wie seinesgleichen* C, W, J, F. — 329,20/930. *hebt* H; *erhebt* H¹, C, W, J, F. — 329,22/933. *zur Reue* H, H¹,

Riemer verbessert dahinter *milden willigen*; *zur milden Reue* C, W, J, F. — 329,26/938. *leicht wie* H; *gelind als* H[1], C, W, J, F. — 329,32/945. *in* H; *und* H[1], C, W, J, F. — 329,36/95of. *Der Edelsten, der Besten* H, H[1]; *Von den Edelsten, den Besten* C, W, J, F. — 329,37/952. *die deiner immer* H; *Die immer dienstlich deiner* H[1], C, W, J, F. — 329,38/953 *auch* H; *wohl* H[1], C, W, J, F. — 330,6f./961. *die Knaben und dein ganzes Volk zum Jugendspiel und bald* H; *Zum Jugendspiel die Knaben, bald das ganze Volk* H[1], C, W, J, F. — 330,11/968. *Willig irrt* H; *Willig irrt auch* H[1]; *Gern irrt auch* C, W, J, F. — 330,15/973. *entgegen sehen* H; *entgegnen sehn* H[1], C, W, J, F. — 330,18,19/977. *und euer aller Zutrauen muß ich haben* H; *Und euer aller Zutraun muß mir werden* H[1], C, W, J, F. — 330,21/979. *ihren* H; *den* H[1], C, W, J, F. — 330,22/980. *behalten* H; *erhalten* H[1], C, W, J, F. — 330,26f./985. *und des Schmerzens auf* H; *Der Schmerzen auf so* H[1], C, W, J, F. — 330,27f./986. *und sie scheinen verworfen* H; *Sie scheinen verworfen* H[1], dahinter ist durch Zahlen Umstellung vorgeschlagen, so in C, W, J, F. — 330,31/989. *vom Schwachen dem Stärkern oft zugute* H; *von dem Schwachen dem Stärkern oft zugute* H[1], dahinter Umstellung vorgeschlagen: *von dem Schwachen oft dem Stärkeren zugute*, so in C, W, J, F. — 330,32/991. *Ich hör, ich höre* H; *Ich hör', ich hör'* H[1], C, W, J, F. — 330,33ff./ 993ff. *O laß mich schnell, ich will durch einen steilen Pfad den Kommenden entgegen. Folge du, geliebter Freund, den großen Weg* H; *O laß mich schnell! Ich will den steilen Pfad hinab Den Kommenden* (dahinter in Klammern *hin*) *entgegen. Du folg(st)e, lieber Freund den großen Weg* H[1], ebenso ohne Berücksichtigung des Eingeklammerten C, W, J, F. — 331,3f./998. *Und doch, was schmeichelt noch unschuldiger als Hoffnung?* H; *Und doch, unschuldig ist der Hoffnung Schmeichelei* H[1], C, W, J, F. — 331,4f./999f. *Wie hart, wenn wir dereinst zu dem, was wir mißbilligen, dich loben müssen* H; *Wenn wir dereinst zu dem, was wir mißbilligen, Dich loben müssen, härter fühlen wir's* H[1], C, W, J, F. — 331,5/1001. *Es preise der* H; *Der preise* H[1], C, W, J, F. — 331,6f./1003. *er ehr' und fürchte* H; *Verehr' und fürcht'* er H[1], C, W, J, F. — 331,12f./1011f. *Soll die Königin erfahren, welch eine schwarze Tat* H; *Die Königin, soll sie erfahren, Welch'* (dahinter in Klammern *eine* vorgeschlagen) *schwarze Tat* H[1], ebenso ohne Berücksichtigung der Klammer C, W, J, F. — 331,14f./1014. *Und Treue, die nicht rauscht, wird sie empfunden* H; *Wird eine Treue, die nicht rauscht, empfunden* H[1], C, W, J, F. — 331,18f./1019. *wirst du unbändig mit fortgerissen werden* H; *wirst du fortgerissen* H[1], C, W, J, F. — 331,20/1020. *mit einem schweren* H; *mit schwerem* H[1], C, W, J, F. — 331,24/1025. *verworrenen* H; *verworrnen* H[1], C, W, J, F. — 331,25/1028. *und den* H; *Den* H[1], C, W, J, F. — 331,27/1030. *verborgener* H; *verborgner* H[1], C, W, J, F. — 331,29/1033. *Gräber* H; *Gräbern* C, W, J, F. — 331,29f./1034. *daß das Entsetzen* H; *Daß Entsetzen* H[1], C, W, J, F.

GOETHE UND SEINE ZEITGENOSSEN ÜBER „PANDORA"

Riemers Tagebuch. Jena, 19. November 1807.

Nach Tische las mir Goethe den Anfang von „Pandoras Wiederkunft" vor.

Während der folgenden November- und Dezembertage notiert Goethe wiederholt die Arbeit an „Pandoras Wiederkunft". Auch für die ersten Monate des nächsten Jahres vermerkt der Dichter die Beschäftigung mit dem Drama.

Goethe an Riemer. Jena, 29. April 1808.

Indem ich vermelde, daß es mir gelungen ist, das Pandorische Wesen und Unwesen einigermaßen fortzuschieben, so ersuche ich

Sie, mir das Schema zu sechsfüßigen Trochäen, wie sie die Alten
gebraucht, durch die Boten zu senden. Ich habe das Unglück,
dergleichen immer zu vergessen. Auch wünschte ich, daß Sie
sich für Karlsbad mit altem und neuem Prosodischen rüsteten,
teils zu theoretischen, teils zu praktischen Zwecken.

Riemers Tagebuch. Karlsbad, 17. Mai 1808.

Nach Tische metra für Goethe. Abends mit ihm den Chotek-
schen Weg. Über „Pandora": über Systole und Diastole des
Weltgeistes. „Jene gibt die Spezifikation, diese das Unendliche.
In der Natur sei das Unmögliche, daß nichts nicht werde: das
Leben sei gleich da." Aus der „Pandora" das Soldatenlied mit-
geteilt.

Tag- und Jahreshefte. Januar 1823.

(Zu 1807 und 1808.) Als das wichtigste Unternehmen bemerke
ich jedoch, daß ich „Pandorens Wiederkunft" zu bearbeiten
anfing. Ich tat es zwei jungen Männern, vieljährigen Freunden,
zu Liebe, Leo von Seckendorf und Dr. Stoll; beide von
literarischem Bestreben, dachten einen Musenalmanach in Wien
heraus zu fördern; er sollte den Titel „Pandora" führen, und da
der mythologische Punkt, wo Prometheus auftritt, mir immer
gegenwärtig und zur belebten Fixidee geworden, so griff ich ein,
nicht ohne die ernstlichsten Intentionen, wie ein jeder sich überzeugen wird, der das Stück, so weit es vorliegt, aufmerksam betrachten mag.

. . .

„Pandora" sowohl als die „Wahlverwandtschaften" drücken
das schmerzliche Gefühl der Entbehrung aus, und konnten also
neben einander gar wohl gedeihen. „Pandorens" erster Teil ge-
langte zu rechter Zeit gegen Ende des Jahrs *(1807)* nach Wien;
das Schema der „Wahlverwandtschaften" war weit gediehen, und
manche Vorarbeiten teilweise vollbracht.

Marienbader Elegie V. 133—138. Marienbad, Mitte August 1823.
(Bd. 1, S. 385.)

> Mir ist das All, ich bin mir selbst verloren,
> Der ich noch erst den Göttern Liebling war;
> Sie prüften mich, verliehen mir Pandoren,
> So reich an Gütern, reicher an Gefahr;
> Sie drängten mich zum gabeseligen Munde,
> Sie trennen mich — und richten mich zu Grunde.

ANMERKUNGEN DES HERAUSGEBERS
ZU
„PANDORA"
1. Entstehung.

Das dramatische Spiel, das zunächst den ausführlicheren und genaueren Titel *Pandoras Wiederkunft* trug, verdankt, wie es scheint, seine Entstehung einem Anlaß mehr zufälliger Art. In den *Tag- und Jahresheften* zu den Jahren 1807/08 spricht Goethe davon: Danach hatten zwei junge Freunde, Leo v. Seckendorf und Dr. Stoll, den Dichter gebeten, ihnen zu einem auf ihre Initiative hin entstandenen Musenalmanach einen Beitrag zur Verfügung zu stellen. Diese Bitte war es, die in Goethe den Plan zu dem Festspiel reifen ließ, und zwar zu einem solchen, in dessen Mitte die Gestalt stehen sollte, deren Name auch den Titel des Almanachs bildete.

Daß indessen dieser äußere Anlaß für sich nicht genügt, die Entstehung des Spiels zu erklären, und ein Plan dieser Art längst in dem Dichter herangereift war, das zeigt eine gelegentliche Bemerkung in der genannten Notiz der *Tag- und Jahreshefte*: Darin bekennt Goethe, daß vor allem *der mythologische Punkt, wo Prometheus auftritt,* ihm *immer gegenwärtig und zur belebten Fixidee geworden* sei. Der Zusammenhang der Gestalt Pandoras und der des Prometheus ist es offenbar gewesen, der den Dichter beim Plan eines solchen Festspiels angesprochen hat. So macht er sich sofort an die Ausführung, und in den Gesprächen, Briefen, Tagebüchern vom November 1807 bis zum Mai des folgenden Jahres finden sich zahlreiche Hinweise über den Verlauf der Arbeit. Bis in die Jahre 1809/11 taucht der Name des Stückes immer wieder in den biographischen Äußerungen auf; erst allmählich beginnt er zu verschwinden: ein anderes Werk tritt in den Vordergrund, eines, an dem der Dichter längere Zeit hindurch zusammen mit der *Pandora* gearbeitet hatte, die *Wahlverwandtschaften*. Diesem gab Goethe im Schaffen am Ende den Vorrang. Damit stockte die Arbeit an der *Pandora*, und das Ganze blieb schließlich Fragment.

2. Idee und Gehalt.

Bei der Frage nach dem Gehalt des Spiels ist es nicht überflüssig, sich der antiken Quellen des Stückes zu erinnern, indem Goethe einmal entscheidende Motive aus diesen aufnahm, sie dann aber in einer so charakteristischen Weise umformte, daß gerade diese Umformung zu verdeutlichen vermag, auf was es in dem Spiel des nachantiken Dichters ankommt. Die wichtigste Quelle war für Goethe Hesiods Erzählung von der Ankunft Pandoras in der Theogonie und in den Ἔργα καὶ ἡμέραι, die zweite bot ihm der Mythos von Prometheus und Epime-

theus in Platons Frühdialog „Protagoras", wobei Hesiod vor allem für
die Konzeption der Pandora-Gestalt wichtig wurde, während Goethe
bei Plato die gegensätzliche Charakterisierung der beiden Titanen
vorgebildet fand.

Die Erzählung von Pandora ist ein Stück jener pessimistischen Ge-
schichtskonzeption, wie sie vor allem in der Theogonie in dem Bericht
von den vier Weltaltern von seiten Hesiods entwickelt wurde. Hatte
Prometheus den Menschen mit dem Raub des Feuers Glück und Sorg-
losigkeit gebracht, so soll Pandora nach dem Willen des Zeus diesem
Glück ein Ende bereiten. Ausgestattet mit trügerischer Schönheit und
Anmut, kommt sie zur Erde, den Menschen ein Gefäß zu bringen, in
dem Myriaden von Übeln verborgen sind. Gegen den Willen des Bruders Prometheus nimmt Epimetheus sie auf, und nun hebt Pandora den
Deckel des Gefäßes ab, und Nöte, Krankheit und manches Leid über-
fluten Erde und Meer.

Fragt man nach den geistigen Voraussetzungen dieses Mythos, dann
ist darauf hinzuweisen, daß in ihm in besonders nachdrücklicher Weise
der antike schon in der Ilias, später bei den Tragikern und auch in
anderen Dichtungen zum Ausdruck kommende Dualismus symbolische Gestaltung gefunden hat, der vom zeitlosen Dasein der Götter
und dem Dasein des Menschen in der Zeit, Zeit auch hier verstanden
als Privation aller schöpferischen Elemente, als Macht des Verfalls und
des Niedergangs schlechthin.

Vergleicht man diese Erzählung des Hesiod mit dem Gehalt des
Goetheschen Spiels, dann ist überraschend, mit welcher Konsequenz
der abendländische Dichter die ursprünglichen Intentionen dieses
Stoffes in jeder Hinsicht ins Gegenteil verkehrt hat. Alle entscheidenden
Motive sind geblieben, aber ihre Bedeutung hat sich elementar gewan-
delt.

Gewandelt hat sich vor allem das, was den antiken Mythos im tiefsten bestimmt, die innere Richtung der Zeit. Zeit ist in dem Spiel
Goethes nicht wie bei Hesiod Verfall, sondern hat wie schon in *Paläophron und Neoterpe* schöpferischen Charakter. Sie ist nicht das böse
Prinzip der Entartung und des Abstiegs, sondern Bewegung auf eine
letzte Erfüllung hin, wenn auch nicht in geradlinig-ungebrochenem Sinn
— wie die *Natürliche Tochter* und die anderen Dramen kennt auch die
Pandora in der Zeit das Element der Sinnwidrigkeit —, aber doch so,
daß diese im ganzen übergriffen ist von der Macht eines umfassenden
Sinnzusammenhangs und Sinnbezugs. So ist es auch kein Zufall, daß
sich im *Schema für Fortsetzung*, und zwar in dem Teil, der von der
Wiederkunft Pandoras — dem die Sinnerfüllung der Zeit offenbaren-
den Ereignis — berichtet, Vorstellungen finden, die aus den antiken
Quellen hinausweisen und der eschatologisch bestimmten Welt der

christlichen Heilsgeschichte entnommen sind. Mit dem Symbol der Schönheit verbinden sich hier Begriffe wie *Sabbat, Moria.* Daß mit dem letzten — es ist das Wort für den Tempelplatz in Jerusalem — auf das neue Jerusalem der Apokalypse hingedeutet wird, also auf das ausgezeichnete Symbol der eschatologischen Verwandlung des Neuen Testamentes, das hat Max Morris gegen Wilamowitz mit guten Gründen betont. Scheint die Deutung des Wortes, für sich allein genommen, dennoch zu gewagt, dann bekommt es in der Verschränkung mit den Nachbarbegriffen *Sabbat, Ruhe, Frömmigkeit* die gewünschte Eindeutigkeit.

Von dieser veränderten Auffassung der Zeit her ist es vor allem zu verstehen, daß Goethe das Motiv von der Ankunft Pandoras verdoppelt hat. In seinem Spiel erschöpft sich das Kommen nicht wie in dem Mythos des Hesiod mit dem einmaligen Ereignis, sondern die erste Ankunft und die Gaben, die sie dabei den Menschen anbietet, müssen als vorbereitend verstanden werden für jene entscheidende Wiederkunft am Ende, auf die auch der anfängliche Titel des Stückes hinwies. Erst damit war es möglich, die schöpferische Spannung der Zeit in überzeugender Weise zu gestalten. Versucht man die innere Entwicklung von daher zu verstehen, so ergibt sich folgender Zusammenhang. Bedeutsam sind auch hier, darin im Einklang vor allem mit der *Natürlichen Tochter*, drei Phasen der Zeit, jene, in der Pandora zum erstenmal auf die Erde kommt, zweitens die Zeit nach ihrem Abschied — es ist die „Zwischenzeit", in der sich das Geschehen des vollendeten Dramas entfaltet, die Epoche also, die den Gegensatz des Prometheus und Epimetheus vertieft und in der sich die Lebensschicksale ihrer Kinder ereignen —, schließlich die dritte Phase im Ablauf der Zeiten, die Wiederkunft Pandoras, vorbereitet durch das Geschenk der Kypsele, ein Ereignis, in dem Goethe auch das Motiv der Gaben offenbar zu verdoppeln die Absicht hatte.

Der Sinn dieses Geschehens läßt sich so deuten: Der Übergang von der ersten zur zweiten Phase ist der von der Fülle der Möglichkeiten hinüber zur Zeit, wo es gilt, diese Fülle mit der Armut zu versöhnen. Von daher ist der Anfang des Spiels zu deuten. Wenn Pandora bei ihrem ersten Erscheinen das Gefäß öffnet, sind ihre Gaben schon hier und nicht erst am Ende wertbezogen: was sie den Menschen anbietet, das ist Liebesglück, die Würde des herrscherlichen Berufes, Freude am Schmuck, Schönheit, die die Sinne anspricht. So wird schon in der ersten Phase des Geschehens offenbar, in welchem Umfang das Spiel Goethes sich in einer dem antiken Stoff entgegengesetzten Richtung gewandelt hat.

Etwas Negatives haftet allerdings auch bei Goethe dieser ersten Ankunft Pandoras an: ihre Schönheit und ihre Gaben sind zwar in sei-

nem Spiel von Anfang an frei von jedem Trug, aber vorerst nur im
Sinne der Verheißung, nicht in dem des gesicherten Besitzes. Sie von
der Unwirklichkeit, die ihnen so anhaftet, zu befreien, ist Ziel der
dramatischen Bewegung. Erst muß sich in der Endlichkeit und in der
Zeit offenbaren, ob es dem Menschen mit diesem Besitz Ernst ist. Und
so entfaltet sich auch in diesem Spiel zunächst die Endlichkeit mit all
ihren tragischen Spannungen und Gegensätzen. Da sind wieder jene,
die es vorziehen, diese eigengesetzlich und unbedürftig in sich selbst
zu verschließen, und die anderen, die die Sehnsucht nach der Erfüllung
auch in der Verzweiflung und in der Hoffnungslosigkeit wachhalten.
Da ist auch wiederum die Versuchung, über die Armut der Zeit hinwegzuleben und den Ernst der Wirklichkeit in unwirklicher Sehnsucht zu
verfehlen.

So schwierig es zunächst scheint, Gestalten wie den Tasso und den
Epimetheus in Zusammenhang zu bringen, eine genauere Nachprüfung
verweist auf vieles, was gemeinsam ist. Verschieden ist zwar das Lebens-
alter, Tasso ist jung und des ungebrochenen Glaubens, die Kluft von
Sehnsucht und Wirklichkeit überbrücken zu können, Epimetheus hat
dieses Zutrauen nicht mehr; gemeinsam ist aber, daß sich beide nicht
mit einer eigengesetzlichen und in sich selbst verschlossenen Welt
— eine der großen Verführungen der ,,Zwischenzeit‘‘— zufriedengeben
können. Gemeinsam ist ebenso der Wunsch, daß Sehnsucht und Wirklichkeit, der Reichtum der Vergangenheit und die Armut der Gegenwart wieder versöhnt würden, wie das Leid darüber, daß diese Versöhnung an der Lieblosigkeit und Getrenntheit des Weltzustandes immer
wieder zu scheitern droht. So ist des weiteren gemeinsam, daß den
beiden die Erinnerung an einen Anfang in das Gedächtnis eingegraben
ist, da die Getrenntheit des gegenwärtigen Weltzustandes nicht bestand:
Im *Tasso* war es die Vision von der Partnerschaft des Dichters und des
Täters, in der *Pandora* steht an deren Stelle die erste Ankunft Pandoras
mit der Darbietung ihrer Gaben; und die Schönheit, die sich schon in
ihrer ersten Erscheinung offenbart, ist nicht anders das Symbol lieben-
der Einbegreifung als die Vision des Bündnisses und der Partnerschaft im *Tasso*. Gemeinsam ist endlich, daß beide, Tasso und Epimetheus, scheitern, weil sie nicht begreifen wollen, daß dieser Anfang
nur ein Versprechen ist, etwas, was sich erst zu bewähren hat im Gang
und in der Not der Zeit, so etwa wie der Anfang eines Wachstums sich
behaupten muß in den Unbilden des Wetters, bis das Ziel erreicht
wird. Indem beide dieses Gesetz der Zeit nicht anerkennen und annehmen
wollen, geraten sie in tragische Not, eine Not, die in der *Pandora* in
ihrer schöpferischen Notwendigkeit noch offenbarer ist als im *Tasso*.
Diese Tatsache gibt den Schlüssel zur Deutung der inneren Entwicklung des Spiels.

Sobald in der *Pandora* das eigentliche dramatische Geschehen einsetzt, ist auch für das Geschehen dieses Spiels die tragische Entfremdung konstitutiv, ebenso wie sie für den *Tasso* konstitutiv war. Auch hier offenbart sich diese vor allem darin, daß Tat und Sinn zerfallen sind, daß die Tat Beschränkung sucht im Umkreis der nächsten Bedürfnisse und Zwecke, der Bezug zum Sinn sich dagegen, das Maß des jetzt Erreichbaren verkennend, in gestaltloser Sehnsucht verflüchtigt, ein Gegensatz, wie er in erster Linie in den Spannungen der beiden Titanen zum Ausdruck kommt. So tiefgreifend diese indessen dargestellt sind, der Dichter hat — darin unterscheidet sich das späte Spiel wieder vom *Tasso* — sorgfältig gezeigt, wie mitten in aller Fremdheit eine letzte Zuordnung und Bindung nicht zerrissen wird. Dieses Gemeinsame vermag zwar im Leben der Brüder noch nicht in dem Maße frei zu werden, daß es hier zu einer Verständigung kommt; die Liebe der Kinder wird darin vermögender. So sammelt sich in Phileros all das, was in der Existenz des Prometheus gewaltsam zum Schweigen gebracht wurde, und Epimeleia, das ist jene der Wirklichkeit zugewandte Sorge, die in der wirklichkeitsentfremdeten Sehnsucht des Epimetheus nicht zum Recht kommen konnte. Im übrigen ist auch auf der neuen Stufe die Entfremdung noch nicht behoben. Auch Phileros und Epimeleia müssen ihrerseits zunächst durch die Not der Zwischenzeit hindurch, und nur auf dem Weg über den Zweifel, ja über die Verzweiflung und die Todesbereitschaft vermag jene Liebe mächtig zu werden, die genügend Stärke hat, die Trennung endgültig zu überwinden. Erst danach haben beide die Reife, den in der „Kypsele" verborgenen Dämonen der Wissenschaft und Kunst dienen zu können, jenen, die den Menschen helfen sollen, daß sie — in dem Vorgang der Erkenntnis und im gestaltenden Tun — wieder Zugang finden zu den Liebeskräften der Schöpfung. Damit aber ist die Zeit bereit für das zweite Erscheinen Pandoras, in deren Schönheit jetzt, ganz anders als am Anfang, die Liebe als jene Macht offenbar wird, die zwar zunächst in die Trennung und in die Entfremdung gehen mußte, aber gerade in dieser Entfremdung und durch sie hindurch um so überzeugender ihre Macht und ihre Überwindungskraft zu entfalten vermochte. So etwa stellt sich, auf die Grundlinien zurückgeführt und von allen Seitenmotiven abgesehen, der Sinn des dramatischen Geschehens dar, dessen, was vollendet vorliegt und was geplant war.

Von Platos „Protagoras" hatte Goethe die Anregung übernommen, die beiden Gestalten der Titanen in der gegensätzlichen Weise zu deuten, wie es für den vollendeten Teil der *Pandora* bestimmend ist. Wenn auch die Bedeutung dessen, was sich mit der Gestalt Pandoras verbindet, dem Dichter alles, nur nicht fremd war — schon in dem Jugenddrama erscheint sie zwar als Tochter und Geschöpf des Prometheus, doch auch hier schon als Bringerin der Gaben —, noch stärker ist es der Gegensatz der beiden Brüder, der dieses Spiel mit der klassischen Dramatik verbindet. In diesem typologisch begründeten Gegensatz — es ist in den zahlreichen Abwandlungen im Grunde immer wieder die Polarität der Systole und Diastole, also der Gegensatz eines autonomen Daseinsverständnisses und eines solchen, das sich dem Schicksal zu öffnen bereit ist — hat Goethe offenbar am tiefsten jene Not der geschichtlichen Situation erlebt, die Hegel und Denker in seinem Gefolge mit dem Begriff der Entfremdung verbinden, so tief jedenfalls, daß er nicht müde wird, immer wieder diese Spannung in den Mittelpunkt seiner Werke zu stellen.

Der Zusammenhang des Spiels erschöpft sich im übrigen nicht mit den symbolischen Gestalten der Brüder und ihrer Kinder. Für die Deutung des Ganzen ist wichtig, daß diese nicht für sich stehen, daß sich in ihnen und ihrem Zusammenspiel nur verdichtet, was an Spannungen, an Sehnsüchten, an Liebesverlangen im Kosmos und im Menschendasein im ganzen angelegt ist. Und so gehört auch zu diesem Spiel, daß die Gegensätze, die im Menschendasein ausgetragen werden, ebenso ausgetragen und gelöst werden müssen in dem Gegensatz von Licht und Dunkel, in den Übergängen der Nacht zum Tage hin, vom ersten Aufdämmern des Lichtes über die Scheinung der Morgenröte bis zum sieghaften Aufsteigen der Sonne. Und vor allem Pandora ist es, in der sich über alles Personale hinaus die kosmische Mächtigkeit offenbart. Das wird etwa in dem Liede deutlich, in dem Epimetheus dem Bruder von ihrem ersten Kommen berichtet:

Sie steiget hernieder in tausend Gebilden,
Sie schwebet auf Wassern, sie schreitet auf Gefilden,
Nach heiligen Maßen erglänzt sie und schallt,
Und einzig veredelt die Form den Gehalt,
Verleiht ihm, verleiht sich die höchste Gewalt.
Mir erschien sie in Jugend-, in Frauengestalt.

Und auch dieses gehört dazu, daß das, was sich in den Grundentscheidungen und in den seelischen Bewegungen der Hauptgestalten darstellt, nicht nur Verdichtung dessen ist, was in kosmischen Vorgängen vor sich geht, sondern zugleich auch anzeigt, was an Spannungen und Sehnsüchten in der Tiefe des Volkes lebt. So geht der inneren Entwicklung der Einzelgestalten eine solche des Volkes parallel, eine, die schon mit dem ersten Erscheinen Pandoras anhebt, aber auch spürbar wird in den Liedern der Schmiede, der Hirten, der Krieger und wohl noch umfassender in dem geplanten letzten Teil dargestellt werden sollte.

Hankamer und andere Interpreten vor ihm haben bei der Deutung des Stückes vor allem Wert auf den Umstand gelegt, daß *Pandora* nicht nur aus der persönlichen Erfahrung des Dichters — der Forscher weist vor allem auf die Begegnung mit Minna Herzlieb hin —, sondern, nicht anders als das 1807 zur Eröffnung des Weimarer Theaters verfaßte *Vorspiel* und das Spiel *Des Epimenides Erwachen*, herausgewachsen sei aus den Bedrängnissen der napoleonischen Wirren. In diesem Sinne muß auch bei dem Verständnis beachtet werden, daß als Intention des Dichters bei dem Plan des Dramas dieses mitspielte: in einer Zeit, die im Zeichen der Trennung und der Gewalt steht, jene Kräfte des Seins aufzurufen, die ihm geeignet schienen, der Trennung die Möglichkeit der Einheit, der Verzweiflung die Hoffnung, der rohen Gewalt die Ordnung und die Schönheit entgegenzuhalten. Nicht vergessen werden darf bei dieser Würdigung schließlich auch, daß das Spiel Fragment blieb, eine Tatsache, die nicht in Schwierigkeiten künstlerischer Art begründet ist, sondern auf den Ernst hinweist, mit dem sich der Dichter in die Zerrissenheit der geschichtlichen Situation eingelassen und die Ordnungslosigkeit und die Liebesarmut der Zeit selbst bis zur Verzweiflung hin durchlitten hat, so, daß er am Ende von der Tiefe dieses Leides keinen Weg mehr fand, die Erfüllung und die Überwindung zu gestalten. Von da aus wird es verständlich, wenn Goethe im Gegensatz zur ursprünglichen Absicht in einer späteren Rückschau auf das Werk betont hat, daß es in ihm nicht auf die Erfüllung, sondern auf das schmerzliche Gefühl der Entsagung ankomme; von daher ist es auch zu verstehen, daß in den vollendeten Partien gerade jene Stellen von stärkster dichterischer Mächtigkeit sind, die von der Entsagung künden. Was unvergeßlich bleibt, das sind die Klagen des Epimetheus, das sind vor allem die vielzitierten Verse 761 f. und das Lied Epimeleias V. 491 ff.

3. Formprobleme.

A. Vom Gattungsmäßigen her gesehen, gehört *Pandora* wiederum in die Reihe der zahlreichen Festspiele und erinnert in der allegorischen Form der Gestaltung, in dem Streben nach rhythmischer Mannigfaltigkeit, in der Tendenz auf ein Gesamtkunstwerk hin und in anderen Stileigentümlichkeiten an *Paläophron und Neoterpe*, an *Des Epimenides Erwachen*, an das *Vorspiel*; wobei allerdings nicht zu vergessen ist, daß sich *Pandora* von diesen durch die ungleich größere Tiefe des Gehaltes, durch den Ernst der existentiellen Anteilnahme des Dichters, durch die Mächtigkeit des Wortes, durch die umfassende Größe des Entwurfes entscheidend abhebt. Indessen muß, rein formal gesehen, auch *Pandora* in diesen gattungsmäßigen Zusammenhang eingeordnet werden. Das Interesse für die Form dieses Spieles wurde bei Goethe im wesentlichen auch hier aus drei Quellen gespeist: einmal aus der antiken Tragödie, zweitens aus der zeitgenössischen Oper, ursprünglich als Renaissance des alten Dramas gedacht, drittens aus der mythologischen Kantate, der

Spielform der höfischen Huldigung der Barockzeit, einer Form, die
zur Zeit Goethes im 18. Jahrhundert noch eine gewisse Aktualität hatte.
So verschieden auch die Struktur im einzelnen erscheint, allen diesen
Formen gemeinsam ist das Angewiesensein des Wortes auf die Musik
— von daher das Bedürfnis nach rhythmischer Vielfältigkeit —, dazu die
in der Oper wie in der Kantate waltende Neigung, Gestalten und Vorgänge zu vereinfachen und allegorisch zu verdichten, schließlich mit der
Musik die Bedeutung des Optisch-Szenischen und des Tanzes.

   B. In der verschwenderischen Einbeziehung zahlreicher Metren
geht *Pandora* weit über *Paläophron und Neoterpe* und *Des Epimenides
Erwachen* hinaus. Aus Tagebüchern und Briefen läßt sich belegen, wie
sich Goethe bei seinem Experten Riemer und in den einschlägigen
Werken vor allem über antike Metren orientiert hat. Wilamowitz und
vor allem Petsch haben über ihre Art und Ausdrucksmöglichkeiten
Förderndes gesagt.

   Besonders wichtig ist, wie schon bei *Paläophron und Neoterpe*, die
Wahl des iambischen Trimeters für die dramatisch-dialogischen Partien, eine Wahl, die mit besonderer Nachdrücklichkeit auf die von
Goethe intendierte Verwandtschaft des Festspiels mit der alten Tragödie verweisen soll. An einer Stelle, in dem Dialog Epimetheus-Elpore,
321 ff., erscheint auch noch einmal jener Vers, der die metrische Form
des klassischen Dramas bestimmt hatte, der fünfhebig-iambische Blankvers. Ganz vereinzelt, in dem Gespräch des Prometheus mit Eos am Ende
des Dramas, 1046 ff., stellt sich auch der trochäische Pentameter als das
Maß eines dramatischen Dialogs ein, wenn man es nicht vorzieht, dieses als musikalische Form des Duetts zu verstehen. Bestimmend für
den Charakter des Ganzen ist der Wechsel dramatischer Partien dieser
Art mit lyrischen Einlagen, die nach Art der Oper als Arien, Duette,
Liedformen, Chöre zu verstehen sind. Auch hier griff der Dichter auf
antike Metren zurück, gelegentlich allerdings auch auf solche zeit-
genössischer Art aus dem Umkreis der Romantik. Diese lyrischen Gebilde sind vor allem Epimetheus, dem Paar Phileros-Epimeleia, Elpore
und Eos zugedacht. Der trochäische Dimeter, jeweils in seiner Aus-
drucksmöglichkeit wechselnd und gerade darin von erstaunlicher Wand-
lungsfähigkeit, ist das Maß Elpores (348 ff.), das Maß von Eos 959 ff.,
schließlich das des Epimetheus, etwa in der Klage um den zerblätterten
Kranz Pandoras. Zu strophischen Gebilden schließen sich die in anapä-
stischen Reihen geformten Verse des Phileros 36 ff. zusammen. Wieder
sind es anapästische Vierheber, denen derselbe Phileros am Ende seine
Klage anvertraut. Noch einmal erscheint dieses Versmaß, auch hier in
der Gliederung ebenmäßig strophischer Gebilde, in dem großen Bekenntnis des Epimetheus 655 ff. Vierhebige Daktylen bestimmen später
sein Klagelied *Wer von der Schönen zu scheiden verdammt ist...* 761 ff.

Frei gebildete choriambische Systeme gestalten das Lied *Mühend versenkt*... 789 ff.

Ebenso reich gegliedert wie die lyrischen Gebilde des Epimetheus und der anderen Gestalten sind die Lieder der Hirten, der Schmiede und der Krieger. Diese sind im allgemeinen jeweils dimetrisch gebildet und zugleich strophisch so gegliedert, daß sich am Ende jeder Strophe eine scharfe rhythmische Raffung ergibt. So stehen am Anfang des Dramas die daktylischen Rhythmen der Schmiede *Zündet das Feuer an*... 168 ff. Auch die Hirten nehmen 240 ff. diese daktylischen Metren auf, aber so, daß, wie Petsch es im einzelnen dargelegt hat, dieselben metrischen Systeme durch eine ganz andere rhythmische Spannung und ein anderes rhythmisches Gefälle geformt sind. In iambischen Monometern formt sich das Marschlied der Krieger 900 ff. Diese iambisch bestimmten Metren verbinden sich in derselben szenischen Partie mit den trochäischen Metren der Eos, den Ionici a minore der beiden Titanen und der Epimeleia (833 ff.) zu einem metrisch wie rhythmisch sehr differenzierten und kunstvoll geordneten Gebilde. Wie diese Metren nicht nur eine Differenzierung im äußeren Sinn beabsichtigen, sondern auch der inneren Situation rhythmisch sorgfältig angemessen sind, das hat vor allem Petsch mit guter Einfühlung gezeigt. (Dazu Petsch a. a. O. S. 33 ff.)

C. Wenn ein Umstand geeignet ist, die ungleich größere Bedeutung dieses Festspiels gegenüber anderen dieser Art zu erweisen, dann ist es die künstlerische Dichte und die Substantialität des Wortes. Vor allem diese ist es, die *Pandora* neben die großen Werke der Spätperiode stellt, neben den *Divan* und den zweiten Teil des *Faust*.

Von Wilamowitz und anderen ist auf die stilistische Übereinstimmung mit der Sprache der griechischen Tragödie aufmerksam gemacht worden. (Dazu Wilamowitz a. a. O. S. 5*Anm. 1.) Vgl. dazu den Kommentar zu 57, 60, 269, 585. Was damit erreicht wird, das ist die Atmosphäre der Feierlichkeit, eine solche, die dem Weihespiel in besonderer Weise angemessen ist. Bedeutungsvoller aber als diese Übereinstimmung ist das, was Hankamer mit besonderer Nachdrücklichkeit als die besondere Substanz dieser Sprache herausgearbeitet hat und was man mit einiger Vorsicht als das mythische Element in ihr bezeichnen könnte. Die Sprache ist in erster Linie nicht mehr geboren aus der Unmittelbarkeit des Erlebens, sondern vor allem bestimmt durch das Element des Wissens. Sie setzt zwar menschliche Erfahrungen von Reichtum und Tiefe voraus; aber wichtiger in ihr ist die Einsicht in die Gesetzlichkeit des Kosmos, eine solche, die sich dem Dichter immer mehr als ein einziges, alle Bezüge des Seins bestimmendes Spiel erweist, ein Spiel, in dem sich gegensätzlich strukturierte Mächte lösen und verbinden, in dem nicht nur die Polarität des Raumes, sondern auch die der Zeit einbegriffen ist, die von Vergangenheit und Gegenwart, von Alt und Neu, ein Spiel endlich, das vor allem, wie schon angedeutet, quer durch die übliche Scheidung von objektiver und subjektiver Sphäre hindurchgeht, so, daß in gleicher Weise die Dinge, aber auch das Herz des Menschen beteiligt sind. Wo ein solches Wissen waltet, da hören die üblichen Scheidungen von Allegorie und Symbol, von Erlebnis und Mythos auf. Wie sich diese übergreifende Gesetzlichkeit in der Sprache darstellt, das hat Hankamer in genauen Stilanalysen gezeigt. Vor allem 951—954, aber auch 500f. boten ihm dafür eine glückliche und überzeugende Grundlage (Hankamer a. a. O. S. 149 ff.).

4. Kommentar.

Szenenanweisung zum 1. Aufzug: *Poussin*, der Meister der barocken Landschaftsmalerei.

57. Der syntaktische Bau des Satzes ist in Analogie zum griechischen Sprachgebrauch gebildet.

60. *du morgendlicher Jüngling*. Wieder eine Analogie zur griechischen Syntax: die adverbiale Bestimmung wird als Attribut zum Substantiv hinübergezogen.

73. *Blöde* = zurückhaltend.

146. *Flora-Cypris*. Epitheton der Aphrodite als der Fruchtbarkeitsgöttin und als der Herrin von Cypern.

164. *-gewält'ger* im Sinne von Bewältiger.

231. *Zur Doppelfaust*, indem das Werkzeug die Kraft der Faust verdoppelt.

245. *findet's was*. Das unpersönliche Fürwort als abkürzende Bezeichnung für ein nicht genanntes Wort wie etwa Tier oder Vieh.

254. *Syrinx*, griechisches Wort für Schilfrohr. In ein solches wurde die Nymphe Syrinx von Pan verwandelt. Aus dem Rohr schnitt sich dieser seine Hirtenpfeife.

269. *mißwilligen*, als Attribut zu *Wolf* zu nehmen; wieder eine dem antiken Sprachgebrauch nachgeahmte Satzstellung.

283. *künstlich* = kunstreich.

305. *Nur zu Waffen*. Soviel wie: Richtet eure Aufmerksamkeit nur darauf, daß Waffen geschaffen werden.

Vor 321. *Elpore*: griechisches Wort für Hoffnung.

421. *Seelenpforten*. Eine griechische Vorstellung: aus der Wunde entweicht mit dem Blut die Seele.

467. *Keren*: Rachegöttinnen, die den Tod bewirken.

512. *am Klaff des Schalters* = am klaffenden Spalt des Schalters.

585. Wiederum griechische Wendung; der Sinn ist dieser: Die Kleinnodien sind wertlos und des Mannes unwürdig. Statt ihrer gilt es den Sinn auf das *höchste Gut*, d. h. die Schönheit zu richten.

603. *Uranione*. Gebildet nach dem griechischen Wort οὐράνιος. Soviel wie Himmelstochter.

604f. Vgl. dazu die Erscheinung Pandoras bei Hesiod: Theogonie V. 570f. und Werke und Tage V. 72f.

614. *Pyropisch*: πυρωπός feueräugig.

620. *zwitzernd*: soviel wie unruhig glänzend.

623. *Amphitrite*, Tochter des Nereus und Gattin des Poseidon.

695. *entgegnen* = entgegentreten.

738. *quellweis*: wie eine Quelle fließt.

747. *Phosphoros* = der Lichtbringer, das griechische Wort für Morgenstern.

807f. Etwa in dem Sinn zu verstehen: So wie Minos den Lebenden hinab ins Totenreich zwingt, so wird das, was von ewigem Wert ist, zum Schatten.

878. *Hauskraft* = die dem Hause zur Verfügung stehende Mannschaft.

1027. *Anadyomen* = die aus dem Meere aufsteigende Aphrodite.

BIBLIOGRAPHIE ZU „PANDORA"

Erstdruck: Pandora's Wiederkunft. Ein Festspiel von Goethe. In: Prometheus. Eine Zeitschrift, hrsg. v. Leo von Seckendorf und Jos. Lud. Stoll. Wien 1808 in Geistinger's Buchhandlung. Heft 1 und 2, V. 1—402.

Pandora von Goethe. In: Ein Taschenbuch für das Jahr 1810. Wien und Triest in der Geistingerschen Buchhandlung. Mit Kupfern.

Pandora. Ein Festspiel. Erster Aufzug. In: Goethe's Werke, 11. Band, Tübingen, Cotta, 1817.

Pandora. Ein Festspiel. Erster Aufzug. In: Goethe's Werke. Ergänzungsband. Tübingen 1817, bei Cotta.

Ulrich von Wilamowitz-Möllendorff, Goethes Pandora. In: GJb. 19, 1898, Anhang. S. 1—21.

Max Morris, Pandora. In: Goethe-Studien, 1. Band, 2. Aufl., Berlin 1902, S. 249—290.

Ernst Cassirer, Goethes Pandora. In: Idee und Gestalt, Berlin 1921, S. 1—26.

Robert Petsch, Die Kunstform von Goethes Pandora. In: Die Antike 6, 1930, S. 15—40.

Arnold Bergsträsser, Mensch und Staat im Wirken Goethes: Pandora. Corona 6, 1936, S. 99—123.

Alfred Coehn, Moria. Eine Betrachtung zu „Pandora". In: Goethe 2, 1937, S. 4—27.

Hans Schell, Das Verhältnis von Form und Gehalt in Goethes „Pandora". Würzburg 1939. Phil. Diss. München 1939.

Arnold Bergsträsser, Der Friede in Goethes Dichtung. In: Deutsche Beiträge zur geistigen Überlieferung 1947. Hrsg. v. A. Bergsträsser. Chicago, University Press 1947.

Paul Hankamer, Das Spiel der Mächte. Tübingen und Stuttgart 1947. S. 121ff.

Werner Kohlschmidt, Goethes „Pandora" und die Tradition. Archiv für Literatur und Volksdichtung 1, 1949, S. 5—33.

Arnold Bergsträsser, Goethe's Image of Man and Society. Chicago 1949. S. 191—198.

Werner Kohlschmidt, Zur Deutung des Dramas zum II. Teil von Goethes „Pandora". Trivium 1950. S. 188—204.

S. auch:

Friedrich Gundolf, Goethe, a. a. O. S. 579ff.

Eugen Kühnemann, Goethe, a. a. O. 2. Band, S. 64—81.
Franz Schultz, Klassik und Romantik, a. a. O. 2. T., S. 18.
Kurt Hildebrandt, Goethe, a. a. O. S. 302—305.
Grete Schaeder, Gott und Welt, a. a. O. S. 279f.
Fritz Strich, Goethe und die Weltliteratur. Bern 1946.

TEXTGESCHICHTE ZU „PANDORA"

Das Festspiel erschien zum erstenmal (J) in der Zeitschrift „Pandora", die Leo
v. Seckendorf und Jos. Lud. Stoll 1808 in der Geistingerschen Buchhandlung in Wien
herausgaben. Heft 1 und 2 enthielten zusammen die Verse 1—402, die angekündigte
Fortsetzung folgte nicht, statt dessen aber eine Sonderausgabe (E) mit V. 1—1086, die
den Titel trug: *Pandora von Goethe.* Ein Taschenbuch für das Jahr 1810. Einem Neu-
druck (E²) folgten zwei weitere Drucke, die E als Vorlage benutzten, und schließlich
der Abdruck am Schluß der *Ausgabe letzter Hand* (C, C¹). Das *Schema für Fortsetzung*
wurde erstmals 1836 in Goethes Werken ediert. Eine einzige Handschrift (H) des
Bruchstücks existiert, geschrieben von Riemer, ohne irgendwelche Korrekturen Goethes,
aber mit Textänderungen, die sich von den Erstdrucken unterscheiden, also späteren
Datums sein müssen. Größere Abweichungen vom ursprünglichen Text finden sich
in 120f. und 127f. Dagegen haben wir das *Schema für Fortsetzung* in einer eigenhändigen Niederschrift Goethes.

Die synkopierten Formen, die für die Drucke bezeichnend sind, finden sich in H
noch nicht (vgl. etwa 17, 32, 313). — 93 hieß in J und E: *Das ird'ne hohe wohlgestaltete
Gefäß.* — 120f. hieß in H: *Indeß vom Wunder aufgeregt versammelte Das Menschenchor
sich, meines Bruders neu Gebild.* — 127f. hieß in H: *Doch lächelt' ich der Gattinn zuver-
sichtlicher Aneignend kühn das gottgesandte Wonnebild.* — 277—291 fehlt in J und E. —
368. *schon* J, E, H, Jub; *du* C, W, F. — 900—939 wird wiederholt in *Des Epimenides
Erwachen:* 118—133 und 178—201. — 944. *Auf! rasch Vergnügte* B, C, Jub, F; *Auf
rasch! Vergnügte!* E, H, W. — 969. *umzingelnd* H, Jub; *umzinglend* C, W, F.

Paralipomenon.

Schema für Fortsetzung der „Pandora".
Pandorens Wiederkunft zweyter Theil

CB d. 18 May 1808

Phileros in Begleitung von Fischern und Winzern. Dionysisch. Völliges Vergessen.

Κυψέλη

Wird von weiten gesehen
Anlangend. Deckt den eben hervortretenden Wagen des Helios.
Willkommen dem Phileros
Miskommen dem Promet♭.

Im allgemeinen beschrieben.

Krieger vor der Expedition
Hirten als Gefangne
Prom. giebt diese frey.

Prom. will die κυψέλη *vergraben und verstürzt wissen.*
Krieger wollen sie zerschlagen den Inhalt rauben.
Prom. insistiert auf unbedingtes Beseitigen.

Turba

Retardirend
  Bewundernd
  gaffend
  berathend
      N B Göttergabe
Der einzelne kann sie ablehnen nicht die Menge.
      Schmiede
Wollen das Gefäs schützen und es allenfalls stuckweis auseinander
nehmen, um daran zu lernen.

Epimeleia

Weissagung.
Auslegung der κυψέλη
Vergangnes in ein Bild verwandeln.
Poetische Reue, Gerechtigkeit.

      Epimetheus.

Das Zertrümmern, Zerstücken, Verderben da Capo

      Pandora erscheint
Paralysiert die Gewaltsamen
Hat Winzer, Fischer, Feldleute, Hirten auf ihrer Seite.
Glück und Bequemlichkeit die sie bringt.
Symbolische Fülle
Jeder eignet sichs zu.

      Schönheit.
Ruhe, Frömmigkeit, Sabbat. Moria

    Phileros, Epimeleia, Epimetheus
        für sie

      Prometheus entgegen.

Schmied[e] offerieren Bepaalung
Winzer Umpflanzung
Handels leute Jahrmarkt (Eris Golden V φ.)
Krieger Geleite.

      Pandora
An die Götter
An die Erdensöhne
Würdiger Inhalt der κυψέλη

     Κυψέλη *schlägt sich auf*
Tempel
Sitzende Daemonen
Wissenschaft Kunst.
Vorhang.

    Phileros Epimeleia
     Priesterschaft.

Wechselrede der Gegenwärtigen
Wechselgesang
   Anfangs an Pandora

Helios
Verjüngung des Epimetheus
Pandora mit ihm emporgehoben.
Einsegnung der Priester.
Chöre

Elpore thraseia
Hinter dem Vorhang hervor
ad Spectatores.

GOETHE UND SEINE ZEITGENOSSEN ZU „DES EPIMENIDES ERWACHEN"

Iffland an Kirms. Berlin, 6. Mai 1814.

S. M. der König *(Friedrich Wilhelm III.)* wird, wie man glaubt, in vier Wochen, vielleicht früher, vielleicht später, in Begleitung des Kaisers Alexander hierher kommen. Ich wünsche sehr, daß etwas, der Zeit und des Gegenstandes würdig, als E i n l e i - t u n g gegeben werden möchte. Nichts ist natürlicher, als daß der Gedanke mich zuerst dahin führt, durch Ihre gütige Verwendung zu erforschen und zu erfragen: ob Herr von Goethe sich entschließen würde, sein Genie für diese Sache wirken zu lassen. Die Art und Weise, wie er dies geschehen lassen wollte, müßte natürlich seiner Phantasie ganz und gar überlassen bleiben. Die G e g e n w a r t   d e s   K a i s e r s   u n d   d i e   F e i e r   d i e s e r   s e l t n e n F r e u n d s c h a f t würde allerdings die Ausführung sehr erleichtern. Da es jedoch nicht positiv gewiß anzunehmen ist, ob der Kaiser mitkommt, und da der K a i s e r   F r a n z in dieser Sache so großen Ausschlag gegeben hat, so ist es allerdings notwendig, seiner auf d e u t s c h e   W e i s e zu gedenken und des K r o n p r i n - z e n   v o n   S c h w e d e n zu erwähnen...

Goethe im Gespräch mit Kirms. Berka, 17. Mai 1814.

Der Antrag ist ehrenvoll; allein die Zeit scheint mir zu kurz zu sein, um denselben ehrenvoll ausführen zu können, besonders da ich hier in dem kleinen Landstädtchen über die Kräfte einzelner Mitglieder des Berliner Theaters keine Ansicht haben kann; ich will es indessen überlegen, in zwei Tagen sollen Sie meine Entschließung hören.

Goethe an Kirms. Berka, 18. Mai 1814.

Ich habe die Sache seit vierundzwanzig Stunden, nach allen Seiten, durchgedacht und finde sie nicht ausführbar. Vier Wochen sind ein gar zu kurzer Termin; sie wären es nicht, wenn ich mich in Berlin befände, oder wenigstens von dem dortigen Theater und den äußeren Verhältnissen früher persönliche Kenntnis genommen hätte.

Goethe an Kirms. Berka, 20. Mai 1814.

Haben E. W. etwa schon, nach dem Inhalte meines gestrigen Briefes, Herrn Generaldirektor Iffland mein Zweifeln und Zaudern gemeldet, so haben Sie die Güte, dem verehrten Mann baldigst anzuzeigen, daß mir sein Antrag allzu schmeichelhaft gewesen, als daß ich nicht hätte alle meine Kräfte hervorrufen und einen Versuch machen sollen, wie sein Verlangen zu erfüllen wäre. Nun ist mir ein Gedanke beigegangen, der mir der Ausführung nicht unwert scheint. In einigen Tagen soll der Entwurf abgehen; wird er gebilligt, so können Kleider, Dekorationen, Instrumentalmusik durchaus vorbereitet werden. Die Gesänge schicke ich zuerst, sodann den Dialog. Da alles, was zu sprechen ist, unter viele Personen verteilt wird, so macht sich keine Rolle stark, sie sind alle Tage zu lernen. Mehr sage ich nicht. Wäre meine gestrige Erklärung schon abgegangen, so bitte von der gegenwärtigen eiligen Gebrauch zu machen.

Die nun folgenden sogenannten Aktenstücke des „Epimenides" stellen den ersten Entwurf des Festspiels dar, den Goethe in Form dieses ausführlichen Programms am 22. Mai 1814 zur vorläufigen Orientierung an Iffland nach Berlin schickte. Wesentliche Teile dieser Aktenstücke werden zum besseren Verständnis der Dichtung hier abgedruckt.

Berka, 22. Mai 1814.

Erste Decoration.

Ein prächtiger Säulenhof; im Grunde ein tempelähnliches Wohngebäude, mit den Coulissen durch Hallen und andern architektonischen Prunk verbunden. Die Mittelthüre des Gebäudes ist durch einen Vorhang geschlossen.

Der Vorhang teilt sich. Epimenides erscheint und drückt in einem Monolog seine Freude über einen reichen und vollkommen gesicherten Wohlstand aus.

Zwey Knaben treten zu ihm, den Entschluß der Götter meldend. Er mißtraut ihnen und überzeugt sich, daß ihm sein Lebensende geweissagt wird; ergiebt sich darein, und ungeachtet der Versicherung der Genien, daß Schlaf hier buchstäblich gemeint sey, beharrt er auf seinem Gedanken und nimmt von der Welt Abschied. Er steigt, begleitet von den Knaben, die Treppe hinauf, und als die Vorhänge sich öffnen, sieht man ein prächtiges Lager, über demselben eine wohlerleuchtete Lampe. Er besteigt es; man sieht ihn sich niederlegen und einschlafen.

Dieses alles kann von einer sanften, lieblichen, einschläfernden Musik begleitet sein.

Sobald der Weise ruht, schließen die beiden Knaben zwei eherne Pforten-Flügel, die herauswärts aufgehen und bisher für einen Theil der Decoration gehalten werden konnten.

In diesem Augenblick hört man von ferne donnern, zugleich ertönt kriegerische Musik, und in demselben Nu werden, wo möglich, sämmtliche Lampen durch gelbrothes Glas verdeckt, so daß über das ganze Theater ein rother Brandschein verbreitet ist.

Hierauf kommt, im Chor singend, ein Armeezug, welchen der Dämon des Kriegs und der Zerstörung, von den größten Männern, die zu haben sind, umgeben, in der Kleidung, die sich der eines römischen Imperators nähert, auftritt.

...

Das Chor ist abgezogen, die kriegerische Musik verhallt, der Dämon des Kriegs ist im Begriff, zu folgen, als ihm der Dämon der List und Zwietracht mit seinen Gesellen in den Weg tritt.

Dieser erinnert durch Kleidung und Betragen an einen Staats- und Hofmann des 16. Jahrhunderts, sowie seine Gesellen gleichfalls die Civilmänner, die Gelehrten und Hofleute der damaligen Zeit nachbilden. Pagen dürften nicht fehlen. Es wäre sehr artig, wenn diese letztern aus kleinen Kindern bestünden, so wie die Riesen, die noch auf dem Theater sind, den Dämon des Kriegs umgeben. In dem Augenblick, da diese zweite Sippschaft eintritt, verschwindet der feurige Schein.

...

Obgleich die beiden Dämonen, wie es sich bald offenbart, nicht in dem besten Verhältnisse stehen, und einer sich immer wirksamer und mächtiger zu sein dünkt, als der andre, so fühlen sie doch die Nothwendigkeit, sich zu verbünden, und nach abgeschlossenem Vertrag folgt der Dämon des Kriegs seinem Heere auf dem Fuße. Man hört ein fernes Abdonnern.

Will man diesen Moment mit schicklicher Musik begleiten, so daß der Dämon der List, von den Seinigen umgeben, in nachdenklicher Stellung verharren kann, indeß die Seinigen, bedeutend gruppirt, gleichfalls zu überlegen scheinen, so müßte es von guter Wirkung sein. Zuletzt ist eine allgemeine Stille beabsichtigt, damit der Dämon, wenn er zu sprechen anfängt, sich der vollkommnen Aufmerksamkeit erfreuen könne.

Das Gefolge tritt zu beiden Seiten; er steht in der Mitte, etwas rückwärts, so daß er sie bequem anreden kann.

In einer Rede sendet der Dämon die Seinigen in alle Welt; sie zerstreuen sich nach und nach, indem sie einen heimlichen Gesang pian, piano anstimmen und sich einzeln an die Coulissen bis in die Tiefe des Theaters stellen. In dem Augenblick, daß der Gesang endigt, sind sie alle auf einmal verschwunden, um

den Gegensatz mit den Kriegsgefährten auszudrücken, welche
sich in Masse entfernt hatten.

Der Dämon bleibt allein; er geht schon freier und leidenschaft-
licher heraus, überhebt sich über den Kriegsgott, ist seiner Wirkung viel gewisser als jener, und indem er sich einem geschickten
Ingenieur vergleicht, beschreibt er die Wirkung seiner Abge-
sandten wie die eines unterminirten Terrains; verachtet die alte
Vorstellung der Zwietracht als eines gewaltsamen Wesens und
spricht die wahre moderne Zwietracht aus, die Solutionem
Continui.

Zweite Decoration.

Der Dämon ist seiner Sache gewiß; auf seinen Wink und Hauch
stürzt die ganze, bisher bestandene Architektur zusammen. Alles,
was im Hintergrunde steht, das tempelartige Wohngebäude, die
Hallen und sonstigen Prachtstellen stürzen wirklich zusammen,
der Giebel ist geborsten, doch so, daß die ehernen Pforten jetzt
eine Felsenhöhle zu schließen scheinen. Alles war dergestalt vorbereitet, daß eine schöne Ruine erscheint.

. . .

Der Dämon der List erfreut sich schweigend über sein Un-
werk. Zu ihm tritt der Dämon der Sklaverei.

. . .

Er tritt zu dem Dämon der List und dankt ihm für die vortrefflich geleisteten Dienste und für die Gründung seines Reiches.
Der Schweigsame würdigt ihn keiner Antwort, dergestalt, daß
der andre fortfährt, sich übermüthig darzustellen. Endlich er-
grimmt der Dämon der List, behandelt jenen verächtlich und
sich als den einzigen Herrscher und entfernt sich.

Der tyrannische Dämon nimmt sich zusammen, schwört jenem ewiges Verderben und befestigt sich in sich selbst.

———————

Dritte Decoration.

Auf sein Gebot übergrünt sich die Ruine: Epheu rankt sich
auf, Sträuche treten hervor, Moos und Gras bedeckt die horizon-
talen Lagen des Gesteins. Hinter jener Tempelwohnung steigen
Cypressen, ja ein ganzer Wald hervor.

. . .

Die Liebe tritt auf. Sie findet sich einsam in der Welt, sie
wendet sich zu diesem würdig scheinenden Mann, der sie foltert
und ängstigt.

Der Glaube tritt auf, auch mit Glauben an ihn. Jener bringt
sie in Verzweiflung und läßt triumphirend die beiden. Sie bleiben
trostlos.

. . .

Zu den jammernden Schwestern tritt die Hoffnung bewaffnet
auf.

Sie erinnert an Minerva. Ich wage nicht zu beurtheilen, ob die Schauspielerin an Gestalt und Betragen der Höchstseligen Königin *(Luise)* ähnlich sein darf, ob man ihr einen blauen Schild geben und in einem Sternenrande die Chiffre der Königin, gleichfalls durch Sterne bezeichnet, anbringen kann; ich bitte mir hierüber nähere Bestimmung aus. Indessen kann ich, indem sie ihren Schwestern zuspricht, einstweilen versuchen, im Namen der Verklärten zu reden.

Die beiden Genien treten zwischen sie hinein. In diesem Fünfgespräche wird das Nächstkünftige angedeutet. Die drei Frauen bestimmen sich zur Thätigkeit. Die Hoffnung steigt über die Ruinen der einen Seite, Liebe und Glaube auf die Trümmern der andern Seite. Die Knaben sind indeß wieder an die eherne Pforte gelangt. Oben stehend begrüßen sich alle noch mit pantomimischem Abschied.

. . .

Die Genien eröffnen die Pforten und bleiben halb versteckt hinter ihnen stehen. Das Chor verhallt; man sieht den Epimenides liegen, wie er eingeschlafen.

. . .

Endlich tritt er hervor und äußert seine Gefühle. Es ist dunkel geworden; er glaubt sich in der Wüste; die Genien mit Fackeln treten herunter. Er befragt sie, aber sie legen den Zeigefinger auf den Mund. Sie leuchten ihm nach der einen Seite des Theaters, wo er alte Basreliefe wiedererkennt; sie leuchten ihm auf die andre, wo er eine bekannte Inschrift aus glücklichen Tagen findet. Wehklage über das unübersehliche Unglück.

Die Genien eröffnen den Mund und kündigen die aufgehende Sonne an . . .

Kriegerische Musik. Epimenides wird von den Knaben wieder auf die Höhe vor der Pforte geführt. Sie löschen ihre Fackeln aus.

Die kriegerische Musik nähert sich.

Ich wünsche, daß man das Thema einer Melodie nehme, die in Berlin beliebt ist und den Enthusiasmus der Masse schon erregt hat. Dem Componisten bleibt es überlassen, sie nach Belieben und Einsicht zu variiren. Ich erbitte mir hierüber einige Nachweisung.

Die Hoffnung, von einer Seite, führt ein Heer über die Ruinen herein.

Dieses Heer würde die nordöstlichen und nördlichen modernen Nationen darstellen, welche so costümirt sind, daß sie einen guten theatralischen Effect machen. Das russische Reich bietet sehr schöne und hier sehr schickliche Kleidungen. Von Oestreich nähme man die Kroaten in ihrer alten Tracht, Slavonier und Illyrier, Ungarn; die Ulanen würden gleichfalls gut thun, ob ich gleich durchaus auch hier wünschen würde, daß man sich von der Wirklichkeit entfernte und durch eine glückliche Kunst den theatralischen Forderungen annäherte. Die ungarischen Magnaten wären nicht zu vergessen. Ob man den Polen die Ehre erzeigen will, auch einige in ihrer alten Tracht auftreten zu lassen, stelle anheim.

Überhaupt erbitte ich mir, wenn diese Gegenstände mit den Kunstkennern und Meistern durchgedacht worden, mir (so) das Nähere mitzutheilen. Die Schweden haben jetzt schon eine Tracht, die sie auszeichnet. Wollte man auch auf diese anspielen, so würde es wohl glücken. Was die Preußen betrifft, so wünschte ich, daß sie in der Ordenskleidung der Johanniter aufträten, mit dem bekannten weißen Sternkreuz.

Indem dieser Zug über die Ruinen herangelangt ist, tritt auf der anderen Seite in der Höhe Liebe und Glaube, gefolgt von hülfreichen Frauen, hervor. Diese tragen goldne Trinkgefäße, goldne Becher, andre die buntesten Körbe mit Blumen und Früchten, andre halten Lorbeerkränze in die Höhe, ja sie können bunt umwundene Stäbe tragen, an welchen alle Arten Kränze schwankend hangen.

. . .

Während dieses Auftrittes bleibt die Mitte frei, daß man den Epimenides und die beiden Knaben immer sieht. Dem Künstler sei überlassen, das Wiedererkennen der Seinigen, seine Freude, sein Entzücken pantomimisch auszusprechen.

Zuletzt wünschte ich, daß er mit beiden Kindern auf die Kniee fiele und sich im Gebet zu sammeln schiene.

Vierte Decoration.

Denn in diesem Augenblick wird durch einen glücklichen Mechanismus das Gebäude wiederhergestellt, die Vegetation verschwindet, und alle Gegenwärtigen sind bemüht, bei Räumung des Schuttes, bei Wiederaufrichtung der Säulen scheinbar Hand anzulegen. Die übrige Decoration kann wieder die erste sein, oder, wenn es die Zeit und der Aufwand erlaubt, eine noch prächtigere.

Was das tempelartige Gebäude betrifft, so wünschte ich, daß das schwarze eiserne Kreuz, mit der hellen Einfassung, im Giebel in einem transparenten Felde erschiene. Oben auf der Giebelspitze stünde der Triumphwagen vom Brandenburger Thore, ein schönes Kind, als Victorie, hielte die Zügel; auf den beiden Akrokterien stünden die beiden Knaben, die bisher dem Epimenides mistrirt. Dieser steht aus seiner betenden Stellung nicht eher auf, als bis die Verwandlung des Theaters völlig geschehen ist. Indem er sich erhebt,

kann ihm ein prächtigeres Gewand von ein paar Akoluthen umgelegt werden, daß er als Hoherpriester erscheine.

Alles hat sich indessen rangirt, Epimenides, mit den zwei
neuen Akoluthen, welche Jünglinge sind, tritt hervor und dankt
den Göttern.

Der Glaube spricht etwas Schickliches dem Kaiser von Rußland;

Die Liebe dem Kaiser von Oestreich;

Die Hoffnung dem König in Preußen.

Die Ordnung, wie dieses geschehen soll, hängt von
Beurtheilung ab, der ich mich nicht unterziehe, doch
wünschte ich es voraus zu wissen, indem diese oder
jene Stellung der Anreden auf die Behandlung einen
verschiedenen Einfluß hat.

Epimenides reassumirt alles Dreies und fügt etwas Schickliches für den Kronprinzen von Schweden hinzu.

Hier könnte die Stellung und Gruppirung der
Schauspieler sich dergestalt verändern, daß Frauen-
zimmer und Mannspersonen sich mischten und eine
Art von bunter Reihe machten. Wie man die Standarten,
Thyrsus- und andere in die Höhe ragende Zierstäbe
mit Kränzen verknüpfen, und was man sonst thun
will, um den Anblick zu verherrlichen, ist alles am
Platze.

Daß ein Schlußchor das Ganze beendige, daran ist
wohl kein Zweifel. Vielleicht erzeigt man den Sängern
auch die Artigkeit, daß man einen Jeden ein Couplet
singen und das Chor einfallen läßt. Diese Couplets könnte
man zu allerlei Complimenten brauchen, deren man
noch manche schuldig ist, z. B. den Freiwilligen, dem
Frauen-Verein, den ausdauernden Patrioten, ausgezeichneten Kriegern, und so manchen Andern, worüber
mir nähere Weisung erbitte. Das Chor dazwischen
würde immer die Einigkeit der Monarchen preisen,
durch welche ein so großes Werk vollbracht worden

. . .

*Auf den Rat Ifflands, der Goethe in einem Brief mitteilt, daß er zu-
nächst die Gestalt des Epimenides als eine Anspielung auf den König
mißverstanden hätte, schickt der Dichter folgende „Bemerkungen" nach
Berlin.*

Berka, 15. Juni 1814.

. . . Bei einem gewissermaßen mysteriösen Werke, wie dieses,
hat man freilich darauf zu sehen, daß keine falschen Deutungen
gemacht werden; damit man also nicht etwa hinter dem Epimenides den König suche, wird Epimenides in der ersten und zweiten

Szene, erst allein, sodann mit den Genien, sich, sein Schicksal
und seine Personalität exponieren. Allein man könnte noch weiter
gehen und die Sache unter dem Volk vorbereiten. Der Titel und
der Inhalt des Stücks kann kein Geheimnis bleiben; daher wird
jedermann fragen: was ist denn der Epimenides? Da könnte man
denn auf irgendeine schickliche Weise, zu welcher ein öffentliches
Blatt wohl Gelegenheit anbietet, folgendes unter das minder ge-
lehrte Publikum bringen:

> „Epimenides, einer Nymphe Sohn, auf der Insel Kreta
> geboren, hütete die väterlichen Herden. Einst verirrte er
> sich bei Aufsuchung eines verlornen Schafs und kam in
> eine Höhle, wo er vom Schlaf überfallen wurde, der vier-
> zig Jahre dauerte. Als er wieder aufwachte, fand er alles
> verändert; doch ward er wieder von den Seinigen aner-
> kannt. Die Nachricht dieses Wunderschlafes verbreitete
> sich über ganz Griechenland, man hielt ihn für einen
> Liebling der Götter und verlangte von ihm Rat und Hülfe.
> Bei einer wütenden Pest flehten ihn die Athenienser an,
> daß er ihre Stadt reinigen und aussöhnen sollte. Die
> Kretenser sollen ihm auch als einem Gott geopfert haben.
> Einige zählen ihn, statt des Perianders, unter die sieben
> Weisen."

Folgendes könnte man hinzufügen:

> „In der neuen Dichtung nimmt man an, daß die Götter
> den weisen und hülfreichen Mann zum zweitenmal ein-
> schlafen lassen, damit er eine große Unglücks-Periode
> nicht mit erlebe, zugleich aber auch die Gabe der Weis-
> sagung, die ihm bisher noch versagt gewesen, erlangen
> möge."

Goethe an K. Liebich. Weimar, 7. Juli 1814.

... Es hat nemlich vor einigen Monaten die angesehene Ge-
neraldirektion des Berliner Theaters von mir ein Festspiel verlangt zur Feier der Ankunft ihres Königs und seiner höchsten
Gäste. Ich habe diese Gelegenheit benutzt, um alles zur Sprache
und Darstellung zu bringen, was in den Gemütern seit so vielen
Jahren vorging, und was sich nun in diesen letzten Zeiten so
glücklich entfaltet hat. Mein Bemühen, nichts zurückzulassen,
was man fordern und erwarten könnte, hat jenes Stück zu einer
solchen Vollständigkeit gebracht, daß ich, wenn ich ein neues
fertigen sollte, mich nur wiederholen müßte. Mein stiller Wunsch,
diese Arbeit nicht nur für Berlin, sondern für das ganze Vaterland,
nicht nur für den Augenblick, sondern auch für die Zukunft
unternommen zu haben, scheint sich durch Ihren Antrag der
Erfüllung zu nähern.

Jenes Drama ist dergestalt eingerichtet, daß ganz reine Re-
zitation mit melodramatischer Begleitung, Rezitativ, Kavatine,
Arie, Duett, Terzett und Chor mit einander abwechseln, so daß

die vorzüglichsten Schauspieler sowohl, als die Sänger darin ihre Talente entwickeln können.

Herr Kapellmeister Weber arbeitet an der dazu nötigen Komposition, welche, nach denen mir bekannt gewordenen Musterstücken, von großer und schöner Wirkung sein muß.

Nach der Verzögerung der Aufführung in Berlin macht Goethe seinem Mißmut in folgenden Versen Luft.

Oktober 1814.

> Was haben wir nicht für Kränze gewunden!
> Die Fürsten, sie sind nicht gekommen;
> Die glücklichen Tage, die himmlischen Stunden,
> Wir haben voraus sie genommen.
> So geht es wahrscheinlich mit meinem Bemühn,
> Den lyrischen Siebensachen;
> Epimenides, denk' ich, wird in Berlin
> Zu spät zu früh erwachen.
> Ich war von reinem Gefühl durchdrungen;
> Bald schein' ich ein schmeichelnder Lober:
> Ich habe der Deutschen Juni gesungen,
> Das hält nicht bis in Oktober.

Zelter an Goethe. 31. März und 1. April 1815.

Endlich und gestern ist der „Epimenides" glücklich vom Stapel gelaufen. Die Wirkung war bedeutend, und trotz der Verwöhnung unsres Publikums, der Verspätung des Stücks und mancher kleinen Umstände, deren Anordnung überall den Dichter selbst verlangt haben würde, hat es getroffen; ja es erschien wie eine prophetische Vision und zugleich wie eine Probe des Exempels. Man hatte geglaubt, ... das Stück werde auf die neuesten Tage nirgend passen; eine gute Stimmung von vorn herein war nicht zu erwarten; ich selber war verlegen und hatte mich ins Orchester geschlichen, um zwischen dem Theater und dem Publikum im Freien zu sein. Der Anfang verzögerte sich, das volle Haus ward unruhig und mir bange...

Der Dämon der Unterdrückung, etwas affektuos, doch klar und fest gesprochen; seine Bestechung der Liebe und des Glaubens, wie der unselige Zustand verlorner Freiheit und Unschuld, und die endliche Befreiung durch die Hoffnung machen eine tief eindringende Szene. Die beiden Tugenden duckten sich wie getretene Hühner, und wie gesagt: mich hat die Szene in ungeheure Bewegung gesetzt. Und gefühlt haben sie's alle, Gott sei Dank! wenn sie's auch nie erkennen; es ist ein Griff in die Natur menschlicher Verderblichkeit (mors stupebit et natura), den sie rasend übel nehmen würden, wenn sie den Generalbaß wüßten.

1. April ... Gestern abend war die Wiederholung des „Epimenides". Hatte das Stück gestern den gewöhnlichen Beifall eines guten Stücks, so war heute der Hof darin, der gestern

fehlte. Ein bedeutender Teil des Publikums sahe es heute zum
zweiten Male und die Aufnahme war von vornherein wärmer,
vorbereiteter, und die gestrige Aufführung wie eine General-
probe zu betrachten...

Die Aufführung selbst war weit mehr im ganzen, als ehe-
gestern. Die Leute spielten freier, runder, geistiger. Das Auftreten der Hoffnung ist von großer Gewalt. Diese Szene hat mich
wieder tüchtig angepackt, wiewohl sie noch nicht vollkommen
gegeben wird. Sie ist der geheime Leib, woran alle Glieder fest-
gesetzt sind; — in Ruhe, aber ungeheuer.

Goethe an Knebel. Weimar, 5. April 1815.

,,Epimenides" ist am 30. März endlich in Berlin erwacht,
gerade zu rechter Zeit, um dasselbige, was sich die Deutschen
bisher so oft in dürrer Prosa vorgesagt, symbolisch zu wiederholen, daß sie nemlich viele Jahre das Unerträgliche geduldet,
sich sodann aber auf eine herrliche Weise von diesem Leiden
befreit. Jedermann wird hinzufügen, daß neue Tatkraft nötig
ist, um das Errungene zu schützen und zu erhalten. Von der
Aufführung selbst hab' ich noch keine Nachricht, aller vorläufiger Bericht aber deutet auf den besten Willen und die zweck-
mäßigsten Anstalten.

Goethe an die Herzogin Luise. Weimar, 6. April 1815.

Ew. Durchlaucht für die erste Nachricht des aufgeführten
,,Epimenides" untertänigst dankend lege das Werklein selbst
zu Füßen, wie ich es so eben erhalte.

Ob man gleich dem gemeinen Menschenverstand gemäß wohl
sagen könnte, der weise Mann hätte früher aufwachen oder länger schlafen sollen, so muß man sich doch in die Schickungen
ergeben, die so über große, wie über kleine Dinge walten. Mag
doch der poetische Prophet den Deutschen abermals bildlich
darstellen das Ungeheure, das sie gelitten, wovon sie sich befreit,
und was sie zum zweitenmal wieder gewinnen sollen.

ANMERKUNGEN DES HERAUSGEBERS
ZU
,,DES EPIMENIDES ERWACHEN"

1. Das Entstehen.

Am 6. Mai 1814 hatte Iffland, damals Generaldirektor der Berliner
Theater, über Kirms an Goethe die Anfrage gerichtet, ob er bereit sei,
das zur Rückkehr Friedrich Wilhelms III. in Aussicht genommene
Festspiel zu schreiben. Der Anlaß war um so bedeutender, als der
preußische König vom Zar Alexander begleitet war. Die Feier sollte
nichts weniger darstellen als die offizielle Siegesfeier nach der Nieder-
werfung Napoleons. Für die Arbeit blieben nur vier Wochen, und diese

Frist schien Goethe zu gering, um in einer so kurzen Spanne Zeit
etwas schaffen zu können, was der Würde und Gewichtigkeit des Tages
entsprach. Aus diesem Grunde ließ er Iffland eine Absage zukommen.
Kurz darauf besann er sich aber eines Besseren und widerrief die anfängliche Weigerung. So in der Mitteilung, die er wiederum über
Kirms Iffland am 20. Mai zugehen ließ. Bereits am 22. Mai stand nicht
nur der Plan des Festspiels fest, sondern das Ganze war bis in Einzelheiten durchdacht. Es wurde als „Programm" mit einer detaillierten
Angabe der Dekorationen in Berlin eingereicht (s. S. 536 ff.). Da das
Ganze als eine Art Oper gedacht war, mußte der Plan noch einmal mit
dem als Komponisten ausersehenen Berliner Kapellmeister Weber
durchberaten werden. Goethe ließ es auch in der folgenden Zeit an
nichts fehlen; trotzdem kam es nicht zu der vorgesehenen Aufführung.
Ob der Komponist versagte oder ob die Aufführung, wie Burdach
meint, an der Antipathie Friedrich Wilhelms III. Goethe gegenüber
scheiterte, ist nicht genau auszumachen. Erst in dem Festakt anläßlich
des Jahrestages der Einnahme von Paris am 30. März 1815 kam es, und
zwar unter dem Nachfolger des inzwischen verstorbenen Iffland, dem
Goethe befreundeten Grafen Brühl, zu einer wiederholten Aufführung
in Berlin, der mehrere Jahre später eine solche in Weimar folgte. Für
diese hatte Goethe das Spiel an einigen Stellen umgearbeitet. Als endgültige Gestalt gilt die Weimarer Fassung.

2. Die Form des Festspiels.

Bei dem Verständnis der Form muß wie bei der *Pandora* das Opern-
artige der Anlage berücksichtigt werden. So ist der vorliegende Text
im Grunde auch hier nichts anderes als ein Libretto, das die in der
Barockoper geläufige rhythmisch musikalische Form darzubieten bestrebt ist: Soloarien, Duette, Terzette, Rezitative, Chorlieder usf. Wie
Goethe als selbstverständlich angenommen hat, daß z. B. die Mittelpunktsgestalt des Spiels durch einen Sänger dargestellt werden sollte,
das zeigt eine gelegentliche Bemerkung in einem Brief an Graf Brühl
anläßlich der ersten Aufführung. Im übrigen hatte, wie das oben erwähnte „Programm" im einzelnen ausweist, das Wort nicht nur dienen-
de Funktion der Musik gegenüber, darüber hinaus mußte es auch hier
seinen Anspruch mit dem anspruchsvollen, für die Geasmtwirkung
sehr wichtigen und bis in die Wahl der Farben genau durchdachten
Bühnenbild teilen.

3. Der Gehalt.

Versucht man, durch das Allegorische hindurch den Gehalt des
Spiels zu ermitteln, dann ist zunächst auf die Bedeutung des Epimenides
zu verweisen. Mit ihr erschöpft sich indessen das Ganze nicht. Auch

das Gegenspiel zu dem Geschehen um die Hauptgestalt verlangt die Aufmerksamkeit des Interpreten, d. h. jene dramatische Handlung, in deren Mitte die Dämonen des Krieges, der List, der Unterdrückung und die allegorischen Gestalten des Glaubens, der Liebe, der Hoffnung agieren. Beide stehen sich etwa in der Weise gegenüber, wie der Lebensbereich der θεωρία dem der Geschichte gegenübersteht. Epimenides ist begnadet mit der Einsicht in die ewige Ordnung der Welt, zunächst des Raumes, dann der Zeit.

Ist die Ordnung des Raumes offenbarer und gesicherter, dann ist es im Felde der Zeit und der Geschichte anders. Zu ihr gehört die Ordnungslosigkeit, darüber hinaus aber auch dieses, daß immer wieder Menschen im Glauben, in der Liebe und in der Hoffnung versuchen, sich unmittelbar in diese einzulassen, in dem Wagnis scheitern, ohne daß — das ist wieder sehr bezeichnend für Goethe — bei allem Unterliegen ein letztes Vertrauen auf den Sieg der Ordnung zu zerstören ist. Dieser Gegensatz ist — auch darauf ist bei der Deutung gerade dieses Spiels zu achten — nicht im Sinne der Abwertung einer der beiden Möglichkeiten zu deuten. Sowohl die Haltung der θεωρία wie die der unmittelbaren Teilnahme am geschichtlichen Geschehen spiegelt jeweils eine legitime Form der Daseinsbewältigung. Wenn sich Epimenides zu Anfang der vorletzten Szene *II, 9* an die Umstehenden wendet, um sich in dem schuldig zu bekennen, daß er sich, anders als sie, der Unruhe der Zeit entzogen habe, so ist die Schuld nicht, wie man meinte, in subjektivem — etwa als Versagen des Dichters der nationalen Erhebung gegenüber —, sondern in objektivem Sinne zu verstehen: es ist eine solche, die mit der Endlichkeit gesetzt ist, d. h. hier mit der Tatsache, daß in diesem Weltzustand jede menschliche Entscheidung typologisch begrenzt ist und in dieser Einseitigkeit immer wieder und mit Notwendigkeit in Schuld geraten muß. Daß auch dieses Spiel auf eine Steigerung ausgeht, d. h. darauf, diese Trennung und Einseitigkeit zu überwinden und zur Möglichkeit der Einbegreifung und eines Ausgleiches auf höherer Stufe zu gelangen, hat vor allem Hans Heinrich Schaeder in einer ausgezeichneten Interpretation des Werkes a. a. O. betont.

Wenn es darauf ankam, in den eigentlichen Mittelpunkt des Spiels jene Gestalt zu stellen, die mit dem Wissen um eine ewige Ordnung ausgestattet ist, so gestaltet Goethe diesen Vorzug, indem er der griechischen Sage von dem Seher Epimenides jenes Motiv entnahm, das ihm schon in anderen Werken, in der *Iphigenie* (s. S. 424), in dem Siebenschläfergedicht des mit dem Festspiel gleichzeitig entstandenen *Divan*, in der Anfangsszene von *Faust II*, in den *Wahlverwandtschaften* und vorher im *Egmont*, bedeutsam geworden ist, das Motiv, nach dem der Mensch in der Entrückung des Schlafes mit einer tieferen Einsicht beschenkt wird. Ähnlich geschieht es dem Helden dieses Spiels, dem einmal im Schlaf der Raum durchsichtig wird — *wie ein Kristallgefäß mit seinem Inhalt* — und der dann ebenso Einsicht in die Ordnung der Zeit gewinnt, in die Weise, wie auch hier alle Unordnung im geheimen übergriffen und geformt ist durch einen letzten Sinnbezug.

Auch diesem Spiel liegt wieder jene Auffassung vom Ablauf der Zeiten zugrunde, die mit der *Natürlichen Tochter* zum mindesten dem Dichter bewußt geworden ist und die sein Bild der Geschichte bestimmt; vor allem jene, nach der es Zwischenzeiten gibt, in denen die Bildenergie geschwächt und die Welt hoffnungslos der Herrschaft der Dämonen überantwortet scheint, zu deren Verständnis es aber auch gehört, daß in dieser Zeit dem Amt der Bewahrung eine besondere Wichtigkeit zukommt. In diesem Spiel ist es Epimenides zugefallen, wie es in der *Natürlichen Tochter* Eugenie ist, der in entsprechender Weise diese Bewahrung als Auftrag zugewiesen ist. Am Ende dieser Zwischenzeit aber geschieht es, daß die Bildkräfte Macht gewinnen und daß die alte Ordnung — damit wird jenes Motiv bemüht, das Burdach zunächst für den *Divan*, aber auch für dieses Festspiel als höchst bedeutsam erkannt hat — eine Wiedergeburt erfährt, eine Wiederkehr allerdings nicht im Sinne einer einfachen Rückkehr der alten Ordnung, sondern im Sinne jener Steigerung, die Schaeder, wie schon bemerkt wurde, vor allem als wichtig für die Deutung der Hauptgestalt herausgearbeitet hat.

4. Kommentar.

Erster Aufzug

Erster Auftritt. Vor 1. Dargestellt werden sollen die *Genien* der Kunst und der Wissenschaft mit ihren Attributen.

1 ff. Prolog in Stanzen.

17. *entgegnet*, hier im Sinne von Begegnung.

20. Offenbar Hinweis auf die tragische und komische Maske. Vgl. dazu die Szenenanweisung *Zwei Genien... Masken... tragend.*

22. *Ein unergründlich schweres Leichtgewicht...* Stilform des Oxymoron. Hinweis auf die Bedeutung der ϑεωρία, die im unmittelbaren Umkreis der geschichtlichen Welt zwar ohnmächtig erscheint, in Wirklichkeit, da sie Zugang zu dem Zusammenhang des Sinnes hat, doch in tieferer Weise mächtig ist. Zugleich damit wird die besondere Problematik des Spieles sehr deutlich vorweggenommen.

29. Vgl. dazu Ilias, Buch 24, V. 527f.

41f. *Und diesen...* Bedeutsamer Hinweis auf Epimenides als jenen, der den Anfängen, *der Weisheit unversiegter Quelle und ihrem Schaun,* zugeordnet ist, d. h. der Lebenshaltung der ϑεωρία.

Zweiter Auftritt. 49 f. Daß die Natur, vor allem der vegetative Bereich, aber auch der Ablauf ihrer Rhythmen die ewige Ordnung des Raumes in besonderer Reinheit offenbart, dieser Lieblingsgedanke des Dichters ist auch im folgenden ausgesprochen.

Dritter Auftritt. Vor 71. Die *Genien* zu verstehen als jene, die die göttliche Fügung des Geschehens verbürgen.

71 ff. Mit diesen Worten entfaltet sich das Motiv des Entrückungsschlafes.

88. Das Motiv der *Höhle* als mythisches Zeichen für die Geborgenheit in den heilen Ursprüngen.

93 ff. Epimenides erbittet Einsicht nicht in die Gesetzlichkeit der Zeit, sondern zunächst in die des Raumes. So ist auch der Begriff der *Gegenwart* hier weniger im zeitlichen als im räumlichen Sinn zu verstehen.

102 ff. Nun soll dem Helden im Entrückungsschlaf auch Einsicht in den Zusammenhang der Zeit gewährt werden.

Vierter bis *siebenter Auftritt.* 118 ff. Übernommen aus *Pandora,* dort 900 ff.

Achter bis *eilfter Auftritt.* 262. *Unterschleif,* Mittel der List.

267—270. Gemeint ist die Zerstörung einer echten Ordnung. Und wenn vom *Wiederbaun* gesprochen wird, so ist auch das im negativen Sinn gemeint als Aufrichtung des Unwesens.

Zwölfter Auftritt. 377 ff. Sehr schwierige Stelle. Wenn man die Stelle mit 374—376 zusammennimmt, zeigt es sich, daß der folgende Satz 377 ff. im konjunktivischen Sinn zu verstehen ist: „Und so mögen sich die Büsche dahinschleichen"; 380 *Als Jahrhunderte* muß wohl so aufgefaßt werden: „Indem sie eine jahrhundertelange Entwicklung vortäuschen" (vgl. dazu die Deutung der Stelle in der Jubiläumsausgabe Bd. 9, S. 402).

385. *Und halb umgeben...* In Hinsicht auf die Aussage 384.

Dreizehnter Auftritt. 418. *Ich suche wohl...* Gefahr der richtungslosen Sehnsucht, die am Ende den Menschen zur leichten Beute der Dämonen macht.

Vierzehnter und *funfzehnter Auftritt.* 446. *Verhöhnen* ist substantivierter Infinitiv, zu verstehen im Sinne von Verhöhnung.

Zweiter Aufzug

Erster bis *fünfter Auftritt.* 626 ff. Die Verse beziehen sich in einem Vergleich auf den Katakombengottesdienst der ersten Christen, wiederum die Abwandlung jener Voraussetzung, daß es Phasen gibt, in denen das Wesen in die Verborgenheit zurücktreten muß.

Sechster bis *achter Auftritt.* 722. *ein wohlbekanntes Bild.* Im Sinne des antiken Basreliefs zu denken.

745 ff. Als Lied ursprünglich dem Epimenides zugedacht. Erst in der Weimarer Fassung hat Goethe die hier zugrunde liegende Änderung vorgenommen. Der Inhalt des Liedes ist als Inschrift eines zweiten Basreliefs zu deuten.

773 ff. In dem Refrain des Liedes sollte wohl an den Ehrentitel Blüchers als des Marschalls „Vorwärts" erinnert werden.

Neunter Auftritt. 855 ff. Vgl. dazu die Einleitung S. 424.

Zehnter Auftritt. 928. Das Motiv der Wiedergeburt.

930. Anspielung auf das 1805 geschlossene Bündnis zwischen Friedrich Wilhelm III. und Zar Alexander an dem Grabe Friedrichs des Großen.

947. Das Geschenk des zweiten Entrückungsschlafes.

BIBLIOGRAPHIE ZU „DES EPIMENIDES ERWACHEN"

Erstdruck: Des Epimenides Erwachen. Ein Festspiel von Göthe. Berlin, bei Duncker und Humblot MDCCCXV (1815). Dem Titelblatt gegenüber: Die Musik zu diesem Festspiel ist vom Herrn Capellmeister Bernhard Anselm Weber, welcher dieselbe besonders herausgeben wird.

Des Epimenides Erwachen. Ein Festspiel von Goethe. In: Goethes Werke, 8. Bd. Tübingen, Cotta, 1816.

H. Düntzer, Das Festspiel: „Des Epimenides Erwachen". In: Neue Goethe-Studien, Nürnberg 1861, S. 318 ff.

Derselbe, Goethes politische Dichtungen. In: Abhandlungen zu Goethes Leben und Werken, Bd. 2, S. 343 ff. Leipzig 1885.

H. Morsch, Goethes Festspiel: Des Epimenides Erwachen. In: GJb. 14, 1893, S. 212 bis 244 und 15, S. 263 ff.

Konrad Burdach, Des Epimenides Erwachen. In: Sitzungsberichte der Berliner Akademie der Wissenschaften. 1932. Auch als Einzeldruck bei de Gruyter, Berlin 1932.

Hans Heinrich Schaeder, Des Epimenides Erwachen. Goethe-Kalender 1941, S. 219 bis 263.

S. auch:

E. Kühnemann, Goethe, a. a. O. Bd. 2, S. 222 ff.

F. Schultz, Klassik und Romantik der Deutschen, a. a. O. 2. T., S. 18.

K. Hildebrandt, Goethe, a. a. O. S. 407—409.

Zur Sprache:

P. Knauth, Goethes Sprache und Stil im Alter. Leipzig 1898. S. 30 f.

Zur Vertonung:

L. Pariser: C. Pustkuchens „Gedanken über die Oper" und B. A. Webers Musik zu Goethes Festspiel: Des Epimenides Erwachen. In: Abhandlungen zur deutschen Literaturgeschichte. Franz Muncker zum 60. Geburtstag, München 1916, S. 92 ff.

Fritz Strich, Goethe und die Weltliteratur. Bern 1946.

TEXTGESCHICHTE ZU
„DES EPIMENIDES ERWACHEN"

Das Drama erschien 1815 im Erstdruck bei Duncker und Humblot in Berlin und führte im Titel den Zusatz: *Ein Festspiel von Goethe.* Dieser Erstdruck (E) enthielt die für diesen Zweck gekürzten Anweisungen für die Bühne und ein erläuterndes Vorwort an die Zuschauer. Aber er war im Text nicht vollständig, da ein Teil der auf Grund wiederholter Verhandlungen mit dem Komponisten vom Dichter vorgenommenen Nachträge und Änderungen — vielleicht aus Versehen — dem Druckmanuskript nicht eingefügt worden war. Goethe trug auf Veranlassung Dunckers noch nachträglich zu der Stanze der Hoffnung und der älteren Fassung der Arie die zweite Fassung der Arie der Beharrlichkeit und den Schlußchor ein, nicht aber den Zusatz zu der Arie *Aufgeregte Höllenbilder* und die zuletzt geschriebenen Worte des Priesters und des Epimenides sowie die dritte Strophe des Schlußchors in der letzten Szene der Dichtung. Für die ursprüngliche Fassung maßgeblich ist die Berliner Handschrift H³, die nach der von Goethe beaufsichtigten, später verlorengegangenen Weimarer Handschrift angefertigt wurde und die nachgelieferten dreimaligen Änderungen Goethes enthält.

Diese nicht gedruckten Verse aus H³, die der Lesartenapparat der Weimarer Ausgabe wiedergibt, folgen hier.

168. *ins* E, J, F; *an's* C, W. — 408. *gern* H⁴; *gar* E, W, J, F. — 463 hieß in H³ *Weigert sich die süße Brust*; von Goethe geändert. — 550. Vor dieser Zeit in H³:

> *Du biegst das Knie, vor dem sich tausend brachen;*
> *Der All-Beherrscher sey ein Mann!*
> *Denn wer den Haß der Welt nicht tragen kann,*
> *Der muß sie nicht in Fesseln schlagen.*

— 843—854. Die älteste Fassung dieser Stelle lautet in H³:

> *Und nun vor allen*
> *Kein andres Sinnen*
> *Kein andres Dichten*
> *Als aufzurichten*
> *Das was gefallen,*
> *Und zu gewinnen*
> *Das was verloren:*
> *So ist uns allen*
> *Als neugeboren.*

Die Verse wurden versehentlich nicht in den Druck aufgenommen, da Goethe inzwischen neue an ihrer Stelle geschrieben hatte. — 876, 877. Zwischen den beiden Versen stand in H³:

> *Mir danket ihr, nach dieser Tage Grauen,*
> *Das schöne Licht, das wir vergnüglich schauen.*
> *Heil dem Edlen, der den Glauben*
> *Heilig in der Brust genährt*
> *Und dem Morden und dem Rauben*
> *Kühn beharrlich abgewehrt.*

Diese Verse kehren in veränderter Form wieder in 881—886. Die letzten vier Zeilen sind bezogen auf den Kaiser Alexander von Rußland. — 900. Die nachstehenden Verse wurden bei der Aufführung weggelassen, da man fürchtete (s. Iffland in seinem Brief vom 6. Mai 1814), daß der König von Preußen, an den sie gerichtet waren, eine Huldigung auf der Bühne nicht günstig aufnähme:

> *Unser König soll uns leben,*
> *Heil ! daß wir den Tag gesehn,*
> *Da wir wieder um Ihn stehn*
> *Seinem Willen hingegeben.*
> *Leben soll der König, leben !*
> *Chor.*
> *Leben soll der König, leben !*

Hierauf folgte ursprünglich die Epimenides-Strophe auf den Kronprinzen Bernadotte von Schweden, die niemals abgedruckt wurde, und anschließend die Zeilen 902ff.:

> *Epimenides.*
> *Mich ließ der Geist den fremden Fürsten schauen,*
> *Der aus des Drachen eh'rnen Riesenklauen*
> *Bedächtig weise, still, sich kühn entwand*
> *Und sich auf Nordens eisesreichen Gauen*
> *Zum großen Zweck mit Freudigkeit verband.*
> *Ihm schwebte vor, zu wohlverdientem Lohne,*
> *Der größten Helden neu geschmückte Krone.*

Bei seinem Besuch in Weimar im Juni 1814 bat der Komponist Weber Goethe, vor dem Schluß dieser Szene ein Stück einzuschieben. Ein eigenhändig von Goethe geschriebenes Schema dieser Stelle ist uns erhalten:

> *Dem. Schmalz.*
> *Kurzes Recitativ u. Arie mit Chor*
> *Im Character der Beharrlichkeit*
> *Schmalz, Rebenstein, Gern*
> *zu drey, in Gebet und frommen Wunsch einfallend.*
> *Hieran schließt der obige Chor*
> *Den Text des Terzettes wiederhohlend.*

Die Ausführung des Schemas lautet:

> *Sechs und zwanzigster Auftritt.*
> *Vorige. Beharrlichkeit.*
> *Beharrlichkeit.*
> *Rezitativ.*
> *Wetteifernd komm ich an, doch ohne Neid,*
> *Und weiß wohl, die Beharrlichkeit*
> *Ist allen meinen Schwestern eigen:*
> *Was sich nicht selber gleicht, wird keine Tugend seyn;*
> *So komm' ich froh und frisch herein,*
> *Als Tugend mich der Tugenden zu zeigen.*
> *Aria.*
> *Zu beharren im Bestande,*
> *Was der Wille rein gefaßt,*
> *Trägt ein Edler auch die Bande*
> *Ungeheurer Schmach und Last;*
>
> *Doch er nähret nur mit Schmerzen*
> *Den geheim erzeugten Rath*
> *Denn im eingeklemmten Herzen*
> *Ängstet sich die große That.*
>
> *Doch von sternenreichen Höhen*
> *Milde, Stärkung, Trost erflehen*
> *Das besänftigt auf einmal*
> *Alles Bangen, alle Quaal.*

Jugendfürst.
Unter sternenreichen Höhen
Vor dem Gott der Väter stehen,
Das besänftigt auf einmal,
Da verschwinden Pein und Quaal.
Epimenides.
Laßt von sternenreichen Höhen
Unserm König Glück erflehen,
Und auf Jahre sonder Zahl
Seinen Folgern allzumal.
Chor.
Ja von sternenreichen Höhen
Fühlen wir's hernieder wehen:
Walte, Glück, im Freudenthal
Ohne Namen, ohne Zahl!

Um den Wunsch des Komponisten auf „größere Lockerung des Satzgefüges" zu erfüllen, ändert Goethe die Arie um:

O! beharret im Bestande
Den der Wille rein gefaßt!
Chor.
O! beharret!
Beständigkeit.
Auch der Edle trägt die Bande
Ungeheurer Schmach und Last.
Chor.
Ja! wir trugen schwere Bande!
Beständigkeit.
Nähret, ewig, auch mit Schmerzen,
Den geheim erzeugten Rath.
Chor.
Nähret! Nähret!
Beständigkeit.
Ach! im eingeklemmten Herzen
Ängstet sich die große That.
Chor.
O! beharret! Nähret! Nähret!
Den geheim erzeugten Rath.

ERGÄNZUNGEN ZUR BIBLIOGRAPHIE

ZU VERS UND SPRACHE

Peter Ringger, Goethes Blankvers. Entstehungs- und Entwicklungsgeschichte. (Diss.
Zürich.) Hamburg 1948.
Emil Staiger, Goethes antike Versmaße. In: E. St., Die Kunst der Interpretation, 1955,
S. 115—131.

IPHIGENIE AUF TAURIS

L. W. Kahn, Goethes „Iphigenie", Kleists „Amphitryon" und Kierkegaard. Monats-
hefte f. d. dt. Unterricht 39, Madison 1947, S. 234—236.
O. Seidlin, Goethe's „Iphigenia" and the humane ideal. In: Mod. Lang. Quart. 10, 1949,
S. 307—320.
Emil Staiger, Goethe. Bd. 1, Zürich 1952. S. 350—387.

G. Müller, Das Parzenlied in Goethes „Iphigenie". Publications of the Goethe Society, N. S. 22, 1952/53, S. 84—106.

K. May, Goethe. Artemis-Ausgabe. Bd. 6. Die Weimarer Dramen. Nachwort.

G. Storz, Goethe-Vigilien oder Versuche in der Kunst, Dichtung zu verstehen. Stuttgart 1953.

K. Ziegler, Zur Raum- und Bühnengestaltung des klass. Dramentypus. In: Wirk. Wort 4, 1953/54, Sonderh. 2, S. 45—54.

H. Lindenau, Die geistesgeschichtlichen Voraussetzungen von Goethes „Iphigenie". Ztschr. f. deutsche Philologie, Bd. 75, 1956, S. 113—153.

S. Burckhardt, Die Stimme der Wahrheit und der Menschlichkeit: Goethes I. In: MDU 48, 1956, S. 49—71.

O. Seidlin, Goethes Iphigenie — „verteufelt human"? In: Wirk. Wort 5, 1956, S. 49—71.

K. May, Form und Bedeutung. Interpretationen deutscher Dichtung des 18. und 19. Jahrhunderts. Stuttgart 1957. S. 73—89.

Wolfgang Pehnt, Zeiterlebnis und Zeitdeutung in Goethes Lyrik. (Frankfurter Diss.) Tübingen 1957.

R. M. Browning, The humanity of Goethe's Iphigenie. In: The German Quarterly 30, 1957, S. 98—113.

S. Burckhardt, Methodische Voraussetzungen zu geistesgeschichtlichen Untersuchungen. Randbemerkungen zu Herbert Lindenaus Iphigenie-Aufsatz in: Ztschr. f. dt. Phil.. Bd. 76, 1957, S. 228—230.

Hans-Geert Falkenberg, Zur Entstehungs- und Bühnengeschichte von Goethes „Iphigenie". In: Blätter des deutschen Theaters, 7. Jg., 1956/57, H. 104, S. 103—104.

J. Klein, „Nathan", „Iphigenie", „Don Carlos". Bemerkungen zum vor- und frühklassischen Drama. In: Wirkendes Wort 8, 1957/58, S. 77—84.

A. Henkel, Iphigenie auf Tauris. In: Das deutsche Drama. Vom Barock bis zur Gegenwart. Interpretationen. Hrsg. von Benno von Wiese. Düsseldorf 1958, I, S. 169—192.

Rudolf Ibel, Iphigenie auf Tauris. Ffm., Bln., Bonn 1958.

Godo Lieberg, Die Gestalt Iphigeniens bei Goethe und Euripides. In: Deutschunterricht f. Ausländer 8, 1958, S. 41—48.

D. E. Allison, The Spiritual Element in Schiller's Jungfrau and Goethe's Iphigenie. In: The German Quarterly XXXII, 1959, S. 316—329.

Heinz Otto Burger, Zur Interpretation von Goethes „Iphigenie". In: GRM, N. F. IX, 1959, S. 266—277.

Johannes Mantey, Der Sprachstil in Goethes „Torquato Tasso". Berlin 1959. In: Veröffentlichungen d. Inst. f. dt. Sprache u. Lit. Deutsche Akademie der Wissenschaften zu Berlin, 18 (enthält auch entscheidende Beiträge zum Stil der „Iphigenie").

Roy Pascal, Some Words of Pylades. In: The era of Goethe. Essays presented to James Boyd. Oxford 1959, S. 106—117.

Ronald Peacock, Goethe's Major Plays. Manchester. 1959. 236 S.

Hans Pollak, Der Schluß von Goethes „Iphigenie auf Tauris". In: GRM, N. F. IX, 1959, S. 427—430.

Hermann Apelt, Zwischen Euripides und Goethe. In: Goethe. 22. Bd., 1960, S. 54—63.

Hans Friederici, Die Konflikte in Goethes „Iphigenie" als Abbildungen gesellschaftlicher Widersprüche. In: Weimarer Beiträge 1960. Sonderheft Colloquium über Probleme der Goethe-Forschung. S. 1055—1065.

Werner Hodler, Zur Erklärung von Goethes „Iphigenie". In: GRM, N. F. X, 1960, S. 158—164.

Joachim Müller, Goethes „Iphigenie". In: Wissenschaftl. Zeitschrift der Friedrich-Schiller-Universität Jena. Gesellschafts- und sprachwissenschaftl. Reihe, Jg. IX, 3, Jena 1960, S. 309—320.

Werner v. Nordheim, Die Atriden-Dramen von Euripides, Hauptmann und Sartre — verglichen mit Goethes „Iphigenie". In: Wirkendes Wort 11. Jg., H. 3, 1961, S. 162—172.

Ernest L. Stahl, Fluch und Entsühnung in Goethes „Iphigenie auf Tauris". In: GRM,
   N. F. XI, H. 2, 1961, S. 179—184.
E. L. Stahl, Goethe; Iphigenie auf Tauris. London 1961. Stud. in Germ. Lit. 7.
A. Fuchs, „Essais" sur Goethe. In: Et. Germaniques XVII, 1, 1962, S. 40—44.
H. Politzer, No man is an island. A note on image and thought in Goethe's Iphi-
   genie. In: Germ. Rev. 37, 1962, S. 42—54.
Th. C. van Stockum, Zum Orestes-Problem in Goethes „Iphigenie auf Tauris" und
   in der altgriechischen Tragödie. In: Von Friedr. Nicolai bis Th. Mann, Groningen
   1962, S. 152—175.

NAUSIKAA

W. Kohlschmidt, Goethes „Nausikaa" und Homer. Wirkendes Wort 2, 1951/52,
   S. 206—215.
Rudolf Bach, Insulare Träumerei. Die Geschichte des „Nausikaa"-Planes. In: Leben mit
   Goethe, a. a. O. S. 43—73.

TORQUATO TASSO

Hrsg. v. d. dt. Ak. d. Wiss. zu Bln., 1: Text. Bearb. v. L. Blumenthal. Bln. 1954 =
   Werke in Einzelbänden.
E. Staiger, Goethe. Bd. 1. Zürich 1952. S. 388—425.
Elis. Wilkinson, „Tasso — ein gesteigerter Werther" (zitiert S. 469) ist in dt. Über-
   setzung von E. Grumach erschienen in: Goethe 13, 1952, S. 65—70.
E. L. Stahl, Tasso's Tragedy and Salvation. In: German Studies. Festschrift für L. A.
   Willoughby. Oxford 1952, S. 191 ff.
A. Mulot, Goethes „Tasso": eine Interpretation von vier Szenen. Wirkendes Wort 3,
   1952/53, S. 23—34.
W. Rasch, Goethes „Torquato Tasso". Die Tragödie des Dichters. Stuttgart 1954.
Walter Silz, Ambivalences in Goethe's Tasso. In: The Germanic Review, Vol. 31, 1956,
   N. 4, S. 243—268.
S. Burckhardt, The Consistency of Goethe's Tasso. In: The Journal of English and
   Germanic Philology 57, 1958, S. 394—402.
Th. C. van Stockum, Neues zu Goethes „Torquato Tasso". In: Neophilologus Jg. 39,4,
   1958, S. 311—312 (Rezension zu W. Rasch a. a. O.).
Elis. Wilkinson, Goethe: Tasso. In: Das deutsche Drama. Vom Barock bis zur Gegen-
   wart, hrsg. von B. von Wiese, Düsseldorf 1958, I, S. 193—214.
Lieselotte Blumenthal, Arkadien in Goethes „Tasso". In: Goethe, 21. Bd., 1959,
   S. 1—24.
Dies., Zu Tasso und Egmont. In: Beiträge zur Goetheforschung (hrsg. von Ernst
   Grumach) = Veröffentlichungen d. Inst. f. dt. Sprache u. Lit. d. Deutschen Akad.
   d. Wiss. zu Berlin, 1959, Bd. 16, S. 143—225.
Johannes Mantey, Der Sprachstil in Goethes „Torquato Tasso". Berlin 1959. In:
   Veröff. d. Inst. f. dt. Sprache u. Lit. d. Deutschen Akad. d. Wiss. zu Berlin, Bd. 18.
Ronald Peacock, Goethe's Major Plays. Manchester 1959.

DIE AUFGEREGTEN

P. Demetz, Goethes „Die Aufgeregten". Zur Frage der politischen Dichtung in
   Deutschland. Hann. Münden 1952.
Momme Mommsen, Die Entstehung von Goethes Werken in Dokumenten. Berlin
   1958, Bd. 1, S. 157—162.

DIE NATÜRLICHE TOCHTER

A. Grabowsky, Goethes „Natürliche Tochter" als Bekenntnis. In: Goethe, 13. Bd.,
   1951, S. 1—27.

Emil Staiger, Goethe. Bd. 2. Zürich 1956, S. 366—403.

H. Moenkemeyer, Das Politische als Bereich der Sorge in Goethes Drama Die natürliche Tochter. In: MDU 48, 1956, S. 137—148.

V. Bänninger, Goethes Natürliche Tochter. Bühnenstil und Gehalt. Zürich, Freiburg i. Br. 1957.

K. May, Form und Bedeutung. Interpretationen deutscher Dichtung des 18. und 19. Jahrhunderts. Stuttgart 1957, S. 89—106.

B. akmur, Goethes Gedanken über Lebensordnung in seinem Trauerspiel Die natürliche Tochter. Ankara 1958.

Hans Egon Hass, Goethe: Die natürliche Tochter. In: Das deutsche Drama. Vom Barock bis zur Gegenwart, hrsg. v. B. von Wiese, Düsseldorf 1958, I, S. 215—247.

Ronald Peacock, Incompleteness and discrepancy in Die natürliche Tochter. In: The era of Goethe. Essays presented to James Boyd. Oxford 1959, S. 118—132.

Rudolf Bach, O diese Zeit hat fürchterliche Zeichen. Ein „unbekanntes" Drama Goethes. In: Leben mit Goethe. A. a. O., S. 102—121.

Sigurd Burckhardt, „Die natürliche Tochter": Goethes „Iphigenie in Aulis"? In: GRM, N. F. X, 1960, S. 12—34.

P. Böckmann, Die Symbolik in der „Natürlichen Tochter" Goethes. In: Worte und Werte. Festschr. f. Markwardt, Berlin 1961, S. 11—23.

Th. Stammen, Goethes Natürliche Tochter. Zur Morphologie des Politischen in Goethes Drama. Diss. Masch. Freiburg/Br. 1961.

R. Peacock, Goethes „Die natürliche Tochter" als Erlebnisdichtung. In: Dt. Vjs. 36, 1962, S. 1—25.

ELPENOR

H. Emmel, Goethes „Elpenor". Goethe 14/15, 1952/53, S. 158—170.

T. Zimmermann, Goethes Elpenor. Tübingen 1956. Diss. [Masch.].

PANDORA

W. Kohlschmidt, Goethes Pandora und die Tradition. In: Archiv f. Lit. u. V. 1, 1949, S. 5—33.

Ders., Zur Deutung des Schemas zum II. Teil von Goethes „Pandora". In: Trivium 8, 1950, S. 188—204.

H.-G. Gadamer, Die Grenze des Titanischen. Prometheus und Pandora. In: H. G. G., Vom geistigen Lauf d. Menschen, 1949, S. 9—27.

Cl. Heselhaus, Prometheus und Pandora. Zu Goethes Metamorphose-Dichtungen. In: Festschrift f. Jost Trier, 1954, S. 219—253.

S. Burckhardt, Sprache als Gestalt in G.s Prometheus und Pandora. In: Euphorion F. 3, 50, 1956, S. 162—176.

E. Staiger, Goethe. Bd. 2. Zürich 1956. S. 449—475.

H. Moenkemeyer, Polar forms of the imagination in Goethe's Pandora. In: The Journal of English and Germanic Philology 57, 1958, S. 270—295.

Hans Rudolf Schweizer, Goethe und das Problem der Sprache. Bern 1959 = Basler Studien zur deutschen Sprache u. Lit. H. 23, S. 94—99.

Rudolf Bach, Tat und Traum. Das Festspiel „Pandora". In: Leben mit Goethe A. a. O., S. 116—121.

W. Emrich, Goethes Festspiel „Pandora". In: Goethe 24, 1962, S. 33—43.

INHALTSÜBERSICHT

Gesamtherstellung: J. J. Augustin, Glückstadt